SCRIPTORVM CLASSICORVM
BIBLIOTHECA OXONIENSIS

OXONII

E TYPOGRAPHEO CLARENDONIANO

Oxford University Press, Walton Street, Oxford OX2 6DP

Oxford New York

Athens Auckland Bangkok Bombay Calcutta Cape Town
Dar es Salaam Delhi Florence Hong Kong Istanbul Karachi
Kuala Lumpur Madras Madrid Melbourne Mexico City Nairobi
Paris Singapore Taipei Tokyo Toronto

and associated companies in
Berlin Ibadan

Oxford is a trade mark of Oxford University Press

Published in the United States
by Oxford University Press Inc., New York

First published 1908
Third edition 1927

ISBN 0-19-814527-6

17 19 20 18 16

Printed in Great Britain on acid-free paper by
Bookcraft (Bath) Ltd., Midsomer Norton

HERODOTI

HISTORIAE

RECOGNOVIT
BREVIQUE ADNOTATIONE CRITICA INSTRVXIT
CAROLVS HUDE

EDITIO TERTIA
TOMUS POSTERIOR

OXONII
E TYPOGRAPHEO CLARENDONIANO

SIGLA

ΗΡΟΔΟΤΟΥ

ΙΣΤΟΡΙΩΝ Ε

Οἱ δὲ ἐν τῇ Εὐρώπῃ τῶν Περσέων καταλειφθέντες ὑπὸ **1**
Δαρείου, τῶν ὁ Μεγάβαζος ἦρχε, [πρώτους μὲν Περινθίους
Ἑλλησποντίων] οὐ βουλομένους ὑπηκόους εἶναι Δαρείου]
κατεστρέψαντο, περιεφθέντας πρότερον καὶ ὑπὸ Παιόνων
5 τρηχέως. οἱ γὰρ ὦν ἀπὸ Στρυμόνος Παίονες [χρήσαντος **2**
τοῦ θεοῦ] στρατεύεσθαι ἐπὶ Περινθίους, καὶ ἢν μὲν ἀντικατι-
ζόμενοι ἐπικαλέσωνταί σφεας οἱ Περίνθιοι ὀνομαστὶ βώ-
σαντες, τοὺς δὲ ἐπιχειρέειν, ἢν δὲ μὴ ἐπιβώσωνται, μὴ
ἐπιχειρέειν, ἐποίεον οἱ Παίονες ταῦτα. ἀντικατιζομένων
10 δὲ τῶν Περινθίων ἐν τῷ προαστίῳ, ἐνθαῦτα [μουνομαχίη
τριφασίη] ἐκ προκλήσιός σφι ἐγένετο· καὶ γὰρ ἄνδρα ἀνδρὶ
καὶ ἵππον ἵππῳ συνέβαλον καὶ κύνα κυνί. νικώντων δὲ τὰ **3**
δύο τῶν Περινθίων, ὡς ἐπαιώνιζον κεχαρηκότες, συνε-
βάλοντο οἱ Παίονες τὸ χρηστήριον αὐτὸ τοῦτο εἶναι καὶ
15 εἶπάν κου παρὰ σφίσι αὐτοῖσι· Νῦν ἂν εἴη ὁ χρησμὸς
ἐπιτελεόμενος ἡμῖν, νῦν ἡμέτερον τὸ ἔργον. οὕτω [τοῖσι
Περινθίοισι παιωνίσασι] ἐπιχειρέουσι οἱ Παίονες καὶ πολλόν
τε ἐκράτησαν καὶ ἔλιπόν σφεων ὀλίγους. τὰ μὲν δὴ ἀπὸ **2**
Παιόνων πρότερον γενόμενα ὧδε ἐγένετο· τότε δὲ [ἀνδρῶν
10 ἀγαθῶν περὶ τῆς ἐλευθερίης γινομένων τῶν Περινθίων] οἱ
Πέρσαι τε καὶ ὁ Μεγάβαζος ἐπεκράτησαν πλήθεϊ. ὡς δὲ **2**

2 τῶν om. C   3 Δαρείῳ đ   4 καὶ om. C   5 τριχέως
D¹ S V   οἱ γὰρ ὦν a P: ὡς γὰρ οἱ đ   χρήσαντο D¹   7 ἐπι-
καλέσονται B : -έονται đ   ὀνομαστοὶ V   8 ἢν ... ἐπιχειρέειν
om. D S   9 ἐπίειν đ   10 προαστίῳ V: προαστέῳ rell.
11 τριβασίη S V   σφι om. a   13 ἐπαιόν. D¹ (it. 17)   15 σφιν
S V U   16 τὸ om. a   18 τὰ] ταῦτα C   19 γενόμεθα C

I

ἐχειρώθη ἡ Πέρινθος, ἤλαυνε τὸν στρατὸν ὁ Μεγάβαζος διὰ
τῆς Θρηίκης, πᾶσαν πυλίν και πᾶν ἔθνος τῶν ταύτῃ οἰκη-
μένων ἡμερούμενος βασιλέϊ· ταῦτα γάρ οἱ ἐνετέταλτο ἐκ
Δαρείου, Θρηίκην καταστρέφεσθαι.

3 Θρηίκων δὲ ἔθνος μέγιστόν ἐστι μετά γε Ἰνδοὺς πάντων 5
ἀνθρώπων. εἰ δὲ ὑπ’ ἑνὸς ἄρχοιτο ἢ φρονέοι κατὰ τὠυτό,
ἄμαχόν τ’ ἂν εἴη καὶ πολλῷ κράτιστον πάντων ἐθνέων κατὰ
γνώμην τὴν ἐμήν. ἀλλὰ γὰρ τοῦτο ἄπορόν σφι καὶ ἀμήχανον
2 μή κοτε ἐγγένηται· εἰσὶ δὴ κατὰ τοῦτο ἀσθενέες. οὐνόματα
δ’ ἔχουσι πολλὰ κατὰ χώρας ἕκαστοι, νόμοισι δὲ οὗτοι παρα- 10
πλησίοισι πάντες χρέωνται κατὰ πάντα, πλὴν Γετέων καὶ
4 Τραυσῶν καὶ τῶν κατύπερθε Κρηστωναίων οἰκεόντων. τού-
των δὲ τὰ μὲν Γέται οἱ ἀθανατίζοντες ποιεῦσι, εἴρηταί μοι·
Τραυσοὶ δὲ τὰ μὲν ἄλλα πάντα κατὰ ταὐτὰ τοῖσι ἄλλοισι
Θρήιξι ἐπιτελέυσι, κατὰ δὲ τὸν γινόμενον σφίσι καὶ ἀπο- 15
2 γινόμενον ποιεῦσι τοιάδε· τὸν μὲν γενόμενον περιιζόμενοι
οἱ προσήκοντες ὀλοφύρονται, ὅσα μιν δεῖ ἐπείτε ἐγένετο
ἀναπλῆσαι κακά, ἀνηγεόμενοι τὰ ἀνθρωπήια πάντα πάθεα,
τὸν δ’ ἀπογενόμενον παίζοντές τε καὶ ἡδόμενοι γῆ κρύπτουσι,
ἐπιλέγοντες ὅσων κακῶν ἐξαπαλλαχθεὶς ἐστὶ ἐν πάσῃ εὐδαι- 20
5 μονίῃ. οἱ δὲ κατύπερθε Κρηστωναίων ποιεῦσι τοιάδε· ἔχει
γυναῖκας ἕκαστος πολλάς· ἐπεὰν ὦν τις αὐτῶν ἀποθάνῃ,
κρίσις γίνεται μεγάλη τῶν γυναικῶν καὶ φίλων σπουδαὶ
ἰσχυραὶ περὶ τοῦδε, ἥτις αὐτέων ἐφιλέετο μάλιστα ὑπὸ τοῦ
ἀνδρός· ἡ δ’ ἂν κριθῇ καὶ τιμηθῇ, ἐγκωμιασθεῖσα ὑπό τε 23
ἀνδρῶν καὶ γυναικῶν σφάζεται ἐς τὸν τάφον ὑπὸ τοῦ οἰκηιο-

1 ἐπεχειρ. C   ἤ om. a   Μεγ. (ὁ om.) τὸν στρατὸν a   2 οἰκη-
μένων] η in lit. 2 litt. D   3 ἐνετέταλτο ἀ P   5 γε om. a   6 ὑφ’ a
ἀρχοίατο ἀ   ταυτό C   8 τοῦτο] τ. μὲν D   9 ἐν γένηται a
δὲ C   10 πολλὰ ἔχουσι ἀ P   11 πάντες om. D   καὶ τὰ D S V
πάντα εἶναι ἀ   12 -περθεν V   Κρηστωνέων a P (it. 21)   ἐόντων ἀ
13 δὲ in lit. D   14 ἄλλοισι om. ἀ   15 τὸ U   σφίσι a D
Stob. flor. 120, 33 : σφι rell.   16 ποιέουσι ἀ   τάδε ἀ   τὸ
D V U   γινόμενον B ἀ Stob.   18 ἀπηγ. Bekker   πάθεα πάντα ἀ
19 ἀπογιν. ἀ Stob.   20 ἐξαλ(λ)απαχθεὶς ἀ   πᾶσι A   21 ὕπερθεν
Stob. 123, 12   τάδε ἀ P   22 αὐτῶν P : αὐτέων rell.   26 οἰκειο-
ἀ : οἰκηιω- P

τάτου ἑωυτῆς, σφαχθεῖσα δὲ συνθάπτεται τῷ ἀνδρί· αἱ δὲ
ἄλλαι συμφορὴν μεγάλην ποιεῦνται· ὄνειδος γάρ σφι τοῦτο
μέγιστον γίνεται.

Τῶν δὲ δὴ ἄλλων Θρηίκων ἐστὶ ὅδε νόμος· πωλεῦσι τὰ **6**
5 τέκνα ἐπ' ἐξαγωγῇ. τὰς [δὲ] παρθένους οὐ φυλάσσουσι, ἀλλ'
ἐῶσι τοῖσι αὐταὶ βούλονται ἀνδράσι μίσγεσθαι. τὰς [δὲ]
γυναῖκας ἰσχυρῶς φυλάσσουσι· [καὶ] ὠνέονται τὰς γυναῖκας
παρὰ τῶν γονέων χρημάτων μεγάλων. [καὶ] τὸ μὲν ἐστίχθαι 2
εὐγενὲς κέκριται, τὸ δὲ ἄστικτον ἀγεννές. ἀργὸν εἶναι
10 κάλλιστον, γῆς δὲ ἐργάτην ἀτιμότατον. τὸ ζῆν ἀπὸ πολέμου
καὶ ληιστύος κάλλιστον. οὗτοι μέν σφεων οἱ ἐπιφανέστατοι
νόμοι εἰσί. θεοὺς δὲ σέβονται μούνους τούσδε, Ἄρεα καὶ 7
Διόνυσον καὶ Ἄρτεμιν· οἱ δὲ βασιλέες αὐτῶν, πάρεξ τῶν
ἄλλων πολιητέων, σέβονται Ἑρμέην μάλιστα θεῶν καὶ
15 [ὀμνύουσι μοῦνον τοῦτον] καὶ λέγουσι γεγονέναι ἀπὸ Ἑρμέω
ἑωυτούς. ταφαὶ δὲ τοῖσι εὐδαίμοσι αὐτῶν εἰσὶ αἵδε· τρεῖς 8
μὲν ἡμέρας προτιθεῖσι τὸν νεκρὸν καὶ [παντοῖα σφάξαντες
ἱρήια] εὐωχέονται, προκλαύσαντες πρῶτον· ἔπειτα δὲ θάπτουσι
κατακαύσαντες ἢ ἄλλως γῇ κρύψαντες, χῶμα δὲ χέαντες
20 ἀγῶνα τιθεῖσι παντοῖον, ἐν τῷ τὰ μέγιστα ἄεθλα τίθεται
[κατὰ λόγον] μουνομαχίης. ταφαὶ μὲν δὴ Θρηίκων εἰσὶ
αὗται.

Τὸ δὲ πρὸς βορέω ἔτι τῆς χώρης ταύτης οὐδεὶς ἔχει 9
φράσαι τὸ ἀτρεκές, οἵτινές εἰσι ἄνθρωποι οἰκέοντες αὐτήν,
25 ἀλλὰ [τὰ πέρην ἤδη τοῦ Ἴστρου] ἔρημος χώρη φαίνεται ἐοῦσα
καὶ ἄπειρος. μούνους δὲ δύναμαι πυθέσθαι οἰκέοντας πέρην
τοῦ Ἴστρου ἀνθρώπους τοῖσι οὔνομα εἶναι Σιγύννας, ἐσθῆτι

Marginal notes (right and left):
closest relative — misfortune — πωλεω-sell a person — exportation — they buy — στιζω-to brand — to live from war + plunder — they swear by him alone — lay out/victims — they feast — beyond — dress/clothes

2 μέγιστον τοῦτο **d**　　4 ὅδε ὁ **d** C　　πολ. B¹　　5 ἐπ' supra v. D
δὲ om. **d**　　6 τοῖσι Struve: οἷσι C P: οἷς rell.　　μίγεσθαι D¹
δὲ om. **d**　　7 καὶ om. **d**　　8 νέων S V　　καὶ om. **d**　　9 ἀγενές **d**
10 ἀτιμώτατον S V　　12 μόνους V　　13 αὐτέων **d**　　14 πολιτέων **d**
Ἑρμῆν L　　16 τοῖς D V U　　αὐτέων **d**　　17 προτιθέασι **a** P
19 κατα + κ. B　　ἁπλῶς Semenov　　κατακρύψαντες **d**　　20 ἄθλα **a**
21 δὴ om. **d**　　22 αὗται **a**: αἷδε **d** P　　23 τῆς χώρης ἔτι **a**
24 ἀνθρώπων **d** P　　25 τὰ et ἤδη om. **a**　　οὖσα A　　26 ἄπορος
Bekker　　27 τοῖσι δὲ **d**　　Σιγύννα A B: Σιγύνας C D Pᶜ

3

2 δὲ χρεωμένους Μηδικῇ. τοὺς δὲ ἵππους αὐτῶν εἶναι λασίους
ἅπαν τὸ σῶμα, καὶ ἐπὶ πέντε δακτύλους τὸ βάθος τῶν τριχῶν,
σμικροὺς δὲ καὶ σιμοὺς καὶ ἀδυνάτους ἄνδρας φέρειν, ζευγνυ-
μένους δὲ ὑπ' ἄρματα εἶναι ὀξυτάτους· ἁρματηλατέειν [δὲ]
[πρὸς ταῦτα] τοὺς ἐπιχωρίους. κατήκειν δὲ τούτων τοὺς 5
3 οὔρους ἀγχοῦ Ἐνετῶν τῶν ἐν τῷ Ἀδρίῃ. εἶναι δὲ Μήδων
σφέας ἀποίκους λέγουσι· ὅκως δὲ οὗτοι Μήδων ἄποικοι
γεγόνασι, ἐγὼ μὲν οὐκ ἔχω ἐπιφράσασθαι, γένοιτο δ' ἂν
πᾶν ἐν τῷ μακρῷ χρόνῳ. σιγύννας δ' ὦν καλέουσι Λίγυες
οἱ ἄνω ὑπὲρ Μασσαλίης οἰκέοντες] τοὺς καπήλους, Κύπριοι 10
δὲ τὰ δόρατα. ὡς δὲ Θρήικες λέγουσι, μέλισσαι κατέχουσι τὰ
πέρην τοῦ Ἴστρου, καὶ ὑπὸ τουτέων οὐκ εἶναι διελθεῖν τὸ προ-
σωτέρω. ἐμοὶ μέν νυν ταῦτα λέγοντες δοκέουσι λέγειν οὐκ
οἰκότα· τὰ γὰρ ζῷα ταῦτα φαίνεται εἶναι δύσριγα· ἀλλά μοι
τὰ ὑπὸ τὴν ἄρκτον ἀοίκητα δοκέει εἶναι διὰ τὰ ψύχεα. ταῦτα 15
μέν νυν τῆς χώρης ταύτης πέρι λέγεται, τὰ παραθαλάσσια δ'
ὦν αὐτῆς Μεγάβαζος Περσέων κατήκοα ἐποίεε.

11 Δαρεῖος δὲ ὡς διαβὰς τάχιστα τὸν Ἑλλήσποντον ἀπίκετο
ἐς Σάρδις, ἐμνήσθη τῆς ἐξ Ἱστιαίου τε τοῦ Μιλησίου εὐεργε-
σίης καὶ τῆς παραινέσιος τοῦ Μυτιληναίου Κώεω, μετα- 20
πεμψάμενος δέ σφεας ἐς Σάρδις ἐδίδου αὐτοῖσι αἵρεσιν.
2 ὁ μὲν δὴ Ἱστιαῖος, ἅτε τυραννεύων τῆς Μιλήτου, τυραννίδος
μὲν οὐδεμιῆς προσεχρῄζε, αἰτέει δὲ Μύρκινον τὴν Ἠδωνῶν,
βουλόμενος ἐν αὐτῇ πόλιν κτίσαι. οὗτος μὲν δὴ ταύτην
αἱρέεται, ὁ δὲ Κώης, οἷά τε οὐ τύραννος δημότης δὲ ἐών, 25
αἰτέει Μυτιλήνης τυραννεῦσαι. [τελεωθέντων δὲ ἀμφοτέροισι]

1 pr. δὲ om. d P   αὐτέων d   2 καὶ om. a P   ἐπὶ] ἐς U
3 μικροὺς L   4 ὑφ' a   ὠκυτάτου d   δὲ] τε D: om. S V U
6 ὅρους C D   8 ἐπιφράσαι d   9 σιγύνας C D P   10 ἄνω
om. d   11 κατέχουσαι D S V   12 ὑπὲρ a   τούτων d   τῷ(ι)
B C V   14 εἰκότα S V   εἶναι om. C   15 ὑπὲρ C   17 ἐποίησε d
19 τε τοῦ Μιλ. om. d   20 (et 26) Μυτιλ. A B : Μιτυλ. rell.
23 αἰτέειν S V U   Ἠδωνῶν C : Ηδωνίδα d (-ο- D)   24 πόλιν ἐν
αὐτῇ d   25 οὔ] οὔτε d   δὲ Bekker : τε L   26 αἴτεε D S U :
αἴτεε + V

οὗτοι μὲν κατὰ τὰ εἵλοντο ἐτράποντο, Δαρεῖον δὲ συνήνεικε 12
πρῆγμα τοιόνδε ἰδόμενον ἐπιθυμῆσαι ἐντείλασθαι Μεγαβάζῳ
Παίονας ἑλόντα ἀνασπάστους ποιῆσαι ἐκ τῆς Εὐρώπης ἐς τὴν
Ἀσίην· ἦν Πίγρης καὶ Μαστύης ἄνδρες Παίονες, οἳ ἐπείτε
5 Δαρεῖος διέβη ἐς τὴν Ἀσίην, αὐτοὶ ἐθέλοντες Παιόνων
τυραννεύειν ἀπικνέονται ἐς Σάρδις, ἅμα ἀγόμενοι ἀδελφεὴν
μεγάλην τε καὶ εὐειδέα. φυλάξαντες δὲ Δαρεῖον προκατιζό- 2
μενον ἐς τὸ προάστιον τὸ τῶν Λυδῶν ἐποίησαν τοιόνδε·
σκευάσαντες τὴν ἀδελφεὴν ὡς εἶχον ἄριστα ἐπ' ὕδωρ ἔπεμπον
10 ἄγγος ἐπὶ τῇ κεφαλῇ ἔχουσαν καὶ ἐκ τοῦ βραχίονος ἵππον
ἐπέλκουσαν καὶ κλώθουσαν λίνον. ὡς δὲ παρεξήιε ἡ γυνή, 3
ἐπιμελὲς τῷ Δαρείῳ ἐγένετο· οὔτε γὰρ Περσικὰ ἦν οὔτε
Λύδια τὰ ποιεύμενα ἐκ τῆς γυναικός, οὔτε πρὸς τῶν ἐκ τῆς
Ἀσίης οὐδαμῶν. ἐπιμελὲς δὲ ὥς οἱ ἐγένετο, τῶν δορυφόρων
15 τινὰς πέμπει κελεύων φυλάξαι ὅ τι χρήσεται τῷ ἵππῳ ἡ
γυνή. οἱ μὲν δὴ ὄπισθε εἵποντο, ἡ δὲ ἐπείτε ἀπίκετο ἐπὶ τὸν 4
ποταμόν, ἦρσε τὸν ἵππον, ἄρσασα δὲ καὶ τὸ ἄγγος τοῦ ὕδατος
ἐμπλησαμένη τὴν αὐτὴν ὁδὸν παρεξήιε, φέρουσα τὸ ὕδωρ ἐπὶ
τῆς κεφαλῆς καὶ ἐπέλκουσα ἐκ τοῦ βραχίονος τὸν ἵππον καὶ
20 στρέφουσα τὸν ἄτρακτον. θωμάζων δὲ ὁ Δαρεῖος τά τε 13
ἤκουσε ἐκ τῶν κατασκόπων καὶ τὰ αὐτὸς ὥρα, ἄγειν αὐτὴν
ἐκέλευε ἑωυτῷ ἐς ὄψιν. ὡς δὲ ἄχθη, παρῆσαν καὶ οἱ
ἀδελφεοὶ αὐτῆς οὔ κη πρόσω σκοπιὴν ἔχοντες τούτων.
εἰρωτῶντος δὲ τοῦ Δαρείου ὁποδαπὴ εἴη, ἔφασαν οἱ νεηνίσκοι
25 εἶναι Παίονες καὶ ἐκείνην εἶναι σφέων ἀδελφεήν. ὁ δ'
ἀμείβετο, τίνες δὲ οἱ Παίονες ἄνθρωποί εἰσι καὶ κοῦ γῆς

I τὰ om. a: κατ' a Krueger   Δαρεῖος C   2 πρᾶγμα PSVU
εἰδόμενον D   3 ἐς τὴν Ἀ. ἐκ τῆς Ε. a   4 Τίγρης DSU :
Τύγρης V   Μαστίης SV: Μαντύης a   8 προάστειον L   τὸ
om. d   11 κλῶσαν a   παρεξήιε d (it. 18)   13 Λυδικὰ d
alt. ἐκ τῆς] αὐτῆς SV   15 πέμπειν d   χρήσαιτο d P Suid. s. v.
ἐπιμέλεον   16 ὄπισθεν L   ἡ δὲ ἐπίκετο SV   17 καὶ ἦρσε S
20 ἄδρακτον DSV   22 ἐκέλευσε a   ἄχθη] αχ Dᶜ   23 οὔ
κη] οὐχὶ d: οὐκὶ Wesseling   πρόσσω U Dᶜ (1) Vᶜ (1)   κοπιὴν D¹,
corr. D¹   ἔχον V   τουτέων a   24 ποδαπὴ DPU : ποταπη V :
ποταποὶ S : δκοδαπὴ Bekker   εἶεν S   25 ἐκείνων C   26 βου V

οἰκημένοι, καὶ τί κεῖνοι ἐθέλοντες ἔλθοιεν ἐς Σάρδις. οἱ δέ
οἱ ἔφραζον ὡς ἔλθοιεν μὲν ἐκείνῳ δώσοντες σφέας αὐτούς,
εἴη δὲ ἡ Παιονίη ἐπὶ τῷ Στρυμόνι ποταμῷ πεπολισμένη, ὁ
δὲ Στρυμὼν οὐ πρόσω τοῦ Ἑλλησπόντου, εἴησαν δὲ Τευκρῶν
3 τῶν ἐκ Τροίης ἄποικοι. οἱ μὲν δὴ ταῦτα ἔκαστα ἔλεγον, ὁ 5
δὲ εἰρώτα εἰ καὶ πᾶσαι αὐτόθι αἱ γυναῖκες εἴησαν οὕτω
ἐργάτιδες. οἱ δὲ καὶ τοῦτο ἔφασαν προθύμως οὕτω ἔχειν·
14 αὐτοῦ γὰρ ὦν [τούτου εἵνεκα] καὶ ἐποιέετο. ἐνθαῦτα Δαρεῖος
γράφει γράμματα Μεγαβάζῳ, τὸν ἔλιπε ἐν τῇ Θρηίκῃ στρα-
τηγόν, ἐντελλόμενος ἐξαναστῆσαι ἐξ ἠθέων Παίονας καὶ παρ' 10
ἑωυτὸν ἀγαγεῖν καὶ αὐτοὺς καὶ τέκνα τε καὶ γυναῖκας αὐτῶν.
2 αὐτίκα δὲ ἱππεὺς ἔθεε φέρων τὴν ἀγγελίην ἐπὶ τὸν Ἑλλήσ-
ποντον, περαιωθεὶς δὲ διδοῖ τὸ βυβλίον τῷ Μεγαβάζῳ.
ὁ δὲ ἐπιλεξάμενος καὶ λαβὼν ἡγεμόνας ἐκ τῆς Θρηίκης
15 ἐστρατεύετο ἐπὶ τὴν Παιονίην. πυθόμενοι δὲ οἱ Παίονες 15
τοὺς Πέρσας ἐπὶ σφέας ἰέναι, ἁλισθέντες ἐξεστρατεύσαντο
πρὸς θαλάσσης, δοκέοντες ταύτῃ ἐπιχειρήσειν τοὺς Πέρσας
2 ἐσβάλλοντας. οἱ μὲν δὴ Παίονες ἦσαν ἔτοιμοι τὸν Μεγα-
βάζου στρατὸν ἐπιόντα ἐρύκειν, οἱ δὲ Πέρσαι πυθόμενοι
συναλίσθαι τοὺς Παίονας καὶ τὴν πρὸς θαλάσσης ἐσβολὴν 20
φυλάσσοντας, ἔχοντες ἡγεμόνας [τὴν ἄνω ὁδὸν] τράπονται,
λαθόντες δὲ τοὺς Παίονας ἐσπίπτουσι ἐς τὰς πόλιας αὐτῶν,
ἐούσας ἀνδρῶν ἐρήμους· οἶα δὲ κεινῇσι ἐπιπεσόντες εὐπετέως
3 κατέσχον. οἱ δὲ Παίονες ὡς ἐπύθοντο ἐχομένας τὰς πόλιας,
αὐτίκα διασκεδασθέντες κατ' ἑωυτοὺς ἔκαστοι ἐτράποντο καὶ 25
παρεδίδοσαν σφέας αὐτοὺς τοῖσι Πέρσῃσι. οὕτω δὴ Παιόνων
Σιριοπαιόνες τε καὶ Παιόπλαι καὶ οἱ μέχρι τῆς Πρασιάδος

---

1 θέλοντες C¹D   2 οἱ om. Ꮷ   3 Στρ + υμόνι D   4 Ϟῖσαν C
5 αυτα Ꮷ   6 εἴησαν ante αὐτόθι ᏧP   8 καὶ om. Ꮷ   9 πρὸς
Μεγάβαζον ᏧP   11 τὰ τέκνα Ꮷ   τε om. B¹S   τὰς γυναῖκας Ꮷ
αὐτέων Ꮷ (it. 22)   13 βυβλ. A : βιβλ. rell.   τῷ om. Ꮷ   14 ἡγε-
μόνα Ꮷ   15 ἐστρατοπεδεύετο Ꮷ   16 ἐστρατ. C   18 ἐσβάλλοντας
Herwerden : ἐμβάλλ. Ꮷ : ἐσβαλόντας ᏧP   τοῦ B   22 ἐπεισπί-
πτουσι Ꮷ (ἐπισ- D¹)   23 κοιν. U : κην. V : κεν. S   ἐπεισπεσ SU
25 καθ' Ꮷ   26 ἑωυτοὺς Ꮷ   27 Σιριοπ. Holsten : Σιροπ. Ꮷ :
Σειροπ. ᏧP

λίμνης ἐξ ἠθέων ἐξαναστάντες ἤγοντο ἐς τὴν Ἀσίην. οἱ δὲ 16
περὶ τὸ Πάγγαιον ὄρος [καὶ Δόβηρας καὶ Ἀγριάνας καὶ
Ὀδομάντους] καὶ αὐτὴν τὴν λίμνην τὴν Πρασιάδα οὐκ
ἐχειρώθησαν ἀρχὴν ὑπὸ Μεγαβάζου. ἐπειρήθη δὲ καὶ τοὺς
5 ἐν τῇ λίμνῃ κατοικημένους ἐξαιρέειν ὧδε· ἴκρια ἐπὶ σταυρῶν
ὑψηλῶν ἐζευγμένα ἐν μέσῃ ἕστηκε τῇ λίμνῃ, ἔσοδον ἐκ τῆς
ἠπείρου στεινὴν ἔχοντα μιῇ γεφύρῃ. τοὺς δὲ σταυροὺς τοὺς 2
ὑπεστεῶτας τοῖσι ἰκρίοισι τὸ μέν κου ἀρχαῖον ἔστησαν κοινῇ
πάντες οἱ πολιῆται, μετὰ δὲ νόμῳ χρεώμενοι ἱστᾶσι τοιῷδε·
10 κομίζοντες ἐξ ὄρεος τῷ οὔνομά ἐστι Ὄρβηλος [κατὰ γυναῖκα
ἑκάστην] ὁ γαμέων τρεῖς σταυροὺς ὑπίστησι· ἄγεται δὲ
ἕκαστος συχνὰς γυναῖκας. οἰκέουσι δὲ τοιοῦτον τρόπον, 3
κρατέων ἕκαστος ἐπὶ τῶν ἰκρίων καλύβης τε ἐν τῇ διαιτᾶται
καὶ θύρης καταπακτῆς διὰ τῶν ἰκρίων κάτω φερούσης ἐς τὴν
15 λίμνην· τὰ δὲ νήπια παιδία δέουσι τοῦ ποδὸς σπάρτῳ,
μὴ κατακυλισθῇ δειμαίνοντες. τοῖσι δὲ ἵπποισι καὶ τοῖσι 4
ὑποζυγίοισι παρέχουσι χόρτον ἰχθῦς· τῶν δὲ πλῆθός ἐστι
τοσοῦτον ὥστε, ὅταν τὴν θύρην τὴν καταπακτὴν ἀνακλίνῃ,
κατίει σχοινίῳ σπυρίδα κεινὴν ἐς τὴν λίμνην καὶ οὐ πολλόν
20 τινα χρόνον ἐπισχὼν ἀνασπᾷ πλήρεα ἰχθύων. τῶν δὲ ἰχθύων
ἐστὶ γένεα δύο, τοὺς καλέουσι "πάπρακάς" τε καὶ "τίλωνας."
Παιόνων μὲν δὴ οἱ χειρωθέντες ἤγοντο ἐς τὴν Ἀσίην, Μεγά- 17
βαζος δὲ ὡς ἐχειρώσατο τοὺς Παίονας, πέμπει ἀγγέλους ἐς
Μακεδονίην ἄνδρας ἑπτὰ Πέρσας, οἳ μετ' αὐτὸν ἐκείνου ἦσαν
25 δοκιμώτατοι ἐν τῷ στρατοπέδῳ. ἐπέμποντο δὲ οὗτοι παρὰ
Ἀμύντην αἰτήσοντες γῆν τε καὶ ὕδωρ Δαρείῳ βασιλέϊ. ἔστι 2
δὲ ἐκ τῆς Πρασιάδος λίμνης σύντομος κάρτα ἐς τὴν Μακε-
δονίην. πρῶτα μὲν γὰρ ἔχεται τῆς λίμνης τὸ μέταλλον ἐξ

1 ἀναστάντες D   2 τὸ] τε a   καὶ ... Ὀδομάντους (-τας SV)
seclusit Stein   Ἀγριαννας SVUDᵉ(1)   3 Π+ρ. D   6 ἑστήκεε
a P   7 alt. τοὺς] τούτους d   8 τὸ] τοῦτο d   10 οὔρεος
CDPSV   Ὄρβιλλος P   12 πολλὰς d P   οἰκεῦσι S   τοῦτον
τὸν d   13 τε om. d   ἢ L   14 καταρρακτῆς Reiske
15 τοῦ παιδὸς VU   16 κατακληιωθῇ (?) D¹: -κλυ- Laur. lxx. 6
18 τοσοῦτο AB   19 κατει B¹   σχοινία D: σχοίνῳ a P   κεινὴν
AB: κειμένην D   21 πάπρακάς D   25 ἐν τῷ στρατ. δοκιμ. d
δὴ S   27 ἐκ τῆς om. SVU   28 πρῶτον a

οὗ [ὕστερον τούτων] τάλαντον ἀργυρίου Ἀλεξάνδρῳ [ἡμέρης
ἑκάστης] ἐφοίτα, μετὰ δὲ τὸ μέταλλον Δύσωρον καλεόμενον
18 ὄρος ὑπερβάντα εἶναι ἐν Μακεδονίῃ. οἱ ὦν Πέρσαι οἱ
πεμφθέντες οὗτοι παρὰ τὸν Ἀμύντην ὡς ἀπίκοντο, αἴτεον
ἐλθόντες ἐς ὄψιν τὴν Ἀμύντεω Δαρείῳ βασιλέϊ γῆν τε καὶ 5
ὕδωρ. ὁ δὲ ταῦτά τε ἐδίδου καί σφεας ἐπὶ ξείνια καλέει,
παρασκευασάμενος δὲ δεῖπνον μεγαλοπρεπὲς ἐδέκετο τοὺς
2 Πέρσας φιλοφρόνως. ὡς δὲ ἀπὸ δείπνου ἐγίνοντο, διαπί-
νοντες εἶπαν οἱ Πέρσαι τάδε· Ξεῖνε Μακεδών, ἡμῖν νόμος
ἐστὶ τοῖσι Πέρσῃσι, ἐπεὰν δεῖπνον προτιθώμεθα μέγα, τότε 10
καὶ τὰς παλλακὰς καὶ τὰς κουριδίας γυναῖκας ἐσάγεσθαι
παρέδρους· σύ νυν, ἐπεί περ προθύμως μὲν ἐδέξαο, μεγάλως
δὲ ξεινίζεις, διδοῖς τε βασιλέϊ Δαρείῳ γῆν τε καὶ ὕδωρ, ἕπεο
3 νόμῳ τῷ ἡμετέρῳ. εἶπε πρὸς ταῦτα Ἀμύντης· Ὦ Πέρσαι,
νόμος μὲν ἡμῖν γέ ἐστι οὐκ οὗτος, ἀλλὰ κεχωρίσθαι ἄνδρας 15
γυναικῶν· ἐπείτε δὲ ὑμεῖς ἐόντες δεσπόται προσχρηίζετε
τούτων, παρέσται ὑμῖν καὶ ταῦτα. εἴπας τοσαῦτα ὁ Ἀμύντης
μετεπέμπετο τὰς γυναῖκας. αἱ δ' ἐπείτε καλεόμεναι ἦλθον,
4 ἐπεξῆς ἀντίαι ἵζοντο τοῖσι Πέρσῃσι. ἐνθαῦτα οἱ Πέρσαι
ἰδόμενοι γυναῖκας εὐμόρφους [ἔλεγον πρὸς Ἀμύντην] φάμενοι 20
τὸ ποιηθὲν τοῦτο οὐδὲν εἶναι σοφόν· κρέσσον γὰρ εἶναι
[ἀρχῆθεν μὴ] ἐλθεῖν τὰς γυναῖκας ἢ ἐλθούσας καὶ [μὴ] παριζο-
5 μένας ἀντίας ἵζεσθαι ἀλγηδόνας σφίσι ὀφθαλμῶν. ἀναγκα-
ζόμενος δὲ ὁ Ἀμύντης ἐκέλευε παρίζειν· πειθομένων δὲ τῶν
γυναικῶν αὐτίκα οἱ Πέρσαι μαστῶν τε ἅπτοντο οἷα [πλεόνως 25
19 οἰνωμένοι] καί κού τις καὶ φιλέειν ἐπειρᾶτο. Ἀμύντης μὲν
δὴ ταῦτα ὀρέων ἀτρέμας εἶχε, καίπερ δυσφορέων, οἷα ὑπερδει-

---

5 εἰς V   Δαρείῳ om. S   βασιλέϊ om. ⟨d⟩   6 ξεινία(ι) C P :
ξεινίας ⟨d⟩   7 δὲ om. D V U   8 ἐγένοντο D S   10 μέγαν D
11 παλλακὰς C S V   κουρίδας C   13 ἐξείνισας ⟨d⟩   pr. τε] δὲ ⟨a⟩ P
14 ὁ Ἀμ. D   15 οὐχ ⟨a⟩   ουτως ⟨d⟩   17 τουτέων ⟨d⟩ P   ὑμῖν]
μὲν ⟨d⟩   ταῦτα] τάδε D V U   18 μετεπέμψατο ⟨d⟩   κελευόμεναι ⟨d⟩
19 ἀντία C   ἰδόμενοι οἱ Πέρσαι ⟨d⟩   21 rg. εἶναι om. C
22 παρεζομένας ⟨a⟩   23 ἀντία ⟨d⟩   ἀλγηδόνα ⟨d⟩   σφι ⟨d⟩ P
24 πειθομενέων ⟨a⟩ D P   25 πλεύνως C   27 δὴ om. C

μαίνων τοὺς Πέρσας· Ἀλέξανδρος δὲ ὁ Ἀμύντεω παρεών τε
καὶ ὁρῶν ταῦτα, ἅτε νέος τε ἐὼν καὶ κακῶν ἀπαθής, οὐδαμῶς
ἔτι κατέχειν οἷός τε ἦν, ὥστε δὲ βαρέως φέρων εἶπε πρὸς
Ἀμύντην τάδε· Σὺ μέν, ὦ πάτερ, εἶκε τῇ ἡλικίῃ ἀπιών τε
5 ἀναπαύεο μηδὲ λιπάρεε τῇ πόσι· ἐγὼ δὲ προσμένων αὐτοῦ
τῇδε πάντα τὰ ἐπιτήδεα παρέξω τοῖσι ξείνοισι. πρὸς ταῦτα 2
συνιεὶς Ἀμύντης ὅτι νεώτερα πρήγματα πρήξειν μέλλοι
Ἀλέξανδρος, λέγει· Ὦ παῖ, σχεδὸν γάρ σευ ἀνακαιομένου
συνίημι τοὺς λόγους, ὅτι ἐθέλεις ἐμὲ ἐκπέμψας ποιέειν τι
10 νεώτερον· ἐγὼ ὦν σευ χρηίζω μηδὲν νεοχμῶσαι κατ' ἄνδρας
τούτους, ἵνα μὴ ἐξεργάσῃ ἡμέας, ἀλλὰ ἀνέχευ ὁρέων τὰ
ποιεύμενα· ἀμφὶ δὲ ἀπόδῳ τῇ ἐμῇ πείσομαί τοι. ὡς δὲ ὁ 20
Ἀμύντης χρήσας τούτων οἰχώκεε, λέγει ὁ Ἀλέξανδρος πρὸς
τοὺς Πέρσας· Γυναικῶν τουτέων, ὦ ξεῖνοι, ἔστι ὑμῖν πολλὴ
5 εὐπετείη, καὶ εἰ πάσῃσι βούλεσθε μίσγεσθαι καὶ ὁκόσῃσι
ὧν αὐτέων. τούτου μὲν πέρι αὐτοὶ ἀποσημανέετε· νῦν δέ, 2
σχεδὸν γὰρ ἤδη τῆς κοίτης ὥρη προσέρχεται ὑμῖν καὶ καλῶς
ἔχοντας ὑμέας ὁρῶ μέθης, γυναῖκας ταύτας, εἰ ὑμῖν φίλον
ἐστί, ἄφετε λούσασθαι, λουσαμένας δὲ ὀπίσω προσδέκεσθε.
10 εἴπας ταῦτα, συνέπαινοι γὰρ ἦσαν οἱ Πέρσαι, γυναῖκας μὲν 3
ἐξελθούσας ἀπέπεμπε ἐς τὴν γυναικηίην, αὐτὸς δὲ ὁ Ἀλέ-
ξανδρος ἴσους τῇσι γυναιξὶ ἀριθμὸν ἄνδρας λειογενείους τῇ
τῶν γυναικῶν ἐσθῆτι σκευάσας καὶ ἐγχειρίδια δοὺς παρῆγε
ἔσω, παράγων δὲ τούτους ἔλεγε τοῖσι Πέρσῃσι τάδε· Ὦ 4
15 Πέρσαι, οἴκατε πανδαισίῃ τελείῃ ἱστιῆσθαι· τά τε γὰρ ἄλλα

2 ὁρέων a C P   τε om. a P   ἐν P S V U   3 δὲ om. D
4 Ἀμύντεα a   ὦ πάτερ σὺ μὲν a   5 πόσει a C P [V]   7 συνιεὶς
D S V   δ' Ἀμ. a   πρήσσειν a   μέλλει V   8 ὁ Ἀλ. a D
ὦ παῖ om. S   σευ om. S V   ἀναγομένου a   11 ἀνάχευ S V
12 τοι om. a.   δ om. a P   13 τουτέων C : τούτων D   ἔλεγε(ν)
a P   14 πολλή ἐστι ὑμῖν P : πολλὴ (-λοὶ V) ἐν ὑμῖν S V : πολλὴ
ἐστιν ἐν ὑμῖν D U   15 καὶ εἰ om. V : καὶ κἀπάσῃσι U¹   ἀπάσῃσι
D (σι supra v.) S V   μίγνυσθαι a   16 ἀποσημάνετε a   18 ὁρέω C
19 προσδέκεσθαι a   21 ἐσελθούσας a   22 ἀριθμὸν post ἴσους a
23 ἦγε a   24 ἔσω P : εἴσω a a   25 τελέη a P   ἠστιῆσθαι
a D¹ (?) : εἰστ. P U : ἔστ. S : ἢ εἰστ. V : εἰστ. Dᶜ

9

as much as was possible for us finding it to provide?

ὅσα-εἴχομεν, καὶ πρὸς τὰ οἶά τε ἦν ἐξευρόντας παρέχειν,
πάντα ὑμῖν πάρεστι, καὶ δὴ καὶ τόδε τὸ πάντων μέγιστον,
τάς τε ἑωυτῶν μητέρας καὶ τὰς ἀδελφεὰς ἐπιδαψιλευόμεθα
ὑμῖν, ὡς παντελέως μάθητε τιμώμενοι πρὸς ἡμέων τῶν πέρ
ἐστε ἄξιοι, πρὸς δὲ καὶ βασιλέϊ τῷ πέμψαντι ἀπαγγείλητε 5
ὡς ἀνὴρ Ἕλλην, Μακεδόνων ὕπαρχος, εὖ ὑμέας ἐδέξατο καὶ
5 τραπέζῃ καὶ κοίτῃ. ταῦτα εἴπας Ἀλέξανδρος παρίζει
Πέρσῃ ἀνδρὶ ἄνδρα Μακεδόνα [ὡς γυναῖκα τῷ λόγῳ] οἱ δέ,
ἐπείτε σφέων οἱ Πέρσαι ψαύειν ἐπειρῶντο, διεργάζοντο
αὐτούς. 10

21 Καὶ οὗτοι μὲν τούτῳ τῷ μόρῳ διεφθάρησαν, καὶ αὐτοὶ καὶ
ἡ θεραπηίη αὐτῶν· εἵπετο γὰρ δή σφι καὶ ὀχήματα καὶ θερά-
ποντες καὶ ἡ πᾶσα πολλὴ παρασκευή· πάντα δὴ ταῦτα ἅμα
2 πᾶσι ἐκείνοισι ἠφάνιστο. μετὰ δὲ χρόνῳ οὐ πολλῷ ὕστερον
ζήτησις τῶν ἀνδρῶν τούτων μεγάλη ἐκ τῶν Περσέων ἐγίνετο, 15
καί σφεας Ἀλέξανδρος κατέλαβε σοφίῃ, χρήματά τε δοὺς
πολλὰ καὶ τὴν ἑωυτοῦ ἀδελφεὴν τῇ οὔνομα ἦν Γυγαίη· δοὺς
δὲ ταῦτα [κατέλαβε ὁ Ἀλέξανδρος] Βουβάρῃ ἀνδρὶ Πέρσῃ,
τῶν διζημένων τοὺς ἀπολομένους [τῷ στρατηγῷ]. ὁ μέν νυν
τῶν Περσέων τούτων θάνατος οὕτω καταλαμφθεὶς ἐσιγήθη. 20
22 Ἕλληνας δὲ εἶναι [τούτους τοὺς ἀπὸ Περδίκκεω γεγονότας]
κατά περ αὐτοὶ λέγουσι, αὐτός τε οὕτω τυγχάνω ἐπιστάμενος
καὶ δὴ καὶ ἐν τοῖσι ὄπισθε λόγοισι ἀποδέξω ὡς εἰσὶ Ἕλληνες,
πρὸς δὲ καὶ [οἱ τὸν ἐν Ὀλυμπίῃ διέποντες ἀγῶνα] Ἑλλήνων
2 οὕτω ἔγνωσαν εἶναι. Ἀλεξάνδρου γὰρ ἀεθλεύειν ἑλομένου 25
καὶ καταβάντος ἐπ' αὐτὸ τοῦτο οἱ ἀντιθευσόμενοι Ἑλλήνων
ἐξεργόν μιν, φάμενοι οὐ βαρβάρων ἀγωνιστέων εἶναι τὸν

---

1 οἶόν d   2 τὸ om. d   3 τε om. d P   ἐπιδαψιλεύμεθα a
4 μάθετε a   6 Μακεδων a DPVU   7 δ' Ἀλ. a   8 Πέρσησι B¹
12 θεραπηί B: θεραπείη DSV   αὐτέων SVU   14 πᾶσι om. a
ἠφανίζετο a   15 τουτέων d (it. 20)   Περσέων om. SV   ἐγέ-
νετο C¹   16 σοφίη κατέλαβε D   18 ταύτην DSV   19 ἀπολλ. B
τῶν στρατηγῶν L: corr. Valckenaer   20 καταλαμφεὶς U   21 τού-
τους εἶναι d P   τοὺς om. SVU   Περδίκεω C V   23 alt. καὶ
om. SV   -σθεν V   ὡς εἰσὶ] ὦσιν V   24 τῶν D   ἐν om. a
Ἑλληνοδίκαι a P   25 καὶ οὕτω DV   βουλομένου γὰρ Ἀλ. ἀεθλεύειν a
27 ἐξείργον L   ἀγωνιστέον d

ἀγῶνα ἀλλὰ Ἑλλήνων. Ἀλέξανδρος δὲ ἐπειδὴ ἀπέδεξε
ὡς εἴη Ἀργεῖος, ἐκρίθη τε εἶναι Ἕλλην καὶ ἀγωνιζόμενος
στάδιον συνεξέπιπτε τῷ πρώτῳ. ταῦτα μέν νυν οὕτω κῃ
ἐγένετο.

5 Μεγάβαζος δὲ ἄγων τοὺς Παίονας ἀπίκετο ἐπὶ τὸν Ἑλλήσ- 23
ποντον, ἐνθεῦτεν δὲ διαπεραιωθεὶς ἀπίκετο ἐς τὰς Σάρδις.
ἅτε δὲ τειχέοντος ἤδη Ἱστιαίου τοῦ Μιλησίου τὴν παρὰ
Δαρείου αἰτήσας ἔτυχε μισθὸν δωρεὴν φυλακῆς τῆς σχεδίης,
ἐόντος δὲ τοῦ χώρου τούτου παρὰ Στρυμόνα ποταμόν, τῷ οὔνομά
10 ἐστι Μύρκινος, μαθὼν ὁ Μεγάβαζος τὸ ποιεύμενον ἐκ τοῦ
Ἱστιαίου, ὡς ἦλθε τάχιστα ἐς τὰς Σάρδις ἄγων τοὺς Παίονας,
ἔλεγε Δαρείῳ τάδε· Ὦ βασιλεῦ, κοῖόν τι χρῆμα ἐποίησας, 2
ἀνδρὶ Ἕλληνι δεινῷ τε καὶ σοφῷ δοὺς ἐγκτίσασθαι πόλιν ἐν
Θρηίκῃ, ἵνα ἴδη τε ναυπηγήσιμός ἐστι ἄφθονος καὶ πολλοὶ
15 κωπέες καὶ μέταλλα ἀργύρεα, ὅμιλός τε πολλὸς μὲν Ἕλλην
περιοικέει, πολλὸς δὲ βάρβαρος, οἳ προστάτεω ἐπιλαβόμενοι
ποιήσουσι τοῦτο τὸ ἂν κεῖνος ἐξηγέηται καὶ ἡμέρης καὶ νυκτός.
σύ νυν τοῦτον τὸν ἄνδρα παῦσον ταῦτα ποιεῦντα, ἵνα μὴ 3
οἰκηίῳ πολέμῳ συνέχῃ. τρόπῳ δὲ ἠπίῳ μεταπεμψάμενος
20 παῦσον· ἐπεὰν δὲ αὐτὸν περιλάβῃς, ποιέειν ὅκως μηκέτι·
κεῖνος ἐς Ἕλληνας ἀπίξεται. ταῦτα λέγων ὁ Μεγάβαζος 24
εὐπετέως ἔπειθε τὸν Δαρεῖον ὡς εὖ προορῶν τὸ μέλλον
γίνεσθαι. μετὰ δὲ πέμψας ἄγγελον ἐς τὴν Μύρκινον ὁ
Δαρεῖος ἔλεγε τάδε· Ἱστιαῖε, βασιλεὺς Δαρεῖος τάδε λέγει·
25 ἐγὼ φροντίζων εὑρίσκω ἐμοί τε καὶ τοῖσι ἐμοῖσι πρήγμασι
εἶναι οὐδένα σεῦ ἄνδρα εὐνοέστερον, τοῦτο δὲ οὐ λόγοισι ἀλλ᾽
ἔργοισι οἶδα μαθών. νῦν ὦν, ἐπινοέω γὰρ πρήγματα μεγάλα 2

1 Ἀλ. μὲν δὴ DVU: ὁ μὲν δὴ Ἀλ. S   2 ἐκρίθη Ἕλλην εἶναι καὶ
ἀγωνισάμενος d   5 ἐς SVU   6 δὲ om. aP   τὰς om. d
7 δὲ] δὴ C   8 μισθὸν Schaefer, δωρεὴν Dobree del.   10 Μύρ-
κιννος C: Μύρκιος SV   δὲ ὁ DPVU   12 οἷόν aP   13 ἐγκτή-
σασθαι d   14 τε ναυπ. ἐστι(ν) ἴδη (ἤδη V¹) d   15 μεγάλα
ἀργύρια d P¹   ἄλλην D   16 πολλῆς V   17 ἐκεῖνος DSV
ἐξηγέεται SVU   18 τὸν ἄνδρα τοῦτον d   19 συνέχεαι dCP
22 τὸν om. aP   23 ἄγγελον πέμψας ὁ Δ. ἐς τὴν Μ. (-κιννον B) dP
26 οὐδένα εἶναι dP

κατεργάσασθαι, ἀπίκνεό μοι πάντως, ἵνα τοι αὐτὰ ὑπερθέωμαι.
τούτοισι τοῖσι ἔπεσι πιστεύσας ὁ Ἱστιαῖος καὶ ἅμα μέγα
ποιεύμενος βασιλέος σύμβουλος γενέσθαι ἀπίκετο ἐς τὰς
3 Σάρδις. ἀπικομένῳ δέ οἱ ἔλεγε Δαρεῖος τάδε· Ἱστιαῖε, ἐγώ
σε μετεπεμψάμην τῶνδε εἵνεκεν· ἐπείτε τάχιστα ἐνόστησα 5
ἀπὸ Σκυθέων καὶ σύ μοι ἐγένεο ἐξ ὀφθαλμῶν, οὐδέν κω
ἄλλο χρῆμα [οὕτω ἐν βραχέι] ἐπεζήτησα ὡς σὲ ἰδεῖν τε καὶ
ἐς λόγους μοι ἀπικέσθαι, ἐγνωκὼς ὅτι κτημάτων πάντων
ἐστὶ τιμιώτατον ἀνὴρ φίλος [συνετός τε καὶ εὔνοος,] τά τοι
[ἐγὼ καὶ] ἀμφότερα συνειδὼς [ἔχω μαρτυρέειν] ἐς πρήγματα τὰ 10
4 ἐμά. νῦν ὦν, εὖ γὰρ ἐποίησας ἀπικόμενος, τάδε τοι ἐγὼ
προτείνομαι· [Μίλητον μὲν ἔα] καὶ τὴν νεόκτιστον ἐν Θρηίκῃ
πόλιν, σὺ δέ μοι ἑπόμενος ἐς Σοῦσα ἔχε τά περ ἂν ἐγὼ ἔχω,
25 ἐμός τε σύσσιτος ἐὼν καὶ σύμβουλος. ταῦτα Δαρεῖος εἴπας
καὶ καταστήσας Ἀρταφρένεα ἀδελφεὸν [ἑωυτοῦ ὁμοπάτριον] 15
ὕπαρχον εἶναι Σαρδίων, ἀπήλαυνε ἐς Σοῦσα ἅμα ἀγόμενος
Ἱστιαῖον, Ὀτάνεα δὲ ἀποδέξας στρατηγὸν εἶναι τῶν παρα-
θαλασσίων ἀνδρῶν, τοῦ τὸν πατέρα Σισάμνην [βασιλεὺς
Καμβύσης] γενόμενον τῶν βασιληίων δικαστέων, ὅτι ἐπὶ
χρήμασι δίκην ἄδικον ἐδίκασε, σφάξας ἀπέδειρε πᾶσαν τὴν 20
ἀνθρωπέην, σπαδίξας δὲ αὐτοῦ τὸ δέρμα [ἱμάντας ἐξ αὐτοῦ
2 ἔταμε] καὶ ἐνέτεινε τὸν θρόνον ἐς τὸν ἵζων ἐδίκαζε· ἐντανύσας
δὲ ὁ Καμβύσης ἀπέδεξε δικαστὴν εἶναι ἀντὶ τοῦ Σισάμνεω,
τὸν ἀποκτείνας ἀπέδειρε, τὸν παῖδα τοῦ Σισάμνεω, ἐντειλά-
26 μενός οἱ μεμνῆσθαι ἐν τῷ κατίζων θρόνῳ δικάζει. οὗτος 25
ὦν ὁ Ὀτάνης, ὁ ἐγκατιζόμενος ἐς τοῦτον τὸν θρόνον, τότε
[διάδοχος γενόμενος Μεγαβάζῳ τῆς στρατηγίης] Βυζαντίους τε
εἷλε καὶ Καλχηδονίους, εἷλε δὲ Ἄντανδρον τὴν ἐν τῇ Τρωάδι
γῇ, εἷλε δὲ Λαμπώνιον, λαβὼν δὲ παρὰ Λεσβίων νέας εἷλε

---

1 ἀπίκεό a   4 οἱ] γε S : om. a   5 εἵνεκα a   7 πρήγμα d
ἰδέειν L   8 μου C : τοι Stein   9 τε καὶ om. d   τοι] τε SV
12 νεόκτιστον B   15 -φέρνεα DPSU   17 εἶναι στρατηγὸν a
19 δικαστῶν d   21 ἀνθρωπέην Dindorf : -πηίην L (-αν D) :
-πείην Eustath. Il. 374 : -πὴν Pollux ii. 5   26 alt. ὁ om. d
27 Βιζαντιείους SV   δὲ C   28 Καρχ. D P¹   ἄντρον D¹
29 γῆν C

Λῆμνόν τε καὶ Ἴμβρον, ἀμφοτέρας ἔτι τότε ὑπὸ Πελασγῶν
οἰκεομένας. οἱ μὲν δὴ Λήμνιοι καὶ ἐμαχέσαντο εὖ καὶ 27
ἀμυνόμενοι ἀνὰ χρόνον ἐκακώθησαν, τοῖσι δὲ περιεοῦσι αὐ-
τῶν οἱ Πέρσαι ὕπαρχον ἐπιστᾶσι Λυκάρητον τὸν Μαιανδρίου
5 τοῦ βασιλεύσαντος Σάμου] ἀδελφεόν. οὗτος ὁ Λυκάρητος 2
ἄρχων ἐν Λήμνῳ τελευτᾷ. . . . αἰτίη δὲ τούτου ἥδε· πάντας
ἠνδραποδίζετο καὶ κατεστρέφετο, τοὺς μὲν λιποστρατίης ἐπὶ
Σκύθας αἰτιώμενος, τοὺς δὲ σίνεσθαι τὸν Δαρείου στρατὸν
ἀπὸ Σκυθέων ὀπίσω ἀποκομιζόμενον.

10   Οὗτος μέν νυν τοσαῦτα ἐξεργάσατο στρατηγήσας, μετὰ δὲ 28
οὐ πολλὸν χρόνον ἄνεσις κακῶν ἦν, καὶ ἤρχετο τὸ δεύτερον
ἐκ Νάξου τε καὶ Μιλήτου Ἴωσι γίνεσθαι κακά. τοῦτο μὲν
γὰρ ἡ Νάξος εὐδαιμονίῃ τῶν νήσων προέφερε, τοῦτο δὲ κατὰ
τὸν αὐτὸν χρόνον ἡ Μίλητος αὐτή τε ἑωυτῆς μάλιστα δὴ
15 τότε ἀκμάσασα] καὶ δὴ καὶ τῆς Ἰωνίης ἦν πρόσχημα, κατύ-
περθε δὲ τούτων ἐπὶ δύο γενεὰς ἀνδρῶν νοσήσασα ἐς τὰ
μάλιστα στάσι, μέχρι οὗ μιν Πάριοι κατήρτισαν· τούτους
γὰρ καταρτιστῆρας ἐκ πάντων Ἑλλήνων εἵλοντο οἱ Μιλήσιοι.
κατήλλαξαν δέ σφεας ὧδε οἱ Πάριοι· ὡς ἀπίκοντο αὐτῶν 29
20 ἄνδρες οἱ ἄριστοι ἐς τὴν Μίλητον, ὥρων γὰρ δή σφεας
δεινῶς οἰκοφθορημένους, ἔφασαν αὐτῶν βούλεσθαι διεξελθεῖν
τὴν χώρην. ποιεῦντες δὲ ταῦτα καὶ διεξιόντες πᾶσαν τὴν
Μιλησίην, ὅκως τινὰ ἴδοιεν ⟨ἐν⟩ ἀνεστηκυίῃ τῇ χώρῃ ἀγρὸν
εὖ ἐξεργασμένον, ἀπεγράφοντο τὸ οὔνομα τοῦ δεσπότεω τοῦ
25 ἀγροῦ. διεξελάσαντες δὲ πᾶσαν τὴν χώρην καὶ σπανίους 2
εὑρόντες τούτους, ὡς τάχιστα κατέβησαν ἐς τὸ ἄστυ, ἁλίην
ποιησάμενοι ἀπέδεξαν τούτους μὲν τὴν πόλιν νέμειν τῶν

2 εὖ om. d   3 αὐτέων A B d   6 ἐν τῇ Λ. D   lacunam
statuit Valckenaer   7 λιποστρατιη d (λει- Dᶜ)   9 τὸν ἀπὸ d P
10 μέν νυν] δὲ a   11 ἄνεσις de la Barre: ἄνεος C: ἄνεως rell.
13 ἦν B S V U   νάξιος A¹ P: αξιος B   14 αὐτὸν om. d   16 του-
τέων d   17 στάσει d P   μέχρις D V   κατηρτίσαντο d   18 γὰρ]
δὲ C P   πάντων τῶν P   19 οἱ om. a P   20 οἱ om. d P   δὴ
om. d   21 αὐτὸν C: αὐτέων d   22 ποιέντες V   διεξελθόντες d
τὴν Μ. πᾶσαν d   23 ἐν add. Reiske   24 ἀπεγραφέατο L
τοὔνομα d P   τοῦ om. d   δεσπότεα D

εὗρον τοὺς ἀγροὺς εὖ ἐξεργασμένους· δοκέειν γὰρ ἔφασαν
καὶ τῶν δημοσίων οὕτω δή σφεας ἐπιμελήσεσθαι ὥσπερ τῶν
σφετέρων· τοὺς δὲ ἄλλους Μιλησίους τοὺς πρὶν στασιά-
30 ζοντας τούτων ἔταξαν πείθεσθαι. Πάριοι μέν νυν Μιλη-
σίους οὕτω κατήρτισαν· τότε δὲ ἐκ τουτέων τῶν πολίων ὧδε 5
ἤρχετο κακὰ γίνεσθαι τῇ Ἰωνίῃ. ἐκ Νάξου ἔφυγον ἄνδρες
τῶν παχέων ὑπὸ τοῦ δήμου, φυγόντες δὲ ἀπίκοντο ἐς Μίλητον.
2 τῆς δὲ Μιλήτου ἐτύγχανε ἐπίτροπος ἐὼν Ἀρισταγόρης ὁ
Μολπαγόρεω, γαμβρός τε ἐὼν καὶ ἀνεψιὸς Ἱστιαίου τοῦ
Λυσαγόρεω, τὸν ὁ Δαρεῖος ἐν Σούσοισι κατεῖχε. ὁ γὰρ 10
Ἱστιαῖος τύραννος ἦν Μιλήτου καὶ ἐτύγχανε τοῦτον τὸν
χρόνον ἐὼν ἐν Σούσοισι, ὅτε οἱ Νάξιοι ἦλθον, ξεῖνοι πρὶν
3 ἐόντες τῷ Ἱστιαίῳ. ἀπικόμενοι δὲ οἱ Νάξιοι ἐς τὴν Μίλητον
ἐδέοντο τοῦ Ἀρισταγόρεω, εἴ κως αὐτοῖσι παράσχοι δύναμίν
τινα καὶ κατέλθοιεν ἐς τὴν ἑωυτῶν. ὁ δὲ ἐπιλεξάμενος ὡς, 15
ἢν δι' αὐτοῦ κατέλθωσι ἐς τὴν πόλιν, ἄρξει τῆς Νάξου,
σκῆψιν δὲ ποιεύμενος τὴν ξεινίην τὴν Ἱστιαίου, τόνδε σφι
4 λόγον προσέφερε· Αὐτὸς μὲν ὑμῖν οὐ φερέγγυός εἰμι δύναμιν
παρασχεῖν τοσαύτην ὥστε κατάγειν ἀεκόντων τῶν τὴν πόλιν
ἐχόντων Ναξίων· πυνθάνομαι γὰρ ὀκτακισχιλίην ἀσπίδα 20
Ναξίοισι εἶναι καὶ πλοῖα μακρὰ πολλά· μηχανήσομαι δὲ
5 πᾶσαν σπουδὴν ποιεύμενος. ἐπινοέω δὲ τῇδε. Ἀρταφρένης
μοι τυγχάνει ἐὼν φίλος· ὁ δὲ Ἀρταφρένης ὑμῖν Ὑστάσπεος
μέν ἐστι παῖς, Δαρείου δὲ τοῦ βασιλέος ἀδελφεός, τῶν δ'
ἐπιθαλασσίων τῶν ἐν τῇ Ἀσίῃ ἄρχει πάντων, ἔχων στρατιήν 25
τε πολλὴν καὶ πολλὰς νέας. τοῦτον ὦν δοκέω τὸν ἄνδρα
6 ποιήσειν τῶν ἂν χρηίζωμεν. ταῦτα ἀκούσαντες οἱ Νάξιοι
προσέθεσαν τῷ Ἀρισταγόρῃ πρήσσειν τῇ δύναιτο ἄριστα καὶ

4 οὕτω Μιλησίους ₫P   10 pr. δ om. a   11 τῆς Μιλ. d
14 αὐτοῖς DVU   16 αὐτοῦ a Suid. s. v. ἐπιλεξάμενος : ἑωυτοῦ ₫P
17 ξεινίην V   τὴν] τοῦ S: om. a   18 τὸν λόγον a   προέφερε(ν) ₫
19 παρασχ. τοσ. a Suid. s. v. φερέγγυος : τοσ. παρασχ. ₫P   20 ἀσπί-
δων V¹   21 δὲ om. V   22 -φέρνης S V U D² (it. 23)   23 ὑμῖν
om. ₫P   Ὑστάσπεω ₫P¹   26 τε om. S   τε καὶ S V U
27 χρηίζομεν V U   28 ᾗ(ι) L

ὑπίσχεσθαι δῶρα ἐκέλευον καὶ δαπάνην τῇ στρατιῇ ὡς αὐτοὶ
διαλύσοντες, ἐλπίδας πολλὰς ἔχοντες, ὅταν ἐπιφανέωσι ἐς
τὴν Νάξον, πάντα ποιήσειν τοὺς Ναξίους τὰ ἂν αὐτοὶ
κελεύωσι, ὡς δὲ καὶ τοὺς ἄλλους νησιώτας· τῶν γὰρ νήσων
5 τουτέων [τῶν Κυκλάδων] οὐδεμία κω ἦν ὑπὸ Δαρείῳ. ἀπικό- 31
μενος δὲ ὁ Ἀρισταγόρης ἐς τὰς Σάρδις λέγει πρὸς τὸν
Ἀρταφρένεα ὡς Νάξος εἴη νῆσος μεγάθεϊ μὲν οὐ μεγάλη,
ἄλλως δὲ καλή τε καὶ ἀγαθὴ καὶ ἀγχοῦ Ἰωνίης, χρήματα δὲ
ἔνι πολλὰ καὶ ἀνδράποδα. Σὺ ὦν ἐπὶ ταύτην τὴν χώρην
10 στρατηλάτεε, κατάγων ἐς αὐτὴν τοὺς φυγάδας ἐξ αὐτῆς.
καί τοι ταῦτα ποιήσαντι τοῦτο μέν ἐστι ἕτοιμα παρ' ἐμοὶ 2
χρήματα μεγάλα [πάρεξ τῶν ἀναισιμωμάτων] τῇ στρατιῇ
(ταῦτα μὲν γὰρ δίκαια ἡμέας τοὺς ἄγοντας παρέχειν), τοῦτο
δὲ νήσους βασιλέϊ προσκτήσεαι [αὐτήν τε καὶ Νάξον] καὶ τὰς
15 ἐκ ταύτης ἠρτημένας, Πάρον καὶ Ἄνδρον καὶ ἄλλας τὰς
Κυκλάδας καλευμένας. [ἐνθεῦτεν δὲ ὁρμώμενος] εὐπετέως 3
ἐπιθήσεαι Εὐβοίῃ, νήσῳ μεγάλῃ τε καὶ εὐδαίμονι, οὐκ
ἐλάσσονι Κύπρου καὶ κάρτα εὐπετέϊ αἱρεθῆναι. ἀποχρῶσι
δὲ ἑκατὸν νέες ταύτας πάσας χειρώσασθαι. ὁ δὲ ἀμείβετο
20 αὐτὸν τοιῷδε· Σὺ ἐς οἶκον τὸν βασιλέος ἐσηγητὴς γίνεαι 4
πρηγμάτων ἀγαθῶν καὶ ταῦτα εὖ παραινέεις πάντα, πλὴν
τῶν νεῶν τοῦ ἀριθμοῦ. ἀντὶ δὲ ἑκατὸν νεῶν διηκόσιαί τοι
ἕτοιμοι ἔσονται ἅμα τῷ ἔαρι. δεῖ δὲ τούτοισι καὶ αὐτὸν
βασιλέα συνέπαινον γίνεσθαι. ὁ μὲν δὴ Ἀρισταγόρης ὡς 32
25 ταῦτα ἤκουσε, περιχαρὴς ἐὼν ἀπήιε ἐς Μίλητον, ὁ δὲ Ἀρτα-
φρένης, ὥς οἱ πέμψαντι ἐς Σοῦσα καὶ ὑπερθέντι τὰ ἐκ
τοῦ Ἀρισταγόρεω λεγόμενα συνέπαινος καὶ αὐτὸς Δαρεῖος

1 ὑποσχέσθαι d   5 τῶν Κυκλάδων seclusi   7 εἰ V : ἢ S
νῆσος om. a   μὲν om. C   8 pr. δὲ om. V U   9 ἔνι a : ἔχει
d P   10 ἐξ αὐτῶν C : del. Krueger   11 καὶ τοιαῦτα D
12 μεγάλα (μέγα S V) χρήματα d   -μωτάτων C D V   13 δί-
καιον a   παρέχειν ἐστί a   14 προσκτήσεαι (-αιε V U) βασ. d P
16 καλεομένας d   17 οὐκ] καὶ οὐκ a   18 ἔλασσον C   εὐπετέη
A¹ B   19 νέας D   20 τοῖσδε L   ἐσηγητὴς Herwerden &
Madvig : ἐξηγητὴς L   22 ἂν C   δὲ] γὰρ d P   23 δὲ] δὲ
καὶ d   τούτοισι om. Suid. s. v. συνέπαινοι   τὸν P   25 ἀπή(ι)ει d P

ἐγένετο, παρεσκευάσατο μὲν διηκοσίας τριήρεας, πολλὸν
δὲ κάρτα ὅμιλον Περσέων τε καὶ τῶν ἄλλων συμμάχων,
στρατηγὸν δὲ τούτων ἀπέδεξε Μεγαβάτην ἄνδρα Πέρσην
τῶν Ἀχαιμενιδέων, ἑωυτοῦ τε καὶ Δαρείου ἀνεψιόν, τοῦ
Παυσανίης ὁ Κλεομβρότου Λακεδαιμόνιος, εἰ δὴ ἀληθής ἐστι γέ 5
ἐστι ὁ λόγος, ὑστέρῳ χρόνῳ τούτων ἡρμόσατο θυγατέρα,
ἔρωτα σχὼν τῆς Ἑλλάδος τύραννος γενέσθαι. ἀποδέξας δὲ
Μεγαβάτην στρατηγὸν Ἀρταφρένης ἀπέστειλε τὸν στρατὸν
33 παρὰ τὸν Ἀρισταγόρεα. παραλαβὼν δὲ ὁ Μεγαβάτης ἐκ
τῆς Μιλήτου τόν τε Ἀρισταγόρεα καὶ τὴν Ἰάδα στρατιὴν 10
καὶ τοὺς Ναξίους ἔπλεε πρόφασιν ἐπ᾽ Ἑλλησπόντου, ἐπείτε
δὲ ἐγένετο ἐν Χίῳ, ἔσχε τὰς νέας ἐς Καύκασα, ὡς ἐνθεῦτεν
2 βορέῃ ἀνέμῳ ἐς τὴν Νάξον διαβάλοι. καὶ οὐ γὰρ ἔδεε τούτῳ
τῷ στόλῳ Ναξίους ἀπολέσθαι, πρῆγμα τοιόνδε συνηνείχθη
γενέσθαι· περιιόντος Μεγαβάτεω τὰς ἐπὶ τῶν νεῶν φυλακὰς 15
ἐπὶ νεὸς Μυνδίης ἔτυχε οὐδεὶς φυλάσσων· ὁ δὲ δεινόν
τι ποιησάμενος ἐκέλευσε τοὺς δορυφόρους ἐξευρόντας τὸν
ἄρχοντα ταύτης τῆς νεός, τῷ οὔνομα ἦν Σκύλαξ, τοῦτον
δῆσαι διὰ θαλαμίης διελόντας τῆς νεὸς κατὰ τοῦτο, ἔξω μὲν
3 κεφαλὴν ποιεῦντας, ἔσω δὲ τὸ σῶμα. δεθέντος δὲ τοῦ 20
Σκύλακος ἐξαγγέλλει τις τῷ Ἀρισταγόρῃ ὅτι τὸν ξεῖνόν οἱ
τὸν Μύνδιον Μεγαβάτης δήσας λυμαίνοιτο. ὁ δ᾽ ἐλθὼν
παραιτέετο τὸν Πέρσην, τυγχάνων δὲ οὐδενὸς τῶν ἐδέετο
αὐτὸς ἐλθὼν ἔλυσε. πυθόμενος δὲ κάρτα δεινὸν ἐποιήσατο
4 ὁ Μεγαβάτης καὶ ἐσπέρχετο τῷ Ἀρισταγόρῃ. ὁ δὲ εἶπε· 25
Σοὶ δὲ καὶ τούτοισι τοῖσι πρήγμασι τί ἐστι; οὔ σε ἀπέστειλε
Ἀρταφρένης ἐμέο πείθεσθαι καὶ πλέειν τῇ ἂν ἐγὼ κελεύω;

1 ἐγίνετο PVU   τριήρεις đ P   2 τε om. S V   3 τουτέων
đ P   ἀπέδειξε D   5 Κλεομβρότεω đ   9 Ἀρισταγόρεα đ P
Eustath. Il. 234 : -γόρην a   9-10 τόν τε (om S) Ἀρισταγόρην ἐκ
M. a   11 (μὲν) ἐπ᾽ Naber   12 ἐγίνετο PSVU   ἐς] ἐν C
Καύκασον DPSV   13 διαβά + λοι V   14 συνηνέχθη SV
16 νεὼς DSV   οὐδεὶς ἔτυχε đ   18 νεὼς DSV   19 διὰ om.
Suid. s. v. θαλαμίδιοι   διέλκοντας Stein   νεὼς DS   μὲν (τὴν)
conieci   20 ποιεῦντες B   22 λυμαίν + το B   25 ἐπέρχετο
SV : ἐπεσπέρχετο conieci   26 σὺ CSVU   [τοῖσι] πρήγμα
Valckenaer   27 κελεύω ἐγώ D

τί πολλὰ πρήσσεις; ταῦτα εἶπε ὁ Ἀρισταγόρης. ὁ δὲ
θυμωθεὶς τούτοισι, ὡς νὺξ ἐγένετο, ἔπεμπε ἐς Νάξον πλοίῳ
ἄνδρας φράζοντας τοῖσι Ναξίοισι πάντα τὰ παρεόντα σφι
πρήγματα. οἱ γὰρ ὦν Νάξιοι οὐδὲν πάντως προσεδέκοντο 34
5 ἐπὶ σφέας τὸν στόλον τοῦτον ὁρμήσεσθαι. ἐπεὶ μέντοι
ἐπύθοντο, αὐτίκα μὲν ἐσηνείκαντο τὰ ἐκ τῶν ἀγρῶν ἐς τὸ
τεῖχος, παρεσκευάσαντο δὲ ὡς πολιορκησόμενοι καὶ σῖτα καὶ
ποτά, καὶ τὸ τεῖχος ἐσάξαντο. καὶ οὗτοι μὲν παρεσκευά- 2
ζοντο ὡς παρεσομένου σφι πολέμου, οἱ δ' ἐπείτε διέβαλον
10 ἐκ τῆς Χίου τὰς νέας ἐς τὴν Νάξον, πρὸς πεφραγμένους
προσεφέροντο καὶ ἐπολιόρκεον μῆνας τέσσερας. ὡς δὲ τά 3
τε ἔχοντες ἦλθον χρήματα οἱ Πέρσαι, ταῦτα κατεδεδαπάνητό
σφι, καὶ αὐτῷ τῷ Ἀρισταγόρῃ προσαναισίμωτο πολλά, τοῦ
πλεῦνός τε ἐδέετο ἡ πολιορκίη, ἐνθαῦτα τείχεα τοῖσι φυγάσι
15 τῶν Ναξίων οἰκοδομήσαντες ἀπαλλάσσοντο ἐς τὴν ἤπειρον,
κακῶς πρήσσοντες. Ἀρισταγόρης δὲ οὐκ εἶχε τὴν ὑπόσχεσιν 35
τῷ Ἀρταφρένεϊ ἐκτελέσαι· ἅμα δὲ ἐπίεζέ μιν ἡ δαπάνη τῆς
στρατιῆς ἀπαιτεομένη, ἀρρώδεέ τε [τοῦ στρατοῦ πρήξαντος
κακῶς] καὶ Μεγαβάτῃ διαβεβλημένος, ἐδόκεέ τε τὴν βασι-
20 ληίην τῆς Μιλήτου ἀπαιρεθήσεσθαι. ἀρρωδέων δὲ τούτων 2
ἕκαστα ἐβουλεύετο ἀπόστασιν· συνέπιπτε γὰρ καὶ τὸν
ἐστιγμένον τὴν κεφαλὴν ἀπῖχθαι ἐκ Σούσων παρὰ Ἱστιαίου,
σημαίνοντα ἀπίστασθαι Ἀρισταγόρην ἀπὸ βασιλέος. ὁ γὰρ 3
Ἱστιαῖος βουλόμενος τῷ Ἀρισταγόρῃ σημῆναι ἀποστῆναι
25 ἄλλως μὲν οὐδαμῶς εἶχε ἀσφαλέως σημῆναι ὥστε [φυλασσο-
μένων τῶν ὁδῶν,] ὁ δὲ τῶν δούλων τὸν πιστότατον ἀποξυρήσας
τὴν κεφαλὴν ἔστιξε καὶ ἀνέμεινε ἀναφῦναι τὰς τρίχας, ὡς
δὲ ἀνέφυσαν τάχιστα, ἀπέπεμπε ἐς Μίλητον ἐντειλάμενος

1 pr. δ om. PSVU   3 φράσσ. BC   σφι τε D: σφα V
4 οὐδέν ⟨τι⟩ Krueger   8 καὶ τὸ τεῖχος] κατὰ τάχος Dietsch
ἐφράξαντο Hoeger   παρεσκευάδατο CP   9 διέβαλλον C
11 τέσσαρας CSV   12 χρήματα ἦλθον D, corr. D¹   κατεδαπ.
CP: καταδεδαπ. SU   14 σφι τοῖσι V   15 ἀπαλλάσσαντο A
18 ἀπαιτεουμένη VU   20 ἄφαιρ. SVU: ἀπαιρήσεσθαι CP   δὴ
Herwerden   22 Σουσέων L   24 τῷ om. B   25 φυλασσο-
μένων Laur. lxx. 6: -μενέων L   26 πιστώτατον V   ἀποξυρίσας D¹
27 ἔστηξε A¹ B   ἀναφῆναι V

αὐτῷ ἄλλο μὲν οὐδέν, ἐπεὰν δὲ ἀπίκηται ἐς Μίλητον, κελεύειν
Ἀρισταγόρην ξυρήσαντά μιν τὰς τρίχας καταδέσθαι ἐς τὴν
κεφαλήν· τὰ δὲ στίγματα ἐσήμαινε, ὡς καὶ πρότερόν μοι
4 εἴρηται, ἀπόστασιν. ταῦτα δὲ ὁ Ἱστιαῖος ἐποίεε [συμφορὴν
ποιεύμενος μεγάλην] τὴν ἑωυτοῦ κατοχὴν τὴν ἐν Σούσοισι· 5
[ἀποστάσιος ὢν γινομένης] πολλὰς εἶχε ἐλπίδας μετήσεσθαι
ἐπὶ θάλασσαν, [μὴ δὲ νεώτερόν τι ποιεύσης τῆς Μιλήτου]
·οὐδαμὰ ἐς αὐτὴν ἥξειν ἔτι ἐλογίζετο.

36 Ἱστιαῖος μέν νυν ταῦτα διανοεύμενος ἀπέπεμπε τὸν
ἄγγελον, Ἀρισταγόρῃ δὲ συνέπιπτε [τοῦ αὐτοῦ χρόνου] πάντα 10
ταῦτα συνελθόντα. ἐβουλεύετο ὦν [μετὰ τῶν στασιωτέων]
ἐκφήνας τήν τε ἑωυτοῦ γνώμην καὶ τὰ παρὰ τοῦ Ἱστιαίου
2 ἀπιγμένα. οἱ μὲν δὴ ἄλλοι πάντες γνώμην κατὰ τὠυτὸ
ἐξεφέροντο, κελεύοντες ἀπίστασθαι, Ἑκαταῖος δ' ὁ λογοποιὸς
πρῶτα μὲν οὐκ ἔα πόλεμον βασιλέι τῶν Περσέων ἀναιρέεσθαι, 15
καταλέγων τά τε ἔθνεα πάντα τῶν ἦρχε Δαρεῖος καὶ τὴν
δύναμιν αὐτοῦ· ἐπείτε δὲ οὐκ ἔπειθε, δεύτερα συνεβούλευε
3 ποιέειν ὅκως ναυκρατέες τῆς θαλάσσης ἔσονται. ἄλλως μέν
νυν οὐδαμῶς ἔφη λέγων ἐνορᾶν ἐσόμενον τοῦτο (ἐπίστασθαι
γὰρ τὴν δύναμιν τὴν Μιλησίων ἐοῦσαν ἀσθενέα), εἰ δὲ τὰ 20
χρήματα καταιρεθείη τὰ ἐκ τοῦ ἱροῦ τοῦ ἐν Βραγχίδῃσι,
τὰ Κροῖσος ὁ Λυδὸς ἀνέθηκε, πολλὰς εἶχε ἐλπίδας ἐπικρα-
τήσειν τῆς θαλάσσης, καὶ οὕτως αὐτούς τε ἕξειν ⟨τοῖσι⟩
4 χρήμασι χρᾶσθαι καὶ τοὺς πολεμίους οὐ συλήσειν αὐτά. τὰ
δὲ χρήματα ἦν ταῦτα μεγάλα, ὡς δεδήλωταί μοι ἐν τῷ πρώτῳ 25
τῶν λόγων. αὕτη μὲν δὴ οὐκ ἐνίκα ἡ γνώμη, ἐδόκεε δὲ
ὅμως ἀπίστασθαι, ἕνα τε αὐτῶν πλώσαντα ἐς Μυοῦντα ἐς
τὸ στρατόπεδον τὸ ἀπὸ τῆς Νάξου ἀπελθόν, ἐὸν ἐνθαῦτα,
συλλαμβάνειν πειρᾶσθαι τοὺς ἐπὶ τῶν νεῶν ἐπιπλέοντας
37 στρατηγούς. [ἀποπεμφθέντος δὲ Ἰητραγόρεω] κατ' αὐτὸ τοῦτο 30

1 ἐπεὰν P : ἐπὴν rell.   4 ἐποίησε B¹ S V   5 μεγάλην
ποιεύμενος D   7 μὴ δὲν V   11 στρατιωτέων D   13 τοῦτο
A¹ : ταυτὸ C   14 δ' om. C   15 τῷ Bekker   16 κατὰ τά
λέγοντά τε V   20 τὴν Μιλ. D V : τῶν Μιλ. rell.   22 τὰ] τῷ V
23 τοῖσι add. Stein   30 ἀποπεφθέντος A B

καὶ συλλαβόντος δόλῳ Ὀλίατον Ἰβανώλλιος Μυλασέα καὶ
Ἱστιαῖον Τύμνεω Τερμερέα καὶ Κώην Ἐρξάνδρου, τῷ
Δαρεῖος Μυτιλήνην ἐδωρήσατο, καὶ Ἀρισταγόρην Ἡρα-
κλείδεω Κυμαῖον καὶ ἄλλους συχνούς, οὕτω δὴ ἐκ τοῦ
5 ἐμφανέος ὁ Ἀρισταγόρης ἀπεστήκεε, πᾶν ἐπὶ Δαρείῳ μηχα-
νώμενος. καὶ πρῶτα μὲν λόγῳ μετεὶς τὴν τυραννίδα ἰσονομίην 2
ἐποίεε τῇ Μιλήτῳ, ὡς ἂν ἑκόντες αὐτῷ οἱ Μιλήσιοι συναπι-
σταίατο, μετὰ δὲ καὶ ἐν τῇ ἄλλῃ Ἰωνίῃ τὠυτὸ τοῦτο ἐποίεε,
τοὺς μὲν ἐξελαύνων τῶν τυράννων, τοὺς δ' ἔλαβε τυράννους
10 ἀπὸ τῶν νεῶν τῶν συμπλευσασέων ἐπὶ Νάξον, τούτους δὲ
φίλα βουλόμενος ποιέεσθαι τῇσι πόλισι ἐξεδίδου, ἄλλον ἐς
ἄλλην πόλιν παραδιδούς, ὅθεν εἴη ἕκαστος. Κώην μέν νυν 38
Μυτιληναῖοι ἐπείτε τάχιστα παρέλαβον, ἐξαγαγόντες κατέ-
λευσαν, Κυμαῖοι δὲ τὸν σφέτερον αὐτῶν ἀπῆκαν· ὡς δὲ καὶ
15 ἄλλοι οἱ πλεῦνες ἀπίεσαν. τυράννων μέν νυν κατάπαυσις 2
ἐγίνετο ἀνὰ τὰς πόλιας, Ἀρισταγόρης δὲ ὁ Μιλήσιος ὡς
τοὺς τυράννους κατέπαυσε, στρατηγοὺς ἐν ἑκάστῃ τῶν πολίων
κελεύσας ἑκάστους καταστῆσαι, δεύτερα αὐτὸς ἐς Λακεδαίμονα
τριήρεϊ ἀπόστολος ἐγίνετο· ἔδεε γὰρ δὴ συμμαχίης τινός οἱ
20 μεγάλης ἐξευρεθῆναι.

Τῆς δὲ Σπάρτης Ἀναξανδρίδης μὲν ὁ Λέοντος οὐκέτι 39
περιεὼν ἐβασίλευε ἀλλὰ ἐτετελευτήκεε, Κλεομένης δὲ ὁ
Ἀναξανδρίδεω εἶχε τὴν βασιληίην, οὐ κατ' ἀνδραγαθίην
σχὼν ἀλλὰ κατὰ γένος. Ἀναξανδρίδῃ γὰρ ἔχοντι γυναῖκα
25 ἀδελφεῆς ἑωυτοῦ θυγατέρα καὶ ἐούσης ταύτης οἱ καταθυμίης
παῖδες οὐκ ἐγίνοντο. τούτου δὲ τοιούτου ἐόντος οἱ ἔφοροι 2
εἶπαν ἐπικαλεσάμενοι αὐτόν· Εἴ τοι σὺ σεωυτοῦ μὴ προφρᾷς,
ἀλλ' ἡμῖν τοῦτό ἐστι οὐ περιοπτέον, γένος τὸ Εὐρυσθένεος
γενέσθαι ἐξίτηλον. σύ νυν τὴν μὲν ἔχεις γυναῖκα, ἐπείτε
30 τοι οὐ τίκτει, ἔξεο, ἄλλην δὲ γῆμον· καὶ ποιέων ταῦτα

1 Ἰβανώλιος PSVU   Μυλασσέα L   2 Ἐξάνδρου S (-εω) VU
3 Μιτυλ. ᾱ C P (it. 13)   7 συναπιστέατο C¹   8 ταυτὸ C
10 συμπλευσασέων] συμ ex corr. D²   11 πόλη(ι)σι C D   15 ἄλλοι
Stein   νυν] τοι C   19 ἀπόστος D¹   26 ἐγένοντο V¹   27 εἴη
Cᶜ (1)   σὺ μὴ σεωυτοῦ + + προορᾷς D   29 σύ + D   30 ἔξεο
Schaefer : ἐκσέο L

19

Σπαρτιήτησι ἀδήσεις.   ὁ δ' ἀμείβετο φὰς τούτων οὐδέτερα
ποιήσειν, ἐκείνους τε οὐ καλῶς συμβουλεύειν παραινέοντας,
τὴν ἔχει γυναῖκα, ἐοῦσαν ἀναμάρτητον ἑωυτῷ, ταύτην ἀπέντα
40 ἄλλην ἐσαγαγέσθαι· οὐδέ σφι πείσεσθαι.   πρὸς ταῦτα οἱ
ἔφοροι καὶ οἱ γέροντες βουλευσάμενοι προσέφερον Ἀναξαν- 5
δρίδῃ τάδε· "Ἐπεὶ τοίνυν [τοι] περιεχόμενόν σε ὁρῶμεν τῆς
ἔχεις γυναικός, σὺ δὲ ταῦτα ποίεε καὶ μὴ ἀντίβαινε τούτοισι,
ἵνα μή τι ἀλλοῖον περὶ σεῦ Σπαρτιῆται βουλεύσωνται.
2 γυναικὸς μὲν τῆς ἔχεις οὐ προσδεόμεθά σευ τῆς ἐξέσιος, σὺ
δὲ ταύτῃ τε πάντα ὅσα νῦν παρέχεις πάρεχε] καὶ ἄλλην πρὸς 10
ταύτῃ ἐσάγαγε γυναῖκα τεκνοποιόν.   ταῦτά κῃ λεγόντων
συνεχώρησε ὁ Ἀναξανδρίδης, μετὰ δὲ γυναῖκας ἔχων δύο
41 διξὰς ἱστίας οἴκεε, ποιέων οὐδαμῶς Σπαρτιητικά.   χρόνου δὲ
οὐ πολλοῦ διελθόντος ἡ ἐσύστερον ἐπελθοῦσα γυνὴ τίκτει
τὸν δὴ Κλεομένεα τοῦτον.   καὶ αὕτη τε ἔφεδρον βασιλέα 15
Σπαρτιήτησι ἀπέφαινε καὶ ἡ προτέρη γυνὴ [τὸν πρότερον
χρόνον ἄτοκος ἐοῦσα] τότε κως ἐκύησε, συντυχίῃ ταύτῃ χρη-
2 σαμένη.   ἔχουσαν δὲ αὐτὴν ἀληθέϊ λόγῳ οἱ [τῆς ἐπελθούσης
γυναικὸς] οἰκήιοι πυθόμενοι ὤχλεον, φάμενοι αὐτὴν κομπέειν
ἄλλως] βουλομένην ὑποβαλέσθαι.   δεινὰ δὲ ποιεύντων αὐτῶν, 20
τοῦ χρόνου συντάμνοντος, ὑπ' ἀπιστίης οἱ ἔφοροι [τίκτουσαν
3 τὴν γυναῖκα] περιιζόμενοι ἐφύλαξαν.   ἡ δὲ ὡς ἔτεκε Δωριέα,
ἰθέως ἴσχει Λεωνίδην καὶ μετὰ τοῦτον ἰθέως ἴσχει Κλεόμβρο-
τον· οἱ δὲ καὶ διδύμους λέγουσι Κλεόμβροτόν τε καὶ
Λεωνίδην γενέσθαι.   ἡ δὲ Κλεομένεα τεκοῦσα καὶ [τὸ] 25
[δεύτερον ἐπελθοῦσα γυνή,] ἐοῦσα θυγάτηρ Πρινητάδεω τοῦ
42 Δημαρμένου, οὐκέτι ἔτικτε τὸ δεύτερον.   ὁ μὲν δὴ Κλεομένης,
ὡς λέγεται, ἦν τε [οὐ φρενήρης] ἀκρομανής τε, ὁ δὲ Δωριεὺς
ἦν τῶν ἡλίκων πάντων πρῶτος, εὖ τε ἠπίστατο [κατ' ἀνδρα-
2 γαθίην] αὐτὸς σχήσων τὴν βασιληίην.   ὥστε ὦν οὕτω φρο- 30

3 ἑωυτῷ om. S   4 εἰσαγ. D   6 τοι om. S   σε ὁρῶμεν]
ἐσορῶμεν D   11 ταύτην C¹   γυναῖκα ἐσάγαγε D   12 Ἀλεξ.
CV   13 διξᾶς V   14 ὕστερον ἐπεσελθοῦσα Stein   16 ἀπέφανε
SV: ἀπέφηνε Stein   17 τὸ τέκος V   19 κομπεύειν CV¹ (?)
22 προϊζόμενοι D: παριζόμενοι Naber   24 τε S solus   25 τὸ
del. Stein   29 ἠπίστατο D: ἐπ. rell.

νέων, ἐπειδὴ ὅ τε Ἀναξανδρίδης ἀπέθανε καὶ οἱ Λακεδαιμόνιοι
χρεώμενοι τῷ νόμῳ ἐστήσαντο βασιλέα τὸν πρεσβύτατον
Κλεομένεα, ὁ Δωριεὺς δεινόν τε ποιεύμενος καὶ οὐκ ἀξιῶν
ὑπὸ Κλεομένεος βασιλεύεσθαι, αἰτήσας λεὼν Σπαρτιήτας ἦγε
5 ἐς ἀποικίην, οὔτε τῷ ἐν Δελφοῖσι χρηστηρίῳ χρησάμενος ἐς
ἥντινα γῆν κτίσων ἴῃ, οὔτε ποιήσας οὐδὲν τῶν νομιζομένων.
οἷα δὲ βαρέως φέρων, ἀπίει ἐς τὴν Λιβύην τὰ πλοῖα· κατη-
γέοντο δέ οἱ ἄνδρες Θηραῖοι. ἀπικόμενος δὲ ἐς Κίνυπα οἴκισε 3
χῶρον κάλλιστον τῶν Λιβύων παρὰ ποταμόν. ἐξελασθεὶς δὲ
10 ἐνθεῦτεν τρίτῳ ἔτεϊ ὑπὸ Μακέων τε [καὶ] Λιβύων καὶ Καρχη-
δονίων ἀπίκετο ἐς Πελοπόννησον. ἐνθαῦτα δέ οἱ Ἀντιχάρης 43
ἀνὴρ Ἐλεώνιος συνεβούλευσε [ἐκ τῶν Λαΐου χρησμῶν] Ἡρα-
κλείην τὴν ἐν Σικελίῃ κτίζειν, φὰς τὴν Ἔρυκος χώρην πᾶσαν
εἶναι Ἡρακλειδέων [αὐτοῦ Ἡρακλέος κτησαμένου.] ὁ δὲ
15 ἀκούσας ταῦτα ἐς Δελφοὺς οἴχετο χρησόμενος τῷ χρη-
στηρίῳ, εἰ αἱρέει [ἐπ᾽ ἣν στέλλεται] χώρην· ἡ δὲ Πυθίη οἱ
χρᾷ αἱρήσειν. παραλαβὼν δὲ Δωριεὺς [τὸν στόλον τὸν καὶ
ἐς Λιβύην ἦγε] ἐκομίζετο παρὰ τὴν Ἰταλίην. τὸν χρόνον δὲ 44
τοῦτον, ὡς λέγουσι Συβαρῖται, σφέας τε αὐτοὺς καὶ Τήλυν
20 τὸν ἑωυτῶν βασιλέα [ἐπὶ Κρότωνα μέλλειν στρατεύεσθαι,
τοὺς δὲ Κροτωνιήτας περιδεέας γενομένους δεηθῆναι Δωριέος
σφίσι τιμωρῆσαι καὶ τυχεῖν δεηθέντας· συστρατεύεσθαί τε
δὴ ἐπὶ Σύβαριν Δωριέα καὶ συνελεῖν τὴν Σύβαριν. ταῦτα 2
μέν νυν Συβαρῖται λέγουσι ποιῆσαι Δωριέα τε καὶ τοὺς μετ᾽
25 αὐτοῦ, Κροτωνιῆται δὲ οὐδένα σφίσι φασὶ ξεῖνον προσεπιλα-
βέσθαι τοῦ πρὸς Συβαρίτας πολέμου εἰ μὴ Καλλίην τῶν
Ἰαμιδέων μάντιν Ἠλεῖον μοῦνον, καὶ τοῦτον τρόπῳ τοιῷδε·
παρὰ Τήλυος τοῦ Συβαριτέων τυράννου ἀποδράντα ἀπικέσθαι

---

2 χρεώμενοι om. d   3 τι C D : τοι S   4 ληὸν a D P : λαὸν
S V U   ἄγε C P   5 τὸ V   χρηστήριον D   6 κτήσων D¹
εἴη D S V   7 δὲ S solus   ἀπίει] ἴ Dᶜ: ἀπίῃ V: ἀπήιει U
8 Θηβαῖοι d P   τὴν Κίνυπα d   οἴκισε C D P   9 ἐξελαθεὶς a
10 τῷ τρίτῳ D   καὶ del. Niebuhr   Καλχ. S V   12 Ἐλεώνιος]
pr. ε in lit. D   Ἡράκλειαν a D   13 Σικελία(ι) L   χρηίζειν C
16 αἱρέῃ Cobet   17 δὲ om. V   20 τῶν B   στρατεύεσθαι D
21 γιν. C   Δωριέως L (S)   23 καὶ . . . Δωριέα (24) om. C
25 προσελαβ. V : προσλαβ. S   26 τῶν] τὸν Dᶜ   27 ἀμιδέων
S V U

παρὰ σφέας, ἐπείτε οἱ τὰ ἱρὰ οὐ προεχώρεε χρηστὰ θυομένῳ
45 ἐπὶ Κρότωνα. ταῦτα δ᾽ αὖ οὗτοι λέγουσι. μαρτύρια δὲ
τούτων ἑκάτεροι ἀποδεικνύουσι τάδε, Συβαρῖται μὲν τέμενός
τε καὶ νηὸν ἐόντα παρὰ τὸν ξηρὸν Κρᾶθιν, τὸν ἱδρύσασθαι
συνελόντα τὴν πόλιν Δωριέα λέγουσι ᾽Αθηναίη ἐπωνύμῳ 5
Κραθίῃ, τοῦτο δὲ αὐτοῦ Δωριέος τὸν θάνατον μαρτύριον
μέγιστον ποιεῦνται, ὅτι παρὰ τὰ μεμαντευμένα ποιέων
διεφθάρη· εἰ γὰρ δὴ μὴ παρέπρηξε μηδέν, [ἐπ᾽ ὃ δὲ ἐστάλη]
ἐποίεε, εἷλε ἂν τὴν ᾽Ερυκίνην χώρην καὶ ἑλὼν κατέσχε, οὐδ᾽
2 ἂν αὐτός τε καὶ ἡ στρατιὴ διεφθάρη. οἱ δ᾽ αὖ Κροτωνιῆται 10
ἀποδεικνῦσι Καλλίῃ μὲν τῷ ᾽Ηλείῳ ἐξαίρετα ἐν γῇ τῇ Κρο-
τωνιήτιδι πολλὰ δοθέντα, τὰ καὶ [ἐς ἐμὲ] ἔτι ἐνέμοντο οἱ
Καλλίεω ἀπόγονοι, Δωριέϊ δὲ καὶ τοῖσι Δωριέος ἀπογόνοισι
οὐδέν. καίτοι εἰ συνεπελάβετό γε τοῦ Συβαριτικοῦ πολέμου
Δωριεύς, δοθῆναι ἂν οἱ πολλαπλήσια ἢ Καλλίῃ. ταῦτα μέν 15
νυν ἑκάτεροι αὐτῶν μαρτύρια ἀποφαίνονται· καὶ πάρεστι,
46 ὁκοτέροισί τις πείθεται αὐτῶν, τούτοισι προσχωρέειν. συνέ-
πλεον δὲ Δωριέϊ καὶ ἄλλοι συγκτίσται Σπαρτιητέων,
Θεσσαλὸς καὶ Παραιβάτης καὶ Κελέης καὶ Εὐρυλέων, οἳ
ἐπείτε ἀπίκοντο παντὶ στόλῳ ἐς τὴν Σικελίην, ἀπέθανον 20
μάχῃ ἑσσωθέντες ὑπό τε Φοινίκων καὶ ᾽Εγεσταίων· μοῦνος
δὲ Εὐρυλέων τῶν συγκτιστέων περιεγένετο τούτου τοῦ πάθεος.
2 συλλαβὼν δὲ οὗτος τῆς στρατιῆς τοὺς περιγενομένους ἔσχε
Μινώην τὴν Σελινουσίων ἀπικίην καὶ συνελευθέρου Σελινου-
σίους [τοῦ μουνάρχου Πειθαγόρεω.] μετὰ δέ, ὡς τοῦτον 25
κατεῖλε, αὐτὸς τυραννίδι ἐπεχείρησε Σελινοῦντος καὶ ἐμου-
νάρχησε χρόνον ἐπ᾽ ὀλίγον· οἱ γάρ μιν Σελινούσιοι ἐπανα-

1 οἱ supra v. V¹   παρὰ C   προσεχώρεε đ   χρηστὰ deL
Krueger   2 αὖ Bekker : οὐχ A B đ : οὐκ C P   4 Κράθιν
Wesseling : κράστιν ▪ D P U : κράστον S [V]   6 Κραστίῃ L
τούτου C   Δωριέως ▪ D V   7 τὰ παρὰ S V : παρὰ D   8 ἐπῶι ▪
9 ᾽Ερυκίην D   12 τὰ om. B C   καὶ om. D¹   ἐμὲ] ἐ supra v. D¹
13 Δωριέως A B D S V   14 Συβαρικοῦ D (β D²)   15 -πλάσια
D P   16 πάρεστί γε D   17 προσχωρεῖν ▪ đ (προχ- D)
19 Θεσσαλὸς C   Παραβ. S V   Κέλης Hoffmann   21 αἴγεστ.
Cᶜ Dᶜ P U : ἀγεστ. V   25 μονάρχου C U   26 τυραννίδα S [V]

στάντες ἀπέκτειναν καταφυγόντα ἐπὶ Διὸς ἀγοραίου βωμόν.
συνέσπετο δὲ Δωριέϊ καὶ συναπέθανε Φίλιππος ὁ Βουτακίδεω　47
Κροτωνιήτης ἀνήρ, ὃς ἁρμοσάμενος Τήλυος τοῦ Συβαρίτεω
θυγατέρα ἔφυγε ἐκ Κρότωνος, ψευσθεὶς δὲ τοῦ γάμου οἴχετο
5 πλέων ἐς Κυρήνην, ἐκ ταύτης δὲ ὁρμώμενος συνέσπετο οἰκηίῃ
τε τριήρεϊ καὶ οἰκηίῃ ἀνδρῶν δαπάνῃ, ἐών τε Ὀλυμπιονίκης
καὶ κάλλιστος Ἑλλήνων τῶν κατ' ἑωυτόν. διὰ δὲ τὸ ἑωυτοῦ　2
κάλλος ἠνείκατο παρὰ Ἐγεσταίων τὰ οὐδεὶς ἄλλος· ἐπὶ
γὰρ τοῦ τάφου αὐτοῦ ἡρώιον ἱδρυσάμενοι θυσίῃσι αὐτὸν
10 ἱλάσκονται. Δωριεὺς μέν νυν τρόπῳ τοιούτῳ ἐτελεύτησε·　48
εἰ δὲ ἠνέσχετο βασιλευόμενος ὑπὸ Κλεομένεος καὶ κατέμενε
ἐν Σπάρτῃ, ἐβασίλευσε ἂν Λακεδαίμονος· οὐ γάρ τινα πολλὸν
χρόνον ἦρξε ὁ Κλεομένης, ἀλλ' ἀπέθανε ἄπαις, θυγατέρα
μούνην λιπών, τῇ οὔνομα ἦν Γοργώ.
15　Ἀπικνέεται δ' ὦν ὁ Ἀρισταγόρης ὁ Μιλήτου τύραννος ἐς　49
τὴν Σπάρτην Κλεομένεος ἔχοντος τὴν ἀρχήν· τῷ δὴ ἐς λόγους
ἤιε, ὡς Λακεδαιμόνιοι λέγουσι, ἔχων χάλκεον πίνακα ἐν τῷ
γῆς ἁπάσης περίοδος ἐνετέτμητο καὶ θάλασσά τε πᾶσα καὶ
ποταμοὶ πάντες. ἀπικνεόμενος δὲ ἐς λόγους ὁ Ἀρισταγόρης　2
20 ἔλεγε πρὸς αὐτὸν τάδε· Κλεόμενες, σπουδὴν μὲν τὴν ἐμὴν
μὴ θωμάσῃς τῆς ἐνθαῦτα ἀπίξιος· τὰ γὰρ κατήκοντά ἐστι
τοιαῦτα· Ἰώνων παῖδας δούλους εἶναι ἀντ' ἐλευθέρων ὄνειδος
καὶ ἄλγος μέγιστον μὲν αὐτοῖσι ἡμῖν, ἔτι δὲ τῶν λοιπῶν
ὑμῖν, ὅσῳ προέστατε τῆς Ἑλλάδος. νῦν ὦν πρὸς θεῶν τῶν　3
25 Ἑλληνίων ῥύσασθε Ἴωνας ἐκ δουλοσύνης, ἄνδρας ὁμαίμονας.
εὐπετέως δὲ ὑμῖν ταῦτα οἷά τε χωρέειν ἐστί· οὔτε γαρ οἱ
βάρβαροι ἄλκιμοί εἰσι, ὑμεῖς τε τὰ ἐς τὸν πόλεμον ἐς τὰ
μέγιστα ἀνήκετε ἀρετῆς πέρι. ἥ τε μάχη αὐτῶν ἐστι τοιήδε,
τόξα καὶ αἰχμὴ βραχέα· ἀναξυρίδας δὲ ἔχοντες ἔρχονται ἐς
30 τὰς μάχας καὶ κυρβασίας ἐπὶ τῇσι κεφαλῇσι. οὕτω εὐπετέες　4

2 συνέπετο S V (it. 5 D U quoque)　7 τὸ] τοῦ S V　8 αἰγεστ.
C P V U D^c　9 ἡρῶων S V U C (ἱρ.)　10 ἱλάσκοντο d　τοιῶδε D
12 ἐν τῇ D　ἐβασίλευε(ν) L : corr. Krueger　13 θατέραν V
14 ἦν om. D　19 ὁ Ἀρ. ἐς λόγους D　21 ἐστι τοιαῦτα om. S V
24 ὅσῳ, ω ex corr., D　25 ῥύσασθαι B　27 pr. ἐς] εἰς V
29 ἀρχή S V

23

χειρωθῆναί εἰσι. ἔστι δὲ καὶ ἀγαθὰ τοῖσι τὴν ἤπειρον
ἐκείνην νεμομένοισι ὅσα οὐδὲ τοῖσι συνάπασι ἄλλοισι, ἀπὸ
χρυσοῦ ἀρξαμένοισι, ἄργυρος καὶ χαλκὸς καὶ ἐσθὴς ποικίλη
καὶ ὑποζύγιά τε καὶ ἀνδράποδα· τὰ θυμῷ βουλόμενοι αὐτοὶ
5 ἂν ἔχοιτε. κατοίκηνται δὲ ἀλλήλων ἐχόμενοι ὡς ἐγὼ φράσω, 5
Ἰώνων μὲν τῶνδε οἵδε Λυδοί, οἰκέοντές τε χώρην ἀγαθὴν
καὶ πολυαργυρώτατοι ἐόντες. δεικνὺς δὲ ἔλεγε ταῦτα ἐς τῆς
γῆς τὴν περίοδον, τὴν ἐφέρετο ἐν τῷ πίνακι ἐντετμημένην.
Λυδῶν δέ, ἔφη λέγων ὁ Ἀρισταγόρης, οἵδε ἔχονται Φρύγες
οἱ πρὸς τὴν ἠῶ, πολυπροβατώτατοί τε ἐόντες πάντων τῶν 10
6 ἐγὼ οἶδα καὶ πολυκαρπότατοι. Φρυγῶν δὲ ἔχονται Καππα-
δόκαι, τοὺς ἡμεῖς Συρίους καλέομεν· τούτοισι δὲ πρόσουροι
Κίλικες, κατήκοντες ἐπὶ θάλασσαν τήνδε, ἐν τῇ ἥδε Κύπρος
νῆσος κεῖται· οἳ πεντακόσια τάλαντα βασιλέϊ τὸν ἐπέτειον
φόρον ἐπιτελεῦσι. Κιλίκων δὲ τῶνδε ἔχονται Ἀρμένιοι 15
οἵδε, καὶ οὗτοι ἐόντες πολυπρόβατοι, Ἀρμενίων δὲ Ματιηνοὶ
7 χώρην τήνδε ἔχοντες. ἔχεται δὲ τούτων γῆ ἥδε Κισσίη, ἐν
τῇ δὴ παρὰ ποταμὸν τόνδε Χοάσπην κείμενά ἐστι τὰ Σοῦσα
ταῦτα, ἔνθα βασιλεύς τε μέγας δίαιταν ποιέεται, καὶ τῶν
χρημάτων οἱ θησαυροὶ ἐνθαῦτά εἰσι· ἑλόντες δὲ ταύτην τὴν 20
8 πόλιν θαρσέοντες ἤδη τῷ Διὶ πλούτου πέρι ἐρίζετε. ἀλλὰ
περὶ μὲν χώρης ἄρα οὐ πολλῆς οὐδὲ οὕτω χρηστῆς καὶ οὔρων
σμικρῶν χρεόν ἐστι ὑμέας μάχας ἀναβάλλεσθαι πρός τε
Μεσσηνίους ἐόντας ἰσοπαλέας καὶ Ἀρκάδας τε καὶ Ἀργείους,
τοῖσι οὔτε χρυσοῦ ἐχόμενόν ἐστι οὐδὲν οὔτε ἀργύρου, τῶν 25
πέρι καί τινα ἐνάγει προθυμίη μαχόμενον ἀποθνήσκειν,
παρέχον δὲ τῆς Ἀσίης πάσης ἄρχειν εὐπετέως, ἄλλο τι
9 αἱρήσεσθε; Ἀρισταγόρης μὲν ταῦτα ἔλεξε, Κλεομένης δὲ
ἀμείβετο τοισίδε· Ὦ ξεῖνε Μιλήσιε, ἀναβάλλομαί τοι

---

3 ἀρξάμενοι ᾶ : ἀρξάμενα conieci   4-5 ἂν ἔχοιτε (ἔχοι + ται B :
σχοίητε Stein : σχοῖτε Herwerden) αὐτοί D   7 -ρότατοι a
10 -τότατοι A B   ἁπάντων P   11 -πώτατοι D¹   τε S V
Καππαδοκίαι U   12 Συνορίους D   13 ἣ L   νῆσος Κύπριος D
14 κέεται L   16 Μαντιηνοί, ιη ex corr., D   20 ἐστιν C
21 θαρρ. ᾶP   22 ἄρα D : ὥρα S V   23 ὑμέας ἐστί D
24 ἰσοπολέας C   pr. καί τε καὶ S V   27 παρέχων B¹ : παρέ V :
παρεὸν S   29 τοῖσδε L

ἐς τρίτην ἡμέρην ὑποκρινέεσθαι. τότε μὲν ἐς τοσοῦτον **50**
ἤλασαν· ἐπείτε δὲ ἡ κυρίη ἡμέρη ἐγένετο τῆς ὑποκρίσιος
καὶ ἦλθον ἐς τὸ συγκείμενον, εἴρετο ὁ Κλεομένης τὸν Ἀρι-
σταγόρην ὁκοσέων ἡμερέων ἀπὸ θαλάσσης τῆς Ἰώνων ὁδὸς
5 εἴη παρὰ βασιλέα. ὁ δὲ Ἀρισταγόρης, τἆλλα ἐὼν σοφὸς **2**
καὶ διαβάλλων ἐκεῖνον εὖ, ἐν τούτῳ ἐσφάλη· χρεὸν γάρ μιν
μὴ λέγειν τὸ ἐόν, βουλόμενόν γε Σπαρτιήτας ἐξαγαγεῖν ἐς
τὴν Ἀσίην, λέγει δ᾽ ὧν τριῶν μηνῶν φὰς εἶναι τὴν ἄνοδον.
ὁ δὲ ὑπαρπάσας τὸν ἐπίλοιπον λόγον τὸν ὁ Ἀρισταγόρης **3**
10 ὅρμητο λέγειν περὶ τῆς ὁδοῦ, εἶπε· Ὦ ξεῖνε Μιλήσιε,
ἀπαλλάσσεο ἐκ Σπάρτης πρὸ δύντος ἡλίου· οὐδένα γὰρ λόγον
εὐεπέα λέγεις Λακεδαιμονίοισι, ἐθέλων σφέας ἀπὸ θαλάσσης
τριῶν μηνῶν ὁδὸν ἀγαγεῖν. ὁ μὲν δὴ Κλεομένης ταῦτα **51**
εἴπας ἤιε ἐς τὰ οἰκία, ὁ δὲ Ἀρισταγόρης λαβὼν ἱκετηρίην
15 ἤιε ἐς τοῦ Κλεομένεος, ἐσελθὼν δὲ ἔσω ἅτε ἱκετεύων
ἐπακοῦσαι ἐκέλευε τὸν Κλεομένεα, ἀποπέμψαντα τὸ παιδίον·
προσεστήκεε γὰρ δὴ τῷ Κλεομένεϊ ἡ θυγάτηρ, τῇ οὔνομα ἦν
Γοργώ· τοῦτο δέ οἱ καὶ μοῦνον τέκνον ἐτύγχανε ἐὸν ἐτέων
ὀκτὼ ἢ ἐννέα ἡλικίην. Κλεομένης δὲ λέγειν μιν ἐκέλευε τὰ
20 βούλεται μηδὲ ἐπισχεῖν τοῦ παιδίου εἵνεκα. ἐνθαῦτα δὴ ὁ **2**
Ἀρισταγόρης ἄρχετο ἐκ δέκα ταλάντων ὑπισχνεόμενος, ἤν
οἱ ἐπιτελέσῃ τῶν ἐδέετο. ἀνανεύοντος δὲ τοῦ Κλεομένεος
προέβαινε τοῖσι χρήμασι ὑπερβάλλων ὁ Ἀρισταγόρης, ἐς οὗ
πεντήκοντά τε τάλαντα ὑπεδέδεκτο καὶ τὸ παιδίον ηὐδάξατο·
25 Πάτερ, διαφθερέει σε ὁ ξεῖνος, ἢν μὴ ἀποστὰς ἴῃς. ὅ τε δὴ **3**
Κλεομένης ἡσθεὶς τοῦ παιδίου τῇ παραινέσι ἤιε ἐς ἕτερον
οἴκημα καὶ ὁ Ἀρισταγόρης ἀπαλλάσσετο τὸ παράπαν ἐκ τῆς
Σπάρτης, οὐδέ οἱ ἐξεγένετο ἐπὶ πλέον ἔτι σημῆναι περὶ
τῆς ἀνόδου τῆς παρὰ βασιλέα.

1 ἐς] ἐς τὴν D   ὑποκρ. Bekker : ἀποκρ. L (it. 2)   εἰς B   3 ἤρετο
C V¹ (?)   4 Ἰωνίων B   9 alt. ὁ om. DS   10 ὅρμητο a D P V U :
ἔμελλε S   12 εὐεπέτεα S V : εὐπετέα D¹ U   13 ἀπάγειν
Naber : ἀνάγειν Richards   15 εἴσω L   18 οἱ] εἰ V   19 λέγει
V U   21 ἄρχεται S V U   ὑπισχεόμενος C : ὑποσχνεόμενος V
23 ἐσοῦσα C   24 ὑποδέδεκτο A B   25 διαφθορέει B : δια-
φθαρέει C   ἠσθεὶς δὲ ὁ Κλ. D   26 παραινέσει L [V]

52 Ἔχει γὰρ ἀμφὶ τῇ ὁδῷ ταύτῃ ὧδε· σταθμοί τε πανταχῇ εἰσι βασιλήιοι καὶ καταλύσιες κάλλισται, διὰ οἰκεομένης τε ἡ ὁδὸς ἅπασα καὶ ἀσφαλέος. διὰ μέν γε Λυδίης καὶ Φρυγίης σταθμοὶ τείνοντες εἴκοσί εἰσι, παρασάγγαι δὲ τέσσερες καὶ 2 ἐνενήκοντα καὶ ἥμισυ. ἐκδέκεται δὲ ἐκ τῆς Φρυγίης ὁ Ἅλυς 5 ποταμός, ἐπ’ ᾧ πύλαι τε ἔπεισι, τὰς διεξελάσαι πᾶσα ἀνάγκη καὶ οὕτω διεκπερᾶν τὸν ποταμόν, καὶ φυλακτήριον μέγα ἐπ’ αὐτῷ. διαβάντι δὲ ἐς τὴν Καππαδοκίην καὶ ταύτῃ πορευο-μένῳ μέχρι οὔρων τῶν Κιλικίων σταθμοὶ δυῶν δέοντές εἰσι τριήκοντα, παρασάγγαι δὲ τέσσερες καὶ ἑκατόν· ἐπὶ δὲ τοῖσι 10 τούτων οὔροισι διξάς τε πύλας διεξελᾷς καὶ διξὰ φυλακτήρια 3 παραμείψεαι. ταῦτα δὲ διεξελάσαντι καὶ διὰ τῆς Κιλικίης ὁδὸν ποιευμένῳ τρεῖς εἰσι σταθμοί, παρασάγγαι δὲ πεντε-καίδεκα καὶ ἥμισυ. οὖρος δὲ Κιλικίης καὶ τῆς Ἀρμενίης ἐστὶ ποταμὸς νηυσιπέρητος, τῷ οὔνομα Εὐφρήτης. ἐν δὲ 15 τῇ Ἀρμενίῃ σταθμοὶ μέν εἰσι καταγωγέων πεντεκαίδεκα, παρασάγγαι δὲ ἐξ καὶ πεντήκοντα καὶ ἥμισυ, καὶ φυλα-4 κτήριον ἐν αὐτοῖσι. ποταμοὶ δὲ νηυσιπέρητοι τέσσερες διὰ ταύτης ῥέουσι, τοὺς πᾶσα ἀνάγκη διαπορθμεῦσαί ἐστι, πρῶτος μὲν Τίγρης, μετὰ δὲ δεύτερός τε καὶ τρίτος Ζάβατος ὀνομαζό- 20 μενος, οὐκ ὡυτὸς ἐὼν ποταμὸς οὐδὲ ἐκ τοῦ αὐτοῦ ῥέων· ὁ μὲν γὰρ πρότερος αὐτῶν καταλεχθεὶς ἐξ Ἀρμενίων ῥέει, ὁ δ’ 5 ὕστερος ἐκ Ματιηνῶν. ὁ δὲ τέταρτος τῶν ποταμῶν οὔνομα ἔχει Γύνδης, τὸν Κῦρος διέλαβέ κοτε ἐς διώρυχας ἑξήκοντα καὶ τριηκοσίας. ἐκ δὲ ταύτης τῆς Ἀρμενίης ἐσβάλλοντι ἐς 25 τὴν Ματιηνὴν γῆν σταθμοί εἰσι τέσσερες καὶ τριήκοντα, 6 παρασάγγαι δὲ ἑπτὰ καὶ τριήκοντα καὶ ἑκατόν). ἐκ δὲ ταύτης

4 στείνοντες C   τέσσαρες V (it. 10, 18, 26)   5 ἐννεν. C P S V
12 διαμείψεαι S   14 καὶ τῆς Ἀρμ. om. S V   15 ναυσὶ (sic S
quoque) περιττὸς V   Εὐφράτης A B d   20 Τίγρης Laur. lxx. 6 :
Τίγρις S V U : Πίγρης D : Πίγρης rell.   Ζάβατος J. C. Weissenborn :
ωυτὸς L   21 αὐτοῦ] ὠυτοῦ D   22 πρότερον Laur. lxx. 6   αὐτέων
A B d   ῥέει om. S V   οἱ S : ἦ V   23 ὕστερος ex corr. D[1] :
ὕστερον rell.   Μαντ. A[1] (it. 26 V quoque)   24 Γύνδην Krueger
25 ἐκ δὲ ταύτης (τῆς Ἀρμ. del.) . . . τέσσερες una cum supplemento
(add. de la Barre) post αὐτοῖσι (18) transp. Stein   ἐσβάλλοντι S U :
-τες A : -τος rell.

ἐς τὴν Κισσίην χώρην μεταβαίνοντι ἕνδεκα σταθμοί, παρα-
σάγγαι δὲ δύο καὶ τεσσεράκοντα καὶ ἥμισύ ἐστι ἐπὶ ποταμὸν
Χοάσπην, ἐόντα καὶ τοῦτον νηυσιπέρητον, ἐπ᾽ ᾧ Σοῦσα πόλις
πεπόλισται. οὗτοι οἱ πάντες σταθμοί εἰσι ἕνδεκα καὶ ἑκατόν.

5 καταγωγαὶ μέν νυν σταθμῶν τοσαῦταί εἰσι ἐκ Σαρδίων ἐς
Σοῦσα ἀναβαίνοντι· εἰ δὲ ὀρθῶς μεμέτρηται ἡ ὁδὸς ἡ βασι- 53
ληίη τοῖσι παρασάγγῃσι καὶ ὁ παρασάγγης δύναται τριήκοντα
στάδια, ὥσπερ οὗτός γε δύναται ταῦτα, ἐκ Σαρδίων στάδιά
ἐστι ἐς τὰ βασιλήια τὰ Μεμνόνεια καλεόμενα πεντακόσια
10 καὶ τρισχίλια καὶ μύρια ⌈παρασαγγέων ἐόντων πεντήκοντα καὶ
τετρακοσίων.⌉ πεντήκοντα δὲ καὶ ἑκατὸν στάδια ⌈ἐπ᾽ ἡμέρῃ
ἑκάστῃ διεξιοῦσι ἀναισιμοῦνται ἡμέραι ἀπαρτὶ ἐνενήκοντα.
οὕτω τῷ Μιλησίῳ Ἀρισταγόρῃ εἴπαντι πρὸς Κλεομένεα τὸν 54
Λακεδαιμόνιον εἶναι τριῶν μηνῶν τὴν ἄνοδον τὴν παρὰ
15 βασιλέα ὀρθῶς εἴρητο. εἰ δέ τις τὸ ἀτρεκέστερον τούτων
ἔτι δίζηται, ἐγὼ καὶ τοῦτο σημανέω· τὴν γὰρ ἐξ Ἐφέσου
ἐς Σάρδις ὁδὸν δεῖ προσλογίσασθαι ταύτῃ. καὶ δὴ λέγω 2
σταδίους εἶναι τοὺς πάντας ἀπὸ θαλάσσης τῆς Ἑλληνικῆς
μέχρι Σούσων (τοῦτο γὰρ Μεμνόνειον ἄστυ καλέεται) τεσσερά-
20 κοντα καὶ τετρακισχιλίους καὶ μυρίους· οἱ γὰρ ἐξ Ἐφέσου
ἐς Σάρδις εἰσὶ τεσσεράκοντα καὶ πεντακόσιοι στάδιοι, καὶ
οὕτω τρισὶ ἡμέρῃσι μηκύνεται ἡ τρίμηνος ὁδός.
Ἀπελαυνόμενος δὲ ὁ Ἀρισταγόρης ἐκ τῆς Σπάρτης ἤιε 55
ἐς τὰς Ἀθήνας γενομένας τυράννων ὧδε ἐλευθέρας. ἐπεὶ
25 Ἵππαρχον τὸν Πεισιστράτου, Ἱππίεω δὲ τοῦ τυράννου ἀδελ-
φεόν, ἰδόντα ὄψιν ἐνυπνίου [τῷ ἑωυτοῦ πάθεϊ] ἐναργεστάτην
κτείνουσι Ἀριστογείτων καὶ Ἁρμόδιος, γένος ἐόντες ⌈τὰ
ἀνέκαθεν⌉ Γεφυραῖοι, μετὰ ταῦτα ἐτυραννεύοντο Ἀθηναῖοι
ἐπ᾽ ἔτεα τέσσερα οὐδὲν ἧσσον ἀλλὰ καὶ μᾶλλον ἢ πρὸ τοῦ.
30 ἡ μέν νυν ὄψις τοῦ Ἱππάρχου ἐνυπνίου ἦν ἥδε. ἐν τῇ 56

2 τεσσαρ. DVU   5–6 ἐς Σοῦσα ἀναβ. ἐκ Σ. D   8 ὥσπερ
... στάδιά a DP : om. SVU   9 ἐστι] εἰσι C, corr. C¹   Μεμνόνεια
DPᶜ: -νια rell.   11 ἐν Cobet   12 ἐννεν. PSVU   19 Μεμνό-
νειον a DP: -νιον rell.   τεσσαρ. CVU (it. 21)   26 τῷ ἑωυτοῦ
πάθεῖ del. Jacobs   ἐμφερεστάτην Wyttenbach   27 τὰ om. C
29 τέσσαρα CV

[προτέρῃ νυκτὶ τῶν Παναθηναίων] ἐδόκεε ὁ Ἵππαρχος ἄνδρα
οἱ ἐπιστάντα μέγαν καὶ εὐειδέα αἰνίσσεσθαι τάδε τὰ ἔπεα·
    τλῆθι λέων ἄτλητα παθὼν τετληότι θυμῷ·
    οὐδεὶς ἀνθρώπων ἀδικῶν τίσιν οὐκ ἀποτίσει.

2 ταῦτα δέ, ὡς ἡμέρη ἐγένετο τάχιστα, φανερὸς ἦν ὑπερτιθέ- 5
μενος ὀνειροπόλοισι· μετὰ δὲ ἀπειπάμενος τὴν ὄψιν ἔπεμπε
τὴν πομπήν, ἐν τῇ δὴ τελευτᾷ.

57   Οἱ δὲ Γεφυραῖοι, τῶν ἦσαν οἱ φονέες οἱ Ἱππάρχου, ὡς
μὲν αὐτοὶ λέγουσι, ἐγεγόνεσαν ἐξ Ἐρετρίης [τὴν ἀρχήν,]
ὡς δὲ ἐγὼ ἀναπυνθανόμενος εὑρίσκω, ἦσαν Φοίνικες [τῶν 10
σὺν Κάδμῳ ἀπικομένων Φοινίκων] ἐς γῆν τὴν νῦν Βοιωτίην
καλεομένην, οἴκεον δὲ [τῆς χώρης] ταύτης ἀπολαχόντες τὴν
2 Ταναγρικὴν μοῖραν.] ἐνθεῦτεν δὲ [Καδμείων] πρότερον ἐξανα-
στάντων ὑπ' Ἀργείων] οἱ Γεφυραῖοι οὗτοι δεύτερα ὑπὸ
Βοιωτῶν ἐξαναστάντες ἐτράποντο ἐπ' Ἀθηνέων. Ἀθηναῖοι 15
δέ σφεας [ἐπὶ ῥητοῖσι] ἐδέξαντο σφέων αὐτῶν εἶναι πολιήτας,
⟨οὐ⟩ πολλῶν τεων καὶ οὐκ ἀξιαπηγήτων ἐπιτάξαντες ἔργεσθαι.

58 οἱ δὲ Φοίνικες οὗτοι οἱ σὺν Κάδμῳ ἀπικόμενοι, τῶν ἦσαν οἱ
Γεφυραῖοι, [ἄλλα τε πολλὰ] οἰκήσαντες ταύτην τὴν χώρην
ἐσήγαγον διδασκάλια ἐς τοὺς Ἕλληνας καὶ δὴ καὶ γράμματα, 20
οὐκ ἐόντα πρὶν Ἕλλησι ὡς ἐμοὶ δοκέειν, πρῶτα μὲν τοῖσι
καὶ ἅπαντες χρέωνται Φοίνικες· μετὰ δὲ χρόνου προβαί-
νοντος ἅμα τῇ φωνῇ μετέβαλον καὶ τὸν ῥυθμὸν τῶν γραμ-
2 μάτων. περιοίκεον δέ σφεας τὰ πολλὰ τῶν χώρων [τοῦτον
τὸν χρόνον] Ἑλλήνων Ἴωνες· οἳ παραλαβόντες διδαχῇ παρὰ 25
τῶν Φοινίκων τὰ γράμματα, μεταρρυθμίσαντές σφεων ὀλίγα
ἐχρέωντο, χρεώμενοι δὲ ἐφάτισαν, ὥσπερ καὶ τὸ δίκαιον
ἔφερε ἐσαγαγόντων Φοινίκων ἐς τὴν Ἑλλάδα, Φοινικήια
3 κεκλῆσθαι. καὶ τὰς βύβλους διφθέρας καλέουσι ἀπὸ τοῦ

---

1 πρωτ. D   2 οἱ om. A¹   3 λέον PSVU   4 ἀδικων
A: ἀδίκων BC   13 ναγρικὴν μοίρην D   15 ὑπ' V   Ἀθηναίων
CDVU: -ους S   16 σφεων] δέ σφεων D   17 οὐ add. Madvig
19 πολλὰ om. D   20 διδασκαλεῖα A B d (-σκάλια Dᶜ)   21 ἐῶντα A B
δοκέει DPSU: -οι V   22 παραβαίν. C   23 μετέβαλλον A B
24 τῶν χώρων (ex χρόνων corr. D¹ : χωρῶν A B : χωρέων C : χωρίων
Wesseling) del. Krueger   26 -μήσαντές SVU   ὀλίγοισιν S [V]
28 ἔφερον C   ἐς τὴν Ἑλλάδα om. S   29 βιβλ. P D¹ S V U

παλαιοῦ οἱ Ἴωνες, ὅτι κοτὲ [ἐν σπάνι βύβλων] ἐχρέωντο
διφθέρῃσι αἰγέῃσί τε καὶ οἰέῃσι· ἔτι δὲ καὶ [τὸ κατ᾽ ἐμὲ]
πολλοὶ τῶν βαρβάρων ἐς τοιαύτας διφθέρας γράφουσι. εἶδον 59
δὲ καὶ αὐτὸς Καδμήια γράμματα ἐν τῷ ἱρῷ τοῦ Ἀπόλλωνος
5 τοῦ Ἰσμηνίου ἐν Θήβῃσι τῇσι Βοιωτῶν ἐπὶ τρίποσι τρισὶ
ἐγκεκολαμμένα, τὰ πολλὰ ὅμοια ἐόντα τοῖσι Ἰωνικοῖσι.
ὁ μὲν δὴ εἷς τῶν τριπόδων ἐπίγραμμα ἔχει·

    Ἀμφιτρύων μ᾽ ἀνέθηκεν ἐὼν ἀπὸ Τηλεβοάων.

ταῦτα [ἡλικίην εἴη ἂν] κατὰ Λάιον τὸν Λαβδάκου τοῦ Πολυ-
10 δώρου τοῦ Κάδμου. ἕτερος δὲ τρίπους ἐν ἑξαμέτρῳ τόνῳ 60
λέγει·

    Σκαῖος πυγμαχέων με ἑκηβόλῳ Ἀπόλλωνι
    νικήσας ἀνέθηκε τεῒν περικαλλὲς ἄγαλμα.

Σκαῖος δ᾽ ἂν εἴη ὁ Ἱπποκόωντος, εἰ δὴ οὗτός γε ἐστὶ ὁ
15 ἀναθεὶς καὶ μὴ ἄλλος τὠυτὸ οὔνομα ἔχων τῷ Ἱπποκόωντος,
ἡλικίην κατὰ Οἰδίπουν τὸν Λαΐου. τρίτος δὲ τρίπους λέγει 61
καὶ οὗτος ἐν ἑξαμέτρῳ·

    Λαοδάμας τρίποδ᾽ αὐτὸς ἐΰσκόπῳ Ἀπόλλωνι
    μουναρχέων ἀνέθηκε τεῒν περικαλλὲς ἄγαλμα.

20 ἐπὶ τούτου δὴ τοῦ Λαοδάμαντος τοῦ Ἐτεοκλέος μουναρχέοντος 2
ἐξανιστέαται Καδμεῖοι ὑπ᾽ Ἀργείων καὶ τρέπονται ἐς τοὺς
Ἐγχελέας, [οἱ δὲ Γεφυραῖοι ὑπολειφθέντες] [ὕστερον ὑπὸ
Βοιωτῶν ἀναχωρέουσι ἐς Ἀθήνας·] καί σφι ἱρά ἐστι ἐν
Ἀθήνῃσι ἱδρυμένα, τῶν οὐδὲν μέτα τοῖσι λοιποῖσι Ἀθη-
25 ναίοισι, ἄλλα τε κεχωρισμένα τῶν ἄλλων ἱρῶν καὶ δὴ καὶ
Ἀχαιίης Δήμητρος ἱρόν τε καὶ ὄργια.

1 οἱ om. C   βίβλ. PSVU   2 αἰγαίῃσι C: αἰγείῃσί D²
3 ἴδον ἀ P   4 καὶ om. SVU   Καδμεῖα ABDV   5 Ἰσμινίου a
τῇσι + + +B. D   [ἐπὶ] Herwerden   τρισὶ Dobree : τισι L
8 λαβὼν Bekk. Anecd. 784 : ἰὼν Bergler : ἐλὼν Meineke   Τηλεβίων
SVᶜ   9 ἂν εἴη P   10 τρίπους CD¹   12 Σκαιὸς
BCDPVU   παγμ. VU   13 τεῒν a D P   14 Σκαιὸς
ACDPVU : Σκεὸς B   15 τὠυτὸ] τῶι C   ὄνομα P   τὸ D
16 τοῦ V¹ (?)   18 αὐτὸς Schweighaeuser : αὐτὸν L   19 τεῒν
ABDP   20 δὲ C   μον. V   22 ὑπολιφθέντες V   24 μετὰ
DVB¹   26 Ἀχαιῆς ἀ : Ἀχαίης Meister   τι C

62 Ἡ μὲν δὴ ὄψις τοῦ Ἱππάρχου ἐνυπνίου καὶ οἱ Γεφυραῖοι
ὅθεν ἐγεγόνεσαν, τῶν ἦσαν οἱ Ἱππάρχου φονέες, ἀπήγηταί
μοι· δεῖ δὲ πρὸς τούτοισι ἔτι ἀναλαβεῖν τὸν [κατ' ἀρχὰς]
ᾖα λέξων λόγον, ὡς τυράννων ἐλευθερώθησαν Ἀθηναῖοι.

2 Ἱππίεω τυραννεύοντος καὶ ἐμπικραινομένου Ἀθηναίοισι διὰ 5
τὸν Ἱππάρχου θάνατον] Ἀλκμεωνίδαι, γένος ἐόντες Ἀθη-
ναῖοι καὶ φεύγοντες Πεισιστρατίδας, ἐπείτε σφι ἅμα τοῖσι
ἄλλοισι Ἀθηναίων φυγάσι πειρωμένοισι [κατὰ τὸ ἰσχυρὸν] οὐ
προεχώρεε [κάτοδος], ἀλλὰ προσέπταιον μεγάλως πειρώμενοι
κατιέναι τε καὶ ἐλευθεροῦν τὰς Ἀθήνας, Λειψύδριον τὸ ὑπὲρ 10
Παιονίης τειχίσαντες, ἐνθαῦτα οἱ Ἀλκμεωνίδαι πᾶν ἐπὶ τοῖσι
Πεισιστρατίδῃσι μηχανώμενοι παρ' Ἀμφικτυόνων τὸν νηὸν
μισθοῦνται τὸν ἐν Δελφοῖσι, τὸν νῦν ἐόντα, τότε δὲ οὔκω,

3 τοῦτον ἐξοικοδομῆσαι. οἷα δὲ [χρημάτων εὖ ἥκοντες] καὶ
ἐόντες ἄνδρες δόκιμοι [ἀνέκαθεν] ἔτι, τὸν [τε] νηὸν ἐξεργά- 15
σαντο τοῦ παραδείγματος κάλλιον, τά τε ἄλλα καὶ [συγκει-
μένου σφι πωρίνου λίθου] ποιέειν τὸν νηόν, Παρίου [τὰ

63 ἔμπροσθε αὐτοῦ ἐξεποίησαν. ὡς ὦν δὴ οἱ Ἀθηναῖοι λέγουσι,
οὗτοι οἱ ἄνδρες ἐν Δελφοῖσι κατήμενοι ἀνέπειθον τὴν Πυθίην
χρήμασι, ὅκως ἔλθοιεν Σπαρτιητέων ἄνδρες εἴτε ἰδίῳ στόλῳ 20
εἴτε δημοσίῳ χρησόμενοι, προφέρειν σφι τὰς Ἀθήνας ἐλευ-

2 θεροῦν. Λακεδαιμόνιοι δέ, ὡς σφι αἰεὶ τὠυτὸ πρόφαντον
ἐγίνετο, πέμπουσι Ἀγχιμόλιον τὸν Ἀστέρος, ἐόντα τῶν
ἀστῶν ἄνδρα δόκιμον, σὺν στρατῷ ἐξελῶντα Πεισιστρατίδας
ἐξ Ἀθηνέων, ὅμως καὶ ξείνους σφι ἐόντας τὰ μάλιστα· τὰ 25
γὰρ τοῦ θεοῦ πρεσβύτερα ἐποιεῦντο ἢ τὰ τῶν ἀνδρῶν.

3 πέμπουσι δὲ τούτους κατὰ θάλασσαν πλοίοισι. ὁ μὲν

3 δὲ PS: δὴ rell.   4 Ἀθηναῖοι om. B   6 Ἀλκμαιον. S V U D²
(it. 11)   9 προσεχώρεε S   κάτοδος del. Krueger   10 Λειψ.
C Dᶜ : Λιψ. rell.   11 Πάρνηθος Valckenaer, cf. Aristot. rp. Ath. 19
13 τὸν νῦν ἐόντα om. C   15 τε del. Krueger   18 ἔμπροσθεν L
αὐτοῦ om. P   Λακεδαιμόνιοι Schweighaeuser   21 προσφέρειν S :
προφαίνειν Bekker   22 αἰεὶ C P : ἀεὶ A B d   πρόσφαντον S :
23 ἐγένετο C P   Ἀγχίμολον Aristot. l. l.   24 ἐξελῶντα Pᶜ :
ἐξελόντα a d   25 Ἀθηναίων d C P¹   ξείνους Schaefer : ξεινίους L

δὴ προσσχὼν ἐς Φάληρον τὴν στρατιὴν ἀπέβησε, οἱ δὲ
Πεισιστρατίδαι προπυνθανόμενοι ταῦτα ἐπεκαλέοντο ἐκ Θεσ-
σαλίης ἐπικουρίην· ἐπεποίητο γάρ σφι συμμαχίη πρὸς αὐτούς.
Θεσσαλοὶ δέ σφι δεομένοισι ἀπέπεμψαν [κοινῇ γνώμῃ χρεώ-
5 μενοι] χιλίην τε ἵππον καὶ τὸν βασιλέα τὸν σφέτερον Κινέην
ἄνδρα Κονδαῖον· τοὺς ἐπείτε ἔσχον συμμάχους οἱ Πεισι-
στρατίδαι, ἐμηχανῶντο τοιάδε· κείραντες τῶν Φαληρέων τὸ 4
πεδίον καὶ ἱππάσιμον ποιήσαντες τοῦτον τὸν χῶρον ἐπῆκαν
τῷ στρατοπέδῳ τὴν ἵππον· ἐμπεσοῦσα δὲ διέφθειρε ἄλλους
10 τε πολλοὺς τῶν Λακεδαιμονίων καὶ δὴ καὶ τὸν Ἀγχιμόλιον,
τοὺς δὲ περιγενομένους αὐτῶν ἐς τὰς νέας κατείρξαν. ὁ μὲν
δὴ πρῶτος στόλος ἐκ Λακεδαίμονος οὕτως ἀπήλλαξε, καὶ
Ἀγχιμολίου εἰσὶ ταφαὶ τῆς Ἀττικῆς Ἀλωπεκῆσι, ἀγχοῦ
τοῦ Ἡρακλείου τοῦ ἐν Κυνοσάργεϊ.   μετὰ δὲ Λακεδαιμόνιοι 64
15 μέζω στόλον στείλαντες ἀπέπεμψαν ἐπὶ τὰς Ἀθήνας, στρα-
τηγὸν τῆς στρατιῆς ἀποδέξαντες βασιλέα Κλεομένεα τὸν
Ἀναξανδρίδεω, οὐκέτι κατὰ θάλασσαν στείλαντες ἀλλὰ κατ'
ἤπειρον· τοῖσι ἐσβαλοῦσι ἐς τὴν Ἀττικὴν χώρην ἡ τῶν 2
Θεσσαλῶν ἵππος πρώτη προσέμειξε καὶ οὐ μετὰ πολλὸν
20 ἐτράπετο, καί σφεων ἔπεσον ὑπὲρ τεσσεράκοντα ἄνδρας· οἱ
δὲ περιγενόμενοι ἀπαλλάσσοντο ὡς εἶχον ἰθὺς ἐπὶ Θεσσαλίης.
Κλεομένης δὲ ἀπικόμενος ἐς τὸ ἄστυ ἅμα Ἀθηναίων τοῖσι
βουλομένοισι εἶναι ἐλευθέροισι ἐπολιόρκεε τοὺς τυράννους
ἀπεργμένους ἐν τῷ Πελαργικῷ τείχεϊ.   καὶ οὐδέν τι πάντως 65
25 ἂν ἐξεῖλον τοὺς Πεισιστρατίδας οἱ Λακεδαιμόνιοι (οὔτε γὰρ
ἐπέδρην ἐπενόεον ποιήσασθαι, οἵ τε Πεισιστρατίδαι σίτοισι
καὶ ποτοῖσι εὖ παρεσκευάδατο) πολιορκήσαντές τε ἂν ἡμέρας
ὀλίγας ἀπαλλάσσοντο ἐς τὴν Σπάρτην· νῦν δὲ συντυχίη
τοῖσι μὲν κακὴ ἐπεγένετο, τοῖσι δὲ [ἡ αὐτὴ αὕτη] σύμμαχος·

1 προσσχὼν CPSVU   2 ἐπεκαλέον P   6 Κονδαῖον Kip:
Κονιαῖον L   7 ἐμηχανέατο L: ἐμεμηχανέατο Matthiae   8 ἱπ-
πεύσιμον SV   9 ἐκπεσοῦσα D   11 κατέρξαν CP: κατήραξαν
Wesseling   17 Ἀλεξ. V   18 ἐσβάλλουσι D   19 προσέμιξε L
πολὺ L   20 τεσσαρ. CSV   ἄνδρες ABDPSV   21 ἰθὺ
Wesseling: ἰθὺ [ἐπὶ] Herwerden   24 Πελαργικῷ VU: Πε-
λασγικῷ(ι) rell.   26 οὔτε V   27–28 ὀλίγας ἡμέρας D
29 ἐγένετο P¹

ὑπεκτιθέμενοι γὰρ ἔξω τῆς χώρης οἱ παῖδες τῶν Πεισι-
2 στρατιδέων ἤλωσαν. τοῦτο δὲ ὡς ἐγένετο, πάντα αὐτῶν τὰ
πρήγματα συνετετάρακτο, παρέστησαν δὲ ἐπὶ μισθῷ τοῖσι
τέκνοισι, ἐπ' οἷσι ἐβούλοντο οἱ Ἀθηναῖοι, ὥστε ἐν πέντε
3 ἡμέρῃσι ἐκχωρῆσαι ἐκ τῆς Ἀττικῆς. μετὰ δὲ ἐξεχώρησαν 5
ἐς Σίγειον τὸ ἐπὶ τῷ Σκαμάνδρῳ, ἄρξαντες μὲν Ἀθηναίων
ἐπ' ἔτεα ἕξ τε καὶ τριήκοντα, ἐόντες δὲ καὶ οὗτοι ἀνέκαθεν
Πύλιοί τε καὶ Νηλεῖδαι, ἐκ τῶν αὐτῶν γεγονότες καὶ οἱ
ἀμφὶ Κόδρον τε καὶ Μέλανθον, οἳ πρότερον ἐπήλυδες ἐόντες
4 ἐγένοντο Ἀθηναίων βασιλέες. ἐπὶ τούτου δὲ καὶ τὠυτὸ 10
οὔνομα ἀπεμνημόνευσε Ἱπποκράτης [τῷ παιδὶ θέσθαι τὸν
Πεισίστρατον,] ἐπὶ τοῦ Νέστορος Πεισιστράτου ποιεύμενος
5 τὴν ἐπωνυμίην. οὕτω μὲν Ἀθηναῖοι τυράννων ἀπαλλά-
χθησαν· ὅσα δὲ ἐλευθερωθέντες ἔρξαν ἢ ἔπαθον ἀξιόχρεα
ἀπηγήσιος πρὶν ἢ Ἰωνίην τε ἀποστῆναι ἀπὸ Δαρείου καὶ 15
Ἀρισταγόρεα τὸν Μιλήσιον ἀπικόμενον ἐς Ἀθήνας χρηῖσαι
σφέων βοηθέειν, ταῦτα πρῶτα φράσω.

66 Ἀθῆναι, ἐοῦσαι καὶ πρὶν μεγάλαι, τότε ἀπαλλαχθεῖσαι
τυράννων ἐγένοντο μέζονες. ἐν δὲ αὐτῇσι δύο ἄνδρες ἐδυνά-
στευον, Κλεισθένης τε ἀνὴρ Ἀλκμεωνίδης, ὅς περ δὴ λόγον 20
ἔχει τὴν Πυθίην ἀναπεῖσαι, καὶ Ἰσαγόρης Τεισάνδρου οἰκίης
μὲν ἐὼν δοκίμου, ἀτὰρ τὰ ἀνέκαθεν οὐκ ἔχω φράσαι· θύουσι
2 δὲ οἱ συγγενέες αὐτοῦ Διὶ Καρίῳ. οὗτοι οἱ ἄνδρες ἐστασίασαν
περὶ δυνάμιος, ἑσσούμενος δὲ ὁ Κλεισθένης τὸν δῆμον
προσεταιρίζεται. μετὰ δὲ τετραφύλους ἐόντας Ἀθηναίους 25
δεκαφύλους ἐποίησε, τῶν Ἴωνος παίδων Γελέοντος καὶ
Αἰγικόρεος καὶ Ἀργάδεω καὶ Ὅπλητος ἀπαλλάξας τὰς
ἐπωνυμίας, ἐξευρὼν δὲ ἑτέρων ἡρώων ἐπωνυμίας ἐπιχωρίων,
πάρεξ Αἴαντος· τοῦτον δέ, ἅτε ἀστυγείτονα καὶ σύμμαχον,
67 ξεῖνον ἐόντα προσέθετο. ταῦτα δέ, δοκέειν ἐμοί, ἐμιμέετο 30

4 ἐν supra v. D   6 Σίγιον a   τὸ] τῶ V U   9 τε in
initio v. add. D   10 τὠυτὸ] τὸ Stein   15 ἦ om. C P
16 χρηῖσαι P: χρησαι rell.   19 ἐγένοντο A D S: ἐγίν. rell.
ἐδυνάστευων D¹   20 Ἀλκμαιον. S V U D²   21 Τισάνδρου L
22 αὐτὰρ S V   23 συναγγέες C   αὐτοῦ] οὗ Dᶜ   26 Ἴωνας D   27
Ἀρκάδεω C   ὅπλητος A B: ὅπλητος D: οπλητος V U   30 ἐμιμέατο D

ὁ Κλεισθένης οὗτος τὸν ἑωυτοῦ μητροπάτορα Κλεισθένεα   *maternal grandfather*
τὸν Σικυῶνος τύραννον. Κλεισθένης γὰρ Ἀργείοισι πολε-
μήσας τοῦτο μὲν ῥαψῳδοὺς ἔπαυσε ἐν Σικυῶνι ἀγωνίζεσθαι   *compete*
τῶν Ὁμηρείων ἐπέων εἵνεκα, ὅτι Ἀργεῖοί τε καὶ Ἄργος τὰ
5 πολλὰ πάντα ὑμνέαται· τοῦτο δέ, ἡρώιον γὰρ ἦν καὶ ἔστι   *ὑμνεω - to celebrate in song*
ἐν αὐτῇ τῇ ἀγορῇ τῶν Σικωνίων Ἀδρήστου τοῦ Ταλαοῦ,
τοῦτον ἐπεθύμησε ὁ Κλεισθένης ἐόντα Ἀργεῖον ἐκβαλεῖν ἐκ
τῆς χώρης. ἐλθὼν δὲ ἐς Δελφοὺς ἐχρηστηριάζετο εἰ ἐκβάλοι 2
τὸν Ἄδρηστον· ἡ δὲ Πυθίη οἱ χρᾷ φᾶσα Ἄδρηστον μὲν εἶναι
10 Σικωνίων βασιλέα, ἐκεῖνον δὲ λευστῆρα. ἐπεὶ δὲ ὁ θεὸς   *stone-thrower*
τοῦτό γε οὐ παρεδίδου, ἀπελθὼν ὀπίσω ἐφρόντιζε μηχανὴν   *allow* / *depart*
τῇ αὐτὸς ὁ Ἄδρηστος ἀπαλλάξεται. ὡς δέ οἱ ἐξευρῆσθαι
ἐδόκεε, πέμψας ἐς Θήβας τὰς Βοιωτίας ἔφη θέλειν ἐπαγα-   *'invite'*
γέσθαι Μελάνιππον τὸν Ἀστακοῦ· οἱ δὲ Θηβαῖοι ἔδοσαν.   *grant*
15 ἐπαγαγόμενος δὲ ὁ Κλεισθένης τὸν Μελάνιππον τέμενός οἱ 3
ἀπέδεξε ἐν αὐτῷ τῷ πρυτανηίῳ καί μιν ἵδρυσε ἐνθαῦτα ἐν   *government house*
τῷ ἰσχυροτάτῳ. ἐπηγάγετο δὲ τὸν Μελάνιππον ὁ Κλεισθένης
(καὶ γὰρ τοῦτο δεῖ ἀπηγήσασθαι) ὡς ἔχθιστον ἐόντα
Ἀδρήστῳ, ὃς τόν τε ἀδελφεόν οἱ Μηκιστέα ἀπεκτόνεε καὶ   *son-in law*
20 τὸν γαμβρὸν Τυδέα. ἐπείτε δέ οἱ τὸ τέμενος ἀπέδεξε, 4
θυσίας τε καὶ ὁρτὰς Ἀδρήστου ἀπελόμενος ἔδωκε τῷ
Μελανίππῳ. οἱ δὲ Σικυώνιοι ἐώθεσαν μεγαλωστὶ κάρτα
τιμᾶν τὸν Ἄδρηστον· ἡ γὰρ χώρη ἦν αὕτη Πολύβου, ὁ δὲ
Ἄδρηστος ἦν Πολύβου θυγατριδέος, ἄπαις δὲ Πόλυβος   *grandson*
25 τελευτῶν διδοῖ Ἀδρήστῳ τὴν ἀρχήν. τά τε δὴ ἄλλα οἱ 5
Σικυώνιοι ἐτίμων τὸν Ἄδρηστον καὶ δὴ πρὸς τὰ πάθεα
αὐτοῦ τραγικοῖσι χοροῖσι ἐγέραιρον, τὸν μὲν Διόνυσον οὐ   *to honour*
τιμῶντες, τὸν δὲ Ἄδρηστον. Κλεισθένης δὲ χοροὺς μὲν   *chorus*
τῷ Διονύσῳ ἀπέδωκε, τὴν δὲ ἄλλην θυσίην Μελανίππῳ.

---

4 Ὁμηρίων C ἐπῶν D : ἐπαίνων SV ὅτε d : διότι Eustath. Il. 234
5 ἡρωον DVU ἔτι D 7 ἐκβαλλεῖν C 9 χρᾷ οἱ P
12 ἀπαλλάσσεται B : ἀπαλλάξει S[V] 13 ἐθέλειν D : ἐλθεῖν
P¹(!) SVU 14 Ὀστακοῦ a D 16 τῷ . . . 17 τῷ om. B¹
17 -ρωτάτῳ B¹ 18 δὴ VU 19 ἀποκτόνεε D 22 μεγά-
λωστι AB : μεγάλως τι DVU 25 τὴν χώρην Schol. Pind. Nem.
ix. 30 26 τὰ om. SV

68 ταῦτα μὲν ἐς Ἄδρηστόν οἱ ἐπεποίητο, φυλὰς δὲ τὰς Δωριέων,
ἵνα δὴ μὴ αἱ αὐταὶ ἔωσι τοῖσι Σικυωνίοισι καὶ τοῖσι Ἀργείοισι,
μετέβαλε ἐς ἄλλα οὐνόματα. ἔνθα καὶ πλεῖστον κατεγέλασε
τῶν Σικυωνίων· ἐπὶ γὰρ ὑός τε καὶ ὄνου ⟨καὶ χοίρου⟩ τὰς
ἐπωνυμίας μεταθείς αὐτὰ τὰ τελευταῖα ἐπέθηκε, πλὴν τῆς 5
ἑωυτοῦ φυλῆς· ταύτῃ δὲ τὸ οὔνομα ἀπὸ τῆς ἑωυτοῦ ἀρχῆς
ἔθετο. οὗτοι μὲν δὴ Ἀρχέλαοι ἐκαλέοντο, ἕτεροι δὲ Ὑᾶται,
2 ἄλλοι δὲ Ὀνεᾶται, ἕτεροι δὲ Χοιρεᾶται. τούτοισι τοῖσι
οὐνόμασι τῶν φυλέων ἐχρέωντο οἱ Σικυώνιοι καὶ ἐπὶ Κλει-
σθένεος ἄρχοντος καὶ ἐκείνου τεθνεῶτος ἔτι ἐπ᾽ ἔτεα ἑξήκοντα· 10
μετέπειτα μέντοι λόγον σφίσι δόντες μετέβαλον ἐς τοὺς
Ὑλλέας καὶ Παμφύλους καὶ Δυμανάτας, τετάρτους δὲ
αὐτοῖσι προσέθεντο ἐπὶ τοῦ Ἀδρήστου παιδὸς Αἰγιαλέος
τὴν ἐπωνυμίην ποιεύμενοι κεκλῆσθαι Αἰγιαλέας.

69 Ταῦτα μέν νυν ὁ Σικυώνιος Κλεισθένης ἐπεποιήκεε, ὁ δὲ 15
δὴ Ἀθηναῖος Κλεισθένης, ἐὼν τοῦ Σικυωνίου τούτου θυγα-
τριδέος καὶ τὸ οὔνομα ἐπὶ τούτου ἔχων, δοκέειν ἐμοὶ καὶ
οὗτος ὑπεριδὼν Ἴωνας, ἵνα μὴ σφίσι αἱ αὐταὶ ἔωσι φυλαὶ
2 καὶ Ἴωσι, τὸν ὁμώνυμον Κλεισθένεα ἐμιμήσατο. ὡς γὰρ δὴ
τὸν Ἀθηναίων δῆμον πρότερον ἀπωσμένον τότε πάντως 20
πρὸς τὴν ἑωυτοῦ μοῖραν προσεθήκατο, τὰς φυλὰς μετωνό-
μασε καὶ ἐποίησε πλεῦνας ἐξ ἐλασσόνων. δέκα τε δὴ
φυλάρχους ἀντὶ τεσσέρων ἐποίησε, δέκαχα δὲ καὶ τοὺς
δήμους κατένειμε ἐς τὰς φυλάς. ἦν τε τὸν δῆμον προσθέ-
70 μενος πολλῷ κατύπερθε τῶν ἀντιστασιωτέων. ἐν τῷ μέρεϊ 25
δὲ ἐσσούμενος ὁ Ἰσαγόρης ἀντιτεχνᾶται τάδε· ἐπικαλέεται
Κλεομένεα τὸν Λακεδαιμόνιον, γενόμενον ἑωυτῷ ξεῖνον ἀπὸ
τῆς Πεισιστρατιδέων πολιορκίης. τὸν δὲ Κλεομένεα εἶχε
2 αἰτίη φοιτᾶν παρὰ τοῦ Ἰσαγόρεω τὴν γυναῖκα. τὰ μὲν δὴ

1 ἐπεποίατο SV　　2 μὴ αὐταὶ C　　Σικ. καὶ τοῖσι om. B
3 μετέβαλλε VU　　εἰς SVU　　+ ἄλλα B　　ὀνόμ. AB (it. 9)
4 καὶ χοίρου add. Sauppe　　6 ἑαυτοῦ D　　7 ὑίαται C　　8 χοι-
ροιᾶται C　　13 Αἰγιαλέος] ο ex corr. D²　　19 δὴ om. C
20 τῶν DSV　　πάντως Bekker: πάντα S: ταῦ V: πάντως rell.
23 τεσσάρων CVU　　δέκαχα Lolling : δέκα L　　24 κατένειμε
Stein : κατένεμε L　　25 -περθεν V　　26 τάδε om. C

πρῶτα πέμπων ὁ Κλεομένης ἐς τὰς Ἀθήνας κήρυκα ἐξέβαλλε
Κλεισθένεα καὶ μετ' αὐτοῦ ἄλλους πολλοὺς Ἀθηναίων, τοὺς
ἐναγέας ἐπιλέγων. ταῦτα δὲ πέμπων ἔλεγε ἐκ διδαχῆς τοῦ
Ἰσαγόρεω· οἱ μὲν γὰρ Ἀλκμεωνίδαι καὶ οἱ συστασιῶται
5 αὐτῶν εἶχον αἰτίην τοῦ φόνου τούτου, αὐτὸς δὲ οὐ μετεῖχε
οὐδ' οἱ φίλοι αὐτοῦ. οἱ δ' ἐναγέες Ἀθηναίων ὧδε ὠνομά- 71
σθησαν· ἦν Κύλων τῶν Ἀθηναίων ἀνὴρ Ὀλυμπιονίκης.
οὗτος ἐπὶ τυραννίδι ἐκόμησε, προσποιησάμενος δὲ ἑταιρηίην
τῶν ἡλικιωτέων καταλαβεῖν τὴν ἀκρόπολιν ἐπειρήθη, οὐ
10 δυνάμενος δὲ ἐπικρατῆσαι ἱκέτης ἵζετο πρὸς τὸ ἄγαλμα.
τούτους ἀνιστᾶσι μὲν οἱ πρυτάνιες τῶν ναυκράρων, οἵ περ 2
ἔνεμον τότε τὰς Ἀθήνας, ὑπεγγύους πλὴν θανάτου· φονεῦσαι
δὲ αὐτοὺς αἰτίη ἔχει Ἀλκμεωνίδας. ταῦτα πρὸ τῆς Πεισι-
στράτου ἡλικίης ἐγένετο.

15   Κλεομένης δὲ ὡς πέμπων ἐξέβαλλε Κλεισθένεα καὶ τοὺς 72
ἐναγέας, Κλεισθένης μὲν αὐτὸς ὑπεξέσχε· μετὰ δὲ οὐδὲν
ἧσσον παρῆν ἐς τὰς Ἀθήνας ὁ Κλεομένης οὐ σὺν μεγάλῃ
χειρί, ἀπικόμενος δὲ ἀγηλατέει ἑπτακόσια ἐπίστια Ἀθηναίων,
τά οἱ ὑπέθετο ὁ Ἰσαγόρης. ταῦτα δὲ ποιήσας δεύτερα τὴν
20 βουλὴν καταλύειν ἐπειρᾶτο, τριηκοσίοισι δὲ τοῖσι Ἰσαγόρεω
στασιώτῃσι τὰς ἀρχὰς ἐνεχείριζε. ἀντισταθείσης δὲ τῆς 2
βουλῆς καὶ οὐ βουλομένης πείθεσθαι ὅ τε Κλεομένης καὶ
ὁ Ἰσαγόρης καὶ οἱ στασιῶται αὐτοῦ καταλαμβάνουσι τὴν
ἀκρόπολιν. Ἀθηναίων δὲ οἱ λοιποὶ τὰ αὐτὰ φρονήσαντες
25 ἐπολιόρκεον αὐτοὺς ἡμέρας δύο· τῇ δὲ τρίτῃ ὑπόσπονδοι
ἐξέρχονται ἐκ τῆς χώρης ὅσοι ἦσαν αὐτῶν Λακεδαιμόνιοι.
ἐπετελέετο δὲ τῷ Κλεομένεϊ ἡ φήμη· ὡς γὰρ ἀνέβη ἐς τὴν 3
ἀκρόπολιν μέλλων δὴ αὐτὴν κατασχήσειν, ἤιε ἐς τὸ ἄδυτον
τῆς θεοῦ ὡς προσερέων· ἡ δὲ ἱερέη ἐξαναστᾶσα ἐκ τοῦ

4 Ἀλκμαιον. BSVU : Ἀλκμαιων. D°   8 ἐκόμισε SV   10 τώ-
γαλμα CP   11 ἀνιστέασι L   πρυτάνις L   12 ἐνέμοντο S
ὑπεγγυίους C   13 Ἀλκμαιον. SV : Ἀλκμαιων. U D°   17 οὐ
om. Suidas s. v. ἀγηλατεῖν 2   18 ἀγηλάτεε Herwerden   21 ἀντι-
στατεύσης conieci   25 αὐτοὺς om. ᵈP   29 τῆς] τοῦ P
προερέων B¹   ἱρ + ηίη D : ἱρείη rell.

θρόνου πρὶν ἢ τὰς θύρας αὐτὸν ἀμεῖψαι εἶπε· Ὦ ξεῖνε
Λακεδαιμόνιε, πάλιν χώρει μηδὲ ἔσιθι ἐς τὸ ἱρόν· οὐ γὰρ
θεμιτὸν Δωριεῦσι παριέναι ἐνθαῦτα. ὁ δὲ εἶπε· Ὦ γύναι,
4 ἀλλ' οὐ Δωριεύς εἰμι ἀλλ' Ἀχαιός. ὁ μὲν δὴ τῇ κληηδόνι
οὐδὲν χρεώμενος [ἐπεχείρησέ]τε καὶ τότε πάλιν ἐξέπιπτε 5
μετὰ τῶν Λακεδαιμονίων· τοὺς δὲ ἄλλους Ἀθηναῖοι κατέ-
δησαν τὴν ἐπὶ θανάτῳ, ἐν δὲ αὐτοῖσι καὶ Τιμησίθεον τὸν
Δελφόν, τοῦ [ἔργα χειρῶν]τε καὶ λήματος ἔχοιμ' ἂν μέγιστα
73 καταλέξαι. οὗτοι μέν νυν δεδεμένοι ἐτελεύτησαν, Ἀθηναῖοι
δὲ μετὰ ταῦτα Κλεισθένεα καὶ τὰ ἑπτακόσια ἐπίστια τὰ 10
[διωχθέντα ὑπὸ Κλεομένεος] μεταπεμψάμενοι πέμπουσι ἀγ-
γέλους ἐς Σάρδις, συμμαχίην βουλόμενοι ποιήσασθαι πρὸς
Πέρσας· ἠπιστέατο γὰρ σφίσι [πρὸς] Λακεδαιμονίους τε καὶ
2 Κλεομένεα ἐκπεπολεμῶσθαι. ἀπικομένων δὲ τῶν ἀγγέλων
ἐς τὰς Σάρδις καὶ λεγόντων τὰ ἐντεταλμένα Ἀρταφρένης 15
ὁ Ὑστάσπεος Σαρδίων ὕπαρχος ἐπείρωτα τίνες ἐόντες
ἄνθρωποι καὶ κοῦ γῆς οἰκημένοι δεοίατο Περσέων σύμμαχοι
γενέσθαι, πυθόμενος δὲ πρὸς τῶν ἀγγέλων ἀπεκορύφου σφι
τάδε· εἰ μὲν διδοῦσι βασιλέϊ Δαρείῳ Ἀθηναῖοι γῆν τε καὶ
ὕδωρ, ὁ δὲ συμμαχίην σφι συνετίθετο, εἰ δὲ μὴ διδοῦσι, 20
3 ἀπαλλάσσεσθαι αὐτοὺς ἐκέλευε. οἱ δὲ ἄγγελοι [ἐπὶ σφέων
αὐτῶν βαλόμενοι] διδόναι ἔφασαν, βουλόμενοι τὴν συμμαχίην
ποιήσασθαι. οὗτοι μὲν δὴ ἀπελθόντες [ἐς τὴν ἑωυτῶν] αἰτίας
μεγάλας εἶχον.

74 Κλεομένης δὲ ἐπιστάμενος περιυβρίσθαι ἔπεσι καὶ ἔργοισι 25
ὑπ' Ἀθηναίων [συνέλεγε ἐκ πάσης Πελοποννήσου στρατόν,
οὐ φράζων ἐς τὸ συλλέγει, τείσασθαί τε ἐθέλων τὸν δῆμον
τὸν Ἀθηναίων [καὶ Ἰσαγόρην βουλόμενος τύραννον κατα-

1 αὐτῶν B   4 κληῖδόνι S   5 καὶ τότε om. S V   8 Δελφὸν
Palmerius: ἀδελφεὸν L   λήμματος A B   13 σφι L   πρὸs del.
Schweighaeuser   14 ἔκπολ. S V   15 τὰs om. D   17 κοῦ
Stein: πῇ S V: ποῖ rell. : κῇ Bekker   19 Ἀθηναῖοι om. ᵭ, supra
v. add. U²   20 σφι om. C   διδῶσι D V U: del. Naber
21 αὐτοὺς om. S V   22 βαλόμενοι A S V: βουλόμενοι C¹ D
27 τίσασθαί L   28 τὸν Ἀθηναίων Stein : τὸν Ἀθηναῖον A B : τῶν
Ἀθηναίων rell.

στῆσαι· συνεξῆλθε γάρ οἱ οὗτος ἐκ τῆς ἀκροπόλιος. Κλεο- 2   *Isagoras*
μένης τε δὴ στόλῳ μεγάλῳ ἐσέβαλε ἐς Ἐλευσῖνα καὶ οἱ   *invade*
Βοιωτοὶ ἀπὸ συνθήματος Οἰνόην αἱρέουσι καὶ Ὑσιάς, δήμους   *agreement*
τοὺς ἐσχάτους τῆς Ἀττικῆς, Χαλκιδέες τε ἐπὶ τὰ ἕτερα
5 ἐσίνοντο ἐπιόντες χώρους τῆς Ἀττικῆς. Ἀθηναῖοι δέ,   *plunder*
καίπερ ἀμφιβολίῃ ἐχόμενοι, Βοιωτῶν μὲν καὶ Χαλκιδέων   *attacked on both sides*
ἐσύστερον ἔμελλον μνήμην ποιήσεσθαι· Πελοποννησίοισι δὲ   *remember*
ἐοῦσι ἐν Ἐλευσῖνι ἀντία ἔθεντο τὰ ὅπλα. μελλόντων δὲ 75   *troops*
συνάψειν τὰ στρατόπεδα ἐς μάχην Κορίνθιοι μὲν πρῶτοι   *to join*
10 σφίσι αὐτοῖσι δόντες λόγον ὡς οὐ ποιοῖεν τὰ δίκαια μετε-   *changed their minds*
βάλλοντό τε καὶ ἀπαλλάσσοντο, μετὰ δὲ Δημάρητος ὁ
Ἀρίστωνος, ἐὼν καὶ οὗτος βασιλεὺς Σπαρτιητέων, καὶ
συνεξαγαγών τε τὴν στρατιὴν ἐκ Λακεδαίμονος καὶ οὐκ
ἐὼν διάφορος ἐν τῷ πρόσθε χρόνῳ Κλεομένεϊ. ἀπὸ δὲ 2   *at odds*
15 ταύτης τῆς διχοστασίης ἐτέθη νόμος ἐν Σπάρτῃ μὴ ἐξεῖναι   *possible*
ἕπεσθαι ἀμφοτέρους τοὺς βασιλέας ἐξιούσης στρατιῆς· τέως *(ie. before)*
γὰρ ἀμφότεροι εἵποντο· παραλυομένου δὲ τούτων τοῦ ἑτέρου   *παραλυω – discharge*
καταλείπεσθαι καὶ τῶν Τυνδαριδέων τὸν ἕτερον· πρὸ τοῦ
γὰρ δὴ καὶ οὗτοι ἀμφότεροι ἐπίκλητοί σφι ἐόντες εἵποντο.   *allies*
20 τότε δὴ ἐν τῇ Ἐλευσῖνι ὁρῶντες οἱ λοιποὶ τῶν συμμάχων· 3
τούς τε βασιλέας τῶν Λακεδαιμονίων οὐκ ὁμολογέοντας καὶ
Κορινθίους ἐκλιπόντας τὴν τάξιν οἴχοντο καὶ αὐτοὶ ἀπαλ-
λασσόμενοι, τέταρτον δὴ τοῦτο ἐπὶ τὴν Ἀττικὴν ἀπικόμενοι 76   *for the 4th time*
Δωριέες, δίς τε ἐπὶ πολέμῳ ἐσβαλόντες καὶ δὶς ἐπ' ἀγαθῷ
25 τοῦ πλήθεος τοῦ Ἀθηναίων, πρῶτον μὲν ὅτε καὶ Μέγαρα
κατοίκισαν (οὗτος ὁ στόλος ἐπὶ Κόδρου βασιλεύοντος   *ound*
Ἀθηναίων ὀρθῶς ἂν καλέοιτο), δεύτερον δὲ καὶ τρίτον ὅτε
ἐπὶ Πεισιστρατιδέων ἐξέλασιν ὁρμηθέντες ἐκ Σπάρτης   *driving out / banishment*
ἀπίκοντο, τέταρτον δὲ τότε ὅτε ἐς Ἐλευσῖνα Κλεομένης

3 Ὑσίας DVUB²   5 χώρης D, nescio an recte   τῆς etiam P
7 ποιήσασθαι SV   Πελοποννήσιοι A¹B¹   10 ποιεῖεν SV   τὰ
del. Stein   μετέβαλλόν P   13 συναγαγών D   14 πρόσθεν L
16 τῆς στρατιῆς S   17 παραλυομένων ABDVU   20 λευσῖνι C
21 τῶν Λακεδ. om. S   22 αὐτοὶ οὐ καπαλλ. C   25 alt. τοῦ
τῶν S   27 (πρῶτος) ἂν Naber   29 τέταρτον ν ex corr. B²
ἐς om. d

ἄγων Πελοποννησίους ἐσέβαλε· οὕτω τέταρτον τότε Δωριέες

77 ἐπέβαλον ἐς Ἀθήνας. (διαλυθέντος ὧν τοῦ στόλου τούτου) ἀκλεῶς ἐνθαῦτα Ἀθηναῖοι τίννσθαι βουλόμενοι ⌈πρῶτα στρατιὴν ποιεῦνται ἐπὶ Χαλκιδέας. Βοιωτοὶ δὲ τοῖσι Χαλκιδεῦσι βοηθέουσι ἐπὶ τὸν Εὔριπον. Ἀθηναίοισι (δὲ) 5 ἰδοῦσι τοὺς βοηθοὺς ἔδοξε πρότερον τοῖσι Βοιωτοῖσι ἢ τοῖσι

2 Χαλκιδεῦσι ἐπιχειρέειν. συμβάλλουσί τε δὴ τοῖσι Βοιωτοῖσι οἱ Ἀθηναῖοι καὶ πολλῷ ἐκράτησαν, κάρτα δὲ πολλοὺς φονεύσαντες ἑπτακοσίους αὐτῶν ἐζώγρησαν. τῆς δὲ αὐτῆς ταύτης ἡμέρης οἱ Ἀθηναῖοι διαβάντες ἐς τὴν Εὔβοιαν συμβάλλουσι 10 καὶ τοῖσι Χαλκιδεῦσι, νικήσαντες δὲ καὶ τούτους τετρακισχιλίους κληρούχους ἐπὶ ⌈τῶν ἱπποβοτέων⌉ τῇ χώρῃ λείπουσι·

3 οἱ δὲ ἱπποβόται ἐκαλέοντο οἱ παχέες τῶν Χαλκιδέων. ὅσους δὲ καὶ τούτων ἐζώγρησαν, ἅμα τοῖσι Βοιωτῶν ἐζωγρημένοισι εἶχον ἐν φυλακῇ ἐν πέδαις δήσαντες· χρόνῳ δὲ ἔλυσάν 15 σφεας δίμνεως ἀποτιμησάμενοι. τὰς δὲ πέδας αὐτῶν, ἐν τῇσι ἐδέδεατο, ἀνεκρέμασαν ἐς τὴν ἀκρόπολιν, αἵ περ ἔτι καὶ ἐς ἐμὲ ἦσαν περιεοῦσαι, κρεμάμεναι ἐκ τειχέων περιπεφλευσμένων πυρὶ ὑπὸ τοῦ Μήδου, ἀντίον δὲ τοῦ μεγάρου

4 τοῦ πρὸς ἑσπέρην τετραμμένου. καὶ ⌈τῶν λύτρων⌉ τὴν 20 δεκάτην ἀνέθηκαν ποιησάμενοι τέθριππον χάλκεον· τὸ δὲ ⌈ἀριστερῆς χειρὸς⌉ ἕστηκε πρῶτα ἐσιόντι ἐς τὰ προπύλαια τὰ ἐν τῇ ἀκροπόλι· ἐπιγέγραπται δέ οἱ τάδε·

> ἔθνεα Βοιωτῶν καὶ Χαλκιδέων δαμάσαντες
>   παῖδες Ἀθηναίων ἔργμασιν ἐν πολέμου   25
> δεσμῷ ἐν ἀχλυόεντι σιδηρέῳ ἔσβεσαν ὕβριν·
>   τῶν ἵππους δεκάτην Παλλάδι τάσδ' ἔθεσαν.

1 τε C   3 τίννσθαι **d** : τείννσθαι Bechtel   4 στρατείην **d** P
5 τὸν add. D²   6 βοηθοὺς **d** : Βοιωτοὺς **a** P   8 οἱ om. C D
9 αὐτέων **d** (it. 16)   12 ἱπποβατ. C P **d** (it. 13 B¹ quoque)
14 τουτέων U   15 ἐς πέδας **a** P : del. Krueger   16 διμνέως
a D P (ως, ut vid., Pᶜ) : διμναίας S V U : δίμνως Pollux ix. 56   ἀποτισάμενοι S V   17 τοῖσιν V   18 περιοῦσαι A¹ D V   21 ποιήσαντες **d**   22 πρῶτον **a**   ἐσιόντα D V U   23 -πόλει C P **d** [V]
25 ἐκ **a**   26 ἀχνυνθέντι A B Anth. Pal. vi. 343 : ἀχνυθέντι C :
ἀχνυόεντι Hecker   ἔσβεσσαν D¹   27 τάδ' C

grow democracy ᾿Αθηναῖοι μέν νυν ηὔξηντο· δηλοῖ δὲ οὐ κατ' ἓν μοῦνον 78
ἀλλὰ πανταχῇ ἡ ἰσηγορίη ὡς ἐστὶ χρῆμα σπουδαῖον, εἰ καὶ   *excellent*
in war ᾿Αθηναῖοι τυραννευόμενοι μὲν [οὐδαμῶν τῶν σφέας περιοι-
κεόντων ἦσαν τὰ πολέμια ἀμείνους], [ἀπαλλαχθέντες δὲ
5 τυράννων] μακρῷ πρῶτοι ἐγένοντο.   δηλοῖ ὦν ταῦτα ὅτι
represented δαλοκακεον fight badly on purpose κατεχόμενοι μὲν ἐθελοκάκεον ὡς δεσπότῃ ἐργαζόμενοι,   *as if*
ἐλευθερωθέντων δὲ αὐτὸς ἕκαστος ἑωυτῷ προεθυμέετο κατερ-
γάζεσθαι.   οὗτοι μέν νυν ταῦτα ἔπρησσον, Θηβαῖοι δὲ 79
μετὰ ταῦτα ἐς θεὸν ἔπεμπον, βουλόμενοι τείσασθαι ᾿Αθη-
10 ναίους.   ἡ δὲ Πυθίη ἀπὸ σφέων μὲν αὐτῶν οὐκ ἔφη αὐτοῖσι
assembly εἶναι τίσιν, ἐς πολύφημον δὲ ἐξενείκαντας ἐκέλευε [τῶν   *ἐκφερω-declare*
their nearest? ἄγχιστα] δέεσθαι. [ἀπελθόντων ὦν τῶν θεοπρόπων] ἐξέφερον 2
τὸ χρηστήριον ἁλίην ποιησάμενοι· ὡς ἐπυνθάνοντο δὲ   *assembly*
λεγόντων αὐτῶν τῶν ἄγχιστα δέεσθαι, εἶπαν οἱ Θηβαῖοι
15 ἀκούσαντες τούτων·   Οὐκ ὦν ἄγχιστα ἡμέων οἰκέουσι
Ταναγραῖοί τε καὶ Κορωναῖοι καὶ Θεσπιέες; καὶ οὗτοί γε
[ἅμα ἡμῖν αἰεὶ μαχόμενοι προθύμως] συνδιαφέρουσι τὸν
πόλεμον.   τί δεῖ τούτων γε δέεσθαι; ἀλλὰ μᾶλλον μὴ οὐ
τοῦτο ᾖ τὸ χρηστήριον.   [τοιαῦτα ἐπιλεγομένων] εἶπε δή 80   *consider*
20 κοτε μαθών τις·   ᾿Εγώ μοι δοκέω συνιέναι τὸ θέλει λέγειν   *understand*
ἡμῖν τὸ μαντήιον.   ᾿Ασωποῦ λέγονται γενέσθαι θυγατέρες
Θήβη τε καὶ Αἴγινα· τουτέων ἀδελφεῶν ἐουσέων δοκέω
ἡμῖν Αἰγινητέων δέεσθαι τὸν θεὸν χρῆσαι τιμωρητήρων
γενέσθαι.   καὶ οὐ γάρ τις ταύτης ἀμείνων γνώμη ἐδόκεε 2
25 φαίνεσθαι, αὐτίκα πέμψαντες ἐδέοντο Αἰγινητέων, ἐπικα-
λεόμενοι κατὰ τὸ χρηστήριόν σφι βοηθέειν, ὡς ἐόντων
ἀγχιστέων, οἱ δέ σφι αἰτέουσι ἐπικουρίην τοὺς Αἰακίδας
συμπέμπειν ἔφασαν.   πειρησαμένων δὲ τῶν Θηβαίων κατὰ 81

1 ηὔξηντο] alt. η Dᶜ: εὔξηντο C   καθ L   2 ᾖ] ἐν C   7 προ-
θυμ. ḋ C P   9 τίσ. L   10 αὐτέων ḋ (it. 14)   12 δὲ ὦν
S V U   θεοπροπίων D   14 τῶν om. A¹   ᾿Αθηναῖοι D
15 τουτέων ḋ   ἡμῶν C   16 Θεσπιεῖς ḋ   τέ γε C   17 ἀεὶ
A B   19 τοιαῦτα δὴ ḋ P   20 συνιέναι τὸ ἐθέλει ḋ P   21 μαν-
τήιον ᵃ Pap. Brit. Mus. 1109: χρηστήριον ḋ P   θυγατέρ + + ες D
22 ἐουσέων ᵃ Pap.: οὐσέων C D P U (S V!)   24 ταύτης ἀμείνων
γνώμη ᵃ Pap.: γνώμη ταύτης ἀμείνων ḋ P   26 ὄντων ἀγχίστων ᵃ
28 συμπείθειν ᵃ

τὴν συμμαχίην τῶν Αἰακιδέων καὶ τρηχέως περιεφθέντων
ὑπὸ τῶν Ἀθηναίων αὖτις οἱ Θηβαῖοι πέμψαντες τοὺς μὲν
2 Αἰακίδας σφι ἀπεδίδοσαν, τῶν δὲ ἀνδρῶν ἐδέοντο. Αἰγινῆται
δὲ εὐδαιμονίῃ τε μεγάλῃ ἐπαρθέντες καὶ ἔχθρης παλαιῆς
ἀναμνησθέντες ἐχούσης ἐς Ἀθηναίους, τότε Θηβαίων δεηθέν- 5
3 των πόλεμον ἀκήρυκτον Ἀθηναίοισι ἐπέφερον. ἐπικειμένων
γὰρ αὐτῶν Βοιωτοῖσι ἐπιπλώσαντες μακρῇσι νηυσὶ ἐς τὴν
Ἀττικὴν κατὰ μὲν ἔσυραν Φάληρον, κατὰ δὲ τῆς ἄλλης
παραλίης πολλοὺς δήμους, ποιεῦντες δὲ ταῦτα μεγάλως
Ἀθηναίους ἐσίνοντο. 10
82 Ἡ δὲ ἔχθρη ἡ προοφειλομένη ἐς Ἀθηναίους ἐκ τῶν
Αἰγινητέων ἐγένετο ἐξ ἀρχῆς τοιῆσδε. Ἐπιδαυρίοισι ἡ γῆ
καρπὸν οὐδένα ἀνεδίδου. περὶ ταύτης ὦν τῆς συμφορῆς οἱ
Ἐπιδαύριοι ἐχρέωντο ἐν Δελφοῖσι· ἡ δὲ Πυθίη σφέας
ἐκέλευε Δαμίης τε καὶ Αὐξησίης ἀγάλματα ἱδρύσασθαι καί 15
2 σφι ἱδρυσαμένοισι ἄμεινον συνοίσεσθαι. ἐπειρώτεον ὦν οἱ
Ἐπιδαύριοι κότερα χαλκοῦ ποιέωνται τὰ ἀγάλματα ἢ λίθου·
ἡ δὲ Πυθίη οὐδέτερα τούτων ἔα, ἀλλὰ ξύλου ἡμέρης ἐλαίης.
ἐδέοντο ὦν οἱ Ἐπιδαύριοι Ἀθηναίων ἐλαίην σφι δοῦναι
ταμέσθαι, ἱρωτάτας δὴ κείνας νομίζοντες εἶναι· λέγεται δὲ 20
καὶ ὡς ἐλαῖαι ἦσαν ἄλλοθι γῆς οὐδαμοῦ κατὰ χρόνον κεῖνον
3 ἢ Ἀθήνησι. οἱ δὲ ἐπὶ τοισίδε δώσειν ἔφασαν ἐπ᾿ ᾧ ἀπάξουσι
ἔτεος ἑκάστου τῇ ⟨τε⟩ Ἀθηναίῃ ⟨τε⟩ τῇ Πολιάδι ἱρὰ καὶ τῷ
Ἐρεχθέϊ· καταινέσαντες δὲ ἐπὶ τούτοισι οἱ Ἐπιδαύριοι τῶν
τε ἐδέοντο ἔτυχον καὶ ἀγάλματα ἐκ τῶν ἐλαιέων τουτέων 25
ποιησάμενοι ἱδρύσαντο· καὶ ἥ τε γῆ σφι ἔφερε [καρπὸν] καὶ

1 τριχέως Β D¹   2 αὖθις L   Ἀθηναῖοι d   4 τε] τῇ d
5 ἐς om. C   7 αὐτέων d   9 ποιέοντες P S V U   10 ἐσίνοντο
A²: ἐσικνέοντο A¹ B¹: ἐσινέοντο rell.   11 ἔχθρα D S V   προσοφ.
πρὸς Ἀθ. ἐκ τῆς Αἰγ. d   12 τοιῆδε a   13 ἐδίδου a   14 ἐχρέοντο
P V U   16 σφισι a   ἐπειρώτων A B D [V]   ὦν om. a
17 ποιέονται d C P   τὰ ἀγάλματα om. d   18 οὐδέτερον d: οὐδε-
τέρου? Herwerden   ξύλης S V   19 σφίσι Herwerden   20 ἱροτ.
P¹ S V U   21 ἐλαίης ἂν d   ἄλληθι S V   ἐκεῖνον A B   22 ἢ
ἐν Ἀθήναις a   τῇσδε S V: τοῖσδε rell.   ἀμάξουσι D¹: ἀνάξ. Dᶜ
23 pr. τε addidi, alt. om. S V U   24 ἐπὶ om. d P¹   25 ἐλαιῶν d
26 καρπὸν om. a

'Αθηναίοισι ἐπετέλεον τὰ συνέθεντο. τούτου δ' ἔτι τὸν 83
χρόνον [καὶ πρὸ τοῦ] Αἰγινῆται 'Επιδαυρίων ἤκουον τά τε
ἄλλα καὶ δίκας διαβαίνοντες ἐς 'Επίδαυρον ἐδίδοσάν τε καὶ
ἐλάμβανον παρ' ἀλλήλων οἱ Αἰγινῆται. [τὸ δὲ ἀπὸ τοῦδε]
5 νέας τε πηξάμενοι καὶ [ἀγνωμοσύνη χρησάμενοι] ἀπέστησαν
ἀπὸ τῶν 'Επιδαυρίων. ἅτε δὲ ἐόντες διάφοροι ἐδηλέοντο 2
αὐτούς, ὥστε δὴ θαλασσοκράτορες ἐόντες, καὶ δὴ καὶ τὰ
ἀγάλματα ταῦτα τῆς τε Δαμίης καὶ τῆς Αὐξησίης ὑπαιρέονται
αὐτῶν, καί σφεα ἐκόμισάν τε καὶ ἱδρύσαντο τῆς σφετέρης
10 χώρης ἐς τὴν μεσόγαιαν, τῇ Οἴη μέν ἐστι οὔνομα, στάδια
δὲ μάλιστά κη ἀπὸ τῆς πόλιος ὡς εἴκοσι ἀπέχει. ἱδρυσά- 3
μενοι δὲ ἐν τούτῳ τῷ χώρῳ θυσίῃσί τέ σφεα καὶ χοροῖσι
γυναικηίοισι κερτόμοισι ἱλάσκοντο, χορηγῶν ἀποδεικνυμένων
ἑκατέρῃ τῶν δαιμόνων δέκα ἀνδρῶν· κακῶς δὲ ἠγόρευον οἱ
15 χοροὶ ἄνδρα μὲν οὐδένα, τὰς δὲ ἐπιχωρίας γυναῖκας. ἦσαν
δὲ καὶ τοῖσι 'Επιδαυρίοισι αἱ αὐταὶ ἱρογίαι· εἰσὶ δέ σφι
καὶ ἄρρητοι ἱρογίαι. κλεφθέντων δὲ τῶνδε τῶν ἀγαλμάτων 84
οἱ 'Επιδαύριοι τοῖσι 'Αθηναίοισι τὰ συνέθεντο οὐκ ἐπετέλεον.
πέμψαντες δὲ οἱ 'Αθηναῖοι ἐμήνιον τοῖσι 'Επιδαυρίοισι· οἱ
20 δὲ ἀπέφαινον [λόγῳ] ὡς οὐκ ἀδικοῖεν· ὅσον μὲν γὰρ χρόνον
εἶχον τὰ ἀγάλματα ἐν τῇ χώρῃ, ἐπιτελέειν τὰ συνέθεντο,
ἐπεὶ δὲ ἐστερῆσθαι αὐτῶν, οὐ δίκαιοι εἶναι ἀποφέρειν ἔτι,
ἀλλὰ τοὺς ἔχοντας αὐτὰ Αἰγινήτας πρήσσεσθαι ἐκέλευον.
πρὸς ταῦτα οἱ 'Αθηναῖοι ἐς Αἴγιναν πέμψαντες ἀπαίτεον τὰ 2
25 ἀγάλματα· οἱ δὲ Αἰγινῆται ἔφασαν σφίσι τε καὶ 'Αθηναίοισι
εἶναι οὐδὲν πρῆγμα. 'Αθηναῖοι μέν νυν λέγουσι [μετὰ τὴν 85
ἀπαίτησιν] ἀποσταλῆναι τριήρεϊ μιῇ τῶν ἀστῶν [τούτους] οἱ

2 καὶ τὸν πρὸ τούτου đ P   τε τὰ D S V   4 τότε δὲ a
5 νηας L   καὶ ἀγν. χρ. om. D   6 δὴ a Pᶜ   ὄντες đ   7 pr.
δὴ om. a   8 Δαμίης τε a   τῆς om. a S   9 αὐτέων đ
ἐκομίσαντο καὶ a   12 θυσίη D S V   13 κερτομίοισι A B :
-μίησιν C   14 ἑκατέρῃσι đ   καί κως D S V   15 γυναῖγας D
16 αὗται αἱ đ P   ἱρορυγίαι a : ἱρουργίαι D P : ἱερουργίαι S V U (?) ;
it. 17   εἰσὶ . . . ἱρ. om. D   σφίσι A : om. S V U   17 τῶνδε
om. đ Pᵗ   18 ξυν. D S V   οὐκ ἐπιτέλεον S V U : οὐκέτι ἐπετέλεον
Palm   19 ἐμήνυον V U   20 λόγον S [V]   χρόνον μὲν γὰρ D
22 δίκαιοι Bekker : δίκαιον L   24 οἱ om. D P V U   27 νιη + B :
νηι đ   τουτέους đ : del. Krueger : διηκοσίους Stein

πεμφθέντες ἀπὸ τοῦ κοινοῦ καὶ ἀπικόμενοι ἐς Αἴγιναν τὰ
ἀγάλματα ταῦτα ὡς σφετέρων ξύλων ἐόντα ἐπειρῶντο ἐκ
2 τῶν βάθρων ἐξανασπᾶν, ἵνα σφέα ἀνακομίσωνται. οὐ δυνα-
μένους δὲ τούτῳ τῷ τρόπῳ αὐτῶν κρατῆσαι, περιβαλόντας
σχοινία ἕλκειν τὰ ἀγάλματα, καί σφι ἕλκουσι βροντήν τε 5
καὶ ἅμα τῇ βροντῇ σεισμὸν ἐπιγενέσθαι· τοὺς δὲ τριηρίτας
τοὺς ἕλκοντας ὑπὸ τούτων ἀλλοφρονῆσαι, παθόντας δὲ τοῦτο
κτείνειν ἀλλήλους ἅτε πολεμίους, ἐς ὃ ἐκ πάντων ἕνα
86 λειφθέντα ἀνακομισθῆναι αὐτὸν ἐς Φάληρον. Ἀθηναῖοι
μέν νυν οὕτω λέγουσι γενέσθαι, Αἰγινῆται δὲ οὐ μιῇ νηὶ 10
ἀπικέσθαι Ἀθηναίους (μίαν μὲν γὰρ καὶ ὀλίγῳ πλεῦνας μιῆς,
καὶ εἰ σφίσι μὴ ἔτυχον ἐοῦσαι νέες, ἀπαμύνασθαι ἂν
εὐπετέως), ἀλλὰ πολλῇσι νηυσὶ ἐπιπλέειν σφίσι ἐπὶ τὴν
2 χώρην, αὐτοὶ δέ σφι εἶξαι καὶ οὐ ναυμαχῆσαι. οὐκ ἔχουσι
δὲ τοῦτο διασημῆναι ἀτρεκέως, οὔτε εἰ ἥσσονες συγγινωσκό- 15
μενοι εἶναι τῇ ναυμαχίῃ κατὰ τοῦτο εἶξαν, οὔτε εἰ βουλόμενοι
3 ποιῆσαι οἷόν τι καὶ ἐποίησαν. Ἀθηναίους μέν νυν, ἐπείτε
σφι οὐδεὶς ἐς μάχην κατίστατο, ἀποβάντας ἀπὸ τῶν νεῶν
τρέπεσθαι πρὸς τὰ ἀγάλματα, οὐ δυναμένους δὲ ἀνασπάσαι
ἐκ τῶν βάθρων αὐτὰ οὕτω δὴ περιβαλομένους σχοινία ἕλκειν, 20
ἐς οὗ ἑλκόμενα τὰ ἀγάλματα ἀμφότερα τὠυτὸ ποιῆσαι, ἐμοὶ
μὲν οὐ πιστὰ λέγοντες, ἄλλῳ δέ τεῳ· ἐς γούνατα γάρ σφι
αὐτὰ πεσεῖν, καὶ τὸν ἀπὸ τούτου χρόνον διατελέειν οὕτως
4 ἔχοντα. Ἀθηναίους μὲν δὴ ταῦτα ποιέειν, σφέας δὲ Αἰγινῆται
λέγουσι, πυθομένους τοὺς Ἀθηναίους ὡς μέλλοιεν ἐπὶ σφέας 25
στρατεύεσθαι, ἑτοίμους Ἀργείους ποιέεσθαι. τούς τε δὴ
Ἀθηναίους ἀποβεβάναι ἐς τὴν Αἰγιναίην καὶ παρεῖναι

1 ἀποπεμφθέντες a P   2 πειρᾶν a   3 σφεανακομ. DVU :
σφεα ἐκκομ. S   4 τῷ om. VU   αὐτῶι C : αὐτέων ɑ   περι-
βαλλόντας V   6 τὰς V   τριηρειτας ɑ   7 τουτέων ɑ
παθόντες DSV   10 νυν om. a   λέγουσι ante οὕτω D (transp. D¹),
post γενέσθαι a   12 σφίσι Stein : σφι L   νῆες a P   ἀπαμύ-
νεσθαι a DP   13 σφι L   14 σφισι a   διαναυμαχῆσαι ɑ
18 καθίστατο DVU   νηῶν AB : νησιῶν C   19 τράπεσθαι ɑ P
20 περιβαλλ. CSV   22 γόνατα a DPV   23 πεσέειν L   27 Αἰ-
γινήην B¹(?) Cᶜ S   παρεῖναι (ει in lit. D)] ἥκειν a

βοηθέοντας σφίσι τοὺς Ἀργείους καὶ λαθεῖν τε ἐξ Ἐπιδαύρου
διαβάντας ἐς τὴν νῆσον καὶ οὐ προακηκοόσι τοῖσι Ἀθηναίοισι
ἐπιπεσεῖν ὑποταμομένους τὸ ἀπὸ τῶν νεῶν, ἅμα τε ἐν τούτῳ
τὴν βροντήν τε γενέσθαι καὶ τὸν σεισμὸν αὐτοῖσι. λέγεται 87
5 μέν νυν ὑπ' Ἀργείων τε καὶ Αἰγινητέων τάδε, ὁμολογέεται
δὲ καὶ ὑπ' Ἀθηναίων ἕνα μοῦνον τὸν ἀποσωθέντα αὐτῶν ἐς
τὴν Ἀττικὴν γενέσθαι· πλὴν Ἀργεῖοι μὲν λέγουσι αὐτῶν 2
τὸ Ἀττικὸν στρατόπεδον διαφθειράντων τὸν ἕνα τοῦτον
περιγενέσθαι, Ἀθηναῖοι δὲ τοῦ δαιμονίου· περιγενέσθαι
10 μέντοι οὐδὲ τοῦτον τὸν ἕνα, ἀλλ' ἀπόλεσθαι τρόπῳ τοιῷδε·
κομισθεὶς ἄρα ἐς τὰς Ἀθήνας ἀπήγγελλε τὸ πάθος· πυθομένας
δὲ τὰς γυναῖκας τῶν ἐπ' Αἴγιναν στρατευσαμένων ἀνδρῶν,
δεινόν τι ποιησαμένας ἐκεῖνον μοῦνον ἐξ ἁπάντων σωθῆναι,
πέριξ τὸν ἄνθρωπον τοῦτον λαβούσας καὶ κεντεύσας τῇσι
15 περόνῃσι τῶν ἱματίων εἰρωτᾶν ἑκάστην αὐτέων ὅκου εἴη
ὁ ἑωυτῆς ἀνήρ. καὶ τοῦτον μὲν οὕτω διαφθαρῆναι, 3
Ἀθηναίοισι δὲ ἔτι τοῦ πάθεος δεινότερόν τι δόξαι εἶναι τὸ
τῶν γυναικῶν ἔργον. ἄλλῳ μὲν δὴ οὐκ ἔχειν ὅτεῳ ζημιώσωσι
τὰς γυναῖκας, τὴν δὲ ἐσθῆτα μετέβαλον αὐτέων ἐς τὴν Ἰάδα·
20 ἐφόρεον γὰρ δὴ πρὸ τοῦ αἱ τῶν Ἀθηναίων γυναῖκες ἐσθῆτα
Δωρίδα, τῇ Κορινθίῃ παραπλησιωτάτην· μετέβαλον ὦν ἐς
τὸν λίνεον κιθῶνα, ἵνα δὴ περόνῃσι μὴ χρέωνται. ἔστι δὲ 88
ἀληθέϊ λόγῳ χρεωμένοισι οὐκ Ἰὰς αὕτη ἡ ἐσθὴς τὸ παλαιὸν
ἀλλὰ Κάειρα, ἐπεὶ ἥ γε Ἑλληνικὴ ἐσθὴς πᾶσα ἡ ἀρχαίη
25 τῶν γυναικῶν ἡ αὐτὴ ἦν τὴν νῦν Δωρίδα καλέομεν. τοῖσι 2
δὲ Ἀργείοισι καὶ τοῖσι Αἰγινήτῃσι† καὶ πρὸς ταῦτα ἔτι τόδε
ποιῆσαι νόμον εἶναι, παρὰ σφίσι ἑκατέροισι τὰς περόνας

---

1 σφι PSVU   3 ἐπιπεσέειν d P   ἀποταμ. D   5 τε om. SV
6 αὐτέων d   11 ἅρα] γὰρ d P   ἀπήγγελε C : ἀπήγγειλε DSV
πυθομένας (-όμενος B¹) om. d   12 τὰς δὲ d   ἀνδρῶν om. d
14 τὸν ἄνθρωπον om. S   καὶ om. d   κεντεούσας DSV   15 ἑκάστη
C [V]   αὐτῶν P   ὅκη(ι) d P   17 τι om. d   19 μετέβαλλον
C (it. 21)   22 χιτῶνα d   περών. D¹ (it. 27 B¹)   23 ἀληθεία d
25 τοὺς δὲ Ἀργείους καὶ τοὺς Αἰγινήτας conieci   27 σφιν SVU

ἡμιολίας ποιέεσθαι τοῦ τότε κατεστεῶτος μέτρου, καὶ ἐς τὸ
ἱρὸν τῶν θεῶν τουτέων περόνας μάλιστα ἀνατιθέναι τὰς
γυναῖκας, Ἀττικὸν δὲ μήτε τι ἄλλο προσφέρειν πρὸς τὸ
ἱρὸν μήτε κέραμον, ἀλλ' ἐκ χυτρίδων ἐπιχωριέων νόμον τὸ
3 λοιπὸν αὐτόθι εἶναι πίνειν.   Ἀργείων μέν νυν καὶ Αἰγινητέων 5
αἱ γυναῖκες ἐκ [τε] τόσου κατ' ἔριν τὴν Ἀθηναίων περόνας
ἔτι καὶ ἐς ἐμὲ ἐφόρεον μέζονας ἢ πρὸ τοῦ.
89   Τῆς δὲ ἔχθρης τῆς πρὸς Αἰγινήτας Ἀθηναίοισι γενομένης
ἀρχὴ κατὰ τὰ εἴρηται ἐγένετο. τότε δὴ Θηβαίων ἐπικα-
λεομένων προθύμως τῶν περὶ τὰ ἀγάλματα γενομένων 10
ἀναμιμνησκόμενοι οἱ Αἰγινῆται ἐβοήθεον τοῖσι Βοιωτοῖσι.
2 Αἰγινῆταί τε δὴ ἐδηίουν τῆς Ἀττικῆς τὰ παραθαλάσσια,
καὶ Ἀθηναίοισι ὁρμημένοισι ἐπ' Αἰγινήτας στρατεύεσθαι
ἦλθε μαντήιον ἐκ Δελφῶν ἐπισχόντας ἀπὸ τοῦ Αἰγινητέων
ἀδικίου τριήκοντα ἔτεα τῷ ἑνὶ καὶ τριηκοστῷ Αἰακῷ τέμενος 15
ἀποδέξαντας ἄρχεσθαι τοῦ πρὸς Αἰγινήτας πολέμου, καί σφι
χωρήσειν τὰ βούλονται· ἢν δὲ αὐτίκα ἐπιστρατεύωνται,
πολλὰ μέν σφεας ἐν τῷ μεταξὺ τοῦ χρόνου πείσεσθαι,
πολλὰ δὲ καὶ ποιήσειν, τέλος μέντοι καταστρέψεσθαι.
3 ταῦτα ὡς ἀπενειχθέντα ἤκουσαν οἱ Ἀθηναῖοι, τῷ μὲν Αἰακῷ 20
τέμενος ἀπέδεξαν τοῦτο τὸ νῦν ἐπὶ τῆς ἀγορῆς ἵδρυται,
τριήκοντα δὲ ἔτεα οὐκ ἀνέσχοντο ἀκούσαντες ὅκως χρεὼν
90 εἴη ἐπισχεῖν πεπονθότας πρὸς Αἰγινητέων ἀνάρσια. ἐς
τιμωρίην δὲ παρασκευαζομένοισι αὐτοῖσι ἐκ Λακεδαιμονίων
πρῆγμα ἐγειρόμενον ἐμπόδιον ἐγένετο. πυθόμενοι γὰρ 25
Λακεδαιμόνιοι τὰ ἐκ τῶν Ἀλκμεωνιδέων ἐς τὴν Πυθίην
μεμηχανημένα καὶ τὰ ἐκ τῆς Πυθίης ἐπὶ σφέας τε καὶ τοὺς

2 ἰ + ρὸν D (it. 4)   μάλιστα post γυναῖκας (3) d   ἀντιθέναι C
4 ἐπιχωρίων d   6 τε del. Eltz : ἐκ τοτε S   τὴν] τῶν C P   8 ἐξ
Ἀθηναίων a   9 τὰ del. Struve   δὲ a : δὲ δὴ Krueger   10 γινομ.
D S V   12 τε] δὲ d : om. C   ἐδήευν d   13 ἀπ' V   Αἰγίνης d
15 αἰκίου d P   ἔτεα om. S V   19 μὲν A B   -ψασθαι d B
22 χρεὼν C P S V U D²   23 ὑπ' A. a P   24 αὐτοῖσι om. C
25 ἐγειρ.] γενόμενον d P   26 οἱ Λακ. d   τά ⟨τε⟩ Stein   Ἀλκ-
μαιον. S V U D²

Πεισιστρατίδας [συμφορὴν ἐποιεῦντο διπλήν,] ὅτι τε ἄνδρας
ξείνους σφίσι ἐόντας ἐξεληλάκεσαν ἐκ τῆς ἐκείνων, καὶ ὅτι
ταῦτα ποιήσασι χάρις οὐδεμία ἐφαίνετο πρὸς Ἀθηναίων.
ἔτι τε [πρὸς τούτοισι] ἐνῆγόν σφεας οἱ χρησμοὶ λέγοντες 2
5 πολλά τε καὶ ἀνάρσια ἔσεσθαι αὐτοῖσι ἐξ Ἀθηναίων, τῶν
πρότερον μὲν ἦσαν ἀδαέες, τότε δὲ Κλεομένεος κομίσαντος
ἐς Σπάρτην ἐξέμαθον. ἐκτήσατο δὲ ὁ Κλεομένης [ἐκ τῆς
Ἀθηναίων ἀκροπόλιος] τοὺς χρησμούς, τοὺς ἔκτηντο μὲν
πρότερον οἱ Πεισιστρατίδαι, ἐξελαυνόμενοι δὲ ἔλιπον ἐν τῷ
10 ἱρῷ· καταλειφθέντας δὲ ὁ Κλεομένης ἀνέλαβε. τότε δὲ ὡς 91
ἀνέλαβον οἱ Λακεδαιμόνιοι τοὺς χρησμοὺς καὶ τοὺς Ἀθη-
ναίους ὥρων αὐξομένους καὶ οὐδαμῶς ἑτοίμους ἐόντας
πείθεσθαι σφίσι, νόῳ λαβόντες ὡς ἐλεύθερον μὲν ἐὸν τὸ
γένος τὸ Ἀττικὸν ἰσόρροπον τῷ ἑωυτῶν ἂν γίνοιτο, κατε-
15 χόμενον δὲ ὑπὸ τυραννίδος ἀσθενὲς καὶ πειθαρχέεσθαι ἕτοιμον,
μαθόντες [δὲ] τούτων ἕκαστα μετεπέμποντο Ἱππίην τὸν
Πεισιστράτου ἀπὸ Σιγείου τοῦ ἐν Ἑλλησπόντῳ [ἐς ὃ κατα-
φεύγουσι οἱ Πεισιστρατίδαι]. ἐπείτε δέ σφι Ἱππίης καλεό- 2
μενος ἧκε, μεταπεμψάμενοι καὶ τῶν ἄλλων συμμάχων
20 ἀγγέλους ἔλεγόν σφι Σπαρτιῆται τάδε· Ἄνδρες σύμμαχοι,
συγγινώσκομεν [αὐτοῖσι ἡμῖν] οὐ ποιήσασι ὀρθῶς· ἐπαρθέντες
γὰρ [κιβδήλοισι μαντηίοισι] ἄνδρας ξείνους ἐόντας ἡμῖν τὰ
μάλιστα καὶ ἀναδεκομένους ὑποχειρίας παρέξειν τὰς Ἀθήνας,
τούτους ἐκ τῆς πατρίδος ἐξηλάσαμεν, καὶ ἔπειτα ποιήσαντες
25 ταῦτα δήμῳ ἀχαρίστῳ παρεδώκαμεν τὴν πόλιν, ὃς ἐπείτε
δι' ἡμέας ἐλευθερωθεὶς ἀνέκυψε, ἡμέας μὲν καὶ τὸν βασιλέα
ἡμέων περιυβρίσας ἐξέβαλε, δόξαν δὲ φύσας αὐξάνεται,

1 διπλὴν C D V : διπλῆν rell. δὲ C 2 σφι(ν) ᵈ P ἐξηλά-
κεσαν D S V 4 δὲ Krueger 5 αὐτῆισιν V 8 ἐκέκτηντο
A B D S V 12 ἑώρεον P : ἐσώρεων C : om. d 13 πείσεσθαί C
14 ἂν om. ᵃ P γένοιτο C P κατεχόμενοι S V 15 ὑπό του
S V τυραννίδι S [V] 16 δὲ om. ᵈ P τὸν] τῶν V : om. U
17 Σιγίου ᵃ ἐς . . . Πεισ. del. Wesseling 18 δέ om. ᵈ
20 σφισι ᵃ P 21 ἐπαρθέντες] -ας (comp.) Dᶜ 23 ὑποχειρίους
S V 24 ἐξηλάσαμεν] η D² 25 ταῦτα om. ᵈ P παρεδώ-
καμεν τὴν πόλιν ᵈ P, cf. Plut. mor. 860 f : τὴν πόλιν παρεδ. ᵃ
27 ἡμῶν ᵃ P¹

ὥστε ἐκμεμαθήκασι μάλιστα μὲν οἱ περίοικοι αὐτῶν Βοιωτοὶ
καὶ Χαλκιδέες, τάχα δέ τις καὶ ἄλλος ἐκμαθήσεται ἁμαρτών.
3 ἐπείτε δὲ ἐκεῖνα ποιήσαντες ἡμάρτομεν, νῦν πειρησόμεθά
σφεα ἅμα ὑμῖν ἀκεόμενοι· αὐτοῦ γὰρ τούτου εἵνεκεν τόνδε
τε Ἱππίην μετεπεμψάμεθα καὶ ὑμέας ἀπὸ τῶν πολίων, ἵνα 5
κοινῷ τε λόγῳ καὶ κοινῷ στόλῳ ἐσαγαγόντες αὐτὸν ἐς τὰς
92 Ἀθήνας ἀποδῶμεν τὰ καὶ ἀπειλόμεθα. οἱ μὲν ταῦτα ἔλεγον,
τῶν δὲ συμμάχων τὸ πλῆθος οὐκ ἐνεδέκετο τοὺς λόγους.
οἱ μέν νυν ἄλλοι ἡσυχίην ἦγον, Κορίνθιος δὲ Σωκλέης
a ἔλεξε τάδε· Ἦ δὴ ὅ τε οὐρανὸς ἔνερθε ἔσται τῆς γῆς καὶ 10
ἡ γῆ μετέωρος ὑπὲρ τοῦ οὐρανοῦ, καὶ ἄνθρωποι νομὸν ἐν
θαλάσσῃ ἕξουσι καὶ ἰχθύες τὸν πρότερον ἄνθρωποι, ὅτε γε
ὑμεῖς, ὦ Λακεδαιμόνιοι, ἰσοκρατίας καταλύοντες τυραννίδας
ἐς τὰς πόλις κατάγειν παρασκευάζεσθε, τοῦ οὔτε ἀδικώτερόν
2 ἐστι οὐδὲν κατ' ἀνθρώπους οὔτε μιαιφονώτερον. εἰ γὰρ δὴ 15
τοῦτό γε δοκέει ὑμῖν εἶναι χρηστὸν ὥστε τυραννεύεσθαι τὰς
πόλις, αὐτοὶ πρῶτοι τύραννον καταστησάμενοι παρὰ σφίσι
αὐτοῖσι οὕτω καὶ τοῖσι ἄλλοισι δίζησθε κατιστάναι· νῦν δὲ
αὐτοὶ τυράννων ἄπειροι ἐόντες καὶ φυλάσσοντες τοῦτο
δεινότατα ἐν τῇ Σπάρτῃ μὴ γενέσθαι, παραχρᾶσθε ἐς τοὺς 20
συμμάχους· εἰ δὲ αὐτοῦ ἔμπειροι ἔατε κατά περ ἡμεῖς, εἴχετε
ἂν περὶ αὐτοῦ γνώμας ἀμείνονας συμβαλέσθαι ἤ περ νῦν.
β Κορινθίοισι γὰρ ἦν πόλιος κατάστασις τοιήδε· ἦν ὀλιγαρχίη,
καὶ τοῦτοι Βακχιάδαι καλεόμενοι ἔνεμον τὴν πόλιν, ἐδίδοσαν
δὲ καὶ ἤγοντο ἐξ ἀλλήλων. Ἀμφίονι δὲ ἐόντι τούτων τῶν 25
ἀνδρῶν γίνεται θυγάτηρ χωλή· οὔνομα δέ οἱ ἦν Λάβδα.
ταύτην Βακχιαδέων γὰρ οὐδεὶς ἤθελε γῆμαι, ἴσχει Ἠετίων

1 αὐτέων DSV   2 ἐκμεμαθ. C   4 σφεα Eltz : σφεας L
ἀπικόμενοι τίσασθαι a P   εἵνεκε V   5 τε] τὸν a   7 καὶ om. d P
ἀπελ. C P   9 δὲ ὁ S   Σωκλέης a, cf. Pap. Oxyrh. 1012 fr. 9, 55
et Plut. mor. 860 f : Σωσικλέης d P   10 ἔλεγε d   ἔσται ἔνερθε
d P   11 μετέωροσι (?) D   ὑπὸ V   12 οἱ ἰχθύες S   13 κατα-
λύσαντες d   14 πόλιας d P : πόλεις C (it. 17)   15 οὐδέν ἐστι
d P   17 τύραννον πρῶτοι (-ον V¹) S   + καταστ. D   18 δίζεσθε
P S V U   19 ἄπειροι ἐόντες τυράννων d P   δεινότατα τοῦτο d P
20 παραχρῆσθε a   21 αὐτοὶ a : del. Wilamowitz   ἔμποροι S V
22 ἀμείνους C   συμβάλλεσθαι d P   24 οἱ vel οἱ τότε Madvig
ἐξεδίδοσαν Tournier

ὁ Ἐχεκράτεος, δήμου μὲν ἐὼν ἐκ Πέτρης, ἀτὰρ τὰ ἀνέκαθεν
Λαπίθης τε καὶ Καινείδης. ἐκ δέ οἱ ταύτης τῆς γυναικὸς 2
οὐδ᾽ ἐξ ἄλλης παῖδες ἐγίνοντο· ἐστάλη ὧν ἐς Δελφοὺς
περὶ γόνου. ἐσιόντα δὲ αὐτὸν ἰθέως ἡ Πυθίη προσαγορεύει
5 τοισίδε τοῖσι ἔπεσι·

 Ἠετίων, οὔτις σε τίει πολύτιτον ἐόντα.   *honourable*
 Λάβδα κύει, τέξει δ᾽ ὀλοοίτροχον· ἐν δὲ πεσεῖται *ὁ ὀλοίτροχος—boulder*
 ἀνδράσι μουνάρχοισι, δικαιώσει δὲ Κόρινθον. *δικαιω—punish*

ταῦτα χρησθέντα τῷ Ἠετίωνι ἐξαγγέλλεταί κως τοῖσι 3
10 Βακχιάδῃσι, τοῖσι τὸ μὲν πρότερον γενόμενον χρηστήριον
ἐς Κόρινθον ἦν ἄσημον, φέρον τε ἐς τὠυτὸ καὶ τὸ τοῦ *referring to*
Ἠετίωνος καὶ λέγον ὧδε·

 αἰετὸς ἐν πέτρῃσι κύει, τέξει δὲ λέοντα
 καρτερὸν ὠμηστήν· πολλῶν δ᾽ ὑπὸ γούνατα λύσει.
15 ταῦτά νυν εὖ φράζεσθε, Κορίνθιοι, οἱ περὶ καλὴν *give heed to*
 Πειρήνην οἰκεῖτε καὶ ὀφρυόεντα Κόρινθον. *beetling*

τοῦτο μὲν δὴ τοῖσι Βακχιάδῃσι πρότερον γενόμενον ἦν γ
soluble ἀτέκμαρτον, τότε δὲ τὸ Ἠετίωνι γενόμενον ὡς ἐπύθοντο,
understand αὐτίκα καὶ τὸ πρότερον συνῆκαν ἐὸν συνῳδὸν τῷ Ἠετίωνος. *consonant with*
20 συνέντες δὲ καὶ τοῦτο εἶχον ἐν ἡσυχίῃ, ἐθέλοντες τὸν
μέλλοντα Ἠετίωνι γίνεσθαι γόνον διαφθεῖραι. ὡς δ᾽ ἔτεκε
ἡ γυνὴ τάχιστα, πέμπουσι σφέων αὐτῶν δέκα ἐς τὸν δῆμον
ἐν τῷ κατοίκητο Ἠετίων ἀποκτενέοντας τὸ παιδίον. ἀπικό- 2
μενοι δὲ οὗτοι ἐς τὴν Πέτρην καὶ παρελθόντες ἐς τὴν αὐλὴν
25 τὴν Ἠετίωνος αἴτεον τὸ παιδίον· ἡ δὲ Λάβδα εἰδυῖά τε
οὐδὲν τῶν εἵνεκα ἐκεῖνοι ἀπικοίατο καὶ δοκέουσά σφεας

1 Ἐχεκράτευς a μήμου SV ἐκ Π. ἐὼν dP ἀνέκαθε CDP
2 Λαμπ. C Καινίδης dACP¹ 5 τοῖσδε a DPV 7 δ᾽
ὀλοοίτροχον Oenom. apud Euseb. pr. ev. V. 29 : δὲ ὀλοίτρ. L (ὀλύτρ. B)
9 χρησθέντι CD 10 ἐς Κόρινθον χρηστήριον a 11 φέρων V
τὸ om. SV 12 λέγων BD : λόγον V 15 ταύτάν νυν D νυ P
καλ + ἢν D 16 οἰκέετε DVU 17 δὴ om. a γένον V
18 τὸ AB : τῷ rell. 19 συνῳδὸν ἐὼν (ἐὸν D) d 20 θέλοντες d
22 αὐτέων CDVU 23 ὁ Ἠ. a τὸ om. V 24 alt. ἐς
om. B¹ 25 τὴν Ἠετίωνος ABU : τοῦ Ἠ. rell. εἰδοῖά AB
26 ἀπι + κ. D

φιλοφροσύνης τοῦ πατρὸς εἵνεκα αἰτέειν φέρουσα ἐνεχείρισε
αὐτῶν ἑνί. τοῖσι δὲ ἄρα ἐβεβούλευτο κατ' ὁδὸν τὸν πρῶτον
3 αὐτῶν λαβόντα [τὸ παιδίον] προσουδίσαι. ἐπείτε ὦν ἔδωκε
φέρουσα ἡ Λάβδα, τὸν λαβόντα τῶν ἀνδρῶν θείῃ τύχῃ
προσεγέλασε τὸ παιδίον, καὶ τὸν φρασθέντα τοῦτο οἶκτός 5
τις ἴσχει ἀποκτεῖναι, κατοικτίρας δὲ παραδιδοῖ τῷ δευτέρῳ,
ὁ δὲ τῷ τρίτῳ, οὕτω τε διεξῆλθε διὰ πάντων τῶν δέκα
4 παραδιδόμενον, οὐδενὸς βουλομένου διεργάσασθαι. ἀποδόντες
ὦν ὀπίσω τῇ τεκούσῃ τὸ παιδίον καὶ ἐξελθόντες ἔξω, ἑστεῶτες
ἐπὶ τῶν θυρέων ἀλλήλων ἅπτοντο καταιτιώμενοι καὶ μάλιστα 10
τοῦ πρώτου λαβόντος, ὅτι οὐκ ἐποίησε κατὰ τὰ δεδογμένα,
ἐς ὃ δή σφι χρόνου ἐγγινομένου ἔδοξε αὖτις παρελθόντας
δ πάντας τοῦ φόνου μετίσχειν. ἔδει δὲ ἐκ τοῦ Ἠετίωνος
γόνου Κορίνθῳ κακὰ ἀναβλαστεῖν. ἡ Λάβδα γὰρ πάντα
ταῦτα ἤκουε ἑστεῶσα πρὸς αὐτῇσι τῇσι θύρῃσι· δείσασα δὲ 15
μὴ σφι μεταδόξῃ καὶ τὸ δεύτερον λαβόντες τὸ παιδίον
ἀποκτείνωσι, φέρουσα κατακρύπτει ἐς τὸ ἀφραστότατόν οἱ
ἐφαίνετο εἶναι, ἐς κυψέλην, ἐπισταμένη ὡς εἰ ὑποστρέψαντες
ἐς ζήτησιν ἀπικνεοίατο, πάντα ἐρευνήσειν μέλλοιεν· τὰ δὴ
2 καὶ ἐγένετο. ἐσελθοῦσι δὲ καὶ διζημένοισι αὐτοῖσι ὡς οὐκ 20
ἐφαίνετο, ἐδόκεε ἀπαλλάσσεσθαι καὶ λέγειν πρὸς τοὺς
ἀποπέμψαντας ὡς πάντα ποιήσειαν τὰ ἐκεῖνοι ἐνετείλαντο.
ε οἱ μὲν δὴ ἀπελθόντες ἔλεγον ταῦτα· Ἠετίωνι δὲ μετὰ ταῦτα
ὁ παῖς ηὐξάνετο, καί οἱ διαφυγόντι τοῦτον τὸν κίνδυνον ἀπὸ
τῆς κυψέλης ἐπωνυμίην Κύψελος οὔνομα ἐτέθη. ἀνδρωθέντι 25
δὲ καὶ μαντευομένῳ Κυψέλῳ ἐγένετο ἀμφιδέξιον χρηστήριον

1 εἵνεκεν **d** P   2 αὐτέων **d** (3 C)   3 τὸ παιδίον om. **d**
ἐπεί **a** P   4 τῷ λαβόντι Eustath. Il. 650   6 ἴσχε(ν) DSV
κατοικτείρας L   7 τε S: δὲ **a** P: τε δὴ DVU   8 διεξεργά-
σασθαι C   9 +ὦν B   10 θυρῶν **d**   12 ἐγγενομένου Stein
αὖδις DU   πάντας παρελθόντας **d**   14 ταῦτα πάντα SVU
15 αὐτῇσι om. **d** P   17 κατακρύβει **a**   ἀφραστάτόν C: ἀφραστώ-
τατόν D¹: ἀφρατότατόν V   18 εἰ om. SV   19 ἀπικνεοίατο
Stein : -κνέοιτο A B : -κέοιτο C¹ (-κνέοιτο Cᶜ): ἀπίκοιτο DPU:
ἀπίκοντο SV   20 ἐγίνετο **a** PU   ἐλθοῦσι **a**   δὲ **a**: γὰρ **d** P
21 ἐδώκατε C   24 αὐξάνετο **d**   25 ἐπωνυμίην om. D, nescio
an recte   26 μαντευομένῳ] κρυπτομένῳ **d**

48

ἐν Δελφοῖσι, τῷ πίσυνος γενόμενος ἐπεχείρησέ τε καὶ ἔσχε   **2**
Κόρινθον. ὁ δὲ χρησμὸς ὅδε ἦν·

   ὄλβιος οὗτος ἀνὴρ ὃς ἐμὸν δόμον ἐσκαταβαίνει,
   Κύψελος Ἠετίδης, βασιλεὺς κλειτοῖο Κορίνθου,
5   αὐτὸς καὶ παῖδες, παίδων γε μὲν οὐκέτι παῖδες.

τὸ μὲν δὴ χρηστήριον τοῦτο ἦν, τυραννεύσας δὲ ὁ Κύψελος
τοιοῦτος δή τις ἀνὴρ ἐγένετο· πολλοὺς μὲν Κορινθίων ἐδίωξε,
πολλοὺς δὲ χρημάτων ἀπεστέρησε, πολλῷ δέ τι πλείστους
τῆς ψυχῆς. ἄρξαντος δὲ τούτου ἐπὶ τριήκοντα ἔτεα καὶ   ζ
10 διαπλέξαντος τὸν βίον εὖ διάδοχός οἱ τῆς τυραννίδος ὁ παῖς
Περίανδρος γίνεται. ὁ τοίνυν Περίανδρος κατ᾽ ἀρχὰς μὲν
ἦν ἠπιώτερος τοῦ πατρός, ἐπείτε δὲ ὡμίλησε δι᾽ ἀγγέλων
Θρασυβούλῳ τῷ Μιλήτου τυράννῳ, πολλῷ ἔτι ἐγένετο Κυ-
ψέλου μιαιφονώτερος. πέμψας γὰρ παρὰ Θρασύβουλον   **2**
15 κήρυκα ἐπυνθάνετο ὅντινα ἂν τρόπον ἀσφαλέστατον κατα-
στησάμενος τῶν πρηγμάτων κάλλιστα τὴν πόλιν ἐπιτροπεύοι.
Θρασύβουλος δὲ τὸν ἐλθόντα παρὰ τοῦ Περιάνδρου ἐξήγαγε
ἔξω τοῦ ἄστεος, ἐσβὰς δὲ ἐς ἄρουραν ἐσπαρμένην ἅμα τε
διεξήιε τὸ λήιον ἐπειρωτῶν τε καὶ ἀναποδίζων τὸν κήρυκα
20 κατὰ τὴν ἀπὸ Κορίνθου ἄπιξιν, καὶ ἐκόλουε αἰεὶ ὅκως τινὰ
ἴδοι τῶν ἀσταχύων ὑπερέχοντα, κολούων δὲ ἔρριπτε, ἐς ὃ
τοῦ ληίου τὸ κάλλιστόν τε καὶ βαθύτατον διέφθειρε τρόπῳ
τοιούτῳ. διεξελθὼν δὲ τὸ χωρίον καὶ ὑποθέμενος ἔπος οὐδὲν   **3**
ἀποπέμπει τὸν κήρυκα. νοστήσαντος δὲ τοῦ κήρυκος ἐς τὴν
25 Κόρινθον ἦν πρόθυμος πυνθάνεσθαι τὴν ὑποθήκην ὁ Περίαν-
δρος. ὁ δὲ οὐδέν οἱ ἔφη Θρασύβουλον ὑποθέσθαι, θωμάζειν

1 πίσσ. V   2 ὧδε DSV   3 ἐγκαταβ. DSV: εἰσαφικάνει
Dio Chrys. xxxvii. 5   4 κλειτοῖο a Dio: κλεινοῖο DPU
Oenom. ap. Euseb. pr. ev. V. 35: κλοιο SV   5 γε + D   6 τοῦτο
om. B¹   δὴ AB   7 ἀνὴρ ἐγένετο] ἦν ἀνὴρ AC: ἀνήρ B
Κορινθίους C   8 δέ τι Krueger: δ᾽ ἔτι d P: δὲ a Const.   πλείους
vel πλεῦνας Bekker   10 διαπλεύσαντος γρ. Pᵐ   12 ἠπιώτερ + + ος
D   δμ. V   15 ἂν a P Const.: om. d   ἀσφαλέστατον a Const.:
-στερον d P   17 ἐξήγαγεν E: ἐξῆγε rell. Const.   19 τὸν
κήρυκα om. E   20 κατὰ] καὶ DSV   καὶ om. SVU   ἀεὶ ABE
τινὰ . . . ὑπερέχοντα a Const.: τινὰς . . . ὑπερέχοντας τῶν ἄλλων d P
21 ἴδη SV   δὲ] τε Const.   23 τοιῷδε D Const.   26 θωυμ. d P

τε αὐτοῦ παρ' οἷόν μιν ἄνδρα ἀποπέμψειε, ὡς παραπλῆγά τε
καὶ τῶν ἑωυτοῦ σινάμωρον, ἀπηγεόμενος τά περ πρὸς Θρασυ-
η βούλου ὀπώπεε. Περίανδρος δὲ συνεὶς τὸ ποιηθὲν καὶ νόῳ
σχὼν ὥς οἱ ὑπετίθετο Θρασύβουλος τοὺς ὑπερόχους τῶν
ἀστῶν φονεύειν, ἐνθαῦτα δὴ πᾶσαν κακότητα ἐξέφαινε ἐς 5
τοὺς πολιήτας. ὅσα γὰρ Κύψελος ἀπέλιπε κτείνων τε καὶ
διώκων, Περίανδρός σφεα ἀπετέλεσε, μιῇ δὲ ἡμέρῃ ἀπέδυσε
πάσας τὰς Κορινθίων γυναῖκας διὰ τὴν ἑωυτοῦ γυναῖκα
2 Μέλισσαν. πέμψαντι γάρ οἱ ἐς Θεσπρωτοὺς ἐπ' Ἀχέροντα
ποταμὸν ἀγγέλους ⸢ἐπὶ τὸ νεκυομαντήιον⸣ ⸢παρακαταθήκης πέρι 10
ξεινικῆς⸣ οὔτε σημανέειν ἔφη ἡ Μέλισσα ἐπιφανεῖσα οὔτε
κατερέειν ἐν τῷ κεῖται χώρῳ ἡ παρακαταθήκη· ῥιγοῦν τε
γὰρ καὶ εἶναι γυμνή· τῶν γάρ οἱ συγκατέθαψε εἱμάτων
⸢ὄφελος εἶναι οὐδὲν⸣ οὐ κατακαυθέντων· μαρτύριον δέ οἱ εἶναι
ὡς ἀληθέα ταῦτα λέγει, ὅτι ἐπὶ ψυχρὸν τὸν ἱπνὸν Περίανδρος 15
3 τοὺς ἄρτους ἐπέβαλε. ταῦτα δὲ ὡς ὀπίσω ἀπηγγέλθη τῷ
Περιάνδρῳ (πιστὸν γάρ οἱ ἦν τὸ συμβόλαιον, ὃς ⸢νεκρῷ
ἐούσῃ Μελίσσῃ⸣ ἐμίγη), ἰθέως δὴ μετὰ τὴν ἀγγελίην ⸢κήρυγμα
ἐποιήσατο ἐς τὸ Ἥραιον ἐξιέναι πάσας τὰς Κορινθίων
γυναῖκας. αἱ μὲν δὴ ⸢ὡς ἐς ὁρτὴν⸣ ἤισαν κόσμῳ τῷ καλλίστῳ 20
χρεώμεναι, ὁ δ' ὑποστήσας τοὺς δορυφόρους ἀπέδυσέ σφεας
πάσας ὁμοίως, τάς τε ἐλευθέρας καὶ τὰς ἀμφιπόλους, συμ-
4 φορήσας δὲ ἐς ὄρυγμα ⸢Μελίσσῃ ἐπευχόμενος⸣ κατέκαιε. ταῦτα
δέ οἱ ποιήσαντι καὶ τὸ δεύτερον πέμψαντι ἔφρασε τὸ εἴδωλον
τὸ Μελίσσης ἐς τὸν κατέθηκε χῶρον τοῦ ξείνου τὴν παρα- 25
καταθήκην. τοιοῦτο μὲν ὑμῖν ἐστι ἡ τυραννίς, ὦ Λακεδαι-
5 μόνιοι, καὶ τοιούτων ἔργων. ἡμέας δὲ τοὺς Κορινθίους τό τε

1 τε] δὲ E   μιν] τινα E   2 περ a P Const. : om. d   Θρασύ-
βουλον B   3 συνεὶς E : συνιεὶς rell. Const.   4 σχὼν d P¹ :
ἴσχων a E Pᶜ Const.   τοὺς] ου D²   ὑπειρόχους a D P Const.
5 ἐξέφανεν SV   6 ἀπέλειπε B   7 σφε D V U   ἀπετέλεε a :
ἐπετέλεσε S : ἐπετέλεε Const.   9 πέμψαντι] ντι D²   10 νέκυος
μαντ. D   12 κέεται L   13 ἱματίων a P Const.   14 οὐ]
οἱ S V U   κατακαυσθ. A C Pᶜ   15 τὸν om. Const.   17 ὃς
a P Const. : ὡς d   18 κήρυκα C   20 ἥ(ι)εσαν d   22 ὁμοίως
om. Const.   24 ἔφρασε(ν) a Const. : ἔφραζε d P   25 τὸ] τῆς
Const.   26 τοιοῦτον C S V U   ἐστι ὑμῖν d   27 τὸ τότε S V :
τότε τε Herwerden

αὐτίκα θῶμα μέγα εἶχε ὅτε ὑμέας εἴδομεν μεταπεμπομένους
Ἱππίην, νῦν τε δὴ καὶ μεζόνως θωμάζομεν λέγοντας ταῦτα,
ἐπιμαρτυρόμεθά τε ἐπικαλεόμενοι ὑμῖν θεοὺς τοὺς Ἑλληνίους
μὴ κατιστάναι τυραννίδας ἐς τὰς πόλις. οὐκ ὦν παύσεσθε
5 ἀλλὰ πειρήσεσθε παρὰ τὸ δίκαιον κατάγοντες Ἱππίην; ἴστε
ὑμῖν Κορινθίους γε οὐ συναινέοντας.

Σωκλέης μὲν ἀπὸ Κορίνθου πρεσβεύων ἔλεξε τάδε, 93
Ἱππίης δὲ αὐτὸν ἀμείβετο τοὺς αὐτοὺς ἐπικαλέσας θεοὺς
ἐκείνῳ, ἢ μὲν Κορινθίους μάλιστα πάντων ἐπιποθήσειν Πει-
10 σιστρατίδας, ὅταν σφι ἥκωσι ἡμέραι αἱ κύριαι ἀνιᾶσθαι ὑπ'
Ἀθηναίων. Ἱππίης μὲν τούτοισι ἀμείψατο οἷά τε τοὺς 2
χρησμοὺς ἀτρεκέστατα ἀνδρῶν ἐξεπιστάμενος· οἱ δὲ λοιποὶ
τῶν συμμάχων τέως μὲν εἶχον ἐν ἡσυχίῃ σφέας αὐτούς,
ἐπείτε δὲ Σωκλέος ἤκουσαν εἴπαντος ἐλευθέρως, ἅπας τις
15 αὐτῶν φωνὴν ῥήξας αἱρέετο τοῦ Κορινθίου τὴν γνώμην,
Λακεδαιμονίοισί τε ἐπεμαρτύροντο μὴ ποιέειν μηδὲν νεώτερον
περὶ πόλιν Ἑλλάδα. οὕτω μὲν ταῦτα ἐπαύσθη, Ἱππίῃ δὲ 94
ἐνθεῦτεν ἀπελαυνομένῳ ἐδίδου μὲν Ἀμύντης ὁ Μακεδὼν
Ἀνθεμοῦντα, ἐδίδοσαν δὲ Θεσσαλοὶ Ἰωλκόν. ὁ δὲ τούτων
20 μὲν οὐδέτερα αἱρέετο, ἀνεχώρεε δὲ ὀπίσω ἐς Σίγειον, τὸ εἷλε
Πεισίστρατος αἰχμῇ παρὰ Μυτιληναίων, κρατήσας δὲ αὐτοῦ
κατέστησε τύραννον εἶναι παῖδα [τὸν] ἑωυτοῦ νόθον Ἡγησί-
στρατον, γεγονότα ἐξ Ἀργείης γυναικός, ὃς οὐκ ἀμαχητὶ
εἶχε τὰ παρέλαβε παρὰ Πεισιστράτου. ἐπολέμεον γὰρ ἔκ 2
25 τε Ἀχιλληίου πόλιος ὁρμώμενοι καὶ Σιγείου [ἐπὶ χρόνον
συχνὸν] Μυτιληναῖοί τε καὶ Ἀθηναῖοι, οἱ μὲν ἀπαιτέοντες τὴν

1 θωυμ. a P (it. 2)   ὅτι P   2 καὶ om. d   λέγοντες d
4 πόλιας d P: πόλεις C   παύσεσθε d: ἢν μὴ παύσεσθε A B: ἢν μὴ
παύσησθε C P   5 πειρήσησθε Pᶜ   καταγαγόντες d   6 τε A B¹
συνεόντας S V   7 Σωκλῆς a: Σωσικλέης d P   8 θεοὺς ἐπικαλέσας
(-σασθαι S: -σασθε V) a   9 κείνῳ d P   μὴν d   11 τε om. a P
13 ξυμμ. C P   14 Σωσικλέος d P   ἐλευθερῶσαι πᾶς a   15 αὐτέων
D S V   16 ἐπεμαρτύροντο a: -τυρέοντο d P   17 Ἑλληνίδα d P
τοῦτο a   ἐπαύ + θη D   18 Μακεδόνων βασιλεὺς a   20 οὐδέ-
τερον d   Σίγιον a (it. infra)   21 Μιτυλ. d C P (it. infra)
22 τὸν secl. Stein   23 γεγονότα a: ὄντα d P   24 τάπερ ἔλαβε d
25 Ἀχιλλείου A B d

χώρην, 'Αθηναῖοι δὲ οὔτε συγγινωσκόμενοι ἀποδεικνύντες τε
λόγῳ οὐδὲν μᾶλλον Αἰολεῦσι μετεὸν τῆς 'Ιλιάδος χώρης ἢ
οὐ καὶ σφίσι καὶ τοῖσι ἄλλοισι, ὅσοι Ἑλλήνων συνεπρήξαντο
95 Μενέλεῳ τὰς Ἑλένης ἁρπαγάς. πολεμεόντων δέ σφεων
παντοῖα καὶ ἄλλα ἐγένετο ἐν τῆσι μάχῃσι, ἐν δὲ δὴ καὶ 5
'Αλκαῖος ὁ ποιητὴς συμβολῆς γενομένης καὶ νικώντων 'Αθη-
ναίων αὐτὸς μὲν φεύγων ἐκφεύγει, τὰ δέ οἱ ὅπλα ἴσχουσι
'Αθηναῖοι καί σφεα ἀνεκρέμασαν πρὸς τὸ 'Αθήναιον τὸ ἐν
2 Σιγείῳ. ταῦτα δὲ 'Αλκαῖος ἐν μέλεϊ ποιήσας ἐπιτιθεῖ ἐς
Μυτιλήνην ἐξαγγελλόμενος τὸ ἑωυτοῦ πάθος Μελανίππῳ 10
ἀνδρὶ ἑταίρῳ. Μυτιληναίους δὲ καὶ 'Αθηναίους κατήλλαξε
Περίανδρος ὁ Κυψέλου· τούτῳ γὰρ διαιτητῇ ἐπετράποντο·
κατήλλαξε δὲ ὧδε, νέμεσθαι ἑκατέρους τὴν ἔχουσι. Σίγειον
96 μέν νυν οὕτω ἐγένετο ὑπ' 'Αθηναίοισι. Ἱππίης δὲ ἐπείτε
ἀπίκετο ἐκ τῆς Λακεδαίμονος ἐς τὴν 'Ασίην, πᾶν χρῆμα 15
ἐκίνεε, διαβάλλων τε τοὺς 'Αθηναίους πρὸς τὸν 'Αρταφρένεα
καὶ ποιέων ἅπαντα ὅκως αἱ 'Αθῆναι γενοίατο ὑπ' ἑωυτῷ τε
2 καὶ Δαρείῳ. Ἱππίης τε δὴ ταῦτα ἔπρησσε καὶ οἱ 'Αθηναῖοι
πυθόμενοι ταῦτα πέμπουσι ἐς Σάρδις ἀγγέλους, οὐκ ἐῶντες
τοὺς Πέρσας πείθεσθαι 'Αθηναίων τοῖσι φυγάσι. ὁ δὲ 20
'Αρταφρένης ἐκέλευέ σφεας, εἰ βουλοίατο σόοι εἶναι, κατα-
δέκεσθαι ὀπίσω Ἱππίην. οὐκ ὦν δὴ ἐνεδέκοντο τοὺς λόγους
ἀποφερομένους οἱ 'Αθηναῖοι· οὐκ ἐνδεκομένοισι δέ σφι
ἐδέδοκτο ἐκ τοῦ φανεροῦ τοῖσι Πέρσῃσι πολεμίους εἶναι.
97 Νομίζουσι δὲ ταῦτα καὶ διαβεβλημένοισι ἐς τοὺς Πέρσας 25
ἐν τούτῳ δὴ τῷ καιρῷ ὁ Μιλήσιος 'Αρισταγόρης ὑπὸ Κλεο-
μένεος τοῦ Λακεδαιμονίου ἐξελασθεὶς ἐκ τῆς Σπάρτης ἀπίκετο

1 ἀποδεικν. (-ύτες A¹ B¹) τε λόγῳ om. d   2 μέτρον d   3 σφι d
συνεπράξ. d P: συνεξεπρήξαντο Krueger   4 Μενέλεῳ om. S
8 σφε' P: σφε d   9 ποιήσας om. S   10 –γελόμενος CV
12 ἐτράποντο D   13 ἀμφοτέρους d P   15 τῆς om. d P
16 τούς τε d P   17 αἱ om. d   18 τε om. S V   19 ἐῶντας
C : ἐόντες V U   20 τοὺς et 'Αθηναίων om. D   21 ἐκέλευσέ a
σῶ(ι)οι C P S   23 οἱ om. d P   24 δέδοκτο C P   25 δὴ C P
26 ἐν om. d   27 ἐξελαθεὶς B S V U   τῆς om. a

ἐς τὰς Ἀθήνας· αὕτη γὰρ ἡ πόλις τῶν λοιπέων ἐδυνάστευε   *most powerful*
μέγιστον. ἐπελθὼν δὲ ἐπὶ τὸν δῆμον ὁ Ἀρισταγόρης ταὐτὰ
ἔλεγε τὰ καὶ ἐν τῇ Σπάρτῃ περὶ τῶν ἀγαθῶν τῶν ἐν τῇ   *he said in*
Ἀσίῃ καὶ τοῦ πολέμου τοῦ Περσικοῦ, ὡς οὔτε ἀσπίδα οὔτε
5 δόρυ νομίζουσι εὐπετέες τε χειρωθῆναι εἴησαν, ταῦτά τε   2
δὴ ἔλεγε καὶ πρὸς τοῖσι τάδε, ὡς οἱ Μιλήσιοι τῶν Ἀθηναίων
εἰσὶ ἄποικοι, καὶ οἰκός σφεας εἴη ῥύεσθαι δυναμένους μέγα.   *i.e. the Athenians*
καὶ οὐδὲν ὅ τι οὐκ ὑπίσχετο οἷα κάρτα δεόμενος, ἐς ὃ ἀνέπεισέ
σφεας. πολλοὺς γὰρ οἶκε εἶναι εὐπετέστερον διαβάλλειν ἢ   *διαβάλλω-*
                                                                to deceive/
                                                                impose upon
10 ἕνα, εἰ Κλεομένεα μὲν τὸν Λακεδαιμόνιον μοῦνον οὐκ οἷός τε
ἐγένετο διαβάλλειν, τρεῖς δὲ μυριάδας Ἀθηναίων ἐποίησε   *30,000*
τοῦτο. Ἀθηναῖοι μὲν δὴ ἀναπεισθέντες ἐψηφίσαντο εἴκοσι 3
νέας ἀποστεῖλαι βοηθοὺς Ἴωσι, στρατηγὸν ἀποδέξαντες αὐ-   *appoint*
τῶν εἶναι Μελάνθιον, ἄνδρα τῶν ἀστῶν ἐόντα τὰ πάντα
15 δόκιμον. αὗται δὲ αἱ νέες ἀρχὴ κακῶν ἐγένοντο Ἕλλησί τε
καὶ βαρβάροισι. Ἀρισταγόρης δὲ προπλώσας καὶ ἀπικό-   98
μενος ἐς τὴν Μίλητον, ἐξευρὼν βούλευμα ἀπ' οὗ Ἴωσι μὲν   *plan*
οὐδεμία ἔμελλε ὠφελίη ἔσεσθαι (οὐδ' ὧν οὐδὲ τούτου εἵνεκα
ἐποίεε ἀλλ' ὅκως βασιλέα Δαρεῖον λυπήσειε), ἔπεμψε ἐς τὴν
20 Φρυγίην ἄνδρα ἐπὶ τοὺς Παίονας τοὺς ἀπὸ Στρυμόνος ποταμοῦ
αἰχμαλώτους γενομένους ὑπὸ Μεγαβάζου, οἰκέοντας δὲ τῆς
Φρυγίης χῶρόν τε καὶ κώμην ἐπ' ἑωυτῶν, ὃς ἐπειδὴ ἀπίκετο   *on their own*
ἐς τοὺς Παίονας, ἔλεγε τάδε· Ἄνδρες Παίονες, ἔπεμψέ με 2
Ἀρισταγόρης ὁ Μιλήτου τύραννος σωτηρίην ὑποθησόμενον
25 ὑμῖν, ἤν περ βούλησθε πείθεσθαι. νῦν γὰρ Ἰωνίη πᾶσα
ἀπέστηκε ἀπὸ βασιλέος, καὶ ὑμῖν παρέχει σῴζεσθαι ἐπὶ τὴν   *it is possible*
ὑμετέρην αὐτῶν· μέχρι μὲν θαλάσσης αὐτοῖσι ὑμῖν, τὸ δὲ   *and*

1 τὰς om. a P   ἡ om. d   2 ταῦτα Schweighaeuser: ταὐτα L
3 καὶ om. D   5 εὐπετέως a   τε om. C   τε δὴ] δὴ V: δὲ S
6 τούτοισι d   7 εἰκὸς S   σφας D U: φας S V   8 ὑπέσχετο
C P¹: ὑπέσκετο D   9 ἔοικε d   11 διαβαλεῖν d P   13 βοηθοὺς
ἀποστεῖλαι D   τοῖσι Ἴωσι S   στρατηγὸν δὲ d   αὐτέων a D P V
14 τὰ om. S   15 ἀρχαὶ d P   16 προσπλώσας D   17 μὲν
om. d   18 ἔμελλε οὐδεμίη C P   ὠφελείη d   εἵνεκεν d (-ε D)
19 ἐποίησε(ν) d   τὴν om. a   21 δὲ om. d P¹   22 ὑπ' D
ἐπείτε d   24 ὁ om. a   ὑμῖν ὑποθησόμενον d P   25 βούλεσθε
A V: -εσθαι B C   πείσεσθαι C   γὰρ om. D   26 -λέως B V

53

3 ἀπὸ τούτου ἡμῖν ἤδη μελήσει. ταῦτα δὲ ἀκούσαντες οἱ
Παίονες κάρτα τε ἀσπαστὸν ἐποιήσαντο καὶ ἀναλαβόντες
παῖδας καὶ γυναῖκας ἀπεδίδρησκον ἐπὶ θάλασσαν· οἱ δέ τινες
αὐτῶν καὶ κατέμειναν ἀρρωδήσαντες αὐτοῦ. ἐπείτε δὲ οἱ
Παίονες ἀπίκοντο ἐπὶ θάλασσαν, ἐνθεῦτεν ἐς Χίον διέ- 5
4 βησαν. ἐόντων δὲ ἤδη ἐν Χίῳ κατὰ πόδας ἐληλύθεε Περσέων
ἵππος πολλὴ διώκουσα τοὺς Παίονας· ὡς δὲ οὐ κατέλαβον,
ἐπηγγέλλοντο ἐς τὴν Χίον τοῖσι Παίοσι ὅκως ἂν ὀπίσω
ἀπέλθοιεν. οἱ δὲ Παίονες τοὺς λόγους οὐκ ἐνεδέκοντο, ἀλλ'
ἐκ Χίου μὲν Χῖοί σφεας ἐς Λέσβον ἤγαγον, Λέσβιοι δὲ ἐς 10
Δορίσκον ἐκόμισαν· ἐνθεῦτεν δὲ πεζῇ κομιζόμενοι ἀπίκοντο
ἐς Παιονίην.

99 Ἀρισταγόρης δέ, ἐπειδὴ οἵ τε Ἀθηναῖοι ἀπίκοντο εἴκοσι
νηυσί, ἅμα ἀγόμενοι Ἐρετριέων πέντε τριήρεας, οἳ οὐ τὴν
Ἀθηναίων χάριν ἐστρατεύοντο ἀλλὰ τὴν αὐτῶν Μιλησίων, 15
ὀφειλόμενά σφι ἀποδιδόντες (οἱ γὰρ δὴ Μιλήσιοι πρότερον
τοῖσι Ἐρετριεῦσι τὸν πρὸς Χαλκιδέας πόλεμον συνδιήνεικαν,
ὅτε περ καὶ Χαλκιδεῦσι ἀντία Ἐρετριέων καὶ Μιλησίων
Σάμιοι ἐβοήθεον), οὗτοι ὦν ἐπείτε σφι ἀπίκοντο καὶ οἱ ἄλλοι
σύμμαχοι παρῆσαν, ἐποιέετο στρατηίην ὁ Ἀρισταγόρης ἐς 20
2 Σάρδις. αὐτὸς μὲν δὴ οὐκ ἐστρατεύετο ἀλλ' ἔμενε ἐν Μιλήτῳ,
στρατηγοὺς δὲ ἄλλους ἀπέδεξε Μιλησίων εἶναι, τὸν ἑωυτοῦ
τε ἀδελφεὸν Χαροπῖνον καὶ τῶν ἄλλων ἀστῶν Ἑρμόφαντον.

100 ἀπικόμενοι δὲ τῷ στόλῳ τούτῳ Ἴωνες ἐς Ἔφεσον πλοῖα μὲν
κατέλιπον ἐν Κορησῷ τῆς Ἐφεσίης, αὐτοὶ δὲ ἀνέβαινον 25
χειρὶ πολλῇ, ποιεύμενοι Ἐφεσίους ἡγεμόνας [τῆς ὁδοῦ].
πορευόμενοι δὲ παρὰ ποταμὸν Καΰστριον, ἐνθεῦτεν ἐπείτε
ὑπερβάντες τὸν Τμῶλον ἀπίκοντο, αἱρέουσι Σάρδις οὐδενός
σφι ἀντιωθέντος, αἱρέουσι δὲ χωρὶς τῆς ἀκροπόλιος τἆλλα

3 τέκνα d   ἀπεδίδρασκον d   4 αὐτέων DSV   καὶ om. C
5 ἀπικέατο CP (it. 11, 13, 19)   8 ἐπηγγέλοντο C   Παίοσι
om. SV   9 ἐδέκοντο d   13 ἀπίκατο B   14 ναυσίν SV
17 συνήνεικαν a   18 ἀντὶ DSV   19 οἱ om. C   21 ἐν
Μιλ. ἔμενε a   22 τῶν V   23 τε om. PSVU   ἀστῶν
ἄλλον a   25 Κορησῷ PCᶜ (Κορρ. C¹) : Κορησσῶ d   26 τῆς
ὁδοῦ om. dP

54

πάντα· τὴν δὲ ἀκρόπολιν ἐρρύετο αὐτὸς Ἀρταφρένης ἔχων
ἀνδρῶν δύναμιν οὐκ ὀλίγην. τὸ δὲ μὴ λεηλατῆσαι ἑλόντας 101
σφέας τὴν πόλιν ἔσχε τόδε. ἦσαν ἐν τῆσι Σάρδισι οἰκίαι
αἱ μὲν πλεῦνες καλάμιναι, ὅσαι δ' αὐτέων καὶ πλίνθιναι
5 ἦσαν, καλάμου εἶχον τὰς ὀροφάς. τουτέων δὴ μίαν τῶν τις
στρατιωτέων ὡς ἐνέπρησε, αὐτίκα ἀπ' οἰκίης ἐπ' οἰκίην ἰὸν τὸ
πῦρ ἐπενέμετο τὸ ἄστυ πᾶν. καιομένου δὲ τοῦ ἄστεος οἱ 2
Λυδοί τε καὶ ὅσοι Περσέων ἐνῆσαν ἐν τῇ πόλι, ἀπολαμφθέντες
πάντοθεν ⌊ὥστε⌋ τὰ περιέσχατα νεμομένου τοῦ πυρὸς⌋ καὶ οὐκ
10 ἔχοντες ἐξήλυσιν ἐκ τοῦ ἄστεος, συνέρρεον ἔς τε τὴν ἀγορὴν
καὶ ἐπὶ τὸν Πακτωλὸν ποταμόν, ὅς σφι⌊ψῆγμα χρυσοῦ⌋κατα
φορέων ἐκ τοῦ Τμώλου διὰ μέσης τῆς ἀγορῆς ῥέει καὶ ἔπειτα
ἐς τὸν Ἕρμον ποταμὸν ἐκδιδοῖ, ὁ δὲ ἐς θάλασσαν· ἐπὶ τοῦτον
δὴ τὸν Πακτωλὸν καὶ ἐς τὴν ἀγορὴν ἀθροιζόμενοι ⌊οἵ τε Λυδοὶ
15 καὶ οἱ Πέρσαι⌋ ἠναγκάζοντο ἀμύνεσθαι. οἱ δὲ Ἴωνες ὁρῶντες 3
τοὺς μὲν ἀμυνομένους τῶν πολεμίων, τοὺς δὲ σὺν πλήθεϊ
πολλῷ προσφερομένους ⌊ἐξανεχώρησαν δείσαντες πρὸς τὸ
ὄρος τὸ Τμῶλον καλεόμενον, ἐνθεῦτεν δὲ ὑπὸ νύκτα ἀπαλ-
λάσσοντο ἐπὶ τὰς νέας. καὶ Σάρδιες μὲν ἐνεπρήσθησαν, ἐν 102
20 δὲ αὐτῇσι καὶ ἱρὸν ἐπιχωρίης θεοῦ Κυβήβης,⌊τὸ σκηπτόμενοι⌋
οἱ Πέρσαι ὕστερον ἀντενεπίμπρασαν τὰ ἐν Ἕλλησι ἱρά.
τότε δὲ οἱ Πέρσαι οἱ ἐντὸς Ἅλυος ποταμοῦ νομοὺς ἔχοντες
προπυνθανόμενοι ταῦτα συνηλίζοντο καὶ ἐβοήθεον τοῖσι
Λυδοῖσι. καί κως ἐν μὲν Σάρδισι οὐκέτι ἐόντας τοὺς Ἴωνας 2
25 εὑρίσκουσι, ἑπόμενοι δὲ ⌊κατὰ στίβον⌋ αἱρέουσι αὐτοὺς ἐν

1 ἐρύετο C P¹ : ἐρρύατο B S V   2 δύναμιν ἀνδρῶν d P   ὀλίγων
S [V]   ἐλθόντας d   4 αἱ om. d   καλάμινοι d   αὐτῶν D
καὶ om. d   5 καλάμους a : καλάμη S [V]   δὲ C   6 ὡς om. C
οἰκίης ἐπ' (ἐς U) om. S V   ἰὸν om. d   7 ἐνέμετο S   8 πόλει
C P S U [V]   λαμφθ. C   9 + +ὥστε D   ἔσχατα περινεμ. S V
10 ἔχοντος L : corr. de Pauw   τε om. a   11 ψῆγμα] ἦ D²
14 Πακτωλὸν a : ποταμὸν d P   15 ὁρέοντες d C (-ων-) P   18 τὸ
Aldus : τὸν L   δὴ B   ἀπαλλάσσον V   19 καὶ Σ. μὲν] αἱ δὲ
Σάρδις a   20 καὶ om. D   τῶι a   21 οἱ om. a   ἀντεν-
εμπίπρ. B : ἀντενεπίπρ. C : ἀντεπίμπρ. S V U : ἀντεπί + πρησαν D
23 προσπυνθ. D S V   συνηυλίζοντο a

Ἐφέσῳ. καὶ ἀντετάχθησαν μὲν οἱ Ἴωνες, συμβαλόντες
3 δὲ πολλὸν ἐσσώθησαν. καὶ πολλοὺς αὐτῶν οἱ Πέρσαι
φονεύουσι, ἄλλους τε ὀνομαστούς, ἐν δὲ δὴ καὶ Εὐαλκίδην
στρατηγέοντα Ἐρετριέων, στεφανηφόρους τε ἀγῶνας ἀναραι-
ρηκότα καὶ ὑπὸ Σιμωνίδεω τοῦ Κηίου πολλὰ αἰνεθέντα. οἳ 5
δὲ αὐτῶν ἀπέφυγον τὴν μάχην, ἐσκεδάσθησαν ἀνὰ τὰς
πόλιας.

103   Τότε μὲν δὴ οὕτω ἠγωνίσαντο· μετὰ δὲ Ἀθηναῖοι μὲν
τὸ παράπαν ἀπολιπόντες τοὺς Ἴωνας ἐπικαλεομένου σφέας
πολλὰ δι᾽ ἀγγέλων Ἀρισταγόρεω οὐκ ἔφασαν τιμωρήσειν 10
σφι. Ἴωνες δὲ τῆς Ἀθηναίων συμμαχίης στερηθέντες (οὕτω
γάρ σφι ὑπῆρχε πεποιημένα ἐς Δαρεῖον) οὐδὲν δὴ ἧσσον τὸν
2 πρὸς βασιλέα πόλεμον ἐσκευάζοντο. πλώσαντες δὲ ἐς τὸν
Ἑλλήσποντον Βυζάντιόν τε καὶ τὰς ἄλλας πόλις πάσας
τὰς ταύτῃ ὑπ᾽ ἑωυτοῖσι ἐποιήσαντο, ἐκπλώσαντές τε ἔξω 15
τὸν Ἑλλήσποντον Καρίης τὴν πολλὴν προσεκτήσαντο σφίσι
σύμμαχον εἶναι· καὶ γὰρ τὴν Καῦνον πρότερον οὐ βουλο-
μένην συμμαχέειν, ὡς ἐνέπρησαν τὰς Σάρδις, τότε σφι
104 καὶ αὕτη προσεγένετο. Κύπριοι δὲ ἐθελονταί σφι πάντες προσ-
εγένοντο πλὴν Ἀμαθουσίων· ἀπέστησαν μὲν γὰρ καὶ οὗτοι 20
ὧδε ἀπὸ Μήδων. ἦν Ὀνήσιλος Γόργου μὲν τοῦ Σαλαμινίων
βασιλέος ἀδελφεὸς νεώτερος, Χέρσιος δὲ τοῦ Σιρώμου τοῦ
2 Εὐέλθοντος παῖς. οὗτος ὠνὴρ πολλάκις μὲν καὶ πρότερον
τὸν Γόργον παρηγορέετο ἀπίστασθαι ἀπὸ βασιλέος, τότε δέ,
ὡς καὶ τοὺς Ἴωνας ἐπύθετο ἀπεστάναι, πάγχυ ἐπικείμενος 25
ἐνῆγε. ὡς δὲ οὐκ ἔπειθε τὸν Γόργον, ἐνθαῦτά μιν φυλάξας

2 αὐτέων a   3 Εὐελκίδην a : Εὐαλκίδεα S [V]   4 ἀναιρ. S :
εὔραιρ. V : ἄραιρ. D U   5 Κακίου D¹   αιρεθέντα S V U   6 αὐ-
τέων C   αὐτίκα ἀπέφυγον d P   8 οἱ Ἀθηναῖοι D V U   μὲν
om. d   9 ἐπικαλεομένου B : -νους rell.   10 διαγγέλων D
11 σφι Stein : σφίσι L   12 δὴ om. d P   13 ἐσκεδάζοντο D :
ἐσκευάδατο C   14 πόλιας d P : πόλεις C   ἀπάσας D P U
15 τὰς om. C   18 σφισι d   19 αὐτὴ D S V   ἐθελοντέ C :
-τί d   πάντες om. d   20 μὲν d : om. a P   21 ὧδε om. d
22 Εἰρώμου Noeldeke   23 ἀνὴρ S V   25 ἀπιστάναι D   26 ὡς
. . . Γόργον (Γόγον A : λόγον B¹ [?] C) om. S V

ἐξελθόντα τὸ ἄστυ τὸ Σαλαμινίων ὁ Ὀνήσιλος ἅμα τοῖσι
ἑωυτοῦ στασιώτῃσι ἀπέκλησε τῶν πυλέων. Γόργος μὲν δὴ 3
στερηθεὶς τῆς πόλιος ἔφευγε ἐς Μήδους, Ὀνήσιλος δὲ ἦρχε
Σαλαμῖνος καὶ ἀνέπειθε πάντας Κυπρίους συναπίστασθαι.
5 τοὺς μὲν δὴ ἄλλους ἀνέπεισε, Ἀμαθουσίους δὲ οὐ βουλομένους
οἱ πείθεσθαι ἐπολιόρκεε προσκατήμενος.

Ὀνήσιλος μέν νυν ἐπολιόρκεε Ἀμαθοῦντα, βασιλέϊ δὲ 105
Δαρείῳ ὡς ἐξαγγέλθη Σάρδις ἁλούσας ἐμπεπρῆσθαι ὑπό τε
Ἀθηναίων καὶ Ἰώνων, τὸν δὲ ἡγεμόνα γενέσθαι τῆς συλλογῆς
10 ὥστε ταῦτα συνυφανθῆναι τὸν Μιλήσιον Ἀρισταγόρην, πρῶτα
μὲν λέγεται αὐτόν, ὡς ἐπύθετο ταῦτα, Ἰώνων οὐδένα λόγον
ποιησάμενον, εὖ εἰδότα ὡς οὗτοί γε οὐ καταπροΐξονται ἀπο-
στάντες, εἰρέσθαι οἵτινες εἶεν οἱ Ἀθηναῖοι, μετὰ δὲ πυθόμενον
αἰτῆσαι τὸ τόξον, λαβόντα δὲ καὶ ἐπιθέντα ὀϊστὸν ἄνω πρὸς
15 τὸν οὐρανὸν ἀπεῖναι, καί μιν ἐς τὸν ἠέρα βάλλοντα εἰπεῖν·
Ὦ Ζεῦ, ἐκγενέσθαι μοι Ἀθηναίους τείσασθαι, εἴπαντα δὲ 2
ταῦτα προστάξαι ἑνὶ τῶν θεραπόντων δείπνου προκειμένου
αὐτῷ ἐς τρὶς ἑκάστοτε εἰπεῖν Δέσποτα, μέμνεο τῶν Ἀθη-
ναίων." προστάξας δὲ ταῦτα εἶπε, καλέσας ἐς ὄψιν Ἱστιαῖον 106
20 τὸν Μιλήσιον, τὸν ὁ Δαρεῖος κατεῖχε χρόνον ἤδη πολλόν·
Πυνθάνομαι, Ἱστιαῖε, ἐπίτροπον τὸν σόν, τῷ σὺ Μίλητον
ἐπέτρεψας, νεώτερα ἐς ἐμὲ πεποιηκέναι πρήγματα· ἄνδρας
γάρ μοι ἐκ τῆς ἑτέρης ἠπείρου ἐπαγαγὼν καὶ Ἴωνας σὺν
αὐτοῖσι τοὺς δώσοντας ἐμοὶ δίκην τῶν ἐποίησαν, τούτους
25 ἀναγνώσας ἅμα ἐκείνοισι ἔπεσθαι Σαρδίων με ἀπεστέρηκε.
νῦν ὦν κῶς τοι ταῦτα φαίνεται ἔχειν καλῶς; κῶς δὲ ἄνευ 2
τῶν σῶν βουλευμάτων τοιοῦτόν τι ἐπρήχθη; ὅρα μὴ ἐξ

1 alt. τὸ] τοῦ D   2 στρατιώτῃσι ᵈ P¹   ἀπέκλεισε C D   δὴ
om. S V U   6 πείσ. C   προσκατήμενος . . . ἐπολιόρκεε om. B C
8 ἐμπεπρῆσθαι ᵃ E Pap. Oxyrh. 695 : ἐμπρησθῆναι ᵈ P   9 τῶν V
γενέσθαι om. S   13 οἱ om. E S   14 πρὸς] εἰς D V : ἐς P S U
15 ἀφεῖναι ᵈ P¹   εἰς D V   βαλοντα ᵈ   16 ἐγγενέσθαι ᵈ :
γενέσθαι Eustath. Il. 248   τίσασθαι L   17 δείπνου] δεί D¹
20 δὴ ᵃ   22 πεποιηκέναι ἐς ἐμὲ ᵈ   25 ἀπεστέρησε ᵃ P
26 φαίνεται ταῦτα ᵈ   27 τούτων τι ᵈ P¹

3 ὑστέρης] σεωυτὸν ἐν αἰτίῃ σχῇς. εἶπε πρὸς ταῦτα Ἱστιαῖος·
Βασιλεῦ, κοῖον ἐφθέγξαο ἔπος, ἐμὲ βουλεῦσαι πρῆγμα [ἐκ
τοῦ] σοί τι ἢ μέγα ἢ σμικρὸν ἔμελλε λυπηρὸν ἀνασχήσειν;
[τί δ' ἂν ἐπιδιζήμενος] ποιοῖμι ταῦτα, τεῦ δὲ ἐνδεὴς ἐών; τῷ
πάρα μὲν πάντα ὅσα περ σοί, πάντων δὲ πρὸς σέο βουλευ- 5
4 μάτων ἐπακούειν ἀξιεῦμαι. ἀλλ' εἴπερ τι τοιοῦτον οἷον σὺ
εἴρηκας πρήσσει ὁ ἐμὸς ἐπίτροπος, ἴσθι αὐτὸν [ἐπ' ἑωυτοῦ
βαλόμενον] πεπρηχέναι. [ἀρχὴν] δὲ ἔγωγε [οὐδὲ] ἐνδέκομαι
τὸν λόγον, ὅκως τι Μιλήσιοι καὶ ὁ ἐμὸς ἐπίτροπος νεώτερον
πρήσσουσι περὶ πρήγματα τὰ σά· εἰ δ' ἄρα τι τοιοῦτο ποιεῦσι 10
καὶ σὺ [τὸ ἐὸν] ἀκήκοας, ὦ βασιλεῦ, μάθε οἷον πρῆγμα
5 ἐργάσαο [ἐμὲ ἀπὸ θαλάσσης ἀνάσπαστον ποιήσας] Ἴωνες
γὰρ οἴκασι [ἐμεῦ ἐξ ὀφθαλμῶν σφι γενομένου] ποιῆσαι τῶν
πάλαι ἵμερον εἶχον· ἐμέο δ' ἂν ἐόντος ἐν Ἰωνίῃ οὐδεμία
πόλις ὑπεκίνησε. νῦν ὦν [ὡς τάχος] ἄφες με πορευθῆναι ἐς 15
Ἰωνίην, ἵνα τοι κεῖνά τε πάντα καταρτίσω ἐς τὠυτὸ καὶ τὸν
Μιλήτου ἐπίτροπον τοῦτον τὸν ταῦτα μηχανησάμενον [ἐγχειρί-
6 θετον] παραδῶ. ταῦτα δὲ κατὰ νόον τὸν σὸν ποιήσας [θεοὺς
ἐπόμνυμι τοὺς βασιληίους μὴ μὲν πρότερον ἐκδύσεσθαι τὸν
ἔχων κιθῶνα καταβήσομαι ἐς Ἰωνίην, πρὶν ἄν τοι Σαρδὼ 20
107 νῆσον τὴν μεγίστην δασμοφόρον ποιήσω. Ἱστιαῖος μὲν δὴ
λέγων ταῦτα διέβαλλε, Δαρεῖος δὲ ἐπείθετο καί μιν ἀπίει,
ἐντειλάμενος, ἐπεὰν τὰ ὑπέσχετό οἱ ἐπιτελέα ποιήσῃ, παρα-
γίνεσθαί οἱ ὀπίσω ἐς τὰ Σοῦσα.
108 [Ἐν ᾧ] δὲ ἡ ἀγγελίη τε περὶ τῶν Σαρδίων παρὰ βασιλέα 25
ἀνήιε καὶ Δαρεῖος τὰ περὶ τὸ τόξον ποιήσας Ἱστιαίῳ ἐς
λόγους ἦλθε καὶ Ἱστιαῖος μεμετιμένος ὑπὸ Δαρείου ἐκομίζετο

1 σεαυτὸν ABDV   ἔχῃς ABᶜ: ἔχεις B¹(?) C   3 σύ SV
pr. ἢ om. D   λυπηρὸν ἔμελλεν SVU   4 ἐπιδειζ. B   ποιέοιμι ᵭP
5 περ σί D¹(?) V: πέρσησι S   σεῦ D   6 τοι C   7 πρήσσειν
VU   ἑωυτῶ DSV   8 βαλλ. ABᵭ   πεποιηκέναι ᵃ
10 ποιεῦσι τοιοῦτον ᵭ   11 ἐὼν D¹   13 ἥκασιν SV   τὸν D
15 με ἄφες ᵭP   ἐς om. SV   16 ἐκεῖνά ᵭ   καταρτήσω ᵃP
19 ἐκδύσασθαι L: corr. Krueger   20 χιτῶνα ᵭ   σοι ᵃ   21 δὴ
om. ᵃP   24 οἱ om. ᵃ   25 τε περὶ om. ᵃ   βασιλεῖ ᵭ
27 μεμετιμένος Dᶜ Pᶜ: μεμετημένος ᵭP¹: μεμετειμένος ᵃ

ἐπὶ θάλασσαν, ἐν τούτῳ παντὶ τῷ χρόνῳ ἐγίνετο τάδε·
πολιορκέοντι [τῷ Σαλαμινίῳ Ὀνησίλῳ] Ἀμαθουσίους ἐξαγ-
γέλλεται νηυσὶ [στρατιὴν πολλὴν ἄγοντα Περσικὴν] Ἀρτύβιον
ἄνδρα Πέρσην προσδόκιμον ἐς τὴν Κύπρον εἶναι.   πυθό-   2
5 μενος δὲ ταῦτα ὁ Ὀνήσιλος κήρυκας διέπεμπε ἐς τὴν Ἰωνίην
ἐπικαλεύμενός σφεας.   Ἴωνες δὲ οὐκ ἐς μακρὴν βουλευσά-
μενοι ἧκον πολλῷ στόλῳ.   Ἴωνές τε δὴ παρῆσαν ἐς τὴν
Κύπρον καὶ οἱ Πέρσαι νηυσὶ διαβάντες ἐκ τῆς Κιλικίης
ἤισαν ἐπὶ τὴν Σαλαμῖνα πεζῇ· τῇσι δὲ νηυσὶ οἱ Φοίνικες
10 περιέπλεον τὴν ἄκρην αἳ καλεῦνται Κληΐδες τῆς Κύπρου.
τούτου δὲ τοιούτου γινομένου ἔλεξαν οἱ τύραννοι τῆς Κύπρου, 109   _said_
συγκαλέσαντες τῶν Ἰώνων τοὺς στρατηγούς· Ἄνδρες Ἴωνες,
αἵρεσιν ὑμῖν δίδομεν ἡμεῖς οἱ Κύπριοι ὁκοτέροισι βούλεσθε
προσφέρεσθαι [ἢ Πέρσῃσι ἢ Φοίνιξι].   εἰ μὲν γὰρ πεζῇ   2
15 βούλεσθε ταχθέντες Περσέων διαπειρᾶσθαι, ὥρη ἂν εἴη   _time_
ὑμῖν [ἐκβάντας ἐκ τῶν νεῶν] τάσσεσθαι πεζῇ, ἡμέας δὲ ἐς
τὰς νέας ἐσβαίνειν τὰς ὑμετέρας Φοίνιξι ἀνταγωνιευμένους·
εἰ δὲ Φοινίκων μᾶλλον βούλεσθε διαπειρᾶσθαι, ποιέειν χρεόν
ἐστι ὑμέας, ὁκότερα ἂν δὴ τούτων ἕλησθε, ὅκως [τὸ κατ'   _choose_
20 ὑμέας] ἔσται ἥ τε Ἰωνίη καὶ ἡ Κύπρος ἐλευθέρη.   εἶπαν   3
Ἴωνες πρὸς ταῦτα· Ἡμέας [δὲ] ἀπέπεμψε [τὸ κοινὸν τῶν   _guard_
Ἰώνων] φυλάξοντας τὴν θάλασσαν, ἀλλ' οὐκ ἵνα Κυπρίοισι
τὰς νέας παραδόντες αὐτοὶ πεζῇ Πέρσῃσι προσφερώμεθα.   _have_
ἡμεῖς μέν νυν ἐπ' οὗ ἐτάχθημεν, ταύτῃ πειρησόμεθα εἶναι
25 χρηστοί· ὑμέας δὲ χρεόν ἐστι, ἀναμνησθέντας οἷα ἐπάσχετε   _remember_
δουλεύοντες πρὸς τῶν Μήδων, γίνεσθαι ἄνδρας ἀγαθούς.
Ἴωνες μὲν τούτοισι ἀμείψαντο· [μετὰ] δὲ ἡκόντων ἐς τὸ   110

3 ἄγοντα Περσικὴν om. D¹   ἀντίβιον (ί ex ύ corr.) V   5 δ
om. a S   διέπεμψεν SV   6 ἐπικαλεόμενός a   εἰς DV
9 ἤισαν A B : ἤεσαν Dᶜ (ι): ἴεσαν SVU   10 περιέπλωον a P
Κλῆ(ι)δες A B d   11 δὲ] δὲ τοῦ C   γεν. S   14 ἢ . . Φοίνιξι
om. d   15 ὑμῖν εἴη d   16 νηῶν SV   17 ἀνταγωνιουμένους
d (-νας D) P   21 δὲ om. d P   ἔπεμψε τὰ (a Vᶜ) κοινὰ d
22 φυλάξαντας CSVU   οὐχ L   23 τὰς νέας om. S   παρα-
δοθέντες C   Πέρσῃσι πεζῇ d P   24 ἐπ' οὗ a : ὅκου d P   εἶναι
χρηστοί a : χρηστοὶ γενέσθαι d P

59

πεδίον τὸ Σαλαμινίων τῶν Περσέων διέτασσον οἱ βασιλέες
τῶν Κυπρίων τοὺς μὲν ἄλλους Κυπρίους κατὰ τοὺς ἄλλους
στρατιώτας ἀντιτάσσοντες, Σαλαμινίων δὲ καὶ Σολίων
ἀπολέξαντες τὸ ἄριστον ἀντέτασσον Πέρσῃσι. Ἀρτυβίῳ
δὲ τῷ στρατηγῷ τῶν Περσέων ἐθελοντὴς ἀντετάσσετο 5
111 Ὀνήσιλος. ἤλαυνε δὲ ἵππον ὁ Ἀρτύβιος δεδιδαγμένον
πρὸς ὁπλίτην ἵστασθαι ὀρθόν. πυθόμενος ὢν ταῦτα ὁ
Ὀνήσιλος, ἦν γάρ οἱ ὑπασπιστὴς γένος μὲν Κάρ, τὰ δὲ
πολέμια κάρτα δόκιμος καὶ ἄλλως λήματος πλέος, εἶπε πρὸς
2 τοῦτον· Πυνθάνομαι τὸν Ἀρτυβίου ἵππον ἱστάμενον ὀρθὸν 10
καὶ ποσὶ καὶ στόματι κατεργάζεσθαι πρὸς τὸν ἂν προσενειχθῇ.
σὺ ὢν βουλευσάμενος εἰπὲ αὐτίκα ὁκότερον βούλεαι φυλάξας
3 πλῆξαι, εἴτε τὸν ἵππον εἴτε αὐτὸν Ἀρτύβιον. εἶπε πρὸς
ταῦτα ὁ ὀπέων αὐτοῦ· Ὦ βασιλεῦ, ἕτοιμος μὲν ἐγώ εἰμι
ποιέειν καὶ ἀμφότερα καὶ τὸ ἕτερον αὐτῶν καὶ πάντως τὸ 15
ἂν σὺ ἐπιτάσσῃς· ὡς μέντοι ἔμοιγε δοκέει εἶναι τοῖσι σοῖσι
4 πρήγμασι προσφερέστερον, φράσω. βασιλέα μὲν καὶ
στρατηγὸν χρεὸν εἶναί φημι βασιλέϊ τε καὶ στρατηγῷ
προσφέρεσθαι (ἤν τε γὰρ κατέλῃς ἄνδρα στρατηγόν, μέγα
τοι γίνεται, καὶ δεύτερα, ἢν σὲ ἐκεῖνος, τὸ μὴ γένοιτο, ὑπὸ 20
ἀξιοχρέου καὶ ἀποθανεῖν ἡμίσεα συμφορή), ἡμέας δὲ τοὺς
ὑπηρέτας ἑτέροισί τε ὑπηρέτῃσι προσφέρεσθαι καὶ πρὸς
ἵππον· τοῦ σὺ τὰς μηχανὰς μηδὲν φοβηθῇς· ἐγὼ γάρ τοι
ὑποδέκομαι μή μιν ἀνδρὸς ἔτι γε μηδενὸς στήσεσθαι ἐναντίον.
112 ταῦτα εἶπε, καὶ μεταυτίκα συνέμισγε τὰ στρατόπεδα πεζῇ 25
καὶ νηυσί. νηυσὶ μέν νυν Ἴωνες ἄκροι γενόμενοι ταύτην

3 Σολιέων ἀποδέξαντες d   5 ἐθελοντὶ d   7 ἀντιτάσσεσθαι
d P : ἀνίστασθαι Eustath. Dion. 374   ἂν] δὲ D   ὁ om. S   8 γένος
μὲν κὰρ τὰ δὲ A B : γενόμενος μὲν καὶ (om. U) τὰ d P : γενόμ. κάρτα δὲ
C¹ : γενόμ. μὲν κὰρ τὰ δὲ Cᶜ   9 πολεμία D V   κάρτα] πάντα B :
ἔργα S   λήμματος D¹   πλέως a   11 προσενεχθῇ d P C¹
12 αὐτίκα εἶπε(ν) d P   14 ὀπέων Dindorf : ὁπάων L (παύων C)
16 σὺ om. d, post ἐπιτάσσῃς (-τάσης V U) P   ἔμοιγε] γε S V   σοῖσι
om. C   17 προφερ. S V U : προσφορέστερον Stein   18 τε
om. a   20 δεύτερον a   21 ἀξιόχρεω L   25 μετὰ αὐτίκα
D V U : μετὰ S   26 νυν om. d

τὴν ἡμέρην ὑπερεβάλοντο τοὺς Φοίνικας, καὶ τούτων Σάμιοι
ἠρίστευσαν· πεζῇ δέ, ὡς συνῆλθον τὰ στρατόπεδα, συμπε-
σόντα ἐμάχοντο. κατὰ δὲ τοὺς στρατηγοὺς ἀμφοτέρους 2
τάδε ἐγίνετο· ὡς προσέφερετο πρὸς τὸν Ὀνήσιλον ὁ Ἀρτύ-
5 βιος ἐπὶ τοῦ ἵππου κατήμενος, ὁ Ὀνήσιλος κατὰ συνεθήκατο
τῷ ὑπασπιστῇ παίει προσφερόμενον [αὐτὸν] τὸν Ἀρτύβιον·
ἐπιβαλόντος δὲ τοῦ ἵππου τοὺς πόδας ἐπὶ τὴν τοῦ Ὀνησίλου
ἀσπίδα, ἐνθαῦτα ὁ Κὰρ δρεπάνῳ πλήξας ἀπαράσσει τοῦ
ἵππου τοὺς πόδας. Ἀρτύβιος μὲν δὴ ὁ στρατηγὸς τῶν
10 Περσέων ὁμοῦ τῷ ἵππῳ πίπτει αὐτοῦ ταύτῃ· μαχομένων δὲ 113
καὶ τῶν ἄλλων Στησήνωρ, τύραννος ἐὼν Κουρίου, προδιδοῖ
[ἔχων δύναμιν ἀνδρῶν περὶ ἑωυτὸν οὐ σμικρήν] οἱ δὲ
Κουριέες οὗτοι λέγονται εἶναι Ἀργείων ἄποικοι. προδόντων
δὲ τῶν Κουριέων αὐτίκα καὶ τὰ Σαλαμινίων πολεμιστήρια
15 ἅρματα τὠυτὸ τοῖσι Κουριεῦσι ἐποίεον. γινομένων δὲ
τούτων [κατυπέρτεροι ἦσαν] οἱ Πέρσαι τῶν Κυπρίων. τε- 2
τραμμένου δὲ τοῦ στρατοπέδου ἄλλοι τε ἔπεσον πολλοὶ καὶ
δὴ καὶ Ὀνήσιλός τε ὁ Χέρσιος, ὅς περ τὴν Κυπρίων ἀπό-
στασιν ἔπρηξε, καὶ ὁ Σολίων βασιλεὺς Ἀριστόκυπρος ὁ
20 Φιλοκύπρου, Φιλοκύπρου δὲ τούτου τὸν Σόλων ὁ Ἀθηναῖος
ἀπικόμενος ἐς Κύπρον ἐν ἔπεσι αἴνεσε τυράννων μάλιστα.
Ὀνησίλου μέν νυν Ἀμαθούσιοι, ὅτι σφέας ἐπολιόρκησε, 114
ἀποταμόντες τὴν κεφαλὴν ἐκόμισαν ἐς Ἀμαθοῦντα καί μιν
ἀνεκρέμασαν ὑπὲρ τῶν πυλέων. κρεμαμένης δὲ τῆς κεφαλῆς
25 καὶ ἤδη ἐούσης κοίλης ἐσμὸς μελισσέων ἐσδὺς ἐς αὐτὴν
κηρίων μιν ἐνέπλησε. τούτου δὲ γενομένου τοιούτου (ἐχρέ- 2
ωντο γὰρ περὶ αὐτῆς οἱ Ἀμαθούσιοι) ἐμαντεύθη σφι τὴν
μὲν κεφαλὴν κατελόντας θάψαι, Ὀνησίλῳ δὲ θύειν ὡς ἥρωι

---

1 ὑπερεβάλοντο B   2 συνῆλθε a P   5 κατὰ τὰ d P   συνε-
θήκατο D : ξυν. rell.   6 αὐτὸν om. d   7 ἐπιβαλόντος S V
alt. τοῦ om. P   8 Κὰρ] ὁπάων S   11 ἄλλων ⟨εὖ⟩ Gomperz
12 αὐτὸν a   14 δὲ] δὲ καὶ C   πολεμησ. D¹   15 ἐποίεε a
γενομένων Herwerden   16 οἱ Π. ἦσαν D S V   17 δὲ] τε D S V
19 Σολιέων ὁ -κυπος V   24 ἀπεκρέμασαν d P   κρεμασμένης V
25 οὔσης ἤδη d P   26 μὲν C   ἐνέπλησαν d P   ἐχρέοντο P V :
ἐχρίοντο S   27 οἱ om. S   28 μὲν om. d P   ψάψαι V

ἀνὰ πᾶν ἔτος, καί σφι ποιεῦσι ταῦτα ἄμεινον συνοίσεσθαι.

115 Ἀμαθούσιοι μέν νυν ἐποίευν ταῦτα καὶ τὸ [μέχρι ἐμεῦ,]
Ἴωνες δὲ οἱ ἐν Κύπρῳ ναυμαχήσαντες ἐπείτε ἔμαθον τὰ
πρήγματα τὰ Ὀνησίλου διεφθαρμένα καὶ τὰς πόλις τῶν
Κυπρίων πολιορκευμένας τὰς ἄλλας [πλὴν Σαλαμῖνος, ταύτην 5
δὲ Γόργῳ τῷ προτέρῳ βασιλέι [τοὺς Σαλαμινίους] παραδόντας,
αὐτίκα μαθόντες οἱ Ἴωνες ταῦτα ἀπέπλεον ἐς τὴν Ἰωνίην.

2 τῶν δὲ ἐν Κύπρῳ πολίων ἀντέσχε χρόνον ἐπὶ πλεῖστον
πολιορκευμένη Σόλοι, τὴν πέριξ ὑπορύσσοντες τὸ τεῖχος
[πέμπτῳ μηνὶ] εἷλον οἱ Πέρσαι. 10

116 Κύπριοι μὲν δὴ [ἐνιαυτὸν ἐλεύθεροι γενόμενοι] αὖτις ἐκ
νέης] κατεδεδούλωντο· Δαυρίσης δὲ ἔχων Δαρείου θυγατέρα
καὶ Ὑμαίης τε καὶ Ὀτάνης, ἄλλοι Πέρσαι στρατηγοί,
ἔχοντες καὶ οὗτοι Δαρείου θυγατέρας, ἐπιδιώξαντες τοὺς ἐς
Σάρδις στρατευσαμένους Ἰώνων καὶ ἐσαράξαντές σφεας ἐς 15
τὰς νέας, τῇ μάχῃ ὡς ἐπεκράτησαν, τὸ ἐνθεῦτεν ἐπιδιελό-
117 μενοι τὰς πόλις ἐπόρθεον. Δαυρίσης μὲν τραπόμενος πρὸς
τὰς ἐν Ἑλλησπόντῳ πόλις εἷλε μὲν Δάρδανον, εἷλε δὲ
Ἄβυδόν τε καὶ Περκώτην καὶ Λάμψακον καὶ Παισόν· ταύτας
μὲν ἐπ᾽ ἡμέρη ἑκάστη αἵρεε, ἀπὸ δὲ Παισοῦ ἐλαύνοντί οἱ 20
ἐπὶ Πάριον πόλιν ἦλθε ἀγγελίη τοὺς Κᾶρας τωὐτὸ Ἴωσι
φρονήσαντας ἀπεστάναι ἀπὸ Περσέων. ἀποστρέψας ὦν ἐκ
118 τοῦ Ἑλλησπόντου ἤλαυνε τὸν στρατὸν ἐπὶ τὴν Καρίην. καί
κως ταῦτα τοῖσι Καρσὶ ἐξαγγέλθη πρότερον ἢ τὸν Δαυρίσην
ἀπικέσθαι. πυθόμενοι δὲ οἱ Κᾶρες συνελέγοντο ἐπὶ [Λευκάς 25
τε στήλας καλεομένας] καὶ ποταμὸν Μαρσύην, ὃς ῥέων ἐκ τῆς
2 Ἰδριάδος χώρης ἐς τὸν Μαίανδρον ἐκδιδοῖ. συλλεχθέντων δὲ

---

1 ἄμεινον . . . ταῦτα om. C   συνήσεσθαι S V   2 νυν om. A B
μέχρις D S V   3 οἱ om. C : καὶ οἱ D   4 τὰ om. a   πόλιας
d P : πόλεις C (it. 17, 18) : πόλι + s B   5 πολιορκεομ. d (it. 9)
7 ἀπέπλωον d P   8 δὲ Κυπρίων d   χρόνον ἀντέσχε d   13 καὶ
ἄλλοι d P   14 ἐν a S V U   15 Σάρδισι a U : Σάρδι S [V]
19 Περκώπην P¹ V : περιώπην S   Πεσόν S V U   20 ἡμέρης
ἑκάστης d P   ἑκάστην Nitzsch et Madvig   Πεσοῦ D¹ S V
21 ἦλθέ οἱ a   22 ἀποτρέψας S V   24 ἢ a : πρηνὶ V : πρὶν ἢ
D P S U

τῶν Καρῶν ἐνθαῦτα ἐγίνοντο βουλαὶ ἄλλαι τε πολλαὶ καὶ
ἀρίστη γε δοκέουσα εἶναι ἐμοὶ Πιξωδάρου τοῦ Μαυσώλου
ἀνδρὸς Κινδυέος, ὃς τοῦ Κιλίκων βασιλέος Συεννέσιος εἶχε
θυγατέρα. τούτου τοῦ ἀνδρὸς ἡ γνώμη ἔφερε διαβάντας
5 τὸν Μαίανδρον τοὺς Κᾶρας καὶ κατὰ νώτου ἔχοντας τὸν *having the river in their rear*
ποταμὸν οὕτω συμβάλλειν, ἵνα μὴ ἔχοντες ὀπίσω φεύγειν
οἱ Κᾶρες αὐτοῦ τε μένειν ἀναγκαζόμενοι γενοίατο ἔτι ἀμεί- *braver than his nature*
νονες τῆς φύσιος. αὕτη μέν νυν οὐκ ἐνίκα ἡ γνώμη, ἀλλὰ 3
τοῖσι Πέρσῃσι κατὰ νώτου γίνεσθαι τὸν Μαίανδρον μᾶλλον
10 ἢ σφίσι, δηλαδὴ ἢν φυγὴ τῶν Περσέων γένηται καὶ *δηλαδή - ostensibly*
ἐσσωθέωσι τῇ συμβολῇ, ὡς οὐκ ἀπονοστήσουσι ἐς τὸν
ποταμὸν ἐσπίπτοντες. μετὰ δὲ παρεόντων καὶ διαβάντων 119
τὸν Μαίανδρον τῶν Περσέων ἐνθαῦτα ἐπὶ τῷ Μαρσύῃ ποταμῷ
συνέβαλόν τε τοῖσι Πέρσῃσι οἱ Κᾶρες καὶ μάχην ἐμαχέσαντο
15 ἰσχυρὴν καὶ ἐπὶ χρόνον πολλόν, τέλος δὲ ἐσσώθησαν διὰ
πλῆθος. Περσέων μὲν δὴ ἔπεσον ἄνδρες ἐς δισχιλίους, *about*
Καρῶν δὲ ἐς μυρίους. ἐνθεῦτεν δὲ οἱ διαφυγόντες αὐτῶν 2
κατειλήθησαν ἐς Λάβραυνδα ἐς Διὸς στρατίου ἱρόν, μέγα τε *ἡ πλατανιστης*
καὶ ἅγιον ἄλσος πλατανίστων. μοῦνοι δὲ τῶν ἡμεῖς ἴδμεν *- plane-tree*
20 Κᾶρές εἰσι οἳ Διὶ στρατίῳ θυσίας ἀνάγουσι. κατειληθέντες
δὲ ὦν οὗτοι ἐνθαῦτα ἐβουλεύοντο περὶ σωτηρίης, ὁκότερα ἢ
παραδόντες σφέας αὐτοὺς Πέρσῃσι ἢ ἐκλιπόντες τὸ παράπαν
τὴν Ἀσίην ἄμεινον πρήξουσι. βουλευομένοισι δέ σφι ταῦτα 120
παραγίνονται βοηθέοντες Μιλήσιοί τε καὶ οἱ τούτων σύμ-
25 μαχοι. ἐνθαῦτα δὲ τὰ μὲν πρότερον οἱ Κᾶρες ἐβουλεύοντο
μετῆκαν, οἱ δὲ αὖτις πολεμέειν ἐξ ἀρχῆς ἀρτέοντο. καὶ *they prepared*

1 γίνονται A¹   2 ἐμὴ V : ἐμοὶ ἡ Herwerden   Πιξοδ. d P
Μαυσόλου D¹   3 Κυινδέος Meineke   Συεννν. C D   6 μήτε
Stein   σχόντες d   7 γινοίατο a   8 φύσεως V   9 μᾶλλον
om. d   10 ἵνα ἦν d P   11 ἀπονοστήσωσι C¹ S [V]   12 ἐμπί-
πτοντες S V   13 τῶν (om. D) Π. τὸν M. d   14 συνεβάλοντό
τε D S V   16 ἄνδρες ἐς om. d   χιλίους C : δισχίλιοι d   17 δὲ
μύριοι d   αὐτέων C D V U   18 Λάβρανδα C : Λάβρυνδα d P
19 ἴσμεν a   21 δὲ ὦν] τῶν C : ὧν d P   ἢ del. Cobet   22 Πέρσῃσι
om. d   23 πρήξωσι C¹   σφίσι D   24 οἱ σύμμαχοι αὐτέων d
25 δὲ] μὲν δὴ B, sed expuncta   τὸ d   ἃ ἐβούλοντο d   26 πολε-
μεῖν L

ἐπιοῦσί τε [τοῖσι Πέρσῃσι συμβάλλουσι] καὶ μαχεσαμενοι
ἐπὶ πλέον ἢ πρότερον ἐσσώθησαν· πεσόντων δὲ τῶν πάντων
121 πολλῶν μάλιστα Μιλήσιοι ἐπλήγησαν. μετὰ δὲ τοῦτο τὸ
τρῶμα ἀνέλαβόν τε καὶ ἀνεμαχέσαντο οἱ Κᾶρες. πυθόμενοι
γὰρ [ὡς στρατεύεσθαι ὁρμέαται οἱ Πέρσαι ἐπὶ τὰς πόλις 5
σφέων, ἐλόχησαν τὴν ἐν Πηδάσῳ ὁδόν, ἐς τὴν ἐμπεσόντες
οἱ Πέρσαι νυκτὸς διεφθάρησαν καὶ αὐτοὶ καὶ οἱ στρατηγοὶ
αὐτῶν, Δαυρίσης καὶ Ἀμόργης καὶ Σισιμάκης· σὺν δέ σφι
ἀπέθανε καὶ Μύρσος ὁ Γύγεω. τοῦ δὲ λόχου τούτου ἡγεμὼν
ἦν Ἡρακλείδης Ἰβανώλλιος ἀνὴρ Μυλασεύς. οὗτοι μέν νυν 10
122 τῶν Περσέων οὕτω διεφθάρησαν, Ὑμαίης δὲ καὶ αὐτὸς ἐὼν
τῶν ἐπιδιωξάντων τοὺς ἐς Σάρδις στρατευσαμένους Ἰώνων,
τραπόμενος ἐς τὴν Προποντίδα εἷλε Κίον τὴν Μυσίην.
2 ταύτην δὲ ἐξελών, ὡς ἐπύθετο τὸν Ἑλλήσποντον ἐκλελοι-
πέναι Δαυρίσην καὶ στρατεύεσθαι ἐπὶ Καρίης, καταλιπὼν 15
τὴν Προποντίδα ἐπὶ τὸν Ἑλλήσποντον ἦγε τὸν στρατόν,
καὶ εἷλε μὲν Αἰολέας πάντας ὅσοι τὴν Ἰλιάδα νέμονται, εἷλε
δὲ Γέργιθας τοὺς ὑπολειφθέντας τῶν ἀρχαίων Τευκρῶν.
αὐτός τε Ὑμαίης αἱρέων ταῦτα τὰ ἔθνεα νούσῳ τελευτᾷ ἐν
123 τῇ Τρωάδι. οὗτος μὲν δὴ οὕτως ἐτελεύτησε, Ἀρταφρένης 20
δὲ ὁ Σαρδίων ὕπαρχος καὶ Ὀτάνης ὁ τρίτος στρατηγὸς
ἐτάχθησαν ἐπὶ τὴν Ἰωνίην καὶ τὴν προσεχέα Αἰολίδα στρα-
τεύεσθαι. Ἰωνίης μέν νυν Κλαζομενὰς αἱρέουσι, Αἰολέων
124 δὲ Κύμην. ἁλισκομένων δὲ τῶν πολίων, ἦν γάρ, ὡς διέδεξε,
Ἀρισταγόρης ὁ Μιλήσιος ψυχὴν οὐκ ἄκρος, ὃς ταράξας 25

2 πλεῦν **d**   τῶν πάντων om. **d** P   3 Μιλήσιοι μάλιστα D P S V :
Μιλησίων μάλ. U   4 ἐμαχέσαντο **d**   5 πόλιας D V U : πόλεας
S: πόλεις C   6 ἐν Πηδάσῳ H. Stephanus : ἐν πιδάσωι A B :
ἐμπιδάσωι C : ἐπὶ δάσωι P : ἐπὶ λασοῖσι(ν) **d** : ἐπὶ Μυλάσοισι Wesseling
ἐσπεσόντες U : πεσόντες D   8 αὐτέων **d**   Λαυρ. A B (it. 15)
Ἀρμόγης S V U   Σισαμ. D^c P : Σισαμάγκης D^1 U : Συσαμάγκης S V
9 τούτου δὲ τοῦ λόχου **d**   10 Ἰβαλλώνιος C : Ἰβανώλιος P : εἰβα-
νωλαιος **d**   Μυλασσεύς L   12 ἐν S V   Σάρδεις U : Σάρδοι
S[V]   17 ἰλιάδα S V   18 ἀπολειφθέντας **d**   19 τε] μὲν
d P   ἐτελεύτησε **d**   22 ἐτάχθησαν om. S V U   24 ἁλισκο-
μενέων **a**   25 τάξας D

τὴν Ἰωνίην καὶ ἐγκερασάμενος πρήγματα μεγάλα δρησμὸν
ἐβούλευε ὁρῶν ταῦτα· πρὸς δέ οἱ καὶ ἀδύνατα ἐφάνη βασιλέα
Δαρεῖον ὑπερβαλέσθαι· πρὸς ταῦτα δὴ ὧν συγκαλέσας τοὺς 2
συστασιώτας ἐβουλεύετο, λέγων ὡς ἄμεινον σφίσι εἴη κρη-
5 σφύγετόν τι ὑπάρχον εἶναι, ἢν ἄρα ἐξωθέωνται ἐκ τῆς
Μιλήτου, εἴτε δὴ ὧν ἐς Σαρδὼ ἐκ τοῦ τόπου τούτου ἄγοι
ἐς ἀποικίην, εἴτε ἐς Μύρκινον τὴν Ἠδωνῶν, τὴν Ἱστιαῖος
ἐτείχεε παρὰ Δαρείου δωρεὴν λαβών.   ταῦτα ἐπειρώτα ὁ
Ἀρισταγόρης.   Ἑκαταίου μέν νυν τοῦ Ἡγησάνδρου, ἀνδρὸς 125
10 λογοποιοῦ, τουτέων μὲν ἐς οὐδετέρην στέλλειν ἔφερε ἡ
γνώμη, ἐν Λέρῳ δὲ τῇ νήσῳ τεῖχος οἰκοδομησάμενον ἡσυχίην
ἄγειν, ἢν ἐκπέσῃ ἐκ τῆς Μιλήτου· ἔπειτα δὲ ἐκ ταύτης
ὁρμώμενον κατελεύσεσθαι ἐς τὴν Μίλητον.   ταῦτα μὲν δὴ 126
Ἑκαταῖος συνεβούλευε, αὐτῷ δὲ Ἀρισταγόρῃ ἡ πλείστη
15 γνώμη ἦν ἐς τὴν Μύρκινον ἀπάγειν.   τὴν μὲν δὴ Μίλητον
ἐπιτρέπει Πυθαγόρῃ ἀνδρὶ τῶν ἀστῶν δοκίμῳ, αὐτὸς δὲ
παραλαβὼν πάντα τὸν βουλόμενον ἔπλεε ἐς τὴν Θρηίκην
καὶ ἔσχε τὴν χώρην ἐπ' ἢν ἐστάλη.   ἐκ δὲ ταύτης ὁρμώ- 2
μενος ἀπόλλυται ὑπὸ Θρηίκων αὐτός τε ὁ Ἀρισταγόρης καὶ
20 ὁ στρατὸς αὐτοῦ, πόλιν περικατήμενος καὶ βουλομένων τῶν
Θρηίκων ὑποσπόνδων ἐξιέναι.

1 πρήγμ. μεγ. ＊P Const. : μεγ. πρ. d   2 ὀρέων d C P   οἱ
om. S V   ἀδύνατον S [V]   3 ὑπερβαλέσθαι V   4 σφι C¹ P
5 εἶναι om. C   7 Μύρκιννον B   8 ἐτείχισε d   10 τουτέων
Aldus : τούτων ＊D P : τούτου S V U   14 πλείστη ἡ Stein   15 ἦν
om. d   Μύρκιννον B C : Μύρκιλλον V   ἀπαγαγεῖν d   19 ὁ
om. d

ΙΣΤΟΡΙΩΝ Ζ

1 Ἀρισταγόρης μέν νυν Ἰωνίην ἀποστήσας οὕτω τελευτᾷ,
Ἱστιαῖος δὲ ὁ Μιλήτου τύραννος μεμετιμένος ὑπὸ Δαρείου
παρῆν ἐς Σάρδις. ἀπιγμένον δὲ αὐτὸν ἐκ τῶν Σούσων
εἴρετο Ἀρταφρένης ὁ Σαρδίων ὕπαρχος κατὰ κοῖόν τι δοκέοι
Ἴωνας ἀπεστάναι· ὁ δὲ οὔτε εἰδέναι ἔφη ἐθώμαζέ τε τὸ 5
γεγονὸς ὡς οὐδὲν δῆθεν τῶν παρεόντων πρηγμάτων ἐπιστά-
2 μενος. ὁ δὲ Ἀρταφρένης [ὁρῶν αὐτὸν τεχνάζοντα] εἶπε,
εἰδὼς τὴν ἀτρεκείην τῆς ἀποστάσιος· Οὕτω τοι, Ἱστιαῖε,
ἔχει κατὰ ταῦτα τὰ πρήγματα· τοῦτο τὸ ὑπόδημα ἔρραψας
2 μὲν σύ, ὑπεδήσατο δὲ Ἀρισταγόρης. Ἀρταφρένης μὲν 10
ταῦτα ἐς τὴν ἀπόστασιν ἔχοντα εἶπε, Ἱστιαῖος δὲ δείσας
ὡς συνιέντα Ἀρταφρένεα [ὑπὸ τὴν πρώτην ἐπελθοῦσαν νύκτα]
ἀπέδρη ἐπὶ θάλασσαν, βασιλέα Δαρεῖον ἐξηπατηκώς· ὃς
Σαρδὼ νῆσον τὴν μεγίστην ὑποδεξάμενος κατεργάσεσθαι
[ὑπέδυνε τῶν Ἰώνων τὴν ἡγεμονίην] τοῦ πρὸς Δαρεῖον πολέμου. 15
2 διαβὰς δὲ ἐς Χίον ἐδέθη ὑπὸ Χίων, καταγνωσθεὶς πρὸς
αὐτῶν νεώτερα πρήσσειν πρήγματα ἐς αὐτοὺς ἐκ Δαρείου.
μαθόντες μέντοι οἱ Χῖοι τὸν πάντα λόγον, ὡς πολέμιος εἴη
3 βασιλέϊ, ἔλυσαν αὐτόν. ἐνθαῦτα δὴ εἰρωτώμενος ὑπὸ τῶν
Ἰώνων ὁ Ἱστιαῖος [κατ’ ὅ τι] προθύμως οὕτως ἐπέστειλε τῷ 20
Ἀρισταγόρῃ ἀπίστασθαι ἀπὸ βασιλέος καὶ κακὸν τοσοῦτον
εἴη Ἴωνας ἐξεργασμένος, τὴν μὲν γενομένην αὐτοῖσι αἰτίην
οὐ μάλα ἐξέφαινε, ὁ δὲ ἔλεγέ σφι ὡς βασιλεὺς Δαρεῖος

---

1 ἐτελεύτα ᵈ   2 μεμετημένος P¹ R S V   3 ἐν S V   Σάρδι
S [V]   4 ἤρετο ᵃ   δοκέοι] alt. o Dᶜ   5 ἐθώυμ. P R S V
7 ὁρέων ᵃ P   8 ἀτρεκίην D   9 ὑπόδειγμα R   10 ὑπεδύσατο
S D¹(!)   14 Σαρδῶν C D¹ R V   νῆσον D P R V   -ξόμενος R V
κατεργάσεσθαι P : -σασθαι rell.   16 ἐδέ+θη B   πρὸς ᵃ : ὑπ’ ᵈ P
17 ἑαυτοὺς ᵈ   19 δὲ ᵈ P¹   20 ἐπέστειλε C   22 ἐξεργασά-
μενος ᵈ   γενομένην] νυν S V   ἐν αὐτοῖσι(ν) ᵈ

66

ἐβουλεύσατο Φοίνικας μὲν ἐξαναστήσας ἐν τῇ Ἰωνίῃ
κατοικίσαι, Ἴωνας δὲ ἐν τῇ Φοινίκῃ, καὶ τούτων εἵνεκα
ἐπιστελλειε. [οὐδέν τι πάντως ταῦτα βασιλέος βουλευσαμένου]
ἐδειμάτου τοὺς Ἴωνας.   μετὰ δὲ ὁ Ἱστιαῖος δι' ἀγγέλου 4
5 ποιεύμενος Ἑρμίππου ἀνδρὸς Ἀταρνείτεω τοῖσι ἐν Σάρδισι
ἐοῦσι Περσέων ἔπεμπε βυβλία ὡς προλελεσχηνευμένων
αὐτῷ ἀποστάσιος πέρι. ὁ δὲ Ἕρμιππος πρὸς τοὺς μὲν
ἀπεπέμφθη, οὐ διδοῖ, φέρων δὲ ἐνεχείρισε τὰ βυβλία τῷ
Ἀρταφρένεϊ. ὁ δὲ μαθὼν ἅπαν τὸ γινόμενον ἐκέλευε τὸν 2
10 Ἕρμιππον τὰ μὲν παρὰ τοῦ Ἱστιαίου δοῦναι φέροντα τοῖσί
περ ἔφερε, [τὰ δὲ ἀμοιβαῖα τὰ παρὰ τῶν Περσέων ἀντι-
πεμπόμενα] Ἱστιαίῳ ἑωυτῷ δοῦναι. τούτων δὲ γενομένων
φανερῶν ἀπέκτεινε ἐνθαῦτα πολλοὺς Περσέων ὁ Ἀρταφρένης.
περὶ Σάρδις μὲν δὴ ἐγίνετο ταραχή, Ἱστιαῖον δὲ [ταύτης 5
15 ἀποσφαλέντα τῆς ἐλπίδος] Χῖοι κατῆγον ἐς Μίλητον, αὐτοῦ
Ἱστιαίου δεηθέντος. οἱ δὲ Μιλήσιοι ἄσμενοι [ἀπαλλαχθέντες
καὶ Ἀρισταγόρεω] οὐδαμῶς πρόθυμοι ἦσαν ἄλλον τύραννον
δέκεσθαι ἐς τὴν χώρην, οἷά τε ἐλευθερίης γευσάμενοι. καὶ 2
δὴ νυκτὸς γὰρ ἐούσης βίῃ ἐπειρᾶτο κατιὼν ὁ Ἱστιαῖος ἐς
20 τὴν Μίλητον, τιτρώσκεται τὸν μηρὸν ὑπό τευ τῶν Μιλησίων.
ὁ μὲν δὴ ὡς ἀπωστὸς τῆς ἑωυτοῦ γίνεται, ἀπικνέεται ὀπίσω
ἐς τὴν Χίον· ἐνθεῦτεν δέ, οὐ γὰρ ἔπειθε τοὺς Χίους ὥστε
ἑωυτῷ δοῦναι νέας, διέβη ἐς Μυτιλήνην καὶ ἔπεισε Λεσβίους
δοῦναί οἱ νέας. οἱ δὲ πληρώσαντες ὀκτὼ τριήρεας ἔπλεον 3
25 ἅμα Ἱστιαίῳ ἐς Βυζάντιον, ἐνθαῦτα δὲ ἱζόμενοι [τὰς ἐκ τοῦ
Πόντου ἐκπλεούσας τῶν νεῶν ἐλάμβανον,] πλὴν ἢ ὅσοι αὐτῶν
Ἱστιαίῳ ἔφασαν ἕτοιμοι εἶναι πείθεσθαι.

1 βεβουλ. SV   2 κατοικησαι D¹   τῇ om. d   ἕνεκα DPRV
3 ἐπιστέλλειε V   οὐδέ CP   4 ἐδειματο D¹ SV   Ἕλληνας C
5 ἀταρνίτεω a : ἀρτανείτεω RSV   6 βιβλία d P (it. 8)   -νευμένω d
7 οὖς a   8 τῷ om. a P   9 -φρένηι a   πᾶν a   12 αὐτῷ C¹
δὲ om. D   14-15 ἀποσφαλέντα ταύτης A   15 κατῆγαγον d
18 τε om. a P   21 ἀπωστὴς SV   ἐκ τῆς d P   23 Μιτυλ.
d C P (it. infra)   26 ἐκπλωούσας d P   ὅσον V : ὅσαι S   αὐτῶι
A B : αὐτέων d   27 ἔφησαν D   πείσεσθαι a

6 Ἱστιαῖος μέν νυν καὶ Μυτιληναῖοι ἐποίευν ταῦτα· ἐπὶ
δὲ Μίλητον αὐτὴν ναυτικὸς πολλὸς καὶ πεζὸς ἦν στρατὸς
προσδόκιμος· συστραφέντες γὰρ οἱ στρατηγοὶ τῶν Περσέων
καὶ ἐν ποιήσαντες στρατόπεδον ἤλαυνον ἐπὶ τὴν Μίλητον,
τἆλλα πολίσματα περὶ ἐλάσσονος ποιησάμενοι. τοῦ δὲ 5
ναυτικοῦ Φοίνικες μὲν ἦσαν προθυμότατοι, συνεστρατεύοντο
δὲ καὶ Κύπριοι νεωστὶ κατεστραμμένοι καὶ Κίλικές τε καὶ
7 Αἰγύπτιοι. οἱ μὲν δὴ ἐπὶ τὴν Μίλητον καὶ τὴν ἄλλην
Ἰωνίην ἐστρατεύοντο, Ἴωνες δὲ πυνθανόμενοι ταῦτα ἔπεμπον
προβούλους σφέων αὐτῶν ἐς Πανιώνιον. ἀπικομένοισι δὲ 10
τούτοισι ἐς τοῦτον τὸν χῶρον καὶ βουλευομένοισι ἔδοξε πεζὸν
μὲν στρατὸν μηδένα συλλέγειν ἀντίξοον Πέρσῃσι, ἀλλὰ τὰ
τείχεα ῥύεσθαι αὐτοὺς Μιλησίους, τὸ δὲ ναυτικὸν πληροῦν
ὑπολιπομένους μηδεμίαν τῶν νεῶν, πληρώσαντας δὲ συλ-
λέγεσθαι τὴν ταχίστην ἐς Λάδην προναυμαχήσοντας τῆς 15
Μιλήτου· ἡ δὲ Λάδη ἐστὶ νῆσος σμικρὴ ἐπὶ τῇ πόλι τῇ
8 Μιλησίων κειμένη. μετὰ δὲ ταῦτα πεπληρωμένῃσι τῇσι
νηυσὶ παρῆσαν οἱ Ἴωνες, σὺν δέ σφι καὶ Αἰολέων οἳ Λέσβον
νέμονται· ἐτάσσοντο δὲ ὧδε· τὸ μὲν πρὸς τὴν ἠῶ εἶχον
κέρας αὐτοὶ Μιλήσιοι, νέας παρεχόμενοι ὀγδώκοντα· εἴχοντο 20
δὲ τούτων Πριηνέες δυώδεκα νηυσὶ καὶ Μυήσιοι τρισὶ νηυσί,
Μυησίων δὲ Τήιοι εἴχοντο ἑπτακαίδεκα νηυσί, Τηίων δὲ
2 εἴχοντο Χῖοι ἑκατὸν νηυσί· πρὸς δὲ τούτοισι Ἐρυθραῖοί τε
ἐτάσσοντο καὶ Φωκαιέες, Ἐρυθραῖοι μὲν ὀκτὼ νέας παρεχό-
μενοι, Φωκαιέες δὲ τρεῖς· Φωκαιέων δὲ εἴχοντο Λέσβιοι 25
νηυσὶ ἑβδομήκοντα· τελευταῖοι δὲ ἐτάσσοντο ἔχοντες τὸ

---

1 ἐποίεν R   4 καὶ ἐμποιήσαντες D   5 καὶ τὰ ἄλλα D
7 τε om. a   9 ἐστράτευον a   10 προβόλους d A¹C   σφων
A B   αὐτέων D R V   11 καὶ del. Herwerden   12 μὲν om. R
μηδένα d P : μὴ a   ἀλλὰ τείχεα R : ἀλλὰ τ' εἴα V : ἀλλ' ἐκ τείχεος
ὡς δυνατὸν S   14 ὑπολειπ. d   15 τῆς om. d P   16 μικρῇ L
πόλει a D P R V   18 οἱ Λέσβον] ὅσοι τὴν Αἰολίδα γῆν a Pᵗ   19 ἔω
a P D¹, corr. D¹   21 τουτέων d C   καὶ . . . νηυσί (22) om. R S V
Μυούσιοι . . Μυουσίων H. Stephanus   22 pr. δὲ om. D   23 ἑκαστὸν
D   πρὸς δὲ τούτοισι om. A¹   24 et 25 Φωκαέες et Φωκαέων d P :
Φωκέες et Φωκέων a   26 τὰ S V : om. D

πρὸς ἑσπέρην κέρας Σάμιοι ἑξήκοντα νηυσί. πασέων δὲ
τουτέων ὁ συνάπας ἀριθμὸς ἐγένετο τρεῖς καὶ πεντήκοντα
καὶ τριηκόσιαι τριήρεες. αὗται μὲν Ἰώνων ἦσαν, τῶν δὲ   9
βαρβάρων τὸ πλῆθος τῶν νεῶν ἦσαν ἑξακόσιαι. ὡς δὲ
5 καὶ αὗται ἀπίκατο πρὸς τὴν Μιλησίην καὶ ὁ πεζός σφι ἅπας
παρῆν, ἐνθαῦτα οἱ Περσέων στρατηγοὶ πυθόμενοι τὸ πλῆθος
τῶν Ἰάδων νεῶν καταρρώδησαν μὴ οὐ δυνατοὶ γένωνται
ὑπερβαλέσθαι, καὶ οὕτως οὔτε τὴν Μίλητον οἷοί τε ἔωσι
ἐξελεῖν μὴ οὐκ ἐόντες ναυκράτορες, πρός τε Δαρείου κινδυ-
10 νεύσωσι κακόν τι λαβεῖν. ταῦτα ἐπιλεγόμενοι συλλέξαντες   2
τῶν Ἰώνων τοὺς τυράννους, οἳ ὑπ᾽ Ἀρισταγόρεω μὲν τοῦ
Μιλησίου καταλυθέντες τῶν ἀρχέων ἔφευγον ἐς Μήδους,
ἐτύγχανον δὲ τότε συστρατευόμενοι ἐπὶ τὴν Μίλητον, τούτων
τῶν ἀνδρῶν τοὺς παρεόντας συγκαλέσαντες ἔλεγόν σφι τάδε·
15 Ἄνδρες Ἴωνες, νῦν τις ὑμέων εὖ ποιήσας φανήτω τὸν   3
βασιλέος οἶκον· τοὺς γὰρ ἑωυτοῦ ἕκαστος ὑμέων πολιήτας
πειράσθω ἀποσχίζων ἀπὸ τοῦ λοιποῦ συμμαχικοῦ. προϊ-
σχόμενοι δὲ ἐπαγγείλασθε τάδε, ὡς πείσονταί τε ἄχαρι
οὐδὲν διὰ τὴν ἀπόστασιν, οὐδέ σφι οὔτε τὰ ἱρὰ οὔτε τὰ
20 ἴδια ἐμπεπρήσεται, οὐδὲ βιαιότερον ἕξουσι οὐδὲν ἢ πρότερον
εἶχον· εἰ δὲ ταῦτα μὲν οὐ ποιήσουσι, οἱ δὲ πάντως διὰ μάχης   4
ἐλεύσονται, τάδε ἤδη σφι λέγετε ἐπηρεάζοντες, τά περ σφέας
κατέξει, ὡς ἑσσωθέντες τῇ μάχῃ ἐξανδραποδιεῦνται καὶ ὥς
σφεων τοὺς παῖδας ἐκτομίας ποιήσομεν, τὰς δὲ παρθένους
25 ἀνασπάστους ἐς Βάκτρα, καὶ ὡς τὴν χώρην ἄλλοισι παρα-
δώσομεν. οἱ μὲν δὴ ἔλεγον ταῦτα, τῶν δὲ Ἰώνων οἱ τύραννοι   10
διέπεμπον νυκτὸς ἕκαστος ἐς τοὺς ἑωυτοῦ ἐξαγγελλόμενος.

1 κέρας om. S   πάντων δὲ τούτων a   2 ὁ om. a   σύμπας a P
3 τριήρες R   5 αὐταί a P   ἀπίκοντο D P   7 ἰδιάδων V
9 ναυκρατήρες R   10 ἐπιλ. ἔλεξαν συλλ. a   11 π᾽ R   12 τὸ
ἀρχαῖον Dᶜ   14 σφι om. a P   16 ἑωυτοῦ] αὐτέων a   17 ἀπο-
σχίζειν a   18 ἐπαγγείλεσθε R : ἐπαγγέλλ. D V: ἀπαγγέλλ. S
πείσονται] εἰ Dᶜ: πειρήσονται C   20 ἐμπρήσεται a C (-σσεται) Pᵗ
21 οὐ a : μὴ a P   ποιήσωσι(ν) D R   22 ἤδη om. a P   ἐπιρεάζ.
A : ἐπερ. S V : πηρ. R   23 κατάξει R S V   ἐσσωθέοντες a
25 παραδῶμεν C   26 ταῦτα] τάδε a   27 ἐξαγγελλομένους A¹ B¹

οἱ δὲ Ἴωνες, ἐς τοὺς καὶ ἀπίκοντο αὗται αἱ ἀγγελίαι, ἀγνω-
μοσύνῃ τε διεχρέωντο καὶ οὐ προσίεντο τὴν προδοσίην,
ἑωυτοῖσί τε ἕκαστοι ἐδόκεον μούνοισι ταῦτα τοὺς Πέρσας
ἐξαγγέλλεσθαι. ταῦτα μέν νυν ἰθέως ἀπικομένων ἐς τὴν
11 Μίλητον τῶν Περσέων ἐγίνετο· μετὰ δὲ τῶν Ἰώνων συλ- 5
λεχθέντων ἐς τὴν Λάδην ἐγίνοντο ἀγοραί, καὶ δή κού σφι
καὶ ἄλλοι ἠγορόωντο, ἐν δὲ δὴ καὶ ὁ Φωκαιεὺς στρατηγὸς
2 Διονύσιος λέγων τάδε· Ἐπὶ ξυροῦ γὰρ ἀκμῆς ἔχεται ἡμῖν
τὰ πρήγματα, ἄνδρες Ἴωνες, ἢ εἶναι ἐλευθέροισι ἢ δούλοισι,
καὶ τούτοισι ὡς δρηπέτῃσι· νῦν ὦν ὑμεῖς ἢν μὲν βούλησθε 10
ταλαιπωρίας ἐνδέκεσθαι, τὸ παραχρῆμα μὲν πόνος ὑμῖν ἔσται,
οἷοί τε δὲ ἔσεσθε ὑπερβαλόμενοι τοὺς ἐναντίους εἶναι
ἐλεύθεροι· εἰ δὲ μαλακίῃ τε καὶ ἀταξίῃ διαχρήσησθε,
οὐδεμίαν ὑμέων ἔχω ἐλπίδα μὴ οὐ δώσειν ὑμέας δίκην
3 βασιλέι τῆς ἀποστάσιος. ἀλλ' ἐμοί τε πείθεσθε καὶ ἐμοὶ 15
ὑμέας αὐτοὺς ἐπιτρέψατε· καὶ ὑμῖν ἐγώ, θεῶν τὰ ἴσα
νεμόντων, ὑποδέκομαι ἢ οὐ συμμείξειν τοὺς πολεμίους ἢ
12 συμμίσγοντας πολλὸν ἐλασσώσεσθαι. ταῦτα ἀκούσαντες
οἱ Ἴωνες ἐπιτρέπουσι σφέας αὐτοὺς τῷ Διονυσίῳ. ὁ δὲ
ἀνάγων ἑκάστοτε ἐπὶ κέρας τὰς νέας, ὅκως τοῖσι ἐρέτῃσι 20
χρήσαιτο διέκπλοον ποιεύμενος τῇσι νηυσὶ δι' ἀλληλέων
καὶ τοὺς ἐπιβάτας ὁπλίσειε, τὸ λοιπὸν τῆς ἡμέρης τὰς νέας
ἔχεσκε ἐπ' ἀγκυρέων, παρεῖχέ τε τοῖσι Ἴωσι πόνον δι'
2 ἡμέρης. μέχρι μέν νυν ἡμερέων ἑπτὰ ἐπείθοντό τε καὶ
ἐποίευν τὸ κελευόμενον, τῇ δὲ ἐπὶ ταύτῃσι οἱ Ἴωνες, οἷα 25
ἀπαθέες ἐόντες πόνων τοιούτων τετρυμένοι τε ταλαιπωρίῃσί
3 τε καὶ ἡλίῳ, ἔλεξαν πρὸς ἑωυτοὺς τάδε· Τίνα δαιμόνων

1 οὓς a   3 ἑαυτοῖσι A B   δὲ a   4 ἐξαγγέλεσθαι C R :
ἐπαγγέλλεσθαι Naber   6 γίνονται A¹   7 ἠγορῶντο A B
δ om. d   Φοκεεὺς B¹ : Φωκαεὺς rell.   στρατηγὸς om. Cantabr. et
(Longinus) de subl. 22   9 pr. ἢ om. Long.   10 ὦν] ἂν B¹
ὑμέες P : ἡμεῖς A B : ἡμέες C [V]   11 ταλαιπωρίην δέκεσθαι a
τὸ et ἔσται om. Long.   12 ὑπερβαλλόμενοι R S V   13 διαχρή-
σεσθε P R S C¹ (?)   14 ὑμᾶς D R V : seclusi   16 ἐπιστρ. S V
17 συμμίξειν L   18 ἐλασσωσθαι R S : ἐλασσωθήσεσθαι a   21 δι-
έκπλοον D¹   24 ἐπύθοντο S V   τε om. d   25 ταύτῃ d
26 τε om. D

παραβάντες τάδε ἀναπίμπλαμεν; οἵτινες παραφρονήσαντες
καὶ ἐκπλώσαντες ἐκ τοῦ νόου ἀνδρὶ Φωκαιέι ἀλαζόνι, παρε-
χομένῳ νέας τρεῖς, ἐπιτρέψαντες ἡμέας αὐτοὺς ἔχομεν· ὁ δὲ
παραλαβὼν ἡμέας λυμαίνεται λύμῃσι ἀνηκέστοισι, καὶ δὴ

5 πολλοὶ μὲν ἡμέων ἐς νούσους πεπτώκασι, πολλοὶ δὲ ἐπίδοξοι
τὠυτὸ τοῦτο πείσεσθαι· πρό τε τούτων τῶν κακῶν ἡμῖν γε
κρέσσον [καὶ ὅ τι ὦν ἄλλο] παθεῖν ἐστι, καὶ τὴν μέλλουσαν
δουληίην ὑπομεῖναι [ἥτις ἔσται] μᾶλλον ἢ τῇ παρεούσῃ
συνέχεσθαι. φέρετε, τοῦ λοιποῦ μὴ πειθώμεθα αὐτοῦ.

10 ταῦτα ἔλεξαν, καὶ μετὰ ταῦτα αὐτίκα πείθεσθαι οὐδεὶς ἤθελε,
ἀλλ' οἷα στρατιὴ σκηνάς τε πηξάμενοι ἐν τῇ νήσῳ ἐσκια-
τροφέοντο καὶ ἐσβαίνειν οὐκ ἐθέλεσκον ἐς τὰς νέας οὐδ'
ἀναπειρᾶσθαι. μαθόντες δὲ ταῦτα γινόμενα ἐκ τῶν Ἰώνων
οἱ στρατηγοὶ τῶν Σαμίων, ἐνθαῦτα δὴ [παρ'] Αἰάκεος τοῦ

15 Συλοσῶντος κείνους [τοὺς πρότερον ἔπεμπε λόγους ὁ Αἰάκης]
κελευόντων τῶν Περσέων, δεόμενός σφεων ἐκλιπεῖν τὴν
Ἰώνων συμμαχίην, οἱ Σάμιοι ὦν ὁρῶντες ἅμα μὲν ἐοῦσαν
ἀταξίην πολλὴν ἐκ τῶν Ἰώνων ἐδέκοντο τοὺς λόγους, ἅμα
δὲ κατεφαίνετό σφι εἶναι ἀδύνατα τὰ βασιλέος πρήγματα

20 ὑπερβαλέσθαι, εὖ γε ἐπιστάμενοι ὡς εἰ καὶ τὸ παρεὸν
ναυτικὸν ὑπερβαλοίατο [τὸν Δαρεῖον], ἄλλο σφι παρέσται
πενταπλήσιον. [προφάσιος ὦν ἐπιλαβόμενοι] ἐπείτε τάχιστα
εἶδον τοὺς Ἴωνας ἀρνευμένους εἶναι χρηστούς, [ἐν κέρδεϊ
ἐποιεῦντο] περιποιῆσαι τά τε ἱρὰ τὰ σφέτερα καὶ τὰ ἴδια.

25 ὁ δὲ Αἰάκης, παρ' ὅτευ τοὺς λόγους ἐδέκοντο, παῖς μὲν ἦν
Συλοσῶντος τοῦ Αἰάκεος, τύραννος δὲ ἐὼν Σάμου ὑπὸ τοῦ
Μιλησίου Ἀρισταγόρεω ἀπεστέρητο τὴν ἀρχὴν κατά περ

---

2 Φωκαει L   3 ἐπιστρ. V   4 καὶ δὴ καὶ D   5 νόσους
a S   6 πείσεσθαί εἰσι a   7 κρεῖσσον RSV   παθέειν d P
8 δουλείην C   11 στρατιῆ(ι) d   13 ταῦτα τὰ a P   15 ὁ
om. d P   17 οἱ] συ V: om. S   ἐοῦσαν ἅμα μὲν a   19 ἀδύνατον
d P   τὰ om. d   20 ὑπερβαλλέσθαι C   γε Gomperz : τε d P :
δὲ a   21 τὸν Δαρεῖον del. Wesseling   23 ἀρνευμένους d : οὐ
βουλομένους a P   24 ἐποιευν D   25 ὅτευ d P : οὐ a   ἐδέκοντο
οἱ Σάμιοι a   ἦν om. d

14 οἱ ἄλλοι τῆς Ἰωνίης τύραννοι.   τότε ὦν ἐπεὶ ἐπέπλεον οἱ
Φοίνικες, οἱ Ἴωνες ἀντανῆγον καὶ αὐτοὶ τὰς νέας ἐπὶ κέρας.
ὡς δὲ καὶ ἀγχοῦ ἐγίνοντο καὶ συνέμισγον ἀλλήλοισι, τὸ
ἐνθεῦτεν οὐκ ἔχω ἀτρεκέως συγγράψαι οἵ τινες τῶν Ἰώνων
ἐγένοντο ἄνδρες κακοὶ ἢ ἀγαθοὶ ἐν τῇ ναυμαχίῃ ταύτῃ· 5

2 ἀλλήλους γὰρ καταιτιῶνται.   λέγονται δὲ Σάμιοι ἐνθαῦτα
[κατὰ τὰ συγκείμενα πρὸς τὸν Αἰάκεα] ἀειράμενοι τὰ ἱστία
ἀποπλῶσαι ἐκ τῆς τάξιος ἐς τὴν Σάμον, πλὴν ἕνδεκα νεῶν.
τουτέων δὲ οἱ τριήραρχοι παρέμενον καὶ ἐναυμάχεον ἀνη-

3 κουστήσαντες τοῖσι στρατηγοῖσι· καί σφι τὸ κοινὸν τὸ 10
Σαμίων ἔδωκε [διὰ τοῦτο τὸ πρῆγμα] ἐν στήλῃ ἀναγραφῆναι
πατρόθεν [ὡς ἀνδράσι ἀγαθοῖσι γενομένοισι,] καὶ ἔστι αὕτη ἡ
στήλη ἐν τῇ ἀγορῇ.   ἰδόμενοι δὲ καὶ Λέσβιοι τοὺς προσ-
εχέας φεύγοντας τὠυτὸ ἐποίευν τοῖσι Σαμίοισι· ὡς δὲ καὶ

15 οἱ πλεῦνες τῶν Ἰώνων ἐποίευν τὰ αὐτὰ ταῦτα.   τῶν δὲ 15
παραμεινάντων ἐν τῇ ναυμαχίῃ περιέφθησαν τρηχύτατα
Χῖοι ὡς ἀποδεικνύμενοί τε ἔργα λαμπρὰ καὶ οὐκ ἐθελο-
κακέοντες· οἳ παρείχοντο μέν, ὥσπερ καὶ πρότερον εἰρέθη,
νέας ἑκατὸν καὶ ἐπ᾽ ἑκάστης αὐτέων ἄνδρας τεσσεράκοντα

2 τῶν ἀστῶν λογάδας ἐπιβατεύοντας· ὁρέοντες δὲ τοὺς πολλοὺς 20
τῶν συμμάχων προδιδόντας οὐκ ἐδικαίευν γενέσθαι τοῖσι
κακοῖσι αὐτῶν ὅμοιοι, ἀλλὰ μετ᾽ ὀλίγων συμμάχων μεμου-
νωμένοι διεκπλέοντες ἐναυμάχεον, ἐς ὃ τῶν πολεμίων ἑλόντες
νέας συχνὰς ἀπέβαλον τῶν σφετέρων τὰς πλεῦνας.   Χῖοι
μὲν δὴ τῇσι λοιπῇσι τῶν νεῶν ἀποφεύγουσι ἐς τὴν ἑωυτῶν, 25

16 ὅσοισι [δὲ τῶν Χίων ἀδύνατοι ἦσαν αἱ νέες ὑπὸ τρωμάτων,
[οὗτοι δὲ ὡς ἐδιώκοντο,] καταφυγγάνουσι πρὸς τὴν Μυκάλην.

1 ἐπέπλωον DR : ἐπέπλων SV   2 ἀντανήγαγον ⋆   3 ἐγέ-
νοντο DS   5 ἐγίνοντο ⋆ P   6 ἐνθεῦτεν B : om. d   7 αἱράμενοι
RSV : ἀρ. D   8 εἰς R   δέκα d P¹   9 ἔμενον d P   10 alt.
τὸ] τῶν ⋆ P   11 ἔδοκε B¹ : ἐδόκεε d   διὰ . . . ἐν om. d
12 γινομένοισι ⋆   ἔστη P¹   14 τὸ αὐτὸ ⋆   16 τρηχύτητα
D : -ματα SV   18 οἱ παρ. μέν] παρ. μὲν γὰρ ⋆   19 τέσσαρ.
CDRV   21 ἐδικαίουν A B¹ : ἐδικεῦν D   γίνεσθαι ⋆   22 με-
μουννωμένοι + B   23 διεκπλώοντες d P   24 ἀπέβαλον C :
ἐπέβαλον V   σφετέρων νεῶν d P   27 αὐτοὶ ⋆   καταφεύγουσι ⋆

72

νέας μὲν δὴ αὐτοῦ ταύτῃ ἐποκείλαντες κατέλιπον, οἱ δὲ πεζῇ
ἐκομίζοντο διὰ τῆς ἠπείρου. ἐπειδὴ δὲ ἐσέβαλον ἐς τὴν 2
Ἐφεσίην κομιζόμενοι οἱ Χῖοι, νυκτός τε ⟨γὰρ⟩ ἀπίκατο ἐς
αὐτὴν καὶ ἐόντων τῇσι γυναιξὶ αὐτόθι θεσμοφορίων, ἐνθαῦτα
5 δὴ οἱ Ἐφέσιοι, οὔτε προακηκοότες ὡς εἶχε περὶ τῶν Χίων
ἰδόντες τε στρατὸν ἐς τὴν χώρην ἐσβεβληκότα, πάγχυ σφέας
καταδόξαντες εἶναι κλῶπας καὶ ἰέναι ἐπὶ τὰς γυναῖκας
ἐξεβοήθεον πανδημεὶ καὶ ἔκτεινον τοὺς Χίους. οὗτοι μέν
νυν τοιαύτῃσι περιέπιπτον τύχῃσι· Διονύσιος δὲ ὁ Φωκαιεὺς 17
10 ἐπείτε ἔμαθε τῶν Ἰώνων τὰ πρήγματα διεφθαρμένα, νέας
ἑλὼν τρεῖς τῶν πολεμίων ἀπέπλεε ἐς μὲν Φώκαιαν οὐκέτι,
εὖ εἰδὼς ὡς ἀνδραποδιεῖται σὺν τῇ ἄλλῃ Ἰωνίῃ· ὁ δὲ ἰθέως
ὡς εἶχε ἔπλεε ἐς Φοινίκην, γαύλους δὲ ἐνθαῦτα καταδύσας
καὶ χρήματα λαβὼν πολλὰ ἔπλεε ἐς Σικελίην, ὁρμώμενος
15 δὲ ἐνθεῦτεν λῃστὴς κατεστήκεε Ἑλλήνων μὲν οὐδενός,
Καρχηδονίων δὲ καὶ Τυρσηνῶν.

Οἱ δὲ Πέρσαι ἐπείτε τῇ ναυμαχίῃ ἐνίκων τοὺς Ἴωνας, 18
τὴν Μίλητον πολιορκέοντες ἐκ γῆς καὶ θαλάσσης [καὶ]
ὑπορύσσοντες τὰ τείχεα καὶ παντοίας μηχανὰς προσφέροντες
20 αἱρέουσι κατ' ἄκρης ἕκτῳ ἔτεϊ ἀπὸ τῆς ἀποστάσιος τῆς Ἀρι-
σταγόρεω καὶ ἠνδραποδίσαντο τὴν πόλιν, ὥστε συμπεσεῖν τὸ
πάθος τῷ χρηστηρίῳ τῷ ἐς Μίλητον γενομένῳ. χρεωμένοισι 19
γὰρ Ἀργείοισι ἐν Δελφοῖσι περὶ σωτηρίης τῆς πόλιος τῆς
σφετέρης ἐχρήσθη ἐπίκοινον χρηστήριον, τὸ μὲν ἐς αὐτοὺς
25 τοὺς Ἀργείους φέρον, τὴν δὲ παρενθήκην ἔχρησε ἐς Μιλησίους.
τὸ μέν νυν ἐς τοὺς Ἀργείους ἔχον, ἐπεὰν κατὰ τοῦτο 2
γένωμαι τοῦ λόγου, τότε μνησθήσομαι, τὰ δὲ τοῖσι Μιλη-
σίοισι οὐ παρεοῦσι ἔχρησε, ἔχει ὧδε·

---

1 ἀποκείλαντες, εἴ in lit., D   2 ἐπεὶ δὲ ἃ P   3 γὰρ add.
Stein   ἀπίκατο C P : ἀπίκοντο (!) D¹   6 εἰδόντες S : οὐδέντές
D¹ (οὐδέν τόν D²): οὐδέν R V   τε om. A B   9 τοίνυν A C
Φωκεὺς D : Φωκαεὺς rell.   11 Φώκεαν C   13 καταλύσας ἃ
15 κατεστηκε(ν) ἃ   16 Καλχ. R S V   Τυρρηνῶν A B : Τυρηνῶν C
18 καὶ om. ἃ   20 κατάκρος R : κατάκρως S V   ἐν τῶ ἔκτω ἃ
alt. τῆς om. D   21 συμπεσέειν ἃ   22 γιν. D   24 εἰς V
25 φέρον . . . Ἀργείους om. B¹   26 αὐτοὺς A C   ἔχων B

καὶ τότε δή, Μίλητε, κακῶν ἐπιμήχανε ἔργων,
πολλοῖσιν δεῖπνόν τε καὶ ἀγλαὰ δῶρα γενήσῃ,
σαὶ δ' ἄλοχοι πολλοῖσι πόδας νίψουσι κομήταις,
νηοῦ δ' ἡμετέρου Διδύμοις ἄλλοισι μελήσει.

3 τότε δὴ ταῦτα τοὺς Μιλησίους κατελάμβανε, ὅτε γε ἄνδρες 5
μὲν οἱ πλεῦνες ἐκτείνοντο ὑπὸ τῶν Περσέων ἐόντων κομητέων,
γυναῖκες δὲ καὶ τέκνα ἐν ἀνδραπόδων λόγῳ ἐγίνοντο, ἱρὸν
δὲ τὸ ἐν Διδύμοισι, ὁ νηός τε καὶ τὸ χρηστήριον, συληθέντα
ἐνεπίμπρατο. τῶν δ' ἐν τῷ ἱρῷ τούτῳ χρημάτων πολλάκις
20 μνήμην ἑτέρωθι τοῦ λόγου ἐποιησάμην. ἐνθεῦτεν οἱ ζωγρη- 10
θέντες τῶν Μιλησίων ἤγοντο ἐς Σοῦσα. βασιλεὺς δέ σφεας
Δαρεῖος κακὸν οὐδὲν ἄλλο ποιήσας κατοίκισε ἐπὶ τῇ Ἐρυθρῇ
καλεομένῃ θαλάσσῃ, ἐν Ἄμπῃ πόλι, παρ' ἣν Τίγρης ποταμὸς
παραρρέων ἐς θάλασσαν ἐξίει. τῆς δὲ Μιλησίων χώρης
αὐτοὶ μὲν οἱ Πέρσαι εἶχον τὰ περὶ τὴν πόλιν καὶ τὸ πεδίον, 15
21 τὰ δὲ ὑπεράκρια ἔδοσαν Καρσὶ Πηδασεῦσι ἐκτῆσθαι. παθοῦσι
δὲ ταῦτα Μιλησίοισι πρὸς Περσέων οὐκ ἀπέδοσαν τὴν ὁμοίην
Συβαρῖται, οἳ Λᾶόν τε καὶ Σκίδρον οἴκεον τῆς πόλιος ἀπεστε-
ρημένοι. Συβάριος γὰρ ἁλούσης ὑπὸ Κροτωνιητέων Μιλήσιοι
πάντες ἡβηδὸν ἀπεκείραντο τὰς κεφαλὰς καὶ πένθος μέγα 20
προσεθήκαντο· πόλιες γὰρ αὗται μάλιστα δὴ τῶν ἡμεῖς
2 ἴδμεν ἀλλήλῃσι ἐξεινώθησαν. οὐδὲν ὁμοίως καὶ Ἀθηναῖοι·
Ἀθηναῖοι μὲν γὰρ δῆλον ἐποίησαν ὑπεραχθεσθέντες τῇ
Μιλήτου ἁλώσι τῇ τε ἄλλῃ πολλαχῇ καὶ δὴ καὶ ποιήσαντι
Φρυνίχῳ δρᾶμα Μιλήτου ἅλωσιν καὶ διδάξαντι ἐς δάκρυά 25
τε ἔπεσε τὸ θέητρον καὶ ἐζημίωσάν μιν ὡς ἀναμνήσαντα
οἰκήια κακὰ χιλίῃσι δραχμῇσι, καὶ ἐπέταξαν μηκέτι μηδένα
χρᾶσθαι τούτῳ τῷ δράματι.
22 Μίλητος μέν νυν Μιλησίων ἠρήμωτο· Σαμίων δὲ τοῖσί

2 γενήσει A B   3 κομήτας D   4 ναοῦ d   5 ὅτε γε d:
ὁπότε a P   8 δ] καὶ ὁ a   συληφθ. C   9 ἐνεπί + πρατο D:
ἐνεπίμπραντο P   12 κατοίκησε B D¹   13 καλεομένη om. a
πόλει C D P: πόλλει R [V]   Τίγρις P R   14 ἐξήιει C   Μιλη-
σίης d   16 Πηγαδεῦσιν S V   18 Λαὸν D: Λάον rell.   21 προ-
εθήκαντο D P Bᶜ   22 ἀλλήλοισι A¹ B¹ P¹ R V   23 ὑπεραχθέντες
R: ὑπεραχθενθέντες V¹   24 ἁλώσει L [V]   καὶ ποιήσαντι et καὶ (25)
om. (Longinus) de subl. 24   26 θέατρον S V   29 ἐρήμωτο d P

τι ἔχουσι [τὸ μὲν ἐς τοὺς Μήδους ἐκ τῶν στρατηγῶν τῶν
σφετέρων ποιηθὲν] οὐδαμῶς ἤρεσκε, ἐδόκεε δὲ μετὰ τὴν
ναυμαχίην αὐτίκα βουλευομένοισι, πρὶν ἤ σφι ἐς τὴν χώρην
ἀπικέσθαι τὸν τύραννον Αἰάκεα, ἐς ἀποικίην ἐκπλέειν μηδὲ
5 μένοντας Μήδοισί τε καὶ Αἰάκεϊ δουλεύειν. Ζαγκλαῖοι γὰρ 2
οἱ ἀπὸ Σικελίης τὸν αὐτὸν χρόνον τοῦτον πέμποντες ἐς τὴν
Ἰωνίην ἀγγέλους ἐπεκαλέοντο τοὺς Ἴωνας ἐς Καλὴν ἀκτήν,
βουλόμενοι αὐτόθι πόλιν κτίσαι Ἰώνων· ἡ δὲ Καλὴ αὕτη
ἀκτὴ καλεομένη ἔστι μὲν Σικελῶν, πρὸς δὲ Τυρσηνίην
10 τετραμμένη τῆς Σικελίης. τούτων ὦν ἐπικαλεομένων οἱ
Σάμιοι μοῦνοι Ἰώνων ἐστάλησαν, σὺν δέ σφι [Μιλησίων οἱ]
ἐκπεφευγότες. ἐν ᾧ τοιόνδε δή τι συνήνεικε γενέσθαι· 23
Σάμιοί τε κομιζόμενοι ἐς Σικελίην ἐγίνοντο ἐν Λοκροῖσι
τοῖσι Ἐπιζεφυρίοισι] καὶ Ζαγκλαῖοι αὐτοί τε καὶ ὁ βασιλεὺς
15 αὐτῶν, τῷ οὔνομα ἦν Σκύθης, περικατέατο πόλιν τῶν Σικελῶν
ἐξελεῖν βουλόμενοι. μαθὼν δὲ ταῦτα ὁ Ῥηγίου τύραννος 2
Ἀναξίλεως, τότε ἐὼν διάφορος τοῖσι Ζαγκλαίοισι, συμμείξας
τοῖσι Σαμίοισι ἀναπείθει ὡς χρεὸν εἴη Καλὴν μὲν ἀκτήν,
ἐπ' ἣν ἔπλεον, ἐᾶν χαίρειν, τὴν δὲ Ζάγκλην σχεῖν, ἐοῦσαν
20 ἔρημον ἀνδρῶν. πειθομένων δὲ τῶν Σαμίων καὶ σχόντων 3
τὴν Ζάγκλην, ἐνθαῦτα οἱ Ζαγκλαῖοι, ὡς ἐπύθοντο ἐχομένην
τὴν πόλιν [ἑωυτῶν], ἐβοήθεον αὐτῇ καὶ ἐπεκαλέοντο Ἱππο-
κράτεα τὸν Γέλης τύραννον· ἦν γὰρ δή σφι οὗτος σύμμαχος.
ἐπείτε δὲ αὐτοῖσι καὶ ὁ Ἱπποκράτης σὺν τῇ στρατιῇ ἧκε 4
25 βοηθέων, Σκύθην μὲν τὸν μούναρχον τῶν Ζαγκλαίων ὡς
ἀποβαλόντα τὴν πόλιν ὁ Ἱπποκράτης πεδήσας καὶ τὸν
ἀδελφεὸν αὐτοῦ Πυθογένεα ἐς Ἴνυκα πόλιν ἀπέπεμψε, τοὺς

1 τι] τε RSV   8 ἀκτὴ αὕτη d   9 Τυρρ. A B : Τυρανν. C
10 ἐπικαλεσαμένων C   11 Ἴωνες d P   σφισι d   Μιλήσιοι, οἱ
om., D   12 πεφευγ. A   ἐν ᾧ et δή om. d   13 τε d : γὰρ
a P   ἐγένοντο A B   14 Ἐπιζεφύροισι d   15 περικαθ. L
17 Ἀναξίλεος D¹ R V   ὥστε RSV : ὥστε D P   συμμίξας L
18 χρεὼν R V Dᶜ   19 ἐοῦσαν ... Ζάγκλην om. C   20 πιθομένων
Cobet   22 ἑωυτῶν om. d   24 καὶ om. D   δ om. R S V
25 ὡς om. a   26 ἀποβάλλοντα C   δ om. A¹   27 Ἴνυκα
Stein (cf. Steph. Byz.) : Ἰνῦκ + D¹ : Ἴνυκον rell.

δὲ λοιποὺς Ζαγκλαίους ⌈κοινολογησάμενος τοῖσι Σαμίοισι

5 καὶ ὅρκους δοὺς καὶ δεξάμενος⌉ προέδωκε. μισθὸς δέ οἱ ἦν
εἰρημένος ὅδε ὑπὸ τῶν Σαμίων, πάντων τῶν ἐπίπλων καὶ
ἀνδραπόδων τὰ ἡμίσεα μεταλαβεῖν τῶν ἐν τῇ πόλι, τὰ δ'

6 ἐπὶ τῶν ἀγρῶν πάντα ⌈Ἱπποκράτεα λαγχάνειν.⌉ τοὺς μὲν 5
δὴ πλεῦνας τῶν Ζαγκλαίων αὐτὸς ⌈ἐν ἀνδραπόδων λόγῳ εἶχε⌉
δήσας, τοὺς δὲ κορυφαίους αὐτῶν τριηκοσίους ἔδωκε τοῖσι
Σαμίοισι κατασφάξαι. οὐ μέντοι οἵ γε Σάμιοι ἐποίησαν

24 ταῦτα. Σκύθης δὲ ὁ τῶν Ζαγκλαίων μούναρχος ἐκ τῆς
Ἴνυκος ἐκδιδρήσκει ἐς Ἱμέρην, ἐκ δὲ ταύτης παρῆν ἐς τὴν 10
Ἀσίην καὶ ἀνέβη παρὰ βασιλέα Δαρεῖον. καί μιν ἐνόμισε
Δαρεῖος πάντων ἀνδρῶν δικαιότατον εἶναι, ὅσοι ἐκ τῆς

2 Ἑλλάδος παρ' ἑωυτὸν ἀνέβησαν· καὶ γὰρ παραιτησάμενος
βασιλέα ⌈ἐς Σικελίην ἀπίκετο⌉ καὶ αὖτις ἐκ τῆς Σικελίης
ὀπίσω παρὰ βασιλέα, ἐς ὃ γήραϊ μέγα ὄλβιος ἐὼν ἐτελεύ- 15
τησε ἐν Πέρσῃσι. Σάμιοι δὲ ⌈ἀπαλλαχθέντες Μήδων⌉ ἀπονητὶ

25 πόλιν καλλίστην Ζάγκλην περιεβεβλέατο. μετὰ δὲ τὴν
ναυμαχίην τὴν ὑπὲρ Μιλήτου γενομένην Φοίνικες κελευ-
σάντων Περσέων κατῆγον ἐς Σάμον Αἰάκεα τὸν Συλοσῶντος
ὡς πολλοῦ τε ἄξιον γενόμενον σφίσι καὶ μεγάλα κατεργα- 20

2 σάμενον· καὶ Σαμίοισι μούνοισι τῶν ἀποστάντων ἀπὸ Δαρείου
διὰ τὴν ἔκλειψιν τῶν νεῶν [τῶν] ἐν τῇ ναυμαχίῃ οὔτε ἡ
πόλις οὔτε τὰ ἱρὰ ἐνεπρήσθη. Μιλήτου δὲ ἁλούσης αὐτίκα
καὶ Καρίην ἔσχον οἱ Πέρσαι, τὰς μὲν ἐθελοντὴν τῶν πολίων
ὑποκυψάσας, τὰς δὲ ἀνάγκῃ προσηγάγοντο. 25

26 Ταῦτα μὲν δὴ οὕτως ἐγίνετο, Ἱστιαίῳ δὲ τῷ Μιλησίῳ
ἐόντι περὶ Βυζάντιον καὶ ⌈συλλαμβάνοντι τὰς Ἰώνων ὁλκάδας

4 μεταβαλεῖν C : λαβεῖν d P   πόλι D¹ : πόλει D² rell.   8 οἳ
add. B¹   9 Σκύθης δὲ om. C   ἐκ τῆς om. a   10 Ἴνυκος] ος
Dᶜ : Ἰνύκου S   πέρην d P¹   τὴν om. a   12 δικ. ἀνδρῶν d
14 τῆς om. d   15 γήρα d   16 ἐν om. d   ἀπονητεὶ A B
17 περιεβεβλήατο a : περιεβαλέατο d P   δὲ] τάδε D   18 καλ. V
22 τῶν del. Stein : τὴν Reiske   23 αὐτίκα καὶ B² : αὐτίκα a P :
καὶ d   24 ἐθελοντὶ D P : ἐθελοντιῇ R S V   25 προηγάγοντο
R V Dᶜ   26 ἐγένετο R S V

ἐκπλεούσας ἐκ τοῦ Πόντου] ἐξαγγέλλεται τὰ περὶ Μίλητον
γενόμενα. τὰ μὲν δὴ περὶ Ἑλλήσποντον ἔχοντα πρήγματα
ἐπιτρέπει Βισάλτῃ Ἀπολλοφάνεος παιδὶ Ἀβυδηνῷ, αὐτὸς
δὲ ἔχων Λεσβίους ἐς Χίον ἔπλεε, καὶ Χίων φρουρῇ οὐ
5 προσιεμένῃ μιν συνέβαλε ἐν Κοίλοισι καλεομένοισι τῆς
Χίης χώρης. τούτων τε δὴ ἐφόνευσε συχνούς, καὶ τῶν 2
λοιπῶν Χίων, οἷα δὴ κεκακωμένων ἐκ τῆς ναυμαχίης, ὁ
Ἱστιαῖος [ἔχων τοὺς Λεσβίους] ἐπεκράτησε, ἐκ Πολίχνης
τῆς Χίων ὁρμώμενος. φιλέει δέ κως προσημαίνειν, εὖτ᾽ 27
10 ἂν μέλλῃ μεγάλα κακὰ ἢ πόλι ἢ ἔθνεϊ ἔσεσθαι· καὶ γὰρ
Χίοισι [πρὸ τούτων] σημήια μεγάλα ἐγένετο. τοῦτο μέν σφι 2
πέμψασι ἐς Δελφοὺς [χορὸν νεηνιέων ἑκατὸν] δύο μοῦνοι
τούτων ἀπενόστησαν, τοὺς δὲ ὀκτώ τε καὶ ἐνενήκοντα αὐτῶν
λοιμὸς ὑπολαβὼν ἀπήνεικε· τοῦτο δὲ ἐν τῇ πόλι τὸν αὐτὸν
15 τοῦτον χρόνον, ὀλίγον πρὸ τῆς ναυμαχίης, παισὶ γράμματα
διδασκομένοισι ἐνέπεσε ἡ στέγη, ὥστε [ἀπ᾽ ἑκατὸν καὶ εἴκοσι]
παίδων εἷς μοῦνος ἀπέφυγε. ταῦτα μέν σφι σημήια ὁ θεὸς 3
προέδεξε, μετὰ δὲ ταῦτα ἡ ναυμαχίη ὑπολαβοῦσα ἐς γόνυ
τὴν πόλιν ἔβαλε, ἐπὶ δὲ τῇ ναυμαχίῃ ἐπεγένετο Ἱστιαῖος
20 Λεσβίους ἄγων· κεκακωμένων δὲ τῶν Χίων καταστροφὴν
εὐπετέως αὐτῶν ἐποιήσατο. ἐνθεῦτεν δὲ ὁ Ἱστιαῖος ἐστρα- 28
τεύετο ἐπὶ Θάσον ἄγων Ἰώνων καὶ Αἰολέων συχνούς.
περικατημένῳ δέ οἱ Θάσον ἦλθε ἀγγελίη ὡς οἱ Φοίνικες
ἀναπλέουσι ἐκ τῆς Μιλήτου ἐπὶ τὴν ἄλλην Ἰωνίην. πυθό-
25 μενος δὲ ταῦτα Θάσον μὲν ἀπόρθητον λείπει, αὐτὸς δὲ ἐς
τὴν Λέσβον ἠπείγετο ἄγων πᾶσαν τὴν στρατιήν. ἐκ 2
Λέσβου δὲ [λιμαινούσης οἱ τῆς στρατιῆς] [πέρην διαβαίνει,]

1 ἐκπλωούσας d   τὴν Μίλητον a   3 ἐπιτράπει d (ἐπετράπη D²) P
Ἀβυδινῶ(ι) B R S V   5 συνέβαλλεν V   6 τε om. S V   ἐφόνευε
R S V   7 δὴ om. a   8 πολίσχνης R S V   9 τῆς] τῶν d
εὖτ᾽ ἂν om. V : ἐπεὰν S   10 pr. ἢ om. a   πόλει C D P R V
13 ἐννεν. P R   αὐτέων a   14 πόλει L   15 ὀλίγω S [V]
16 ἔπεσε(ν) d   ἀπ᾽ om. d   18 προσέδεξε d   ὑποβαλοῦσα (?) B¹
20 καὶ κεκακ. δὲ R S V   21 αὐτέων a   ἐποιήσαντο A B¹
22 ἄγων . . . Θάσον om. R   24 ἀναπλώουσι d P   26 ἐκ] ἐς C
27 δὲ Λέσβου (-ον C) + + D   λιμαινούσης Reiske : δειμαινούσης L

ἐκ τοῦ Ἀταρνέος ὡς ἀμήσων τὸν σῖτον τόν [τε ἐνθεῦτεν
καὶ τὸν ἐκ Καΐκου πεδίου τὸν τῶν Μυσῶν] ἐν δὲ τούτοισι
τοῖσι χωρίοισι ἐτύγχανε ἐὼν Ἅρπαγος ἀνὴρ Πέρσης,
στρατηγὸς στρατιῆς οὐκ ὀλίγης, ὅς οἱ ἀποβάντι συμβαλὼν
[αὐτόν τε Ἱστιαῖον] ζωγρίῃ ἔλαβε καὶ τὸν στρατὸν αὐτοῦ τὸν 5

29 πλέω διέφθειρε. ἐζωγρήθη δὲ ὁ Ἱστιαῖος ὧδε· ὡς ἐμάχοντο
οἱ Ἕλληνες τοῖσι Πέρσῃσι ἐν τῇ Μαλήνῃ τῆς Ἀταρνείτιδος
χώρης, οἱ μὲν συνέστασαν χρόνον ἐπὶ πολλόν, ἡ δὲ ἵππος
[ὕστερον ὁρμηθεῖσα] ἐπιπίπτει τοῖσι Ἕλλησι· τό τε δὴ ἔργον
τῆς ἵππου τοῦτο ἐγένετο, καὶ τετραμμένων τῶν Ἑλλήνων 10
ὁ Ἱστιαῖος ἐλπίζων οὐκ ἀπολέεσθαι ὑπὸ βασιλέος [διὰ τὴν
παρεοῦσαν ἁμαρτάδα] φιλοψυχίην τοιήνδε τινὰ ἀναιρέεται·

2 ὡς φεύγων τε κατελαμβάνετο ὑπὸ ἀνδρὸς Πέρσεω καὶ ὡς
καταιρεόμενος ὑπ' αὐτοῦ ἔμελλε συγκεντηθήσεσθαι, [Περσίδα
γλῶσσαν μετιεὶς] καταμηνύει ἑωυτὸν ὡς εἴη Ἱστιαῖος ὁ 15

30 Μιλήσιος. εἰ μέν νυν, ὡς ἐζωγρήθη, ἄχθη ἀγόμενος παρὰ
βασιλέα Δαρεῖον, ὁ δὲ οὔτ' ἂν ἔπαθε κακὸν οὐδὲν [δοκέειν
ἐμοί, ἀπῆκέ τ' ἂν αὐτῷ τὴν αἰτίην· νῦν δέ μιν αὐτῶν τε
τούτων εἵνεκα καὶ ἵνα μὴ διαφυγὼν αὖτις μέγας παρὰ βασιλέι
γένηται, Ἀρταφρένης τε ὁ Σαρδίων ὕπαρχος καὶ ὁ λαβὼν 20
Ἅρπαγος, ὡς ἀπίκετο ἀγόμενος ἐς [τὰς] Σάρδις, τὸ μὲν αὐτοῦ
σῶμα αὐτοῦ ταύτῃ ἀνεσταύρωσαν, τὴν δὲ κεφαλὴν ταριχεύ-

2 σαντες ἀνήνεικαν παρὰ βασιλέα Δαρεῖον ἐς Σοῦσα. Δαρεῖος
δὲ πυθόμενος ταῦτα καὶ ἐπαιτιησάμενος τοὺς [ταῦτα ποιή-
σαντας] ὅτι μιν οὐ ζῶντα ἀνήγαγον ἐς ὄψιν τὴν ἑωυτοῦ, 25
τὴν κεφαλὴν τὴν Ἱστιαίου λούσαντάς τε καὶ [περιστείλαντας
εὖ] ἐνετείλατο θάψαι [ὡς ἀνδρὸς μεγάλως [ἑωυτῷ τε καὶ
Πέρσῃσι) εὐεργέτεω.] τὰ μὲν περὶ Ἱστιαῖον οὕτως ἔσχε·

1 ἐς ᾱ P   Ἀρτανέος S V   2 alt. τὸν om. C P   4 ὥς D
5 ἔλαβε δὲ καὶ V   στρατὸν δὲ S   6 πλέων D   7 Ἀταρνίτιδος
A B : Ἀταρνίδος D R : Ἀρτανίδος S V   8 συνέστησαν R S V
9 ὑποπίπτει D   11 ἀπολέσθαι ᾱ   14 συγκεντησεσθαι D[1]
15 μετεὶς ᾱ P   ὁ om. ᾱ et Suid. s. v. ζωγρίῃ   16 ἔχθη V : ἀνήχθη
Bredow   18 ἀφῆκέ ᾱ P   20 δὲ V : δὴ S   21 ἀγόμ.
ἀπίκ. ᾱ   τὰς om. ᾱ D P   αὐτοῦ del. Krueger   22 ταύτῃ om. ᾱ
24 ἐπαιτισ. R   25 ζῶντα ᾱ   26 τε om. C   27 εὖ om. ᾱ
28 Ἱστιαίου D

ὁ δὲ ναυτικὸς στρατὸς ὁ Περσέων χειμερίσας περὶ Μίλητον 31
[τῷ δευτέρῳ ἔτεϊ ὡς ἀνέπλωσε] αἱρέει εὐπετέως τὰς νήσους
τὰς πρὸς τῇ ἠπείρῳ κειμένας, Χίον καὶ Λέσβον καὶ Τένεδον.
ὅκως δὲ λάβοι τινὰ τῶν νήσων, ὡς ἑκάστην αἱρέοντες οἱ
5 βάρβαροι ἐσαγήνευον τοὺς ἀνθρώπους. σαγηνεύουσι δὲ 2
τόνδε τὸν τρόπον· ἀνὴρ ἀνδρὸς ἀψάμενος τῆς χειρὸς ἐκ
θαλάσσης τῆς βορηίης ἐπὶ τὴν νοτίην διήκουσι καὶ ἔπειτα
διὰ πάσης τῆς νήσου διέρχονται ἐκθηρεύοντες τοὺς ἀνθρώπους.
αἵρεον δὲ καὶ τὰς ἐν τῇ ἠπείρῳ πόλιας τὰς Ἰάδας κατὰ
10 ταῦτά, πλὴν οὐκ ἐσαγήνευον τοὺς ἀνθρώπους· οὐ γὰρ οἷά
τε ἦν. ἐνθαῦτα Περσέων οἱ στρατηγοὶ οὐκ ἐψεύσαντο τὰς 32
ἀπειλὰς τὰς ἐπηπείλησαν τοῖσι Ἴωσι στρατοπεδευομένοισι
ἐναντία σφίσι. ὡς γὰρ δὴ ἐπεκράτησαν τῶν πολίων, παῖδάς
τε τοὺς εὐειδεστάτους ἐκλεγόμενοι ἐξέταμνον καὶ ἐποίευν
15 ἀντὶ εἶναι ἐνόρχεας εὐνούχους καὶ παρθένους τὰς καλλι-
στευούσας ἀνασπάστους παρὰ βασιλέα· ταῦτά τε δὴ ἐποίευν
καὶ τὰς πόλιας ἐνεπίμπρασαν [αὐτοῖσι τοῖσι ἱροῖσι.] οὕτω δὴ
τὸ τρίτον Ἴωνες κατεδουλώθησαν, πρῶτον μὲν ὑπὸ Λυδῶν,
δὶς δὲ ἐπεξῆς τότε ὑπὸ Περσέων.
20 Ἀπὸ δὲ Ἰωνίης ἀπαλλασσόμενος ὁ ναυτικὸς στρατὸς τὰ 33
ἐπ' ἀριστερὰ ἐσπλέοντι] τοῦ Ἑλλησπόντου αἵρεε πάντα·
τὰ γὰρ ἐπὶ δεξιὰ αὐτοῖσι τοῖσι Πέρσῃσι ὑποχείρια ἦν
γεγονότα [κατ' ἤπειρον.] εἰσὶ δὲ [αἱ] ἐν τῇ Εὐρώπῃ αἵδε
τοῦ Ἑλλησπόντου, Χερσόνησός τε, ἐν τῇ πόλιες συχναὶ
25 ἔνεισι, καὶ Πέρινθος [καὶ τὰ τείχεα τὰ ἐπὶ Θρηίκης] καὶ
Σηλυμβρίη τε καὶ Βυζάντιον. Βυζάντιοι μέν νυν καὶ οἱ 2
πέρηθε Καλχηδόνιοι οὐδ' ὑπέμειναν ἐπιπλέοντας τοὺς Φοί-

1 τὰ περὶ C   6 τόνδε a: τοῦτον d P   7 διήκουσαν a   10 τὰ
αὐτά d P   12 κεφαλὰς C   ἐπηπειλήσαντο a   13 σφι(ν) D R V
δὴ om. S V   14 ἐποίεον d   15 ἀντὶ (τοῦ) Valckenaer   ἐνόρχεας
Wilamowitz: ἐνόρχιας a: ἐνόρχας d P   16 τε om. d P¹   17 ἐνε-
πί + πρασαν D   δὴ Aldus: δὲ d P: τε a   19 δὲ καὶ D   ἐξῆς a
22 τοῖσι om. a S   23 αἱ om. d P Bᶜ   ἐν τῇ add. D²   25 εἰσι
d P   26 Σηλυμβρίη P Bᶜ: Συληβρίη R S V   Βυζάντειον (sic) Βυζάντειοι
R   27 πέρηθεν D S   Καρχ. D : Χαλκ. a P

νικας, ἀλλ' οἴχοντο ἀπολιπόντες τὴν σφετέρην ἔσω ἐς τὸν
Εὔξεινον πόντον, καὶ ἐνθαῦτα πόλιν Μεσαμβρίην οἴκησαν·
οἱ δὲ Φοίνικες κατακαύσαντες ταύτας τὰς χώρας [τὰς κατα-
λεχθείσας] τράπονται ἐπί τε Προκόννησον καὶ 'Αρτάκην,
πυρὶ δὲ καὶ ταύτας νείμαντες ἔπλεον αὖτις ἐς τὴν Χερσόνησον 5
ἐξαιρήσοντες τὰς ἐπιλοίπους τῶν πολίων, ὅσας πρότερον

3 προσσχόντες οὐ κατέσυραν. ἐπὶ δὲ Κύζικον οὐδὲ ἔπλωσαν
ἀρχήν· αὐτοὶ γὰρ Κυζικηνοὶ ἔτι πρότερον τοῦ Φοινίκων
ἐσπλόου [ἐγεγόνεσαν ὑπὸ] βασιλέϊ Οἰβάρεϊ τῷ Μεγαβάζου
ὁμολογήσαντες, τῷ ἐν Δασκυλείῳ ὑπάρχῳ. τῆς δὲ Χερσο- 10
νήσου, πλὴν Καρδίης πόλιος, τὰς ἄλλας πάσας ἐχειρώσαντο
οἱ Φοίνικες.

34 'Ετυράννευε δὲ αὐτέων [μέχρι τότε] Μιλτιάδης ὁ Κίμωνος
τοῦ Στησαγόρεω, κτησαμένου τὴν ἀρχὴν ταύτην πρότερον
Μιλτιάδεω τοῦ Κυψέλου τρόπῳ τοιῷδε· εἶχον Δόλογκοι 15
Θρήϊκες τὴν Χερσόνησον ταύτην. οὗτοι ὦν οἱ Δόλογκοι
πιεσθέντες πολέμῳ ὑπὸ 'Αψινθίων ἐς Δελφοὺς ἔπεμψαν

2 τοὺς βασιλέας περὶ τοῦ πολέμου χρησομένους. ἡ δὲ Πυθίη
σφι ἀνεῖλε οἰκιστὴν ἐπάγεσθαι ἐπὶ τὴν χώρην τοῦτον ὃς ἄν
σφεας ἀπιόντας ἐκ τοῦ ἱροῦ πρῶτος [ἐπὶ ξείνια καλέσῃ] 20
ἰόντες δὲ οἱ Δόλογκοι τὴν ἱρὴν ὁδὸν διὰ Φωκέων τε καὶ
Βοιωτῶν ἤϊσαν· καί σφεας ὡς οὐδεὶς ἐκάλεε, ἐκτρέπονται

35 ἐπ' 'Αθηνέων. ἐν δὲ τῇσι 'Αθήνῃσι τηνικαῦτα εἶχε μὲν τὸ
πᾶν κράτος Πεισίστρατος, ἀτὰρ ἐδυνάστευέ γε καὶ Μιλτιάδης
ὁ Κυψέλου, ἐὼν οἰκίης τεθριπποτρόφου, τὰ μὲν ἀνέκαθεν 25
ἀπ' Αἰακοῦ τε καὶ Αἰγίνης γεγονώς, [τὰ δὲ νεώτερα] 'Αθηναῖος,
Φιλαίου τοῦ Αἴαντος παιδός, γενομένου πρώτου τῆς οἰκίης

1 σφετέρην a: πόλιν dP   εἴσω a   2 πάλιν V   Θηλυμβρίην a
ωικησαν a   3 καταλειφθείσας a   4 τε om. d   5 ἔπλωον d
6 πρότερον om. dP   7 προσσχόντες D: προσχ. rell.   8 ἔτεϊ
Dobree   9 ἔσπλου a: ἔ. τούτου P: τούτου ἔ. DR: τ. ἔπλου SV
ἐγεγόν. ὑπὸ βασ. om. d   13 αὐτῶν a   14 πρότερον om. S
22 ὡς om. SV   ἐκτράπονται dP   23 'Αθηνέων A: -ναίων rell.
24 γε Reiske: τε a: om. dP   26 Αἰγινήτης C   27 Φιλέου dP
πρώτης d   ταύτης τῆς DR

ταύτης Ἀθηναίου. οὗτος ὁ Μιλτιάδης κατήμενος ἐν τοῖσι 2
προθύροισι τοῖσι ἑωυτοῦ, ὁρῶν τοὺς Δολόγκους παριόντας
ἐσθῆτα ἔχοντας οὐκ ἐγχωρίην καὶ αἰχμὰς προσεβώσατο καί
σφι προσελθοῦσι ἐπηγγείλατο καταγωγὴν καὶ ξείνια. οἱ
5 δὲ δεξάμενοι καὶ ξεινισθέντες ὑπ' αὐτοῦ ἐξέφαινον πᾶν οἱ
τὸ μαντήιον, ἐκφήναντες δὲ ἐδέοντο αὐτοῦ τῷ θεῷ μιν
πείθεσθαι. Μιλτιάδεα δὲ ἀκούσαντα παραυτίκα ἔπεισε 3
ὁ λόγος οἷα ἀχθόμενόν τε τῇ Πεισιστράτου ἀρχῇ καὶ βουλόμενον ἐκποδὼν εἶναι. αὐτίκα δὲ ἐστάλη ἐς Δελφοὺς
10 ἐπειρησόμενος τὸ χρηστήριον εἰ ποιοῖ τά περ αὐτοῦ οἱ
Δόλογκοι προσεδέοντο. κελευούσης δὲ καὶ τῆς Πυθίης, 36
οὕτω δὴ Μιλτιάδης ὁ Κυψέλου, Ὀλύμπια ἀναραιρηκὼς
πρότερον τούτων τεθρίππῳ, τότε παραλαβὼν Ἀθηναίων
πάντα τὸν βουλόμενον μετέχειν τοῦ στόλου ἔπλεε ἅμα τοῖσι
15 Δολόγκοισι καὶ ἔσχε τὴν χώρην· καί μιν οἱ ἐπαγαγόμενοι
τύραννον κατεστήσαντο. ὁ δὲ πρῶτον μὲν ἀπετείχισε τὸν 2
ἰσθμὸν τῆς Χερσονήσου ἐκ Καρδίης πόλιος ἐς Πακτύην,
ἵνα μὴ ἔχοιέν σφεας οἱ Ἀψίνθιοι δηλέεσθαι ἐσβάλλοντες
ἐς τὴν χώρην. εἰσὶ δὲ οὗτοι στάδιοι ἕξ τε καὶ τριήκοντα
20 τοῦ ἰσθμοῦ· ἀπὸ δὲ τοῦ ἰσθμοῦ τούτου ἡ Χερσόνησος ἔσω
πᾶσά ἐστι σταδίων εἴκοσι καὶ τετρακοσίων τὸ μῆκος.
ἀποτειχίσας ὦν τὸν αὐχένα τῆς Χερσονήσου ὁ Μιλτιάδης 37
καὶ τοὺς Ἀψινθίους τρόπῳ τοιούτῳ ὠσάμενος τῶν λοιπῶν
πρώτοισι ἐπολέμησε Λαμψακηνοῖσι· καί μιν οἱ Λαμψακηνοὶ
25 λοχήσαντες αἱρέουσι ζωγρίῃ. ἦν δὲ ὁ Μιλτιάδης Κροίσῳ
τῷ Λυδῷ ἐν γνώμῃ γεγονώς· πυθόμενος ὦν ὁ Κροῖσος ταῦτα
πέμπων προηγόρευε τοῖσι Λαμψακηνοῖσι μετιέναι Μιλτιάδεα·

1 ταύτης om. d   2 ὀρέων d P   4 προελθοῦσι R V   5 οἱ
om. a P   7 Μιλτιάδην P d [V]   8 ὁ om. d   ἀχθημενόν S V
10 ποιοίη a P   αὐτοί d   11 δὴ A B   12 ἀναραιρ. Stein:
ἀναιρ. S V: ἄραιρ. D R: ἄνηιρ. a P   13 λαβὼν S V   15 ἐπαγόμενοι d   16 κατέστησαν d   ἐπετείχισε a P[1]   17 ἐκ τῆς D
18 δηλήσασθαι C   ἐσβαλόντες D: ἐκβάλοντες C   19 ἐς] ἐ D[c]
20 ἀπό .. ἰσθμοῦ om. B[1]   τούτου om. R   εἴσω L   23 τούτῳ d:
τοιῷδε P   25 λογχήσαντες S V   27 Μιλτιάδην d [V]

2 εἰ δὲ μή, σφέας [πίτυος τρόπον] ἀπείλεε ἐκτρίψειν. πλανωμέ-
νων δὲ τῶν Λαμψακηνῶν ἐν τοῖσι λόγοισι [τὸ θέλει τὸ ἔπος
εἶπαι τό σφι ἀπείλησε ὁ Κροῖσος], "πίτυος τρόπον ἐκτρίψειν,"
[μόγις κοτὲ] μαθὼν [τῶν τις πρεσβυτέρων] εἶπε τὸ ἐόν, ὅτι
πίτυς μούνη πάντων δενδρέων ἐκκοπεῖσα βλαστὸν οὐδένα 5
μετίει ἀλλὰ πανώλεθρος ἐξαπόλλυται. δείσαντες ὦν οἱ
38 Λαμψακηνοὶ Κροῖσον λύσαντες μετῆκαν Μιλτιάδεα. οὗτος
μὲν δὴ διὰ Κροῖσον ἐκφεύγει, μετὰ δὲ τελευτᾷ ἄπαις, τὴν
ἀρχήν τε καὶ τὰ χρήματα παραδοὺς Στησαγόρῃ τῷ Κίμωνος
ἀδελφεοῦ [παιδὶ] ὁμομητρίου. καί οἱ τελευτήσαντι Χερσο- 10
νησῖται θύουσι ὡς νόμος οἰκιστῇ, καὶ ἀγῶνα ἱππικόν τε καὶ
γυμνικὸν ἐπιστᾶσι, ἐν τῷ [Λαμψακηνῶν οὐδενὶ] ἐγγίνεται
2 ἀγωνίζεσθαι. [πολέμου δὲ ἐόντος πρὸς Λαμψακηνοὺς] καὶ
Στησαγόρεα κατέλαβε ἀποθανεῖν ἄπαιδα, πληγέντα τὴν
κεφαλὴν πελέκεϊ ἐν τῷ πρυτανηΐῳ πρὸς ἀνδρὸς αὐτομόλου 15
μὲν [τῷ λόγῳ], πολεμίου δὲ καὶ ὑποθερμοτέρου [τῷ ἔργῳ.]
39 τελευτήσαντος δὲ καὶ Στησαγόρεω τρόπῳ τοιῷδε, ἐνθαῦτα
Μιλτιάδεα τὸν Κίμωνος, Στησαγόρεω δὲ τοῦ τελευτήσαντος
ἀδελφεόν, καταλαμψόμενον τὰ πρήγματα ἐπὶ Χερσονήσου
ἀποστέλλουσι τριήρεϊ οἱ Πεισιστρατίδαι, οἵ μιν καὶ ἐν 20
Ἀθήνησι ἐποίευν εὖ ὡς οὐ συνειδότες δῆθεν τοῦ πατρὸς
αὐτοῦ [Κίμωνος] τὸν θάνατον, τὸν ἐγὼ ἐν ἄλλῳ λόγῳ σημανέω
2 ὡς ἐγένετο. Μιλτιάδης δὲ ἀπικόμενος ἐς τὴν Χερσόνησον
[εἶχε κατ' οἴκους,] τὸν ἀδελφεὸν Στησαγόρεα δηλαδὴ ἐπιτιμέων.
οἱ δὲ Χερσονησῖται πυνθανόμενοι ταῦτα συνελέχθησαν ἀπὸ 25
πασέων τῶν πολίων οἱ δυναστεύοντες πάντοθεν, κοινῷ δὲ
στόλῳ ἀπικόμενοι ὡς συλλυπηθησόμενοι [ἐδέθησαν ὑπ' αὐτοῦ.]
Μιλτιάδης τε δὴ [ἴσχει τὴν Χερσόνησον] πεντακοσίους βόσκων

---

2 pr. τὸ] τί H. Stephanus   alt. τὸ om. **d**   3 εἶπαι Abicht :
εἶναι L   5 μόνη P¹   δένδρων A B   6 πανόλ. D¹ : πανω-
λέθρως **a** P   7 Μιλτιάδην **d** [V]   8 μετὰ δὲ ταῦτα **d** P   9 τε
om. **a**   10 παιδὶ del. Cobet   12 ἐπιστεῦσι S V   13 ὄντος **a**
14 Στησαγόρην κατελάμβανε(ν) **d**   19 -ψάμενον S V D° (-ψώ- D¹) :
καταλα + ψόμενον B²   21 συνειδότος C   22 Κίμωνος (del. Stein)
αὐτοῦ **a** P   24 κατοικου **a**   25 συνελ.] λ in lit. **a** litt. D   27 ἐδεή-
θησαν C   ὑπ' om. **d**   28 δὴ om. **d**

ἐπικούρους καὶ γαμέει Ὀλόρου τοῦ Θρηίκων βασιλέος   *mercenaries*
θυγατέρα Ἡγησιπύλην. οὗτος δὴ ὁ Κίμωνος Μιλτιάδης 40
νεωστὶ μὲν ἐληλύθεε ἐς τὴν Χερσόνησον, κατελάμβανε δέ   *befall*
μιν ἐλθόντα ἄλλα τῶν κατεχόντων πρηγμάτων χαλεπώτερα.   *befall*
5 τρίτῳ μὲν γὰρ ἔτεϊ τούτων Σκύθας ἐκφεύγει· Σκύθαι γὰρ
οἱ νομάδες [ἐρεθισθέντες] ὑπὸ βασιλέος Δαρείου] συνεστρά-   *ἐρεθίζω –*
φησαν καὶ ἤλασαν μέχρι τῆς Χερσονήσου ταύτης. τούτους 2   *exasperate*
ἐπιόντας οὐκ ὑπομείνας ὁ Μιλτιάδης ἔφευγε [Χερσόνησον],
ἐς ὃ οἵ τε Σκύθαι ἀπαλλάχθησαν καί μιν οἱ Δόλογκοι   *depart*
10 κατήγαγον ὀπίσω. ταῦτα μὲν δὴ τρίτῳ ἔτεϊ πρότερον
ἐγεγόνεε τῶν τότε μιν κατεχόντων, τότε δὲ πυνθανόμενος 41
εἶναι τοὺς Φοίνικας ἐν Τενέδῳ [πληρώσας τριήρεας πέντε
χρημάτων τῶν παρεόντων] ἀπέπλεε ἐς τὰς Ἀθήνας. καὶ ὥσπερ
ὁρμήθη ἐκ Καρδίης πόλιος, ἔπλεε διὰ τοῦ Μέλανος κόλπου·
15 παραμείβετό τε τὴν Χερσόνησον καὶ οἱ Φοίνικές οἱ περι-
πίπτουσι τῇσι νηυσί. αὐτὸς μὲν δὴ Μιλτιάδης σὺν τῇσι 2
τέσσερσι τῶν νεῶν καταφεύγει ἐς Ἴμβρον, τὴν δέ οἱ πέμπτην
τῶν νεῶν κατεῖλον διώκοντες οἱ Φοίνικες. τῆς δὲ νεὸς
ταύτης ἔτυχε τῶν Μιλτιάδεω παίδων ὁ πρεσβύτατος ἄρχων   *commander*
20 Μητίοχος, οὐκ ἐκ [τῆς] (Ὀλόρου τοῦ Θρηίκος ἐὼν] θυγατρὸς]
ἀλλ' ἐξ ἄλλης. καὶ τοῦτον ἅμα τῇ νηὶ εἷλον οἱ Φοίνικες 3
καί μιν πυθόμενοι ὡς εἴη Μιλτιάδεω παῖς ἀνήγαγον παρὰ
βασιλέα, δοκέοντες χάριτα μεγάλην καταθήσεσθαι, ὅτι δὴ   *κατατίθημι – to*
Μιλτιάδης γνώμην ἀπεδέξατο ἐν τοῖσι Ἴωσι πείθεσθαι   *lay up for oneself*
25 κελεύων τοῖσι Σκύθῃσι, ὅτε οἱ Σκύθαι προσεδέοντο λύσαντας
τὴν σχεδίην ἀποπλέειν ἐς τὴν ἑωυτῶν. Δαρεῖος δέ, ὡς οἱ 4   *ἡ σχεδίη –*
Φοίνικες Μητίοχον τὸν Μιλτιάδεω ἀνήγαγον, ἐποίησε κακὸν   *pontoon bridge*

2 τὴν θυγατέρα **a** P   δὴ Krueger : δὲ L   3 ἐλήλυθε(ν) **a**
4 καταλαβόντων **a**   5 ⟨πρὸ⟩ τούτων Stein   ἔφευγε **d**   6 ἐρετισθ.
DSV : ἐρετιθ. R   7 τῆς om. **d** P   8 οὐχ L   ἀπὸ Χερσόνησου
AB : om. C   9 ἀπηλλ. **a** D   μιν οἱ **d** : ἐκεῖνον **a** P   14 ὡρμήθη
d C P ; post hoc v. distinguit Brackett   τοῦ] τῆς R   15 παρη-
μείβετό **a**   17 τέσσερσι P : τέσσαρσι rell.   καταφεύγει . . . νεῶν om.
RV : φεύγει μίαν δὲ τῶν νεῶν S   18 νεὸς] νεὼς DSV   23 καταθή-
σεσθαι] ἦσε D²   25 λύσαντες R S V   27 κακὸν post μὲν C

μὲν οὐδὲν Μητίοχον, ἀγαθὰ δὲ συχνά· καὶ γὰρ οἶκον καὶ
κτῆσιν ἔδωκε καὶ Περσίδα γυναῖκα, ἐκ τῆς οἱ τέκνα ἐγένετο
τὰ ἐς Πέρσας κεκοσμέαται. Μιλτιάδης δὲ ἐξ Ἴμβρου
ἀπικνέεται ἐς τὰς Ἀθήνας.

42 Καὶ κατὰ τὸ ἔτος τοῦτο ἐκ τῶν Περσέων οὐδὲν ἐπὶ πλέον 5
ἐγένετο τούτων ἐς νεῖκος φέρον Ἴωσι, ἀλλὰ τάδε μὲν
χρήσιμα κάρτα τοῖσι Ἴωσι ἐγένετο τούτου τοῦ ἔτεος·
Ἀρταφρένης ὁ Σαρδίων ὕπαρχος μεταπεμψάμενος ἀγγέλους
ἐκ τῶν πολίων συνθήκας σφίσι αὐτοῖσι τοὺς Ἴωνας ἠνάγκασε
ποιέεσθαι, ἵνα δωσίδικοι εἶεν καὶ μὴ ἀλλήλους [φέροιέν τε 10
2 καὶ ἄγοιεν.] ταῦτά τε ἠνάγκασε ποιέειν καὶ τὰς χώρας
σφέων μετρήσας κατὰ παρασάγγας, τοὺς καλέουσι οἱ Πέρσαι
τὰ τριήκοντα στάδια, κατὰ δὴ τούτους μετρήσας φόρους
ἔταξε ἑκάστοισι, οἳ κατὰ χώρην διατελέουσι ἔχοντες ἐκ
τούτου τοῦ χρόνου αἰεὶ ἔτι καὶ ἐς ἐμὲ ὡς ἐτάχθησαν ἐξ 15
Ἀρταφρένεος· ἐτάχθησαν δὲ σχεδὸν κατὰ ταὐτὰ τὰ καὶ
43 πρότερον εἶχον. καί σφι ταῦτα μὲν εἰρηναῖα ἦν· ἅμα δὲ
τῷ ἔαρι τῶν ἄλλων καταλελυμένων στρατηγῶν ἐκ βασιλέος
Μαρδόνιος ὁ Γωβρύεω κατέβαινε ἐπὶ θάλασσαν, στρατὸν
πολλὸν μὲν κάρτα πεζὸν ἅμα ἀγόμενος πολλὸν δὲ ναυτικόν, 20
ἡλικίην τε νέος ἐὼν καὶ νεωστὶ γεγαμηκὼς βασιλέος Δαρείου
2 θυγατέρα Ἀρτοζώστρην. ἄγων δὲ τὸν στρατὸν τοῦτον ὁ
Μαρδόνιος ἐπείτε ἐγένετο ἐν τῇ Κιλικίῃ, αὐτὸς μὲν ἐπιβὰς
ἐπὶ νεὸς ἐκομίζετο ἅμα τῇσι ἄλλῃσι νηυσί, στρατιὴν δὲ τὴν
3 πεζὴν ἄλλοι ἡγεμόνες ἦγον ἐπὶ τὸν Ἑλλήσποντον. ὡς δὲ 25
παραπλέων τὴν Ἀσίην ἀπίκετο ὁ Μαρδόνιος ἐς τὴν Ἰωνίην,
ἐνθαῦτα μέγιστον θῶμα ἐρέω [τοῖσι μὴ ἀποδεκομένοισι

2 ἐξ ἧς a Const.   3 τιλτ. D   5 ἔτι πλέον d P   7 κάρτα
χρήσιμα a   τοῦ om. D   8 δὲ ὁ a   9 πολεμίων P¹ R S V
10 ποιέεσθαι . . . ἠνάγκασε om. R   δοσίδικοι a P   post ἀλλήλους
in verborum ποιέεσθαι . . . ἄγοιεν repetitione αὖθις add. V   12 μετρ.
σφέων a   15 καὶ ἔτι P R S V   16 τὰ αὐτὰ D S V : αὐτὰ R
17 εἰρηναῖοι R V   19 Μαρδόνιος D¹   Γοβρ. C P   20 δὲ a P :
τε d   21 ἡλικίη R   δὲ C   22 Ἀρταζ. B¹ C   τοῦτον post
Μαρδόνιος P : om. d   23 ἐγίνετο D R V   24 νεὼς d   ἄλλῃσι
om. d   νευσί D¹ R V   27 θῶμα A B P : θαῦμα S V

Ἑλλήνων Περσέων τοῖσι ἑπτὰ Ὀτάνεα γνώμην ἀποδέξασθαι
ὡς χρεὸν εἴη δημοκρατέεσθαι Πέρσας· τοὺς γὰρ τυράννους
τῶν Ἰώνων καταπαύσας πάντας ὁ Μαρδόνιος δημοκρατίας
κατίστα ἐς τὰς πόλιας.   ταῦτα δὲ ποιήσας ἠπείγετο ἐς τὸν 4
5 Ἑλλήσποντον. ὡς δὲ συνελέχθη μὲν χρῆμα πολλὸν νεῶν,
συνελέχθη δὲ καὶ πεζὸς στρατὸς πολλός, διαβάντες τῆσι
νηυσὶ τὸν Ἑλλήσποντον ἐπορεύοντο διὰ τῆς Εὐρώπης,
ἐπορεύοντο δὲ ἐπί τε Ἐρέτριαν καὶ Ἀθήνας. αὗται μὲν 44
ὧν σφι πρόσχημα ἦσαν τοῦ στόλου, ἀτὰρ ἐν νόῳ ἔχοντες
10 ὅσας ἂν πλείστας δύνωνται καταστρέφεσθαι τῶν Ἑλληνίδων
πολίων, τοῦτο μὲν δὴ τῆσι νηυσὶ Θασίους οὐδὲ χεῖρας
ἀνταειραμένους κατεστρέψαντο, τοῦτο δὲ τῷ πεζῷ Μακε-
δόνας πρὸς τοῖσι ὑπάρχουσι δούλους προσεκτήσαντο· τὰ
γὰρ ἐντὸς Μακεδόνων ἔθνεα πάντα σφι ἤδη ἦν ὑποχείρια
15 γεγονότα. ἐκ μὲν δὴ Θάσου διαβαλόντες πέρην ὑπὸ τὴν 2
ἤπειρον ἐκομίζοντο μέχρι Ἀκάνθου, ἐκ δὲ Ἀκάνθου ὁρμώμενοι
τὸν Ἄθων περιέβαλλον. ἐπιπεσὼν δέ σφι περιπλέουσι
βορῆς ἄνεμος μέγας τε καὶ ἄπορος κάρτα τρηχέως περιέσπε
πλήθεϊ πολλὰς τῶν νεῶν ἐκβάλλων πρὸς τὸν Ἄθων. λέγεται 3
20 γὰρ κατὰ τριηκοσίας μὲν τῶν νεῶν τὰς διαφθαρείσας εἶναι,
ὑπὲρ δὲ δύο μυριάδας ἀνθρώπων· ὥστε γὰρ θηριωδεστάτης
ἐούσης τῆς θαλάσσης ταύτης τῆς περὶ τὸν Ἄθων οἱ μὲν
ὑπὸ τῶν θηρίων διεφθείροντο ἁρπαζόμενοι, οἱ δὲ πρὸς τὰς
πέτρας ἀρασσόμενοι· οἱ δὲ αὐτῶν νέειν οὐκ ἠπιστέατο, καὶ
25 κατὰ τοῦτο διεφθείροντο, οἱ δὲ ῥίγεϊ. ὁ μὲν δὴ ναυτικὸς
στρατὸς οὕτω ἔπρησσε, Μαρδονίῳ δὲ καὶ τῷ πεζῷ στρατοπε- 45
δευομένῳ ἐν Μακεδονίῃ νυκτὸς Βρύγοι Θρήικες ἐπεχείρησαν·
καί σφεων πολλοὺς φονεύουσι οἱ Βρύγοι, Μαρδόνιόν τε

5 πολλὸν C¹ (?): πολλῶν rell.   6 πολλὸς στρατός a   7 νευσὶ
D¹ V¹   8 Ἐρέτρειαν a D¹   10 δύναιντο a   14 ἦν ἤδη a
16 ὡρμ. D¹   17 Ἄθω RV   περιέβαλον d   18 βορρῆς A B
τριχ. D¹   περιέσπε B D¹: περίεσπε C Dᶜ P R V: περιέσπεε A:
περιέπεσε S   19 ἐκβαλὼν d   20 γὰρ κατὰ S: γὰρ a P: κατὰ
D R V   23 οἱ δὲ ... ἀρασσόμενοι post διεφθείροντο (25) d   24 οἱ
Reiske: οἱ L   αὐτέων d   νεῖν a: νέμειν V   ἐπιστ. d C P
25 οἱ] ὁ C   28 Μ. τε D R V: Μ. δὲ a P: καὶ Μ. S

αὐτὸν τρωματίζουσι.   οὐ μὲν οὐδὲ αὐτοὶ δουλοσύνην
διέφυγον πρὸς Περσέων· οὐ γὰρ δὴ πρότερον ἀπαγέστη ἐκ
τῶν χωρέων τουτέων Μαρδόνιος πρὶν ἤ σφεας ὑποχειρίους
2 ἐποιήσατο.   τούτους μέντοι καταστρεψάμενος ἀπῆγε τὴν
στρατιὴν ὀπίσω, ἅτε τῷ πεζῷ τε προσπταίσας πρὸς τοὺς 5
Βρύγους καὶ τῷ ναυτικῷ μεγάλως περὶ Ἄθων.   οὗτος μέν
νυν ὁ στόλος αἰσχρῶς ἀγωνισάμενος ἀπαλλάχθη ἐς τὴν
46 Ἀσίην. [δευτέρῳ δὲ ἔτεϊ τούτων] ὁ Δαρεῖος πρῶτα μὲν
Θασίους διαβληθέντας ὑπὸ τῶν ἀστυγειτόνων ὡς ἀπόστασιν
μηχανῷατο, πέμψας ἄγγελον ἐκέλευέ σφεας τὸ τεῖχος 10
2 περιαιρέειν καὶ τὰς νέας ἐς Ἄβδηρα κομίζειν.   οἱ γὰρ δὴ
Θάσιοι, οἷα ὑπὸ Ἱστιαίου τε τοῦ Μιλησίου πολιορκηθέντες
καὶ [προσόδων ἐουσέων μεγαλέων] ἐχρέωντο τοῖσι χρήμασι
νέας τε ναυπηγεύμενοι μακρὰς καὶ τεῖχος ἰσχυρότερον
περιβαλλόμενοι.   ἡ δὲ πρόσοδός σφι ἐγίνετο ἔκ τε τῆς 15
3 ἠπείρου καὶ ἀπὸ τῶν μετάλλων.   ἐκ μέν γε τῶν ἐκ Σκαπτῆς
Ὕλης τῶν χρυσέων μετάλλων τὸ ἐπίπαν ὀγδώκοντα τάλαντα
προσήιε, ἐκ δὲ τῶν ἐν αὐτῇ Θάσῳ ἐλάσσω μὲν τούτων,
συχνὰ δὲ οὕτως ὥστε τὸ ἐπίπαν Θασίοισι ἐοῦσι καρπῶν
ἀτελέσι προσήιε ἀπό τε τῆς ἠπείρου καὶ τῶν μετάλλων 20
[ἔτεος ἑκάστου] διηκόσια τάλαντα, ὅτε δὲ τὸ πλεῖστον
47 προσῆλθε, τριηκόσια.   εἶδον δὲ καὶ αὐτὸς τὰ μέταλλα ταῦτα,
καὶ μακρῷ ἦν αὐτῶν θωμασιώτατα τὰ οἱ Φοίνικες ἀνεῦρον
οἱ μετὰ Θάσου κτίσαντες τὴν νῆσον ταύτην, ἥτις νῦν ἐπὶ
2 [τοῦ Θάσου τούτου τοῦ Φοίνικος] τὸ οὔνομα ἔσχε.   τὰ δὲ 25
μέταλλα τὰ Φοινικικὰ ταῦτα ἐστὶ τῆς Θάσου μεταξὺ Αἰνύρων
τε χώρου καλεομένου καὶ Κοινύρων, ἀντίον δὲ Σαμοθρηίκης,

---

1 μέντοι ▪ P   3 ἤ om. D   4 ἐποιήσαντο D   7 ἀπηλ.
▪ P   8 τουτέων D R V (it. 18)   9 ὡς ἐς D S V   10 μη-
χανοίατο L   12 οἷα] οἱ ▪ D   τε om. B R   13 μεγάλων ▪ S
14 ναῦς L   Ἰσχυρότερον ὑψηλὸν B   16 ἐν σκαπτησύλη ▪
17 χρυσίων ▪ (-είων D²)   18 et 20 προσή(ι)ει A C: προσείη B
19 ἐοῦσι om. ▪   21 προσῆλθε τὸ πλεῖστον ▪   23 θαυμ. ▪ P S
24 ἐπὶ] ἀπὸ ▪   25 ἔσχηκε Stein: ἔχει Herwerden   26 Φοινικὰ
S V   27 Κονύρων ▪ P¹

ὄρος μέγα ἀνεστραμμένον ἐν τῇ ζητήσι. τοῦτο μὲν νύν
ἐστι τοιοῦτον, οἱ δὲ Θάσιοι τῷ βασιλέϊ κελεύσαντι [καὶ τὸ **48**
τεῖχος τὸ σφέτερον κατεῖλον] καὶ τὰς νέας [τὰς] πάσας
ἐκόμισαν ἐς Ἄβδηρα.

5   Μετὰ δὲ τοῦτο ἀπεπειρᾶτο ὁ Δαρεῖος τῶν Ἑλλήνων ὅ
τι ἐν νόῳ ἔχοιεν, κότερα πολεμέειν ἑωυτῷ ἢ παραδιδόναι
σφέας αὐτούς. διέπεμπε ὦν κήρυκας [ἄλλους ἄλλη] τάξας **2**
ἀνὰ τὴν Ἑλλάδα, κελεύων αἰτέειν βασιλέϊ γῆν τε καὶ ὕδωρ.
τούτους μὲν δὴ ἐς τὴν Ἑλλάδα ἔπεμπε, ἄλλους δὲ κήρυκας
10 διέπεμπε ἐς τὰς ἑωυτοῦ δασμοφόρους πόλιας τὰς παραθα-
λασσίους, κελεύων νέας τε μακρὰς καὶ ἱππαγωγὰ πλοῖα
ποιέεσθαι. οὗτοί τε δὴ παρεσκευάζοντο ταῦτα καὶ τοῖσι **49**
ἥκουσι ἐς τὴν Ἑλλάδα κήρυξι πολλοὶ μὲν ἠπειρωτέων ἔδοσαν
τὰ προΐσχετο αἰτέων ὁ Πέρσης, πάντες δὲ νησιῶται ἐς
15 τοὺς ἀπικοίατο αἰτήσοντες. οἵ τε δὴ ἄλλοι νησιῶται διδοῦσι
γῆν τε καὶ ὕδωρ Δαρείῳ καὶ δὴ καὶ Αἰγινῆται. ποιήσασι **2**
δέ σφι ταῦτα ἰθέως Ἀθηναῖοι ἐπεκέατο, δοκέοντές τε ἐπὶ
σφίσι ἔχοντας τοὺς Αἰγινήτας δεδωκέναι, ὡς ἅμα τῷ Πέρσῃ
ἐπὶ σφέας στρατεύωνται, καὶ ἄσμενοι προφάσιος ἐπελάβοντο,
20 φοιτῶντές τε ἐς τὴν Σπάρτην κατηγόρεον τῶν Αἰγινητέων
τὰ πεποιήκοιεν προδόντες τὴν Ἑλλάδα. πρὸς ταύτην δὲ **50**
τὴν κατηγορίην Κλεομένης ὁ Ἀναξανδρίδεω, βασιλεὺς ἐὼν
Σπαρτιητέων, διέβη ἐς Αἴγιναν, βουλόμενος συλλαβεῖν
Αἰγινητέων τοὺς αἰτιωτάτους. ὡς δὲ ἐπειρᾶτο συλλαμβάνων, **2**
25 ἄλλοι τε δὴ ἐγίνοντο αὐτῷ ἀντίξοοι τῶν Αἰγινητέων, ἐν δὲ
δὴ καὶ Κριὸς ὁ Πολυκρίτου μάλιστα, ὃς οὐκ ἔφη αὐτὸν
οὐδένα ἄξειν χαίροντα Αἰγινητέων· ἄνευ γάρ μιν Σπαρτιητέων

---

1 τῇ om. d P   ζητήσει L [V]   2 τοιοῦτο P   3 τὰς
om. d P   6 νῷ(ι) A B D   πολεμεῖν a   9 δὲ] τε C   12 τε]
δὲ D   14 δὲ οἱ a   15 τοὺς P : οὓς a d   17 σφισι a   ἀπεκ. V
τε om. P   18 ἔχοντας D P S Eustath. Od. 1856 : ἔχοντες R V :
ἐπέχοντας a   + + +τοὺς D   19 στρατεύονται R S V   20 φοι-
τέοντές d P C (-έων-)   τὴν om. d   τῶν om. d P   22 κατηγορίαν D
βασιλεύων a E   24 τοὺς . . . Αἰγινητέων om. R   συλλαμβάνειν
P d [R]   25 αὐτῷ(ι) ἐγίνοντο P d [R]   τῶν om. d [R]   δὲ
om. R

τοῦ κοινοῦ] ποιέειν ταῦτα, ὑπ' Ἀθηναίων ἀναγνωσθέντα
χρήμασι· ἅμα γὰρ ἄν μιν τῷ ἑτέρῳ βασιλέϊ ἐλθόντα
3 συλλαμβάνειν. ἔλεγε δὲ ταῦτα ἐξ ἐπιστολῆς τῆς Δημα-
ρήτου. [Κλεομένης δὲ ἀπελαυνόμενος ἐκ τῆς Αἰγίνης] εἴρετο
τὸν Κριὸν ὅ τι οἱ εἴη οὔνομα· ὁ δέ οἱ τὸ ἐὸν ἔφρασε. ὁ δὲ 5
Κλεομένης πρὸς αὐτὸν ἔφη· Ἤδη νῦν καταχάλκου, ὦ κριέ,
τὰ κέρεα, ὡς συνοισόμενος μεγάλῳ κακῷ.

51　Ἐν δὲ τῇ Σπάρτῃ τοῦτον τὸν χρόνον ὑπομένων Δημά-
ρητος ὁ Ἀρίστωνος διέβαλλε τὸν Κλεομένεα, ἐὼν βασιλεὺς
καὶ οὗτος Σπαρτιητέων, οἰκίης δὲ τῆς ὑποδεεστέρης, [κατ' 10
ἄλλο μὲν οὐδὲν ὑποδεεστέρης (ἀπὸ γὰρ τοῦ αὐτοῦ γεγόνασι),
[κατὰ πρεσβυγενείην] δέ κως τετίμηται μᾶλλον ἢ Εὐρυσθένεος.
52 Λακεδαιμόνιοι γὰρ ὁμολογέοντες οὐδενὶ ποιητῇ λέγουσι
αὐτὸν Ἀριστόδημον τὸν Ἀριστομάχου τοῦ Κλεοδαίου τοῦ
Ὕλλου βασιλεύοντα ἀγαγεῖν σφέας ἐς ταύτην τὴν χώρην 15
2 τὴν νῦν ἐκτέαται, ἀλλ' οὐ τοὺς Ἀριστοδήμου παῖδας. μετὰ
δὲ χρόνον οὐ πολλὸν Ἀριστοδήμῳ τεκεῖν τὴν γυναῖκα, τῇ
οὔνομα εἶναι Ἀργείην· θυγατέρα δὲ αὐτὴν λέγουσι εἶναι
Αὐτεσίωνος τοῦ Τεισαμενοῦ τοῦ Θερσάνδρου τοῦ Πολυ-
νείκεος· ταύτην δὴ τεκεῖν δίδυμα, ἐπιδόντα δὲ τὸν Ἀριστό- 20
3 δημον τὰ τέκνα νούσῳ τελευτᾶν. Λακεδαιμονίους δὲ τοὺς
τότε ἐόντας] βουλεῦσαι κατὰ νόμον [βασιλέα τῶν παίδων
τὸν πρεσβύτερον] ποιήσασθαι· οὐκ ὦν δή σφεας ἔχειν
ὁκότερον ἕλωνται, ὥστε καὶ ὁμοίων καὶ ἴσων ἐόντων· οὐ
δυναμένους δὲ γνῶναι, [ἢ καὶ πρὸ τούτου, ἐπειρωτᾶν τὴν 25
4 τεκοῦσαν. τὴν δὲ οὐδὲ αὐτὴν φάναι διαγινώσκειν· εἰδυῖαν
μὲν καὶ τὸ κάρτα λέγειν ταῦτα, βουλομένην δὲ εἴ κως
ἀμφότεροι γενοίατο βασιλέες. τοὺς ὦν δὴ Λακεδαιμονίους

1 ἀπὸ RSV　　5 τὸ οὔνομα a P: τοὔνομα E　　οἱ om. d, post
ἔφρασέ (ἔφασε D) P　　6 ἢ δὴ C Pᵗ　　7 κέρατα C Eustath. Dion.
507　　9 διέβαλε a SV　　ἐὼν om. d　　12 πως a　　16 Ἀριστ.
... πολλὸν om. SV　　18 ἦν d　　Ἀργείην RSV　　19 Τισαμενοῦ L
20 δὴ A C: δὲ d BP　　τὸν om. A BC(?)　　22 τότε (ἐν τέλεῖ)
Stein　　βουλ.] βασιλεῦσαι R　　25 δυναμένου R　　26 οὐδ' αὐτὴν a:
οὐδὲν τὴν V: οὐδὲν S　　εἰδῖα R: εἰδυῖα DV　　27 εἰκὸς ὡς R
(οἰκ-) SV

ἀπορέειν, ἀπορέοντας δὲ πέμπειν ἐς Δελφοὺς ἐπειρησομένους
ὅ τι χρήσωνται τῷ πρήγματι. τὴν δὲ Πυθίην κελεύειν 5
σφέας ἀμφότερα τὰ παιδία ἡγήσασθαι βασιλέας, τιμᾶν δὲ
μᾶλλον τὸν γεραίτερον. τὴν μὲν δὴ Πυθίην ταῦτά σφι
5 ἀνελεῖν, τοῖσι δὲ Λακεδαιμονίοισι ἀπορέουσι οὐδὲν ἧσσον
ὅκως ἐξεύρωσι αὐτῶν τὸν πρεσβύτερον, ὑποθέσθαι ἄνδρα
Μεσσήνιον τῷ οὔνομα εἶναι Πανίτην· ὑποθέσθαι δὲ τοῦτον 6
τὸν Πανίτην τάδε τοῖσι Λακεδαιμονίοισι, φυλάξαι τὴν
γειναμένην ὁκότερον τῶν παιδίων πρότερον λούει καὶ σιτίζει·
10 καὶ ἢν μὲν κατὰ ταὐτὰ φαίνηται αἰεὶ ποιεῦσα, τοὺς δὲ πᾶν
ἕξειν ὅσον τι καὶ δίζηνται καὶ θέλουσι ἐξευρεῖν, ἢν δὲ
πλανᾶται καὶ ἐκείνη ἐναλλὰξ ποιεῦσα, δῆλά σφι ἔσεσθαι
ὡς οὐδὲ ἐκείνη πλέον οὐδὲν οἶδε, ἐπ᾿ ἄλλην τε τραπέσθαι
σφέας ὁδόν. ἐνθαῦτα δὴ τοὺς Σπαρτιήτας κατὰ τὰς τοῦ 7
15 Μεσσηνίου ὑποθήκας φυλάξαντας τὴν μητέρα τῶν Ἀριστο-
δήμου παίδων λαβεῖν κατὰ ταὐτὰ τιμῶσαν τὸν πρότερον καὶ
σίτοισι καὶ λουτροῖσι, οὐκ εἰδυῖαν τῶν εἵνεκεν ἐφυλάσσετο.
λαβόντας δὲ τὸ παιδίον τὸ τιμώμενον πρὸς τῆς γειναμένης
ὡς ἐὸν πρότερον τρέφειν ἐν τῷ δημοσίῳ· καί οἱ οὔνομα
20 τεθῆναι Εὐρυσθένεα, τῷ δὲ Προκλέα. τούτους ἀνδρωθέντας 8
αὐτούς τε ἀδελφεοὺς ἐόντας λέγουσι διαφόρους εἶναι τὸν
πάντα χρόνον τῆς ζόης ἀλλήλοισι, καὶ τοὺς ἀπὸ τούτων
γενομένους ὡσαύτως διατελέειν. ταῦτα μὲν Λακεδαιμόνιοι 53
λέγουσι μοῦνοι Ἑλλήνων, τάδε δὲ κατὰ τὰ λεγόμενα ὑπ᾿
25 Ἑλλήνων ἐγὼ γράφω, τούτους γὰρ δὴ τοὺς Δωριέων
βασιλέας μέχρι μὲν Περσέος τοῦ Δανάης, τοῦ θεοῦ ἀπεόντος,
καταλεγομένους ὀρθῶς ὑπ᾿ Ἑλλήνων καὶ ἀποδεικνυμένους

2 χρήσονται C S V   πρήγματι D   σφέας κελεύειν a   4 πρεσβύ-
τερον a   6 τὸ C   7 Μεσήν. C R V (it. 15 C R)   9 παίδων
A B P[C]   10 τὰ αὐτὰ a (it. 16)   φαίνεται R : om. S V   ἀεὶ
A B R Dᶜ: om. S V   ποιεῦσα a   13 τράπεσθαι σφέας A B :
σφέας τραπέσθαι a P   16 τὸ C   πρῶτον D, corr. D¹   18 γινα-
μένης C   20 τὲ θεῖναι R S V   τῶ δὲ νεωτέρω a   22 ζόης
A¹ C : ζωῆς S V   23 γεινομ. A: γινομ. B   μὲν] δὲ S V
24 μοῦνοι λέγουσι D   κατὰ ταυτα C : τὰ om. R S V   25 Ἑλλήνων]
ἀλλήλων C   γὰρ δὴ om. a P   26 μὲν δὴ a   27 τοὺς καταλεγο-
μένους a

ὡς εἰσὶ Ἕλληνες· ἤδη γὰρ τηνικαῦτα ἐς Ἕλληνας οὗτοι
2 ἐτέλεον. ἔλεξα δὲ μέχρι Περσέος τοῦδε εἴνεκα, ἀλλ' οὐκ
ἀνέκαθεν ἔτι ἔλαβον, ὅτι οὐκ ἔπεστι ἐπωνυμίη Περσέι οὐδεμία
πατρὸς θνητοῦ, ὥσπερ Ἡρακλέι Ἀμφιτρύων· ἤδη ὦν ὀρθῷ
λόγῳ χρεωμένῳ μέχρι Περσέος [ὀρθῶς] εἴρηταί μοι· ἀπὸ δὲ 5
Δανάης τῆς Ἀκρισίου καταλέγοντι [τοὺς ἄνω αἰεὶ πατέρας]
αὐτῶν φαινοίατο ἂν ἐόντες [οἱ τῶν Δωριέων ἡγεμόνες]
54 Αἰγύπτιοι ἰθαγενέες. ταῦτα μέν νυν [κατὰ τὰ Ἕλληνες
λέγουσι] γεγενεηλόγηται, ὡς δὲ ὁ παρὰ Περσέων λόγος
λέγεται, αὐτὸς ὁ Περσεύς, ἐὼν Ἀσσύριος, ἐγένετο Ἕλλην, 10
ἀλλ' οὐκ οἱ Περσέος πρόγονοι· τοὺς δὲ Ἀκρισίου γε πατέρας
ὁμολογέοντας κατ' οἰκηιότητα Περσέι οὐδέν, τούτους δὲ
55 εἶναι, κατά περ Ἕλληνες λέγουσι, Αἰγυπτίους. καὶ ταῦτα
μέν νυν περὶ τούτων εἰρήσθω· ὅ τι δέ, ἐόντες Αἰγύπτιοι, καὶ
ὅ τι ἀποδεξάμενοι ἔλαβον τὰς Δωριέων βασιληίας, ἄλλοισι 15
γὰρ περὶ αὐτῶν εἴρηται, ἐάσομεν αὐτά· τὰ δὲ ἄλλοι οὐ
κατελάβοντο, τούτων μνήμην ποιήσομαι.
56 Γέρεά τε δὴ τάδε τοῖσι βασιλεῦσι Σπαρτιῆται δεδώκασι·
ἱερωσύνας δύο, Διός τε Λακεδαίμονος καὶ Διὸς οὐρανίου,
καὶ πόλεμόν γ' ἐκφέρειν ἐπ' ἣν ἂν βούλωνται χώρην, τούτου 20
δὲ μηδένα εἶναι Σπαρτιητέων διακωλυτήν, εἰ δὲ μή, αὐτὸν
ἐν τῷ ἄγεϊ ἐνέχεσθαι· στρατευομένων δὲ πρώτους ἰέναι τοὺς
βασιλέας, ὑστάτους δὲ ἀπιέναι· ἑκατὸν δὲ ἄνδρας λογάδας
[ἐπὶ στρατιῆς] φυλάσσειν αὐτούς· προβάτοισι δὲ χρᾶσθαι ἐν
τῇσι ἐξοδίῃσι ὁκόσοισι ἂν ὦν ἐθέλωσι, τῶν δὲ θυομένων 25
ἁπάντων τὰ δέρματά τε καὶ τὰ νῶτα λαμβάνειν σφέας.

2 ἔλεξαν C   δὴ A B: om. C   4 Ἀμφιτρύωνος Dobree   5 τοῦ
Π. d P   ὀρθῶς om. S   6 καταλέγονται d   ἀεὶ A B   7 αὐτέων
D R V   8 ἰθυγ. D¹   9 γενεηλ. D   παρὰ om. d P   11 οὐκ
om. D¹: οὐκ οἶδ' C   τούς γε Ἀκρ. πατέρας d   13 λέγουσι(ν)
Ἕλληνες d   14 νυν om. d   15 ἄλλοι R   16 εἰρέαται a
(ἠρ. C)   ἄλλοι] ι D°   17 κατέλαβον Cobet   τουτέων d
18 τε a P: δὲ d   19 ἱρωσ. B C D P: ἱροσ. R V   20 γ' om. a P
ἂν] ἐὰν d   22 στρατευομένους d P¹   23 pr. δὲ] τε C   ἄνδρας
om. d   λογχάδας d   24 στρατιῆ d   χρῆσθαι a   25 τοῖσι S V
ἐξοδίοισι S   ὦν om. d P   26 πάντων a

ταῦτα μὲν τὰ ἐμπολέμια, τὰ δὲ ἄλλα τὰ εἰρηναῖα κατὰ τάδε **57**
σφι δέδοται· ἢν θυσίη τις δημοτελὴς ποιῆται, πρώτους ἐπὶ
τὸ δεῖπνον ἵζειν τοὺς βασιλέας καὶ ἀπὸ τούτων πρώτων
ἄρχεσθαι, διπλήσια νέμοντας ἑκατέρῳ τὰ πάντα ἢ τοῖσι
5 ἄλλοισι δαιτυμόνεσι· καὶ σπονδαρχίας εἶναι τούτων καὶ τῶν
τυθέντων τὰ δέρματα. νεομηνίας δὲ πάσας καὶ ἑβδόμας **2**
ἱσταμένου τοῦ μηνὸς δίδοσθαι ἐκ τοῦ δημοσίου ἱρήιον τέλειον
ἑκατέρῳ ἐς Ἀπόλλωνος καὶ μέδιμνον ἀλφίτων καὶ οἴνου
τετάρτην Λακωνικήν, καὶ ἐν τοῖσι ἀγῶσι πᾶσι προεδρίας
10 ἐξαιρέτους. καὶ προξείνους ἀποδεικνύναι τούτοισι προσ-
κεῖσθαι τοὺς ἂν ἐθέλωσι τῶν ἀστῶν καὶ Πυθίους αἱρέεσθαι
δύο ἑκάτερον· οἱ δὲ Πύθιοί εἰσι θεοπρόποι ἐς Δελφούς,
σιτεόμενοι μετὰ τῶν βασιλέων τὰ δημόσια. μὴ ἐλθοῦσι **3**
δὲ τοῖσι βασιλεῦσι ἐπὶ τὸ δεῖπνον ἀποπέμπεσθαί σφι ἐς
15 τὰ οἰκία ἀλφίτων τε δύο χοίνικας ἑκατέρῳ καὶ οἴνου κοτύλην,
παρεοῦσι δὲ διπλήσια πάντα δίδοσθαι· τὠυτὸ δὲ τοῦτο καὶ
πρὸς ἰδιωτέων κληθέντας ἐπὶ δεῖπνον τιμᾶσθαι. τὰς δὲ **4**
μαντηίας τὰς γινομένας τούτους φυλάσσειν, συνειδέναι δὲ
καὶ τοὺς Πυθίους. δικάζειν δὲ μούνους τοὺς βασιλέας τοσάδε
20 μοῦνα· πατρούχου τε παρθένου πέρι, ἐς τὸν ἱκνέεται ἔχειν,
ἢν μή περ ὁ πατὴρ αὐτὴν ἐγγυήσῃ, καὶ ὁδῶν δημοσιέων
πέρι. καὶ ἤν τις θετὸν παῖδα ποιέεσθαι ἐθέλῃ, βασιλέων **5**
ἐναντίον ποιέεσθαι. καὶ παρίζειν βουλεύουσι τοῖσι γέρουσι,
ἐοῦσι δυῶν δέουσι τριήκοντα· ἢν δὲ μὴ ἔλθωσι, τοὺς μάλιστά
25 σφι τῶν γερόντων προσήκοντας ἔχειν τὰ τῶν βασιλέων
γέρεα, δύο ψήφους τιθεμένους, τρίτην δὲ τὴν ἑωυτῶν. ταῦτα **58**
μὲν ζῶσι τοῖσι βασιλεῦσι δέδοται ἐκ τοῦ κοινοῦ τῶν Σπαρ-
τιητέων, ἀποθανοῦσι δὲ τάδε· ἱππέες περιαγγέλλουσι τὸ

---

1 ἐνπολ. C S V   εἰρημένα d   2 θυσίην τις (τε C) δημοτελῆ a
ποιέηται d P   3 ἵξειν D¹ : ἥξειν D²   πρώτων V : πρῶτον rell.
4 τὰ om. R   5 δαιτυμόνεσσι A B D   6 τυθέντων (τιθ. S V)
προβάτων d   δὲ ἀνὰ D P S V   καὶ ἑβδόμας om. d   8 Ἀπόλλωνα d
10 προκεῖσθαι A B R   11 θέλ. d (it. 22)   12 ἑκατέρων S V
εἰσι] σι R   15 οἰκία ⟨ D°   19 μόνους D   20 πατρωιούχου
Roehl   21 περ om. S   23 ποιέεσθαι R   27 τῶν] τοῦ A B

γεγονὸς κατὰ πᾶσαν τὴν Λακωνικήν, κατὰ δὲ τὴν πόλιν
γυναῖκες περιιοῦσαι λέβητας κροτέουσι. ἐπεὰν ὦν τοῦτο
γένηται τοιοῦτον, ἀνάγκη ἐξ οἰκίης ἑκάστης ἐλευθέρους δύο
καταμιαίνεσθαι, ἄνδρα τε καὶ γυναῖκα· μὴ ποιήσασι δὲ τοῦτο
2 ζημίαι μεγάλαι ἐπικέαται. νόμος δὲ τοῖσι Λακεδαιμονίοισι 5
κατὰ τῶν βασιλέων τοὺς θανάτους ἐστὶ ωὑτὸς καὶ τοῖσι βαρβά-
ροισι τοῖσι ἐν τῇ Ἀσίῃ· τῶν γὰρ ὦν βαρβάρων οἱ πλεῦνες τὠυτῷ
νόμῳ χρέωνται κατὰ τοὺς θανάτους τῶν βασιλέων. ἐπεὰν γὰρ
ἀποθάνῃ βασιλεὺς Λακεδαιμονίων, ἐκ πάσης δεῖ Λακεδαίμονος,
χωρὶς Σπαρτιητέων, ἀριθμῷ τῶν περιοίκων ἀναγκαστοὺς ἐς 10
3 τὸ κῆδος ἰέναι· τούτων ὦν καὶ τῶν εἱλωτέων καὶ αὐτῶν
Σπαρτιητέων ἐπεὰν συλλεχθέωσι ἐς τὠυτὸ πολλαὶ χιλιάδες,
σύμμιγα τῇσι γυναιξὶ κόπτονταί τε τὰ μέτωπα προθύμως καὶ
οἰμωγῇ διαχρέωνται ἀπλέτῳ, φάμενοι τὸν ὕστατον αἰεὶ
ἀπογενόμενον τῶν βασιλέων, τοῦτον δὴ γενέσθαι ἄριστον. 15
ὃς δ' ἂν ἐν πολέμῳ τῶν βασιλέων ἀποθάνῃ, τούτῳ δὲ εἴδωλον
σκευάσαντες ἐν κλίνῃ εὖ ἐστρωμένῃ ἐκφέρουσι. ἐπεὰν δὲ
θάψωσι, ἀγορὴ δέκα ἡμερέων οὐκ ἵσταταί σφι οὐδ' ἀρχαιρεσίη
59 συνίζει, ἀλλὰ πενθέουσι ταύτας τὰς ἡμέρας. συμφέρονται
δὲ ἄλλο [οὗτοι] τόδε τοῖσι Πέρσῃσι· ἐπεὰν ἀποθανόντος 20
τοῦ βασιλέος ἄλλος ἐνίστηται βασιλεύς, οὗτος ὁ ἐσιὼν
ἐλευθεροῖ ὅστις τι Σπαρτιητέων τῷ βασιλέϊ ἢ τῷ δημοσίῳ
ὤφειλε. ἐν δ' αὖ Πέρσῃσι ὁ κατιστάμενος βασιλεὺς τὸν
60 προοφειλόμενον φόρον μετίει τῇσι πόλισι πάσῃσι. συμφέ-
ρονται δὲ καὶ τάδε Αἰγυπτίοισι Λακεδαιμόνιοι· οἱ κήρυκες 25
αὐτῶν καὶ αὐληταὶ καὶ μάγειροι ἐκδέκονται τὰς πατρωίας
τέχνας, καὶ αὐλητής τε αὐλητέω γίνεται καὶ μάγειρος
μαγείρου καὶ κῆρυξ κήρυκος· οὐ κατὰ λαμπροφωνίην

2 λέβητα a   οὖν R V   3 γίνηται A B R V Pᶜ   τοιοῦτο a D P¹
7 ὦν om. a P   τῷ αὐτῷ a   9 δὴ D   11 εἶναι a   καὶ
αὐτῶν Σπαρτιητέων om. a B   13 τοῖσι D R V   τὰ μέτωπα om. S
14 ἀεὶ A B   16 τούτου Reiske   17 δὲ om. D   18 ἵστα + ταί D
20 οὗτοι om. a   τόγε C   21 τοῦ (om D) . . ἐνίστηται (-αται
C D) om. R S V   εἰσιὼν a   22 τι om. a P¹   23 ἔν τε a
24 προσοφειλ. a S   πάσῃσι om. S V   25 οἱ] οὐ Dᶜ (1)   26 pr.
καὶ om. D

ἐπιτιθέμενοι [ἄλλοι σφέας παρακληίουσι,] ἀλλὰ κατὰ τὰ
πάτρια ἐπιτελέουσι. ταῦτα μὲν δὴ οὕτω γίνεται.

Τότε δὲ τὸν Κλεομένεα ἐόντα ἐν τῇ Αἰγίνῃ καὶ κοινὰ τῇ 61
Ἑλλάδι ἀγαθὰ προεργαζόμενον ὁ Δημάρητος διέβαλε, οὐκ
5 Αἰγινητέων οὕτω κηδόμενος ὡς φθόνῳ καὶ ἄγῃ χρεώμενος.
Κλεομένης δὲ νοστήσας ἀπ' Αἰγίνης ἐβούλευε τὸν Δημάρητον
παῦσαι τῆς βασιληίης, διὰ πρῆγμα τοιόνδε ἐπίβασιν ἐς
αὐτὸν ποιεύμενος· Ἀρίστωνι βασιλεύοντι ἐν Σπάρτῃ καὶ
γήμαντι γυναῖκας δύο [παῖδες οὐκ ἐγίνοντο.] καὶ οὐ γὰρ 2
10 συνεγινώσκετο αὐτὸς τούτων εἶναι αἴτιος, γαμέει τρίτην
γυναῖκα· ὧδε δὲ γαμέει. ἦν οἱ φίλος τῶν Σπαρτιητέων
ἀνήρ, τῷ προσέκειτο τῶν ἀστῶν μάλιστα ὁ Ἀρίστων. τούτῳ
τῷ ἀνδρὶ ἐτύγχανε ἐοῦσα γυνὴ καλλίστη μακρῷ τῶν ἐν
Σπάρτῃ γυναικῶν, καὶ ταῦτα μέντοι καλλίστη [ἐξ αἰσχίστης]
15 γενομένη. ἐοῦσαν γάρ μιν τὸ εἶδος φλαύρην ἡ τροφὸς 3
αὐτῆς, οἷα ἀνθρώπων τε ὀλβίων θυγατέρα καὶ δυσειδέα
ἐοῦσαν, πρὸς δὲ καὶ ὁρῶσα τοὺς γονέας συμφορὴν τὸ εἶδος
αὐτῆς ποιευμένους, ταῦτα ἕκαστα μαθοῦσα ἐπιφράζεται τοιάδε·
ἐφόρεε αὐτὴν [ἀνὰ πᾶσαν ἡμέρην] ἐς τὸ τῆς Ἑλένης ἱρόν· τὸ
20 δ' ἐστὶ ἐν τῇ Θεράπνῃ καλεομένη, ὕπερθε τοῦ Φοιβηίου
ἱροῦ· ὅκως δὲ ἐνείκειε ἡ τροφός, πρός τε τὤγαλμα ἵστα καὶ
ἐλίσσετο τὴν θεὸν ἀπαλλάξαι τῆς δυσμορφίης τὸ παιδίον.
καὶ δή κοτε ἀπιούσῃ ἐκ τοῦ ἱροῦ τῇ τροφῷ γυναῖκα λέγεται 4
ἐπιφανῆναι, ἐπιφανεῖσαν δὲ ἐπειρέσθαι μιν ὅ τι φέρει ἐν τῇ
25 ἀγκάλῃ, καὶ τὴν φράσαι ὡς παιδίον φορέει· τὴν δὲ κελεῦσαί οἱ
δέξαι, τὴν δὲ οὐ φάναι· ἀπειρῆσθαι γάρ οἱ ἐκ τῶν γειναμένων
μηδενὶ ἐπιδεικνύναι· τὴν δὲ πάντως ἑωυτῇ κελεύειν ἐπιδέξαι.

3 δὴ d   alt. τῇ] ἐν τῇ a   4 προσεργαζόμενον L : corr. Eltz
διέβαλλε conieci   5 οὕτω supra v. D¹   φόνῳ d   ἄγῃ Suid. s. v. :
ἄτῃ ABPᶜ : αὕτη C : ἄγει d   8 τε ἐν DR : τότε ἐν SV   ἐς
Σπάρτην a   9 ἐγένοντο S [V]   οὐ om. SV   10 τὴν τρίτην a
12 προσεκέετο DPRV : -έατο a S   17 ὀρέουσα dP   19 ἡμέραν a
21 ὅπως d   τε C   ἐνέκειε(ν) DRV : ἐνῆκ. S   τε om. S   τὸ
ἄγαλμα d   22 τὸν θεὸν C   23 ἱροῦ A   24 ἐν ...
φορέει om. SV   25 φέρει a   26 δεῖξαι L   27 ἐπι-
δεῖξαι L

5 ὁρῶσαν δὲ τὴν γυναῖκα [περὶ πολλοῦ ποιευμένην] ἰδέσθαι,
οὕτω δὴ τὴν τροφὸν δέξαι τὸ παιδίον· τὴν δὲ καταψῶσαν
τοῦ παιδίου τὴν κεφαλὴν εἶπαι ὡς καλλιστεύσει πασέων
τῶν ἐν Σπάρτῃ γυναικῶν. ἀπὸ μὲν δὴ ταύτης τῆς ἡμέρης
μεταπεσεῖν τὸ εἶδος· γαμέει δέ [δή] μιν [ἐς γάμου ὥρην 5
ἀπικομένην] Ἄγητος ὁ Ἀλκείδεω, οὗτος δὴ ὁ τοῦ Ἀρίστωνος
62 φίλος. τὸν δὲ Ἀρίστωνα ἔκνιζε ἄρα τῆς γυναικὸς ταύτης
ἔρως· μηχανᾶται δὴ τοιάδε· αὐτός τε τῷ ἑταίρῳ, τοῦ ἦν ἡ
γυνὴ αὕτη, ὑποδέκεται δωτίνην δώσειν τῶν ἑωυτοῦ πάντων
ἕν, τὸ ἂν αὐτὸς ἐκεῖνος ἕληται, καὶ τὸν ἑταῖρον ἑωυτῷ ἐκέλευε 10
ὡσαύτως τὴν ὁμοίην διδόναι. ὁ δὲ οὐδὲν φοβηθεὶς ἀμφὶ
τῇ γυναικί, ὁρέων ἐοῦσαν καὶ Ἀρίστωνι γυναῖκα, καταινέει
2 ταῦτα· ἐπὶ τούτοισι δὲ ὅρκους ἐπήλασαν. μετὰ δὲ αὐτός
τε ὁ Ἀρίστων ἔδωκε τοῦτο, ὅ τι δὴ ἦν, τὸ εἵλετο τῶν κει-
μηλίων τῶν Ἀρίστωνος ὁ Ἄγητος, καὶ αὐτὸς τὴν ὁμοίην 15
ζητέων φέρεσθαι παρ᾽ ἐκείνου, ἐνθαῦτα δὴ τοῦ ἑταίρου τὴν
γυναῖκα ἐπειρᾶτο ἀπάγεσθαι. ὁ δὲ πλὴν τούτου μούνου τὰ
ἄλλα ἔφη καταινέσαι· ἀναγκαζόμενος μέντοι τῷ τε ὅρκῳ
63 καὶ τῆς ἀπάτης τῇ παραγωγῇ ἀπίει ἀπάγεσθαι. οὕτω μὲν
δὴ τὴν τρίτην ἐσηγάγετο γυναῖκα ὁ Ἀρίστων, τὴν δευτέρην 20
ἀποπεμψάμενος. ἐν δέ οἱ χρόνῳ ἐλάσσονι καὶ οὐ [πληρώ-
σασα τοὺς δέκα μῆνας] ἡ γυνὴ αὕτη τίκτει τοῦτον δὴ τὸν
2 Δημάρητον. καί τίς οἱ τῶν οἰκετέων ἐν θώκῳ κατημένῳ
μετὰ τῶν ἐφόρων] ἐξαγγέλλει ὥς οἱ παῖς γέγονε. ὁ δὲ
ἐπιστάμενός τε τὸν χρόνον τῷ ἡγάγετο τὴν γυναῖκα καὶ [ἐπὶ 25
δακτύλων συμβαλλόμενος τοὺς μῆνας] εἶπε ἀπομόσας· Οὐκ
ἂν ἐμὸς εἴη. τοῦτο ἤκουσαν μὲν οἱ ἔφοροι, πρῆγμα μέντοι

1 ὁρῶσα a   2 δεῖξαι L   3 εἶπεν CV : εἰπεῖν S   καλλι-
στεύεις D   5 μεταπεσέειν L   δή om. d P   6 Ἀγητὸς D
Ἀκλείδεω C : Ἀλκίδεω R S V D°   δὲ D R V   8 ὁ ἔρως d P
δή] δὲ d   ἑτέρῳ B V¹   ἡ γυνὴ ἦν a   9 ὑποδέκετο R : ὑπεδέκετο
D P S V   10 ἑωυτοῦ C   12 καὶ Ἀρ. γυν. ἐοῦσαν a   13 ἐπή-
λασε R S V   15 ὁ Ἄγητος om. d   16 ζητῶν d   17 μόνου
d B C   18 τε om. d   19 ἀπίησι a   20 δὴ om. d   ἐσαγά-
γετο D   22 δὴ om. d P   23 οἱ] ἡ R   25 τῷ] ἐξότου ʳ
26 συμβαλόμενος A B

οὐδὲν ἐποιήσαντο τὸ παραυτίκα· ὁ δὲ παῖς ηὔξετο, [καὶ τῷ
Ἀρίστωνι τὸ εἰρημένον μετέμελε] παῖδα γὰρ τὸν Δημάρητον
[ἐς τὰ μάλιστά] οἱ ἐνόμισε εἶναι.   Δημάρητον δὲ οὔνομα 3
ἔθετο αὐτῷ διὰ τόδε· [πρότερον τούτων] πανδημεὶ Σπαρτιῆται
5 Ἀρίστωνι, ὡς ἀνδρὶ εὐδοκιμέοντι διὰ πάντων δὴ τῶν βασι-
λέων τῶν ἐν Σπάρτῃ γενομένων, ἀρὴν ἐποιήσαντο παῖδα
γενέσθαι· διὰ τοῦτο μέν οἱ τὸ οὔνομα Δημάρητος ἐτέθη.
χρόνου δὲ προϊόντος Ἀρίστων μὲν ἀπέθανε, Δημάρητος δὲ 64
ἔσχε τὴν βασιληίην.   ἔδεε δέ, ὡς οἶκε, ἀνάπυστα γενόμενα
10 ταῦτα καταπαῦσαι Δημάρητον τῆς βασιληίης, †διὰ τὸ† Κλεο-
μένεϊ διεβλήθη μεγάλως [πρότερόν τε] ὁ Δημάρητος ἀπαγαγὼν
τὴν στρατιὴν ἐξ Ἐλευσῖνος καὶ δὴ καὶ τότε [ἐπ' Αἰγινητέων
τοὺς μηδίσαντας] διαβάντος Κλεομένεος.   ὁρμηθεὶς ὦν 65
ἀποτίνυσθαι ὁ Κλεομένης συντίθεται Λευτυχίδῃ τῷ Μενάρεος
15 τοῦ Ἄγιος, ἐόντι οἰκίης τῆς αὐτῆς Δημαρήτῳ, ἐπ' ᾧ τε, ἢν
αὐτὸν καταστήσῃ βασιλέα ἀντὶ Δημαρήτου, ἕψεταί οἱ ἐπ'
Αἰγινήτας.   ὁ δὲ Λευτυχίδης ἦν ἐχθρὸς τῷ Δημαρήτῳ 2
μάλιστα γεγονὼς διὰ πρῆγμα τοιόνδε· ἁρμοσαμένου Λευτυ-
χίδεω Πέρκαλον τὴν [Χίλωνος τοῦ Δημαρμένου] θυγατέρα
20 ὁ Δημάρητος ἐπιβουλεύσας ἀποστερέει Λευτυχίδεα τοῦ
γάμου, φθάσας αὐτὸς τὴν Πέρκαλον ἁρπάσας καὶ σχὼν
γυναῖκα.   κατὰ τοῦτο μὲν τῷ Λευτυχίδῃ ἡ ἔχθρη ἡ ἐς τὸν 3
Δημάρητον ἐγεγόνεε, τότε δὲ ἐκ τῆς Κλεομένεος προθυμίης
ὁ Λευτυχίδης κατόμνυται Δημαρήτῳ, φὰς αὐτὸν οὐκ ἱκνεο-
25 μένως βασιλεύειν Σπαρτιητέων, οὐκ ἐόντα παῖδα Ἀρίστωνος.
μετὰ δὲ τὴν κατωμοσίην ἐδίωκε ἀνασώζων ἐκεῖνο τὸ ἔπος,

---

1 τὸ om. d B   τε d   εὔξετο a: ηὔξατο V   2 μετέμελλε A B
3 ἐνόμισέ οἱ d   αὐτῷ οὔνομα ἔθετο d P   4 πανδημὶ D¹: -μὴ V
5 Ἀρίστωνι om. d   8 δ' Ἀρ. a   9 ἔδεε(ν) ὡς οι καὶ d   ἔοικε
a P   10 παῦσαι d   διὰ τὸ d: διὰ τὰ a P: δι' ἃ Struve: διότι
Richards   14 ἀποτίνυσθαι P C¹: ἀποτίννυσθαι rell.   15 ὄντι R
τῆς αὐτῆς οἰκίης a   17 μάλιστα τῷ Δημ. a   18 τοιόνδε πρῆγμα a
ἁρμοσμένου d   19 τὴν θυγ. D   20 ἀποστερεῖ L   Λευτυχίδην
d [V]   22 alt. ἡ om. a   εἰς C D R V   4 Δημαρήτου P d [V]
26 κατομοσίην d

τὸ εἶπε Ἀρίστων τότε ὅτε οἱ ἐξήγγειλε ὁ οἰκέτης παῖδα
γεγονέναι, ὁ δὲ συμβαλόμενος τοὺς μῆνας ἀπώμοσε, φὰς οὐκ
4 ἑωυτοῦ μιν εἶναι.   τούτου δὴ ἐπιβατεύων τοῦ ῥήματος ὁ
Λευτυχίδης ἀπέφαινε τὸν Δημάρητον [οὔτε ἐξ Ἀρίστωνος
γεγονότα] οὔτε ἱκνευμένως βασιλεύοντα Σπάρτης, τοὺς 5
ἐφόρους μάρτυρας παρεχόμενος κείνους οἳ τότε ἐτύγχανον
66 πάρεδροί τε ἐόντες καὶ ἀκούσαντες ταῦτα Ἀρίστωνος.   τέλος
δὲ ἐόντων περὶ αὐτῶν νεικέων ἔδοξε Σπαρτιήτῃσι ἐπειρέσθαι
τὸ χρηστήριον τὸ ἐν Δελφοῖσι εἰ Ἀρίστωνος εἴη παῖς ὁ
2 Δημάρητος.   [ἀνοίστου δὲ γενομένου] ἐκ προνοίης τῆς Κλεο- 10
μένεος] ἐς τὴν Πυθίην, ἐνθαῦτα προσποιέεται Κλεομένης
Κόβωνα τὸν Ἀριστοφάντου, ἄνδρα ἐν Δελφοῖσι δυνα-
στεύοντα μέγιστον, ὁ δὲ Κόβων [Περίαλλον τὴν πρόμαντιν]
3 ἀναπείθει τὰ Κλεομένης ἐβούλετο λέγεσθαι λέγειν.   οὕτω
δὴ ἡ Πυθίη ἐπειρωτώντων τῶν θεοπρόπων ἔκρινε μὴ 15
Ἀρίστωνος εἶναι Δημάρητον παῖδα.   ὑστέρῳ μέντοι χρόνῳ
ἀνάπυστα ἐγένετο ταῦτα, καὶ Κόβων τε ἔφυγε ἐκ Δελφῶν
67 καὶ Περίαλλος ἡ πρόμαντις ἐπαύσθη τῆς τιμῆς.   κατὰ μὲν
δὴ Δημαρήτου τὴν κατάπαυσιν τῆς βασιληίης οὕτω ἐγένετο,
ἔφυγε δὲ Δημάρητος ἐκ Σπάρτης ἐς Μήδους ἐκ τοιοῦδε 20
ὀνείδεος·   μετὰ τῆς βασιληίης τὴν κατάπαυσιν ὁ Δημάρητος
2 ἦρχε αἱρεθεὶς ἀρχήν.   ἦσαν μὲν δὴ γυμνοπαιδίαι, [θεωμένου
δὲ τοῦ Δημαρήτου ὁ Λευτυχίδης, γεγονὼς ἤδη [αὐτὸς]
βασιλεὺς ἀντ' ἐκείνου, πέμψας τὸν θεράποντα ἐπὶ γέλωτί
τε καὶ λάσθῃ εἰρώτα τὸν Δημάρητον ὁκοῖόν τι εἴη τὸ ἄρχειν 25
3 μετὰ τὸ βασιλεύειν.   ὁ δὲ ἀλγήσας τῷ ἐπειρωτήματι εἶπε
φὰς αὐτὸς μὲν ἀμφοτέρων ἤδη πεπειρῆσθαι, κεῖνον δὲ οὔ,
[τὴν μέντοι ἐπειρώτησιν ταύτην ἄρξειν Λακεδαιμονίοισι ἢ

2 συμβαλλόμενος d   3 μιν om. a   4 + + +οὔτε B
6 ἔτυχον d   9 ὁ om. d   10 ἀνοίστου B² : ἀνωΐστου rell.
12 -φάνου D¹   13 Περίαλλαν a D P   14 ἅ a   οὕτω δὴ]
τοῦτο d   18 Περίαλλα a D P R V   19 δὴ om. B C   τὴν
Δημαρήτου d P   20 ἔφευγε d P   22 μὲν δὴ] μὲν A¹ : δὲ R S V
θεομένου S Vᶜ : ἡγεομένου Valckenaer   23 αὐτὸς om. C S P¹ : post
βασιλεὺς A B E   26 ἐπερ. a E P   27 ἐκείνον a E

μυρίης κακότητος ἢ μυρίης εὐδαιμονίης. ταῦτα δὲ εἴπας
καὶ κατακαλυψάμενος ἤιε ἐκ τοῦ θεήτρου ἐς τὰ ἑωυτοῦ οἰκία,
αὐτίκα δὲ παρασκευασάμενος ἔθυε τῷ Διὶ βοῦν, θύσας δὲ
τὴν μητέρα ἐκάλεσε. [ἀπικομένη δὲ τῇ μητρὶ ἐσθεὶς ἐς τὰς **68**
5 χεῖράς οἱ τῶν σπλάγχνων [κατικέτευε, λέγων τοιάδε· Ὦ
μῆτερ, θεῶν σε τῶν τε ἄλλων καταπτόμενος ἱκετεύω καὶ
τοῦ ἑρκείου Διὸς τοῦδε φράσαι μοι τὴν ἀληθείην, τίς μευ
ἐστὶ πατὴρ ὀρθῷ λόγῳ. Λευτυχίδης μὲν γὰρ ἔφη ἐν τοῖσι 2
νείκεσι λέγων κυέουσάν σε ἐκ τοῦ προτέρου ἀνδρὸς οὕτως
10 ἐλθεῖν παρὰ Ἀρίστωνα, οἱ δὲ καὶ τὸν ματαιότερον λόγον
λέγοντες φασί σε ἐλθεῖν παρὰ τῶν οἰκετέων τὸν ὀνοφορβόν,
καὶ ἐμὲ ἐκείνου εἶναι παῖδα. ἐγώ σε ὦν μετέρχομαι τῶν 3
θεῶν εἰπεῖν τὠληθές· οὔτε γάρ, εἴ [περ] πεποίηκάς τι τῶν
λεγομένων, μούνη δὴ πεποίηκας, μετὰ πολλέων δέ· ὅ τε
15 λόγος πολλὸς ἐν Σπάρτῃ ὡς Ἀρίστωνι σπέρμα [παιδοποιὸν·
οὐκ ἐνῆν· τεκεῖν γὰρ ἂν οἱ καὶ τὰς προτέρας γυναῖκας.
ὁ μὲν δὴ τοιαῦτα ἔλεγε, ἡ δὲ ἀμείβετο τοισίδε· Ὦ παῖ, **69**
ἐπείτε με λιτῇσι μετέρχεαι εἰπεῖν τὴν ἀληθείην, πᾶν ἐς σὲ
κατειρήσεται τὠληθές. ὥς με ἠγάγετο Ἀρίστων ἐς ἑωυτοῦ,
20 νυκτὶ τρίτῃ ἀπὸ τῆς πρώτης ἦλθέ μοι φάσμα [εἰδόμενον
Ἀρίστωνι,] συνευνηθὲν δὲ [τοὺς στεφάνους τοὺς εἶχε] ἐμοὶ
περιετίθει. καὶ τὸ μὲν οἰχώκεε, ἦκε δὲ [μετὰ ταῦτα] ὁ 2
Ἀρίστων. ὡς δέ με εἶδε ἔχουσαν στεφάνους, εἰρώτα τίς
εἴη ὅ μοι δούς· ἐγὼ δὲ ἐφάμην ἐκεῖνον· ὁ δὲ οὐκ ὑπεδέκετο·
25 ἐγὼ δὲ κατωμνύμην, φαμένη αὐτὸν οὐ καλῶς ποιέειν ἀπαρ-
νεόμενον· [ὀλίγῳ γάρ τι πρότερον] ἐλθόντα καὶ συνευνηθέντα
δοῦναί μοι τοὺς στεφάνους. ὁρέων δέ με κατομνυμένην ὁ 3

2 ἑωυτοῦ om. D   3 βοῦν τῷ Διὶ a   5 οἱ del. Cobet   τοιάδε
(τρία δὲ C) λέγων a   8 τοῖς A B   9–10 ἐλθεῖν οὕτω d   12 εἶναι
ἐκείνου d P   ἂν σε d   13 τὸ ἀληθὲς d   περ S solus   14 δὲ
C Pm   πολλῶν d   15 ἐν Σπ om. d   16 ἐνῆν] ἐν supra v.
add. D   οἱ ἂν D   17 ἤ] οἱ R V   ἠμείβετο a   τοῖσδε L
18 εἰς L   19 τἀλ. S V : τὸ ἀλ. D   με om. S V   21 οὓς εἶχε L
22 ὅ om. a P   23 + τίς B   24 μοι δ a   ὑπεδέκετο] ὑ Dᶜ
25 ποιέειν καλῶς a   ἀπαρνευόμενον R S V   26 ὀλίγον D¹ S [V]
γοι (?) V¹

Ἀρίστων ἔμαθε ὡς θεῖον εἴη τὸ πρῆγμα. καὶ τοῦτο μὲν
οἱ στέφανοι ἐφάνησαν ἐόντες ἐκ τοῦ ἡρωίου τοῦ παρὰ τῇσι
θύρῃσι τῇσι αὐλείῃσι ἱδρυμένου, τὸ καλέουσι Ἀστραβάκου,
τοῦτο δὲ οἱ μάντιες τὸν αὐτὸν τοῦτον ἥρωα ἀναίρεον εἶναι.
4 οὕτω, ὦ παῖ, ἔχεις πᾶν, ὅσον τι καὶ βούλεαι πυθέσθαι. ἢ 5
γὰρ ἐκ τοῦ ἥρωος τούτου γέγονας, καί τοι πατήρ ἐστι
Ἀστράβακος ὁ ἥρως, ἢ Ἀρίστων· ἐν γάρ σε τῇ νυκτὶ ταύτῃ
ἀναιρέομαι. τῇ δέ σευ μάλιστα κατάπτονται οἱ ἐχθροί,
λέγοντες ὡς αὐτὸς ὁ Ἀρίστων, ὅτε αὐτῷ σὺ ἠγγέλθης γεγε-
νημένος, πολλῶν ἀκουόντων οὐ φήσειέ σε ἑωυτοῦ εἶναι (τὸν 10
χρόνον γὰρ τοὺς δέκα μῆνας οὐδέκω ἐξήκειν) ἀιδρείῃ τῶν
5 τοιούτων κεῖνος τοῦτο ἀπέρριψε τὸ ἔπος. τίκτουσι γὰρ
γυναῖκες καὶ ἐννεάμηνα καὶ ἑπτάμηνα, καὶ οὐ πᾶσαι δέκα
μῆνας ἐκτελέσασαι· ἐγὼ δὲ σέ, ὦ παῖ, ἑπτάμηνον ἔτεκον.
ἔγνω δὲ καὶ αὐτὸς Ἀρίστων οὐ μετὰ πολλὸν χρόνον ὡς 15
ἀφροσύνῃ τὸ ἔπος ἐκβάλοι τοῦτο. λόγους δὲ ἄλλους περὶ γενέ-
σιος τῆς σεωυτοῦ μὴ δέκεο· τὰ γὰρ ἀληθέστατα πάντα
ἀκήκοας. ἐκ δὲ ὀνοφορβῶν αὐτῷ τε Λευτυχίδῃ καὶ τοῖσι
70 ταῦτα λέγουσι τίκτοιεν αἱ γυναῖκες παῖδας. ἡ μὲν δὴ ταῦτα
ἔλεγε, ὁ δὲ πυθόμενός τε τὰ ἐβούλετο καὶ ἐπόδια λαβὼν 20
ἐπορεύετο ἐς Ἦλιν, τῷ λόγῳ φὰς ὡς ἐς Δελφοὺς χρησόμενος
τῷ χρηστηρίῳ πορεύεται. Λακεδαιμόνιοι δὲ ὑποτοπηθέντες
2 Δημάρητον δρησμῷ ἐπιχειρέειν ἐδίωκον. καί κως ἔφθη ἐς
Ζάκυνθον διαβὰς ὁ Δημάρητος ἐκ τῆς Ἤλιδος· ἐπιδιαβάντες
δὲ οἱ Λακεδαιμόνιοι αὐτοῦ τε ἅπτονται καὶ τοὺς θεράποντας 25
αὐτὸν ἀπαιρέονται. μετὰ δέ, οὐ γὰρ ἐξεδίδοσαν αὐτὸν οἱ

---

2 ἡρώου L   3 αὐλῇσι D : αὐλῆσιν R S V   Ἀστροβ. a P (it. 7)
4 ἀναίρετο R V : -ρέατο S   5 ἐβούλεο d   6 σοι a   8 τί
D : τὰ Abicht   9 αὐτὸς ὁ om. d   αὐτῶν R   σὺ om. d P
γενόμενος d P   10 φησί R S V D²   σε om. D¹   αὐτοῦ D
11 τοὺς δ. μῆνας del. Gomperz   οὔκω S   12 γὰρ καὶ R   15 καὶ
om. S V   δ Ἀρ. a   πολὺν A B   16 ἀγνοίῃ Valckenaer
ἐκβάλλοι R   τοῦτο ante τὸ a   17 ἑωυτοῦ B R S V   πάντα
om. a   19 αἱ om. R S V   21 φήσας d   22 πορεύεσθαι d
23 δρησμὸν D   24 ἐπιβάντες a   25 ἅπτοντο a   26 αὐτοῦ a P
ἀπαιρέοντο Laur. lxx. 6 [C]

Ζακύνθιοι, ἐνθεῦτεν διαβαίνει ἐς τὴν Ἀσίην παρὰ βασιλέα
Δαρεῖον. ὁ δὲ ὑπεδέξατό τε αὐτὸν μεγαλωστὶ καὶ γῆν τε
καὶ πόλιας ἔδωκε.   οὕτω ἀπίκετο ἐς τὴν Ἀσίην Δημάρητος 3
καὶ τοιαύτῃ χρησάμενος τύχῃ, ἄλλα τε Λακεδαιμονίοισι
5 συχνὰ ἔργοισί τε καὶ γνώμῃσι ἀπολαμπρυνθείς, ἐν δὲ δὴ
καὶ Ὀλυμπιάδα σφι ἀνελόμενος τεθρίππῳ προσέβαλε,
μοῦνος τοῦτο πάντων δὴ τῶν γενομένων βασιλέων ἐν Σπάρτῃ
ποιήσας.

Λευτυχίδης δὲ ὁ Μενάρεος [Δημαρήτου καταπαυσθέντος] 71
10 διεδέξατο τὴν βασιληίην, καί οἱ γίνεται παῖς Ζευξίδημος,
τὸν δὴ Κυνίσκον μετεξέτεροι Σπαρτιητέων ἐκάλεον.   οὗτος
ὁ Ζευξίδημος οὐκ ἐβασίλευσε Σπάρτης· πρὸ Λευτυχίδεω
γὰρ τελευτᾷ, λιπὼν παῖδα Ἀρχίδημον.   Λευτυχίδης δὲ 2
στερηθεὶς Ζευξιδήμου γαμέει δευτέρην γυναῖκα Εὐρυδάμην,
15 ἐοῦσαν [τὴν] Μενίου [μὲν] ἀδελφεήν, Διακτορίδεω δὲ θυγατέρα,
ἐκ τῆς οἱ ἔρσεν μὲν γίνεται οὐδέν, θυγάτηρ δὲ Λαμπιτώ,
τὴν Ἀρχίδημος ὁ Ζευξιδήμου γαμέει δόντος αὐτῷ Λευτυχίδεω.
οὐ μὲν οὐδὲ Λευτυχίδης κατεγήρα ἐν Σπάρτῃ, ἀλλὰ τίσιν 72
τοιήνδε τινὰ Δημαρήτῳ ἐξέτεισε· ἐστρατήγησε Λακεδαι-
20 μονίοισι ἐς Θεσσαλίην, παρεὸν δέ οἱ πάντα ὑποχείρια
ποιήσασθαι ἐδωροδόκησε ἀργύριον πολλόν.   ἐπ᾽ αὐτοφώρῳ 2
δὲ ἁλοὺς αὐτοῦ ἐν τῷ στρατοπέδῳ ἐπικατήμενος χειρίδι πλέῃ
ἀργυρίου, ἔφυγε ἐκ Σπάρτης ὑπὸ δικαστήριον ὑπαχθείς, καὶ
τὰ οἰκία οἱ κατεσκάφη· ἔφυγε δὲ ἐς Τεγέην καὶ ἐτελεύτησε
25 ἐν ταύτῃ.   ταῦτα μὲν δὴ ἐγένετο χρόνῳ ὕστερον· τότε δὲ 73
ὡς τῷ Κλεομένεϊ ὡδώθη τὸ ἐς τὸν Δημάρητον πρῆγμα,
αὐτίκα παραλαβὼν Λευτυχίδεα ἤιε ἐπὶ τοὺς Αἰγινήτας, δεινόν

---

1 Ζακίνθιοι D   2 τε om. d   μεγάλως d   3 πόλεις D R V :
πόλις S   6 Ὀλυμπιάδαι D : -δας R   προσέλαβε d P¹   7 γενομ.
βασ. γενομ. R   ἐν om. B   12 πρὸ + + B   Λευτ. . . . Ἀρχ.
om. R   13 καταλιπὼν D S V   15 τὴν om. d P   μὲν om. a
Διακτορίῳ R V : -ίεω S   19 Δημαρήτου S [V]   ἐξέτησεν R :
ἐξέτισε(ν) rell   20 ὑποχ. πάντα d P   21 -κισε D¹   πολύ L
22 αὐτῶι C   χειρίδι πλέῃ Wesseling : χειρὶ διπλῆ(ι) L   24 οὐ
C S V   ἐν Τεγέῃ d   25 ἐν del. Krueger   26 ενωδωθη C¹
(ευοδ. Cᶜ) P : ὠρθώθη S   27 Λευτυχίδην P d [V]

2 τινά σφι ἔγκοτον διὰ τὸν προπηλακισμὸν ἔχων. οὕτω δὴ
οὔτε οἱ Αἰγινῆται, ἀμφοτέρων τῶν βασιλέων ἡκόντων ἐπ'
αὐτούς, ἐδικαίευν ἔτι ἀντιβαίνειν, ἐκεῖνοί τε ἐπιλεξάμενοι
ἄνδρας δέκα Αἰγινητέων τοὺς πλείστου ἀξίους καὶ πλούτῳ
καὶ γένεϊ ἦγον, καὶ ἄλλους καὶ δὴ καὶ Κριόν τε τὸν Πολυ- 5
κρίτου καὶ Κάσαμβον τὸν Ἀριστοκράτεος, οἵ περ εἶχον
μέγιστον κράτος· ἀγαγόντες δέ σφεας ἐς γῆν τὴν Ἀττικὴν
παραθήκην κατατίθενται ἐς τοὺς ἐχθίστους Αἰγινήτῃσι
Ἀθηναίους.

74   Μετὰ δὲ ταῦτα Κλεομένεα ἐπάϊστον γενόμενον κακο- 10
τεχνήσαντα ἐς Δημάρητον δεῖμα ἔλαβε Σπαρτιητέων καὶ
ὑπεξέσχε ἐς Θεσσαλίην. ἐνθεῦτεν δὲ ἀπικόμενος ἐς τὴν
Ἀρκαδίην νεώτερα ἔπρησσε πρήγματα, συνιστὰς τοὺς
Ἀρκάδας ἐπὶ τῇ Σπάρτῃ, ἄλλους τε ὅρκους προσάγων σφι
ἦ μὲν ἕψεσθαί σφεας αὐτῷ τῇ ἂν ἐξηγῆται, καὶ δὴ καὶ ἐς 15
Νώνακριν πόλιν πρόθυμος ἦν τῶν Ἀρκάδων τοὺς προεστεῶτας
2 ἀγινέων ἐξορκοῦν τὸ Στυγὸς ὕδωρ. ἐν δὲ ταύτῃ τῇ πόλι
λέγεται εἶναι ὑπ' Ἀρκάδων τὸ Στυγὸς ὕδωρ, καὶ δὴ καὶ ἔστι
τοιόνδε τι· ὕδωρ ὀλίγον φαινόμενον ἐκ πέτρης στάζει ἐς
ἄγκος, τὸ δὲ ἄγκος αἱμασιῆς τις περιθέει κύκλος. ἡ δὲ 20
Νώνακρις, ἐν τῇ ἡ πηγὴ αὕτη τυγχάνει ἐοῦσα, πόλις ἐστὶ
75 τῆς Ἀρκαδίης πρὸς Φενεῷ. μαθόντες δὲ Κλεομένεα Λακε-
δαιμόνιοι ταῦτα πρήσσοντα κατῆγον αὐτὸν δείσαντες ἐπὶ
τοῖσι αὐτοῖσι [ἐς Σπάρτην] τοῖσι καὶ πρότερον ἦρχε. κατελ-
θόντα δὲ [αὐτὸν] αὐτίκα ὑπέλαβε μανίη νοῦσος, ἐόντα καὶ 25
πρότερον ὑπομαργότερον· ὅκως γάρ τεῳ ἐντύχοι Σπαρτιητέων,
2 ἐνέχραυε ἐς τὸ πρόσωπον τὸ σκῆπτρον. ποιέοντα δὲ αὐτὸν

---

3 ἐδίκευν R S V   4 καὶ om. d   7 γῆν om. S V   8 παρα-
τίθενται a   9 Ἀθηναίων D   11 καὶ om. C   12 ὑπεξέχει
S V (?)   15 μὴν A C Const. : μιν B   ἦ & Const.   alt. καὶ
om. C   16 Νωνάκρην D¹ R V   προθύμως R   προεστωτας
D R V Const.   17 ἐξορκοῦν A² : ἐξόρκου a Const. : ἐξορκῶν d P
πόλει L [V]   18 ὑπ'] τῶν a [C] P¹ (?)   20 ἄγγος bis R S V
22 Λακεδ. Κλεομ. d P Const.   24 ἐς Σπάρτην (ἐν Σπάρτη post
αὐτὸν [23] S) del. Cobet   25 αὐτὸν a P Const. : om. d   μανίῃ
C : μανίης d P   27 ἐνέχραυε τὸ πρόσωπον τῷ σκήπτρῳ Suid. s. v.
ἐνέχραυε   ποιεῦντα d   δὴ D R V

ταῦτα καὶ παραφρονήσαντα ἔδησαν οἱ προσήκοντες ἐν ξύλῳ·
ὁ δὲ δεθεὶς τὸν φύλακον μουνωθέντα ἰδὼν τῶν ἄλλων αἰτέει
μάχαιραν· οὐ βουλομένου δὲ τὰ πρῶτα [τοῦ φυλάκου] διδόναι
ἀπείλεε τά μιν λυθεὶς ποιήσει, ἐς ὃ δείσας τὰς ἀπειλὰς ὁ
5 φύλακος (ἦν γὰρ τῶν τις εἱλωτέων) διδοῖ οἱ μάχαιραν.
Κλεομένης δὲ παραλαβὼν τὸν σίδηρον ἄρχετο ἐκ τῶν 3
κνημέων ἑωυτὸν λωβώμενος· ἐπιτάμνων γὰρ κατὰ μῆκος
τὰς σάρκας προέβαινε ἐκ τῶν κνημέων ἐς τοὺς μηρούς, ἐκ
δὲ τῶν μηρῶν ἔς τε τὰ ἰσχία καὶ τὰς λαπάρας, ἐς ὃ ἐς τὴν
10 γαστέρα ἀπίκετο καὶ ταύτην καταχορδεύων ἀπέθανε τρόπῳ
τοιούτῳ, ὡς μὲν οἱ πολλοὶ λέγουσι Ἑλλήνων, ὅτι τὴν
Πυθίην ἀνέγνωσε τὰ περὶ Δημαρήτου [γενόμενα] λέγειν,
ὡς δὲ Ἀθηναῖοι [μοῦνοι] λέγουσι, διότι ἐς Ἐλευσῖνα ἐσβαλὼν
ἔκειρε τὸ τέμενος τῶν θεῶν, ὡς δὲ Ἀργεῖοι, ὅτι ἐξ ἱροῦ
15 αὐτῶν τοῦ Ἄργου Ἀργείων τοὺς καταφυγόντας ἐκ τῆς μάχης
καταγινέων κατέκοπτε καὶ αὐτὸ τὸ ἄλσος ἐν ἀλογίῃ ἔχων
ἐνέπρησε. Κλεομένεϊ γὰρ μαντευομένῳ ἐν Δελφοῖσι ἐχρήσθη 76
Ἄργος αἱρήσειν. ἐπείτε δὲ Σπαρτιήτας ἄγων ἀπίκετο ἐπὶ
ποταμὸν Ἐρασῖνον, ὃς λέγεται ῥέειν ἐκ τῆς Στυμφηλίδος
20 λίμνης (τὴν γὰρ δὴ λίμνην ταύτην ἐς χάσμα ἀφανὲς ἐκδι-
δοῦσαν ἀναφαίνεσθαι ἐν Ἄργεϊ, τὸ ἐνθεῦτεν δὲ τὸ ὕδωρ
ἤδη τοῦτο ὑπ' Ἀργείων Ἐρασῖνον καλέεσθαι), ἀπικόμενος
ὦν ὁ Κλεομένης ἐπὶ τὸν ποταμὸν τοῦτον ἐσφαγιάζετο αὐτῷ.
καὶ οὐ γὰρ ἐκαλλιέρεε οὐδαμῶς διαβαίνειν μιν, ἄγασθαι μὲν 2
25 ἔφη τοῦ Ἐρασίνου οὐ προδιδόντος τοὺς πολιήτας, Ἀργείους
μέντοι οὐδ' ὡς χαιρήσειν. μετὰ δὲ [ταῦτα] ἐξαναχωρήσας

2 αἴτεε d P   3 τὰ] τοῦ R V   τοῦ φυλάκου (ante τὰ a) del.
Kallenberg   4 λυθεὶς B² : αὖτις P : αὖθις rell.   ποιήσει
Schweighaeuser : ποιήσειε(ν) L   5 οἱ om. a   7 ἑωυτοῦ d
λαβόμ. V   8 προύβαινε(ν) a   9 τε om. d P   11 διότι d
12 ἀνέγνω ἐς d : ἀνέγνωσε ἐς P   Δημάρητον d P   γενόμενα (post
λέγειν a [γιν. C]) del. Gomperz   13 μοῦνοι om. a   ἐς om. R
16 ἀπορίη σχὼν d   18 δὴ a : om. D   19 Στυμφαλίδος a
(τυμ- B) P : Στυμφηλίης d   21 δὲ ἐνθεῦτεν δὲ R   23 δ' ὦν a
26 ταῦτα δὲ θ. : ταῦτα del. Herwerden

τὴν στρατιὴν κατήγαγε ἐς Θυρέην, σφαγιασάμενος δὲ τῇ
θαλάσσῃ ταῦρον πλοίοισί σφεας ἤγαγε ἔς τε τὴν Τιρυνθίην
77 χώρην καὶ Ναυπλίην. Ἀργεῖοι δὲ ἐβοήθεον πυνθανόμενοι
ταῦτα ἐπὶ θάλασσαν. ὡς δὲ ἀγχοῦ μὲν ἐγίνοντο τῆς
Τίρυνθος, χώρῳ δὲ ἐν τούτῳ τῷ κεῖται Σήπεια οὔνομα, 5
μεταίχμιον οὐ μέγα ἀπολιπόντες ἵζοντο ἀντίοι τοῖσι Λακε-
δαιμονίοισι. ἐνθαῦτα δὴ οἱ Ἀργεῖοι τὴν μὲν ἐκ τοῦ φανεροῦ
2 μάχην οὐκ ἐφοβέοντο, ἀλλὰ μὴ δόλῳ αἱρεθέωσι. καὶ γὰρ
δή σφι ἐς τοῦτο τὸ πρῆγμα εἶχε τὸ χρηστήριον, τὸ ἐπίκοινα
ἔχρησε ἡ Πυθίη τούτοισί τε καὶ Μιλησίοισι λέγον ὧδε· 10

    ἀλλ' ὅταν ἡ θήλεια τὸν ἄρσενα νικήσασα
    ἐξελάσῃ καὶ κῦδος ἐν Ἀργείοισιν ἄρηται,
    πολλὰς Ἀργείων ἀμφιδρυφέας τότε θήσει.
    ὥς ποτέ τις ἐρέει καὶ ἐπεσσομένων ἀνθρώπων·
    δεινὸς ὄφις τριέλικτος ἀπώλετο δουρὶ δαμασθείς. 15

3 ταῦτα δὴ πάντα συνελθόντα τοῖσι Ἀργείοισι φόβον παρεῖχε.
καὶ δή σφι πρὸς ταῦτα ἔδοξε τῷ κήρυκι τῶν πολεμίων
χρᾶσθαι, δόξαν δέ σφι ἐποίευν τοιόνδε· ὅκως ὁ Σπαρτιήτης
κῆρυξ προσημαίνοι τι Λακεδαιμονίοισι, ἐποίευν καὶ οἱ Ἀργεῖοι
78 τὠυτὸ τοῦτο. μαθὼν δὲ ὁ Κλεομένης ποιεῦντας τοὺς 20
Ἀργείους ὁκοῖόν τι ὁ σφέτερος κῆρυξ σημήνειε, παραγγέλλει
σφι, ὅταν σημήνῃ ὁ κῆρυξ ποιέεσθαι ἄριστον, τότε ἀναλα-
2 βόντας τὰ ὅπλα χωρέειν ἐς τοὺς Ἀργείους. ταῦτα καὶ
ἐγένετο ἐπιτελέα ἐκ τῶν Λακεδαιμονίων· ἄριστον γὰρ
ποιευμένοισι τοῖσι Ἀργείοισι ἐκ τοῦ κηρύγματος ἐπεκέατο, 25
καὶ πολλοὺς μὲν ἐφόνευσαν αὐτῶν, πολλῷ δέ τι πλεῦνας ἐς
τὸ ἄλσος τοῦ Ἄργου καταφυγόντας περιιζόμενοι ἐφύλασσον.
79 ἐνθεῦτεν δὲ ὁ Κλεομένης ἐποίεε τοιόνδε· ἔχων αὐτομόλους

1 κατήγε C P   Θυραίην D   2 εἰς V   τε om. d   5 κέεται L
ησιππεια A B¹ : ἡ σίπεια C P : σίππ. D   6 ἀντίον a   8 αἱρεθῶσι a
9 ἐπὶ κοινῇ a   10 λέγοντα D   14 ἐπ' ἐσσ. P   15 τριέληκτος
R S V : ἀέλικτος a   19 προσημαίνει R S V : -νη D   οἱ om. C
22 ποιέσθε R   23 χωρεύειν R P¹ (?) : χορεύειν V   24 ἐγίνετο d
26 δ' ἔτι P : δὲ a   27 περιεζόμενοι a   28 δὴ S

ἄνδρας καὶ [πυνθανόμενος τούτων] ἐξεκάλεε πέμπων κήρυκα,
ὀνομαστὶ λέγων τῶν Ἀργείων τοὺς ἐν τῷ ἱρῷ ἀπεργμένους,
ἐξεκάλεε δὲ φὰς αὐτῶν ἔχειν τὰ ἄποινα· ἄποινα δέ ἐστι
Πελοποννησίοισι δύο μνέαι τεταγμέναι [κατ' ἄνδρα αἰχμά-
5 λωτον] ἐκτίνειν. κατὰ πεντήκοντα δὴ ὦν τῶν Ἀργείων ὡς
ἑκάστους ἐκκαλεύμενος ὁ Κλεομένης ἔκτεινε. ταῦτα δέ κως 2
γινόμενα ἐλελήθεε τοὺς λοιποὺς τοὺς ἐν τῷ τεμένεϊ· ἅτε
γὰρ πυκνοῦ ἐόντος τοῦ ἄλσεος οὐκ ὥρων [οἱ ἐντὸς] [τοὺς ἐκτὸς]
ὅ τι ἔπρησσον, πρίν γε δὴ αὐτῶν τις ἀναβὰς ἐπὶ δένδρος
10 κατεῖδε τὸ ποιεύμενον. οὐκ ὦν δὴ ἔτι καλεόμενοι ἐξήισαν.
ἐνθαῦτα δὴ ὁ Κλεομένης ἐκέλευε πάντα τινὰ τῶν εἱλωτέων 80
περινέειν ὕλῃ τὸ ἄλσος, [τῶν δὲ πιθομένων] ἐνέπρησε τὸ
ἄλσος. [καιομένου] δὲ ἤδη ἐπείρετο τῶν τινα αὐτομόλων
τίνος εἴη θεῶν τὸ ἄλσος· ὁ δὲ ἔφη Ἄργου εἶναι. ὁ δὲ ὡς
15 ἤκουσε, ἀναστενάξας μέγα εἶπε· Ὦ Ἄπολλον χρηστήριε,
ἦ μεγάλως με ἠπάτηκας φάμενος Ἄργος αἱρήσειν· συμ-
βάλλομαι δ' ἐξήκειν μοι τὸ χρηστήριον. μετὰ δὲ ταῦτα ὁ 81
Κλεομένης [τὴν μὲν πλέω στρατιὴν] ἀπῆκε ἀπιέναι ἐς Σπάρτην,
χιλίους δὲ αὐτὸς λαβὼν τοὺς ἀριστέας ἤιε ἐς τὸ Ἥραιον
20 θύσων. βουλόμενον δὲ αὐτὸν θύειν ἐπὶ τοῦ βωμοῦ ὁ ἱρεὺς
ἀπηγόρευε, φὰς οὐκ ὅσιον εἶναι ξείνῳ αὐτόθι θύειν. ὁ δὲ
Κλεομένης τὸν ἱρέα ἐκέλευε τοὺς εἵλωτας ἀπὸ τοῦ βωμοῦ
ἀπαγαγόντας μαστιγῶσαι καὶ αὐτὸς ἔθυσε· ποιήσας δὲ ταῦτα
ἀπήιε ἐς τὴν Σπάρτην. νοστήσαντα δέ μιν ὑπῆγον οἱ 82
25 ἐχθροὶ ὑπὸ τοὺς ἐφόρους, φάμενοί μιν δωροδοκήσαντα οὐκ
ἑλεῖν τὸ Ἄργος, παρεὸν εὐπετέως μιν ἑλεῖν. ὁ δέ σφι
ἔλεξε, [οὔτε εἰ ψευδόμενος οὔτε εἰ ἀληθέα λέγων, ἔχω

1 πυνθανομένους B¹ C   τουτέων a   2 ἱερῷ A   3 φὰς]
σφεας d   5 κτίνειν R   6 ἑκάστου d B: ἕκαστον Herwerden
ἐκκαλεόμενος d P   ὁ Κλεομ. om. SV   9 δένδρου SV   10 κατίδε a
ἐξηίεσαν P: ἐξῆεσαν a d   12 περινεῖν d   ὕλην S   τῶν om. SV
πιθομένων Cobet: πυθ. RV: πειθ. rell. [B]   16 ἦ om. a   18 ἐν d
Σπάρτῃ d [V]   20 βουλομένου δὲ αὐτοῦ Herwerden   ἱερ. A¹ D¹
(it. 22)   21 φάσκων d   22 ἐκέλευσε d   23 ἀπάγοντας A B d
26 pr. ἑλεῖν] ἑλέειν a P

σαφηνέως εἶπαι, ἔλεξε δ' ὧν φάμενος, ἐπείτε δὴ τὸ τοῦ
Ἄργου ἱρὸν εἷλε, δοκέειν οἱ ἐξεληλυθέναι τὸν τοῦ θεοῦ
χρησμόν· πρὸς ὧν ταῦτα οὐ δικαιοῦν πειρᾶν τῆς πόλιος,
πρίν γε δὴ ἱροῖσι χρήσηται καὶ μάθῃ, εἴτε οἱ ὁ θεὸς παρα-
2 διδοῖ εἴτε [οἱ] ἐμποδὼν ἕστηκε· καλλιερευμένῳ δὲ ἐν τῷ
Ἡραίῳ ἐκ τοῦ ἀγάλματος τῶν στηθέων φλόγα πυρὸς ἐκ-
λάμψαι, μαθεῖν δὲ αὐτὸς οὕτω τὴν ἀτρεκείην, ὅτι οὐκ αἱρέει
τὸ Ἄργος· εἰ μὲν γὰρ ἐκ τῆς κεφαλῆς τοῦ ἀγάλματος
ἐξέλαμψε, αἱρέειν ἂν κατ' ἄκρης τὴν πόλιν, ἐκ τῶν στηθέων
δὲ ἐκλάμψαντος πᾶν οἱ πεποιῆσθαι ὅσον ὁ θεὸς ἐβούλετο
γενέσθαι. ταῦτα δὲ λέγων πιστά τε καὶ οἰκότα ἐδόκεε
Σπαρτιήτῃσι λέγειν καὶ ἀπέφυγε πολλὸν τοὺς διώκοντας.

83 Ἄργος δὲ ἀνδρῶν ἐχηρώθη οὕτω ὥστε οἱ δοῦλοι αὐτῶν
ἔσχον πάντα τὰ πρήγματα ἄρχοντές τε καὶ διέποντες, ἐς ὃ
ἐπήβησαν οἱ τῶν ἀπολομένων παῖδες. ἔπειτέ σφεας οὗτοι
ἀνακτώμενοι ὀπίσω ἐς ἑωυτοὺς τὸ Ἄργος ἐξέβαλον· ἐξωθεύ-
2 μενοι δὲ οἱ δοῦλοι μάχῃ ἔσχον Τίρυνθα. τέως μὲν δή σφι
ἦν ἄρθμια ἐς ἀλλήλους, ἔπειτα δὲ ἐς τοὺς δούλους ἦλθε ἀνὴρ
μάντις Κλέανδρος, γένος ἐὼν Φιγαλεὺς ἀπ' Ἀρκαδίης· οὗτος
τοὺς δούλους ἀνέγνωσε ἐπιθέσθαι τοῖσι δεσπότῃσι. ἐκ τούτου
δὲ πόλεμός σφι ἦν ἐπὶ χρόνον συχνόν, ἐς ὃ δὴ μόγις οἱ
Ἀργεῖοι ἐπεκράτησαν.

84 Ἀργεῖοι μέν νυν διὰ ταῦτα Κλεομένεά φασι μανέντα
ἀπολέσθαι κακῶς, αὐτοὶ δὲ Σπαρτιῆταί φασι ἐκ δαιμονίου
μὲν οὐδενὸς μανῆναι Κλεομένεα, Σκύθῃσι δὲ ὁμιλήσαντά μιν
2 ἀκρητοπότην γενέσθαι καὶ ἐκ τούτου μανῆναι. Σκύθας γὰρ
τοὺς νομάδας, ἐπείτε σφι Δαρεῖον ἐμβαλεῖν ἐς τὴν χώρην,

1 σαφηνέω RV   εἶπε C : εἰπεῖν d P   2 εἷλον a P¹   τοῦ θεοῦ
(del. Herwerden) post χρησμόν P   3 ταῦτα] τὰ SV   5 οἱ
om. a V¹   7 αὐτοὺς d   ἀτρεκίην ABD   ὡς d P   9–10 δὲ
στηθέων a   10 λάμψαντος a   11 δὲ om. a   12 διέφυγε a
13 ἐχειρώθη CRSVDᶜ   αὐτέων RVDᶜ   14 ἔχον SV   τε
om. a   15 ἐπέβησαν L   ἐπείτε d : ἔπειτα a P   οὗτοι P : οὕτω
a : αὐτοὶ d   16 ἔξω θεώμενοι d   18 ἐπείτε S   εἰς B
19 Φιγασεὺς a P   21 δὲ] δὴ a P   26 -πότην AB   27 ἐκβαλεῖν
C : ἐσβαλεῖν Laur. lxx. 6

μετὰ ταῦτα μεμονέναι μιν τείσασθαι, πέμψαντας δὲ ἐς
Σπάρτην συμμαχίην τε ποιέεσθαι καὶ συντίθεσθαι ὡς χρεὸν
εἴη αὐτοὺς μὲν τοὺς Σκύθας παρὰ Φᾶσιν ποταμὸν πειρᾶν ἐς
τὴν Μηδικὴν ἐσβάλλειν, σφέας δὲ τοὺς Σπαρτιήτας κελεύειν
5 ἐξ Ἐφέσου ὁρμωμένους ἀναβαίνειν καὶ ἔπειτα ἐς τὠυτὸ
ἀπαντᾶν. Κλεομένεα δὲ λέγουσι ἡκόντων τῶν Σκυθέων 3
ἐπὶ ταῦτα ὁμιλέειν σφι μεζόνως, ὁμιλέοντα δὲ μᾶλλον τοῦ
ἱκνεομένου μαθεῖν τὴν ἀκρητοποσίην παρ' αὐτῶν· ἐκ τούτου
δὲ μανῆναί μιν νομίζουσι Σπαρτιῆται. ἔκ τε τόσου, ὡς
10 αὐτοὶ λέγουσι, ἐπεὰν ζωρότερον βούλωνται πιεῖν, "Επι-
σκύθισον λέγουσι. οὕτω δὴ Σπαρτιῆται τὰ περὶ Κλεομένεα
λέγουσι· ἐμοὶ δὲ δοκέει τίσιν ταύτην ὁ Κλεομένης Δημαρήτῳ
ἐκτεῖσαι.

Τελευτήσαντος δὲ Κλεομένεος ὡς ἐπύθοντο Αἰγινῆται, 85
15 ἔπεμπον ἐς Σπάρτην ἀγγέλους καταβωσομένους Λευτυχίδεω
περὶ τῶν ἐν Ἀθήνῃσι ὁμήρων ἐχομένων. Λακεδαιμόνιοι δὲ
δικαστήριον συναγαγόντες ἔγνωσαν περιυβρίσθαι Αἰγινήτας
ὑπὸ Λευτυχίδεω, καί μιν κατέκριναν ἔκδοτον ἄγεσθαι ἐς
Αἴγιναν ἀντὶ τῶν ἐν Ἀθήνῃσι ἐχομένων ἀνδρῶν. μελλόντων 2
20 δὲ ἄγειν τῶν Αἰγινητέων τὸν Λευτυχίδεα εἶπέ σφι Θεασίδης
ὁ Λεωπρέπεος, ἐὼν ἐν Σπάρτῃ ἀνὴρ δόκιμος· Τί βουλεύεσθε
ποιέειν, ἄνδρες Αἰγινῆται; τὸν βασιλέα τῶν Σπαρτιητέων
ἔκδοτον γενόμενον ὑπὸ τῶν πολιητέων ἄγειν; εἰ νῦν ὀργῇ
χρεώμενοι ἔγνωσαν οὕτω Σπαρτιῆται, ὅκως ἐξ ὑστέρης μή
25 τι ὑμῖν, ἢν ταῦτα ποιήσητε, πανώλεθρον κακὸν ἐς τὴν
χώρην ἐσβάλωσι. ταῦτα ἀκούσαντες οἱ Αἰγινῆται ἔσχοντο 3
τῆς ἀγωγῆς, ὁμολογίῃ δὲ ἐχρήσαντο τοιῇδε, ἐπισπόμενον

1 μεμηνέναι a τίσασθαι L 4 ἐσβαλεῖν d P 7 μεῖς.
ABd 8 ἱκνευμένου d 9 μανῆναί μιν om. C: μιν om. AB
καὶ Σπαρτ. d τε om. d τοσούτου RSV 10 πιεῖν Eustath.
Il. 746 : πιέειν a: πίνειν d P Athen. x. 427 b ἐπισκυθῶσον V:
-θῆσαι S: -θῖσαι Athen. 12 δὲ om. C ὁ om. d 13 ἐκτῖσαι I.
18 κατέκρινον DRV 20 Θεασίης C: Θεαρίδης B² 21 ἐν τῇ P
δόκιμος ἀνήρ a P βούλεσθε C P 22 ὦ ἄνδρες Αἰγ. ποιήσειν d
24 τὴν ὅκως d 25 πρήσσητε a P πανόλ. S V 26 ἐμβάλωσι
AB: ἐκβάλωσι C S V

Λευτυχίδεα ἐς ᾿Αθήνας ἀποδοῦναι Αἰγινήτῃσι τοὺς ἄνδρας.

86 ὡς δὲ ἀπικόμενος Λευτυχίδης ἐς τὰς ᾿Αθήνας ἀπαίτεε τὴν
παραθήκην, οἱ [δ'] ᾿Αθηναῖοι προφάσιας εἷλκον οὐ βουλό-
μενοι ἀποδοῦναι, φάντες δύο σφέας ἐόντας βασιλέας παρα-
θέσθαι καὶ οὐ δικαιοῦν τῷ ἑτέρῳ ἄνευ τοῦ ἑτέρου ἀποδιδόναι· 5
a οὐ φαμένων δὲ ἀποδώσειν τῶν ᾿Αθηναίων ἔλεξέ σφι Λευτυ-
χίδης τάδε· ᾿Ω ᾿Αθηναῖοι, ποιέετε μὲν ὁκότερα βούλεσθε
αὐτοί· καὶ γὰρ ἀποδιδόντες ποιέετε ὅσια καὶ μὴ ἀποδιδόντες
τὰ ἐναντία τούτων· ὁκοῖον μέντοι τι ἐν τῇ Σπάρτῃ συνηνείχθη
2 γενέσθαι περὶ παραθήκης, βούλομαι ὑμῖν εἶπαι. λέγομεν 10
ἡμεῖς οἱ Σπαρτιῆται γενέσθαι ἐν τῇ Λακεδαίμονι [κατὰ τρίτην
γενεὴν τὴν ἀπ᾿ ἐμέο] Γλαῦκον ᾿Επικύδεος παῖδα. τοῦτον τὸν
ἄνδρα φαμὲν τά τε ἄλλα πάντα περιήκειν τὰ πρῶτα καὶ δὴ
καὶ ἀκούειν ἄριστα δικαιοσύνης πέρι πάντων ὅσοι τὴν Λακε-
3 δαίμονα τοῦτον τὸν χρόνον οἴκεον. συνενειχθῆναι δέ οἱ ἐν 15
χρόνῳ ἱκνευμένῳ τάδε λέγομεν, ἄνδρα Μιλήσιον ἀπικόμενον
ἐς Σπάρτην βούλεσθαί οἱ ἐλθεῖν ἐς λόγους, προϊσχόμενον
τοιάδε· Εἰμὶ μὲν Μιλήσιος, ἥκω δὲ τῆς σῆς, Γλαῦκε,
4 δικαιοσύνης βουλόμενος ἀπολαῦσαι. ὡς γὰρ δὴ ἀνὰ πᾶσαν
μὲν τὴν ἄλλην ῾Ελλάδα, ἐν δὲ καὶ περὶ ᾿Ιωνίην τῆς σῆς 20
δικαιοσύνης ἦν λόγος πολλός, ἐμεωυτῷ λόγους ἐδίδουν] καὶ
ὅτι ἐπικίνδυνός ἐστι αἰεί κοτε ἡ ᾿Ιωνίη, ἡ δὲ Πελοπόννησος
ἀσφαλέως ἱδρυμένη, καὶ διότι χρήματα οὐδαμὰ τοὺς αὐτοὺς
5 ἔστι ὁρᾶν ἔχοντας. ταῦτά τε ὦν ἐπιλεγομένῳ καὶ βουλευο-
μένῳ ἔδοξέ μοι τὰ ἡμίσεα πάσης τῆς οὐσίης ἐξαργυρώσαντα 25
θέσθαι παρὰ σέ, εὖ ἐξεπισταμένῳ ὥς μοι κείμενα ἔσται παρὰ
σοὶ σόα. σὺ δή μοι καὶ τὰ χρήματα δέξαι καὶ τάδε [τὰ]

2 δ Λευτ. **d**   3 παρακαταθ. **a** P (it. infra)   δ' om. **d** P
5 δίκαιον **d**   8 ποιέετε . . . ἀποδιδόντες **a** D P: om. R S V   9 μέν
C   σι (?) D   συνηνέχθη S V   10 εἰπεῖν Stob. flor. 27, 14
12 γενεὰν V   14 καὶ om. R V Stob.   περὶ C D¹ R V   15 συνε-
νεχθ. A B Stob.   ἐν om. Stob.   16 ἱκενομένῳ **a**   Μηλίσιον
D¹   17 οἱ om. **a**   19 δικ. βουλ. **d** P Stob. : βουλ. δικ. **a**
20 καὶ om. C   22 ἀεί A B D R V   23 ὅτι S V   25 ἐξαργ.
πάσης τῆς οὐσ. D   26 σέ **d** Stob. : σοί **a** P   ἐπισταμένῳ **d**
ἔσται κείμενα **d**   27 σῶα C P S   δὲ S V   μοι om. **d**   alt.
τὰ om. **d**

σύμβολα σῴζε λαβών· ὃς δ' ἂν ἔχων ταῦτα ἀπαιτέῃ, τούτῳ
ἀποδοῦναι. ὁ μὲν δὴ ἀπὸ Μιλήτου ἥκων ξεῖνος τοσαῦτα β
ἔλεξε, Γλαῦκος δὲ ἐδέξατο τὴν παραθήκην ἐπὶ τῷ εἰρημένῳ
λόγῳ. χρόνου δὲ πολλοῦ διελθόντος ἦλθον ἐς Σπάρτην
5 τούτου τοῦ παραθεμένου τὰ χρήματα οἱ παῖδες, ἐλθόντες δὲ
ἐς λόγους τῷ Γλαύκῳ καὶ ἀποδεικνύντες τὰ σύμβολα ἀπαίτεον
τὰ χρήματα. ὁ δὲ διωθέετο ἀντυποκρινόμενος τοιάδε· Οὔτε 2
μέμνημαι τὸ πρῆγμα οὔτε με περιφέρει οὐδὲν εἰδέναι τούτων
τῶν ὑμεῖς λέγετε, βούλομαι δὲ ἀναμνησθεὶς ποιέειν πᾶν τὸ
10 δίκαιον, καὶ γὰρ εἰ ἔλαβον, ὀρθῶς ἀποδοῦναι, καὶ εἴ γε ἀρχὴν
μὴ ἔλαβον, νόμοισι τοῖσι Ἑλλήνων χρήσομαι ἐς ὑμέας.
ταῦτα ὦν ὑμῖν ἀναβάλλομαι κυρώσειν ἐς τέταρτον μῆνα
ἀπὸ τοῦδε. οἱ μὲν δὴ Μιλήσιοι συμφορὴν ποιεύμενοι ἀπ- γ
αλλάσσοντο ὡς ἀπεστερημένοι τῶν χρημάτων, Γλαῦκος δὲ
15 ἐπορεύετο ἐς Δελφοὺς χρησόμενος τῷ χρηστηρίῳ. ἐπείρω-
τῶντα δὲ αὐτὸν τὸ χρηστήριον εἰ ὅρκῳ τὰ χρήματα ληίσηται,
ἡ Πυθίη μετέρχεται τοισίδε τοῖσι ἔπεσι·

Γλαῦκ' Ἐπικυδείδη, τὸ μὲν αὐτίκα κέρδιον οὕτω 2
ὅρκῳ νικῆσαι καὶ χρήματα ληίσσασθαι.
20 ὄμνυ, ἐπεὶ θάνατός γε καὶ εὔορκον μένει ἄνδρα.
ἀλλ' Ὅρκου παῖς ἐστιν ἀνώνυμος, οὐδ' ἔπι χεῖρες
οὐδὲ πόδες· κραιπνὸς δὲ μετέρχεται, εἰς ὅ κε πᾶσαν
συμμάρψας ὀλέσῃ γενεὴν καὶ οἶκον ἅπαντα.
ἀνδρὸς δ' εὐόρκου γενεὴ μετόπισθεν ἀμείνων.

25 ταῦτα ἀκούσας ὁ Γλαῦκος συγγνώμην τὸν θεὸν παραιτέετο
αὐτῷ ἴσχειν τῶν ῥηθέντων. ἡ δὲ Πυθίη ἔφη τὸ πειρηθῆναι

1 ἀπαιτέει a D V   4 πολλοῦ et τούτου (5) om. Stob.   ἐς τὴν
C P   6 ἀποδεικνύοντες d   8 οὐδέ με Bekker   9 ὦν a P
δὲ Krueger : om. R : τε rell.   13 ποιεύμενοι d P Stob. : ποιησά-
μενοι a   14 ἀποστερημ. R : ἀπερημ. V : ἀπεριμμ. S   16 αὐτὸν
om. S   τὸ χρηστήριον om. Stob.   ληίσεται P S V Stob.   17 τοί-
σιδε τοῖσι Laur. lxx. 6: τοῖσδε τοῖσι a P : τοῖσι τοῖσιν D¹ R : τοῖσι(ν)
S V Dᶜ   18 Γλαῦκε a D R V   19 ληίσσασθαι B P : ληίσασθαι
rell.   21 ἄνωμος D R V : ἀνώμαλος S   22 κραιπνὸς R S V Dᶜ
Stob.   23 ὀλέσει a S [V]   γεν· ὀλ. Stob. 28, 15 H.   24 κατό-
πισθεν d Stob. 27, 14 H. (μετόπ. 28, 15 H.)   25 παρῃτέετο a
26 ἴσχειν a Stob. : σχεῖν d P

δ τοῦ θεοῦ καὶ τὸ ποιῆσαι ἴσον δύνασθαι.   Γλαῦκος μὲν δὴ
μεταπεμψάμενος τοὺς Μιλησίους ξείνους ἀποδιδοῖ σφι τὰ
χρήματα.   τοῦ δὲ εἴνεκα ὁ λόγος ὅδε, ὦ ᾿Αθηναῖοι, ὁρμήθη
λέγεσθαι ἐς ὑμέας, εἰρήσεται· Γλαύκου νῦν οὔτε τι ἀπόγονον
ἔστι οὐδὲν οὔτ᾿ ἱστίη οὐδεμία νομιζομένη εἶναι Γλαύκου, 5
ἐκτέτριπταί τε πρόρριζος ἐκ Σπάρτης.   οὕτω ἀγαθὸν μηδὲ
διανοέεσθαι περὶ παραθήκης ἄλλο γε ἢ ἀπαιτεόντων ἀπο-
διδόναι.   Λευτυχίδης μὲν εἴπας ταῦτα, ὥς οἱ οὐδὲ οὕτως
87 ἐσήκουον οἱ ᾿Αθηναῖοι, ἀπαλλάσσετο· οἱ δὲ Αἰγινῆται, πρὶν
τῶν πρότερον ἀδικημάτων δοῦναι δίκας τῶν ἐς ᾿Αθηναίους 10
ὕβρισαν Θηβαίοισι χαριζόμενοι, ἐποίησαν τοιόνδε· μεμφό-
μενοι τοῖσι ᾿Αθηναίοισι καὶ ἀξιοῦντες ἀδικέεσθαι, ὡς τιμω-
ρησόμενοι τοὺς ᾿Αθηναίους παρεσκευάζοντο.   καὶ ἦν γὰρ δὴ
τοῖσι ᾿Αθηναίοισι πεντετηρὶς ἐπὶ Σουνίῳ, λοχήσαντες ὦν τὴν
θεωρίδα νέα εἷλον πλήρεα ἀνδρῶν τῶν πρώτων ᾿Αθηναίων, 15
88 λαβόντες δὲ τοὺς ἄνδρας ἔδησαν.   ᾿Αθηναῖοι δὲ παθόντες
ταῦτα πρὸς Αἰγινητέων οὐκέτι ἀνεβάλλοντο μὴ οὐ τὸ πᾶν
μηχανήσασθαι ἐπ᾿ Αἰγινήτῃσι.   καὶ ἦν γὰρ Νικόδρομος
Κνοίθου καλεόμενος ἐν τῇ Αἰγίνῃ ἀνὴρ δόκιμος, οὗτος
μεμφόμενος μὲν τοῖσι Αἰγινήτῃσι προτέρην ἑωυτοῦ ἐξέλασιν 20
ἐκ τῆς νήσου, μαθὼν δὲ τότε τοὺς ᾿Αθηναίους ἀναρτημένους
ἔρδειν Αἰγινήτας κακῶς, συντίθεται ᾿Αθηναίοισι προδοσίην
Αἰγίνης, φράσας ἐν τῇ τε ἡμέρῃ ἐπιχειρήσει καὶ ἐκείνους ἐς
τὴν ἥκειν δεήσει βοηθέοντας.   μετὰ ταῦτα καταλαμβάνει μὲν
κατὰ [τὰ] συνεθήκατο ᾿Αθηναίοισι ὁ Νικόδρομος τὴν παλαιὴν 25
καλεομένην πόλιν, ᾿Αθηναῖοι δὲ οὐ παραγίνονται ἐς δέον·
89 οὐ γὰρ ἔτυχον ἐοῦσαι νέες σφι ἀξιόμαχοι τῇσι Αἰγινητέων

1 τὸ om. ἀ Stob.   2 ἀποδιδεῖ RV   3 ὡρμήθη ἀ   4 λέγεται
R : del. Cobet   5 ἐστίη AB   οὐδεμίη ἀ P   6 τε om. D
πρόρ + ριζος, ρορ ex corr., D : προρρίζως S : προροίζως V   7 δια-
νοεῖσθαι a   8 οἱ om. S   δὲ V   9 ἤκουον a   10 ἐς
om. R   13 καὶ om. a   14 πεντήρης a P   17 ἀνεβάλλοντο
ἀ P   18 μηχανᾶσθαι ἀ   19 Κνοίθου ἀ   ἀλεόμενος D¹ (-ώ-
Dᶜ) RV   20 μὲν om. ἀ   ἐξέλασεν DPᶜSV   21 ἀνηρτ.-ἀ
23 ᾗ(ι) L   24 ἦν L   εἱήκειν SV   25 τὰ om. Laur. lxx. 6
27 + +σφι B

συμβαλεῖν. ἐν ᾧ ὦν Κορινθίων ἐδέοντο χρῆσαι σφίσι νέας,
ἐν τούτῳ διεφθάρη τὰ πρήγματα. οἱ δὲ Κορίνθιοι, ἦσαν γάρ
σφι τοῦτον τὸν χρόνον φίλοι ἐς τὰ μάλιστα, Ἀθηναίοισι
διδοῦσι [δεομένοισι] εἴκοσι νέας, διδοῦσι δὲ πενταδράχμους
5 ἀποδόμενοι· δωτίνην γὰρ ἐν τῷ νόμῳ οὐκ ἐξῆν δοῦναι. ταύτας
τε δὴ λαβόντες οἱ Ἀθηναῖοι καὶ τὰς σφετέρας, πληρώσαντες
ἑβδομήκοντα νέας τὰς ἁπάσας, ἔπλεον ἐπὶ τὴν Αἴγιναν καὶ
ὑστέρησαν ἡμέρῃ μιῇ τῆς συγκειμένης. Νικόδρομος δέ, ὡς 90
οἱ Ἀθηναῖοι ἐς τὸν καιρὸν οὐ παρεγίνοντο, ἐς πλοῖον ἐσβὰς
10 ἐκδιδρήσκει ἐκ τῆς Αἰγίνης· σὺν δέ οἱ καὶ ἄλλοι ἐκ τῶν
Αἰγινητέων ἕσποντο, τοῖσι Ἀθηναῖοι Σούνιον οἰκῆσαι ἔδοσαν.
ἐνθεῦτεν δὲ οὗτοι ὁρμώμενοι [ἔφερόν τε καὶ ἦγον] τοὺς ἐν τῇ
νήσῳ Αἰγινήτας. ταῦτα μὲν δὴ ὕστερον ἐγίνετο, Αἰγινητέων 91
δὲ οἱ παχέες [ἐπαναστάντος σφι τοῦ δήμου ἅμα Νικοδρόμῳ]
15 ἐπεκράτησαν, καὶ ἔπειτέ σφεας χειρωσάμενοι ἐξῆγον ἀπο-
λέοντες. ἀπὸ τούτου δὲ καὶ ἄγος σφι ἐγένετο, τὸ ἐκθύσασθαι
οὐκ οἷοί τε ἐγένοντο ἐπιμηχανώμενοι, ἀλλ᾽ ἔφθησαν ἐκπε-
σόντες πρότερον ἐκ τῆς νήσου ἤ σφι ἵλεον γενέσθαι τὴν
θεόν. ἑπτακοσίους γὰρ δὴ τοῦ δήμου ζωγρήσαντες ἐξῆγον 2
20 ὡς ἀπολέοντες, εἷς δέ τις τούτων ἐκφυγὼν τὰ δεσμὰ κατα-
φεύγει πρὸς πρόθυρα Δήμητρος θεσμοφόρου, ἐπιλαβόμενος
δὲ τῶν ἐπισπαστήρων εἴχετο. οἱ δὲ ἐπείτε μιν ἀποσπάσαι
οὐκ οἷοί τε ἀπέλκοντες ἐγίνοντο, ἀποκόψαντες αὐτοῦ τὰς
χεῖρας ἦγον οὕτω, αἱ χεῖρες δὲ κεῖναι ἐμπεφυκυῖαι ἦσαν
25 τοῖσι ἐπισπαστῆρσι. ταῦτα μέν νυν σφέας αὐτοὺς οἱ 92
Αἰγινῆται ἐργάσαντο, Ἀθηναίοισι δὲ ἥκουσι ἐναυμάχησαν
νηυσὶ ἑβδομήκοντα, ἑσσωθέντες δὲ τῇ ναυμαχίῃ ἐπεκαλέοντο

---

1 συμβαλέειν ᾱ P   σφίσι Stein : σφι L   5 ἀπο + + δόμενοι D :
ἀποδιδ. Laur. lxx. 6   δωρεήν ᾱ P   ἐν om. ᾱ   ταῦτα C
8 ὑστέρισαν ᾱ R   10 ἐκδιδράσκει ᾱ   καὶ οἱ R S V   ἐκ om. ᾱ P
11 εἴποντο ᾱ P   οἰκίσαι ᾱ   14 τοῦ δήμου σφι ᾱ P   15 ἐπείτε
ᾱ : ἔπειτά ᾱ P   17 ἐγίν. C   18 ἵλεων C P D°   γινέσθαι C
τὸν ᾱ   19 δὴ om. C P   20 ὡς om. ᾱ   21 ἐπιλαμβανό-
μενος ᾱ   22 ἐπιπ. D   23 ἔχετο ᾱ   24 αἱ om. ᾱ B°   δ᾽
ἐκεῖναι D S V : δὲ ἐκεῖναι ᾱ   25 ἐπισπαρτῆρσι D : ἐπισπαρτῆσι S V :
ἐπισπάστροισι ᾱ   αὐτοὺς om. ᾱ P   27 ἐπεκάλεον R V D°

τοὺς αὐτοὺς [οὓς] καὶ πρότερον, Ἀργείους. καὶ δή σφι ουτοι
μὲν οὐκέτι βοηθέουσι, μεμφόμενοι ὅτι Αἰγιναῖαι νέες [ἀνάγκη
λαμφθεῖσαι ὑπὸ Κλεομένεος] ἔσχον τε ἐς τὴν Ἀργολίδα
χώρην καὶ συνάπέβησαν Λακεδαιμονίο'σι· συναπέβησαν δὲ
καὶ ἀπὸ Σικυωνιέων νεῶν ἄνδρες τῇ, αὐτῇ ταύτῃ ἐσβολῇ. 5

2 καί σφι ὑπ' Ἀργείων ἐπεβλήθη ζημίη χίλια τάλαντα
ἐκτεῖσαι, πεντακόσια ἑκατέρους. Σικυώνιοι μέν νυν συγ-
γνόντες ἀδικῆσαι ὡμολόγησαν ἑκατὸν τάλαντα ἐκτείσαντες
ἀζήμιοι εἶναι, Αἰγινῆται δὲ οὔτε συνεγινώσκοντο [ἦσάν τε
αὐθαδέστεροι. διὰ δὴ [ὦν σφι] ταῦτα δεομένοισι ἀπὸ μὲν 10
τοῦ δημοσίου οὐδεὶς Ἀργείων ἔτι ἐβοήθεε, ἐθελονταὶ δὲ ἐς
χιλίους· ἦγε δὲ αὐτοὺς στρατηγὸς [ἀνὴρ ᾧ οὔνομα] Εὐρυ-

3 βάτης, ἀνὴρ πεντάεθλον ἐπασκήσας. τούτων οἱ πλεῦνες οὐκ
ἀπενόστησαν ὀπίσω, ἀλλ' ἐτελεύτησαν ὑπ' Ἀθηναίων ἐν
Αἰγίνῃ· αὐτὸς δὲ ὁ στρατηγὸς Εὐρυβάτης μουνομαχίην 15
ἐπασκέων τρεῖς μὲν ἄνδρας τρόπῳ τοιούτῳ κτείνει, ὑπὸ δὲ

93 τοῦ τετάρτου Σωφάνεος τοῦ Δεκελέος ἀποθνήσκει. Αἰγι-
νῆται δὲ ἐοῦσι ἀτάκτοισι Ἀθηναίοισι συμβαλόντες τῇσι
νηυσὶ ἐνίκησαν καί σφεων νέας τέσσερας [αὐτοῖσι τοῖσι
ἀνδράσι] εἷλον. 20

94 Ἀθηναίοισι μὲν δὴ πόλεμος συνῆπτο πρὸς Αἰγινήτας, ὁ
δὲ Πέρσης τὸ ἑωυτοῦ ἐποίεε, ὥστε ἀναμιμνήσκοντός τε αἰεὶ
τοῦ θεράποντος μεμνῆσθαί μιν τῶν Ἀθηναίων [καὶ Πεισι-
στρατιδέων προσκατημένων καὶ διαβαλλόντων Ἀθηναίους]
ἅμα δὲ βουλόμενος ὁ Δαρεῖος [ταύτης ἐχόμενος τῆς προφάσιος] 25
καταστρέφεσθαι τῆς Ἑλλάδος τοὺς μὴ δόντας αὐτῷ γῆν τε

2 καὶ ὕδωρ. Μαρδόνιον μὲν δὴ φλαύρως πρήξαντα τῷ στόλῳ
παραλύει τῆς στρατηγίης, ἄλλους δὲ στρατηγοὺς ἀποδέξας

---

1 τοὺς d : τούτους a P   οὓς om. d   2 αἱ Αἰγ. d   νῆες a
ἀνάγκαι P   3 λα + φθεῖσαι B   ἔσχοντες ἐς R : ἐς om. D
5 Σικυων P : Σικυωνίων a d   νεῶν om. S   6 ὑπεβλήθη d
7 ἐκτισ. L (it. 8)   ἑτέρους d   10 ὦν σφι om. d P   11 θελονταὶ d
12 ἀνὴρ ᾧ οὔνομα om. d P   13 ἀνὴρ D solus   πένταθλον D^c R S V
15 μουναρχίην D   16 τρόπῳ τοιῷδε (sic d) post κτείνει D
18 τοῖσι Ἀθ. a   19 τέσσαρας C D S V   τοῖσι om. d P   22 αἰεὶ
A B   26 τε supra v. D[1]

ἀπέστελλε ἐπί τε Ἐρέτριαν καὶ Ἀθήνας, Δᾶτίν τε, ἐόντα
Μῆδον γένος, καὶ Ἀρταφρένεα τὸν Ἀρταφρένεος παῖδα,
ἀδελφιδέον ἑωυτοῦ· ἐντειλάμενος δὲ ἀπέπεμπε ἐξανδραποδί-
σαντας Ἀθήνας καὶ Ἐρέτριαν ἀνάγειν ἑωυτῷ ἐς ὄψιν τὰ
5 ἀνδράποδα. ὡς δὲ οἱ στρατηγοὶ οὗτοι οἱ ἀποδεχθέντες 95
πορευόμενοι παρὰ βασιλέος ἀπίκοντο τῆς Κιλικίης ἐς τὸ
Ἀλήιον πεδίον, ἅμα ἀγόμενοι πεζὸν στρατὸν πολλόν τε καὶ
εὖ ἐσκευασμένον, ἐνθαῦτα στρατοπεδευομένοισι ἐπῆλθε μὲν
ὁ ναυτικὸς πᾶς στρατὸς ὁ ἐπιταχθεὶς ἑκάστοισι, παρεγένοντο
10 δὲ καὶ αἱ ἱππαγωγοὶ νέες, τὰς τῷ προτέρῳ ἔτεϊ προεῖπε τοῖσι
ἑωυτοῦ δασμοφόροισι Δαρεῖος ἑτοιμάζειν. ἐσβαλόμενοι δὲ 2
τοὺς ἵππους ἐς ταύτας καὶ τὸν πεζὸν στρατὸν ἐσβιβάσαντες
[ἐς τὰς νέας] ἔπλεον ἑξακοσίῃσι τριήρεσι ἐς τὴν Ἰωνίην.
ἐνθεῦτεν δὲ οὐ παρὰ τὴν ἤπειρον εἶχον τὰς νέας ἰθὺ τοῦ τε
15 Ἑλλησπόντου καὶ τῆς Θρηίκης, ἀλλ' ἐκ Σάμου ὁρμώμενοι
παρά τε Ἴκαρον καὶ διὰ νήσων τὸν πλόον ἐποιεῦντο, ὡς μὲν
ἐμοὶ δοκέειν, δείσαντες μάλιστα τὸν περίπλοον τοῦ Ἄθω,
ὅτι τῷ προτέρῳ ἔτεϊ ποιεύμενοι ταύτῃ τὴν κομιδὴν μεγάλως
προσέπταισαν· πρὸς δὲ καὶ ἡ Νάξος σφέας ἠνάγκαζε πρότερον
20 οὐκ ἁλοῦσα. ἐπεὶ δὲ ἐκ τοῦ Ἰκαρίου πελάγεος προσφερό- 96
μενοι προσέμειξαν τῇ Νάξῳ (ἐπὶ ταύτην γὰρ δὴ πρώτην
ἐπεῖχον στρατεύεσθαι οἱ Πέρσαι), μεμνημένοι τῶν πρότερον
οἱ Νάξιοι πρὸς τὰ ὄρεα οἴχοντο φεύγοντες οὐδὲ ὑπέμειναν.
οἱ δὲ Πέρσαι ἀνδραποδισάμενοι τοὺς κατέλαβον αὐτῶν,
25 ἐνέπρησαν καὶ τὰ ἱρὰ καὶ τὴν πόλιν. ταῦτα δὲ ποιήσαντες
ἐπὶ τὰς ἄλλας νήσους ἀνάγοντο. ἐν ᾧ δὲ οὗτοι ταῦτα 97
ἐποίευν, οἱ Δήλιοι ἐκλιπόντες καὶ αὐτοὶ τὴν Δῆλον οἴχοντο

1 ἀπέστελε C : ἀπέστειλε A B P   ἐπεί D   Ἐρέτρειαν a D¹ (it. 4)
2 Μήδων S V   3 ἀδελφεὸν C S : ἀδελφεὸν δὲ D : ἀδελφιδέον δὲ
Stein   4 ἀγαγεῖν d : ἄγειν a P   5 δὲ καὶ οἱ R   alt. οἱ om. d
7 ἀλην + ήιον D   ἅμα om. B¹   τε om. a   8 μὲν om. d
9 alt. ὁ om. d   10 αἱ om. d B   ἃς a   11 ἐσβαλλ. D S
13 ἐς τὰς νέας om. d   14 ἐνθέντες A B D   16 Ἴκαρον
Gebhardt : Ἰκάριον L   17 μάλιστα om. d P¹   Ἄθου D   18 τρίτῳ
πρότερον Dobree   ταύτην R   21 προσέμιξαν L   πρῶτον d
22 ἐπεῖχον] χ Dᶜ   προτέρων R S V   26 ἐπὶ] ἐς C

φεύγοντες ἐς Τῆνον. τῆς δὲ στρατιῆς καταπλεούσης ὁ Δᾶτις
προπλώσας οὐκ ἔα τὰς νέας πρὸς τὴν Δῆλον προσορμίζεσθαι,
ἀλλὰ πέρην ἐν τῇ ῾Ρηναίῃ· αὐτὸς δὲ πυθόμενος ἵνα ἦσαν οἱ
2 Δήλιοι, πέμπων κήρυκα ἠγόρευέ σφι τάδε· Ἄνδρες ἱροί, τί
φεύγοντες οἴχεσθε, οὐκ ἐπιτήδεα καταγνόντες κατ' ἐμεῦ; ἐγὼ 5
γὰρ καὶ αὐτὸς [ἐπὶ τοσοῦτό γε φρονέω] καί μοι ἐκ βασιλέος
ὧδε ἐπέσταλται, ἐν τῇ χώρῃ οἱ δύο θεοὶ ἐγένοντο, ταύτην
μηδὲν σίνεσθαι, μήτε αὐτὴν τὴν χώρην μήτε τοὺς οἰκήτορας
αὐτῆς. νῦν ὦν καὶ ἄπιτε ἐπὶ τὰ ὑμέτερα αὐτῶν καὶ τὴν
νῆσον νέμεσθε. ταῦτα μὲν ἐπεκηρυκεύσατο τοῖσι Δηλίοισι, 10
μετὰ δὲ λιβανωτοῦ τριηκόσια τάλαντα καταγήσας ἐπὶ τοῦ
98 βωμοῦ ἐθυμίησε. Δᾶτις μὲν δὴ ταῦτα ποιήσας ἔπλεε ἅμα
τῷ στρατῷ ἐπὶ τὴν Ἐρέτριαν πρῶτα, ἅμα ἀγόμενος καὶ
Ἴωνας καὶ Αἰολέας· [μετὰ δὲ τοῦτον ἐνθεῦτεν ἐξαναχθέντα]
Δῆλος ἐκινήθη, ὡς ἔλεγον οἱ Δήλιοι, καὶ πρῶτα καὶ ὕστατα 15
μέχρι ἐμεῦ σεισθεῖσα. καὶ τοῦτο μέν κου τέρας ἀνθρώποισι
2 τῶν μελλόντων ἔσεσθαι κακῶν ἔφηνε ὁ θεός. ἐπὶ γὰρ
Δαρείου τοῦ Ὑστάσπεος καὶ Ξέρξεω τοῦ Δαρείου καὶ Ἀρτο-
ξέρξεω τοῦ Ξέρξεω, τριῶν τουτέων ἐπεξῆς γενεέων, ἐγένετο
πλέω κακὰ τῇ Ἑλλάδι ἤ [ἐπὶ εἴκοσι ἄλλας γενεὰς] τὰς πρὸ 20
Δαρείου γενομένας, τὰ μὲν ἀπὸ τῶν Περσέων αὐτῇ γενόμενα,
τὰ δὲ ἀπ' αὐτῶν τῶν κορυφαίων περὶ τῆς ἀρχῆς πολεμεόν-
3 των. οὕτως οὐδὲν ἦν ἀεικὲς κινηθῆναι Δῆλον τὸ πρὶν
ἐοῦσαν ἀκίνητον. καὶ ἐν χρησμῷ ἦν γεγραμμένον περὶ
αὐτῆς ὧδε· 25

κινήσω καὶ Δῆλον ἀκίνητόν περ ἐοῦσαν.

δύναται δὲ κατὰ Ἑλλάδα γλῶσσαν ταῦτα τὰ οὐνόματα,

---

2 προσπλώσας a S   Δῆλον d P: νῆσον a   3 ῾Ρηνέη R S V
5 κατ' del. Herwenden   ἐμοῦ A B   6 ἐπὶ τοσοῦτό P: ἐπὶ τοσούτω
D R V: ἐπὶ τοσοῦτόν S: ἔτι τοσαῦτά A B : ἔτι C   καὶ] τάδε καί C
7 ἦ(ι) L   12 ἐθυμίασε D   13 Ἐρέτρειαν a D[1]   15 οἱ
om. a P   16 μέχρι A B : μέχρις R : ταμέχρι P: τὰ μέχρις D S V:
om. C   ἐμέο οὐ d P: ἐμεῦ μηδέποτε B   17 ἔφαινε a
18 Ξέρξεος V   Ἀρταξ. R S   19 τρίτων D   20 εἴκο + σι D
21 γινόμενα d   22 αὐτῶ R V   πολεμιόντων V: -μιζόντων S :
-μούντων a P   24 καὶ . . . ἐοῦσαν (26) om. a   27 δύναται . . .
καλέοιεν (3) del. Wesseling

Δαρεῖος ἑρξίης, Ξέρξης ἀρήιος, Ἀρτοξέρξης μέγας ἀρήιος. *the worker/doer*
τούτους μὲν δὴ τοὺς βασιλέας ὧδε ἂν ὀρθῶς κατὰ γλῶσσαν
τὴν σφετέρην Ἕλληνες καλέοιεν. οἱ δὲ βάρβαροι ὡς ἀπῆραν 99
ἐκ τῆς Δήλου, προσῖσχον πρὸς τὰς νήσους, ἐνθεῦτεν δὲ *put in at*
5 στρατιήν τε παρελάμβανον καὶ ὁμήρους τῶν νησιωτέων
παῖδας ἐλάμβανον. ὡς δὲ περιπλέοντες τὰς νήσους προσ- 2
έσχον καὶ ἐς Κάρυστον (οὐ γὰρ δή σφι οἱ Καρύστιοι οὔτε
ὁμήρους ἐδίδοσαν οὔτε ἔφασαν ἐπὶ πόλιας ἀστυγείτονας
στρατεύεσθαι, λέγοντες Ἐρετριάν τε καὶ Ἀθήνας), ἐνταῦτα *meaning*
10 τούτους ἐπολιόρκεόν τε καὶ τὴν γῆν σφέων ἔκειρον, ἐς ὁ *cut down the crops*
καὶ οἱ Καρύστιοι παρέστησαν ἐς τῶν Περσέων τὴν γνώμην. *surrender*
Ἐρετριέες δὲ πυνθανόμενοι τὴν στρατιὴν τὴν Περσικὴν ἐπὶ 100
σφέας ἐπιπλέουσαν Ἀθηναίων ἐδεήθησαν σφίσι βοηθοὺς
γενέσθαι. Ἀθηναῖοι δὲ οὐκ ἀπείπαντο τὴν ἐπικουρίην, *refuse*
15 ἀλλὰ τοὺς τετρακισχιλίους (τοὺς) κληρουχέοντας τῶν ἱππο-
βοτέων Χαλκιδέων τὴν χώρην, τούτους σφι διδοῦσι τιμωρούς.
τῶν δὲ Ἐρετριέων ἦν ἄρα οὐδὲν ὑγιὲς βούλευμα, οἳ μετεπέμ-
ποντο μὲν Ἀθηναίους, ἐφρόνεον δὲ διφασίας ἰδέας. οἱ μὲν 2 *ἰδέη - sort*
γὰρ αὐτῶν ἐβουλεύοντο ἐκλιπεῖν τὴν πόλιν ἐς τὰ ἄκρα τῆς
20 Εὐβοίης, ἄλλοι δὲ αὐτῶν ἴδια κέρδεα προσδεκόμενοι παρὰ *expect*
τοῦ Πέρσεω οἴσεσθαι προδοσίην ἐσκευάζοντο. μαθὼν δὲ 3 *betrayal*
τούτων ἑκάτερα ὡς εἶχε Αἰσχίνης ὁ Νόθωνος, ἐὼν τῶν *1 of the leading men of E.*
Ἐρετριέων τὰ πρῶτα, φράζει τοῖσι ἥκουσι Ἀθηναίων πάντα
τὰ παρεόντα σφι πρήγματα, προσεδέετό τε ἀπαλλάσσεσθαί
25 σφεας ἐς τὴν σφετέρην, ἵνα μὴ προσαπόλωνται. οἱ δὲ
Ἀθηναῖοι ταῦτα Αἰσχίνῃ συμβουλεύσαντι πείθονται. καὶ 101 *advising the*
οὗτοι μὲν διαβάντες ἐς Ὠρωπὸν ἔσωζον σφέας αὐτούς· οἱ
δὲ Πέρσαι πλέοντες κατέσχον τὰς νέας τῆς Ἐρετρικῆς *κατεσχω - to land*

1 ερξήης A B : ερξηεις C P   Ἀρτοξ. (Ἀρταξ. R V) μέγας (μέγα Bekker) ἀρήιος om. D   3 καλέουσιν S V   4 νήσου a   προσί-σχον Aldus : προσίσχοντο a P : προσίσχοντο d   τε D R V   8 πόλις P S : πόλεις D R [V]   9 Ἐρετρειάν a D¹   10 ἔκειραν d 15 τοὺς add. Krueger   ἱπποβότων d P¹ (?)   19 αὐτέων C (it. 20) d 21 οἴσεσθαι om. d ('forsan recte' Herwerden)   22 τουτέων D R V ὁ om. a   23 Ἐρετριῶν R   24 παρόντα D¹   σφισι a 28 Ἐρετριῆς B¹

χώρης κατὰ Ταμύνας καὶ Χοιρέας καὶ Αἰγίλια, κατασχόντες
δὲ ἐς ταῦτα τὰ χωρία αὐτίκα ἵππους τε ἐξεβάλλοντο καὶ
2 παρεσκευάζοντο ὡς προσοισόμενοι τοῖσι ἐχθροῖσι. οἱ δὲ
Ἐρετριέες ἐπεξελθεῖν μὲν καὶ μαχέσασθαι οὐκ ἐποιεῦντο
βουλήν, εἴ κως δὲ διαφυλάξαιεν τὰ τείχεα, τούτου σφι πέρι 5
ἔμελε, ἐπείτε ἐνίκα μὴ ἐκλιπεῖν τὴν πόλιν. [προσβολῆς δὲ
γινομένης καρτερῆς πρὸς τὸ τεῖχος] ἔπιπτον ἐπὶ ἓξ ἡμέρας
πολλοὶ μὲν ἀμφοτέρων· τῇ δὲ ἑβδόμῃ Εὔφορβός τε ὁ
Ἀλκιμάχου καὶ Φίλαγρος ὁ Κυνέω ἄνδρες τῶν ἀστῶν δόκιμοι
3 προδιδοῦσι τοῖσι Πέρσῃσι. οἱ δὲ ἐσελθόντες ἐς τὴν πόλιν 10
τοῦτο μὲν τὰ ἱρὰ συλήσαντες ἐνέπρησαν, ἀποτινύμενοι τῶν
ἐν Σάρδισι κατακαυθέντων ἱρῶν, τοῦτο δὲ τοὺς ἀνθρώπους
102 ἠνδραποδίσαντο κατὰ τὰς Δαρείου ἐντολάς. χειρωσάμενοι
δὲ τὴν Ἐρέτριαν καὶ ἐπισχόντες ὀλίγας ἡμέρας ἔπλεον ἐς
γῆν τὴν Ἀττικήν, [κατέργοντές τε πολλὸν] καὶ δοκέοντες 15
ταὐτὰ τοὺς Ἀθηναίους ποιήσειν τὰ καὶ τοὺς Ἐρετριέας
ἐποίησαν. καὶ ἦν γὰρ Μαραθὼν ἐπιτηδεότατον χωρίον τῆς
Ἀττικῆς ἐνιππεῦσαι καὶ ἀγχοτάτω τῆς Ἐρετρίης, ἐς τοῦτό
103 σφι κατηγέετο Ἱππίης ὁ Πεισιστράτου. Ἀθηναῖοι δὲ ὡς
ἐπύθοντο ταῦτα, ἐβοήθεον καὶ αὐτοὶ ἐς τὸν Μαραθῶνα. 20
ἦγον δέ σφεας στρατηγοὶ δέκα, τῶν ὁ δέκατος ἦν Μιλτιάδης,
τοῦ τὸν πατέρα Κίμωνα τὸν Στησαγόρεω κατέλαβε φυγεῖν
2 ἐξ Ἀθηνέων Πεισίστρατον τὸν Ἱπποκράτεος. καὶ αὐτῷ
φεύγοντι [Ὀλυμπιάδα ἀνελέσθαι τεθρίππῳ συνέβη, καὶ
ταύτην μὲν τὴν νίκην ἀνελόμενόν μιν τὠυτὸ ἐξενείκασθαι 25
τῷ ὁμομητρίῳ ἀδελφεῷ Μιλτιάδῃ. μετὰ δὲ τῇ ὑστέρῃ

1 Ταμύνας Valckenaer : τέμενος L   Αἰγίλεα a   2 ἐς om. a
3 ὡς + + σόμενοι D¹   4 ἐξελθεῖν D   μάχεσθαι a   7 γενο-
μένης P°   μὲν ἐπὶ C P   8 ὁ om. S V   9 Κυνέω Bredow :
Κυνέου L   10 ἐλθόντες C   11 ἱερὰ a   ἀποτινν. d
12 Σάρδεσι D [V]   κατακαυσθ. P : κατακαφθ. C   14 Ἐρέτρειαν
C D¹   ἡμέρας ὀλίγας a   ἔπλεεν εἰς R   15 γῆν A B soli
κατεργωντες C° (1): κατεργάζοντές d : κατοργέοντές Dietsch : κατα-
γνόντες Madvig   16 ταῦτα a D P°   17 ἡ Μαρ. a : ὁ Μ. P°
-δειότατον A : -διότατον B : -δεώτατον C P   χωρίον] ο D° : del. Stein
18 Ἐρετρεης D¹   19 κατήγετο C   23 Ἀθηναίων d C P
25 ἀνελομένῳ a   26 ὁμομήτορι d

Ὀλυμπιάδι [τῆσι αὐτῆσι ἵπποισι] νικῶν παραδιδοῖ Πεισι-   *permit*
στράτῳ ἀνακηρυχθῆναι, καὶ τὴν νίκην παρεὶς τούτῳ κατῆλθε 3   *be proclaimed victor*
ἐπὶ τὰ ἑωυτοῦ ὑπόσπονδος. καί μιν ἀνελόμενον τῆσι αὐτῆσι
ἵπποισι ἄλλην Ὀλυμπιάδα κατέλαβε ἀποθανεῖν ὑπὸ τῶν
5 Πεισιστράτου παίδων, οὐκέτι [περιεόντος αὐτοῦ Πεισιστράτου]
κτείνουσι δὲ οὗτοί μιν κατὰ τὸ πρυτανήιον νυκτὸς ὑπείσαντες   *having placed in ambush*
ἄνδρας. τέθαπται δὲ Κίμων πρὸ τοῦ ἄστεος, πέρην τῆς διὰ
Κοίλης καλεομένης ὁδοῦ· [καταντίον δ' αὐτοῦ] αἱ ἵπποι
τετάφαται αὗται αἱ τρεῖς Ὀλυμπιάδας ἀνελόμεναι. ἐποίησαν 4
10 δὲ καὶ ἄλλαι ἵπποι ἤδη τωὐτὸ τοῦτο Εὐαγόρεω Λάκωνος,
πλέω δὲ τουτέων οὐδαμαί. ὁ μὲν δὴ πρεσβύτερος τῶν
παίδων τῷ Κίμωνι Στησαγόρης ἦν τηνικαῦτα [παρὰ τῷ
πάτρῳ Μιλτιάδῃ τρεφόμενος ἐν τῇ Χερσονήσῳ, ὁ δὲ νεώτερος   *ὁ πικρῶς - paternal uncle founder*
παρ' αὐτῷ Κίμωνι Ἀθήνησι, οὔνομα ἔχων ἀπὸ τοῦ οἰκιστέω
15 τῆς Χερσονήσου Μιλτιάδεω Μιλτιάδης. οὗτος δὴ ὢν τότε 104
ὁ Μιλτιάδης ἥκων ἐκ τῆς Χερσονήσου καὶ ἐκπεφευγὼς
διπλόον θάνατον ἐστρατήγεε Ἀθηναίων. ἅμα μὲν γὰρ οἱ
Φοίνικες αὐτὸν οἱ ἐπιδιώξαντες μέχρι Ἴμβρου [περὶ πολλοῦ
ἐποιεῦντο] λαβεῖν τε καὶ ἀναγαγεῖν παρὰ βασιλέα· ἅμα δὲ 2
20 ἐκφυγόντα τε τούτους καὶ ἀπικόμενον ἐς τὴν ἑωυτοῦ δοκέοντά
τε εἶναι ἐν σωτηρίῃ ἤδη, τὸ ἐνθεῦτέν μιν οἱ ἐχθροὶ ὑπο-
δεξάμενοι καὶ [ὑπὸ δικαστήριον [αὐτὸν] ἀγαγόντες] ἐδίωξαν   *διώκω - to prosecute*
τυραννίδος τῆς ἐν Χερσονήσῳ. [ἀποφυγὼν δὲ καὶ τούτους]
στρατηγὸς οὕτως Ἀθηναίων ἀπεδέχθη, αἱρεθεὶς ὑπὸ τοῦ   *elected*
25 δήμου.

Καὶ πρῶτα μὲν ἐόντες ἔτι ἐν τῷ ἄστεῖ οἱ στρατηγοὶ 105
ἀποπέμπουσι ἐς Σπάρτην κήρυκα Φιλιππίδην, Ἀθηναῖον μὲν

3 ἀνελόμενος DRV   5 παρεόντος d   6 τὸ om. DRV
7 τέθραπται D   8 οἱ D (corr. D¹) RV   9 τεθάφαται aP
τρὶς Dᶜ   Ὀλυμπιάδα D : -δες RV   12 pr. τῷ om. d   14 ἐν
Ἀθήνησι a   τοὔνομα C (corr. C¹) P   15 Μιλτιάδης] -άδην
DP¹R[V]   δ' a   16 καὶ om. CP   17 διπλοῦν d   18 μέχρις
DRV   22 καὶ om. aP   ἐπὶ C   αὐτὸν om. d Suid. s. v.
Μιλτιάδης   26 ἔτι ἐόντες d : ἐόντες C   27 Φιλιππίδην d Plut.
mor. 862 : Φειδιππίδην aP (it. infra)

ἄνδρα, ἄλλως δὲ ἡμεροδρόμην τε καὶ τοῦτο μελετῶντα· τῷ δή,
ὡς οὗτός τε ἔλεγε Φιλιππίδης καὶ Ἀθηναίοισι ἀπήγγελλε,
περὶ τὸ Παρθένιον ὄρος τὸ ὑπὲρ Τεγέης ὁ Πὰν περιπίπτει.
2 βώσαντα δὲ τὸ οὔνομα τοῦ Φιλιππίδεω τὸν Πᾶνα Ἀθη-
ναίοισι κελεῦσαι ἀπαγγεῖλαι, δι᾽ ὅ τι ἑωυτοῦ οὐδεμίαν ἐπι- 5
μέλειαν ποιεῦνται, ἐόντος εὐνόου Ἀθηναίοισι καὶ πολλαχῇ
3 γενομένου σφι ἤδη χρηστοῦ, τὰ δ᾽ ἔτι καὶ ἐσομένου. καὶ ταῦτα
μὲν Ἀθηναῖοι, καταστάντων σφι εὖ [ἤδη] τῶν πρηγμάτων,
πιστεύσαντες εἶναι ἀληθέα ἱδρύσαντο ὑπὸ τῇ ἀκροπόλι Πανὸς
ἱρόν, καὶ αὐτὸν ἀπὸ ταύτης τῆς ἀγγελίης θυσίῃσί τε ἐπετείοισι 10
106 καὶ λαμπάδι ἱλάσκονται. τότε δὲ πεμφθεὶς ὑπὸ τῶν στρα-
τηγῶν ὁ Φιλιππίδης οὗτος, ὅτε πέρ οἱ ἔφη καὶ τὸν Πᾶνα
φανῆναι, δευτεραῖος ἐκ τοῦ Ἀθηναίων ἄστεος ἦν ἐν Σπάρτῃ,
2 ἀπικόμενος δὲ ἐπὶ τοὺς ἄρχοντας ἔλεγε· Ὦ Λακεδαιμόνιοι,
Ἀθηναῖοι ὑμέων δέονται σφίσι βοηθῆσαι καὶ μὴ περιιδεῖν 15
πόλιν ἀρχαιοτάτην ἐν τοῖσι Ἕλλησι δουλοσύνῃ περιπεσοῦσαν
πρὸς ἀνδρῶν βαρβάρων· καὶ γὰρ νῦν Ἐρέτριά τε ἠνδραπό-
3 δισται καὶ [πόλι λογίμῳ] ἡ Ἑλλὰς γέγονε ἀσθενεστέρη. ὁ μὲν
δή σφι τὰ ἐντεταλμένα ἀπήγγελλε, τοῖσι δὲ ἕαδε μὲν βοη-
θέειν Ἀθηναίοισι, ἀδύνατα δέ σφι ἦν τὸ παραυτίκα ποιέειν 20
ταῦτα οὐ βουλομένοισι λύειν τὸν νόμον· ἦν γὰρ ἱσταμένου
τοῦ μηνὸς εἰνάτη, εἰνάτῃ δὲ οὐκ ἐξελεύσεσθαι ἔφασαν μὴ οὐ
107 πλήρεος ἐόντος τοῦ κύκλου. οὗτοι μέν νυν τὴν πανσέληνον
ἔμενον, τοῖσι δὲ βαρβάροισι κατηγέετο Ἱππίης ὁ Πεισι-
στράτου ἐς τὸν Μαραθῶνα, τῆς παροιχομένης νυκτὸς ὄψιν 25
ἰδὼν [ἐν τῷ ὕπνῳ] τοιήνδε· ἐδόκεε ὁ Ἱππίης τῇ μητρὶ
2 τῇ ἑωυτοῦ συνευνηθῆναι. συνεβάλετο ὦν ἐκ τοῦ ὀνείρου
κατελθὼν ἐς τὰς Ἀθήνας καὶ ἀνασωσάμενος τὴν ἀρχὴν

1 ἡμεροδρόμει C¹: -δρόμον S   τε om. a   τὸ S V   2 γε
Krueger   ἔλεγε . . . ἐν τοῖσι (16) om. R S V   5 ἐπιμέλειαν
οὐδεμίαν D   6 εὔνοον D: εὔνου a P   7 σφι ἤδη D: σφίσι ἤδη
A B: ἤδη σφίσι C P   χρηστοῦ D: χρησίμου a P   8 σφι D:
σφίσι a P   ἤδη om. D   9 ἀκροπόλι B: -λει A C D P   10 τε
D solus   13 φανῆναι + D   15 σφίσι δέονται D   16 πόλιν
τὴν D   17 Ἐρέτρεια C D   18 πόλει C D P R V   19 ἀπήγγελλε
d: ἀπήγγειλε a᾽   Ἀθην. βοηθ. D   21 ἱσταμένη a P   22 ἔφασαν
om. d   μὴ om. Plut.   24 κατηγετο C   26 ἐν τῷ ὕπνῳ post
τοιήνδε P¹: om. a   οἱ a P¹

τελευτήσειν ἐν τῇ ἑωυτοῦ γηραιός. ἐκ μὲν δὴ τῆς ὄψιος
συνεβάλετο ταῦτα, τότε δὲ κατηγεόμενος τοῦτο μὲν τὰ ἀνδρά-
ποδα τὰ ἐξ Ἐρετρίης ἀπέβησε ἐς τὴν νῆσον τὴν Στυρέων,
καλεομένην δὲ Αἰγιλίην, τοῦτο δὲ καταγομένας ἐς τὸν Μαρα-
5 θῶνα τὰς νέας ὅρμιζε οὗτος, ἐκβάντας τε ἐς γῆν τοὺς
βαρβάρους διέτασσε. καί οἱ ταῦτα διέποντι ἐπῆλθε πταρεῖν   3
τε καὶ βῆξαι μεζόνως ἢ ὡς ἐώθεε· οἷα δέ οἱ πρεσβυτέρῳ
ἐόντι τῶν ὀδόντων οἱ πλεῦνες ἐσείοντο. τούτων ὧν ἕνα
[τῶν ὀδόντων] ἐκβάλλει ὑπὸ βίης βήξας· ἐκπεσόντος δὲ ἐς
10 τὴν ψάμμον αὐτοῦ ἐποιέετο σπουδὴν πολλὴν ἐξευρεῖν. ὡς   4
δὲ οὐκ ἐφαίνετό οἱ ὁ ὀδών, ἀναστενάξας εἶπε πρὸς τοὺς
παραστάτας· Ἡ γῆ ἥδε οὐκ ἡμετέρη ἐστὶ οὐδέ μιν δυνησό-
μεθα ὑποχειρίην ποιήσασθαι· ὁκόσον δέ τί μοι μέρος μετῆν,
ὁ ὀδὼν μετέχει. Ἱππίης μὲν δὴ ταύτῃ τὴν ὄψιν συνεβάλετο   108
15 ἐξεληλυθέναι· Ἀθηναίοισι δὲ τεταγμένοισι ἐν τεμένεϊ Ἡρα-
κλέος] ἐπῆλθον βοηθέοντες Πλαταιέες πανδημεί· καὶ γὰρ
καὶ· ἐδεδώκεσαν σφέας αὐτοὺς τοῖσι Ἀθηναίοισι οἱ Πλα-
ταιέες, καὶ πόνους ὑπὲρ αὐτῶν [οἱ] Ἀθηναῖοι συχνοὺς ἤδη
ἀναραιρέατο· ἔδοσαν δὲ ὧδε. πιεζεύμενοι ὑπὸ Θηβαίων οἱ   2
20 Πλαταιέες ἐδίδοσαν πρῶτα παρατυχοῦσι Κλεομένεΐ τε τῷ
Ἀναξανδρίδεω καὶ Λακεδαιμονίοισι σφέας αὐτούς. οἱ δὲ οὐ
δεκόμενοι ἔλεγόν σφι τάδε· Ἡμεῖς μὲν ἑκαστέρω τε οἰκέομεν
καὶ ὑμῖν τοιήδε τις γίνοιτ' ἂν ἐπικουρίη ψυχρή· φθαίητε γὰρ
ἂν πολλάκις ἐξανδραποδισθέντες ἤ τινα πυθέσθαι ἡμέων·
25 συμβουλεύομεν δὲ ὑμῖν δοῦναι ὑμέας αὐτοὺς Ἀθηναίοισι,   3
πλησιοχώροισί τε ἀνδράσι καὶ τιμωρέειν ἐοῦσι οὐ κακοῖσι.

2 δὴ C   3 Ἐρετρείης D¹   alt. τὴν] τῶν C   4 Αἰγιλίην
Bechtel : Αἰγλείην a : Αἰγίλειαν d P   5 οὗτος V   τὴν γῆν S
7 μεζόνως P : μειζόνως a E : μέζον d : μεῖζον Eustath. Od. 1831   δὴ R
οἱ om. d P   8 ὧν om. d   9 τῶν ὀδόντων ante ἕνα E : del.
Herwerden   10 ψάμμον] γῆν S V   πολλὴν σπουδὴν d P
11 ὀδούς P¹   12 παραστάντας C¹ : παριστάντας d   13 ὅσον d
14 ταῦτα d   ξυνεβάλλετο C   16 ἀπῆλθον R   17 οἱ . . .
Ἀθηναῖοι om. B¹   18 οἱ om. d   19 ἀναιρέατο d : ἀναιρέοντο
a (ἀνερ. B) P : corr. Bekker   πιεζόμενοι C   22 ἕκα + + στέρω
D : ἑκατέρω(ι) C R S V   23 γένοιτ' C P¹   φαίητε D, corr. 1
26 οὐ om. C

ταῦτα συνεβούλευον οἱ Λακεδαιμόνιοι οὐ κατὰ εὐνοίην οὕτω
τῶν Πλαταιέων ὡς βουλόμενοι τοὺς Ἀθηναίους ἔχειν πόνους
4 συνεστεῶτας Βοιωτοῖσι. Λακεδαιμόνιοι μέν νυν Πλαταιεῦσι
ταῦτα συνεβούλευσαν, οἱ δὲ οὐκ ἠπίστησαν, ἀλλ' Ἀθηναίων
ἱρὰ ποιεύντων τοῖσι δυώδεκα θεοῖσι ἱκέται ἱζόμενοι ἐπὶ τὸν 5
βωμὸν ἐδίδοσαν σφέας αὐτούς. Θηβαῖοι δὲ πυθόμενοι ταῦτα
ἐστράτευον ἐπὶ τοὺς Πλαταιέας· Ἀθηναῖοι δέ σφι ἐβοήθεον.
5 μελλόντων δὲ συνάπτειν μάχην Κορίνθιοι οὐ περιεῖδον, παρα-
τυχόντες δὲ καὶ καταλλάξαντες ἐπιτρεψάντων ἀμφοτέρων
οὔρισαν τὴν χώρην ἐπὶ τοισίδε, ἐᾶν Θηβαίους Βοιωτῶν τοὺς 10
μὴ βουλομένους ἐς Βοιωτοὺς τελέειν. Κορίνθιοι μὲν δὴ ταῦτα
γνόντες ἀπαλλάσσοντο, Ἀθηναίοισι δὲ ἀπιοῦσι ἐπεθήκαντο
6 Βοιωτοί, ἐπιθέμενοι δὲ ἐσσώθησαν τῇ μάχῃ. ὑπερβάντες
δὲ οἱ Ἀθηναῖοι τοὺς οἱ Κορίνθιοι ἔθηκαν Πλαταιεῦσι εἶναι
οὔρους, τούτους ὑπερβάντες τὸν Ἀσωπὸν αὐτὸν ἐποιήσαντο 15
οὖρον Θηβαίοισι πρὸς Πλαταιέας εἶναι καὶ Ὑσιάς. ἔδοσαν
μὲν δὴ οἱ Πλαταιέες σφέας αὐτοὺς Ἀθηναίοισι τρόπῳ τῷ
109 εἰρημένῳ, ἧκον δὲ τότε ἐς Μαραθῶνα βοηθέοντες. τοῖσι δὲ
Ἀθηναίων στρατηγοῖσι ἐγίνοντο δίχα αἱ γνῶμαι, τῶν μὲν
οὐκ ἐώντων συμβαλεῖν (ὀλίγους γὰρ εἶναι στρατιῇ τῇ Μήδων 20
2 συμβαλεῖν), τῶν δὲ καὶ Μιλτιάδεω κελευόντων. ὡς δὲ δίχα
τε ἐγίνοντο καὶ ἐνίκα ἡ χείρων τῶν γνωμέων, ἐνθαῦτα, ἦν
γὰρ ἑνδέκατος ψηφιδοφόρος ὁ τῷ κυάμῳ λαχὼν Ἀθηναίων
πολεμαρχέειν (τὸ παλαιὸν γὰρ Ἀθηναῖοι ὁμόψηφον τὸν πολέ-
μαρχον ἐποιεῦντο τοῖσι στρατηγοῖσι), ἦν δὲ τότε πολέμαρχος 25
Καλλίμαχος Ἀφιδναῖος· πρὸς τοῦτον ἐλθὼν Μιλτιάδης ἔλεγε
3 τάδε· Ἐν σοὶ νῦν, Καλλίμαχε, ἐστὶ ἢ καταδουλῶσαι Ἀθήνας

1 ταῦτα μὲν C   κατὰ τὴν εὔνοιαν a   3 Πλαταιεεῦσι D
4 τοῦτο C : κατὰ ταῦτα d   συνεβούλευον a P   ἐπίστησαν R
5 ποιούντων a   δώδεκα L   7 ἐστρατεύοντο a Pᶜ   τὰς V
9 ἐπιστρ. C S V   10 τῆσδε R : τοῖσδε a D P V   12 ἀναγνόντες d
ἀπαλλάσσονται d   13 ἐσώθησαν C R   14 ἐπέθηκαν C   15 οὔ-
ρους] οὗ Dᵒ   αὐτῶν d   16 Ὑσίας D R V : Ὑσιᾶς A B Pᵒ   20 οὐκ
ἐόντων C R S V : οἰκεόντων D   συμβάλλειν d (alt. λ Vᶜ) P   21 συμ-
βάλλειν A B D P : συμβαλέειν S   22 τε om. V   23 ἕκαστος C
24 γὰρ οἱ a   Ἀθηναῖοι . . πολέμαρχον om. D¹   25 ἐποίευν a
δὲ] τε Reiz

ἢ ἐλευθέρας ποιήσαντα [μνημόσυνον λιπέσθαι] ἐς τὸν ἅπαντα
ἀνθρώπων βίον] οἷον οὐδὲ Ἁρμόδιός τε καὶ Ἀριστογείτων
[λείπουσι]. νῦν γὰρ δή, ἐξ οὗ ἐγένοντο Ἀθηναῖοι, ἐς
κίνδυνον ἥκουσι μέγιστον, καὶ ἢν μέν γε ὑποκύψωσι τοῖσι
5 Μήδοισι, δέδεκται τὰ πείσονται [παραδεδομένοι Ἱππίῃ] ἢν δὲ
περιγένηται αὕτη ἡ πόλις, οἵη τέ ἐστι] πρώτη τῶν Ἑλληνίδων
πολίων γενέσθαι. κῶς ὧν δὴ ταῦτα [οἷά τέ ἐστι] γενέσθαι, 4
καὶ κῶς ἐς σέ τοι τούτων ἀνήκει τῶν πρηγμάτων τὸ κῦρος
ἔχειν, νῦν ἔρχομαι φράσων. ἡμέων τῶν στρατηγῶν ἐόντων
10 δέκα δίχα γίνονται αἱ γνῶμαι, τῶν μὲν κελευόντων συμβαλεῖν,
τῶν δὲ οὔ. ἢν μέν νυν μὴ συμβάλωμεν, ἔλπομαί τινα στάσιν 5
μεγάλην διασείσειν ἐμπεσοῦσαν τὰ Ἀθηναίων φρονήματα
ὥστε μηδίσαι· ἢν δὲ συμβάλωμεν πρίν τι καὶ σαθρὸν
Ἀθηναίων μετεξετέροισι ἐγγενέσθαι, [θεῶν τὰ ἴσα νεμόντων]
15 οἷοί τέ εἰμεν περιγενέσθαι τῇ συμβολῇ. ταῦτα ὧν πάντα 6
ἐς σὲ νῦν τείνει καὶ ἐκ σέο ἄρτηται· ἢν γὰρ σὺ γνώμῃ τῇ
ἐμῇ προσθῇ, ἔστι τοι πατρίς τε ἐλευθέρη καὶ πόλις πρώτη
τῶν ἐν τῇ Ἑλλάδι· ἢν δὲ ⟨τὴν⟩ [τῶν ἀποσπευδόντων τὴν
συμβολὴν] ἕλῃ, ὑπάρξει τοι [τῶν ἐγὼ κατέλεξα ἀγαθῶν] τὰ
20 ἐναντία. ταῦτα λέγων ὁ Μιλτιάδης προσκτᾶται τὸν Καλλί-   110
μαχον· [προσγενομένης δὲ τοῦ πολεμάρχου τῆς γνώμης]
ἐκεκύρωτο συμβάλλειν. μετὰ δὲ οἱ στρατηγοὶ τῶν ἡ γνώμη
ἔφερε συμβάλλειν, ὡς ἑκάστου αὐτῶν ἐγίνετο πρυτανηίη
[τῆς ἡμέρης] Μιλτιάδῃ παρεδίδοσαν· [ὁ δὲ δεκόμενος] οὔτι κω
25 συμβολὴν ἐποιέετο, πρίν γε δὴ αὐτοῦ πρυτανηίη ἐγένετο.
ὡς δὲ ἐς ἐκεῖνον περιῆλθε, ἐνταῦθα δὴ ἐτάσσοντο ὧδε οἱ   III
Ἀθηναῖοι ὡς συμβαλέοντες· τοῦ μὲν δεξιοῦ κέρεος ἡγέετο

1 μνημόσυνα a   2 τε a DP: ἐστι RV: om. S   3 λείπουσι
del. Stein   5 δέδεκται D: δέδοκται rell.   6 περιγέν. etiam P
αὕτη πρώτη C   οἵη . . . ταῦτα (7) om. D   7 πόλεων a   alt.
loco γίνεσθαι AB   8 ἐς σέ τοι Eltz: ἐς σέ τι ABDP: ἐστέτ: S:
ἐστέτι R: ἐς ἔτι CV   ἀνείκει B¹   9 σχεῖν C   10 διχαὶ d
κελ. συμβάλλειν τῶν δὲ οὐ συμβαλεῖν RS (hic bis -λεῖν) V: κελ. τῶν
δὲ οὔ, συμβάλλειν a DP   11 συμβάλλ. D (it. 13 B)   τινα om. R
13 ὥστε] ὥς τι V   16 τίνει AB   ἤρτηται a P   17 τε om. a
18 τὴν add. Reiske   22 ἐπεκύρωτο D¹: ἐπεκεκύρωτο Dᶜ   23 ἑκάστῃ
S [V]   25 ἐγίνετο SV

ὁ πολέμαρχος [Καλλίμαχος]· ὁ γὰρ νόμος τότε εἶχε οὕτω
τοῖσι Ἀθηναίοισι, τὸν πολέμαρχον ἔχειν κέρας τὸ δεξιόν.
ἡγεομένου δὲ τούτου ἐξεδέκοντο ὡς ἀριθμέοντο αἱ φυλαί,
ἐχόμεναι ἀλληλέων· τελευταῖοι δὲ ἐτάσσοντο, ἔχοντες τὸ
2 εὐώνυμον κέρας, Πλαταιέες. ἀπὸ ταύτης γάρ σφι τῆς μάχης 5
Ἀθηναίων θυσίας ἀναγόντων ἐς πανηγύριας τὰς ἐν τῇσι
πεντετηρίσι γινομένας κατεύχεται ὁ κῆρυξ ὁ Ἀθηναῖος ἅμα
τε Ἀθηναίοισι λέγων γίνεσθαι τὰ ἀγαθὰ καὶ Πλαταιεῦσι.
3 τότε δὲ τασσομένων τῶν Ἀθηναίων ἐν τῷ Μαραθῶνι ἐγίνετο
τοιόνδε τι· τὸ στρατόπεδον ἐξισούμενον τῷ Μηδικῷ στρατο- 10
πέδῳ, τὸ μὲν αὐτοῦ μέσον ἐγίνετο ἐπὶ τάξιας ὀλίγας, καὶ
ταύτῃ ἦν ἀσθενέστατον τὸ στρατόπεδον, τὸ δὲ κέρας ἑκάτερον
112 ἔρρωτο πλήθεϊ. ὡς δέ σφι διετέτακτο καὶ τὰ σφάγια
ἐγίνετο καλά, ἐνθαῦτα ὡς ἀπείθησαν οἱ Ἀθηναῖοι, δρόμῳ
ἵεντο ἐς τοὺς βαρβάρους. ἦσαν δὲ στάδιοι οὐκ ἐλάσσονες 15
2 τὸ μεταίχμιον αὐτῶν ἢ ὀκτώ. οἱ δὲ Πέρσαι ὁρῶντες δρόμῳ
ἐπιόντας παρεσκευάζοντο ὡς δεξόμενοι, μανίην τε τοῖσι
Ἀθηναίοισι ἐπέφερον καὶ πάγχυ ὀλεθρίην, ὁρῶντες αὐτοὺς
ἐόντας ὀλίγους, καὶ τούτους δρόμῳ ἐπειγομένους οὔτε ἵππου
3 ὑπαρχούσης σφι οὔτε τοξευμάτων. ταῦτα μέν νυν οἱ βάρ- 20
βαροι κατείκαζον· Ἀθηναῖοι δὲ ἐπείτε ἀθρόοι προσέμειξαν
τοῖσι βαρβάροισι, ἐμάχοντο ἀξίως λόγου. πρῶτοι μὲν γὰρ
Ἑλλήνων πάντων τῶν ἡμεῖς ἴδμεν δρόμῳ ἐς πολεμίους
ἐχρήσαντο, πρῶτοι δὲ ἀνέσχοντο ἐσθῆτά τε Μηδικὴν ὁρῶντες
καὶ τοὺς ἄνδρας ταύτην ἐσθημένους· τέως δὲ ἦν τοῖσι Ἕλλησι 25
113 καὶ τὸ οὔνομα τὸ Μήδων φόβος ἀκοῦσαι. μαχομένων δὲ
ἐν τῷ Μαραθῶνι χρόνος ἐγίνετο πολλός. καὶ τὸ μὲν μέσον
τοῦ στρατοπέδου ἐνίκων οἱ βάρβαροι, τῇ Πέρσαι τε αὐτοὶ

1 Καλλίμαχος (ante πολέμ. C) seclusi   τότε om. d P   οὕτω
om. C   4 ἀλλήλων S 'olim'   τὸ] τὸ δ' C   5 γάρ] δέ
Schweighaeuser   6 θυσίας Ἀθηναίων d P   ἐς] ἐς τὰς a: καὶ S
-peas B   8 τὰ om. d P   9 ἐγένετο a   16 ὁρέοντες a P
(it. 18, 24)   19 ἐόντας om. a P   20 ὑπαρχούσης] ἀρχοῦ Dᶜ
21 κατήκαζον S: κατίκαζον V   προσέταξαν V: προσετάξαντο S:
προσέμιξαν rell.   23 ἴσμεν a   25 ἄνδρας τοὺς Krueger: ἄνδρας
Cobet   ἠσθημένους a P   28 τῇ (ᾗ a) ... βάρβαροι om. R

καὶ Σάκαι ἐτετάχατο· κατὰ τοῦτο μὲν δὴ ἐνίκων οἱ βάρβαροι
καὶ ῥήξαντες ἐδίωκον ἐς τὴν μεσόγαιαν, τὸ δὲ κέρας ἑκάτερον
ἐνίκων Ἀθηναῖοί τε καὶ Πλαταιέες. νικῶντες δὲ τὸ μὲν 2
τετραμμένον τῶν βαρβάρων φεύγειν ἔων, τοῖσι δὲ τὸ μέσον
5 ῥήξασι αὐτῶν συναγαγόντες τὰ κέρεα [ἀμφότερα] ἐμάχοντο,
καὶ ἐνίκων Ἀθηναῖοι. φεύγουσι δὲ τοῖσι Πέρσῃσι εἵποντο
κόπτοντες, ἐς ὃ ἐπὶ τὴν θάλασσαν ἀπικόμενοι πῦρ τε αἴτεον
καὶ ἐπελαμβάνοντο τῶν νεῶν. καὶ τοῦτο μὲν ἐν τούτῳ τῷ 114
πόνῳ ὁ πολέμαρχος [Καλλίμαχος] διαφθείρεται, ἀνὴρ γενό-
10 μενος ἀγαθός, ἀπὸ δ᾽ ἔθανε τῶν στρατηγῶν Στησίλεως ὁ
Θρασύλεω· τοῦτο δὲ Κυνέγειρος ὁ Εὐφορίωνος ἐνθαῦτα
ἐπιλαμβανόμενος τῶν ἀφλάστων νεός, τὴν χεῖρα ἀποκοπεὶς
πελέκεϊ πίπτει, τοῦτο δὲ ἄλλοι Ἀθηναίων πολλοί τε καὶ
ὀνομαστοί. ἑπτὰ μὲν δὴ τῶν νεῶν ἐπεκράτησαν τρόπῳ 115
15 τοιούτῳ Ἀθηναῖοι, τῇσι δὲ λοιπῇσι οἱ βάρβαροι ἐξανα-
κρουσάμενοι καὶ ἀναλαβόντες ἐκ τῆς νήσου ἐν τῇ ἔλιπον
τὰ ἐξ Ἐρετρίης ἀνδράποδα, περιέπλεον Σούνιον, βουλόμενοι
φθῆναι τοὺς Ἀθηναίους ἀπικόμενοι ἐς τὸ ἄστυ. αἰτίη δὲ
ἔσχε ἐν Ἀθηναίοισι ἐξ Ἀλκμεωνιδέων μηχανῆς αὐτοὺς ταῦτα
20 ἐπινοηθῆναι· τούτους γὰρ συνθεμένους τοῖσι Πέρσῃσι ἀνα-
δέξαι ἀσπίδα ἐοῦσι ἤδη ἐν τῇσι νηυσί. οὗτοι μὲν δὴ 116
περιέπλεον Σούνιον· Ἀθηναῖοι δὲ ὡς ποδῶν εἶχον τάχιστα
ἐβοήθεον ἐς τὸ ἄστυ, καὶ ἔφθησάν τε ἀπικόμενοι πρὶν ἢ
τοὺς βαρβάρους ἥκειν, καὶ ἐστρατοπεδεύσαντο ἀπιγμένοι
25 ἐξ Ἡρακλείου τοῦ ἐν Μαραθῶνι ἐν ἄλλῳ Ἡρακλείῳ τῷ ἐν
Κυνοσάργεϊ. οἱ δὲ βάρβαροι τῇσι νηυσὶ ὑπεραιωρηθέντες
Φαλήρου (τοῦτο γὰρ ἦν ἐπίνειον τότε τῶν Ἀθηναίων) ὑπὲρ

---

1 τοῦτο] τὸ S V   5 ἀμφότερα om. d P   6 οἱ Ἀθ. a   ἔποντο C
7 ἐπὶ] ἐς a   8 ἐπελάμβανον d   9 Καλλίμαχος om. a P
10 Στησίλεος d   11 Κυναίγειρος ὁ Εὐφρονίωνος R S V   12 ἐπι-
λαβόμενος d P   ἀφλαύστων a   νεώς d   15 τοιῶδε d P
ἀνακρουσάμενοι a   16 ᾗ C   17 Ἐρετρείης D¹   περιέπλωον
d P (it. 22) : περιέβλεπον C   18 αἰτίην a P   19 ἐν A B soli
Ἀλκμαιον. Dᶜ R S V (it. infra)   αὐτοὺς (-οῖσι a) μηχανῆς D   21 ἐν
om. C   22 εἴχοντο d : ἦκόν A¹ B¹   τάχιστα del. Valckenaer
27 ἐπίνεον d

τούτου ἀνακωχεύσαντες τὰς νέας ἀπέπλεον ὀπίσω ἐς τὴν
117 Ἀσίην. ἐν ταύτῃ τῇ ἐν Μαραθῶνι μάχῃ ἀπέθανον τῶν
βαρβάρων κατὰ ἑξακισχιλίους καὶ τετρακοσίους ἄνδρας,
Ἀθηναίων δὲ ἑκατὸν καὶ ἐνενήκοντα καὶ δύο. ἔπεσον μὲν
2 ἀμφοτέρων τοσοῦτοι· συνήνεικε δὲ αὐτόθι θῶμα γενέσθαι 5
τοιόνδε, Ἀθηναῖον ἄνδρα Ἐπίζηλον τὸν Κουφαγόρεω ἐν τῇ
συστάσι μαχόμενόν τε καὶ ἄνδρα γινόμενον ἀγαθὸν τῶν
ὀμμάτων στερηθῆναι, οὔτε πληγέντα οὐδὲν τοῦ σώματος οὔτε
βληθέντα, καὶ τὸ λοιπὸν τῆς ζόης διατελέειν ἀπὸ τούτου
3 τοῦ χρόνου ἐόντα τυφλόν. λέγειν δὲ αὐτὸν περὶ τοῦ πάθεος 10
ἤκουσα τοιόνδε τινὰ λόγον, ἄνδρα οἱ δοκέειν ὁπλίτην ἀντι-
στῆναι μέγαν, τοῦ τὸ γένειον τὴν ἀσπίδα πᾶσαν σκιάζειν·
τὸ δὲ φάσμα τοῦτο ἑωυτὸν μὲν παρεξελθεῖν, τὸν δὲ ἑωυτοῦ
παραστάτην ἀποκτεῖναι. ταῦτα μὲν δὴ Ἐπίζηλον ἐπυθόμην
λέγειν. 15

118   Δᾶτις δὲ πορευόμενος ἅμα τῷ στρατῷ ἐς τὴν Ἀσίην,
ἐπείτε ἐγένετο ἐν Μυκόνῳ, εἶδε ὄψιν ἐν τῷ ὕπνῳ. καὶ
ἥτις μὲν ἦν ἡ ὄψις, οὐ λέγεται, ὁ δέ, ὡς ἡμέρη τάχιστ
ἐπέλαμψε, ζήτησιν ἐποιέετο τῶν νεῶν, εὑρὼν δὲ ἐν Φοινίσσῃ
[νηὶ] ἄγαλμα Ἀπόλλωνος κεχρυσωμένον ἐπυνθάνετο ὁκόθεν 20
σεσυλημένον εἴη, πυθόμενος δὲ ἐξ οὗ ἦν ἱροῦ, ἔπλεε τῇ
2 ἑωυτοῦ νηὶ ἐς Δῆλον· καὶ ἀπίκατο γὰρ τηνικαῦτα οἱ Δήλιοι
ὀπίσω ἐς τὴν νῆσον, κατατίθεταί τε ἐς τὸ ἱρὸν τὸ ἄγαλμα
καὶ ἐντέλλεται τοῖσι Δηλίοισι ἀπαγαγεῖν τὸ ἄγαλμα ἐς
Δήλιον τὸ Θηβαίων· τὸ δ᾽ ἐστι ἐπὶ θαλάσσῃ Χαλκίδος 25
3 καταντίον. Δᾶτις μὲν δὴ ταῦτα ἐντειλάμενος ἀπέπλεε, τὸν
δὲ ἀνδριάντα τοῦτον Δήλιοι οὐκ ἀπήγαγον, ἀλλά μιν δι᾽
ἐτέων εἴκοσι Θηβαῖοι αὐτοὶ ἐκ θεοπροπίου ἐκομίσαντο ἐπὶ

---

1 ἀπέπλωον DRV   4 pr. καὶ om. ᵈP   ἐννενήκοντα PRSV
5 τοιόνδε γενέσθαι ᵈP   7 συστάσει L   9 ζωῆς BCSV
10–11· ἤκουσα ante περὶ ᵈP   17 ἐγίνετο RV   Μυκώνω D¹
19 διέλαμψε C   19–20 νηὶ ante Φοιν. ᵃD Const. : om. Suid.
s. v. Δᾶτις 2   21 ἐσσυλ. D   παθόμενος RV   + οὗ D : οἷον
Suid.   22 ἀπίκοντο P   23 ἱερὸν A   24 καὶ ... ἄγαλμα
om. BSV   25 Θηβαῖον BV¹   Χαλκίδεος AB   28 ἐτέ + ων D

Δήλιον. τοὺς δὲ τῶν Ἐρετριέων ἀνδραποδισμένους Δᾶτίς 119
τε καὶ Ἀρταφρένης, ὡς προσέσχον ἐς τὴν Ἀσίην πλέοντες,
ἀνήγαγον ἐς Σοῦσα. βασιλεὺς δὲ Δαρεῖος, πρὶν μὲν
αἰχμαλώτους γενέσθαι τοὺς Ἐρετριέας, ἐνεῖχέ σφι δεινὸν
5 χόλον, οἷα ἀρξάντων ἀδικίης προτέρων τῶν Ἐρετριέων·
ἐπείτε δὲ εἶδέ σφεας ἀπαχθέντας παρ' ἑωυτὸν καὶ ὑποχει- 2
ρίους ἑωυτῷ ἐόντας, ἐποίησε κακὸν ἄλλο οὐδέν, ἀλλά σφεας
τῆς Κισσίης χώρης κατοίκισε ἐν σταθμῷ ἑωυτοῦ τῷ οὔνομά
ἐστι Ἀρδέρικκα, ἀπὸ μὲν Σούσων δέκα καὶ διηκοσίους στα-
10 δίους ἀπέχοντι, τεσσεράκοντα δὲ ἀπὸ τοῦ φρέατος τὸ παρέ-
χεται τριφασίας ἰδέας· καὶ γὰρ ἄσφαλτον καὶ ἅλας καὶ
ἔλαιον ἀρύσσονται ἐξ αὐτοῦ τρόπῳ τοιῷδε· ἀντλέεται μὲν 3
κηλωνηΐῳ, ἀντὶ δὲ γαυλοῦ ἥμισυ ἀσκοῦ οἱ προσδέδεται·
ὑποτύψας δὲ τούτῳ ἀντλέει καὶ ἔπειτα ἐγχέει ἐς δεξαμενήν·
15 ἐκ δὲ ταύτης ἐς ἄλλο διαχεόμενον τρέπεται τριφασίας ὁδούς.
καὶ ἡ μὲν ἄσφαλτος καὶ οἱ ἅλες πήγνυνται παραυτίκα, τὸ δὲ
ἔλαιον . . . οἱ Πέρσαι καλέουσι τοῦτο ῥαδινάκην· ἔστι δὲ
μέλαν καὶ ὀδμὴν παρεχόμενον βαρέαν. ἐνθαῦτα τοὺς 4
Ἐρετριέας κατοίκισε βασιλεὺς Δαρεῖος, οἳ καὶ μέχρι ἐμέο
20 εἶχον τὴν χώρην ταύτην, φυλάσσοντες τὴν ἀρχαίην γλῶσσαν.
τὰ μὲν δὴ περὶ Ἐρετριέας ἔσχε οὕτως· Λακεδαιμονίοις 120
δὲ ἧκον ἐς τὰς Ἀθήνας δισχίλιοι μετὰ τὴν πανσέ-
ληνον, ἔχοντες σπουδὴν πολλὴν καταλαβεῖν, οὕτω ὥστε
τριταῖοι ἐκ Σπάρτης ἐγένοντο ἐν τῇ Ἀττικῇ. ὕστεροι δὲ
25 ἀπικόμενοι τῆς συμβολῆς ἱμείροντο ὅμως θεήσασθαι τοὺς
Μήδους· ἐλθόντες δὲ ἐς τὸν Μαραθῶνα ἐθεήσαντο. μετὰ

1 -δισ + μένους D   ὁ Δ. a   2 δὲ V   ἐς] πρὸς A C
3 ἤγαγον a   5 πρότερον B   6 ἀναχθέντας? Bekker   ἑωυτῷ
ὑποχειρίους a   8 κατώικισε a : κατοίκησε D¹   9 Ἀρδέρικκά D :
Ἀρδέρικα C P : Ἀρδερικὰ R : Ἀρδεριπκὰ S V   10 τεσσαρ. ἀ C
13 κηλον. V Dᶜ Pᶜ   οἱ om. ἀ P   14 ἐκχέει ἀ   15 ἐς ἅλω C :
εἰσάλω A B   τράπεται C   16 πίγνυνται B   17 lacunam
statuit Cobet : ἔλαιον συνάγουσι ἐν ἀγγείοις τὸ οἱ Π. καλ. ῥαδιν. S
18 βαρεῖαν a   19 Δαρ. βασ. ἀ   οἷ . . . γλῶσσαν om. C
23 πολλὴν σπουδήν S   24 τριταῖοι μετὰ τὴν πανσέληνον ἐκ a
ἐγίνοντο a   25 θεήσεσθαι R S V   26 δὲ om. C   ἐθηή-
σαντο R V

δὲ αἰνέοντες Ἀθηναίους καὶ τὸ ἔργον αὐτῶν ἀπαλλάσσοιντο
ὀπίσω.

121 Θῶμα δέ μοι καὶ οὐκ ἐνδέκομαι τὸν λόγον, Ἀλκμεωνίδας
ἄν κοτε ἀναδέξαι Πέρσῃσι ἐκ συνθήματος ἀσπίδα, βουλο-
μένους ὑπὸ βαρβάροισί τε εἶναι Ἀθηναίους καὶ ὑπὸ Ἱππίῃ· 5
οἵτινες μᾶλλον ἢ ὁμοίως Καλλίῃ τῷ Φαινίππου, Ἱππονίκου
2 δὲ πατρί, φαίνονται μισοτύραννοι ἐόντες. Καλλίης τε γὰρ
μοῦνος Ἀθηναίων ἁπάντων ἐτόλμα, ὅκως Πεισίστρατος
ἐκπέσοι ἐκ τῶν Ἀθηνέων, τὰ χρήματα αὐτοῦ κηρυσσόμενα
ὑπὸ τοῦ δημοσίου ὠνέεσθαι, καὶ τἄλλα τὰ ἔχθιστα ἐς αὐτὸν 10
122 πάντα ἐμηχανᾶτο. [Καλλίεω δὲ τούτου ἄξιον πολλαχοῦ
μνήμην ἐστὶ πάντα τινὰ ἔχειν. τοῦτο μὲν γὰρ τὰ προλε-
λεγμένα, ὡς ἀνὴρ ἄκρος ἐλευθερῶν τὴν πατρίδα, τοῦτο δὲ
τὰ ἐν Ὀλυμπίῃ ἐποίησε· ἵππῳ νικήσας, τεθρίππῳ δὲ
δεύτερος γενόμενος, Πύθια δὲ πρότερον ἀνελόμενος, ἐφανε- 15
2 ρώθη ἐς τοὺς Ἕλληνας πάντας δαπάνῃσι μεγίστῃσι. τοῦτο
δὲ κατὰ τὰς ἑωυτοῦ θυγατέρας ἐούσας τρεῖς οἷός τις ἀνὴρ
ἐγένετο· ἐπειδὴ γὰρ ἐγίνοντο γάμου ὡραῖαι, ἔδωκέ σφι
δωρεὴν μεγαλοπρεπεστάτην ἐκείνῃσί τε ἐχαρίσατο· ἐκ γὰρ
πάντων τῶν Ἀθηναίων τὸν ἑκάστῃ ἐθέλοι ἄνδρα ἑωυτῇ 20
123 ἐκλέξασθαι, ἔδωκε τούτῳ τῷ ἀνδρί.] καὶ οἱ Ἀλκμεωνίδαι
ὁμοίως ἢ οὐδὲν ἧσσον τούτου ἦσαν μισοτύραννοι. θῶμα
ὦν μοι καὶ οὐ προσίεμαι τὴν διαβολήν, τούτους γε ἀναδέξαι
ἀσπίδα, οἵτινες ἔφευγόν τε τὸν πάντα χρόνον τοὺς τυράννους,
[ἐκ μηχανῆς τε τῆς τούτων ἐξέλιπον Πεισιστρατίδαι τὴν 25
2 τυραννίδα. καὶ οὕτω τὰς Ἀθήνας οὗτοι ἦσαν οἱ ἐλευθερώ-
σαντες πολλῷ μᾶλλον ἤ περ Ἁρμόδιός τε καὶ Ἀριστογείτων,
ὡς ἐγὼ κρίνω. οἱ μὲν γὰρ ἐξηγρίωσαν τοὺς ὑπολοίπους

4 ποτε A B   5 τε om. a   9 Ἀθηναίων B C R S V Dᶜ
κηρυσσόμενα a P Const. : κηρυσσομένου d (supra pr. o acc. eraso D)
10 ὀν. καὶ τὰ ἄλλα d   11 caput 122 om. a Const.   13 ἄκρως D
21 τούτω + + + + τῶ D   22 τούτωι A : τούτω B : τούτων C :
om. S   23 οὖν A B   γε a P Const. : τε d   24 τε om. S
28 ὑπολίπους R : λοιποὺς a Const.

Πεισιστρατιδέων Ἵππαρχον ἀποκτείναντες, οὐδέ τι μᾶλλον
ἔπαυσαν [τοὺς λοιποὺς] τυραννεύοντας, ᾿Αλκμεωνίδαι δὲ
ἐμφανέως ἠλευθέρωσαν, εἰ δὴ οὗτοί γε ἀληθέως ἦσαν οἱ
τὴν Πυθίην ἀναπείσαντες προσημαίνειν Λακεδαιμονίοισι
5 ἐλευθεροῦν τὰς ᾿Αθήνας, ὥς μοι πρότερον δεδήλωται. ἀλλὰ **124**
γὰρ ἴσως τι ἐπιμεμφόμενοι ᾿Αθηναίων τῷ δήμῳ προεδίδοσαν
τὴν πατρίδα. οὐ μὲν ὦν ἦσάν σφεων ἄλλοι δοκιμώτεροι
ἔν γε ᾿Αθηναίοισι ἄνδρες οὐδ᾿ οἳ μᾶλλον ἐτετιμέατο. οὕτω 2
οὐδὲ λόγος αἱρέει ἀναδεχθῆναι ἔκ γε ἂν τούτων ἀσπίδα ἐπὶ
10 τοιούτῳ λόγῳ. ἀνεδέχθη μὲν γὰρ ἀσπίς, καὶ τοῦτο οὐκ
ἔστι ἄλλως εἰπεῖν· ἐγένετο γάρ· ὃς μέντοι ἦν ὁ ἀναδέξας,
οὐκ ἔχω προσωτέρω εἰπεῖν τούτων.

Οἱ δὲ ᾿Αλκμεωνίδαι ἦσαν μὲν καὶ τὰ ἀνέκαθεν λαμπροὶ **125**
ἐν τῇσι ᾿Αθήνῃσι, ἀπὸ δὲ ᾿Αλκμέωνος καὶ αὖτις Μεγακλέος
15 ἐγένοντο καὶ κάρτα λαμπροί. τοῦτο μὲν γὰρ ᾿Αλκμέων 2
ὁ Μεγακλέος τοῖσι ἐκ Σαρδίων Λυδοῖσι παρὰ Κροίσου
ἀπικνεομένοισι ἐπὶ τὸ χρηστήριον τὸ ἐν Δελφοῖσι συμπρή-
κτωρ τε ἐγίνετο καὶ συνελάμβανε προθύμως, καί μιν Κροῖσος
πυθόμενος τῶν Λυδῶν τῶν ἐς τὰ χρηστήρια φοιτεόντων
20 ἑωυτὸν εὖ ποιέειν μεταπέμπεται ἐς Σάρδις, ἀπικόμενον δὲ
δωρέεται χρυσῷ τὸν ἂν δύνηται τῷ ἑωυτοῦ σώματι ἐξενεί-
κασθαι ἐσάπαξ. ὁ δὲ ᾿Αλκμέων πρὸς τὴν δωρεήν, ἐοῦσαν 3
τοιαύτην, τοιάδε ἐπιτηδεύσας προσέφερε· ἐνδὺς κιθῶνα
μέγαν καὶ κόλπον βαθὺν καταλιπόμενος τοῦ κιθῶνος, κοθόρ-
25 νους τοὺς εὕρισκε εὐρυτάτους ἐόντας ὑποδησάμενος ἤιε ἐς
τὸν θησαυρὸν ἐς τόν οἱ κατηγέοντο. ἐσπεσὼν δὲ ἐς σωρὸν 4

1 οὐδέτι A B D : οὐδ᾿ ἔτι P R S V   2 τοὺς λοιποὺς del. Wesseling
3 ἐμφανῶς A B   γε om. P   6 ἐπιμεμφομένῳ d   8 ἐν ᾿Αθήνησιν
Const.   9 ἂν om. a   10 ἀνεδέχθη R S V   14 ᾿Αλκμαίονος
R S V (it. infra)   15 ᾿Αλκμαίων R S V D᳝ (it. infra)   17 ἀπικο-
μένοισι(ν) d   18 ἐγένετο C S   20 εὐποιέειν D   21 τὸν]
τῶν B   23 προέφερε C   χιτῶνα d   24 μέγαν om. a   βαθὺ
C : πολὺν d   τοῦ κιθῶνος (χιτ. D R V) om. S   κοτόρνους d
25 ⟨τε⟩ τοὺς ⟨οὓς a⟩ Stein   26 ἐς ὃν a   ἐκπεσὼν C : ἐμπεσὼν S

ψήγματος πρῶτα μὲν παρέσαξε παρὰ τὰς κνήμας τοῦ χρυσοῦ
ὅσον ἐχώρεον οἱ κόθορνοι, μετὰ δὲ τὸν κόλπον πάντα
πλησάμενος χρυσοῦ καὶ ἐς τὰς τρίχας τῆς κεφαλῆς διαπάσας
τοῦ ψήγματος καὶ ἄλλο λαβὼν ἐς τὸ στόμα ἐξήιε ἐκ τοῦ
θησαυροῦ, ἕλκων μὲν μόγις τοὺς κοθόρνους, παντὶ δέ τεω
οἰκὼς μᾶλλον ἢ ἀνθρώπῳ· τοῦ τό τε στόμα ἐβέβυστο καὶ
5 πάντα ἐξώγκωτο. ἰδόντα δὲ τὸν Κροῖσον γέλως ἐσῆλθε,
καί οἱ πάντα τε ἐκεῖνα διδοῖ καὶ πρὸς ἑτέροισί μιν δωρέεται
[οὐκ ἐλάσσοσι ἐκείνων.] οὕτω μὲν ἐπλούτησε ἡ οἰκίη αὕτη
μεγάλως, καὶ ὁ Ἀλκμέων οὗτος οὕτω τεθριπποτροφήσας 10
126 Ὀλυμπιάδα ἀναιρέεται· μετὰ δέ, γενεῇ δευτέρῃ ὕστερον,
Κλεισθένης μιν ὁ Σικυώνιος τύραννος ἐξῆρε, ὥστε πολλῷ
ὀνομαστοτέρην γενέσθαι ἐν τοῖσι Ἕλλησι ἢ πρότερον ἦν.
Κλεισθένεϊ γὰρ τῷ Ἀριστωνύμου τοῦ Μύρωνος τοῦ Ἀνδρέω
γίνεται θυγάτηρ τῇ οὔνομα ἦν Ἀγαρίστη. ταύτην ἠθέλησε, 15
Ἑλλήνων ἁπάντων ἐξευρὼν τὸν ἄριστον, τούτῳ γυναῖκα
2 προσθεῖναι. Ὀλυμπίων ὦν ἐόντων καὶ νικῶν ἐν αὐτοῖσι
τεθρίππῳ ὁ Κλεισθένης κήρυγμα ἐποιήσατο, ὅστις Ἑλλήνων
ἑωυτὸν ἀξιοῖ Κλεισθένεος γαμβρὸν γενέσθαι, ἥκειν ἐς
ἑξηκοστὴν ἡμέρην ἢ καὶ πρότερον ἐς Σικυῶνα ὡς κυρώσοντος 20
Κλεισθένεος τὸν γάμον ἐν ἐνιαυτῷ, ἀπὸ τῆς ἑξηκοστῆς
3 ἀρξαμένου ἡμέρης. ἐνθαῦτα Ἑλλήνων ὅσοι σφίσι τε αὐτοῖσι
ἦσαν καὶ πάτρῃ ἐξωγκωμένοι, ἐφοίτεον μνηστῆρες· τοῖσι
Κλεισθένης καὶ δρόμον καὶ παλαίστρην ποιησάμενος ἐπ' αὐτῷ
127 τούτῳ εἶχε. ἀπὸ μὲν δὴ Ἰταλίης ἦλθε Σμινδυρίδης ὁ 25

1 πρῶτον CDPRV Const.   2 κότ. S: κόθρον. R (it. 5)   3 τοῦ
χρυσοῦ a   4 ἐξήιει a   5 μόγις μὲν τοὺς S: μεγίστους a   τω(ι)
BC   6 ἐοικὼς AB   καὶ om. C   7 ἐξόγκωτο d   8 τε
om. d P   ἕτερα δωρ. οὐκ ἐλάσσω κείνων (ἐκ. C) a   9 μὲν . . .
οὕτω om. SV   οἰκία R   10 οὕτως οὕτω R   11 Ὀλύμπια d
12 μὲν SV: αὐτὴν a   Σικυῶνος Cantabr.   ἐξῆρε etiam P: ἔξειρε B¹:
ἐξήγειρε C   13 ἐν τοῖσι a DP: αὐτοῖσιν RSV   ἦν om. a
14 Κλεισθένη RSV   Ἀνδρέα AB   15 ἐθέλησε AB   16 πάντων
d P   19 γαυρὸν V¹   20 ἑξήκοντα R   22 ἡμέρης
ἀρξαμένου a   23 ἦσαν] εἶναι C   ἐξόγκ. D¹   24 αὐτὸ τοῦτο d

Ἱπποκράτεος Συβαρίτης, ὃς ἐπὶ πλεῖστον δὴ χλιδῆς εἶς
ἀνὴρ ἀπίκετο (ἡ δὲ Σύβαρις ἤκμαζε τοῦτον τὸν χρόνον
μάλιστα), καὶ Σιρίτης Δάμασος Ἀμύριος τοῦ σοφοῦ λεγομένου
παῖς. οὗτοι μὲν ἀπὸ Ἰταλίης ἦλθον, ἐκ δὲ τοῦ κόλπου τοῦ 2
5 Ἰονίου Ἀμφίμνηστος Ἐπιστρόφου Ἐπιδάμνιος· οὗτος δὲ
ἐκ τοῦ Ἰονίου κόλπου. Αἰτωλὸς δὲ ἦλθε Τιτόρμου τοῦ
ὑπερφύντος τε Ἕλληνας ἰσχύϊ καὶ φυγόντος ἀνθρώπους ἐς
τὰς ἐσχατιὰς τῆς Αἰτωλίδος χώρης, τούτου τοῦ Τιτόρμου
ἀδελφεὸς Μάλης. ἀπὸ δὲ Πελοποννήσου Φείδωνος τοῦ 3
10 Ἀργείων τυράννου παῖς Λεωκήδης, Φείδωνος δὲ τοῦ τὰ μέτρα
ποιήσαντος Πελοποννησίοισι καὶ ὑβρίσαντος μέγιστα δὴ
Ἑλλήνων ἁπάντων, ὃς ἐξαναστήσας τοὺς Ἠλείων ἀγωνο-
θέτας αὐτὸς τὸν ἐν Ὀλυμπίῃ ἀγῶνα ἔθηκε, τούτου τε δὴ
παῖς καὶ Ἀμίαντος Λυκούργου Ἀρκὰς ἐκ Τραπεζοῦντος, καὶ
15 Ἀζὴν ἐκ Παίου πόλιος Λαφάνης Εὐφορίωνος τοῦ δεξαμένου
τε, ὡς λόγος ἐν Ἀρκαδίῃ λέγεται, τοὺς Διοσκόρους οἰκίοισι
καὶ ἀπὸ τούτου ξεινοδοκέοντος πάντας ἀνθρώπους, καὶ Ἠλεῖος
Ὀνόμαστος Ἀγαίου. οὗτοι μὲν δὴ ἐξ αὐτῆς Πελοποννήσου 4
ἦλθον, ἐκ δὲ Ἀθηνέων ἀπίκοντο Μεγακλέης τε ὁ Ἀλκμέωνος
20 τούτου τοῦ παρὰ Κροῖσον ἀπικομένου, καὶ ἄλλος Ἱπποκλείδης
Τεισάνδρου, πλούτῳ καὶ εἴδεϊ προφέρων Ἀθηναίων. ἀπὸ
δὲ Ἐρετρίης ἀνθεύσης τοῦτον τὸν χρόνον Λυσανίης· οὗτος
δὲ ἀπ' Εὐβοίης μοῦνος. ἐκ δὲ Θεσσαλίης ἦλθε τῶν
Σκοπαδέων Διακτορίδης Κραννώνιος, ἐκ δὲ Μολοσσῶν
25 Ἄλκων. τοσοῦτοι μὲν ἐγένοντο οἱ μνηστῆρες· ἀπικομένων 128
δὲ τούτων ἐς τὴν προειρημένην ἡμέρην ὁ Κλεισθένης πρῶτα

---

1 εἶς om. Bᶜ   3 Σιρήτης R   Δάμασος Ἀνύριος **d**: Δάμας **δ**
σαμύριος **a** P   5 Ἰων. D¹ (it. 6) C (corr. C¹)   Ἀμφίμνηστρος **d**
δὴ Gomperz   6 δὲ om. C   Τιτέρμου **a** (it. 8)   7 ἰσχύει B :
ἰσχὺν **d**   10 παῖς om. **d**   12 πάντων **a**   τοὺς om. R S V
13 τε] δὲ D   15 Πάγου **a**   δ Εὐφορ. B   16 φέρεται C
Διοσκούρους A C P V   17 Ἥλιος D R V   18 Ὀνομαστὸς **d** C P
Αἰγαίου D R V   19 Ἀθηναίων **d** C   21 Τισ. L (it. infra)
22 ἀνθεούσης **a**   23 pr. δὲ] δὴ V(?) S   ἦρχε **a**   24 Διακτορίδος
R [V]   Κρανώνιος C P   26 δὲ om. D

μὲν τὰς πάτρας τε αὐτῶν ἀνεπύθετο καὶ γένος ἑκάστου.
μετὰ δὲ κατέχων ἐνιαυτὸν διεπειρᾶτο αὐτῶν τῆς τε ἀνδρα-
γαθίης καὶ τῆς ὀργῆς καὶ παιδεύσιός τε καὶ τρόπου, καὶ ἑνὶ
ἑκάστῳ ἰὼν ἐς συνουσίην καὶ συνάπασι· καὶ ἐς γυμνάσιά
τε ἐξαγινέων ὅσοι ἦσαν αὐτῶν νεώτεροι, καὶ τὸ μέγιστον, 5
ἐν τῇ συνεστοῖ διεπειρᾶτο· ὅσον γὰρ κατεῖχε χρόνον αὐτούς,
2 τοῦτον πάντα ἐποίεε καὶ ἅμα ἐξείνιζε μεγαλοπρεπέως. καὶ
δή κου μάλιστα τῶν μνηστήρων ἠρέσκοντό ⟨οἱ⟩ οἱ ἀπ᾽
Ἀθηνέων ἀπιγμένοι, καὶ τούτων μᾶλλον Ἱπποκλείδης ὁ
Τεισάνδρου καὶ κατ᾽ ἀνδραγαθίην ἐκρίνετο καὶ ὅτι τὸ ἀνέκαθεν 10
129 τοῖσι ἐν Κορίνθῳ Κυψελίδῃσι ἦν προσήκων. ὡς δὲ ἡ
κυρίη ἐγένετο τῶν ἡμερέων τῆς τε κατακλίσιος τοῦ γάμου
καὶ ἐκφάσιος αὐτοῦ Κλεισθένεος τὸν κρίνοι ἐκ πάντων,
θύσας βοῦς ἑκατὸν ὁ Κλεισθένης εὐώχεε αὐτούς τε τοὺς
2 μνηστῆρας καὶ Σικυωνίους πάντας. ὡς δὲ ἀπὸ δείπνου 15
ἐγίνοντο, οἱ μνηστῆρες ἔριν εἶχον ἀμφί τε μουσικῇ καὶ τῷ
λεγομένῳ ἐς τὸ μέσον. προϊούσης δὲ τῆς πόσιος κατέχων
πολλὸν τοὺς ἄλλους ὁ Ἱπποκλείδης ἐκέλευσέ οἱ τὸν αὐλητὴν
αὐλῆσαι ἐμμέλειαν, πειθομένου δὲ τοῦ αὐλητέω ὀρχήσατο.
καί κως ἑωυτῷ μὲν ἀρεστῶς ὀρχέετο, ὁ Κλεισθένης δὲ ὁρέων 20
3 ὅλον τὸ πρῆγμα ὑπώπτευε. μετὰ δὲ ἐπισχὼν ὁ Ἱπποκλείδης
χρόνον ἐκέλευσέ τινα τράπεζαν ἐσενεῖκαι, ἐσελθούσης δὲ
τῆς τραπέζης πρῶτα μὲν ἐπ᾽ αὐτῆς ὀρχήσατο Λακωνικὰ
σχήματα, μετὰ δὲ ἄλλα Ἀττικά, τὸ τρίτον δὲ τὴν κεφαλὴν
ἐρείσας ἐπὶ τὴν τράπεζαν τοῖσι σκέλεσι ἐχειρονόμησε. 25
4 Κλεισθένης δὲ τὰ μὲν πρῶτα καὶ τὰ δεύτερα ὀρχεομένου

1 ἐπύθετο a   2 ἐπειρᾶτο d   5 ἐξάγειν ἔων D: ἐξάγειν νέων
RS (-γων) V   τό γε Aᶜ (1) BCP   6 συνεστίη a (ξ. C) P:
συνέσει S   διεπειρᾶτο om. C   7 ἐξένιζε a   8 που a E   οἱ
add. Matthiae   9 Ἀθηναίων d C E   10 pr. καὶ om. d   τὰ
Laur. lxx. 6   ἀνέκαθεν D: -θε rell.   11 Κυψελίδισιν R V
12 κατακλήσιος D   16 ἐγίνοντο a E: ἐγέν. d P   18 ἐκέλευέ C
(it. 22)   οἱ τὸν] αὐτὸν S V   19 ὠρχήσατο C P R S V Dᶜ   20 μὲν
om. D   ἀρεστῶς om. C   ὠρχέετο a P Dᶜ   ὁ δὲ Κλ. P   21 ὑπώ-
πτευε B¹ R S V   22 οἱ τινα d   ἐσενεγκεῖν A B E   23 πρῶτον D
ὠρχήσατο C P R Dᶜ   24 σχήματα E: ὀρχήματα σχημάτια d

[ἀποστυγέων γαμβρὸν ἄν οἱ ἔτι γενέσθαι Ἱπποκλείδεα] διὰ
τήν τε ὄρχησιν καὶ τὴν ἀναιδείην κατεῖχε ἑωυτόν, οὐ βου-
λόμενος ἐκραγῆναι ἐς αὐτόν· ὡς δὲ εἶδε τοῖσι σκέλεσι
χειρονομήσαντα, οὐκέτι κατέχειν δυνάμενος εἶπε· Ὦ παῖ
5 Τεισάνδρου, ἀπορχήσαό γε μὲν τὸν γάμον. ὁ δὲ Ἱππο-
κλείδης ὑπολαβὼν εἶπε· Οὐ φροντὶς Ἱπποκλείδῃ. ἀπὸ 130
τούτου μὲν τοῦτο ὀνομάζεται· Κλεισθένης δὲ σιγὴν ποιησά-
μενος ἔλεξε ἐς μέσον τάδε· Ἄνδρες [παιδὸς τῆς ἐμῆς]
μνηστῆρες, ἐγὼ καὶ πάντας ὑμέας ἐπαινέω καὶ πᾶσι ὑμῖν,
10 εἰ οἷόν τε εἴη, χαριζοίμην ἄν, μήτ᾽ ἕνα ὑμέων ἐξαίρετον
ἀποκρίνων μήτε τοὺς λοιποὺς ἀποδοκιμάζων· ἀλλ᾽ οὐ γὰρ 2
οἷά τέ ἐστι [μιῆς περὶ] παρθένου βουλεύοντα πᾶσι κατὰ νόον
ποιέειν, τοῖσι μὲν ὑμέων ἀπελαυνομένοισι τοῦδε τοῦ γάμου
τάλαντον ἀργυρίου ἑκάστῳ δωρεὴν δίδωμι τῆς ἀξιώσιος
15 εἵνεκα τῆς ἐξ ἐμεῦ γῆμαι καὶ τῆς ἐξ οἴκου ἀποδημίης, τῷ
δὲ Ἀλκμέωνος Μεγακλέϊ ἐγγυῶ παῖδα τὴν ἐμὴν Ἀγαρίστην
νόμοισι τοῖσι Ἀθηναίων. φαμένου δὲ ἐγγυᾶσθαι Μεγακλέος
ἐκεκύρωτο ὁ γάμος Κλεισθένεϊ. ἀμφὶ μὲν κρίσι τῶν 131
μνηστήρων τοσαῦτα ἐγένετο, καὶ οὕτω Ἀλκμεωνίδαι ἐβώ-
20 σθησαν ἀνὰ τὴν Ἑλλάδα. τούτων δὲ συνοικησάντων γίνεται
Κλεισθένης τε ὁ [τὰς φυλὰς καὶ τὴν δημοκρατίην] Ἀθηναίοισι
καταστήσας, ἔχων τὸ οὔνομα ἀπὸ τοῦ μητροπάτορος τοῦ
Σικυωνίου· οὗτός τε δὴ γίνεται Μεγακλέϊ καὶ Ἱπποκράτης, 2
ἐκ δὲ Ἱπποκράτεος Μεγακλῆς τε ἄλλος καὶ Ἀγαρίστη ἄλλη,
25 ἀπὸ τῆς Κλεισθένεος Ἀγαρίστης ἔχουσα τὸ οὔνομα, ἣ
συνοικήσασά τε Ξανθίππῳ τῷ Ἀρίφρονος καὶ ἔγκυος ἐοῦσα
εἶδε ὄψιν ἐν τῷ ὕπνῳ, ἐδόκεε δὲ λέοντα τεκεῖν· καὶ [μετ᾽
ὀλίγας ἡμέρας] τίκτει Περικλέα Ξανθίππῳ.

132 Μετὰ δὲ τὸ ἐν Μαραθῶνι τρῶμα γενόμενον Μιλτιάδης, καὶ πρότερον εὐδοκιμέων παρὰ Ἀθηναίοισι, τότε μᾶλλον αὔξετο. αἰτήσας δὲ νέας ἑβδομήκοντα καὶ στρατιήν τε καὶ χρήματα Ἀθηναίους, οὐ φράσας σφι ἐπ' ἣν ἐπιστρατεύσεται χώρην, ἀλλὰ φὰς αὐτοὺς καταπλουτιεῖν ἤν οἱ ἕπωνται· ἐπὶ 5 γὰρ χώρην τοιαύτην δή τινα ἄξειν ὅθεν χρυσὸν εὐπετέως ἄφθονον οἴσονται· λέγων τοιαῦτα αἴτεε τὰς νέας. Ἀθη-

133 ναῖοι δὲ τούτοισι ἐπαρθέντες παρέδοσαν. παραλαβὼν δὲ ὁ Μιλτιάδης τὴν στρατιὴν ἔπλεε ἐπὶ Πάρον, πρόφασιν ἔχων ὡς οἱ Πάριοι ὑπῆρξαν πρότεροι στρατευόμενοι τριήρεϊ ἐς 10 Μαραθῶνα ἅμα τῷ Πέρσῃ. τοῦτο μὲν δὴ πρόσχημα λόγου ἦν, ἀτάρ τινα καὶ ἔγκοτον εἶχε τοῖσι Παρίοισι διὰ Λυσαγόρεα τὸν Τεισίεω, ἐόντα γένος Πάριον, διαβαλόντα μιν πρὸς

2 Ὑδάρνεα τὸν Πέρσην. ἀπικόμενος δὲ ἐς τὴν ἔπλεε ὁ Μιλτιάδης τῇ στρατιῇ ἐπολιόρκεε Παρίους κατειλημένους 15 ἐντὸς τείχεος, καὶ ἐσπέμπων κήρυκα αἴτεε ἑκατὸν τάλαντα, φάς, ἢν μή οἱ δῶσι, οὐκ ἀπαναστήσειν τὴν στρατιὴν πρὶν

3 ἢ ἐξέλῃ σφέας. οἱ δὲ Πάριοι ὅκως μέν τι δώσουσι Μιλτιάδῃ ἀργύριον οὐδὲ διενοεῦντο, οἱ δὲ ὅκως διαφυλάξουσι τὴν πόλιν, τοῦτο ἐμηχανῶντο, ἄλλα τε ἐπιφραζόμενοι καὶ τῇ 20 μάλιστα ἔσκε ἑκάστοτε ἐπίμαχον τοῦ τείχεος, τοῦτο ἅμα

134 νυκτὶ ἐξήρετο διπλήσιον τοῦ ἀρχαίου. ἐς μὲν δὴ τοσοῦτο τοῦ λόγου οἱ πάντες Ἕλληνες λέγουσι, τὸ ἐνθεῦτεν δὲ αὐτοὶ Πάριοι γενέσθαι ὧδε λέγουσι· Μιλτιάδῃ ἀπορέοντι ἐλθεῖν ἐς λόγους αἰχμαλώτου γυναῖκα, ἐοῦσαν μὲν Παρίην γένος, 25 οὔνομα δέ οἱ εἶναι Τιμοῦν, εἶναι δὲ ὑποζάκορον τῶν χθονίων

4 στρατεύσεται S: ἐπιστρατεύεται a P   5 αὐτὸς DRV   οἱ] -
εἰ V   ἕπονται d   7 τοσαῦτα Gomperz   10 τριήρεσι a P
11 λόγου S: λόγων rell. [CV]   12 καὶ om. d P   Λυσαγόρην d P
13 Τισίεω a P: Τίσεω d   14 δὲ om. D¹   ἐπ' ἢν a   15 κατειλη-
μένους P: κατειλημμ. rell.   17 μή οἱ] μιν οὐ a   δώσειν S [V]
οὐ παναστήσειν R: οὐκ ἀπονοστήσειν a P   18 μέντοι SV: τι om. C
19 ἀργυρίου d F   οὐδὲν DPRV   διαφυλάξωσι a DRV   20 τοῦτο
om. d   21 ἔσχε C   22 ἐξῆρτο a   πλησίον C

θεῶν. ταύτην ἐλθοῦσαν ἐς ὄψιν Μιλτιάδεω] συμβουλεῦσαι,
εἰ περὶ πολλοῦ ποιέεται Πάρον ἑλεῖν, τὰ ἂν αὐτῇ ὑποθῆται,
ταῦτα ποιέειν. μετὰ δὲ τὴν μὲν ὑποθέσθαι, τὸν δὲ διερχό- 2
μενον ἐπὶ τὸν κολωνὸν τὸν πρὸ τῆς πόλιος ἐόντα ⟨τὸ⟩ ἕρκος
5 θεσμοφόρου Δήμητρος[ὑπερθορεῖν, οὐ δυνάμενον τὰς θύρας
ἀνοῖξαι, ὑπερθορόντα δὲ ἰέναι ἐπὶ τὸ μέγαρον ὅ τι δὴ ποιή-
σοντα ἐντός, εἴτε κινήσοντά τι τῶν ἀκινήτων εἴτε ὅ τι δή
κοτε πρήξοντα· πρὸς τῇσι θύρῃσί τε γενέσθαι καὶ πρόκατε
φρίκης αὐτὸν ὑπελθούσης [ὀπίσω τὴν αὐτὴν ὁδὸν ἵεσθαι,
10 καταθρώσκοντα δὲ τὴν αἱμασιὴν [τὸν μηρὸν σπασθῆναι.] οἱ
δὲ αὐτὸν τὸ γόνυ προσπταῖσαι λέγουσι. Μιλτιάδης μέν 135
νυν φλαύρως ἔχων ἀπέπλεε ὀπίσω, οὔτε χρήματα Ἀθη-
ναίοισι ἄγων οὔτε Πάρον προσκτησάμενος, ἀλλὰ πολιορκήσας
τε [ἐξ καὶ εἴκοσι ἡμέρας] καὶ δηιώσας τὴν νῆσον. Πάριοι δὲ 2
15 πυθόμενοι ὡς [ἡ ὑποζάκορος τῶν θεῶν Τιμὼ] Μιλτιάδη
κατηγήσατο, [βουλόμενοί μιν ἀντὶ τούτων τιμωρήσασθαι]
[θεοπρόπους πέμπουσι ἐς Δελφούς, ὥς σφεας ἡσυχίη τῆς
πολιορκίης ἔσχε· ἔπεμπον δὲ ἐπειρησομένους εἰ καταχρή-
σωνται τὴν ὑποζάκορον τῶν θεῶν ὡς ἐξηγησαμένην τοῖσι
20 ἐχθροῖσι τῆς πατρίδος ἅλωσιν καὶ [τὰ ἐς ἔρσενα γόνον
ἄρρητα ἱρὰ] ἐκφήνασαν Μιλτιάδη. ἡ δὲ Πυθίη οὐκ ἔα, 3
φᾶσα οὐ Τιμοῦν εἶναι τὴν αἰτίην τούτων, ἀλλὰ δεῖν γὰρ
Μιλτιάδεα τελευτᾶν μὴ εὖ, φανῆναί οἱ τῶν κακῶν κατη-
γεμόνα. Παρίοισι μὲν δὴ ταῦτα ἡ Πυθίη ἔχρησε· Ἀθη- 136
25 ναῖοι δὲ [ἐκ Πάρου Μιλτιάδεα ἀπονοστήσαντα] εἶχον ἐν
στόμασι, οἵ τε ἄλλοι καὶ μάλιστα Ξάνθιππος ὁ Ἀρίφρονος,

---

1 ταύτην δὲ d   2 ὑποθῆται, η ex corr., D   3 διερχ.] ἀπικό-
μενον d P   4 τὸ add. Schaefer   5 ὑπερθορέειν d P   6 ὑπερθο-
ρῶντα C: -ρέοντα S V¹   ὑπὲρ d   ποιήσαντα V   7 pr. τι] τε C
8 ποτε L   πρήξαντα D   11 προσπταῖσε B: -παῖσα C: -πτεῦσαι V
δὲ μέν C   15 ἡ om. D S V   16 κατηγήσαιτο d   17 ἐς Δ.
πέμπουσι a   18 καταχρήσονται A C¹ P   19 ὡς] τὴν a   21 ἐκ-
φήνασα A (non B): ἐκφήσασαν d   23 Μιλτιάδην D R [V]
24 ἔχρησε(ν) ἡ Πυθίη d   25 Μιλτιάδην [V] ἐκ Πάρου d   ἔσχον
a P   26 στόματι d

131

ὃς θανάτου ὑπαγαγὼν ὑπὸ τὸν δῆμον Μιλτιάδεα ἐδίωκε τῆς
2 Ἀθηναίων ἀπάτης εἵνεκεν. Μιλτιάδης δὲ αὐτὸς μὲν παρεὼν
οὐκ ἀπελογέετο (ἦν γὰρ ἀδύνατος ὥστε σηπομένου τοῦ μηροῦ),
προκειμένου δὲ αὐτοῦ ἐν κλίνῃ ὑπεραπελογέοντο οἱ φίλοι,
τῆς μάχης τε τῆς ἐν Μαραθῶνι γενομένης πολλὰ ἐπιμεμνη- 5
μένοι καὶ τὴν Λήμνου αἵρεσιν, ὡς ἑλὼν Λῆμνόν τε καὶ
3 τεισάμενος τοὺς Πελασγοὺς παρέδωκε Ἀθηναίοισι. προσ-
γενομένου δὲ τοῦ δήμου αὐτῷ κατὰ τὴν ἀπόλυσιν τοῦ θανά-
του, ζημιώσαντος δὲ κατὰ τὴν ἀδικίην πεντήκοντα ταλάντοισι,
Μιλτιάδης μὲν μετὰ ταῦτα σφακελίσαντός τε τοῦ μηροῦ καὶ 10
σαπέντος τελευτᾷ, τὰ δὲ πεντήκοντα τάλαντα ἐξέτεισε ὁ παῖς
αὐτοῦ Κίμων.

137   Λῆμνον δὲ Μιλτιάδης ὁ Κίμωνος ὧδε ἔσχε· Πελασγοὶ
ἐπείτε ἐκ τῆς Ἀττικῆς ὑπὸ Ἀθηναίων ἐξεβλήθησαν, εἴτε ὦν
δὴ δικαίως εἴτε ἀδίκως· τοῦτο γὰρ οὐκ ἔχω φράσαι, πλὴν τὰ 15
λεγόμενα, ὅτι Ἑκαταῖος μὲν ὁ Ἡγησάνδρου ἔφησε ἐν τοῖσι
2 λόγοισι λέγων ἀδίκως· ἐπείτε γὰρ ἰδεῖν τοὺς Ἀθηναίους τὴν
χώρην, τήν σφι αὐτοὶ ὑπὸ τὸν Ὑμησσὸν ἐοῦσαν ἔδοσαν οἰκῆσαι
μισθὸν τοῦ τείχεος τοῦ περὶ τὴν ἀκρόπολίν κοτε ἐληλαμένου,
ταύτην ὡς ἰδεῖν τοὺς Ἀθηναίους ἐξεργασμένην εὖ, τὴν 20
πρότερον εἶναι κακήν τε καὶ τοῦ μηδενὸς ἀξίην, λαβεῖν
φθόνον τε καὶ ἵμερον τῆς γῆς, καὶ οὕτως ἐξελαύνειν αὐτοὺς
οὐδεμίαν ἄλλην πρόφασιν προϊσχομένους τοὺς Ἀθηναίους.
3 ὡς δὲ αὐτοὶ Ἀθηναῖοι λέγουσι, δικαίως ἐξελάσαι. κατοικη-
μένους γὰρ τοὺς Πελασγοὺς ὑπὸ τῷ Ὑμησσῷ ἐνθεῦτεν 25
ὁρμωμένους ἀδικέειν τάδε· φοιτᾶν γὰρ δὴ τὰς σφετέρας
θυγατέρας [τε καὶ τοὺς παῖδας] ἐπ' ὕδωρ ἐπὶ τὴν Ἐννεά-

1 ἀγαγὼν a   Μιλτιάδην d [V]   5 alt. τῆς] τῶν S V
7 τισάμ. L   προσγινομένου R S V   9 ταλάντοις D R : τάλαντα
S [V]   10 τε om. d P   11 ἐξέτισε L   18 σφι αὐτοὶ
Herwerden : σφίσι(ν) αὐτοῖσι(ν) L (-τοῖς D) [P¹]   τῶν B V
Ὑμησσῶν B¹   19 ποτε a   23 οὐδὲ μήην A B   24 αὐτοὶ
om. d   26 δὴ d : αἰεὶ a P   σφετέρας] φρένας C   27 τε καὶ
τοὺς παῖδας del. Schaefer : καὶ τοὺς παῖδας om. S

κρουνον· οὐ γὰρ εἶναι⌈τοῦτον τὸν χρόνου⌉ σφίσι κω οὐδὲ τοῖσι
ἄλλοισι"Ελλησι οἰκέτας· ὅκως δὲ ἔλθοιεν αὗται, τοὺς Πελα-
σγοὺς ὑπὸ ὕβριός τε καὶ ὀλιγωρίης βιᾶσθαι σφέας.   καὶ
ταῦτα μέντοι σφι οὐκ ἀποχρᾶν ποιέειν, ἀλλὰ τέλος καὶ ἐπι-
5 βουλεύοντας ἐπιχειρήσειν φανῆναι⌈ἐπ' αὐτοφώρῳ.⌉ ἑωυτοὺς 4
δὲ γενέσθαι τοσούτῳ ἐκείνων ἄνδρας ἀμείνονας, ὅσῳ παρεὸν
αὐτοῖσι ἀποκτεῖναι τοὺς Πελασγούς, ἐπεί σφεας ἔλαβον
ἐπιβουλεύοντας, οὐκ ἐθελῆσαι, ἀλλά σφι προειπεῖν ἐκ τῆς γῆς
ἐξ⌈ι⌉έναι.   τοὺς δὲ οὕτω δὴ ἐκχωρήσαντας ἄλλα τε σχεῖν χωρία
10 καὶ δὴ καὶ Λῆμνον.   ἐκεῖνα μὲν δὴ Ἑκαταῖος ἔλεξε, ταῦτα
δὲ Ἀθηναῖοι λέγουσι.   οἱ δὲ Πελασγοὶ οὗτοι Λῆμνον τότε 138
νεμόμενοι καὶ βουλόμενοι τοὺς Ἀθηναίους τιμωρήσασθαι, εὖ
τε ἐξεπιστάμενοι τὰς Ἀθηναίων ὁρτάς, πεντηκοντέρους κτησά-
μενοι ἐλόχησαν⌈Ἀρτέμιδι ἐν Βραυρῶνι ἀγούσας ὁρτὴν τὰς τῶν
15 Ἀθηναίων γυναῖκας,⌋ ἐνθεῦτεν δὲ ἁρπάσαντες τουτέων πολλὰς
οἴχοντο ἀποπλέοντες καί σφεας ἐς Λῆμνον ἀγαγόντες παλ-
λακὰς εἶχον.   ὡς δὲ τέκνων αὗται αἱ γυναῖκες ὑπεπλήσθησαν, 2
γλῶσσάν τε τὴν Ἀττικὴν καὶ τρόπους τοὺς Ἀθηναίων ἐδί-
δασκον τοὺς παῖδας.   οἱ δὲ οὔτε συμμίσγεσθαι τοῖσι ἐκ
20 τῶν Πελασγίδων γυναικῶν παισὶ ἤθελον, εἴ τε τύπτοιτό τις
αὐτῶν ὑπ' ἐκείνων τινός, ἐβοήθεόν τε πάντες καὶ ἐτιμώρεον
ἀλλήλοισι· καὶ δὴ καὶ ἄρχειν τε τῶν παίδων οἱ παῖδες
ἐδικαίευν⌋ καὶ πολλῷ ἐπεκράτεον.   μαθόντες δὲ ταῦτα οἱ 3
Πελασγοὶ ἑωυτοῖσι λόγους ἐδίδοσαν· καί σφι βουλευομέ-
25 νοισι δεινόν τι ἐσέδυνε, εἰ δὴ διαγινώσκοιεν σφίσι τε
βοηθ῾ ιν οἱ παῖδες πρὸς τῶν κουριδιέων γυναικῶν τοὺς

---

1 τὸν om. DRV   2 "Ελλησι om. R   4 σφίσι(ν) L
5 ἐπιχείρησιν B² Dᶜ (?)   αὐτοφόρω(ι) D¹RS   8 σφισι a
10 ἔδεξε D : ἔδοξε RSV   11 οὕτω C   12 καὶ om. D, nescio
an recte : καὶ βουλ. om. RSV   13 γε conieci   -κοτέρους D¹ :
·κοντόρους CPS   στησάμενοι a   14 Βραυρῶνι ABRV
16 παλακὰς CSV   17 αἱ γυναῖκες αὗται a   18 τοὺς om. Λ¹ :
τῶν PS   19 συμμίγνυσθαι aP   21 αὐτέων DRV   22 τε
om. SV   23 πολλὸν a   24 ἔδοσαν aP   σφι Stein : σφίσι L
βουλομένοισι D   25 διαγνώσκοιεν DR   26 βοηθεῖν D   κουρι-
δίων aP

παῖδας ⌈καὶ τούτων αὐτίκα ἄρχειν πειρῷατο⌉, τί δὴ ἀνδρω-
4 θέντες δῆθεν ποιήσουσι. ἐνθαῦτα ἔδοξέ σφι κτείνειν
τοὺς παῖδας τοὺς ἐκ τῶν Ἀττικέων γυναικῶν. ποιεῦσι δὴ
ταῦτα, προσαπολλύουσι δέ σφεων καὶ τὰς μητέρας. ἀπὸ
τούτου δὲ τοῦ ἔργου καὶ ⌈τοῦ⌉ προτέρου τούτων, τὸ ἐργάσαντο 5
αἱ γυναῖκες τοὺς ⌈ἅμα Θόαντι⌉ ἄνδρας σφετέρους ἀποκτεί-
νασαι, νενόμισται ἀνὰ τὴν Ἑλλάδα τὰ σχέτλια ἔργα πάντα
139 Λήμνια καλέεσθαι. ἀποκτείνασι δὲ τοῖσι Πελασγοῖσι τοὺς
σφετέρους παῖδάς τε καὶ γυναῖκας οὔτε γῆ καρπὸν ἔφερε
οὔτε γυναῖκές τε καὶ ποῖμναι ὁμοίως ἔτικτον καὶ πρὸ τοῦ. 10
πιεζόμενοι δὲ λιμῷ καὶ ἀπαιδίῃ ἐς Δελφοὺς ἔπεμπον ⌈λύσιν
2 τινὰ⌋αἰτησόμενοι τῶν παρεόντων κακῶν. ἡ δὲ Πυθίη σφέας
ἐκέλευε Ἀθηναίοισι δίκας διδόναι ταύτας τὰς ἂν αὐτοὶ
Ἀθηναῖοι δικάσωσι. ἦλθόν τε δὴ ἐς τὰς Ἀθήνας οἱ Πελα-
σγοὶ καὶ δίκας ἐπαγγέλλοντο βουλόμενοι διδόναι ⌈παντὸς τοῦ 15
3 ἀδικήματος.⌋ Ἀθηναῖοι δὲ ἐν τῷ πρυτανηίῳ κλίνην στρώ-
σαντες ⌈ὡς εἶχον κάλλιστα⌉ καὶ τράπεζαν ἐπίπλέην ἀγαθῶν
πάντων παραθέντες ἐκέλευον τοὺς Πελασγοὺς τὴν χώρην
4 σφίσι παραδιδόναι οὕτως ἔχουσαν. οἱ δὲ Πελασγοὶ ὑπολα-
βόντες εἶπαν· Ἐπεὰν βορέῃ ἀνέμῳ αὐτημερὸν ἐξανύσῃ νηῦς 20
ἐκ τῆς ὑμετέρης ἐς τὴν ἡμετέρην, τότε παραδώσομεν," ἐπι-
στάμενοι τοῦτο εἶναι ἀδύνατον γενέσθαι· ἡ γὰρ Ἀττικὴ πρὸς
140 νότον κεῖται πολλὸν τῆς Λήμνου. τότε μὲν τοσαῦτα· ἔτεσι
δὲ κάρτα πολλοῖσι ὕστερον τούτων, ὡς ἡ Χερσόνησος ἡ ἐν
Ἑλλησπόντῳ ἐγένετο ὑπὸ Ἀθηναίοισι, Μιλτιάδης ὁ Κίμωνος 25
⌈ἐτησιέων ἀνέμων κατεστηκότων⌋ νηὶ καταγύσας ἐξ Ἐλαιοῦντος

3 Ἀττικῶν S V   ποιέουσι a   δὴ P : τε a : δὲ d (post ταῦτα S
4 σφι d : om. P   μητέρας αὐτῶν P   5 τὸ] δ a   ἠργάσαντο
A B : εἴργ. C   7 γὰρ ἀνὰ R V   8 ἀποκτείνουσι S V   11 τι
καὶ Aldus   13 ἃς a E   14 δὴ om. C   15 ἐπηγγ. a E
βουλόμενοι om. C   τοῦ om. E   16 στορέσαντες d (-σσ- D)
18 παντοίων Suid. s. v. ἐπιπλέα   20 ἐπιπλέα d E   νηῦς ἐξανύσῃ
d P   21 τοῦτο εἶπαν ἐπιστάμενοι τοῦτο d P   22 γενέσθαι om. E
23 κέεται L   νήσου C   τοιαῦτα a   24 ἐν d E : ἐπ' a P
26 ἐτησίων E   καθ. C   καταλύσας D R V¹ : καταστήσας S V°
Ἐλεοῦντος B P R S V D°

τοῦ ἐν Χερσονήσῳ ἐς Λῆμνον/προηγόρευε ἐξιέναι ἐκ τῆς
νήσου τοῖσι Πελασγοῖσι, ἀναμιμνήσκων σφέας τὸ χρηστή-
ριον, τὸ οὐδαμὰ ἤλπισαν σφίσι οἱ Πελασγοὶ ἐπιτελέεσθαι.
Ἡφαιστιέες μέν νυν ἐπίθοντο, Μυριναῖοι δὲ οὐ συγγινω- 2
5 σκόμενοι εἶναι τὴν Χερσόνησον Ἀττικὴν ἐπολιορκέοντο, ἐς
ὃ καὶ οὗτοι παρέστησαν. οὕτω δὴ τὴν Λῆμνον ἔσχον Ἀθη-
ναῖοί τε καὶ Μιλτιάδης.

3 οἱ om. d   4 ἐπίθοντο R : ἐπύθ. SV : ἐπείθ. a DP   Μυρριν.
E : Μυρινν. R   6 αὐτοὶ d P   τὴν om. d P   7 τε om. d Pⁱ
Μιλτιάδης.   ἐπεὶ δὲ ἀγγελίη ἀπίκετο περὶ τῆς μάχης d

ΙΣΤΟΡΙΩΝ Η

Επεὶ δὲ ἡ ἀγγελίη ἀπίκετο περὶ τῆς μάχης τῆς ἐν Μαρα- **1**
θῶνι γενομένης παρὰ βασιλέα Δαρεῖον τὸν Ὑστάσπεος καὶ
πρὶν μεγάλως κεχαραγμένον τοῖσι Ἀθηναίοισι διὰ τὴν ἐς
Σάρδις ἐσβολήν, καὶ δὴ καὶ τότε πολλῷ τε δεινότερα ἐποίεε
5 καὶ μᾶλλον ὅρμητο στρατεύεσθαι ἐπὶ τὴν Ἑλλάδα. καὶ **2**
αὐτίκα μὲν ἐπηγγέλλετο πέμπων ἀγγέλους κατὰ πόλις ἑτοι-
μάζειν στρατιήν, πολλῷ πλέω ἐπιτάσσων ἑκάστοισι ἢ πρό-
τερον παρεῖχον, καὶ νέας τε καὶ ἵππους καὶ σῖτον καὶ πλοῖα.
τούτων δὲ περιαγγελλομένων ἡ Ἀσίη ἐδονέετο ἐπὶ τρία
10 ἔτεα, καταλεγομένων τε τῶν ἀρίστων ὡς ἐπὶ τὴν Ἑλλάδα
στρατευσομένων καὶ παρασκευαζομένων. τετάρτῳ δὲ ἔτεϊ **3**
Αἰγύπτιοι (οἳ) ὑπὸ Καμβύσεω δουλωθέντες ἀπέστησαν ἀπὸ
Περσέων. ἐνθαῦτα δὴ καὶ μᾶλλον ὅρμητο καὶ ἐπ' ἀμφοτέ-
ρους στρατεύεσθαι. στελλομένου δὲ Δαρείου ἐπ' Αἴγυπτον **2**
15 καὶ Ἀθήνας τῶν παίδων αὐτοῦ στάσις ἐγένετο μεγάλη περὶ
τῆς ἡγεμονίης, ὡς δεῖ μιν ἀποδέξαντα βασιλέα κατὰ τὸν
Περσέων νόμον οὕτω στρατεύεσθαι. ἦσαν γὰρ Δαρείῳ καὶ **2**
πρότερον ἢ βασιλεῦσαι γεγονότες τρεῖς παῖδες ἐκ τῆς προ-
τέρης γυναικός, Γωβρύεω θυγατρός, καὶ βασιλεύσαντι ἐξ
20 Ἀτόσσης τῆς Κύρου ἕτεροι τέσσερες. τῶν μὲν δὴ προτέρων
ἐπρέσβευε Ἀρτοβαζάνης, τῶν δὲ ἐπιγενομένων Ξέρξης.
ἐόντες δὲ μητρὸς οὐ τῆς αὐτῆς ἐστασίαζον, ὁ μὲν [γὰρ] **3**
Ἀρτοβαζάνης κατ' ὅ τι πρεσβύτατός τε εἴη παντὸς τοῦ

1 ἐπεὶ δὲ ἡ] ἐπειδὴ C R : ἐπεὶ δὲ rell.   3 ἐν R V¹   5 ὅρμητο L
6 πόλεις d C   7 πλείω(ι) a   ἐπιτάσσων] ἑτοιμάζων C¹   8 παρέ-
χειν a P   τε om. C   σῖτον καὶ ἵππους (καὶ πλοῖα om.) a   9 του-
τέων a   10 δὲ d P   ὡς om. d   11 στρατευομένων a P   δὲ
om. d P   12 οἳ addidi   13 ὅρμητο d C P   alt. καὶ A B soli
15 ἐγίνετο R V   16 ὡς om. R   ἔδει d   19 Γοβρ. a P
20 τέσσαρες C S V   21 et 23 Ἀρταβ. d   22 ἐστασίασαν a
γὰρ om. d P Bᶜ   23 καθότι πρεσβύτατος ἦν d

137

γόνου καὶ ὅτι νομιζόμενον εἴη πρὸς πάντων ἀνθρώπων τὸν
πρεσβύτατον τὴν ἀρχὴν ἔχειν, Ξέρξης δὲ ὡς Ἀτόσσης τε
παῖς εἴη τῆς Κύρου θυγατρὸς καὶ ὅτι Κῦρος εἴη ὁ κτησά-
3 μενος τοῖσι Πέρσῃσι τὴν ἐλευθερίην. Δαρείου δὲ οὐκ
ἀποδεικνυμένου κω γνώμην ἐτύγχανε κατὰ τὠυτὸ τούτοισι 5
καὶ Δημάρητος ὁ Ἀρίστωνος ἀναβεβηκὼς ἐς Σοῦσα,
ἐστερημένος τε τῆς ἐν Σπάρτῃ βασιληίης καὶ φυγὴν ἐπι-
2 βαλὼν ἑωυτῷ ἐκ Λακεδαίμονος. οὗτος ὡνὴρ πυθόμενος
τῶν Δαρείου παίδων τὴν διαφορήν, ἐλθών, ὡς ἡ φάτις μιν
ἔχει, Ξέρξῃ συνεβούλευε λέγειν πρὸς τοῖσι ἔλεγε ἔπεσι, ὡς 10
αὐτὸς μὲν γένοιτο Δαρείῳ ἤδη βασιλεύοντι καὶ ἔχοντι τὸ
Περσέων κράτος, Ἀρτοβαζάνης δὲ ἔτι ἰδιώτῃ ἐόντι Δαρείῳ·
3 οὐκ ὦν οὔτε οἰκὸς εἴη οὔτε δίκαιον ἄλλον τινὰ τὸ γέρας
ἔχειν πρὸ ἑωυτοῦ, ἐπεί γε καὶ ἐν Σπάρτῃ, ἔφη ὁ Δημάρητος
ὑποτιθέμενος, οὕτω νομίζεσθαι, ἢν οἱ μὲν προγεγονότες ἔωσι 15
πρὶν ἢ τὸν πατέρα σφέων βασιλεῦσαι, ὁ δὲ βασιλεύοντι
ὀψίγονος ἐπιγένηται, τοῦ ἐπιγενομένου τὴν ἔκδεξιν τῆς
4 βασιληίης γίνεσθαι. χρησαμένου δὲ Ξέρξεω τῇ Δημαρήτου
ὑποθήκῃ γνοὺς ὁ Δαρεῖος ὡς λέγοι δίκαια βασιλέα μιν
ἀπέδεξε. δοκέειν δέ μοι, καὶ ἄνευ ταύτης τῆς ὑποθήκης 20
ἐβασίλευσε ἂν Ξέρξης· ἡ γὰρ Ἄτοσσα εἶχε τὸ πᾶν κράτος.
4 ἀποδέξας δὲ βασιλέα Πέρσῃσι Ξέρξεα Δαρεῖος ὁρμᾶτο στρα-
τεύεσθαι. ἀλλὰ γὰρ μετὰ ταῦτά τε καὶ Αἰγύπτου ἀπόστασιν
τῷ ὑστέρῳ ἔτεϊ παρασκευαζόμενον συνήνεικε αὐτὸν Δαρεῖον,
βασιλεύσαντα τὰ πάντα ἕξ τε καὶ τριήκοντα ἔτεα, ἀποθανεῖν, 25
οὐδέ οἱ ἐξεγένετο οὔτε τοὺς ἀπεστεῶτας Αἰγυπτίους οὔτε
Ἀθηναίους τιμωρήσασθαι. ἀποθανόντος δὲ Δαρείου ἡ
5 βασιληίη ἀνεχώρησε ἐς τὸν παῖδα τὸν ἐκείνου Ξέρξην. ὁ
τοίνυν Ξέρξης ἐπὶ μὲν τὴν Ἑλλάδα οὐδαμῶς πρόθυμος ἦν

5 τὠυτὸ τούτοισι] τὠυτοῖσι D   7 ἐπιβάλλων a   8 ἀνὴρ S V
10 συνεβούλευσε d   11 τῶ C   12 Ἀρταβ. A B¹ d   ἐπὶ d
15 ὑποθέμενος D   17 ἐπιγινομένου a   18 γενέσθαι d P¹
Δαμ. D   19 λέγει D S V   20 ἀπέδειξε V   δοκέει C P
21 βασιλεῦσαι a P   22 Δαρεῖος Ξέρξεα P   ὡρμᾶτο d C P
25 ἔτεα ante ἕξ d P   28 ἀνεχώρεε(ν) d   29 μὲν om. D

138

κατ᾽ ἀρχὰς στρατεύεσθαι, ἐπὶ δὲ Αἴγυπτον ἐποιέετο στρατιῆς
ἄγερσιν. παρεὼν δὲ καὶ δυνάμενος παρ᾽ αὐτῷ μέγιστον
Περσέων Μαρδόνιος ὁ Γωβρύεω, ὃς ἦν Ξέρξῃ μὲν ἀνεψιός,
Δαρείου δὲ ἀδελφεῆς παῖς, τοιούτου λόγου εἴχετο, λέγων·
5 Δέσποτα, οὐκ οἰκός ἐστι ᾽Αθηναίους ἐργασαμένους πολλὰ 2
δὴ κακὰ Πέρσας μὴ οὐ δοῦναι δίκας τῶν ἐποίησαν. ἀλλ᾽
εἰ τὸ μὲν νῦν ταῦτα πρήσσοις τά περ ἐν χερσὶ ἔχεις·
ἡμερώσας δὲ Αἴγυπτον τὴν ἐξυβρίσασαν στρατηλάτεε ἐπὶ
τὰς ᾽Αθήνας, ἵνα λόγος τέ σε ἔχῃ πρὸς ἀνθρώπων ἀγαθὸς
10 καί τις ὕστερον φυλάσσηται ἐπὶ γῆν τὴν σὴν στρατεύεσθαι.
οὗτος μέν οἱ [ὁ] λόγος ἦν τιμωρός, τούτου δὲ τοῦ λόγου 3
παρενθήκην ποιεέσκετο τήνδε, ὡς ἡ Εὐρώπη περικαλλὴς
[εἴη] χώρη καὶ δένδρεα παντοῖα φέρει τὰ ἥμερα ἀρετήν τε
ἄκρη, βασιλέϊ τε μούνῳ θνητῶν ἀξίη ἐκτῆσθαι. ταῦτα δὲ 6
15 ἔλεγε οἷα νεωτέρων ἔργων ἐπιθυμητὴς ἐὼν καὶ θέλων αὐτὸς
τῆς ῾Ελλάδος ὕπαρχος εἶναι. χρόνῳ δὲ κατεργάσατό τε καὶ
ἀνέπεισε Ξέρξην ὥστε ποιέειν ταῦτα· συνέλαβε γὰρ καὶ
ἄλλα οἱ σύμμαχα γενόμενα ἐς τὸ πείθεσθαι Ξέρξην. τοῦτο 2
μὲν ἀπὸ τῆς Θεσσαλίης παρὰ τῶν ᾽Αλευαδέων ἀπιγμένοι
20 ἄγγελοι ἐπεκαλέοντο βασιλέα πᾶσαν προθυμίην παρεχόμενοι
ἐπὶ τὴν ῾Ελλάδα (οἱ δὲ ᾽Αλευάδαι οὗτοι ἦσαν Θεσσαλίης
βασιλέες), τοῦτο δὲ Πεισιστρατιδέων οἱ ἀναβεβηκότες ἐς
Σοῦσα, τῶν τε αὐτῶν λόγων ἐχόμενοι τῶν καὶ οἱ ᾽Αλευάδαι,
καὶ δή τι πρὸς τούτοισι ἔτι πλέον προσωρέγοντό οἱ. ἔχοντες 3
25 ⟨δ᾽⟩ ᾽Ονομάκριτον, ἄνδρα ᾽Αθηναῖον χρησμολόγον τε καὶ δια-
θέτην χρησμῶν τῶν Μουσαίου, ἀνεβεβήκεσαν, τὴν ἔχθρην
προκαταλυσάμενοι· ἐξηλάσθη γὰρ ὑπὸ ῾Ιππάρχου τοῦ Πει-

---

1 στρατιῆς om. D   2 ἄγερσιν DP : ἔγερσιν rell.   3 Γοβρ.
a P   Ξέρξου DRV : Ξέρξεω S   4 ἀδελφεῆς D   6 ἤδη d
δίκην a P   ἀλλ᾽ εἰ] ἀλλὰ d P   7 τά περ] ταῦτα SV   11 ὁ
om. SV   τούτου] τοῦδε a   12 ποιεέσκετο a : ἐποιέετο d P
13 εἴη om. d P   δένδρα D   14 θνητῶ D   δὲ om. a
17 Ξέρξην (-εα d P; it. 18) post ταῦτα a   18 ἐς a : πρὸς d P
19 τῆς om. d   23 οἱ om. PRSV   24 ἔτι] ὅτι a   προσ + ωρ. D
25 δ᾽ addidi   26 ἀναβεβ. L   γὰρ τὴν C P   27 προσκαταλυσό-
μενοι a   ἐξηλάθη L   τοῦ om. C   Πεισιστρατιδέω a

σιστράτου ὁ Ὀνομάκριτος ἐξ Ἀθηνέων, ἐπ᾽ αὐτοφώρῳ ἁλοὺς
ὑπὸ Λάσου τοῦ Ἑρμιονέος ἐμποιέων ἐς τὰ Μουσαίου χρη-
σμὸν ὡς αἱ ἐπὶ Λήμνῳ ἐπικείμεναι νῆσοι ἀφανιζοίατο κατὰ
4 τῆς θαλάσσης. διὸ ἐξήλασέ μιν ὁ Ἵππαρχος, πρότερον
χρεώμενος τὰ μάλιστα. τότε δὲ συναναβὰς ὅκως ἀπίκοιτο 5
ἐς ὄψιν τὴν βασιλέος, λεγόντων τῶν Πεισιστρατιδέων περὶ
αὐτοῦ σεμνοὺς λόγους κατέλεγε τῶν· χρησμῶν· εἰ μέν τι
ἐνέοι σφάλμα φέρον τῷ βαρβάρῳ, τῶν μὲν ἔλεγε οὐδέν, ὁ
δὲ τὰ εὐτυχέστατα ἐκλεγόμενος ἔλεγε, τόν τε Ἑλλήσποντον
ὡς ζευχθῆναι χρεὸν εἴη ὑπ᾽ ἀνδρὸς Πέρσεω, τήν τε ἔλασιν 10
5 ἐξηγεόμενος. οὗτός τε δὴ χρησμῳδέων προσεφέρετο, καὶ
οἵ τε Πεισιστρατίδαι καὶ οἱ Ἀλευάδαι γνώμας ἀποδεικνύ-
7 μενοι. ὡς δὲ ἀνεγνώσθη Ξέρξης στρατεύεσθαι ἐπὶ τὴν
Ἑλλάδα, ἐνθαῦτα δευτέρῳ μὲν ἔτεϊ μετὰ τὸν θάνατον τὸν
Δαρείου πρῶτα στρατιὴν ποιέεται ἐπὶ τοὺς ἀπεστεῶτας. 15
τούτους μέν νυν καταστρεψάμενος καὶ Αἴγυπτον πᾶσαν
πολλὸν δουλοτέρην ποιήσας ἢ ἐπὶ Δαρείου ἦν, ἐπιτρέπει
Ἀχαιμένεϊ, ἀδελφεῷ μὲν ἑωυτοῦ, Δαρείου δὲ παιδί. Ἀχαι-
μένεα μέν νυν ἐπιτροπεύοντα Αἰγύπτου χρόνῳ μετέπειτα
8 ἐφόνευσε Ἰνάρως ὁ Ψαμμητίχου ἀνὴρ Λίβυς. Ξέρξης δὲ 20
μετὰ Αἰγύπτου ἅλωσιν ὡς ἔμελλε ἐς χεῖρας ἄξεσθαι τὸ
στράτευμα τὸ ἐπὶ τὰς Ἀθήνας, σύλλογον ἐπίκλητον Περ-
σέων τῶν ἀρίστων ἐποιέετο, ἵνα γνώμας τε πύθηταί σφεων
καὶ αὐτὸς ἐν πᾶσι εἴπῃ τὰ θέλει. ὡς δὲ συνελέχθησαν,
α ἔλεγε Ξέρξης τάδε· Ἄνδρες Πέρσαι, οὔτ᾽ αὐτὸς κατηγή- 25
σομαι νόμον τόνδε ἐν ὑμῖν τιθεὶς παραδεξάμενός τε αὐτῷ
χρήσομαι. ὡς γὰρ ἐγὼ πυνθάνομαι τῶν πρεσβυτέρων,
οὐδαμά κω ἠτρεμίσαμεν, ἐπείτε παρελάβομεν τὴν ἡγεμονίην

1 δ om. a   Ἀθηναίων C P¹ d [S]   αὐτοφόρω D¹   2 Λάσου
S V   3 αἱ om. S V   Λήμνου L : corr. Krueger   ἀφανιοίατο
Krueger   4 μὲν a   5 χρεόμ. B P   κατὰ μάλιστα C   6 τῶν
om. B   7 μέντοι B P¹ (?) R [V]   10 χρεὼν D R V   11 προ-
εφέρετο a   12 καὶ οἱ Ἀλ. om. a   14 μιν d   alt. τὸν om. d P
16 πᾶσαν om. d P   19 μέν νυν om. R S V   20 Ἴναρος S Vᶜ
22 τὸ om. a   23 τε om. D R V   24 θέλη D V   25 ἔλεξε a S
28 ἠτρεμίσαμεν A B : ἠτρεμήσαμεν rell.

140

τήνδε παρὰ Μήδων, Κύρου κατελόντος Ἀστυάγεα· ἀλλὰ
θεός τε οὕτω ἄγει καὶ αὐτοῖσι ἡμῖν πολλὰ ἐπέπουσι συμφέ-
ρεται ἐπὶ τὸ ἄμεινον. τὰ μέν νυν Κῦρός τε καὶ Καμβύσης
πατήρ τε ⟨ὁ⟩ ἐμὸς Δαρεῖος κατεργάσαντο καὶ προσεκτήσαντο
5 ἔθνεα, ἐπισταμένοισι εὖ οὐκ ἄν τις λέγοι. ἐγὼ δὲ ἐπείτε 2
παρέλαβον τὸν θρόνον τοῦτον, ἐφρόντιζον ὅκως μὴ λείψομαι
τῶν πρότερον γενομένων ἐν τιμῇ τῇδε μηδὲ ἐλάσσω προσ-
κτήσομαι δύναμιν Πέρσῃσι· φροντίζων δὲ εὑρίσκω ἅμα μὲν
κῦδος ἡμῖν προσγινόμενον χώρην τε τῆς νῦν ἐκτήμεθα οὐκ
10 ἐλάσσονα οὐδὲ φλαυροτέρην παμφορωτέρην δέ, ἅμα δὲ
τιμωρίην τε καὶ τίσιν γινομένην. διὸ ὑμέας νῦν ἐγὼ συνέ-
λεξα, ἵνα τὸ νοέω πρήσσειν ὑπερθέωμαι ὑμῖν. μέλλω ζεύξας β
τὸν Ἑλλήσποντον ἐλᾶν στρατὸν διὰ τῆς Εὐρώπης ἐπὶ τὴν
Ἑλλάδα, ἵνα Ἀθηναίους τιμωρήσωμαι ὅσα δὴ πεποιήκασι
15 Πέρσας τε καὶ πατέρα τὸν ἐμόν. ὡρᾶτε μέν νυν καὶ Δα- 2
ρεῖον ἰθύοντα στρατεύεσθαι ἐπὶ τοὺς ἄνδρας τούτους. ἀλλ'
ὁ μὲν τετελεύτηκε καὶ οὐκ ἐξεγένετό οἱ τιμωρήσασθαι· ἐγὼ
δὲ ὑπέρ τε ἐκείνου καὶ τῶν ἄλλων Περσέων οὐ πρότερον
παύσομαι πρὶν ἢ ἕλω τε καὶ πυρώσω τὰς Ἀθήνας, οἵ γε
20 ἐμὲ καὶ πατέρα τὸν ἐμὸν ὑπῆρξαν ἄδικα ποιεῦντες. πρῶτα 3
μὲν ἐς Σάρδις ἐλθόντες ἅμα Ἀρισταγόρῃ τῷ Μιλησίῳ, δούλῳ
δὲ ἡμετέρῳ, [ἀπικόμενοι] ἐνέπρησαν τά τε ἄλσεα καὶ τὰ ἱρά·
δεύτερα δὲ ἡμέας οἷα ἔρξαν ἐς τὴν σφετέρην ἀποβάντας, ὅτε
Δᾶτίς τε καὶ Ἀρταφρένης ἐστρατήγεον, [τὰ] ἐπίστασθέ κου
25 πάντες. τούτων μέντοι εἵνεκα ἀνάρτημαι ἐπ' αὐτοὺς στρα- γ

1 Ἀστυάγην L. (-ειν Β)   2 οὗτος d   ἐφέπουσι Α Β d : ἐπιοῦσι
Dion. Hal. de vi dic. Dem. 41   4 ὁ Dion.   5 εὖ om. Dion.
6 τοῦτον d Dion. : τοῦτο a Ρ   λείψομαι D¹ Ρ : -ωμαι rell.   7 προσ-
κτήσομαι Ρ : -ωμαι a d   9 ἡμῖν d Dion. : ἡμῖν τε a Ρ   χώρης a
10 φαυλοτέρην S V¹   δέ C : τε rell.   ἅμα τε C   11 καὶ
τιμωρίην τίσιν (-σι R S V) d   τε om. Dion.   νῦν om. d Ρ
14 πεποιήκεσαν C   15 ὁρᾶτε C Dion.   Δαρεῖον d Dion. : πατέρα
τὸν ἐμὸν Δαρ. a Ρ   17 οἱ S : αὐτῷ rell. Dion.   19 πρὶν ἂν ἢ d
20 ὑπῆρξαν post ἐμὲ (ἐμέ τε Dion.) d   22 ἀπικόμενοι om. Dion.
23 ἀποβάντες D   24 Ἀρταφέρνης Α Β   τὰ om. Dion.   25 μὲν
δὴ Bekker   αὐτέους Α Β

141

τεύεσθαι, ἀγαθὰ δὲ ἐν αὐτοῖσι τοσάδε ἀνευρίσκω λογιζό-
μενος· εἰ τούτους τε καὶ τοὺς τούτοισι πλησιοχώρους κατα-
στρεψόμεθα, οἳ Πέλοπος τοῦ Φρυγὸς νέμονται χώρην, γῆν
2 τὴν Περσίδα ἀποδέξομεν τῷ Διὸς αἰθέρι ὁμουρέουσαν. οὐ
γὰρ δὴ χώρην γε οὐδεμίαν κατόψεται ἥλιος ὁμουρέουσαν 5
τῇ ἡμετέρῃ, ἀλλά σφεας πάσας ἐγὼ ἅμα ὑμῖν μίαν χώρην
3 θήσω, διὰ πάσης διεξελθὼν τῆς Εὐρώπης. πυνθάνομαι
γὰρ ὧδε ἔχειν, οὔτε τινὰ πόλιν ἀνδρῶν οὐδεμίαν οὔτε ἔθνος
οὐδὲν ἀνθρώπων ὑπολείπεσθαι, τὸ ἡμῖν οἷόν τε ἔσται ἐλθεῖν
ἐς μάχην, τούτων τῶν κατέλεξα ὑπεξαραιρημένων. οὕτω 10
δ οἵ τε ἡμῖν αἴτιοι ἕξουσι δούλιον ζυγὸν οἵ τε ἀναίτιοι. ὑμεῖς
δ᾽ ἄν μοι τάδε ποιέοντες χαρίζοισθε. ἐπεὰν ὑμῖν σημήνω
τὸν χρόνον ἐς τὸν ἥκειν δεῖ, προθύμως πάντα τινὰ ὑμέων
χρήσει παρεῖναι· ὃς ἂν δὲ ἔχων ἥκῃ παρεσκευασμένον
στρατὸν κάλλιστα, δώσω οἱ δῶρα τὰ τιμιώτατα νομίζεται 15
2 εἶναι ἐν ἡμετέρου. ποιητέα μέν νυν ταῦτά ἐστι οὕτω· ἵνα
δὲ μὴ ἰδιοβουλέειν ὑμῖν δοκέω, τίθημι τὸ πρῆγμα ἐς μέσον,
γνώμην κελεύων ὑμέων τὸν βουλόμενον ἀποφαίνεσθαι.
9 ταῦτα εἴπας ἐπαύετο. μετ᾽ αὐτὸν δὲ Μαρδόνιος ἔλεγε· Ὦ
δέσποτα, οὐ μοῦνον εἶς τῶν γενομένων Περσέων ἄριστος, 20
ἀλλὰ καὶ τῶν ἐσομένων, ὃς τά τε ἄλλα λέγων ἐπίκεο ἄριστα
καὶ ἀληθέστατα καὶ Ἴωνας τοὺς ἐν τῇ Εὐρώπῃ κατοικημέ-
2 νους οὐκ ἐάσεις καταγελάσαι ἡμῖν ἐόντας ἀναξίους. καὶ γὰρ
δεινὸν ἂν εἴη πρῆγμα, εἰ Σάκας μὲν καὶ Ἰνδοὺς καὶ Αἰθίο-
πάς τε καὶ Ἀσσυρίους ἄλλα τε ἔθνεα πολλὰ καὶ μεγάλα 25
ἀδικήσαντα Πέρσας οὐδέν, ἀλλὰ δύναμιν προσκτᾶσθαι βου-
λόμενοι, καταστρεψάμενοι δούλους ἔχομεν, Ἕλληνας δὲ

3 (τὴν) χώρην Krueger   4 ὁμορέουσαν A B¹ ᵈ : ὅμορον οὖσαν
Dion.   οὐδὲ γὰρ ἄλλην χώρην ᵃ   5 ᵈ ἥλιος Dion.   ὅμουρον
(ὅμορ. S) ἐοῦσαν ᵈ P : ὅμορον οὖσαν Dion.   9 ὑπολίπεσθαι R S V :
-λιπέσθαι D   τὸ ἡμῖν] ἡμῖν ᵈ Dion.   13 ὑμῖν ἥκειν Dion.   14 ἥκει
R V : ἥκοι S   παρασκευασμένον (-ος S) ᵈ : κατεσκευασμένον Dion.
15 οἱ δώσω ᵈ   16 εἶναι om. Dion.   17 ἰδιοβουλεύειν ᵃ P Dion.
εἰς V   18 κελεύω R   20 μόνον L   21 ἐπίκεο (ἐπ + ἰκεο B)
λέγων ᵈ   23 ἐάσῃς D   ἡμέων D R : ὑμέων S V   26 προσ-
κτήσασθαι ᵈ

142

ὑπάρξαντας ἀδικίης οὐ τιμωρησόμεθα. τί δείσαντες; κοίην α
πλῆθεος συστροφήν; κοίην δὲ χρημάτων δύναμιν; τῶν
ἐπιστάμεθα μὲν τὴν μάχην, ἐπιστάμεθα δὲ τὴν δύναμιν
ἐοῦσαν ἀσθενέα· ἔχομεν δὲ αὐτῶν παῖδας καταστρεψάμενοι,
5 τούτους οἳ ἐν τῇ ἡμετέρῃ κατοικημένοι Ἴωνές τε καὶ Αἰολέες
καὶ Δωριέες καλέονται. ἐπειρήθην δὲ καὶ αὐτὸς ἤδη ἐπελαύ- 2
νων ἐπὶ τοὺς ἄνδρας τούτους ὑπὸ πατρὸς τοῦ σοῦ κελευ-
σθείς, καί μοι μέχρι Μακεδονίης ἐλάσαντι καὶ ὀλίγου
ἀπολιπόντι ἐς αὐτὰς Ἀθήνας ἀπικέσθαι οὐδεὶς ἠντιώθη
10 ἐς μάχην. καίτοι [γε] ἐώθασι Ἕλληνες, ὡς πυνθάνομαι, β
ἀβουλότατα πολέμους ἵστασθαι ὑπό τε ἀγνωμοσύνης καὶ
σκαιότητος. ἐπεὰν γὰρ ἀλλήλοισι πόλεμον προείπωσι,
ἐξευρόντες τὸ κάλλιστον χωρίον καὶ λειότατον, ἐς τοῦτο
κατιόντες μάχονται, ὥστε σὺν κακῷ μεγάλῳ οἱ νικῶντες
15 ἀπαλλάσσονται· περὶ δὲ τῶν ἐσσουμένων οὐδὲ λέγω ἀρχήν,
ἐξώλεες γὰρ δὴ γίνονται. τοὺς χρῆν, ἐόντας ὁμογλώσ- 2
σους, κήρυξί τε διαχρεωμένους καὶ ἀγγέλοισι καταλαμ-
βάνειν τὰς διαφορὰς καὶ παντὶ μᾶλλον ἢ μάχησι· εἰ δὲ
πάντως ἔδεε πολεμέειν πρὸς ἀλλήλους, ἐξευρίσκειν χρῆν
20 τῇ ἑκάτεροί εἰσι δυσχειρωτότατοι καὶ ταύτῃ πειρᾶν.
τρόπῳ τοίνυν οὐ χρηστῷ Ἕλληνες διαχρεώμενοι ἐμέο
ἐλάσαντος μέχρι Μακεδονίης [γῆς] οὐκ ἦλθον ἐς τούτου
λόγον ὥστε μάχεσθαι. σοὶ δὲ δὴ μέλλει τίς, ὦ βασιλεῦ, γ
ἀντιώσεσθαι πόλεμον προφέρων, ἄγοντι καὶ πλῆθος τὸ ἐκ
25 τῆς Ἀσίης καὶ νέας τὰς ἁπάσας; ὡς μὲν ἐγὼ δοκέω, οὐκ
ἐς τοῦτο θάρσεος ἀνήκει τὰ Ἑλλήνων πρήγματα· εἰ δὲ ἄρα
ἔγωγε ψευσθείην γνώμῃ καὶ ἐκεῖνοι ἐπαρθέντες ἀβουλίῃ

1 ἀδικίης] ἀληθῆς R : -θεῖς D S V   3 μὲν om. S V   7 κελευ-
θείς R   9 ἀντιώθη a   10 γε om. a   εἰώθασι A B : ἐώθεσαν D
11 πολέμου D R V   12 + + ἐπεὰν D   γὰρ om. S V   προσ-
είπωσι(ν) d   13 λεότατον a   15 ἐσσωμένων P R : ἐσομένων
C S V   16 τούτους d   17 διαχρεωμένοισι d   19 πολεμεῖν
a R V   χρὴ C R S V   20 ἑκάτεροί εἰσι] ἑκατέροισι D R V :
ἑκάτεροι S   δυσχειρώτατοι A¹ D¹ P¹ : -ρότατοι C R S V Dᶜ   22 ἐλά-
σοντος D   γῆς om. d   23 τις A P   24 ἀντιώσασθαι R S V
προσφέρων S   26 θράσεος a P   27 ἐγὼ d P : ἐγώ τε Bekker
παρεπαρθέντες d

ἔλθοιεν ἡμῖν ἐς μάχην, μάθοιεν ἂν ὥς εἰμεν ἀνθρώπων
ἄριστοι τὰ πολέμια. ἔστω δ᾽ ὧν μηδὲν ἀπείρητον· αὐτό-
ματον γὰρ οὐδέν, ἀλλ᾽ ἀπὸ πείρης πάντα ἀνθρώποισι φιλέει
γίνεσθαι.

10   Μαρδόνιος μὲν τοσαῦτα ἐπιλεήνας τὴν Ξέρξεω γνώμην 5
ἐπέπαυτο· σιωπώντων δὲ τῶν ἄλλων Περσέων καὶ οὐ
τολμώντων γνώμην ἀποδείκνυσθαι ἀντίην τῇ προκειμένῃ,
Ἀρτάβανος ὁ Ὑστάσπεος, πάτρως ἐὼν Ξέρξῃ, τῷ δὴ καὶ
α πίσυνος ἐὼν ἔλεγε τάδε· Ὦ βασιλεῦ, μὴ λεχθεισέων μὲν
γνωμέων ἀντιέων ἀλλήλησι οὐκ ἔστι τὴν ἀμείνω αἱρεόμενον 10
ἑλέσθαι, ἀλλὰ δεῖ τῇ εἰρημένῃ χρᾶσθαι, λεχθεισέων δὲ ἔστι,
ὥσπερ τὸν χρυσὸν τὸν ἀκήρατον αὐτὸν μὲν ἐπ᾽ ἑωυτοῦ οὐ
διαγινώσκομεν, ἐπεὰν δὲ παρατρίψωμεν ἄλλῳ χρυσῷ, δια-
2 γινώσκομεν τὸν ἀμείνω. ἐγὼ δὲ καὶ πατρὶ τῷ σῷ, ἀδελφεῷ
δὲ ἐμῷ, Δαρείῳ ἠγόρευον μὴ στρατεύεσθαι ἐπὶ Σκύθας, 15
ἄνδρας οὐδαμόθι γῆς ἄστυ νέμοντας· ὁ δὲ ἐλπίζων Σκύθας
τοὺς νομάδας καταστρέψεσθαι ἐμοί τε οὐκ ἐπείθετο, στρατευ-
σάμενός τε πολλοὺς καὶ ἀγαθοὺς τῆς στρατιῆς ἀποβαλὼν
3 ἀπῆλθε. σὺ δέ, ὦ βασιλεῦ, μέλλεις ἐπ᾽ ἄνδρας στρατεύε-
σθαι πολλὸν ἔτι ἀμείονας ἢ Σκύθας, οἳ κατὰ θάλασσάν τε 20
ἄριστοι καὶ κατὰ γῆν λέγονται εἶναι. τὸ δὲ αὐτοῖσι ἔνεστι
β δεινόν, ἐμέ σοι δίκαιόν ἐστι φράζειν. ζεύξας φῂς τὸν
Ἑλλήσποντον ἐλᾶν στρατὸν διὰ τῆς Εὐρώπης ἐς τὴν
Ἑλλάδα. καὶ δὴ καὶ συνήνεικε ἤτοι κατὰ γῆν ἢ [καὶ] κατὰ
θάλασσαν ἑσσωθῆναι, ἢ καὶ κατ᾽ ἀμφότερα· οἱ γὰρ ἄνδρες 25
λέγονται εἶναι ἄλκιμοι, πάρεστι δὲ καὶ σταθμώσασθαι, εἰ
στρατιήν γε τοσαύτην σὺν Δάτι καὶ Ἀρταφρένεϊ ἐλθοῦσαν
2 ἐς τὴν Ἀττικὴν χώρην μοῦνοι Ἀθηναῖοι διέφθειραν. οὐκ

2 πολεμήϊα d   3 φιλέεισι V   6 ἐπαύετο d   9 πίσυνος
R S V   μὲν om. E   10 ἀλλήλοισιν C¹ E R S V   11 ἔχεσθαι
Madvig   δὴ B¹ R   χρῆσθαι a E P   13 ἐπεὰν ... διαγινώσκομεν
om. R V S (hic post ἀμείνω addit ἐπεὰν δὲ συγκρίνηται, τότε ῥᾶστα
γινώσκομεν)   17 τοὺς om. C   καταστρέψασθαι A C¹ D : κατε-
στρέψεσθαι R V   18 δὲ d   20 ἔτι om. a P   24 δὴ καὶ] δὴ
Aldus   ἢ om. B¹   καὶ om. C   25 καὶ om. D   28 Ἀθηναίων
C : om. S V

ὧν ἀμφοτέρῃ σφι ἐχώρησε· ἀλλ᾽ ἢν τῇσι νηυσὶ ἐμβάλωσι
καὶ νικήσαντες ναυμαχίῃ πλέωσι ἐς τὸν Ἑλλήσποντον καὶ
ἔπειτα λύσωσι τὴν γέφυραν, τοῦτο δή, βασιλεῦ, γίνεται
δεινόν. ἐγὼ δὲ οὐδεμιῇ σοφίῃ οἰκηίῃ αὐτὸς ταῦτα συμβάλ- γ
5 λομαι, ἀλλ᾽ οἷόν κοτε ἡμέας ὀλίγου ἐδέησε καταλαβεῖν
πάθος, ὅτε πατὴρ ⟨ὁ⟩ σὸς ζεύξας Βόσπορον τὸν Θρηίκιον,
γεφυρώσας δὲ ποταμὸν Ἴστρον διέβη ἐπὶ Σκύθας. τότε
παντοῖοι ἐγένοντο Σκύθαι δεόμενοι Ἰώνων λῦσαι τὸν πόρον,
τοῖσι ἐπετέτραπτο ἡ φυλακὴ τῶν γεφυρέων τοῦ Ἴστρου.
10 καὶ τότε γε Ἱστιαῖος ὁ Μιλήτου τύραννος εἰ ἐπέσπετο τῶν 2
ἄλλων τυράννων τῇ γνώμῃ μηδὲ ἠντιώθη, διέργαστο ἂν τὰ
Περσέων πρήγματα. καίτοι καὶ λόγῳ ἀκοῦσαι δεινόν, ἐπ᾽
ἀνδρί γε ἑνὶ πάντα τὰ βασιλέος πρήγματα γεγενῆσθαι. σὺ δ
ὧν μὴ βούλευ ἐς κίνδυνον μηδένα τοιοῦτον ἀπικέσθαι
15 μηδεμιῆς ἀνάγκης ἐούσης, ἀλλὰ ἐμοὶ πείθευ· νῦν μὲν τὸν
σύλλογον τόνδε διάλυσον· αὖτις δέ, ὅταν τοι δοκῇ, προ-
σκεψάμενος ἐπὶ σεωυτοῦ προαγόρευε τά τοι δοκέει εἶναι
ἄριστα. τὸ γὰρ εὖ βουλεύεσθαι κέρδος μέγιστον εὑρίσκω 2
ἐόν· εἰ γὰρ καὶ ἐναντιωθῆναί τι θέλει, βεβούλευται μὲν
20 οὐδὲν ἧσσον εὖ, ἕσσωται δὲ ὑπὸ τῆς τύχης τὸ βούλευμα·
ὁ δὲ βουλευσάμενος αἰσχρῶς, εἰ οἱ ἡ τύχη ἐπίσποιτο, εὕρημα
εὕρηκε, ἧσσον δὲ οὐδέν οἱ κακῶς βεβούλευται. ὁρᾷς τὰ ε
ὑπερέχοντα ζῷα ὡς κεραυνοῖ ὁ θεὸς οὐδὲ ἐᾷ φαντάζεσθαι, τὰ
δὲ σμικρὰ οὐδέν μιν κνίζει· ὁρᾷς δὲ ὡς ἐς οἰκήματα τὰ
25 μέγιστα αἰεὶ καὶ δένδρεα τὰ τοιαῦτα ἀποσκήπτει τὰ βέλεα.
φιλέει γὰρ ὁ θεὸς τὰ ὑπερέχοντα πάντα κολούειν. οὕτω
δὲ καὶ στρατὸς πολλὸς ὑπὸ ὀλίγου διαφθείρεται κατὰ τοιόνδε·

1 ἀμφοτέρησιν ἐχώρησε(ν) (-αν S) d P¹   4 οἰκηίη om. S V   6 δ
add. Bekker   τὸν om. C   8 ἐγίνοντο d   9 ἐπιτέτραπτο a
10 γε om. d   εἰ ante Ἱστιαῖος a   ἐπέπετο C   11 ἠναντιώθη a
διείργαστο a   13 γενέσθαι d P   14 βούλευ D P : βούλευε
R S V : βουλεύεο a   τοιούτων R   15 πείθεο d P   16 τῶνδε
R S V   δέ d A B : τε d C P   δοκέει D¹ : δοκέη(ι) D² B¹ (!) P R S V
17 προσαγόρευε R   19 σόν d   21 ἡ om. d   22 τε Bekker
24 οὐδέ S V   κνίζειν R S V   25 καὶ om. S V   δένδρα V
alt. τὰ om. d P Stob. flor. 22, 46   27 δὴ P   τὸ τοιόνδε d

ἐπεάν σφι ὁ θεὸς φθονήσας φόβον ἐμβάλῃ ἢ βροντήν, δι'
ὧν ἐφθάρησαν ἀναξίως ἑωυτῶν. οὐ γὰρ ἐᾷ φρονέειν μέγα
ζ ὁ θεὸς ἄλλον ἢ ἑωυτόν. ἐπειχθῆναι μέν νυν πᾶν πρῆγμα
τίκτει σφάλματα, ἐκ τῶν ζημίαι μεγάλαι φιλέουσι γίνεσθαι·
ἐν δὲ τῷ ἐπισχεῖν ἔνεστι ἀγαθά, εἰ μὴ παραυτίκα δοκέοντα 5
η εἶναι, ἀλλ' ἀνὰ χρόνον ἐξεύροι τις ἄν. σοὶ μὲν δὴ ταῦτα,
ὦ βασιλεῦ, συμβουλεύω· σὺ δέ, ὦ παῖ Γωβρύεω [Μαρδόνιε],
παῦσαι λέγων λόγους ματαίους περὶ Ἑλλήνων οὐκ ἐόντων
ἀξίων φλαύρως ἀκούειν. Ἕλληνας γὰρ διαβάλλων ἐπαίρεις
αὐτὸν βασιλέα στρατεύεσθαι· αὐτοῦ δὲ τούτου εἵνεκα δοκέεις 10
μοι πᾶσαν προθυμίην ἐκτείνειν. μή νυν οὕτω γένηται.
2 διαβολὴ γάρ ἐστι δεινότατον, ἐν τῇ δύο μέν εἰσι οἱ ἀδικέοντες,
εἷς δὲ ὁ ἀδικεόμενος. ὁ μὲν γὰρ διαβάλλων ἀδικέει οὐ
παρεόντος κατηγορέων, ὁ δὲ ἀδικέει ἀναπειθόμενος πρὶν ἢ
ἀτρεκέως ἐκμάθῃ· ὁ δὲ δὴ ἀπεὼν τοῦ λόγου τάδε ἐν αὐτοῖσι 15
ἀδικέεται, διαβληθείς τε ὑπὸ τοῦ ἑτέρου καὶ νομισθεὶς πρὸς
θ τοῦ ἑτέρου κακὸς εἶναι. ἀλλ' εἰ δὴ δεῖ γε πάντως ἐπὶ τοὺς
ἄνδρας τούτους στρατεύεσθαι, φέρε, βασιλεὺς μὲν αὐτὸς ἐν
ἤθεσι τοῖσι Περσέων μενέτω, ἡμέων δὲ ἀμφοτέρων παραβαλ-
λομένων τὰ τέκνα στρατηλάτεε αὐτὸς σὺ ἐπιλεξάμενός τε 20
ἄνδρας τοὺς ἐθέλεις καὶ λαβὼν στρατιὴν ὁκόσην τινὰ
2 βούλεαι. καὶ ἢν μὲν τῇ σὺ λέγεις ἀναβαίνῃ βασιλέϊ τὰ
πρήγματα, κτεινέσθων οἱ ἐμοὶ παῖδες, πρὸς δὲ αὐτοῖσι καὶ
ἐγώ· ἢν δὲ τῇ ἐγὼ προλέγω, οἱ σοὶ ταῦτα πασχόντων, σὺν
3 δέ σφι καὶ σύ, ἢν ἀπονοστήσῃς. εἰ δὲ ταῦτα μὲν ὑπο- 25
δύνειν οὐκ ἐθελήσεις, σὺ δὲ πάντως στράτευμα ἀνάξεις ἐπὶ
τὴν Ἑλλάδα, ἀκούσεσθαί τινά φημι τῶν αὐτοῦ τῇδε ὑπολει-

---

1 ὁ θεὸς ὁ D   2 ἐσφάλησαν d P   3 ἐπειχθὲν Siesbye   6 εὕροι
d P   τι τις S V   7 Γοβρ. a P   Μαρδόνιε del. Naber
10 βασιλεία V   11 ἐκτίνειν a   13 ἀδικεῖ d (it. 14) P
14 παρεόντι a : παρεόντα S [V]   ἀδικαίει B   17 δεῖ δή γε C P :
δη (η Dᶜ) γε δεῖ d   πάντας C   18 στρατεύσασθαι R S V
19 παραβαλομένων D P   20 στρατηλατέεται C   τε om. C
22 ἀναβαίνει C¹ S V : -νειν R : ἀποβαίνῃ Cobet   23 αὐτοῖσι P
quoque   24 ἐγὼ om. S V   26 ἀνέξεις (-ης S) d : ἄξεις Naber
27 ἀκούσασθαί d

πομένων Μαρδόνιον, μέγα τι κακὸν ἐξεργασάμενον Πέρσας,
ὑπὸ κυνῶν τε καὶ ὀρνίθων διαφορεύμενον ἤ κου ἐν γῇ τῇ
Ἀθηναίων ἤ σέ γε ἐν τῇ Λακεδαιμονίων, εἰ μὴ ἄρα καὶ
πρότερον κατ' ὁδόν, γνόντα ἐπ' οἵους ἄνδρας ἀναγινώσκεις
5 στρατεύεσθαι βασιλέα.

Ἀρτάβανος μὲν ταῦτα ἔλεξε, Ξέρξης δὲ θυμωθεὶς ἀμεί- 11
βεται τοισίδε· Ἀρτάβανε, πατρὸς εἶς τοῦ ἐμοῦ ἀδελφεός·
τοῦτό σε ῥύσεται μηδένα ἄξιον μισθὸν λαβεῖν ἐπέων ματαίων.
καί τοι ταύτην τὴν ἀτιμίην προστίθημι ἐόντι κακῷ τε καὶ
10 ἀθύμῳ, μήτε συστρατεύεσθαι ἔμοιγε ἐπὶ τὴν Ἑλλάδα αὐτοῦ
τε μένειν ἅμα τῇσι γυναιξί· ἐγὼ δὲ καὶ ἄνευ σέο ὅσα περ
εἶπα ἐπιτελέα ποιήσω. μὴ γὰρ εἴην ἐκ Δαρείου τοῦ Ὑστά- 2
σπεος τοῦ Ἀρσάμεος τοῦ Ἀριαράμνεω τοῦ Τείσπεος τοῦ
Κύρου τοῦ Καμβύσεω τοῦ Τείσπεος τοῦ Ἀχαιμένεος γεγονώς,
15 μὴ τιμωρησάμενος Ἀθηναίους, εὖ ἐπιστάμενος ὅτι εἰ ἡμεῖς
ἡσυχίην ἄξομεν, ἀλλ' οὐκ ἐκεῖνοι, ἀλλὰ καὶ μάλα στρατεύ-
σονται ἐπὶ τὴν ἡμετέρην, εἰ χρὴ σταθμώσασθαι τοῖσι
ὑπαργμένοισι ἐξ ἐκείνων, οἳ Σάρδις τε ἐνέπρησαν καὶ ἤλασαν
ἐς τὴν Ἀσίην. οὐκ ὦν ἐξαναχωρέειν οὐδετέροισι δυνατῶς 3
20 ἔχει, ἀλλὰ ποιέειν ἢ παθεῖν πρόκειται ἀγών, ἵνα ἢ τάδε
πάντα ὑπὸ Ἕλλησι ἢ ἐκεῖνα πάντα ὑπὸ Πέρσῃσι γένηται· τὸ
γὰρ μέσον οὐδὲν τῆς ἔχθρης ἐστί. καλὸν ὦν προπεπονθότας 4
ἡμέας τιμωρέειν ἤδη γίνεται, ἵνα καὶ τὸ δεινὸν τὸ πείσομαι
τοῦτο μάθω, ἐλάσας ἐπ' ἄνδρας τούτους, τούς γε καὶ Πέλοψ
25 ὁ Φρύξ, ἐὼν πατέρων τῶν ἐμῶν δοῦλος, κατεστρέψατο οὕτω
ὡς καὶ ἐς τόδε αὐτοί τε ὥνθρωποι καὶ ἡ γῆ αὐτῶν ἐπώνυμοι
τοῦ καταστρεψαμένου καλέονται.

---

1 ἐξεργασμένον a   2 διαφορευόμενον d   6 μὲν] δὲ SV
7 τοῖσδε L [C]   9 προτίθημι a   τε om. a P   11 δὲ om. D
καὶ om. R   13 Ἀράμεος D R V : Ἀράμνεω S   Ἄρμνεω a :
Ἀριράμνεω D   Τίσπεος d   14 τοῦ Τείσπεος om. d P   16 μά-
λιστα D   18 καὶ om. R   19 οὐδετέροις R S V   ἱκανῶς d
20 ἔχειν R V   παθέειν L   23 ὑμέας R V   24 καὶ om. R
25 ὁ om. d   ἐὼν ἐμῶν πατέρων d P   26 ἄνθρωποι a   αὐτέων a

12   Ταῦτα μὲν ἐπὶ τοσοῦτο ἐλέγετο, μετὰ δὲ εὐφρόνη τε
ἐγίνετο καὶ Ξέρξην ἔκνιζε ἡ Ἀρταβάνου γνώμη· νυκτὶ δὲ
βουλὴν διδοὺς πάγχυ εὕρισκέ οἱ οὐ πρῆγμα εἶναι στρα-
τεύεσθαι ἐπὶ τὴν Ἑλλάδα. δεδογμένων δέ οἱ αὖτις τούτων
κατύπνωσε, καὶ δή κου ἐν τῇ νυκτὶ εἶδε ὄψιν τοιήνδε, ὡς 5
λέγεται ὑπὸ Περσέων· ἐδόκεε ὁ Ξέρξης ἄνδρα οἱ ἐπιστάντα
2 μέγαν τε καὶ εὐειδέα εἰπεῖν· Μετὰ δὴ βουλεύεαι, ὦ Πέρσα,
στράτευμα μὴ ἄγειν ἐπὶ τὴν Ἑλλάδα, προείπας ἁλίζειν
Πέρσῃσι στρατόν; οὔτε ὦν μεταβουλευόμενος ποιέεις εὖ,
οὔτε ὁ συγγνωσόμενός τοι πάρα· ἀλλ᾽ ὥσπερ τῆς ἡμέρης 10
ἐβουλεύσαο ποιέειν, ταύτην ἴθι τῶν ὁδῶν. τὸν μὲν ταῦτα
13 εἴπαντα ἐδόκεε ὁ Ξέρξης ἀποπτάσθαι, ἡμέρης δὲ ἐπιλαμ-
ψάσης ὀνείρου μὲν τούτου λόγον οὐδένα ἐποιέετο, ὁ δὲ
Περσέων συναλίσας τοὺς καὶ πρότερον συνέλεξε, ἔλεγέ σφι
2 τάδε· Ἄνδρες Πέρσαι, συγγνώμην μοι ἔχετε ὅτι ἀγχίστροφα 15
βουλεύομαι· φρενῶν τε γὰρ ἐς τὰ ἐμεωυτοῦ πρῶτα οὔκω
ἀνήκω, καὶ οἱ παρηγορεόμενοι ἐκεῖνα ποιέειν οὐδένα χρόνον
μευ ἀπέχονται. ἀκούσαντι μέντοι μοι τῆς Ἀρταβάνου
γνώμης παραυτίκα μὲν ἡ νεότης ἐπέζεσε, ὥστε ἀεικέστερα
ἀπορρῖψαι ἔπεα ἐς ἄνδρα πρεσβύτερον ἢ χρεόν· νῦν μέντοι 20
3 συγγνοὺς χρήσομαι τῇ ἐκείνου γνώμῃ. ὡς ὦν μεταδεδογ-
μένον μοι μὴ στρατεύεσθαι ἐπὶ τὴν Ἑλλάδα, ἥσυχοι ἔστε.
Πέρσαι μὲν ὡς ἤκουσαν ταῦτα, κεχαρηκότες προσεκύνεον·
14 νυκτὸς δὲ γενομένης αὖτις τὠυτὸ ὄνειρον τῷ Ξέρξῃ κατυπνω-
μένῳ ἔλεγε ἐπιστάν· Ὦ παῖ Δαρείου, καὶ δὴ φαίνεαι ἐν 25
Πέρσῃσί τε ἀπειπάμενος τὴν στρατηλασίην καὶ τὰ ἐμὰ
ἔπεα ἐν οὐδενὶ ποιεύμενος λόγῳ ὡς παρ᾽ οὐδενὸς ἀκούσας;

---

1 τοσούτω d   ἐγένετο C   τε om. d P¹   2 ἐγένετο d P
γνώμη om. S V   3 οὐ om. D   4 δεδογμένον C R   5 ἴδε
A B   ὄψιν bis R   τοιήνδε om. d   ὡς λέ om. R   7 βουλεύεσαι
S V   9 Πέρσας a   στρατιήν C   12 εἰπόντα a D P   13 οὐν. A
14 τοὺς αὐτοὺς καὶ D : τοὺς αὐτοὺς τοὺς καὶ R S V   ἔλεξέ a
16 οὔπω a P   17 παρηγορευόμενοι B : -ρεύμενοι d   18 ἀπέρ-
χονται B   μὲν δή Bekker   20 χρεών d P   21 μεταδεδογμένων
a P¹ : -μένου S   23 κεχαρηότες Dᶜ V   προσεκύνησαν D
24-25 ἔλεγε post ὄνειρον d P   25 ἀπιστᾶν D   δή] ἢ Dᶜ
27 ποιησάμενος a P

εὖ νῦν τόδ' ἴσθι, ἤν περ μὴ αὐτίκα στρατηλατέῃς, τάδε τοι
ἐξ αὐτῶν ἀνασχήσει· ὡς καὶ μέγας καὶ πολλὸς ἐγένεο ἐν
ὀλίγῳ χρόνῳ, οὕτω καὶ ταπεινὸς ὀπίσω κατὰ τάχος ἔσεαι.
Ξέρξης μὲν περιδεὴς γενόμενος τῇ ὄψι ἀνά τε ἔδραμε ἐκ 15
5 τῆς κοίτης καὶ πέμπει ἄγγελον [ἐπὶ] 'Αρτάβανον καλέοντα.
ἀπικομένῳ δέ οἱ ἔλεγε Ξέρξης τάδε· 'Αρτάβανε, ἐγὼ τὸ
παραυτίκα μὲν οὐκ ἐσωφρόνεον εἴπας ἐς σὲ μάταια ἔπεα
χρηστῆς εἵνεκα συμβουλῆς· μετὰ μέντοι οὐ πολλὸν χρόνον 2
μετέγνων, ἔγνων δὲ ταῦτά μοι ποιητέα ἐόντα τὰ σὺ
10 ὑπεθήκαο. οὐκ ὦν δυνατός τοί εἰμι ταῦτα βουλόμενος
ποιέειν· τετραμμένῳ γὰρ δὴ καὶ μετεγνωκότι ἐπιφοιτῶν
ὄνειρον φαντάζεταί μοι, οὐδαμῶς συνέπαινον ἐὸν ποιέειν με
ταῦτα· νῦν δὲ καὶ διαπειλῆσαν οἴχεται. εἰ ὦν θεός ἐστι ὁ 3
ἐπιπέμπων καί οἱ πάντως ἐν ἡδονῇ ἐστι γενέσθαι στρατη-
15 λασίην ἐπὶ τὴν Ἑλλάδα, ἐπιπτήσεται καὶ σοὶ τὠυτὸ τοῦτο
ὄνειρον, ὁμοίως [ὡς] καὶ ἐμοὶ ἐντελλόμενον. εὑρίσκω δὲ
ὧδε ἂν γινόμενα ταῦτα, εἰ λάβοις τὴν ἐμὴν σκευὴν πᾶσαν
καὶ ἐνδὺς μετὰ τοῦτο ἵζοιο ἐς τὸν ἐμὸν θρόνον καὶ ἔπειτα
ἐν κοίτῃ τῇ ἐμῇ κατυπνώσειας. Ξέρξης μὲν ταῦτά οἱ ἔλεγε, 16
20 'Αρτάβανος δὲ οὐ τῷ πρώτῳ οἱ κελεύσματι πειθόμενος, οἷα
οὐκ ἀξιεύμενος ἐς τὸν βασιλήιον θρόνον ἵζεσθαι, τέλος ὡς
ἠναγκάζετο εἴπας τάδε ἐποίεε τὸ κελευόμενον· Ἴσον ἐκεῖνο, a
ὦ βασιλεῦ, παρ' ἐμοὶ κέκριται, φρονέειν τε εὖ καὶ τῷ
λέγοντι χρηστὰ ἐθέλειν πείθεσθαι· τὰ σὲ καὶ ἀμφότερα
25 περιήκοντα ἀνθρώπων κακῶν ὁμιλίαι σφάλλουσι, κατά περ
τὴν πάντων χρησιμωτάτην ἀνθρώποισι θάλασσαν πνεύματά
φασι ἀνέμων ἐμπίπτοντα οὐ περιορᾶν φύσι τῇ ἑωυτῆς

1 αὐτίκα] αὐτὸς D   οἱ C   2 ἀνασχήσειν C   πολὺς ᾱ P   4 ἐγέ-
νετο ᾱ   ὄψει L   5 καὶ om. C   ἐπὶ om. ᾱ P   6 ἀπιγμ. P
οἱ om. ᾱ P   ἔλεξε D S V   7 ἐφρόνεον ᾱ   ἐς om. ᾱ   8 εἵνεκε(ν) ᾱ
συμβουλίης ᾱ   10 ὑπεθήκας S V   ποιέειν βουλόμενος ᾱ P   11 δὴ
om. ᾱ   ἐπίφοιτον ᾱ   12 συνέπαινον ἐὸν ᾱ : συνεπαινέον A B P :
ξυνενενέον C   13 δὴ ἀπειλήσαν ᾱ : ἀπειλῆσαν B   14 στρατη-
λατέειν ᾱ   16 ὡς om. ᾱ   17 ὧδε ἀναγινόμενα ᾱ : 19 οἱ
om. R   20 τῷ et οἱ om. ᾱ P   κελεύματι ᾱ   πυθόμενος V : πιθ.
Herwerden   24 τάδε καὶ S V   27 φύσει L [C]

2 χρᾶσθαι. ἐμὲ δὲ ἀκούσαντα πρὸς σεῦ κακῶς οὐ τοσοῦτον
ἔδακε λύπη, ὅσον γνωμέων δύο προκειμένων Πέρσῃσι, τῆς
μὲν ὕβριν αὐξανούσης, τῆς δὲ καταπαυούσης καὶ λεγούσης
ὡς κακὸν εἴη διδάσκειν τὴν ψυχὴν πλέον τι δίζησθαι αἰεὶ
ἔχειν τοῦ παρεόντος, τοιουτέων προκειμένων γνωμέων ὅτι 5
β τὴν σφαλερωτέρην σεωυτῷ τε καὶ Πέρσῃσι ἀναιρέο. νῦν
ὦν, ἐπειδὴ τέτραψαι ἐπὶ τὴν ἀμείνω, φής τοι μετιέντι τὸν
ἐπ' Ἕλληνας στόλον ἐπιφοιτᾶν ὄνειρον θεοῦ τινος πομπῇ,
2 οὐκ ἐῶντά σε καταλύειν τὸν στόλον. ἀλλ' οὐδὲ ταῦτά
ἐστι, ὦ παῖ, θεῖα· ἐνύπνια γὰρ τὰ ἐς ἀνθρώπους πεπλανη- 10
μένα τοιαῦτά ἐστι οἷά σε ἐγὼ διδάξω, ἔτεσι σεῦ πολλοῖσι
πρεσβύτερος ἐών· πεπλανῆσθαι αὗται μάλιστα ἐώθασι [αἱ]
ὄψιες [τῶν] ὀνειράτων, τά τις ἡμέρης φροντίζει· ἡμεῖς δὲ
τὰς πρὸ τοῦ ἡμέρας ταύτην τὴν στρατηλασίην καὶ τὸ κάρτα
γ εἴχομεν μετὰ χεῖρας. εἰ δὲ ἄρα μή ἐστι τοῦτο τοιοῦτον 15
οἷον ἐγὼ διαιρέω, ἀλλά τι τοῦ θείου μετέχον, σὺ πᾶν αὐτὸς
συλλαβὼν εἴρηκας· φανήτω γὰρ δὴ καὶ ἐμοί, ὡς καὶ σοί,
διακελευόμενον. φανῆναι δὲ οὐδὲν μᾶλλόν μοι ὀφείλει
ἔχοντι τὴν σὴν ἐσθῆτα ἢ οὐ καὶ τὴν ἐμήν, οὐδέ τι μᾶλλον
ἐν κοίτῃ τῇ σῇ ἀναπαυομένῳ ἢ οὐ καὶ ἐν τῇ ἐμῇ, εἴ πέρ γε 20
2 καὶ ἄλλως ἐθέλει φανῆναι. οὐ γὰρ δὴ ἐς τοσοῦτό γε
εὐηθίης ἀνήκει τοῦτο, ὅ τι δή κοτέ ἐστι τὸ ἐπιφαινόμενόν
τοι ἐν τῷ ὕπνῳ, ὥστε δόξει ἐμὲ ὁρῶν σὲ εἶναι, τῇ σῇ ἐσθῆτι
τεκμαιρόμενον. εἰ δὲ ἐμὲ μὲν ἐν οὐδενὶ λόγῳ ποιήσεται
οὐδὲ ἀξιώσει ἐπιφανῆναι, οὔτε ἢν τὴν ἐμὴν ἐσθῆτα ἔχω οὔτε 25
ἢν τὴν σήν, σὲ δὲ ἐπιφοιτήσει, τοῦτο ἤδη μαθητέον ἔσται·

1 χρῆσθαι a E P   τοσοῦτο D (tert. o in lit.) a   2 δύω V
προκειμενέων A B   3 αὐξούσης d P   4 τὴν ψυχὴν διδάσκειν d
5 τουτέων d P   προκειμένων S V¹ : -μενέων rell. (προσκ. A B)   τῶν
γνωμέων S   6 σφαλερωτάτην d   7 τετραφθαι d   9 ἐὼν
Cobet   10 θεῖα ὦ παῖ d P   12 αὗται Reiske : αὐταὶ L
12-13 αἱ et τῶν om. d   15 ἄρα R V : δρᾳμα S   τοιοῦτο a S :
τοιόνδε P   16 θείου Schweighaeuser : θεοῦ L   αὐτὸ a D P
17 φανεῖται S [V]   δὴ om. d   σὺ B   19 οὐ καὶ Schaefer :
οὐκὶ a P : οὐχὶ d .   20 οὐ καὶ] οὐκ C V¹   21 τοσοῦτόν R S V
22 εὐηθίης C P : εὐηθείας d (-θίας D¹)   κοτέ om. d   23 τοι] σοι d
26 σὲ δὲ d : οὐδὲ a P   ἐστί(ν) d P

εἰ γὰρ δὴ ἐπιφοιτήσει γε συνεχέως, φαίην ἂν καὶ αὐτὸς
θεῖον εἶναι. εἰ δέ τοι οὕτω δεδόκηται γίνεσθαι καὶ οὐκ οἷά 3
τε αὐτὸ παρατρέψαι, ἀλλ᾽ ἤδη δεῖ ἐμὲ ἐν κοίτῃ τῇ σῇ
κατυπνῶσαι, φέρε, τούτων ἐξ ἐμεῦ ἐπιτελευμένων φανήτω
5 καὶ ἐμοί. μέχρι δὲ τούτου τῇ παρεούσῃ γνώμῃ χρήσομαι.
τοσαῦτα εἴπας Ἀρτάβανος, ἐλπίζων Ξέρξην ἀποδέξειν 17
λέγοντα οὐδέν, ἐποίεε τὸ κελευόμενον· ἐνδὺς δὲ τὴν Ξέρξεω
ἐσθῆτα καὶ ἱζόμενος ἐς τὸν βασιλήιον θρόνον ὡς μετὰ ταῦτα
κοῖτον ἐποιέετο, ἦλθέ οἱ κατυπνωμένῳ τὠυτὸ ὄνειρον τὸ καὶ
10 παρὰ Ξέρξην ἐφοίτα, ὑπερστὰν δὲ τοῦ Ἀρταβάνου εἶπε τάδε·
Σὺ δὴ κεῖνος εἶς ὁ ἀποσπεύδων Ξέρξην στρατεύεσθαι ἐπὶ τὴν 2
Ἑλλάδα ὡς δὴ κηδόμενος αὐτοῦ; ἀλλ᾽ οὔτε ἐς τὸ μετέπειτα
οὔτε ἐς τὸ παραυτίκα νῦν καταπροΐξεαι ἀποτρέπων τὸ χρεὸν
γενέσθαι, Ξέρξην δὲ τὰ δεῖ ἀνηκουστέοντα παθεῖν, αὐτῷ ἐκείνῳ
15 δεδήλωται. ταῦτά τε δὴ ἐδόκεε Ἀρτάβανος τὸ ὄνειρον ἀπει- 18
λέειν καὶ θερμοῖσι σιδηρίοισι ἐκκαίεω αὐτοῦ μέλλειν τοὺς
ὀφθαλμούς. καὶ ὃς ἀμβώσας μέγα ἀναθρώσκει καὶ παριζό-
μενος Ξέρξῃ, ὡς τὴν ὄψιν οἱ τοῦ ἐνυπνίου διεξῆλθε ἀπη-
γεόμενος, δεύτερά οἱ λέγει τάδε· Ἐγὼ μέν, ὦ βασιλεῦ, οἷα 2
20 ἄνθρωπος ἰδὼν ἤδη πολλά τε καὶ μεγάλα πεσόντα πρήγματα
ὑπὸ ἡσσόνων, οὐκ ἔων σε τὰ πάντα τῇ ἡλικίῃ εἴκειν, ἐπι-
στάμενος ὡς κακὸν εἴη τὸ πολλῶν ἐπιθυμέειν, μεμνημένος
μὲν τὸν ἐπὶ Μασσαγέτας Κύρου στόλον ὡς ἔπρηξε, μεμνη-
μένος δὲ καὶ τὸν ἐπ᾽ Αἰθίοπας τὸν Καμβύσεω, συστρατευό-
25 μενος δὲ καὶ Δαρείῳ ἐπὶ Σκύθας. ἐπιστάμενος ταῦτα 3
γνώμην εἶχον ἀτρεμίζοντά σε μακαριστὸν εἶναι πρὸς πάντων
ἀνθρώπων. ἐπεὶ δὲ δαιμονίη τις γίνεται ὁρμή, καὶ Ἕλληνας,

2 δέδοκται P   3 δεῖ ἐμὲ Schaefer : ἦ ἐμὲ a : ἴημι d P
5 μέχρι + D   6 ὁ Ἀρτάβανος d (it. 15)   νομίζων P   8 ἑζό-
μενος d   10 Ξέρξεα d (-ξα V) P   τάδε d : ἄρα a : τάδε ἄρα P
11 δ᾽ C   ἐκεῖνος d C   14 δὴ D   παθέειν a P   15 τε d :
δὴ a : τ̈ε P   τὸν d Pᶜ   16 σιδηρείοισι a   17 ἀνθρώ(ι)σκει a
22 μιμνησκόμενος a   24 καὶ om. R   ἐπ᾽ ... συστρατευόμενος
δὲ] ἐπὶ Μασσαγέτας Κύρου στόλον ὡς ἔπρηξε R   alt. τὸν] τοῦ D

ὡς οἶκε, φθορή τις καταλαμβάνει θεήλατος, ἐγὼ μὲν καὶ
αὐτὸς τράπομαι καὶ τὴν γνώμην μετατίθεμαι, σὺ δὲ σήμηνον
μὲν Πέρσῃσι τὰ ἐκ τοῦ θεοῦ πεμπόμενα, χρᾶσθαι δὲ κέλευε
τοῖσι ἐκ σέο πρώτοισι προειρημένοισι ἐς τὴν παρασκευήν,
ποίεε δὲ οὕτως ὅκως τοῦ θεοῦ παραδιδόντος τῶν σῶν ἐνδεή- 5
4 σει μηδέν. τούτων λεχθέντων, ἐνθαῦτα ἐπαρθέντες τῇ ὄψι,
ὡς ἡμέρη ἐγένετο τάχιστα, Ξέρξης τε ὑπερετίθετο ταῦτα
Πέρσῃσι καὶ Ἀρτάβανος, ὃς πρότερον ἀποσπεύδων μοῦνος
ἐφαίνετο, τότε ἐπισπεύδων φανερὸς ἦν.

19 Ὁρμημένῳ δὲ Ξέρξῃ στρατηλατέειν μετὰ ταῦτα τρίτη 10
ὄψις ἐν τῷ ὕπνῳ ἐγένετο, τὴν οἱ μάγοι ἔκριναν ἀκούσαντες
φέρειν τε ἐπὶ πᾶσαν γῆν δουλεύσειν τέ οἱ πάντας ἀνθρώπους.
ἡ δὲ ὄψις ἦν ἥδε· ἐδόκεε ὁ Ξέρξης ἐστεφανῶσθαι ἐλαίης
θαλλῷ, ἀπὸ δὲ τῆς ἐλαίης τοὺς κλάδους γῆν πᾶσαν ἐπισχεῖν,
μετὰ δὲ ἀφανισθῆναι περὶ τῇ κεφαλῇ κείμενον τὸν στέφανον. 15
2 κρινάντων δὲ ταύτῃ τῶν μάγων Περσέων τε τῶν συλλεχθέν-
των αὐτίκα πᾶς ἀνὴρ ἐς τὴν ἀρχὴν τὴν ἑωυτοῦ ἀπελάσας
εἶχε προθυμίην πᾶσαν ἐπὶ τοῖσι εἰρημένοισι, θέλων αὐτὸς
ἕκαστος τὰ προκείμενα δῶρα λαβεῖν, καὶ Ξέρξης τοῦ
στρατοῦ οὕτως ἐπάγερσιν ποιέεται, χῶρον πάντα ἐρευνῶν 20
20 τῆς ἠπείρου. ἀπὸ γὰρ Αἰγύπτου ἁλώσιος ἐπὶ μὲν τέσσερα
ἔτεα πλήρεα παραρτέετο στρατιήν τε καὶ τὰ πρόσφορα τῇ
στρατιῇ, πέμπτῳ δὲ ἔτεϊ ἀνομένῳ ἐστρατηλάτεε χειρὶ μεγάλῃ
2 πλήθεος. στόλων γὰρ τῶν ἡμεῖς ἴδμεν πολλῷ δὴ μέγιστος
οὗτος ἐγένετο, ὥστε μήτε τὸν Δαρείου τὸν ἐπὶ Σκύθας παρὰ 25
τοῦτον μηδένα φαίνεσθαι μήτε τὸν Σκυθικόν, ὅτε Σκύθαι
Κιμμερίους διώκοντες ἐς τὴν Μηδικὴν χώρην ἐσβαλόντες

1 ἔοικε L   καταλ. τις φθορὴ a   2 τράπωμαι ex corr., ut vid., D
καὶ . . μετατίθεμαι om. D   δὲ] μὲν C   3 μὲν om. CD
πεμπόμενα (πεποιημένα C) . . . θεοῦ (5) om. R   χρῆσθαι P d [R]
4 σεῦ d [R]   εἰρημένοισιν C   5 ἐνδεήσῃ a [V]   6 τούτων
δὲ a   ὄψει d CP   7 ὑπερετίθεε D : ὑπετίθεε R S V   10 ὡρμη-
μένῳ C D P R V   στρατεύειν d   12 δουλεύειν C   14 πᾶσαν
cm. d   16 ταῦτα a (non P)   21 τέσσαρα A R V   22 παρηρτέετο d
24 στόλω(ι) a   26 μηδὲν Aldus   27 χώρην om. R   ἐμ-
βαλόντες d P

σχεδὸν πάντα τὰ ἄνω τῆς Ἀσίης καταστρεψάμενοι ἐνέμοντο,
τῶν εἵνεκεν ὕστερον Δαρεῖος ἐτιμωρέετο, μήτε κατὰ τὰ
λεγόμενα τὸν Ἀτρειδέων ἐς Ἴλιον μήτε τὸν Μυσῶν τε καὶ
Τευκρῶν τὸν πρὸ τῶν Τρωικῶν γενόμενον, οἳ διαβάντες ἐς
5 τὴν Εὐρώπην κατὰ Βόσπορον τούς τε Θρήικας κατεστρέψαντο
πάντας καὶ ἐπὶ τὸν Ἰόνιον πόντον κατέβησαν μέχρι τε
Πηνειοῦ ποταμοῦ τὸ πρὸς μεσαμβρίης ἤλασαν. αὗται αἱ 21
πᾶσαι οὐδ' ἕτεραι πρὸς ταύτῃσι γενόμεναι στρατηλασίαι
μιῆς τῆσδε οὐκ ἄξιαι. τί γὰρ οὐκ ἤγαγε ἐκ τῆς Ἀσίης
10 ἔθνος ἐπὶ τὴν Ἑλλάδα Ξέρξης; κοῖον δὲ πινόμενοι [μιν]
ὕδωρ οὐκ ἐπέλιπε, πλὴν τῶν μεγάλων ποταμῶν; οἱ μὲν γὰρ 2
νέας παρείχοντο, οἱ δὲ ἐς πεζὸν ἐτετάχατο, τοῖσι δὲ ἵππος
προσετέτακτο, τοῖσι δὲ ἱππαγωγὰ πλοῖα ἅμα στρατευομένοισι,
τοῖσι δὲ ἐς τὰς γεφύρας μακρὰς νέας παρέχειν, τοῖσι δὲ
15 σῖτά τε καὶ νέας.   καὶ τοῦτο μέν, ὡς προσπταισάντων τῶν 22
πρώτων περιπλεόντων περὶ τὸν Ἄθων, προετοιμάζετο ἐκ
τριῶν ἐτέων κου μάλιστα ἐς τὸν Ἄθων· ἐν γὰρ Ἐλαιοῦντι
τῆς Χερσονήσου ὅρμεον τριήρεες, ἐνθεῦτεν δὲ ὁρμώμενοι
ὤρυσσον ὑπὸ μαστίγων παντοδαποὶ τῆς στρατιῆς, διάδοχοι
20 δ' ἐφοίτων· ὤρυσσον δὲ καὶ οἱ περὶ τὸν Ἄθων κατοικημένοι.
Βουβάρης δὲ ὁ Μεγαβάζου καὶ Ἀρταχαίης ὁ Ἀρταίου ἄνδρες 2
Πέρσαι ἐπεστάτεον τοῦ ἔργου. ὁ γὰρ Ἄθως ἐστὶ ὄρος
μέγα τε καὶ ὀνομαστόν, ἐς θάλασσαν κατῆκον, οἰκημένον
ὑπὸ ἀνθρώπων.   τῇ δὲ τελευτᾷ ἐς τὴν ἤπειρον τὸ ὄρος,
25 χερσονησοειδές τέ ἐστι καὶ ἰσθμὸς ὡς δυώδεκα σταδίων·
πεδίον δὲ τοῦτο καὶ κολωνοὶ οὐ μεγάλοι ἐκ θαλάσσης τῆς

2 εἵνεκε D : -α S   μὴ δὲ α   3 τῶν D¹ R S V C¹ P   μήτε
τῶν α B Cᶜ   4 τόν τε α : τῶν S V   ἐς om. α   6 Ἰόνιον] ὁ Dᶜ
7 τὸ Bekker : τοῦ L   μεσαμβρίην D   αἱ] οὐ R S V   8 οὐδ']
καὶ οὐδ' εἰ α   προσγενόμεναι α   9 οὐκ del. Cobet   τίς D R V
10 Ξέρξη D R V   μιν om. α P   13 ἅμα om. α : τοῖσι Madvig
15 πταισάντων α   16 Ἄθω D¹ R V   προητοιμ. α   ἐκ α : πρὸ
α P   17 καὶ α P   μάλιστα τὰ Schweighaeuser   Ἐλεοῦντι α P¹
18 ὅρμεον α C P   τριήρεις α   21 Ἀρταίου] Ἀρταχαιου α   22 ἐπέ-
στασαν α   24 ἀνθρώπων (βαρβάρων vel διγλώσσων) coll. Thuc. iv.
109, 4 Macan   25 διώδεκα V   26 καὶ] καὶ οὐ R S V

3 Ἀκανθίων ἐπὶ θάλασσαν τὴν ἀντίον Τορώνης. ἐν δὲ
τῷ ἰσθμῷ τούτῳ, ἐς τὸν τελευτᾷ ὁ Ἄθως, Σάνη πόλις
Ἑλλὰς οἴκηται, αἱ δὲ ἐκτὸς Σάνης, ἔσω δὲ τοῦ Ἄθω οἰκη-
μέναι, τὰς τότε ὁ Πέρσης νησιώτιδας ἀντὶ ἠπειρωτίδων
ὅρμητο ποιέειν, εἰσὶ [δὲ] αἵδε, Δῖον, Ὀλόφυξος, Ἀκρόθωον, 5
23 Θύσσος, Κλεωναί. πόλιες μὲν αὗται αἳ τὸν Ἄθων νέ-
μονται, ὤρυσσον δὲ ὧδε δασάμενοι τὸν χῶρον οἱ βάρβαροι
κατὰ ἔθνεα. κατὰ Σάνην πόλιν σχοινοτενὲς ποιησάμενοι,
ἐπείτε ἐγίνετο βαθέα ἡ διῶρυξ, οἱ μὲν κατώτατα ἑστεῶτες
ὤρυσσον, ἕτεροι δὲ παρεδίδοσαν τὸν αἰεὶ ἐξορυσσόμενον 10
χοῦν ἄλλοισι κατύπερθε ἑστεῶσι ἐπὶ βάθρων, οἱ δ' αὖ ἐκ-
δεκόμενοι ἑτέροισι, ἕως ἀπίκοντο ἐς τοὺς ἀνωτάτω· οὗτοι
2 δὲ ἐξεφόρεόν τε καὶ ἐξέβαλλον. τοῖσι μέν νυν ἄλλοισι
πλὴν Φοινίκων καταρρηγνύμενοι οἱ κρημνοὶ τοῦ ὀρύγματος
πόνον διπλήσιον παρεῖχον· ἅτε γὰρ τοῦ τε ἄνω στόματος 15
καὶ τοῦ κάτω τὰ αὐτὰ μέτρα ποιευμένων ἔμελλέ σφι τοιοῦτον
3 ἀποβήσεσθαι. οἱ δὲ Φοίνικες σοφίην ἔν τε τοῖσι ἄλλοισι
ἔργοισι ἀποδείκνυνται καὶ δὴ καὶ ἐν ἐκείνῳ· ἀπολαχόντες γὰρ
μόριον ὅσον αὐτοῖσι ἐπέβαλλε, ὤρυσσον τὸ μὲν ἄνω στόμα
τῆς διώρυχος ποιεῦντες διπλήσιον ἢ ὅσον ἔδει αὐτὴν τὴν διώ- 20
ρυχα γενέσθαι, προβαίνοντος δὲ τοῦ ἔργου συνῆγον αἰεί· κάτω
4 τε δὴ ἐγίνετο καὶ ἐξισοῦτο τοῖσι ἄλλοισι τὸ ἔργον. ἐνθαῦτα
δὲ λειμών ἐστι, ἵνα σφι ἀγορή τε ἐγίνετο καὶ πρητήριον·
σῖτος δέ σφι πολλὸς ἐφοίτα ἐκ τῆς Ἀσίης ἀληλεσμένος.
24 ὡς μὲν ἐμὲ συμβαλλόμενον εὑρίσκειν, μεγαλοφροσύνης 25
εἵνεκεν αὐτὸ Ξέρξης ὀρύσσειν ἐκέλευε, ἐθέλων τε δύναμιν
ἀποδείκνυσθαι καὶ μνημόσυνα λιπέσθαι· παρεὸν γὰρ μηδένα
πόνον λαβόντας τὸν ἰσθμὸν τὰς νέας διειρύσαι, ὀρύσσειν

3 ἐκτὸς R : ἐντὸς rell.   5 ὅρμητο R : ὤρμητο rell.   δὲ om.
Aldus   6 Θύσσον a   Κλεωναί CSV : Κλαιωναί D   πόλις
ABPS : πόλεις CDRV   Ἄθω CR   8 καὶ τὰ ἔθνεα C
9 ἐπείτε Stein : ἐπεὶ δὲ L   ἐγένετο DRS   βαθέα AB : βαθεῖα
rell.   11 -περθεν RV   15 ἄνω supra v. D¹   16 ταυτὰ
DRV   τοιοῦτο a D   18 γὰρ om. C   19 ὀρυσσον V
20 ὅσην Herwerden   22 τε] δὲ D   23 δὲ om. a   προτήριον R
24 σφι R : σφισι rell.   πολὺς d   26 θέλων d

ἐκέλευε διώρυχα τῇ θαλάσσῃ εὖρος ὡς δύο τριήρεας πλέειν
ὁμοῦ ἐλαστρεομένας. τοῖσι δὲ αὐτοῖσι τούτοισι τοῖσί περ
καὶ τὸ ὄρυγμα, προσετέτακτο καὶ τὸν Στρυμόνα ποταμὸν
ζεύξαντας γεφυρῶσαι. ταῦτα μέν νυν οὕτως ἐποίεε, παρε- 25
5 σκευάζετο δὲ καὶ ὅπλα ἐς τὰς γεφύρας βύβλινά τε καὶ λευκο-
λίνου, ἐπιτάξας Φοίνιξί τε καὶ Αἰγυπτίοισι, καὶ σιτία τῇ
στρατιῇ καταβάλλειν, ἵνα μὴ λιμήνειε ἡ στρατιὴ μηδὲ τὰ
ὑποζύγια ἐλαυνόμενα ἐπὶ τὴν Ἑλλάδα. ἀναπυθόμενος δὲ 2
τοὺς χώρους καταβάλλειν ἐκέλευε ἵνα ἐπιτηδεότατον εἴη,
10 ἄλλον ἄλλῃ ἀγινέοντας ὁλκάσι τε καὶ πορθμηίοισι ἐκ τῆς
Ἀσίης πανταχόθεν. τὸν δὴ ὦν πλεῖστον ἐς Λευκὴν ἀκτὴν
καλεομένην τῆς Θρηίκης ἀγίνεον, οἱ δὲ ἐς Τυρόδιζαν τὴν
Περινθίων, οἱ δὲ ἐς Δορίσκον, οἱ δὲ ἐς Ἠιόνα τὴν ἐπὶ Στρυ-
μόνι, οἱ δὲ ἐς Μακεδονίην διατεταγμένοι.

15 Ἐν ᾧ δὲ οὗτοι τὸν προκείμενον πόνον ἐργάζοντο, ἐν 26
τούτῳ ὁ πεζὸς ἅπας συλλελεγμένος ἅμα Ξέρξῃ ἐπορεύετο
ἐς Σάρδις, ἐκ Κριτάλλων ὁρμηθεὶς τῶν ἐν Καππαδοκίῃ·
ἐνθαῦτα γὰρ εἴρητο συλλέγεσθαι πάντα τὸν κατ' ἤπειρον
μέλλοντα ἅμα αὐτῷ Ξέρξῃ πορεύεσθαι στρατόν. ὃς μέν 2
20 νυν τῶν ὑπάρχων στρατὸν κάλλιστα ἐσταλμένον ἀγαγὼν τὰ
προκείμενα παρὰ βασιλέος ἔλαβε δῶρα, οὐκ ἔχω φράσαι·
οὐδὲ γὰρ ἀρχὴν ἐς κρίσιν τούτου πέρι ἐλθόντας οἶδα. οἱ 3
δὲ ἐπείτε διαβάντες τὸν Ἅλυν ποταμὸν ὡμίλησαν τῇ Φρυγίῃ,
δι' αὐτῆς πορευόμενοι παρεγένοντο ἐς Κελαινάς, ἵνα πηγαὶ
25 ἀναδιδοῦσι Μαιάνδρου ποταμοῦ καὶ ἑτέρου οὐκ ἐλάσσονος
ἢ Μαιάνδρου, τῷ οὔνομα τυγχάνει ἐὸν Καταρρήκτης, ὃς ἐξ
αὐτῆς τῆς ἀγορῆς τῆς Κελαινέων ἀνατέλλων ἐς τὸν Μαίαν-

2 ἐλαστρευομένας C   αὐτοῖσι δὲ d   3 ῥύγμα V   Στρ + υμ. D
4 νυν om. d   παρεσκευάζοντο a   7 λυμ. P   9 τοὺς] ἐπὶ
τοὺς d   ἐπιτηδεοτάτην D¹ R : -τάτως S [V]   εἴη om. C   10 ἄλλα
ἄλλῃ a P   πορθμηΐσιν S V   11 τὸν δὲ a P : τὴν δὴ d   πλείστην
d (εἰ Dᶜ) : σῖτον add. Stein   12 καλεόμενον d   Θρηικίης a
15 πόρον εἰργάζοντο d   16 συλλεγμ. S V   17 τὸν B   ἐγ
A¹ B¹   22 γὰρ om. a   περιελθόντος d Pᵐ   24 ἀπίκοντο a
26 ἢ] καὶ D

δρον ἐκδιδοῖ· ἐν τῇ καὶ ὁ τοῦ Σιληνοῦ Μαρσύεω ἀσκὸς [ἐν
τῇ πόλι] ἀνακρέμαται, τὸν ὑπὸ Φρυγῶν λόγος ἔχει ὑπὸ
27 Ἀπόλλωνος ἐκδαρέντα ἀνακρεμασθῆναι. ἐν ταύτῃ τῇ πόλι
ὑποκατήμενος Πύθιος ὁ Ἄτυος ἀνὴρ Λυδὸς ἐξείνισε τὴν
βασιλέος στρατὴν πᾶσαν ξεινίοισι μεγίστοισι καὶ αὐτὸν 5
Ξέρξην, χρήματά τε ἐπαγγέλλετο βουλόμενος ἐς τὸν πόλε-
2 μον παρέχειν. ἐπαγγελλομένου δὲ χρήματα Πυθίου εἴρετο
Ξέρξης Περσέων τοὺς παρεόντας τίς τε ἐὼν ἀνδρῶν Πύθιος
καὶ κόσα χρήματα ἐκτημένος ἐπαγγέλλοιτο ταῦτα. οἱ δὲ
εἶπαν· Ὦ βασιλεῦ, οὗτός ἐστι ὅς τοι τὸν πατέρα Δαρεῖον 10
ἐδωρήσατο τῇ πλατανίστῳ τῇ χρυσέῃ καὶ τῇ ἀμπέλῳ· ὃς
καὶ νῦν ἐστι πρῶτος ἀνθρώπων πλούτῳ τῶν ἡμεῖς ἴδμεν
28 μετὰ σέ. θωμάσας δὲ τῶν ἐπέων τὸ τελευταῖον Ξέρξης
αὐτὸς δεύτερα εἴρετο Πύθιον ὁκόσα οἱ εἴη χρήματα. ὁ δὲ
εἶπε· Ὦ βασιλεῦ, οὔτε σε ἀποκρύψω οὔτε σκήψομαι τὸ μὴ 15
εἰδέναι τὴν ἐμεωυτοῦ οὐσίην, ἀλλ᾿ ἐπιστάμενός τοι ἀτρε-
2 κέως καταλέξω. ἐπείτε γὰρ τάχιστά σε ἐπυθόμην ἐπὶ
θάλασσαν καταβαίνοντα τὴν Ἑλληνίδα, βουλόμενός τοι
δοῦναι ἐς τὸν πόλεμον χρήματα ἐξέμαθον, καὶ εὗρον λογιζό-
μενος ἀργυρίου μὲν δύο χιλιάδας ἐούσας μοι ταλάντων, 20
χρυσίου δὲ τετρακοσίας μυριάδας στατήρων Δαρεικῶν, ἐπι-
3 δεούσας ἑπτὰ χιλιάδων. καὶ τούτοισί σε ἐγὼ δωρέομαι·
αὐτῷ δέ μοι ἀπὸ ἀνδραπόδων τε καὶ γεωπέδων ἀρκέων ἐστὶ
βίος. ὁ μὲν ταῦτα ἔλεγε, Ξέρξης δὲ ἡσθεὶς τοῖσι εἰρη-
29 μένοισι εἶπε· Ξεῖνε Λυδέ, ἐγὼ ἐπείτε ἐξῆλθον τὴν Περσίδα 25
χώρην, οὐδενὶ ἀνδρὶ συνέμειξα ἐς τόδε ὅστις ἠθέλησε ξείνια
προθεῖναι στρατῷ τῷ ἐμῷ, οὐδὲ ὅστις ἐς ὄψιν τὴν ἐμὴν

---

1 ὁ om. S V　Σειληνοῦ R S V　Μαρσύου a　ἐν τῇ πόλι (-λει
C D R V) del. Valckenaer　3 πόλει C R V　4 ὑποκαθ. A B R V (S)
ὁ Ἄτυος D: Ἀτρέος a (-ως C)　6 Ξέρξεα d　9 κεκτημένος L
ἐπαγγέλοιτο R V: -λλετο D　10 ὅς τοι] ὅστις C R　11 χρυσῇ D
13 τὸ τελ. τῶν ἐπέων d　+ Ξέρξης D　17 ἐπυθ. τάχιστά σε d
19 καὶ om. S V　20 μοι ἐούσας d　21 χρυσοῦ a　22 χι-
λιαδέων a P　σε] γε B R S V　23 γεοπέδων R: γεωπεδίων a
26 συνέμιξα L (ξ. C)　εἰθέλησε R

καταστὰς αὐτεπάγγελτος ἐς τὸν πόλεμον ἐμοὶ ἠθέλησε συμ-
βαλέσθαι χρήματα, ἔξω σεῦ. σὺ δὲ καὶ ἐξείνισας μεγάλως
στρατὸν τὸν ἐμὸν καὶ χρήματα μεγάλα ἐπαγγέλλεαι. σοὶ 2
ὧν ἐγὼ ἀντὶ αὐτῶν γέρεα τοιάδε δίδωμι· ξεῖνόν τέ σε ποιεῦμαι
5 ἐμὸν καὶ τὰς τετρακοσίας μυριάδας τοι τῶν στατήρων ἀπο-
πλήσω παρ᾽ ἐμεωυτοῦ δοὺς τὰς ἑπτὰ χιλιάδας, ἵνα μή τοι
ἐπιδευέες ἔωσι αἱ τετρακόσιαι μυριάδες ἑπτὰ χιλιάδων,
ἀλλὰ ᾖ τοι ἀπαρτιλογίη ὑπ᾽ ἐμέο πεπληρωμένη. ἔκτησό 3
τε αὐτὸς τά περ αὐτὸς ἐκτήσαο, ἐπίστασό τε εἶναι αἰεὶ
10 τοιοῦτος· οὐ γάρ τοι ταῦτα ποιεῦντι οὔτε ἐς τὸ παρεὸν
οὔτε ἐς χρόνον μεταμελήσει.

Ταῦτα δὲ εἴπας καὶ ἐπιτελέα ποιήσας ἐπορεύετο αἰεὶ τὸ 30
πρόσω. Ἄναυα δὲ καλεομένην Φρυγῶν πόλιν παραμειβό-
μενος καὶ λίμνην ἐκ τῆς ἅλες γίνονται, ἀπίκετο ἐς Κολοσσὰς
15 πόλιν μεγάλην Φρυγίης· ἐν τῇ Λύκος ποταμὸς ἐς χάσμα
γῆς ἐσβάλλων ἀφανίζεται· ἔπειτα διὰ σταδίων ὡς πέντε
μάλιστά κη ἀναφαινόμενος ἐκδιδοῖ καὶ οὗτος ἐς τὸν Μαίαν-
δρον. ἐκ δὲ Κολοσσέων ὁ στρατὸς ὁρμώμενος ἐπὶ τοὺς 2
οὔρους τῶν Φρυγῶν τε καὶ Λυδῶν ἀπίκετο ἐς Κύδραρα πόλιν,
20 ἔνθα στήλη καταπεπηγυῖα, σταθεῖσα δὲ ὑπὸ Κροίσου, κατα-
μηνύει διὰ γραμμάτων τοὺς οὔρους. ὡς δὲ ἐκ τῆς Φρυγίης 31
ἐσέβαλε ἐς τὴν Λυδίην, σχιζομένης τῆς ὁδοῦ καὶ τῆς μὲν ἐς
ἀριστερὴν ἐπὶ Καρίης φερούσης, τῆς δὲ ἐς δεξιὴν ἐς Σάρδις,
τῇ καὶ πορευομένῳ διαβῆναι τὸν Μαίανδρον ποταμὸν πᾶσα
25 ἀνάγκη γίνεται καὶ ἰέναι παρὰ Καλλάτηβον πόλιν, ἐν τῇ

2 ξείνισας d   μεγαλωστὶ Herwerden   3 χρήματά με D
μεγάλα om. a   ἐπαγγέλεαι R V   4 τοιαῦτα D   5 τοι
om. d P¹   6 τοι om. d   7 ἐπιδευέες D R V: ἐπιδεέες rell. :
ἐπιδεεῖς Suid. s. v. ἀπαρτίαν: ἐπιδέες Bekk. An. 416   8 ἐμέω
D¹ R V   κέκτησό L   9 alt. αὐτὸς om. d P   10 γὰρ τοιαῦτα d
ποιέοντι B C P   12 τὸ πρόσω αἰεὶ a   14 ἐξ ἧς a   15 με-
γάλην om. d   16 ἐμβάλλων D: ἐμβαλὼν R S V   19 ὅρους
A B   τε D solus : Λυδῶν καὶ Φρυγῶν R S V   Κύδρα d P   20 ἤ
στήλη d   21 ὅρους C   22 μὲν om. R S V   ἐπ᾽ d   23 Καρίης
(-ην P) . . . δια- om. C   25 καὶ om. C   Καλλάτιβον R (cf. Steph.
Byz.) : -τιον S V   ᾖ P

ἄνδρες δημιοργοὶ μέλι ἐκ μυρίκης τε καὶ πυροῦ ποιεῦσι,
ταύτην ἰὼν ὁ Ξέρξης τὴν ὁδὸν εὗρε πλατάνιστον, τὴν
κάλλεος εἵνεκα δωρησάμενος κόσμῳ χρυσέῳ καὶ μελεδωνῷ
ἀθανάτῳ ἀνδρὶ ἐπιτρέψας δευτέρῃ ἡμέρῃ ἀπίκετο ἐς τῶν
32 Λυδῶν τὸ ἄστυ. ἀπικόμενος δὲ ἐς Σάρδις πρῶτα μὲν ἀπέ- 5
πεμπε κήρυκας ἐς τὴν Ἑλλάδα αἰτήσοντας γῆν τε καὶ ὕδωρ
καὶ προερέοντας δεῖπνα βασιλέϊ παρασκευάζειν· πλὴν οὔτε
ἐς Ἀθήνας οὔτε ἐς Λακεδαίμονα ἀπέπεμπε ἐπὶ γῆς αἴτησιν,
τῇ δὲ ἄλλῃ πάντῃ. τῶνδε δὲ εἵνεκα τὸ δεύτερον ἀπέπεμπε
ἐπὶ γῆν τε καὶ ὕδωρ· ὅσοι πρότερον οὐκ ἔδοσαν Δαρείῳ 10
πέμψαντι, τούτους πάγχυ ἐδόκεε τότε δείσαντας δώσειν·
βουλόμενος ὧν αὐτὸ τοῦτο ἐκμαθεῖν [ἀκριβῶς] ἔπεμπε.
33   Μετὰ δὲ ταῦτα παρεσκευάζετο ὡς ἐλῶν ἐς Ἄβυδον. οἱ
δὲ ἐν τούτῳ τὸν Ἑλλήσποντον ἐζεύγνυσαν ἐκ τῆς Ἀσίης ἐς
τὴν Εὐρώπην. ἔστι δὲ τῆς Χερσονήσου τῆς ἐν Ἑλλησ- 15
πόντῳ, Σηστοῦ τε πόλιος μεταξὺ καὶ Μαδύτου, ἀκτὴ τρηχέα
ἐς θάλασσαν κατήκουσα Ἀβύδῳ καταντίον, ἔνθα μετὰ ταῦτα,
χρόνῳ ὕστερον οὐ πολλῷ, ἐπὶ Ξανθίππου τοῦ Ἀρίφρονος
στρατηγοῦ Ἀθηναίων, Ἀρταΰκτην ἄνδρα Πέρσην λαβόντες
Σηστοῦ ὕπαρχον ζῶντα πρὸς σανίδα διεπασσάλευσαν, ὃς 20
καὶ ἐς τοῦ Πρωτεσίλεω τὸ ἱρὸν ἐς Ἐλαιοῦντα ἀγινεόμενος
34 γυναῖκας ἀθέμιστα [ἔργα] ἔρδεσκε. ἐς ταύτην ὧν τὴν ἀκτὴν
ἐξ Ἀβύδου ὁρμώμενοι ἐγεφύρουν τοῖσι προσέκειτο, τὴν μὲν
λευκολίνου Φοίνικες, τὴν δὲ βυβλίνην Αἰγύπτιοι. ἔστι δὲ
ἑπτὰ στάδιοι ἐξ Ἀβύδου ἐς τὴν ἀπαντίον. καὶ δὴ ἐζευ- 25
γμένου τοῦ πόρου ἐπιγενόμενος χειμὼν μέγας συνέκοψέ τε

---

1 δημιοεργοὶ R : δημιοεργοὶ rell.   ἐκ πυροῦ **d**   ποιέουσι **d** P
3 εἵνεκα] εἶναι D R V   χρυσῷ B   7–10 καὶ . . . ὕδωρ om. C
9 alt. δὲ om. A B   τὸ δεύτερον om. **d**   10 οὐκ ἔπεμψαν **d** P
12 ἀκριβῶς om. **d** [S]   15 Ἑλλησπόντου D   16 τε om. **d**
Ἀβύδου **d** P[1]   ἀκτῆς D[1]   τρηχέα Abicht : τε τραχέα R S V : παχέα **a** P :
τὲ παχέα (ταχ. D[c]) D[1]   17 Ἀβύδου Krueger   19 Ἀθηναῖοι Stein
20 προσδιεπασσάλευσαν **d** P   21 τοῦ] τοῦτο D   ἱερὸν A D
Ἐλεοῦντα **d** P   22 ἀθέμιτα **d** P   ἔργα om. a Const.   23 ὡρμη-
μένοι **d** (δ. S)   24 τὴν δ᾽ ἑτέρην τὴν **a** P   εἰσὶ **d**   25 στάδια P
ἐπ᾽ ἀντίον R S V   καὶ διεζευγμένου **d**

ἐκεῖνα πάντα καὶ διέλυσε. ὡς δ᾽ ἐπύθετο Ξέρξης, δεινὰ 35
ποιεύμενος τὸν Ἑλλήσποντον ἐκέλευσε τριηκοσίας ἐπικέσθαι
μάστιγι πληγὰς καὶ κατεῖναι ἐς τὸ πέλαγος πεδέων ζεῦγος.
ἤδη δὲ ἤκουσα ὡς καὶ στιγέας ἅμα τούτοισι ἀπέπεμψε στί-
5 ξοντας τὸν Ἑλλήσποντον. ἐνετέλλετο δὲ ὧν ῥαπίζοντας 2
λέγειν βάρβαρά τε καὶ ἀτάσθαλα· Ὦ πικρὸν ὕδωρ, δεσπό-
της τοι δίκην ἐπιτιθεῖ τήνδε, ὅτι μιν ἠδίκησας οὐδὲν πρὸς
ἐκείνου ἄδικον παθόν. καὶ βασιλεὺς μὲν Ξέρξης διαβή-
σεταί σε, ἤν τε σύ γε βούλῃ ἤν τε μή· σοὶ δὲ κατὰ δίκην
10 ἄρα οὐδεὶς ἀνθρώπων θύει ὡς ἐόντι καὶ θολερῷ καὶ ἁλμυρῷ
ποταμῷ. τήν τε δὴ θάλασσαν ἐνετέλλετο τούτοισι ζημιοῦν 3
καὶ τῶν ἐπεστεώτων τῇ ζεύξι τοῦ Ἑλλησπόντου ἀποταμεῖν
τὰς κεφαλάς. καὶ οἱ μὲν ταῦτα ἐποίεον τοῖσι προσέκειτο 36
αὕτη ἡ ἄχαρις τιμή, τὰς δὲ ἄλλοι ἀρχιτέκτονες ἐζεύγνυσαν·
15 ἐζεύγνυσαν δὲ ὧδε· πεντηκοντέρους καὶ τριήρεας συνθέντες,
ὑπὸ μὲν τὴν πρὸς τοῦ Εὐξείνου Πόντου ἑξήκοντά τε καὶ
τριηκοσίας, ὑπὸ δὲ τὴν ἑτέρην τεσσερεσκαίδεκα καὶ τριηκο-
σίας, τοῦ μὲν Πόντου ἐπικαρσίας, τοῦ δὲ Ἑλλησπόντου
κατὰ ῥόον, ἵνα ἀνακωχεύῃ τὸν τόνον τῶν ὅπλων· συνθέντες 2
20 δὲ ἀγκύρας κατῆκαν περιμήκεας, τὰς μὲν πρὸς τοῦ Πόντου
τῆς ἑτέρης τῶν ἀνέμων εἵνεκεν τῶν ἔσωθεν ἐκπνεόντων, τῆς
δὲ ἑτέρης πρὸς ἑσπέρης τε καὶ τοῦ Αἰγαίου ζεφύρου τε καὶ
νότου εἵνεκα. διέκπλοον δὲ ὑπόφαυσιν κατέλιπον τῶν
πεντηκοντέρων καὶ †τριχοῦ†, ἵνα καὶ ἐς τὸν Πόντον ἔχῃ ὁ
25 βουλόμενος πλέειν πλοίοισι λεπτοῖσι καὶ ἐκ τοῦ Πόντου
ἔξω. ταῦτα δὲ ποιήσαντες κατέτεινον ἐκ γῆς στρεβλοῦντες 3
ὄνοισι ξυλίνοισι τὰ ὅπλα, οὐκέτι χωρὶς ἑκάτερα τάξαντες,

2 ἐκέλευε C   3 κατατεῖναι D   πεδῶν d   5 δὴ d P
6 τὰ βάρβαρά d   τάσθαλα R   7 σοι d E   8 παθὸν (-ὼν SV)
ἄδικον D   9 σε] δε R   10 θολερῷ Eldick: δολερῷ L   11 τε]
δὲ C   12 ἐπιστ. RV   ζεύξει E L (S)   13 οἶσι BC
προσεκέετο d   15 -κοτέρ. D (it. 24)   17 ὑπὸ . . . τριηκοσίας
om. RSV   τεσσαρ. AD   19 ἀνακωχεύει R: -ωσι Reiske
ὅπλων] πόνων Cᵗ   20 κατῆκας D : -κασιν RS[V]   ἐπιμήκεας C
22 Αἰγαίου] αἰ Dᶜ   ζεφύρου anonymus : εὔρου L   23 διέκπλωον
D : διεκπλῶν, ῑ ex corr., V   ὑπόφασιν C   24 τριχῇ S[V] :
τριηρέων anon.: τριηρέων τριχοῦ Petau : τριηρέων διχοῦ conieci
Πόντον] ον Dᶜ : -ων B   25 πλόοισι DRV

ἀλλὰ δύο μὲν λευκολίνου δασάμενοι ἐς ἑκατέρην, τέσσερα
δὲ τῶν βυβλίνων. παχύτης μὲν ἡ αὐτὴ καὶ καλλονή, κατὰ
λόγον δὲ ἐμβριθέστερα ἦν τὰ λίνεα, τοῦ τάλαντον ὁ πῆχυς
4 εἷλκε. ἐπειδὴ δὲ ἐγεφυρώθη ὁ πόρος, κορμοὺς ξύλων κατα-
πρίσαντες καὶ ποιήσαντες ἴσους τῆς σχεδίης τῷ εὐρέι κόσμῳ 5
ἐπετίθεσαν κατύπερθε τῶν ὅπλων τοῦ τόνου, θέντες δὲ
5 ἐπεξῆς ἐνθαῦτα αὖτις ἐπεζεύγνυον. ποιήσαντες δὲ ταῦτα
ὕλην ἐπεφόρησαν, κόσμῳ δὲ θέντες καὶ τὴν ὕλην γῆν ἐπε-
φόρησαν, κατανάξαντες δὲ καὶ τὴν γῆν φραγμὸν παρείρυσαν
ἔνθεν καὶ ἔνθεν, ἵνα μὴ φοβῆται τὰ ὑποζύγια τὴν θάλασσαν 10
37 ὑπερορῶντα [καὶ οἱ ἵπποι]. ὡς δὲ τά τε τῶν γεφυρέων
κατεσκεύαστο καὶ τὰ περὶ τὸν Ἄθων, οἵ τε χυτοὶ περὶ τὰ
στόματα τῆς διώρυχος, οἳ τῆς ῥηχίης εἵνεκεν ἐποιήθησαν,
ἵνα μὴ ἐμπίπληται τὰ στόματα τοῦ ὀρύγματος, καὶ αὐτὴ ἡ
διῶρυξ παντελέως πεποιημένη ἀγγέλλετο, ἐνθαῦτα χειμε- 15
ρίσας ἅμα τῷ ἔαρι παρεσκευασμένος ὁ στρατὸς ἐκ τῶν
2 Σαρδίων ὅρματο ἐλῶν ἐς Ἄβυδον. ὁρμημένῳ δέ οἱ ὁ ἥλιος
ἐκλιπὼν τὴν ἐκ τοῦ οὐρανοῦ ἕδρην ἀφανὴς ἦν οὔτ᾽ ἐπινε-
φέλων ἐόντων αἰθρίης τε τὰ μάλιστα, ἀντὶ ἡμέρης τε νὺξ
ἐγένετο. ἰδόντι δὲ καὶ μαθόντι τοῦτο τῷ Ξέρξῃ ἐπιμελὲς 20
ἐγένετο, καὶ εἴρετο τοὺς μάγους τὸ θέλει προφαίνειν τὸ
3 φάσμα. οἱ δὲ ἔφασαν ὡς Ἕλλησι προδεικνύει ὁ θεὸς
ἔκλειψιν τῶν πολίων, λέγοντες ἥλιον εἶναι Ἑλλήνων προ-
δέκτορα, σελήνην δὲ σφέων. ταῦτα πυθόμενος ὁ Ξέρξης
38 περιχαρὴς ἐὼν ἐποιέετο τὴν ἔλασιν. ὡς δ᾽ ἐξήλαυνε τὴν 25
στρατιήν, Πύθιος ὁ Λυδὸς καταρρωδήσας τὸ ἐκ τοῦ οὐρανοῦ
φάσμα ἐπαρθείς τε τοῖσι δωρήμασι ἐλθὼν παρὰ Ξέρξην

1 τέσσαρα D V   2 βυβλίων C B¹ D¹   ἡ αὐτὴ Reiske : ἦν
αὐτὴ L   3 ἦν ἐμβριθ. ἀ P   4 ἐπεὶ ἀ P   6 ἐτίθεσαν καὶ
ὕπερθε (-θεν V) a   10 φοβεῖται V : φοβέηται C P   ὁρῶντα τὴν
θάλασσαν ἀ   11 καὶ οἱ (hoc om. C) ἵπποι secl. Stein   τε om. ἀ
12 τὰ om. a   Ἄθω C D¹ R V   χυτοὶ (οἱ) Richards   14 πίμπλη-
ται a   αὐτὴ D   15 ἄγγελτο ἀ   17 ὡρμᾶτο C D P R
ἐλῶν R   ὥρμ. ἀ C P   18 ἐπινεφελέων ἀ P¹   19 τὰ om.
Laur. lxx. 6   20 Ξέρξει τιμελὲς R   21 θέλοι a [V]
22 ἔφασαν ἀ P : ἔφραζον a   23 εἶναι ἥλιον ἀ   24 πυθόμενος δὲ
ταῦτα ἀ P   27 Ξέρξεα ἀ P

ἔλεγε τάδε· Ὦ δέσποτα, χρηίσας ἄν τι σεῦ βουλοίμην
τυχεῖν, τὸ σοὶ μὲν ἐλαφρὸν τυγχάνει ἐὸν ὑπορῆσαι, ἐμοὶ
δὲ μέγα γενόμενον. Ξέρξης δὲ πᾶν μᾶλλον δοκέων μιν 2
χρηίσειν ἢ τὸ ἐδεήθη, ἔφη τε ὑπορήσειν καὶ δὴ ἀγορεύειν
5 ἐκέλευε ὅτευ δέοιτο. ὁ δὲ ἐπείτε ταῦτα ἤκουσε, ἔλεγε
θαρσήσας τάδε· Ὦ δέσποτα, τυγχάνουσί μοι παῖδες ἐόντες
πέντε, καί σφεας καταλαμβάνει πάντας ἅμα σοὶ στρατεύε-
σθαι ἐπὶ τὴν Ἑλλάδα. σὺ δέ, ὦ βασιλεῦ, ἐμὲ ἐς τόδε 3
ἡλικίης ἥκοντα οἰκτίρας τῶν μοι παίδων ἕνα παράλυσον τῆς
10 στρατιῆς τὸν πρεσβύτατον, ἵνα αὐτοῦ τε ἐμεῦ καὶ τῶν χρη-
μάτων ᾖ μελεδωνός. τοὺς δὲ τέσσερας ἄγευ ἅμα σεωυτῷ
καὶ πρήξας τὰ νοέεις νοστήσειας ὀπίσω. κάρτα τε ἐθυμώθη 39
ὁ Ξέρξης καὶ ἀμείβετο τοισίδε· Ὦ κακὲ ἄνθρωπε, σὺ ἐτόλ-
μησας ἐμεῦ στρατευομένου αὐτοῦ ἐπὶ τὴν Ἑλλάδα καὶ
15 ἄγοντος παῖδας ἐμοὺς καὶ ἀδελφεοὺς καὶ οἰκηίους καὶ φίλους
μνήσασθαι περὶ σέο παιδός, ἐὼν ἐμὸς δοῦλος, τὸν χρῆν
πανοικίῃ αὐτῇ τῇ γυναικὶ συνέπεσθαι; εὖ νυν τόδ᾽ ἐξεπί-
στασο, ὡς ἐν τοῖσι ὠσὶ τῶν ἀνθρώπων οἰκέει ὁ θυμός, ὃς
χρηστὰ μὲν ἀκούσας τέρψιος ἐμπιπλέει τὸ σῶμα, ὑπεναντία
20 δὲ τούτοισι ἀκούσας ἀνοιδέει. ὅτε μέν νυν χρηστὰ ποιήσας 2
ἕτερα τοιαῦτα ἐπηγγέλλεο, εὐεργεσίῃσι βασιλέα οὐ καυχή-
σεαι ὑπερβαλέσθαι· ἐπείτε δὲ ἐς τὸ ἀναιδέστερον ἐτράπευ,
τὴν μὲν ἀξίην οὐ λάμψεαι, ἐλάσσω δὲ τῆς ἀξίης. σὲ μὲν
γὰρ καὶ τοὺς τέσσερας τῶν παίδων ῥύεται τὰ ξείνια· τοῦ δὲ
25 ἑνός, τοῦ περιέχεαι μάλιστα, τῇ ψυχῇ ζημιώσεαι. ὡς δὲ 3
ταῦτα ὑπεκρίνατο, αὐτίκα ἐκέλευε τοῖσι προσετέτακτο ταῦτα
πρήσσειν, τῶν Πυθίου παίδων ἐξευρόντας τὸν πρεσβύτατον

1 χρήσας d: χρήσαις a P   ἀντὶ d   τευ a P   2 ὑπουργ.
d C P (it. 4)   4 χρήσειν a D P S: χρήσην R [V]   7 συ S V
9 οἰκτείρας L   11 τέσσαρας A C R V (it. 24)   ἄγε d P
13 ἀμείβεται A B   τοῖσδε L   15 alt. καὶ om. C   οἰκήους R :
οἰκείους S V   16 τὸν] ὁ Dᶜ   χρὴ a S   17 τῇ om. d P
ἐξεπίστατο R V: ἐπίστασο C   19 ἐμπιπλεῖ a P: ἐμπιπλᾷ E Stob.
flor. 20, 46 cod. A   20 ἀνοιδαίνει Stob.   21 ἐπηγγέλλετο
C R S V   οὐκ αὐχ. D   22 ὑπερβάλλεσθαι P   τὸν a   ἐτράπεο
D P: -πετο R : -πεσο S V   24 τέσσερὰς σου τῶν D

μέσον διαταμεῖν, διαταμόντας δὲ τὰ ἡμίτομα διαθεῖναι
τὸ μὲν ἐπὶ δεξιὰ τῆς ὁδοῦ, τὸ δ' ἐπ' ἀριστερά, καὶ ταύτῃ
40 διεξιέναι τὸν στρατόν. ποιησάντων δὲ τούτων τοῦτο,
μετὰ ταῦτα διεξήιε ὁ στρατός. ἡγέοντο δὲ πρῶτοι μὲν οἱ
σκευοφόροι τε καὶ τὰ ὑποζύγια, μετὰ δὲ τούτους στρατὸς 5
παντοίων ἐθνέων ἀναμίξ, οὐ διακεκριμένοι· τῇ δὲ ὑπερη-
μίσεες ἦσαν, ἐνθαῦτα διελέλειπτο, καὶ οὐ συνέμισγον οὗτοι
2 βασιλέϊ. προηγεῦντο μὲν δὴ ἱππόται χίλιοι ἐκ Περσέων
πάντων ἀπολελεγμένοι· μετὰ δὲ αἰχμοφόροι χίλιοι, καὶ
οὗτοι ἐκ πάντων ἀπολελεγμένοι, τὰς λόγχας κάτω ἐς τὴν 10
γῆν τρέψαντες· μετὰ δὲ ἱροὶ Νησαῖοι καλεόμενοι ἵπποι
3 δέκα, κεκοσμημένοι ὡς κάλλιστα. Νησαῖοι δὲ καλέονται
ἵπποι ἐπὶ τοῦδε· ἔστι πεδίον μέγα τῆς Μηδικῆς τῷ οὔνομά
ἐστι Νήσαιον. τοὺς ὦν δὴ ἵππους τοὺς μεγάλους φέρει τὸ
4 πεδίον τοῦτο. ὄπισθε δὲ τούτων τῶν δέκα ἵππων ἅρμα 15
Διὸς ἱρὸν ἐπετέτακτο, τὸ ἵπποι μὲν εἷλκον λευκοὶ ὀκτώ,
ὄπισθε δὲ αὖ τῶν ἵππων εἵπετο πεζῇ ἡνίοχος ἐχόμενος τῶν
χαλινῶν· οὐδεὶς γὰρ δὴ ἐπὶ τοῦτον τὸν θρόνον ἀνθρώπων
ἀναβαίνει. τούτου δὲ ὄπισθε αὐτὸς Ξέρξης ἐπ' ἅρματος
ἵππων Νησαίων· παρεβεβήκεε δέ οἱ ἡνίοχος τῷ οὔνομα ἦν 20
Πατιράμφης, Ὀτάνεω ἀνδρὸς Πέρσεω παῖς.

41   Ἐξήλασε μὲν οὕτως ἐκ Σαρδίων Ξέρξης, μετεκβαίνεσκε
δέ, ὅκως μιν λόγος αἱρέοι, ἐκ τοῦ ἅρματος ἐς ἁρμάμαξαν.
αὐτοῦ δὲ ὄπισθε αἰχμοφόροι Περσέων οἱ ἄριστοί τε καὶ
γενναιότατοι χίλιοι, κατὰ νόμον τὰς λόγχας ἔχοντες, μετὰ 25
δὲ ἵππος ἄλλη χιλίη ἐκ Περσέων ἀπολελεγμένη, μετὰ δὲ
τὴν ἵππον ἐκ τῶν λοιπῶν Περσέων ἀπολελεγμένοι μύριοι.

---

1 διατεμεῖν RSV   διατεμόντας SV   3 τοῦτο om. a   5 τε
om. CP   σύμμικτος στρατὸς dP   6 παντοῖος D   ἐθνέων om. R
7 διέλλειπτο D   συνέσμιγον AV   8 μὲν δὴ a : μὲν γὰρ DP :
γὰρ R : μὲν γὰρ οἱ SV   11 ἱροὶ] οἱ d   καλευμενοι d   13 μέγα
om. C   17 αὖ om. dP   18 δὴ om. S   19 ἐπιβαίνει a
ὄπισθεν a d   ἐφ' DRV   20 παραβέβηκε a   21 Πατι + ρ. D
παῖς ἀνδρὸς Πέρσεω dP   23 ἐξαιρέοι d   24 ὄπισθεν L
26 ἵππον RV

οὗτος πεζὸς ἦν· καὶ τούτων χίλιοι μὲν ἐπὶ τοῖσι δόρασι 2
ἀντὶ τῶν σαυρωτήρων ῥοιὰς εἶχον χρυσέας καὶ πέριξ συνε-
κλήιον τοὺς ἄλλους, οἱ δὲ εἰνακισχίλιοι ἐντὸς τούτων ἐόντες
ἀργυρέας ῥοιὰς εἶχον. εἶχον δὲ χρυσέας ῥοιὰς καὶ οἱ ἐς
5 τὴν γῆν τρέποντες τὰς λόγχας, καὶ μῆλα οἱ ἄγχιστα ἑπό-
μενοι Ξέρξῃ. τοῖσι δὲ μυρίοισι ἐπετέτακτο ἵππος Περσέων
μυρίη. μετὰ δὲ τὴν ἵππον διελέλειπτο καὶ δύο σταδίους,
καὶ ἔπειτα ὁ λοιπὸς ὅμιλος ἤιε ἀναμίξ. ἐποιέετο δὲ τὴν 42
ὁδὸν ἐκ τῆς Λυδίης ὁ στρατὸς ἐπί τε ποταμὸν Κάικον καὶ
10 γῆν τὴν Μυσίην, ἀπὸ δὲ Καΐκου ὁρμώμενος, Κάνης ὄρος
ἔχων ἐν ἀριστερῇ, διὰ τοῦ Ἀταρνέος ἐς Καρήνην πόλιν.
ἀπὸ δὲ ταύτης διὰ Θήβης πεδίου ἐπορεύετο, Ἀτραμύττειόν
τε πόλιν καὶ Ἄντανδρον τὴν Πελασγίδα παραμειβόμενος.
τὴν Ἴδην δὲ λαβών, ἐς ἀριστερὴν χεῖρα ἤιε ἐς τὴν Ἰλιάδα 2
15 γῆν. καὶ πρῶτα μέν οἱ ὑπὸ τῇ Ἴδῃ νύκτα ἀναμείναντι
βρονταί τε καὶ πρηστῆρες ἐπεσπίπτουσι καί τινα αὐτοῦ
ταύτῃ συχνὸν ὅμιλον διέφθειραν. ἀπικομένου δὲ τοῦ 43
στρατοῦ ἐπὶ τὸν Σκάμανδρον, ὃς πρῶτος ποταμῶν, ἐπείτε
ἐκ Σαρδίων ὁρμηθέντες ἐπεχείρησαν τῇ ὁδῷ, ἐπέλιπε τὸ
20 ῥέεθρον οὐδ' ἀπέχρησε τῇ στρατιῇ τε καὶ τοῖσι κτήνεσι
πινόμενος, ἐπὶ τοῦτον δὴ τὸν ποταμὸν ὡς ἀπίκετο Ξέρξης,
ἐς τὸ Πριάμου Πέργαμον ἀνέβη ἵμερον ἔχων θεήσασθαι.
θεησάμενος δὲ καὶ πυθόμενος ἐκείνων ἕκαστα τῇ Ἀθηναίῃ 2
τῇ Ἰλιάδι ἔθυσε βοῦς χιλίας, χοὰς δὲ οἱ μάγοι τοῖσι ἥρωσι
25 ἐχέαντο. ταῦτα δὲ ποιησαμένοισι νυκτὸς φόβος ἐς τὸ
στρατόπεδον ἐνέπεσε. ἅμα ἡμέρῃ δὲ ἐπορεύετο ἐνθεῦτεν,
ἐν ἀριστερῇ μὲν ἀπέργων Ῥοίτειον πόλιν καὶ Ὀφρύνειον

1 δούρασι C¹ P¹   3 ἐόντες om. d   4 εἰς D P R V   5 τὴν
om. a   7 διελέλειπτο Schweighaeuser : διέλειπέ τε A B : διέ-
λειπτετε C : διέλειπε d P   11 Καρήνην Steph. Byz. s. v. : Καρίνην
d P : Κάρνην a   12 Ἀτραμύτειόν R S V^c (Ἀδραμ. V¹) : Ἀδρα-
μύττειόν a P : Ἀδραμύντειόν D   16 ἐπεισπίπτουσι L (ἐπισ. B)   τιν'
D R V   18 τὸν d : ποταμὸν a P   21 δὲ R S V   23 κείνων
d P   24 χιὰς R V   25 ποιησαμένοι D¹ : -νοις D²   τὸν R
26 ἐσέπεσε a   δὲ ἡμέρῃ R S V   ἐνθεῦτεν ἐπορεύετο d   27 Ῥοίτιον
a D¹ R

καὶ Δάρδανον, ἥ περ δὴ Ἀβύδῳ ὅμουρός ἐστι, ἐν δεξιῇ δὲ
Γέργιθας Τευκρούς.

44　Ἐπεὶ δ᾽ ἐγένοντο ἐν Ἀβύδῳ, ἠθέλησε Ξέρξης ἰδέσθαι
πάντα τὸν στρατόν. καὶ προεπεποίητο γὰρ ἐπὶ κολωνοῦ
ἐπίτηδες αὐτῷ ταύτῃ προεξέδρη λίθου λευκοῦ (ἐποίησαν δὲ 5
Ἀβυδηνοὶ ἐντειλαμένου πρότερον βασιλέος), ἐνθαῦτα ὡς
ἵζετο, κατορῶν ἐπὶ τῆς ἠιόνος ἐθηεῖτο καὶ τὸν πεζὸν καὶ
τὰς νέας, θηεύμενος δὲ ἱμέρθη τῶν νεῶν ἅμιλλαν γινομένην
ἰδέσθαι. ἐπεὶ δὲ ἐγένετό τε καὶ ἐνίκων Φοίνικες Σιδώνιοι,

45　ἥσθη τῇ τε ἁμίλλῃ καὶ τῇ στρατιῇ. ὡς δὲ ὥρα πάντα μὲν 10
τὸν Ἑλλήσποντον ὑπὸ τῶν νεῶν ἀποκεκρυμμένον, πάσας
δὲ τὰς ἀκτὰς καὶ τὰ Ἀβυδηνῶν πεδία ἐπίπλεα ἀνθρώπωι·,
ἐνθαῦτα ὁ Ξέρξης ἑωυτὸν ἐμακάρισε, μετὰ δὲ τοῦτο ἐδάκρυσε.

46　μαθὼν δέ μιν Ἀρτάβανος ὁ πάτρως, ὃς τὸ πρῶτον γνώμην
ἀπεδέξατο ἐλευθέρως οὐ συμβουλεύων Ξέρξῃ στρατεύεσθαι 15
ἐπὶ τὴν Ἑλλάδα, οὗτος ὡνὴρ φρασθεὶς Ξέρξην δακρύσαντα
εἴρετο τάδε· Ὦ βασιλεῦ, ὡς πολλὸν ἀλλήλων κεχωρισμένα
ἐργάσαο νῦν τε καὶ ὀλίγῳ πρότερον· μακαρίσας γὰρ σεωυτὸν
2 δακρύεις. ὁ δὲ εἶπε· Ἐσῆλθε γάρ με λογισάμενον κατ-
οικτῖραι ὡς βραχὺς εἴη ὁ πᾶς ἀνθρώπινος βίος, εἰ τούτων 20
γε ἐόντων τοσούτων οὐδεὶς ἐς ἑκατοστὸν ἔτος περιέσται.
ὁ δὲ ἀμείβετο λέγων· Ἕτερα τούτου παρὰ τὴν ζόην πεπόν-
3 θαμεν οἰκτρότερα. ἐν γὰρ οὕτω βραχέϊ βίῳ οὐδεὶς οὕτως
ἄνθρωπος ἐὼν εὐδαίμων πέφυκε, οὔτε τούτων οὔτε τῶν
ἄλλων, τῷ οὐ παραστήσεται πολλάκις καὶ οὐκὶ ἅπαξ τεθνά- 25
ναι βούλεσθαι μᾶλλον ἢ ζώειν. αἵ τε γὰρ συμφοραὶ προσ-
πίπτουσαι καὶ αἱ νοῦσοι συνταράσσουσαι καὶ βραχὺν ἐόντα

---

2 Γέργιθάς τε καὶ Τευκρούς d P　　3 ἐγένετο a P　　Ἀβύδῳ d
Stob. flor. 34, 73 H. : Ἀ. μέσῃ a P　　5 αὐτοῦ Abresch　　ἐξέδρη d
δὲ καὶ d　　7 καθ. D　　8 γενομένην d　　9 Σιδόνιοι R　　10 τῇ
τε Herwerden : τε τῇ L　　14 πάτρος R　　15 ἐλευθερίως d
16 ἀνὴρ S V　　Ξέρξεα d P　　17 πολὺ L　　18 ἑωυτὸν C¹ Stob.
flor. 53, 40 H.　　19 κατοικτεῖραι L　　22 ζώην R S V　　23 οἰκτό-
τερα d　　βραχὺ R　　25 οὐκὶ] οὐκ d　　26 ζόειν C : ζῆν d P
27 συνταράσσουσαι S : -ράσσουσι D R V : -ράττουσαι a P

μακρὸν δοκέειν εἶναι ποιεῦσι τὸν βίον. οὕτως ὁ μὲν θάνα- 4
τος μοχθηρῆς ἐούσης τῆς ζόης καταφυγὴ αἱρετωτάτη τῷ
ἀνθρώπῳ γέγονε, ὁ δὲ θεὸς γλυκὺν γεύσας τὸν αἰῶνα φθο-
νερὸς ἐν αὐτῷ εὑρίσκεται ἐών. Ξέρξης δὲ ἀμείβετο λέγων· 47
5 Ἀρτάβανε, βιοτῆς μέν νυν ἀνθρωπηίης πέρι, ἐούσης τοι-
αύτης οἵην περ σὺ διαιρέαι εἶναι, παυσώμεθα, μηδὲ κακῶν
μεμνώμεθα χρηστὰ ἔχοντες πρήγματα ἐν χερσί· φράσον δέ
μοι τόδε· εἴ τοι ἡ ὄψις τοῦ ἐνυπνίου μὴ ἐναργὴς οὕτω
ἐφάνη, εἶχες ἂν τὴν ἀρχαίην γνώμην, οὐκ ἐῶν με στρατεύ-
10 εσθαι ἐπὶ τὴν Ἑλλάδα, ἢ μετέστης ἄν; φέρε τοῦτό μοι
ἀτρεκέως εἰπέ. ὁ δὲ ἀμείβετο λέγων· Ὦ βασιλεῦ, ὄψις 2
μὲν ἡ ἐπιφανεῖσα τοῦ ὀνείρου, ὡς βουλόμεθα ἀμφότεροι,
τελευτήσειε· ἐγὼ δ' ἔτι καὶ ἐς τόδε δείματός εἰμι ὑπόπλεος
οὐδ' ἐντὸς ἐμεωυτοῦ, ἄλλα τε πολλὰ ἐπιλεγόμενος καὶ δὴ
15 καὶ ὁρῶν τοι δύο τὰ μέγιστα πάντων ἐόντα πολεμιώτατα.
Ξέρξης δὲ πρὸς ταῦτα ἀμείβετο τοισίδε· Δαιμόνιε ἀνδρῶν, 48
κοῖα ταῦτα δύο λέγεις εἶναί μοι πολεμιώτατα; κότερά τοι ὁ
πεζὸς μεμπτὸς κατὰ πλῆθός ἐστι, καὶ τὸ Ἑλληνικὸν στρά-
τευμα φαίνεται πολλαπλήσιον ἔσεσθαι τοῦ ἡμετέρου, ἢ
20 τὸ ναυτικὸν τὸ ἡμέτερον λείψεσθαι τοῦ ἐκείνων, ἢ καὶ
συναμφότερα ταῦτα; εἰ γάρ τοι ταύτῃ φαίνεται ἐνδεέστερα
εἶναι τὰ ἡμέτερα πρήγματα, στρατοῦ ἂν ἄλλου τις τὴν
ταχίστην ἄγερσιν ποιοῖτο. ὁ δ' ἀμείβετο λέγων· Ὦ βασιλεῦ, 49
οὔτε στρατὸν τοῦτον, ὅστις γε σύνεσιν ἔχει, μέμφοιτ' ἂν
25 οὔτε τῶν νεῶν τὸ πλῆθος· ἤν τε πλεύνας συλλέξῃς, τὰ δύο
τοι τὰ λέγω πολλῷ ἔτι πολεμιώτερα γίνεται. τὰ δὲ δύο

1 δοκέειν μακρὸν d   2 ζόης S V   τῶν ἀνθρώπων C
5 βιο + τῆς D   6 διαιρέεαι C P   παυσόμεθα C   7 μεμνώμεθα
Eustath. Il. 767 : μεμνεώμεθα L   10 ἢ om. d   μοι τοῦτο P R S V
12 ἀμφότερα D   13 δ' ἔτι] δὲ a   ὑπόπλεος R : -ως (ω ex ος Vᶜ)
rell.   15 ὁρέων d P   τοι post δύο D, post ἐόντα (-των d) P :
om. R S V   16 Ξέρξης . . . πολεμιώτατα om. V : ἀμείβεται Ξέρξης S
τοῖσδε L   17 δύο λέγεις εἶναί μοι D R : λέγεις εἶναι δύο μοι a : λέγεις
δύο εἶναι μοι P   18 κατὰ] κατὰ τὸ C P   20 τὸ ἡμέτερον om. d
21 ἐνδεέστερα φαίν. d P   22 ἄγερσιν τὴν ταχ. d   23 ποιοῦντο C
24 τὸν στρατὸν τοῦτον d   ἔχοι C¹ R S V   25 δὲ a P

2 ταῦτα ἐστὶ γῆ τε καὶ θάλασσα. οὔτε γὰρ τῆς θαλάσσης
ἔστι λιμὴν τοσοῦτος οὐδαμόθι, ὡς ἐγὼ εἰκάζω, ὅστις ἐγειρο-
μένου χειμῶνος δεξάμενός σευ τοῦτο τὸ ναυτικὸν φερέγγυος
ἔσται διασῶσαι τὰς νέας. καίτοι οὐκὶ ἕνα αὐτὸν δεῖ εἶναι
[τὸν λιμένα], ἀλλὰ παρὰ πᾶσαν τὴν ἤπειρον παρ' ἣν δὴ 5
3 κομίζεαι. οὐκ ὦν δὴ ἐόντων τοι λιμένων ὑποδεξίων, μάθε
ὅτι αἱ συμφοραὶ τῶν ἀνθρώπων ἄρχουσι καὶ οὐκὶ ὤνθρωποι
τῶν συμφορέων. καὶ δὴ τῶν δύο τοι τοῦ ἑτέρου εἰρημένου
4 τὸ ἕτερον ἔρχομαι ἐρέων. γῆ δὴ πολεμίη τῇδέ τοι κατί-
σταται· εἰ θέλει τοι μηδὲν ἀντίξοον καταστῆναι, τοσούτῳ τοι 10
γίνεται πολεμιωτέρη ὅσῳ ἂν προβαίνῃς ἑκαστέρω, τὸ πρόσω
αἰεὶ κλεπτόμενος· εὐπρηξίης δὲ οὐκ ἔστι ἀνθρώποισι οὐδεμία
5 πληθώρη. καὶ δή τοι, ὡς οὐδενὸς ἐναντιευμένου, λέγω τὴν
χώρην πλεῦνα ἐν πλέονι χρόνῳ γινομένην λιμὸν τέξεσθαι.
ἀνὴρ δὲ οὕτω ἂν εἴη ἄριστος, εἰ βουλευόμενος μὲν ἀρρωδέοι, 15
πᾶν ἐπιλεγόμενος πείσεσθαι χρῆμα, ἐν δὲ τῷ ἔργῳ θρασὺς
50 εἴη. ἀμείβεται Ξέρξης τοισίδε· Ἀρτάβανε, οἰκότως μὲν σύ
γε τούτων ἕκαστα διαιρέαι, ἀτὰρ μήτε πάντα φοβέο μήτε
πᾶν ὁμοίως ἐπιλέγεο. εἰ γὰρ δὴ βούλοιο ἐπὶ τῷ αἰεὶ ἐπεσ-
φερομένῳ πρήγματι τὸ πᾶν ὁμοίως ἐπιλέγεσθαι, ποιήσειας 20
ἂν οὐδαμὰ οὐδέν· κρέσσον δὲ πάντα θαρσέοντα ἥμισυ τῶν
δεινῶν πάσχειν μᾶλλον ἢ πᾶν χρῆμα προδειμαίνοντα μηδαμὰ
2 μηδὲν παθεῖν. εἰ δὲ ἐρίζων πρὸς πᾶν τὸ λεγόμενον μὴ τὸ
βέβαιον ἀποδέξεις, σφάλλεσθαι ὀφείλεις ἐν αὐτοῖσι ὁμοίως
καὶ ὁ ὑπεναντία τούτοισι λέξας. τοῦτο μέν νυν ἐπ' ἴσης 25
ἔχει· εἰδέναι δὲ ἄνθρωπον ἐόντα κῶς χρὴ τὸ βέβαιον; δοκέω

2 τοιοῦτος d P¹   οὐδαμωθι D¹   4 οὐχὶ d   ἕνεκα R V :
ἑνάκη S   εἶναι] γενέσθαι d   5 τὸν λιμένα del. Krueger   παρὰ
om. R S V   δεῖ κομίσαι (-ζεται C P¹) d   7 οὐχὶ a P : οὐκ d
9 δὴ S : δὲ rell.   καθ. D R V   10 θέλει A C P : ἐθέλει D R :
θέλοι B : ἐθέλοι S V   τι μειδὲν B   ἀντίζοον B¹ R : ἀντίζο + ον V
11 ὅσον R S V   ἑκατέρω C R S V   12 δὲ d Stob. flor. 54, 31 cod. A :
γὰρ a P   13 ἐναντιουμένου d   14 πλεῦνι Stob.   17 τοῖσδε L
εἰκ. S V   18 διαιρέεαι a P   φοβέω B¹ C   19 ἐπεισφερ. d
23 ποιεῖν Krueger   τὸ πᾶν τὸ C   μὴ τὸ] μήτε a   24 ἀποδέξῃ(ι)ς
d C P   26 κακῶς R V

μὲν οὐδαμῶς. τοῖσι τοίνυν βουλομένοισι ποιέειν ὡς τὸ
ἐπίπαν φιλέει γίνεσθαι τὰ κέρδεα, τοῖσι δὲ ἐπιλεγομένοισί
τε πάντα καὶ ὀκνέουσι οὐ μάλα ἐθέλει.   ὁρᾷς τὰ Περσέων 3
πρήγματα ἐς ὃ δυνάμιος προκεχώρηκε.   εἰ τοίνυν ἐκεῖνοι
5 οἱ πρὸ ἐμεῦ γενόμενοι βασιλέες γνώμῃσι ἐχρέωντο ὁμοίῃσι
καὶ σύ, ἢ μὴ χρεώμενοι γνώμῃσι τοιαύτῃσι ἄλλους συμ-
βούλους εἶχον τοιούτους, οὐκ ἄν κοτε εἶδες αὐτὰ ἐς τοῦτο
προελθόντα· νῦν δὲ κινδύνους ἀναρριπτέοντες ἐς τοῦτό σφεα
προηγάγοντο.   μεγάλα γὰρ πρήγματα μεγάλοισι κινδύνοισι
10 ἐθέλει καταιρέεσθαι.   ἡμεῖς τοίνυν ὁμοιεύμενοι ἐκείνοισι 4
ὥρην τε τοῦ ἔτεος καλλίστην πορευόμεθα καὶ καταστρεψά-
μενοι πᾶσαν τὴν Εὐρώπην νοστήσομεν ὀπίσω, οὔτε λιμῷ
ἐντυχόντες οὐδαμόθι οὔτε ἄλλο ἄχαρι οὐδὲν παθόντες.   τοῦτο
μὲν γὰρ αὐτοὶ πολλὴν φορβὴν φερόμενοι πορευόμεθα, τοῦτο
15 δέ, τῶν ἄν κου ἐπιβέωμεν γῆν καὶ ἔθνος, τούτων τὸν
σῖτον ἕξομεν· ἐπ᾽ ἀροτῆρας δὲ καὶ οὐ νομάδας στρατευό-
μεθα ἄνδρας.   λέγει Ἀρτάβανος μετὰ ταῦτα· Ὦ βασιλεῦ, 51
ἐπείτε ἀρρωδέειν οὐδὲν ἐᾷς πρῆγμα, σὺ δέ μευ συμβουλίην
ἔνδεξαι· ἀναγκαίως γὰρ ἔχει περὶ πολλῶν πρηγμάτων πλεῦνα
20 λόγον ἐκτεῖναι.   Κῦρος ὁ Καμβύσεω Ἰωνίην πᾶσαν πλὴν
Ἀθηνέων κατεστρέψατο δασμοφόρον εἶναι Πέρσῃσι.   τού- 2
τους ὦν τοὺς ἄνδρας συμβουλεύω τοι μηδεμιῇ μηχανῇ ἄγειν
ἐπὶ τοὺς πατέρας· καὶ γὰρ ἄνευ τούτων οἷοί τέ εἰμεν τῶν
ἐχθρῶν κατυπέρτεροι γίνεσθαι.   ἢ γάρ σφεας, ἢν ἕπωνται,
25 δεῖ ἀδικωτάτους γίνεσθαι καταδουλουμένους τὴν μητρόπολιν,
ἢ δικαιοτάτους συνελευθεροῦντας.   ἀδικώτατοι μέν νυν γινό- 3
μενοι οὐδὲν κέρδος μέγα ἡμῖν προσβάλλουσι, δικαιότατοι δὲ
γινόμενοι οἷοί τε δηλήσασθαι μεγάλως τὴν σὴν στρατιὴν

3 ὀκνεῦσι(ν) d   5 γινόμενοι οἱ C   8 σφεας a   10 καταρ. R
κείνοισι d P   11 καὶ om. S V   14 φερόμεθα πορευόμενοι P
15 ἐπιβέομεν R   τοῦτον d   17 λέγει γὰρ C   18 ἀρροδ. B
συμβουλὴν Herwerden   20 λόγων R   21 Ἀθηνέων Valla :
Ἀθηναίων L   23 πατέρας] ἀτέρ D²   24 γενέσθαι d   26 ἀδι-
κ + + ώτατοι D   27 οὐδὲν . . . γινόμενοι om. R S V   προβάλλουσι a
28 τὴν σὴν στρατιὴν δηλῆσαι μεγάλως d

167

γίνονται. ἐς θυμὸν ὦν βαλεῦ καὶ τὸ παλαιὸν ἔπος ὡς
εὖ εἴρηται, τὸ μὴ ἅμα ἀρχῇ πᾶν τέλος καταφαίνεσθαι.

52 ἀμείβεται πρὸς ταῦτα Ξέρξης· Ἀρτάβανε, τῶν ἀπεφήναο
γνωμέων σφάλλεαι κατὰ ταύτην δὴ μάλιστα, ὃς Ἴωνας
φοβέαι μὴ μεταβάλωσι, τῶν ἔχομεν γνῶμα μέγιστον, τῶν 5
σύ τε μάρτυς γίνεαι καὶ οἱ συστρατευσάμενοι Δαρείῳ ἄλλοι
ἐπὶ Σκύθας, ὅτι ἐπὶ τούτοισι ἡ πᾶσα Περσικὴ στρατιὴ
ἐγένετο διαφθεῖραι καὶ περιποιῆσαι· οἱ δὲ δικαιοσύνην καὶ
2 πιστότητα ἐνέδωκαν, ἄχαρι δὲ οὐδέν. πάρεξ δὲ τούτου, ἐν
τῇ ἡμετέρῃ καταλιπόντας τέκνα καὶ γυναῖκας καὶ χρήματα 10
οὐδ' ἐπιλέγεσθαι χρὴ νεώτερόν τι ποιήσειν. οὕτω μηδὲ
τοῦτο φοβέο, ἀλλὰ θυμὸν ἔχων ἀγαθὸν σῷζε οἶκόν τε τὸν
ἐμὸν καὶ τυραννίδα τὴν ἐμήν· σοὶ γὰρ ἐγὼ μούνῳ ἐκ πάντων
σκῆπτρα τὰ ἐμὰ ἐπιτρέπω.

53 Ταῦτα εἴπας καὶ Ἀρτάβανον ἀποστείλας ἐς Σοῦσα 15
δεύτερα μετεπέμψατο Ξέρξης Περσέων τοὺς δοκιμωτάτους·
ἐπεὶ δέ οἱ παρῆσαν, ἔλεγέ σφι τάδε· Ὦ Πέρσαι, τῶνδ' ἐγὼ
ὑμέων χρηίζων συνέλεξα, ἄνδρας τε γίνεσθαι ἀγαθοὺς καὶ μὴ
καταισχύνειν τὰ πρόσθε ἐργασμένα Πέρσῃσι, ἐόντα μεγάλα
τε καὶ πολλοῦ ἄξια, ἀλλ' εἷς τε ἕκαστος καὶ οἱ σύμπαντες 20
προθυμίην ἔχωμεν· ξυνὸν γὰρ πᾶσι τοῦτο ἀγαθὸν σπεύδεται.
2 τῶνδε δὲ εἵνεκα προαγορεύω ἀντέχεσθαι τοῦ πολέμου
ἐντεταμένως· ὡς γὰρ ἐγὼ πυνθάνομαι, ἐπ' ἄνδρας στρα-
τευόμεθα ἀγαθούς, τῶν ἢν κρατήσωμεν, οὐ μή τις ἡμῖν
ἄλλος στρατὸς ἀντιστῇ κοτε ἀνθρώπων. νῦν δὲ διαβαί- 25
νωμεν ἐπευξάμενοι τοῖσι θεοῖσι οἳ Περσίδα γῆν λελόγχασι.

1 ὦν βαλεῦ A P : ὦν βάλευ Cᶜ B² : ὦν βασιλεῦ B¹ D : ὦ βασιλεῦ R S V :
ὦ βασιλεῦ βάλευ C¹   2 παντελῶς d   3 πρὸς] καὶ a   4 γνώ-
μην d   σφάλεται R V¹   κατ' αὐτὴν a   5 φοβέεαι P   μετα-
βάλλ. S V   7 ὅτε conieci   9 pr. δὲ om. D R V   10 pr. καὶ om. d
alt. καὶ om. D   12 φοβέω C   ἔχε a P¹   13 σὺ R   ἐκ πάντων
om. d   14 ἐπιτράπω d P   15 ταῦτα R   ἀπολύσας d
18 χρηίζων A B P : χρήζων d (-ω R) C   γενέσθαι a   19 πρόσθεν
R S V   εἰργ. D   21 ἔχομεν R S V   τοῦτο πᾶσι d   σπευ-
δέτω a   22 εἵνεκε + D : -κε R   23 ἐντεταγμένως R : -τασμένως
S V   24-25 ἄλλος ἡμῖν D R V   26 Περσίδα γῆν d : Πέρσας a P

Ταύτην μὲν τὴν ἡμέρην παρεσκευάζοντο ἐς τὴν διάβασιν, 54
τῇ δὲ ὑστεραίῃ ἀνέμενον τὸν ἥλιον ἐθέλοντες ἰδέσθαι
ἀνίσχοντα, θυμιήματά τε παντοῖα ἐπὶ τῶν γεφυρέων κατα-
γίζοντες καὶ μυρσίνῃσι στορνύντες τὴν ὁδόν. ὡς δ' 2
5 ἐπανέτελλε ὁ ἥλιος, σπένδων ἐκ χρυσέης φιάλης Ξέρξης
ἐς τὴν θάλασσαν εὔχετο πρὸς τὸν ἥλιον μηδεμίαν οἱ
συντυχίην τοιαύτην γενέσθαι, ἥ μιν παύσει καταστρέψασθαι
τὴν Εὐρώπην πρότερον ἢ ἐπὶ τέρμασι τοῖσι ἐκείνης γένηται.
εὐξάμενος δὲ ἐσέβαλε τὴν φιάλην ἐς τὸν Ἑλλήσποντον καὶ
10 χρύσεον κρητῆρα καὶ Περσικὸν ξίφος, τὸν ἀκινάκην
καλέουσι. ταῦτα οὐκ ἔχω ἀτρεκέως διακρῖναι οὔτε εἰ τῷ 3
ἡλίῳ ἀνατιθεὶς κατῆκε ἐς τὸ πέλαγος οὔτε εἰ μετεμέλησέ
οἱ τὸν Ἑλλήσποντον μαστιγώσαντι καὶ ἀντὶ τούτων τὴν
θάλασσαν ἐδωρέετο. ὡς δὲ ταῦτά οἱ ἐπεποίητο, διέβαινον 55
15 κατὰ μὲν τὴν ἑτέρην τῶν γεφυρέων τὴν πρὸς τοῦ Πόντου
ὁ πεζός τε καὶ ἡ ἵππος ἅπασα, κατὰ δὲ τὴν πρὸς τὸ
Αἰγαῖον τὰ ὑποζύγια καὶ ἡ θεραπηίη. ἡγέοντο δὲ πρῶτα 2
μὲν οἱ μύριοι Πέρσαι, ἐστεφανωμένοι πάντες, μετὰ δὲ
τούτους ὁ σύμμεικτος στρατὸς παντοίων ἐθνέων. ταύτην
20 μὲν τὴν ἡμέρην οὗτοι, τῇ δὲ ὑστεραίῃ πρῶτοι μὲν οἵ τε
ἱππόται καὶ οἱ τὰς λόγχας κάτω τρέποντες· ἐστεφάνωντο
δὲ καὶ οὗτοι. μετὰ δὲ οἵ τε ἵπποι οἱ ἱροὶ καὶ τὸ ἅρμα τὸ 3
ἱρόν, ἐπὶ δὲ αὐτός τε Ξέρξης καὶ οἱ αἰχμοφόροι καὶ οἱ
ἱππόται οἱ χίλιοι, ἐπὶ δὲ τούτοισι ὁ ἄλλος στρατός.
25 καὶ αἱ νέες ἅμα ἀνήγοντο ἐς τὴν ἀπεναντίον. ἤδη δὲ
ἤκουσα καὶ ὕστατον διαβῆναι βασιλέα πάντων.

Ξέρξης δὲ ἐπεὶ διέβη ἐς τὴν Εὐρώπην, ἐθηεῖτο τὸν 56
στρατὸν ὑπὸ μαστίγων διαβαίνοντα. διέβη δὲ ὁ στρατὸς
αὐτοῦ ἐν ἑπτὰ ἡμέρῃσι καὶ [ἐν] ἑπτὰ εὐφρόνῃσι, ἐλινύσας

1 παρεσκευάζετο a   2 τῇ] τὴν P   3 τε om. C   4 μυρσίνη
D: σμυρσίνη RSV   6 οἱ om. P   7 πάσῃ RV: πάσην S
8 τοῖς DRV   ἐκείνοις B   9 ἐσέβαλλε D   εἰς B (it. 12)
10 κρατῆρα RV   16 τὴν om. D   τὸν a   17 θεραπίη D
19 σύμμικτος L (ξ. C)   20 πρῶτοι μὲν om. d   23 pr. οἱ
om. DV   25 νῆες d   ἠγάγοντο C   ἥδε B   29 ἐν om.
Suid. s. v. ἐλινύοντας   ἐλινν. P²

2 οὐδένα χρόνον. ἐνθαῦτα λέγεται Ξέρξεω ἤδη διαβεβηκότος
τὸν Ἑλλήσποντον ἄνδρα εἰπεῖν Ἑλλησπόντιον· Ὦ Ζεῦ, τί
δὴ ἀνδρὶ εἰδόμενος Πέρσῃ καὶ οὔνομα ἀντὶ Διὸς Ξέρξην
θέμενος ἀνάστατον τὴν Ἑλλάδα θέλεις ποιῆσαι, ἄγων
πάντας ἀνθρώπους; καὶ γὰρ ἄνευ τούτων ἐξῆν τοι ποιέειν 5
ταῦτα.

57 Ὡς δὲ διέβησαν πάντες, ἐς ὁδὸν ὁρμημένοισι τέρας σφι
ἐφάνη μέγα, τὸ Ξέρξης ἐν οὐδενὶ λόγῳ ἐποιήσατο καίπερ
εὐσύμβλητον ἐόν· ἵππος γὰρ ἔτεκε λαγόν. εὐσύμβλητον
ὦν τῇδε [.·οὗτο] ἐγένετο, ὅτι ἔμελλε μὲν ἐλᾶν στρατιὴν ἐπὶ 10
τὴν Ἑλλάδα Ξέρξης ἀγαυρότατα καὶ μεγαλοπρεπέστατα,
ὀπίσω δὲ περὶ ἑωυτοῦ τρέχων ἥξειν ἐς τὸν αὐτὸν χῶρον.
2 ἐγένετο δὲ καὶ ἕτερον αὐτῷ τέρας ἐόντι ἐν Σάρδισι· ἡμίονος
γὰρ ἔτεκε ἡμίονον διξὰ ἔχουσαν αἰδοῖα, τὰ μὲν ἔρσενος, τὰ δὲ
58 θηλέης· κατύπερθε δὲ ἦν τὰ τοῦ ἔρσενος. τῶν ἀμφοτέρων 15
λόγον οὐδένα ποιησάμενος τὸ πρόσω ἐπορεύετο, σὺν δέ οἱ ὁ
πεζὸς στρατός. ὁ δὲ ναυτικὸς ἔξω τὸν Ἑλλήσποντον πλέων
2 παρὰ γῆν ἐκομίζετο, τὰ ἔμπαλιν πρήσσων τοῦ πεζοῦ. ὁ μὲν
γὰρ πρὸς ἑσπέρην ἔπλεε, ἐπὶ Σαρπηδονίης ἄκρης ποιεύμενος
τὴν ἄπιξιν, ἐς τὴν αὐτῷ προείρητο ἀπικομένῳ περιμένειν· ὁ 20
δὲ κατ' ἤπειρον στρατὸς πρὸς ἠῶ τε καὶ ἡλίου ἀνατολὰς
ἐποιέετο τὴν ὁδὸν διὰ τῆς Χερσονήσου, ἐν δεξιῇ μὲν ἔχων
τὸν Ἕλλης τάφον τῆς Ἀθάμαντος, ἐν ἀριστερῇ δὲ Καρδίην
πόλιν, διὰ μέσης δὲ πορευόμενος πόλιος τῇ οὔνομα τυγχάνει
3 ἐὸν Ἀγορή. ἐνθεῦτεν δὲ κάμπτων τὸν κόλπον τὸν Μέλανα 25
καλεόμενον καὶ Μέλανα ποταμόν, οὐκ ἀντισχόντα τότε τῇ
στρατιῇ τὸ ῥέεθρον ἀλλ' ἐπιλιπόντα, τοῦτον τὸν ποταμὸν
διαβάς, ἐπ' οὗ καὶ ὁ κόλπος οὗτος τὴν ἐπωνυμίην ἔχει, ἤιε
πρὸς ἑσπέρην, Αἶνόν τε πόλιν Αἰολίδα καὶ Στεντορίδα

3 Ξέρξεα d P   4 ἐθέλεις d   5 τούτου d   σοι d   7 ὡρμη-
μένοισι d C P   9 συμβληταὸν d   λαγών C P   10 τοῦτο
om. d P   12 ἑωυτῶ d   τρέχων om. C   13 ἔναντι ἐν C
14 διξᾶ R : διχᾶ S V   19 πρὸς] ἐς d   21 καὶ om. R   22 τῆς
om. D   25 κόλπον τὸν om. R   28 οὗτος supra v. D[1]

λίμνην παρεξιών, ἐς ὃ ἀπίκετο ἐς Δορίσκον. ὁ δὲ 59
Δορίσκος ἐστὶ τῆς Θρηίκης αἰγιαλός τε καὶ πεδίον μέγα, διὰ
δὲ αὐτοῦ ῥέει ποταμὸς μέγας Ἕβρος· ἐν τῷ τεῖχός τε
ἐδέδμητο βασιλήιον τοῦτο τὸ δὴ Δορίσκος κέκληται, καὶ
5 Περσέων φρουρὴ ἐν αὐτῷ κατεστήκεε ὑπὸ Δαρείου ἐξ
ἐκείνου τοῦ χρόνου ἐπείτε ἐπὶ Σκύθας ἐστρατεύετο. ἔδοξε 2
ὦν τῷ Ξέρξῃ ὁ χῶρος εἶναι ἐπιτήδεος ἐνδιατάξαι τε καὶ
ἐξαριθμῆσαι τὸν στρατόν, καὶ ἐποίεε ταῦτα. τὰς μὲν δὴ
νέας τὰς πάσας ἀπικομένας ἐς Δορίσκον οἱ ναύαρχοι
10 κελεύσαντος Ξέρξεω ἐς τὸν αἰγιαλὸν τὸν προσεχέα
Δορίσκῳ ἐκόμισαν, ἐν τῷ Σάλη τε Σαμοθρηικίη πεπόλισται
πόλις καὶ Ζώνη, τελευταία δὲ αὐτοῦ Σέρρειον ἄκρη ὀνομαστή.
ὁ δὲ χῶρος οὗτος τὸ παλαιὸν ἦν Κικόνων. ἐς τοῦτον τὸν αἰ- 3
γιαλὸν κατασχόντες τὰς νέας ἀνέψυχον ἀνελκύσαντες. ὁ δὲ ἐν
15 τῷ Δορίσκῳ τοῦτον τὸν χρόνον τῆς στρατιῆς ἀριθμὸν ἐποιέετο.
ὅσον μέν νυν ἕκαστοι παρεῖχον πλῆθος ἐς ἀριθμόν, οὐκ ἔχω 60
εἰπεῖν τὸ ἀτρεκές (οὐ γὰρ λέγεται πρὸς οὐδαμῶν ἀνθρώπων·),
σύμπαντος δὲ τοῦ στρατοῦ τοῦ πεζοῦ τὸ πλῆθος ἐφάνη
ἑβδομήκοντα καὶ ἑκατὸν μυριάδες. ἐξηρίθμησαν δὲ τόνδε 2
20 τὸν τρόπον· συναγαγόντες ἐς ἕνα χῶρον μυριάδα ἀνθρώπων
καὶ συννάξαντες ταύτην ὡς μάλιστα εἶχον περιέγραψαν
ἔξωθεν κύκλον· περιγράψαντες δὲ καὶ ἀπέντες τοὺς μυρίους
αἱμασιὴν περιέβαλον κατὰ τὸν κύκλον, ὕψος ἀνήκουσαν
ἀνδρὶ ἐς τὸν ὀμφαλόν. ταύτην δὲ ποιήσαντες ἄλλους 3
25 ἐσεβίβαζον ἐς τὸ περιοικοδομημένον, μέχρι οὗ πάντας
τούτῳ τῷ τρόπῳ ἐξηρίθμησαν. ἀριθμήσαντες δὲ κατὰ
ἔθνεα διέτασσον.

2 ἐστί] ἐπὶ C   3 Εὖρος C Dᶜ   4 ἐδεάμητο R : ἐδομέατο
S V   τὸ om. a   8 ἐναριθμῆσαι S V : ἀναριθμ. R   τάδε R S V
11 ἐκομίσαντο R S V   12 τελευτᾷ Stein   αὐτοὺς B¹   Σέρειον
C P¹ : δὲ ἔρρειον B¹   ὀνομαστί C R S V   13 ἦν om. d   16 πλῆθος
ἐς a : πλήθεος d P   18 τοῦ στρατοῦ om. S   τοῦ] τὸ D¹   19 ἐξη-
ριθμήθησαν D V P¹   τοῦτον R S V   20 συνήγαγόν τε A B : συνη-
γάγοντο P C (ξ.)   εἰς D R   21 συννάξαντες Reiske : συνάξ.
A B d : συνάψ. P C (ξ.)   22 ἀφέντες d   25 ἐσεβίαζον C   εἰς
A B   μέχρις L   26 καὶ τὰ B

61 Οἱ δὲ στρατευόμενοι οἵδε ἦσαν, Πέρσαι μὲν ὧδε ἐσκευα-
σμένοι· περὶ μὲν τῇσι κεφαλῇσι εἶχον τιάρας καλεο-
μένους, πίλους ἀπαγέας, περὶ δὲ τὸ σῶμα κιθῶνας χειριδω-
τοὺς ποικίλους, . . . λεπίδος σιδηρέης ὄψιν ἰχθυοειδέος, περὶ
δὲ τὰ σκέλεα ἀναξυρίδας, ἀντὶ δὲ ἀσπίδων γέρρα· ὑπὸ δὲ 5
φαρετρεῶνες ἐκρέμαντο· αἰχμὰς δὲ βραχέας εἶχον, τόξα δὲ
μεγάλα, ὀϊστοὺς δὲ καλαμίνους, πρὸς δὲ ἐγχειρίδια παρὰ
2 τὸν δεξιὸν μηρὸν παραιωρεύμενα ἐκ τῆς ζώνης. καὶ ἄρ-
χοντα παρείχοντο Ὀτάνεα, τὸν Ἀμήστριος πατέρα τῆς
Ξέρξεω γυναικός. ἐκαλέοντο δὲ πάλαι ὑπὸ μὲν Ἑλλήνων 10
Κηφῆνες, ὑπὸ μέντοι σφέων αὐτῶν καὶ τῶν περιοίκων
3 Ἀρταῖοι. ἐπεὶ δὲ Περσεὺς ὁ Δανάης τε καὶ Διὸς ἀπίκετο
παρὰ Κηφέα τὸν Βήλου καὶ ἔσχε αὐτοῦ τὴν θυγατέρα
Ἀνδρομέδην, γίνεται αὐτῷ παῖς τῷ οὔνομα ἔθετο Πέρσην,
τοῦτον δὲ αὐτοῦ καταλείπει· ἐτύγχανε γὰρ ἄπαις ἐὼν ὁ 15
Κηφεὺς ἔρσενος γόνου. ἐπὶ τούτου δὴ τὴν ἐπωνυμίην
62 ἔσχον. Μῆδοι δὲ τὴν αὐτὴν ταύτην ἐσταλμένοι ἐστρα-
τεύοντο· Μηδικὴ γὰρ αὕτη ἡ σκευή ἐστι καὶ οὐ Περσική.
οἱ δὲ Μῆδοι ἄρχοντα μὲν παρείχοντο Τιγράνην ἄνδρα Ἀχαι-
μενίδην, ἐκαλέοντο δὲ πάλαι πρὸς πάντων Ἄριοι, ἀπικο- 20
μένης δὲ Μηδείης τῆς Κολχίδος ἐξ Ἀθηνέων ἐς τοὺς Ἀρίους
τούτους μετέβαλον καὶ οὗτοι τὸ οὔνομα. αὐτοὶ περὶ σφέων
2 ὧδε λέγουσι Μῆδοι. Κίσσιοι δὲ στρατευόμενοι τὰ μὲν
ἄλλα κατά περ Πέρσαι ἐσκευάδατο, ἀντὶ δὲ τῶν πίλων
μιτρηφόροι ἦσαν. Κισσίων δὲ ἦρχε Ἀνάφης ὁ Ὀτάνεω. 25
Ὑρκάνιοι δὲ κατά περ Πέρσαι ἐσεσάχατο, ἡγεμόνα παρεχό-
μενοι Μεγάπανον τὸν Βαβυλῶνος ὕστερον τούτων ἐπιτρο-
63 πεύσαντα. Ἀσσύριοι δὲ στρατευόμενοι περὶ μὲν τῇσι
κεφαλῇσι εἶχον χάλκεά τε κράνεα καὶ πεπλεγμένα τρόπον

2 καλεομένας C   3 χιτῶνας L (χειτ. C)   4 καὶ θώρηκας
add. Biel   6 βραχειας A B   7 πρὸς δὲ καὶ C   9 Ὀτάνην d
Ἀμήτριος D : Ἀμάστριος R S V   10 πάλαι om. B   16 δὴ D :
δὲ rell.   18 Μηδικοὶ R   19 ἄνδρα om. d   21 Μηδέης a P
Ἀθηναίων d B C   22 τοὔνομα a   αὐτοὶ δὲ d   25 μητριφ.
B¹ D   Ἀναφάνης R S V   27 τούτων P quoque   29 κράνεα
om. a   .νὰ τρόπον d

172

τινὰ βάρβαρον οὐκ εὐαπήγητον, ἀσπίδας δὲ καὶ αἰχμὰς καὶ
ἐγχειρίδια παραπλήσια τῇσι Αἰγυπτίῃσι εἶχον, πρὸς δὲ
ῥόπαλα ξύλων τετυλωμένα σιδήρῳ καὶ λινέους θώρηκας.
οὗτοι δὲ ὑπὸ μὲν Ἑλλήνων ἐκαλέοντο Σύριοι, ὑπὸ δὲ τῶν
5 βαρβάρων Ἀσσύριοι ἐκλήθησαν. [τούτων δὲ μεταξὺ Χαλ-
δαῖοι.] ἦρχε δέ σφεων Ὀτάσπης ὁ Ἀρταχαίεω. Βάκτριοι 64
δὲ περὶ μὲν τῇσι κεφαλῇσι ἀγχοτάτω τῶν Μηδικῶν ἔχοντες
ἐστρατεύοντο, τόξα δὲ καλάμινα ἐπιχώρια καὶ αἰχμὰς βρα-
χέας. Σάκαι δὲ οἱ Σκύθαι περὶ μὲν τῇσι κεφαλῇσι κυρβα-
10 σίας ἐς ὀξὺ ἀπηγμένας ὀρθὰς εἶχον πεπηγυίας, ἀναξυρίδας
δὲ ἐνεδεδύκεσαν, τόξα δὲ ἐπιχώρια καὶ ἐγχειρίδια, πρὸς δὲ
καὶ ἀξίνας σαγάρις εἶχον. τούτους δὲ ἐόντας Σκύθας
Ἀμυργίους Σάκας ἐκάλεον· οἱ γὰρ Πέρσαι πάντας τοὺς
Σκύθας καλέουσι Σάκας. Βακτρίων δὲ καὶ Σακέων ἦρχε
15 Ὑστάσπης ὁ Δαρείου τε καὶ Ἀτόσσης τῆς Κύρου. Ἰνδοὶ 65
δὲ εἵματα μὲν ἐνδεδυκότες ἀπὸ ξύλων πεποιημένα, τόξα δὲ
καλάμινα εἶχον καὶ ὀϊστοὺς καλαμίνους· ἐπὶ δὲ σίδηρος ἦν.
ἐσταλμένοι μὲν δὴ ἦσαν οὕτως Ἰνδοί, προσετετάχατο δὲ
συστρατευόμενοι Φαρναζάθρῃ τῷ Ἀρταβάτεω. Ἄριοι δὲ 66
20 τόξοισι μὲν ἐσκευασμένοι ἦσαν Μηδικοῖσι, τὰ δὲ ἄλλα κατά
περ Βάκτριοι. Ἀρίων δὲ ἦρχε Σισάμνης ὁ Ὑδάρνεος.
Πάρθοι δὲ καὶ Χοράσμιοι καὶ Σόγδοι τε καὶ Γανδάριοι καὶ
Δαδίκαι τὴν αὐτὴν σκευὴν ἔχοντες τὴν καὶ Βάκτριοι ἐστρα-
τεύοντο. τούτων δὲ ἦρχον οἵδε, Πάρθων μὲν καὶ Χορα-
25 σμίων Ἀρτάβαζος ὁ Φαρνάκεος, Σόγδων δὲ Ἀζάνης ὁ Ἀρ-
ταίου, Γανδαρίων δὲ καὶ Δαδικέων Ἀρτύφιος ὁ Ἀρταβάνου.

2 τῇσιν Αἰγυπτίοισι Laur. lxx. 6 : τοῖσι Αἰγυπτίοισι Aldus   4 κα-
λέονται a   5 τούτων . . Χαλδαῖοι del. Stein   6 ὁ τάσπις C :
ὁ τάπης R   Ἀρταχαίου L   7 τοῖσι R   ἀγχότατα a   8 καλάμιν
C (it. 17)   9 μὲν om. a   κυρβα + σίας D   10 ἀπιγμένας
P R S V   11 ἐνδεδύκεσαν d P   12 καὶ om. d   σαγάρεις
a D P : σαγγάρεις R S V   13 Ἀμυργίους Α¹ (?) : Εὐμυργίους
R (?) S V   γὰρ a : δὲ d P   14 καλεῦσι D : καλοῦσι S V
17 σίδηρον a   19 Φαρναζάθη(ι) a   22 Χωρ. Dᶜ   Σογδοί τε
P : Σογδότοι C   24 μὲν] δὲ R S V   Χωρ. C Dᶜ   25 Σογδῶν
C P   Ἀρτάνης d   Ἀργαίου S V   26 Δαδικαίων R   Ἀρτύ-
βιος d

67 Κάσπιοι· δὲ σισύρνας τε ἐνδεδυκότες καὶ τόξα ἐπιχώρια
καλάμινα ἔχοντες καὶ ἀκινάκεας ἐστρατεύοντο. οὗτοι μὲν
οὕτω ἐσκευάδατο, ἡγεμόνα παρεχόμενοι Ἀριόμαρδον τὸν
Ἀρτυφίου ἀδελφεόν, Σαράγγαι δὲ εἵματα μὲν βεβαμ-
μένα ἔχοντες ἐνέπρεπον, πέδιλα δὲ ἐς γόνυ ἀνατείνοντα 5
εἶχον, τόξα δὲ καὶ αἰχμὰς Μηδικάς. Σαραγγέων δὲ ἦρχε
2 Φερενδάτης ὁ Μεγαβάζου. Πάκτυες δὲ σισυρνοφόροι
τε ἦσαν καὶ τόξα ἐπιχώρια εἶχον καὶ ἐγχειρίδια. Πά-
κτυες δὲ ἄρχοντα παρείχοντο Ἀρταΰντην τὸν Ἰθαμίτρεω.
68 Οὗτοι δὲ καὶ Μύκοι τε καὶ Παρικάνιοι ἐσκευασμένοι 10
ἦσαν κατά περ Πάκτυες. τούτων δὲ ἦρχον οἵδε, Οὐτίων
μὲν καὶ Μύκων Ἀρσαμένης ὁ Δαρείου, Παρικανίων δὲ
69 Σιρομίτρης ὁ Οἰοβάζου. Ἀράβιοι δὲ ζειρὰς ὑπεζωμένοι
ἦσαν, τόξα δὲ παλίντονα εἶχον πρὸς δεξιά, μακρά. Αἰ-
θίοπες δὲ παρδαλέας τε καὶ λεοντέας ἐναμμένοι, τόξα δὲ 15
εἶχον ἐκ φοίνικος σπάθης πεποιημένα, μακρά, τετραπήχεων
οὐκ ἐλάσσω, ἐπὶ δὲ καλαμίνους ὀϊστοὺς σμικρούς, ἀντὶ δὲ
σιδήρου ἐπῆν λίθος ὀξὺς πεποιημένος, τῷ καὶ τὰς σφρηγῖδας
γλύφουσι· πρὸς δὲ αἰχμὰς εἶχον, ἐπὶ δὲ κέρας δορκάδος
ἐπῆν ὀξὺ πεποιημένον τρόπον λόγχης· εἶχον δὲ καὶ ῥόπαλα 20
τυλωτά. τοῦ δὲ σώματος τὸ μὲν ἥμισυ ἐξηλείφοντο γύψῳ
2 ἰόντες ἐς μάχην, τὸ δὲ ἥμισυ μίλτῳ. Ἀραβίων δὲ καὶ
Αἰθιόπων τῶν ὑπὲρ Αἰγύπτου οἰκημένων ἦρχε Ἀρσάμης ὁ
Δαρείου ⟨τε⟩ καὶ Ἀρτυστώνης τῆς Κύρου θυγατρός, τὴν
μάλιστα στέρξας τῶν γυναικῶν Δαρεῖος εἰκὼ χρυσέην 25
σφυρήλατον ἐποιήσατο. τῶν μὲν δὴ ὑπὲρ Αἰγύπτου Αἰθιό-

2 ἀκινάκας a P   οὕτω a   3 οὗτοι A B   4 Ἀρτυβίου d
5 ἐνέπρεπον ἔχοντες a   7 Μεγαβύζου B D¹   9 Ἀρταΰντην D P :
Ἀρταΰτην R V S (Ἀτρ.) : Ἀρτύντην a   Ἰθαμίτρεω Schweighaeuser :
Ἰθαμάτρεω A B : θαμάτρεω C : Ἰτραμίτεω d (Ἰστραμήτεω D¹) P
13 Οιβάζου d C P   σειρὰς C   ὑπεζωσμένοι d P¹   14 πρὸς . . .
εἶχον (16) om. d   προσδέξια L   15 alt. δὲ del. Krueger
17 μακρούς C P : μικρούς rell.   18 λίθος ἐπῆν d   σφραγίδας
R S V   20 εἶδον V   21 γύψον d   22 εἰς B   τὸ δὲ
Kallenberg : τὸ δὲ ἄλλο a : τὸ δ᾽ ἕτερον d P   Ἀρραβίων R V
23 τῶν om. D   24 τε add. Stein

πων καὶ Ἀραβίων ἦρχε Ἀρσάμης, οἱ δὲ ἀπὸ ἡλίου ἀνατο- 70
λέων Αἰθίοπες (διξοὶ γὰρ δὴ ἐστρατεύοντο) προσετετάχατο
τοῖσι Ἰνδοῖσι, διαλλάσσοντες εἶδος μὲν οὐδὲν τοῖσι ἑτέροισι,
φωνὴν δὲ καὶ τρίχωμα μοῦνον· οἱ μὲν γὰρ ἀπὸ ἡλίου Αἰ-
5 θίοπες ἰθύτριχές εἰσι, οἱ δ' ἐκ τῆς Λιβύης οὐλότατον τρί-
χωμα ἔχουσι πάντων ἀνθρώπων. οὗτοι δὲ οἱ ἐκ τῆς Ἀσίης 2
Αἰθίοπες τὰ μὲν πλέω κατά περ Ἰνδοὶ ἐσεσάχατο, προμετ-
ωπίδια δὲ ἵππων εἶχον ἐπὶ τῇσι κεφαλῇσι σύν τε τοῖσι
ὠσὶ ἐκδεδαρμένα καὶ τῇ λοφιῇ· καὶ ἀντὶ μὲν λόφου ἡ λοφιὴ
10 κατέχρα, τὰ δὲ ὦτα τῶν ἵππων ὀρθὰ πεπηγότα εἶχον· προ-
βλήματα δὲ ἀντ' ἀσπίδων ἐποιεῦντο γεράνων δοράς. Λίβυες 71
δὲ σκευὴν μὲν σκυτίνην ἤισαν ἔχοντες, ἀκοντίοισι δὲ ἐπικαύ-
τοισι χρεώμενοι. ἄρχοντα δὲ παρείχοντο Μασσάγην τὸν
Ὀαρίζου. Παφλαγόνες δὲ ἐστρατεύοντο ἐπὶ μὲν τῇσι 72
15 κεφαλῇσι κράνεα πεπλεγμένα ἔχοντες, ἀσπίδας δὲ σμικρὰς
αἰχμάς τε οὐ μεγάλας, πρὸς δὲ ἀκόντια καὶ ἐγχειρίδια, περὶ
δὲ τοὺς πόδας πέδιλα ἐπιχώρια ἐς μέσην κνήμην ἀνατείνοντα.
Λίγυες δὲ καὶ Ματιηνοὶ καὶ Μαριανδυνοί τε καὶ Σύριοι τὴν
αὐτὴν ἔχοντες Παφλαγόσι ἐστρατεύοντο. οἱ δὲ Σύριοι
20 οὗτοι ὑπὸ Περσέων Καππαδόκαι καλέονται. Παφλαγόνων 2
μέν νυν καὶ Ματιηνῶν Δῶτος ὁ Μεγασίδρου ἦρχε, Μαριαν-
δυνῶν δὲ καὶ Λιγύων καὶ Συρίων Γωβρύης ὁ Δαρείου τε καὶ
Ἀρτυστώνης. Φρύγες δὲ ἀγχοτάτω τῆς Παφλαγονικῆς 73
σκευὴν εἶχον, ὀλίγον παραλλάσσοντες. οἱ δὲ Φρύγες, ὡς
25 Μακεδόνες λέγουσι, ἐκαλέοντο Βρίγες χρόνον ὅσον Εὐρω-
πήιοι ἐόντες σύνοικοι ἦσαν Μακεδόσι, μεταβάντες δὲ ἐς τὴν

1 ἀντολέων D   3 διαλάσσοντες BRV   4 γὰρ om. C¹
7 προμετωπίδια PS: -ώπια a: -ωπίδα DRV   9 τῇσι λοφιῇσι d P
11 ἀντ'... Λίβυες δὲ om. SV   12 ἤισαν AB: ἦσαν CP: ἤει- in
lit. D²   13 εἶχον d   Μασάγην CD: Μασάγγην PRSV
14 Ἀρίζου C: Ἀορίζου d P   ἐστρατεύοντο om. d   15 ἔχοντες
κράνεα πεπλ. d P   τε a   μακρὰς C: μικρὰς rell.   16 τε] δὲ
d P   18 Μαντ. R   Μαριανδινοί (?) D¹   Σύροι L (it. 19)
20 οὗτοι om. a   21 Μαντ. CR   Μεγασίδου d P   22 τε B
Σύρων L   Γοβρύης P: βρύης a   24 ὀλίγην DR[V]   25 Βρίγες
D: Βρίχες C: Φρίγες AB   Εὐρώπειοι AB: Εὐρώπιοι d   26 ὄντες
SV   συνοίκησαν a (ξ. C)

Ἀσίην ἅμα τῇ χώρῃ καὶ τὸ οὔνομα μετέβαλον [ἐς Φρύγας].
Ἀρμένιοι δὲ κατά περ Φρύγες ἐσεσάχατο, ἐόντες Φρυγῶν
ἄποικοι. τούτων συναμφοτέρων ἦρχε Ἀρτόχμης, Δαρείου
74 ἔχων θυγατέρα. Λυδοὶ δὲ ἀγχοτάτω τῶν Ἑλληνικῶν εἶχον
ὅπλα. οἱ δὲ Λυδοὶ Μηίονες ἐκαλεῦντο τὸ πάλαι, ἐπὶ δὲ 5
Λυδοῦ τοῦ Ἄτυος ἔσχον τὴν ἐπωνυμίην, μεταβαλόντες τὸ
οὔνομα. Μυσοὶ δὲ ἐπὶ μὲν τῇσι κεφαλῇσι εἶχον κράνεα
ἐπιχώρια, ἀσπίδας δὲ σμικράς, ἀκοντίοισι δὲ ἐχρέωντο ἐπι-
2 καύτοισι. οὗτοι δέ εἰσι Λυδῶν ἄποικοι, ἀπ᾽ Ὀλύμπου δὲ
ὄρεος καλέονται Ὀλυμπιηνοί. Λυδῶν δὲ καὶ Μυσῶν ἦρχε 10
Ἀρταφρένης ὁ Ἀρταφρένεος, ὃς ἐς Μαραθῶνα ἐσέβαλε ἅμα
75 Δάτι. Θρήικες δὲ ἐπὶ μὲν τῇσι κεφαλῇσι ἀλωπεκέας
ἔχοντες ἐστρατεύοντο, περὶ δὲ τὸ σῶμα κιθῶνας, ἐπὶ δὲ
ζειρὰς περιβεβλημένοι ποικίλας, περὶ δὲ τοὺς πόδας τε καὶ
τὰς κνήμας πέδιλα νεβρῶν, πρὸς δὲ ἀκόντιά τε καὶ πέλτας 15
2 καὶ ἐγχειρίδια σμικρά. οὗτοι δὲ διαβάντες μὲν ἐς τὴν
Ἀσίην ἐκλήθησαν Βιθυνοί, τὸ δὲ πρότερον ἐκαλέοντο, ὡς
αὐτοὶ λέγουσι, Στρυμόνιοι, οἰκέοντες ἐπὶ Στρυμόνι· ἐξανα-
στῆναι δέ φασι ἐξ ἠθέων ὑπὸ Τευκρῶν τε καὶ Μυσῶν.
Θρηίκων δὲ τῶν ἐν τῇ Ἀσίῃ ἦρχε Βασσάκης ὁ Ἀρταβάνου 20
76 ... ἀσπίδας δὲ ὠμοβοΐνας εἶχον σμικράς, καὶ προβόλους
δύο λυκιοεργέας ἕκαστος εἶχε, ἐπὶ δὲ τῇσι κεφαλῇσι κράνεα
χάλκεα· πρὸς δὲ τοῖσι κράνεσι ὦτά τε καὶ κέρεα προσῆν
βοὸς χάλκεα, ἐπῆσαν δὲ καὶ λόφοι· τὰς δὲ κνήμας ῥάκεσι
φοινικέοισι κατειλίχατο. ἐν τούτοισι τοῖσι ἀνδράσι Ἄρεός 25
77 ἐστι χρηστήριον. Καβηλέες δὲ οἱ Μηίονες, Λασόνιοι δὲ

---

1 ἐς Φρύγας del. Gomperz   2 ἐσεσάχατο B   3 ἔχων Δαρείου a
4 εἶχον om. R   5 Μηίονες C : Μη(ι)όνες rell.   ἐπεκαλεῦντο C P¹
τὸ om. a P   6 ἔχον R : ἔσχων B   τοὔνομα D R V   8 μικράς L
9 δέ] μέν C   Οὐλύμπου C D P S V   10 οὔρεος d C P   Οὐλ.
C P   13 χιτῶνας d   14 ξειράς B   15 τὰς om. a   16 μικρά L
μέν om. C Steph. Byz. s. v. Στρυμῶν   19 ἐξ ἠθέων φασὶ ν) d
20 Βασάκης C : Βαγασάκης D : Βαγασσάκης P S V   21 lacunam
statuit de Pauw : Πισίδαι δὲ ἀσπίδας Stein   μικράς D R V   22 λυ-
κιοεργέας coni. Athen. 486 : λυκιοεργέας d P Athen. : λυκεργέας a
23 πρός] ἐπί d [S]   25 κατειλήχατο D   26 Καμηλέες R S V
Μηίονες C : Μη(ι)όνες rell.   Λασόνιοι D P Cᶜ : Λασόνειοι a : Λασίνιοι
R S V

καλεύμενοι, τὴν αὐτὴν Κίλιξι εἶχον σκευήν, τὴν ἐγώ, ἐπεὰν
κατὰ τὴν Κιλίκων τάξιν διεξιὼν γένωμαι, τότε σημανέω.
Μιλύαι δὲ αἰχμάς τε βραχέας εἶχον καὶ εἵματα ἐνεπεπορ-
πέατο· εἶχον δὲ αὐτῶν τόξα μετεξέτεροι Λύκια, περὶ δὲ τῆσι
5 κεφαλῇσι ἐκ διφθερέων πεποιημένας κυνέας.   τούτων πάν-
των ἦρχε Βάδρης ὁ Ὑστάνεος.   Μόσχοι δὲ περὶ μὲν τῆσι 78
κεφαλῇσι κυνέας ξυλίνας εἶχον, ἀσπίδας δὲ καὶ αἰχμὰς
σμικράς· λόγχαι δὲ ἐπῆσαν μεγάλαι.   Τιβαρηνοὶ δὲ καὶ
Μάκρωνες καὶ Μοσσύνοικοι κατά περ Μόσχοι ἐσκευασμένοι
10 ἐστρατεύοντο.   τούτους δὲ συνέτασσον ἄρχοντες οἵδε, Μό-
σχους μὲν καὶ Τιβαρηνοὺς Ἀριόμαρδος ὁ Δαρείου τε παῖς
καὶ Πάρμυος τῆς Σμέρδιος τοῦ Κύρου, Μάκρωνας δὲ καὶ
Μοσσυνοίκους Ἀρταΰκτης ὁ Χεράσμιος, ὃς Σηστὸν τὴν ἐν
Ἑλλησπόντῳ ἐπετρόπευε.   Μᾶρες δὲ ἐπὶ μὲν τῇσι κεφαλῇσι 79
15 κράνεα ἐπιχώρια πλεκτὰ εἶχον, ἀσπίδας δὲ δερματίνας
σμικρὰς καὶ ἀκόντια.   Κόλχοι δὲ περὶ μὲν τῇσι κεφαλῇσι
κράνεα ξύλινα, ἀσπίδας δὲ ὠμοβοΐνας σμικρὰς αἰχμάς τε
βραχέας, πρὸς δὲ μαχαίρας εἶχον.   Μαρῶν δὲ καὶ Κόλχων
ἦρχε Φαρανδάτης ὁ Τεάσπιος.   Ἀλαρόδιοι δὲ καὶ Σάσπειρες
20 κατά περ Κόλχοι ὡπλισμένοι ἐστρατεύοντο.   τούτων δὲ
Μασίστιος ὁ Σιρομίτρεω ἦρχε.   τὰ δὲ νησιωτικὰ ἔθνεα 80
τὰ ἐκ τῆς Ἐρυθρῆς θαλάσσης ἑπόμενα, νήσων δὲ ἐν
τῇσι τοὺς ἀνασπάστους καλεομένους κατοικίζει βασιλεύς,
ἀγχοτάτω τῶν Μηδικῶν εἶχον ἐσθῆτά τε καὶ ὅπλα.   τού-
25 των δὲ τῶν νησιωτέων ἦρχε Μαρδόντης ὁ Βαγαίου, ὃς ἐν
Μυκάλῃ στρατηγέων δευτέρῳ ἔτεϊ τούτων ἐτελεύτησε ἐν τῇ
μάχῃ.

Ταῦτα ἦν τὰ κατ' ἤπειρον στρατευόμενά τε ἔθνεα καὶ 81
τεταγμένα ἐς τὸν πεζόν.   τούτου ὦν τοῦ στρατοῦ ἦρχον

3 Μινύαι d   ἐνεπορπέατο d   8 μικράς d   9 Μοσύνοικοι
CPS   10 συνετάσσοντο CRSV   11 Ἀριόβαρδος RSV:
Ἀριάβ. D   τε om. D   13 Μοσυνοίκους PRSV   Αὐτάρκης d
Χορ. d (Χωρ. Dᶜ)   16 σμικρὰς C: μικρὰς rell.   17 σμικρὰς B:
μικρὰς rell.   18 πρὸς δὲ καὶ Aldus   19 Φερενδάτης d P   δὲ]
μὲν R   Σάσπιρες D¹   20 ὅπλ. AB   26 τουτέων DRV
28 τε om. a   29 τὸν] τὸ AB

μὲν οὗτοι οἵ περ εἰρέαται καὶ οἱ διατάξαντες καὶ ἐξαριθμή-
σαντες οὗτοι ἦσαν καὶ χιλιάρχας τε καὶ μυριάρχας ἀποδέ-
ξαντες, ἑκατοντάρχας δὲ καὶ δεκάρχας οἱ μυριάρχαι. τελέων
δὲ καὶ ἐθνέων ἦσαν ἄλλοι σημάντορες. ἦσαν μὲν δὴ οὗτοι
82 οἵ περ εἰρέαται ἄρχοντες, ἐστρατήγεον δὲ τούτων τε καὶ τοῦ 5
σύμπαντος στρατοῦ τοῦ πεζοῦ Μαρδόνιός τε ὁ Γωβρύεω καὶ
Τριτανταίχμης ὁ Ἀρταβάνου τοῦ γνώμην θεμένου μὴ στρα-
τεύεσθαι ἐπὶ τὴν Ἑλλάδα καὶ Σμερδομένης ὁ Ὀτάνεω,
Δαρείου ἀμφότεροι οὗτοι ἀδελφεῶν παῖδες, Ξέρξῃ δὲ ἐγί-
νοντο ἀνεψιοί, καὶ Μασίστης ὁ Δαρείου τε καὶ Ἀτόσσης 10
παῖς καὶ Γέργις ὁ Ἀριάζου καὶ Μεγάβυξος ὁ Ζωπύρου.
83 οὗτοι ἦσαν στρατηγοὶ τοῦ σύμπαντος πεζοῦ χωρὶς τῶν
μυρίων. τῶν δὲ μυρίων τούτων Περσέων τῶν ἀπολελεγ-
μένων ἐστρατήγεε μὲν Ὑδάρνης ὁ Ὑδάρνεος, ἐκαλέοντο δὲ
ἀθάνατοι οἱ Πέρσαι οὗτοι ἐπὶ τοῦδε· εἴ τις αὐτῶν ἐξέλειπε 15
τὸν ἀριθμὸν ἢ θανάτῳ βιηθεὶς ἢ νούσῳ, ἄλλος ἀνὴρ ἀραίρητο,
καὶ ἐγίνοντο οὐδαμὰ οὔτε πλεῦνες μυρίων οὔτε ἐλάσσονες.
2 κόσμον δὲ πλεῖστον παρείχοντο διὰ πάντων Πέρσαι καὶ
αὐτοὶ ἄριστοι ἦσαν. σκευὴν μὲν τοιαύτην εἶχον ἥ περ εἴρη-
ται, χωρὶς δὲ χρυσόν τε πολλὸν καὶ ἄφθονον ἔχοντες ἐνέ- 20
πρεπον. ἁρμαμάξας τε ἅμα ἤγοντο, ἐν δὲ παλλακὰς καὶ
θεραπηίην πολλήν τε καὶ εὖ ἐσκευασμένην. σῖτα δέ σφι,
χωρὶς τῶν ἄλλων στρατιωτέων, κάμηλοί τε καὶ ὑποζύγια
ἦγον.
84 Ἱππεύει δὲ ταῦτα τὰ ἔθνεα· πλὴν οὐ πάντα παρείχετο 25
ἵππον, ἀλλὰ τοσάδε μοῦνα, Πέρσαι μὲν τὴν αὐτὴν ἐσκευα-
σμένοι καὶ ὁ πεζὸς αὐτῶν· πλὴν ἐπὶ τῇσι κεφαλῇσι εἶχον

---

1 μὲν om. d P   2 χιλιάδας τε καὶ μυριάδας C   3 δὲ] τε
R S V   5 τε om. d   6 Γοβρ. B P D[1]   8 ζερδομένης a
Ὀτάνεω P[c] : -νεος rell.   10 Μασσίσης d   Ἀτόσσης τε καὶ
Δαρείου a   11 Γέργης d [V]   Ἀρίζου a   Μεγάβυξος A : Μεγά-
βαζος D : Μεγάβυζος rell.   12 στρατοῦ πεζοῦ a   13 τούτων]
τούτων τῶν D   15 διὰ τάδε ἐπὶ τοῦδε a   ἐξέλειπε B : ἐξέλιπε
rell.   16 βιασθεὶς C P : βιαθεὶς R : βιωθεὶς D S V   ἀναίρητο
C D P   17 pr. οὔτε om. d   19 εἴρεται D   20 πολλὸν
χρυσὸν (τε om.) a   21 παλακὰς C V[1]   26 μοῦνον C

μετεξέτεροι [ἔνιοι] αὐτῶν καὶ χάλκεα καὶ σιδήρεα ἐξεληλαμένα
ποιήματα. εἰσὶ δέ τινες νομάδες ἄνθρωποι, Σαγάρτιοι καλεό- 85
μενοι, ἔθνος μὲν Περσικὸν καὶ φωνῇ, σκευὴν δὲ μεταξὺ
ἔχουσι πεποιημένην τῆς τε Περσικῆς καὶ τῆς Πακτυϊκῆς· οἳ
5 παρείχοντο μὲν ἵππον ὀκτακισχιλίην, ὅπλα δὲ οὐ νομίζουσι
ἔχειν οὔτε χάλκεα οὔτε σιδήρεα ἔξω ἐγχειριδίων, χρέωνται
δὲ σειρῇσι πεπλεγμένῃσι ἐξ ἱμάντων. ταύτῃσι πίσυνοι 2
ἔρχονται ἐς πόλεμον· ἡ δὲ μάχη τούτων τῶν ἀνδρῶν ἥδε·
ἐπεὰν συμμίσγωσι τοῖσι πολεμίοισι, βάλλουσι τὰς σειρὰς
10 ἐπ᾽ ἄκρῳ βρόχους ἐχούσας· ὅτευ δ᾽ ἂν τύχῃ, ἤν τε ἵππου ἤν
τε ἀνθρώπου, ἐπ᾽ ἑωυτὸν ἕλκει· οἱ δὲ ἐν ἔρκεσι ἐμπαλασ-
σόμενοι διαφθείρονται. τούτων μὲν αὕτη ἡ μάχη, καὶ
ἐπετετάχατο ἐς τοὺς Πέρσας. Μῆδοι δὲ τήν περ ἐν τῷ 86
πεζῷ εἶχον σκευήν, καὶ Κίσσιοι ὡσαύτως. Ἰνδοὶ δὲ σκευῇ
15 μὲν ἐσεσάχατο τῇ αὐτῇ καὶ ἐν τῷ πεζῷ, ἤλαυνον δὲ κέλητας
καὶ ἅρματα· ὑπὸ δὲ τοῖσι ἅρμασι ὑπῆσαν ἵπποι καὶ ὄνοι
ἄγριοι. Βάκτριοι δὲ ἐσκευάδατο ὡσαύτως καὶ ἐν τῷ πεζῷ,
καὶ Κάσπιοι ὁμοίως. Λίβυες δὲ καὶ αὐτοὶ κατά περ ἐν τῷ 2
πεζῷ· ἤλαυνον δὲ καὶ οὗτοι πάντες ἅρματα. ὡς δ᾽ αὕτως
20 †Κάσπιοι† καὶ Παρικάνιοι ἐσεσάχατο ὁμοίως καὶ ἐν τῷ πεζῷ.
Ἀράβιοι δὲ σκευὴν μὲν εἶχον τὴν αὐτὴν καὶ ἐν τῷ πεζῷ,
ἤλαυνον δὲ πάντες καμήλους ταχυτῆτι οὐ λειπομένας ἵππων.
ταῦτα τὰ ἔθνεα μοῦνα ἵππευε, ἀριθμὸς δὲ τῆς ἵππου ἐγένετο 87
ὀκτὼ μυριάδες, πάρεξ τῶν καμήλων καὶ τῶν ἁρμάτων. οἱ
25 μέν νυν ἄλλοι ἱππέες ἐτετάχατο κατὰ τέλεα, Ἀράβιοι δὲ
ἔσχατοι ἐπετετάχατο. ἅτε γὰρ τῶν ἵππων οὔτι ἀνεχομένων
τὰς καμήλους ὕστεροι ἐτετάχατο, ἵνα μὴ φοβέοιτο τὸ ἱππικόν.

1 μετεξέτεροι om. a P   ἔνιοι del. Wesseling   2 Σαργάτιοι d
3 [καὶ] conieci   ἔχουσι μεταξὺ C   5 δὲ οὐνομάζουσιν C R
6 ἐκτὸς ἐγχειριδίου d   7 ἱμάτων C R   τῆσι d P   πίσσ. S V
8 τουτέων C (non P)   9 συμμιγῶσι D   10 ἄκρων Rᶜ (1)
ὅτε B   11 ἐν om. d P¹   ἐμπλασσ. B D : ἐμπαλλασσ. R S V
12 ἡ om. a   15 τὴν αὐτὴν d   16 τοῖς R S V   18 οὗτοι d
20 Κάσπειροι Reiz : Κάσιοι Larcher   21 καὶ] ἤν καὶ a   22 ταχυ-
τῆτα a   23 ἱππεύει a P   24 μυρ. ὀκτὼ D   25 κατὰ . . .
ἐπετετάχατο om. B¹ C   26 ἐτετάχατο d P   27 φοβοῖτο d

88 ἵππαρχοι δὲ ἦσαν Ἀρμαμίθρης τε καὶ Τίθαιος Δάτιος παῖδες.
ὁ δὲ τρίτος σφι συνίππαρχος Φαρνούχης κατελέλειπτο ἐν
Σάρδισι νοσέων. ὡς γὰρ ὁρμῶντο ἐκ Σαρδίων, ἐς συμφορὴν
ἐνέπεσε ἀνεθέλητον. ἐλαύνοντι γάρ οἱ ὑπὸ τοὺς πόδας τοῦ
ἵππου ὑπέδραμε κύων, καὶ ὁ ἵππος οὐ προϊδὼν ἐφοβήθη τε 5
καὶ στὰς ὀρθὸς ἀπεσείσατο τὸν Φαρνούχεα, πεσὼν δὲ αἷμά
2 τε ἤμεε καὶ ἐς φθίσιν περιῆλθε ἡ νοῦσος. τὸν δὲ ἵππον
αὐτίκα κατ᾽ ἀρχὰς ἐποίησαν οἱ οἰκέται ὡς ἐκέλευε· ἐς τὸν
χῶρον ἐν τῷ περ κατέβαλε τὸν δεσπότην ἀπαγαγόντες, ἐν
τοῖσι γούνασι ἀπέταμον τὰ σκέλεα. Φαρνούχης μὲν οὕτω 10
παρελύθη τῆς ἡγεμονίης.

89 Τῶν δὲ τριηρέων ἀριθμὸς μὲν ἐγένετο ἑπτὰ καὶ διηκόσιαι
καὶ χίλιαι, παρείχοντο δὲ αὐτὰς οἵδε, Φοίνικες μὲν σὺν
Συρίοισι τοῖσι ἐν τῇ Παλαιστίνῃ τριηκοσίας, ὧδε ἐσκευα-
σμένοι· περὶ μὲν τῇσι κεφαλῇσι κυνέας εἶχον ἀγχοτάτω 15
πεποιημένας τρόπον τὸν Ἑλληνικόν, ἐνδεδυκότες δὲ θώρηκας
λινέους, ἀσπίδας δὲ ἴτυς οὐκ ἐχούσας εἶχον καὶ ἀκόντια.
2 οὗτοι δὲ οἱ Φοίνικες τὸ παλαιὸν οἴκεον, ὡς αὐτοὶ λέγουσι, ἐπὶ
τῇ Ἐρυθρῇ θαλάσσῃ, ἐνθεῦτεν δὲ ὑπερβάντες τῆς Συρίης
οἰκέουσι τὰ παρὰ θάλασσαν. τῆς δὲ Συρίης τοῦτο τὸ χωρίον 20
καὶ τὸ μέχρι Αἰγύπτου πᾶν Παλαιστίνη καλέεται. Αἰγύπτιοι
3 δὲ νέας παρείχοντο διηκοσίας. οὗτοι δὲ εἶχον περὶ μὲν τῇσι
κεφαλῇσι κράνεα χηλευτά, ἀσπίδας δὲ κοίλας, τὰς ἴτυς
μεγάλας ἐχούσας, καὶ δόρατά τε ναύμαχα καὶ τύχους μεγά-
λους. τὸ δὲ πλῆθος αὐτῶν θωρηκοφόροι ἦσαν, μαχαίρας 25
90 δὲ μεγάλας εἶχον. οὗτοι μὲν οὕτω ἐστάλατο, Κύπριοι δὲ
παρείχοντο νέας πεντήκοντα καὶ ἑκατόν, ἐσκευασμένοι ὧδε.

2 σφισι DPRV   καταλέλ. A¹SV   3 ὁρμ. L   ἐς Herwerden :
ἐπὶ L   4 περιέπεσε a   6 ὀρθῶς RSV   8–9 ὡς ἐκέλευε·
ἀπαγαγόντες οἱ οἰκέται ἐς τὸν χῶρον ἐ. τ. π. κ. τ. δεσπότην a   9 ἀγα-
γόντες d   σὺν aP   10 γόνασι ABd   ἀπέταμον SV
15–16 πεπ. ἀγχ. P¹   17 τε SV   20 τὰ d Eustath. Dion. 905 :
τὸ aP   22 τοῖσι R   23 πλεκτὰ χηλευτά A¹B   24 τύκους
CP: τοίχους Dᶜ   26 ἐστάλατο Dobree : ἐσταλάδατο dP¹ : ἐστε-
λάδατο aPᶜ

τὰς μὲν κεφαλὰς εἱλίχατο μίτρῃσι οἱ βασιλέες αὐτῶν, οἱ δὲ
ἄλλοι εἶχον κιθῶνας, τὰ δὲ ἄλλα κατά περ Ἕλληνες. τούτων
δὲ τοσάδε ἔθνεά ἐστι, οἱ μὲν ἀπὸ Σαλαμῖνος καὶ Ἀθηνέων,
οἱ δὲ ἀπὸ Ἀρκαδίης, οἱ δὲ ἀπὸ Κύθνου, οἱ δὲ ἀπὸ Φοινίκης,
5 οἱ δὲ ἀπὸ Αἰθιοπίης, ὡς αὐτοὶ Κύπριοι λέγουσι. Κίλικες δὲ
ἑκατὸν παρείχοντο νέας. οὗτοι δ᾽ αὖ περὶ μὲν τῇσι κεφαλῇσι 91
κράνεα ἐπιχώρια, λαισήιά τε εἶχον ἀντ᾽ ἀσπίδων, ὠμοβοέης
πεποιημένα, καὶ κιθῶνας εἰρινέους ἐνδεδυκότες· δύο δὲ ἀκόντια
ἕκαστος καὶ ξίφος εἶχον, ἀγχοτάτω τῇσι Αἰγυπτίῃσι μαχαί-
10 ρῃσι πεποιημένα. οὗτοι [μὲν] τὸ παλαιὸν Ὑπαχαιοὶ ἐκαλέοντο,
ἐπὶ δὲ Κίλικος τοῦ Ἀγήνορος ἀνδρὸς Φοίνικος ἔσχον τὴν
ἐπωνυμίην. Πάμφυλοι δὲ τριήκοντα παρείχοντο νέας Ἑλλη-
νικοῖσι ὅπλοισι ἐσκευασμένοι. οἱ δὲ Πάμφυλοι οὗτοι εἰσὶ τῶν
ἐκ Τροίης ἀποσκεδασθέντων ἅμα Ἀμφιλόχῳ καὶ Κάλχαντι.
15 Λύκιοι δὲ παρείχοντο νέας πεντήκοντα, θωρηκοφόροι τε ἐόντες 92
καὶ κνημιδοφόροι, εἶχον δὲ τόξα κρανέινα καὶ ὀιστοὺς καλαμί-
νους ἀπτέρους καὶ ἀκόντια, ἐπὶ δὲ αἰγὸς δέρματα περὶ τοὺς
ὤμους αἰωρεύμενα, περὶ δὲ τῇσι κεφαλῇσι πίλους πτεροῖσι
περιεστεφανωμένους· ἐγχειρίδια δὲ καὶ δρέπανα εἶχον. Λύκιοι
20 δὲ Τερμίλαι ἐκαλέοντο ἐκ Κρήτης γεγονότες, ἐπὶ δὲ Λύκου
τοῦ Πανδίονος ἀνδρὸς Ἀθηναίου ἔσχον τὴν ἐπωνυμίην.
Δωριέες δὲ οἱ ἐκ τῆς Ἀσίης τριήκοντα παρείχοντο νέας, 93
ἔχοντές τε Ἑλληνικὰ ὅπλα καὶ γεγονότες ἀπὸ Πελοπον-
νήσου. Κᾶρες δὲ ἑβδομήκοντα παρείχοντο νέας, τὰ μὲν
25 ἄλλα κατά περ Ἕλληνες ἐσταλμένοι, εἶχον δὲ καὶ δρέπανα
καὶ ἐγχειρίδια. οὗτοι δὲ οἵτινες πρότερον ἐκαλέοντο, ἐν
τοῖσι πρώτοισι τῶν λόγων εἴρηται. Ἴωνες δὲ ἑκατὸν νέας 94
παρείχοντο, ἐσκευασμένοι ὡς Ἕλληνες. Ἴωνες δὲ ὅσον

2 χιτῶνας d : κιτάριας Pauw Poll. x. 164 coll.   3 εἰσι a   Ἀθη-
νέων P : -ναίων a d   6 παρέχοντο D   δ᾽ αὖ] δὲ d   7 ὠμοβοέης
Laur. lxx. 6 : ὠμοβοίης L   9 τοῖσι S   Αἰγυπτίοισι R S V
μαχαίρησι om. d   10 μὲν om. d : τὸ μὲν Herwerden   11 ἀπὸ d
ἀνδρὸς τοῦ Ἀ. ἀνδρὸς D R V   12 et 13 Παμφύλιοι d   15 τε . .
κνημιδοφόροι om. B¹   16 εἴχοντο D   κρανέϊα C   17 δέρμα
. . . αἰωρεύμενον a   19 ἐστεφανωμένους R S V   28 δὲ ὅσον μὲν]
μὲν ὅσον C

μὲν χρόνον ἐν Πελοποννήσῳ οἴκεον τὴν νῦν καλεομένην
Ἀχαιίην καὶ πρὶν ἢ Δαναόν τε καὶ Ξοῦθον ἀπικέσθαι ἐς
Πελοπόννησον, ὡς Ἕλληνες λέγουσι, ἐκαλέοντο Πελασγοὶ
95 Αἰγιαλέες, ἐπὶ δὲ Ἴωνος τοῦ Ξούθου Ἴωνες. νησιῶται δὲ
ἑπτακαίδεκα παρείχοντο νέας, ὡπλισμένοι ὡς Ἕλληνες, καὶ 5
τοῦτο Πελασγικὸν ἔθνος, ὕστερον δὲ Ἰωνικὸν ἐκλήθη κατὰ
τὸν αὐτὸν λόγον καὶ οἱ δυωδεκαπόλιες Ἴωνες οἱ ἀπ' Ἀθη-
νέων. Αἰολέες δὲ ἑξήκοντα νέας παρείχοντο, ἐσκευασμένοι
τε ὡς Ἕλληνες καὶ τὸ πάλαι καλεόμενοι Πελασγοί, ὡς
2 Ἑλλήνων λόγος. Ἑλλησπόντιοι δὲ πλὴν Ἀβυδηνῶν (Ἀβυ- 10
δηνοῖσι γὰρ προσετέτακτο ἐκ βασιλέος κατὰ χώρην μένουσι
φύλακας εἶναι τῶν γεφυρέων) οἱ δὲ λοιποὶ (οἱ) ἐκ τοῦ
Πόντου στρατευόμενοι παρείχοντο μὲν ἑκατὸν νέας, ἐσκευα-
σμένοι δὲ ἦσαν ὡς Ἕλληνες. οὗτοι δὲ Ἰώνων καὶ Δωριέων
96 ἄποικοι. ἐπεβάτευον δὲ ἐπὶ πασέων τῶν νεῶν Πέρσαι καὶ 15
Μῆδοι καὶ Σάκαι. τούτων δὲ ἄριστα πλεούσας παρείχοντο
νέας Φοίνικες καὶ Φοινίκων Σιδώνιοι. τούτοισι πᾶσι καὶ
τοῖσι ἐς τὸν πεζὸν τεταγμένοισι αὐτῶν ἐπῆσαν ἑκάστοισι
ἐπιχώριοι ἡγεμόνες, τῶν ἐγώ, οὐ γὰρ ἀναγκαίη ἐξέργομαι ἐς
2 ἱστορίης λόγον, οὐ παραμέμνημαι. οὔτε γὰρ ἔθνεος ἑκάστου 20
ἐπάξιοι ἦσαν οἱ ἡγεμόνες, ἔν τε ἔθνεϊ ἑκάστῳ ὅσαι περ
πόλιες τοσοῦτοι καὶ ἡγεμόνες ἦσαν. εἵποντο δὲ ὡς οὐ
στρατηγοὶ ἀλλ' ὥσπερ οἱ ἄλλοι στρατευόμενοι δοῦλοι, ἐπεὶ
στρατηγοί γε οἱ τὸ πᾶν ἔχοντες κράτος καὶ ἄρχοντες τῶν
ἐθνέων ἑκάστων, ὅσοι αὐτῶν ἦσαν Πέρσαι, εἰρέαταί μοι. 25
97 τοῦ δὲ ναυτικοῦ ἐστρατήγεον οἵδε, Ἀριαβίγνης τε ὁ Δαρείου
καὶ Πρηξάσπης ὁ Ἀσπαθίνεω καὶ Μεγάβαζος ὁ Μεγαβάτεω
καὶ Ἀχαιμένης ὁ Δαρείου, τῆς μὲν Ἰάδος τε καὶ Καρικῆς

7 αἱ ᾶ P   δυώδεκα πόλιες ᾶ P: δυωδεκαπόλεες A B: δυώδεκα
πόλεες C   Ἀθηναίων ᾶ C   9 alt. ὡς] ὡς ὁ ᾶ   10–11 Ἀβυδηνοὶ
γὰρ C   12 οἱ add. Wesseling   17 πᾶσι ⟨ὡς⟩ Stein   18 ἐπῆισαν
D S V: ἐποίησαν R   19 ἤγεμ. ἐπιχ. D   ἐξείργομαι A B ᾶ
21 ἐπάξιοι Portus: ἀπάξιοι L   οἱ . . . ἦσαν (22) om. R   24 γε
R V¹ (?): δε V°: τε ᾶ D P: om. S   25 μοι] μούνοι C   26 οἵδε
om. ᾶ   27 Ἀπαθήνεω R: Ἀσπαθήνεω S V°   28 ἀίδος V.
ἀοίδος R   Καρίης ᾶ

στρατιῆς Ἀριαβίγνης ὁ Δαρείου τε παῖς καὶ τῆς Γωβρύεω
θυγατρός· Αἰγυπτίων δὲ ἐστρατήγεε Ἀχαιμένης, Ξέρξεω ἐὼν
ἀπ᾽ ἀμφοτέρων ἀδελφεός, τῆς δὲ ἄλλης στρατιῆς ἐστρατήγεον
οἱ δύο. τριηκόντεροι δὲ καὶ πεντηκόντεροι καὶ κέρκουροι καὶ
5 ἱππαγωγὰ πλοῖα σμικρὰ συνελθόντα ἐς τὸν ἀριθμὸν ἐφάνη
τρισχίλια. τῶν δὲ ἐπιπλεόντων μετά γε τοὺς στρατηγοὺς 98
οἵδε ἦσαν ὀνομαστότατοι, Σιδώνιος Τετράμνηστος Ἀνύσου,
καὶ Τύριος Ματτὴν Σιρώμου, καὶ Ἀράδιος Μέρβαλος Ἀγ-
βάλου, καὶ Κίλιξ Συέννεσις Ὡρομέδοντος, καὶ Λύκιος
10 Κυβερνίσκος Σίκα, καὶ Κύπριοι Γόργος τε ὁ Χέρσιος καὶ
Τιμῶναξ ὁ Τιμαγόρεω, καὶ Καρῶν Ἱστιαῖός τε ὁ Τύμνεω
καὶ Πίγρης ὁ Ὑσσελδώμου καὶ Δαμασίθυμος ὁ Κανδαύλεω.
τῶν μέν νυν ἄλλων οὐ παραμέμνημαι ταξιάρχων ὡς οὐκ 99
ἀναγκαζόμενος, Ἀρτεμισίης δέ, τῆς μάλιστα θῶμα ποιεῦμαι
15 ἐπὶ τὴν Ἑλλάδα στρατευσαμένης γυναικός, ἥτις ἀπο-
θανόντος τοῦ ἀνδρὸς αὐτή τε ἔχουσα τὴν τυραννίδα καὶ
παιδὸς ὑπάρχοντος νεηνίεω ὑπὸ λήματός τε καὶ ἀνδρηίης
ἐστρατεύετο, οὐδεμιῆς οἱ ἐούσης ἀναγκαίης. οὔνομα μὲν δὴ 2
ἦν αὐτῇ Ἀρτεμισίη, θυγάτηρ δὲ ἦν Λυγδάμιος, γένος δὲ ἐξ
20 Ἁλικαρνησσοῦ τὰ πρὸς πατρός, τὰ μητρόθεν δὲ Κρῆσσα.
ἡγεμόνευε δὲ Ἁλικαρνησσέων τε καὶ Κώων καὶ Νισυρίων τε
καὶ Καλυδνίων, πέντε νέας παρεχομένη. καὶ συναπάσης τῆς 3
στρατιῆς, μετά γε τὰς Σιδωνίων, νέας εὐδοξοτάτας παρείχετο,
πάντων δὲ τῶν συμμάχων γνώμας ἀρίστας βασιλέϊ ἀπεδέξατο.
25 τῶν δὲ κατέλεξα πολίων ἡγεμονεύειν αὐτήν, τὸ ἔθνος ἀπο-
φαίνω πᾶν ἐὸν Δωρικόν, Ἁλικαρνησσέας μὲν Τροιζηνίους,
τοὺς δὲ ἄλλους Ἐπιδαυρίους.

1 ὁ] τε ὁ a τε om. C Γοβρ. a P 4 δὲ om. B πεντη-
κότεροι D 5 μακρὰ a P : del. Kallenberg ἐφάνη ἐς τὸν ἀρ. d
6 στρατηγοὺς om. S V 7 Ἀλλήσου d P 8 Ματτὴν A : Μάτην
d P Σειρώμου Laur. lxx. 6 : Σιρώνου d P : Εἰρώμου Noeldeke
Ἀρίδιος P R S V Νέρβαλος C P Ἀρβάλου d P 9 Ὡρομ.
D R V 11 Τιμωνᾶς d 12 Πίγρης ὁ υσελδ. C : Π. ὁ σελδ. P :
Πιγρησσὸς σελδ. d 13 ταξιαρχέων d P οὐκὶ D R V 18 οἱ
om. a Suid. s. v. λῆμα ἀνάγκης C 19 ἐξ om. a 20 τὰ
(ex τὸ corr. ?) + πρὸς B 21 Νισυρίω R 22 Καλὺδνίων C¹
24 τε a P 27 δὲ om. R

100 Ἐς μὲν τοσόνδε ὁ ναυτικὸς στρατὸς εἴρηται· Ξέρξης δέ,
ἐπεὶ ἠριθμήθη τε καὶ διετάχθη ὁ στρατός, ἐπεθύμησε αὐτός
σφεας διεξελάσας θεήσασθαι. μετὰ δὲ ἐποίεε ταῦτα, καὶ
διεξελαύνων ἐπὶ ἄρματος παρὰ ἔθνος ἓν ἕκαστον ἐπυνθάνετο,
καὶ ἀπέγραφον οἱ γραμματισταί, ἕως ἐξ ἐσχάτων ἐς ἔσχατα 5
2 ἀπίκετο καὶ τῆς ἵππου καὶ τοῦ πεζοῦ. ὡς δὲ τοῦτά οἱ
ἐπεποίητο, τῶν νεῶν κατελκυσθεισέων ἐς θάλασσαν, ἐνθαῦτα
ὁ Ξέρξης μετεκβὰς ἐκ τοῦ ἄρματος ἐς νέα Σιδωνίην ἵζετο
ὑπὸ σκηνῇ χρυσέῃ καὶ παρέπλεε παρὰ τὰς πρῴρας τῶν νεῶν,
ἐπειρωτῶν τε ἑκάστας ὁμοίως καὶ τὸν πεζὸν καὶ ἀπογραφό- 10
3 μενος. τὰς δὲ νέας οἱ ναύαρχοι ἀναγαγόντες ὅσον τε τέσσερα
πλέθρα ἀπὸ τοῦ αἰγιαλοῦ ἀνεκώχευον, τὰς πρῴρας ἐς γῆν
τρέψαντες πάντες μετωπηδὸν καὶ ἐξοπλίσαντες τοὺς ἐπι-
βάτας ὡς ἐς πόλεμον. ὁ δ' ἐντὸς τῶν πρωρέων πλέων
ἐθηεῖτο καὶ τοῦ αἰγιαλοῦ. 15

101 Ὡς δὲ καὶ ταύτας διεξέπλωσε καὶ ἐξέβη ἐκ τῆς νεός,
μετεπέμψατο Δημάρητον τὸν Ἀρίστωνος συστρατευόμενον
αὐτῷ ἐπὶ τὴν Ἑλλάδα, καλέσας δ' αὐτὸν εἴρετο τάδε· Δημά-
ρητε, νῦν μοι σὲ ἡδύ τι ἐστι εἰρέσθαι τὰ θέλω. σὺ εἶς Ἕλλην
τε, καὶ ὡς ἐγὼ πυνθάνομαι σεῦ τε καὶ τῶν ἄλλων Ἑλλήνων 20
τῶν ἐμοὶ ἐς λόγους ἀπικνεομένων, πόλιος οὔτ' ἐλαχίστης οὔτ'
2 ἀσθενεστάτης. νῦν ὦν μοι τόδε φράσον, εἰ Ἕλληνες ὑπο-
μενέουσι χεῖρας ἐμοὶ ἀνταειρόμενοι. οὐ γάρ, ὡς ἐγὼ δοκέω,
οὐδ' εἰ πάντες Ἕλληνες καὶ οἱ λοιποὶ οἱ πρὸς ἑσπέρης οἰ-
κέοντες ἄνθρωποι συλλεχθείησαν, οὐκ ἀξιόμαχοί εἰσι ἐμὲ 25
3 ἐπιόντα ὑπομεῖναι, μὴ ἐόντες ἄρθμιοι. ἐθέλω μέντοι καὶ
τὸ ἀπὸ σεῦ, ὁκοῖόν τι λέγεις περὶ αὐτῶν, πυθέσθαι. ὁ μὲν
ταῦτα εἰρώτα, ὁ δὲ ὑπολαβὼν ἔφη· βασιλεῦ, κότερα ἀλη-

2 ἠρίθμησε L : corr. Schaefer   τε om. R S V   αὐτὸ B¹   4 ἐν
om. d   8 μεταβὰς R   10 ὁμοίως ὡς D P R V : ὡς S   11 ἀνά-
γοντες d   τε om. d P   τέσσαρα a V   14 δ + D   15 ἐθηεῖτο]
ἠεῖ Dᶜ   16 νεώς d   18 ᾧ Δημάρητε S   19 τι om. d
ἐπείρεσθαι Aldus   21 ὡς λόγος D   ἀπικομένων d (ἀπηκ. R)
οὐκ ἐλαχ. (οὔτ' ἀσθεν. om.) R S V   23 ὡς om. P¹   δοκέω ἐγὼ P
24 alt. οἱ om. d   26 μήτι γε μὴ Boeckh   θέλω a P   καὶ τὸ
om. D   27 περὶ αὐτῶν λέγεις a

θείη χρήσωμαι πρὸς σὲ ἢ ἡδονῇ; ὁ δέ μιν ἀληθείῃ χρήσα-
σθαι ἐκέλευε, φὰς οὐδέν οἱ ἀηδέστερον ἔσεσθαι ἢ πρότερον
ἦν. ὡς δὲ ταῦτα ἤκουσε Δημάρητος, ἔλεγε τάδε· Βασιλεῦ, 102
ἐπειδὴ ἀληθείῃ διαχρήσασθαι πάντως κελεύεις ταῦτα λέγοντα
5 τὰ μὴ ψευδόμενός τις ὕστερον ὑπὸ σεῦ ἁλώσεται, τῇ
Ἑλλάδι πενίη μὲν αἰεί κοτε σύντροφός ἐστι, ἀρετὴ δὲ ἔπ-
ακτός ἐστι, ἀπό τε σοφίης κατεργασμένη καὶ νόμου ἰσχυροῦ·
τῇ διαχρεωμένη ἡ Ἑλλὰς τήν τε πενίην ἀπαμύνεται καὶ τὴν
δεσποσύνην. αἰνέω μέν νυν πάντας τοὺς Ἕλληνας τοὺς 2
10 περὶ ἐκείνους τοὺς Δωρικοὺς χώρους οἰκημένους, ἔρχομαι δὲ
λέξων οὐ περὶ πάντων τούσδε τοὺς λόγους, ἀλλὰ περὶ Λακε-
δαιμονίων μούνων, πρῶτα μὲν ὅτι οὐκ ἔστι ὅκως κοτὲ σοὺς
δέξονται λόγους δουλοσύνην φέροντας τῇ Ἑλλάδι, αὖτις
δὲ ὡς ἀντιώσονταί τοι ἐς μάχην καὶ ἢν οἱ ἄλλοι Ἕλληνες
15 πάντες τὰ σὰ φρονέωσι. ἀριθμοῦ δὲ πέρι μὴ πύθῃ ὅσοι 3
τινὲς ἐόντες ταῦτα ποιέειν οἷοί τέ εἰσι· ἤν τε γὰρ τύχωσι
ἐξεστρατευμένοι χίλιοι, οὗτοι μαχήσονταί τοι, ἤν τε ἐλάσ-
σονες τούτων, ἤν τε καὶ πλεῦνες. ταῦτα ἀκούσας Ξέρξης 103
γελάσας ἔφη· Δημάρητε, οἷον ἐφθέγξαο ἔπος, ἄνδρας
20 χιλίους στρατιῇ τοσῇδε μαχήσεσθαι. ἄγε, εἰπέ μοι, σὺ φὴς
τούτων τῶν ἀνδρῶν βασιλεὺς αὐτὸς γενέσθαι. σὺ ὦν
ἐθελήσεις αὐτίκα μάλα πρὸς ἄνδρας δέκα μάχεσθαι; καίτοι
εἰ τὸ πολιτικὸν ὑμῖν πᾶν ἐστι τοιοῦτον οἷον σὺ διαιρέεις, σέ
γε τὸν κείνων βασιλέα πρέπει πρὸς τὸ διπλήσιον ἀντιτάσ-
25 σεσθαι κατὰ νόμους τοὺς ὑμετέρους. εἰ γὰρ κείνων ἕκαστος 2
δέκα ἀνδρῶν τῆς στρατιῆς τῆς ἐμῆς ἀντάξιός ἐστι, σὲ δέ γε

1 χρήσομαι d C P   χρῆσθαι d P   2 φὰς om. d   4 δια-
χρήσασθαι a Stob. flor. 7, 58 cod. Escor. : χρήσασθαι d P   με πάντως
D : πάντως με P R S V   6 ἀεί D R V   κοτε om. a   σύνεστι(ν)
d Stob.   ἐπακτός L   8 τε om. d P   9 pr. τοὺς om. a P
10 κείνους d P   Δωρικοὺς del. Herwerden   ἄρχομαι D   12 ἔ + τι D
13 δέξωνται A B   14 τοι om. A[1]   15 τὰ σὰ φρον. πάντες d
17 ἢν τε γὰρ D   20 μαχήσασθαι D R V[1] : μαχέσασθαι S   σὺ]
οὐ d   21 αὐτὸς βασ. C P   22 θέλεις D R V : ἐθέλεις S
μαχήσασθαι D R : μαχέσασθαι S : μαχήσεσθαι V   23 διερέεις R S V
24 ἐκείνων P (25 sic d)   26 δέ om. d P

δίζημαι εἴκοσι εἶναι ἀντάξιον· καὶ οὕτω μὲν ὀρθοῖτ' ἂν ὁ
λόγος ὁ παρὰ σεῦ εἰρημένος. εἰ δὲ τοιοῦτοί τε ἐόντες καὶ
μεγάθεα τοσοῦτοι, ὅσοι σύ τε καὶ οἱ παρ' ἐμὲ φοιτῶσι
Ἑλλήνων ἐς λόγους, αὐχέετε τοσοῦτον, ὅρα μὴ μάτην κόμ-
3 πος ὁ λόγος οὗτος εἰρημένος ᾖ. ἐπεὶ φέρε ἴδω παντὶ τῷ 5
οἰκότι· κῶς ἂν δυναίατο χίλιοι ἢ καὶ μύριοι ἢ καὶ πεντακισ-
μύριοι, ἐόντες γε ἐλεύθεροι πάντες ὁμοίως καὶ μὴ ὑπ' ἑνὸς
ἐρχόμενοι, στρατῷ τοσῷδε ἀντιστῆναι; ἐπεί τοι πλεῦνες
περὶ ἕνα ἕκαστον γινόμεθα ἢ χίλιοι, ἐόντων ἐκείνων πέντε
4 χιλιάδων. ὑπὸ μὲν γὰρ ἑνὸς ἀρχόμενοι κατὰ τρόπον τὸν 10
ἡμέτερον γενοίατ' ἂν δειμαίνοντες τοῦτον καὶ παρὰ τὴν
ἑωυτῶν φύσιν ἀμείνονες καὶ ἴοιεν ἀναγκαζόμενοι μάστιγι
ἐς πλεῦνας ἐλάσσονες ἐόντες· ἀνειμένοι δὲ ἐς τὸ ἐλεύθερον
οὐκ ἂν ποιέοιεν τούτων οὐδέτερα. δοκέω δὲ ἔγωγε καὶ
ἀνισωθέντας πλήθεϊ χαλεπῶς ἂν Ἕλληνας Πέρσῃσι μού- 15
5 νοισι μάχεσθαι. ἀλλὰ παρ' ἡμῖν [μὲν μούνοισι] τοῦτό
ἐστι τὸ σὺ λέγεις, ἔστι γε μέντοι οὐ πολλὸν ἀλλὰ σπά-
νιον· εἰσὶ γὰρ Περσέων τῶν ἐμῶν αἰχμοφόρων οἳ ἐθελή-
σουσι Ἑλλήνων ἀνδράσι τρισὶ ὁμοῦ μάχεσθαι· τῶν σὺ ἐὼν
104 ἄπειρος πολλὰ φλυηρέεις. πρὸς ταῦτα Δημάρητος λέγει· 20
Ὦ βασιλεῦ, ἀρχῆθεν ἠπιστάμην ὅτι ἀληθείῃ χρεώμενος οὐ
φίλα τοι ἐρέω. σὺ δὲ ἐπεὶ ἠνάγκασας λέγειν τῶν λόγων
2 τοὺς ἀληθεστάτους, ἔλεγον τὰ κατήκοντα Σπαρτιήτῃσι. καί-
τοι ὡς ἐγὼ τυγχάνω τὰ νῦν τάδε ἐστοργὼς ἐκείνους, αὐτὸς
μάλιστα ἐξεπίστεαι, οἵ με τιμήν τε καὶ γέρεα ἀπελόμενοι 25

---

1 ἀντάξιον a P : δίκαιον d　　ὀρθοῖτο ὁ λόγος παρὰ d　　2 σέο
λεγόμενος a　　3 οἷος d　　τε om. a　　ἐμοὶ d　　4 αὐχεῖτε L
τοσοῦτο B D　　5 εἴη a P　　τὸ R　　6 εἰκότι S V　　πῶς d
ἂν om. a P　　δυνέατο a　　καὶ om. C　　ἢ καὶ πεντακισμ. om. d
7 ἐόντες δὲ πάντες ἐλεύθ. C　　9 παρὰ Valckenaer　ἐκείνων om. B
10 ἀρχόμενος D R V　　12 ἑαυτὴν D　　μαστιγέες πλεῦνες a
13 ἐς om. C　　ἐλάττ. D　　τὲ R S V　　ἐλευθέριον a　　14 ποιέειεν
B : ποιέειν R S V　　15 ἂν ἰσωθέντας A B P　　16 μὲν μούνοισι
om. a　　17 μὲν a　　πολλῶν suprascr. C¹　　18 οἳ] εἰ D R V
θελήσουσι a P　　19 μαχέσασθαι D　　20 πολλὰ om. Laur. lxx. 6
φλυηρεῖς R S V : φλυαρεῖς D　　22 τοὺς λόγους R S V　　24 τὰ
om. a

πατρώια ἄπολίν τε καὶ φυγάδα πεποιήκασι, πατὴρ δὲ ⟨ὁ⟩
σὸς ὑποδεξάμενος βίον τέ μοι καὶ οἶκον ἔδωκε. οὐκ ὦν
οἰκός ἐστι ἄνδρα τὸν σώφρονα εὐνοίην φαινομένην διωθέ-
εσθαι, ἀλλὰ στέργειν μάλιστα. ἐγὼ δὲ οὔτε δέκα ἀνδράσι 3
5 ὑπίσχομαι οἷός τε εἶναι μάχεσθαι οὔτε δυοῖσι, ἑκών τε εἶναι
οὐδ' ἂν μουνομαχέοιμι. εἰ δὲ ἀναγκαίη εἴη ἢ μέγας τις ὁ
ἐποτρύνων ἀγών, μαχοίμην ἂν πάντων ἥδιστα ἑνὶ τούτων
τῶν ἀνδρῶν οἳ Ἑλλήνων ἕκαστός φησι τριῶν ἄξιος εἶναι.
ὡς δὲ καὶ Λακεδαιμόνιοι κατὰ μὲν ἕνα μαχόμενοι οὐδαμῶν 4
10 εἰσι κακίονες ἀνδρῶν, ἀλέες δὲ ἄριστοι ἀνδρῶν ἁπάντων.
ἐλεύθεροι γὰρ ἐόντες οὐ πάντα ἐλεύθεροί εἰσι· ἔπεστι γάρ
σφι δεσπότης νόμος, τὸν ὑποδειμαίνουσι πολλῷ ἔτι μᾶλλον·
ἢ οἱ σοὶ σέ. ποιεῦσι γῶν τὰ ἂν ἐκεῖνος ἀνώγῃ· ἀνώγει δὲ 5
τὠυτὸ αἰεί, οὐκ ἐῶν φεύγειν οὐδὲν πλῆθος ἀνθρώπων ἐκ
15 μάχης, ἀλλὰ μένοντας ἐν τῇ τάξι ἐπικρατέειν ἢ ἀπόλλυσθαι.
σοὶ δὲ εἰ φαίνομαι ταῦτα λέγων φλυηρέειν, ἀλλὰ σιγᾶν
θέλω τὸ λοιπόν· νῦν δὲ ἀναγκασθεὶς ἔλεξα. γένοιτο μέντοι
κατὰ νόον τοι, βασιλεῦ.

Ὁ μὲν δὴ ταῦτα ἀμείψατο, Ξέρξης δὲ ἐς γέλωτά τε 105
20 ἔτρεψε καὶ οὐκ ἐποιήσατο ὀργὴν οὐδεμίαν, ἀλλ' ἠπίως αὐτὸν
ἀπεπέμψατο. τούτῳ δὲ ἐς λόγους ἐλθὼν Ξέρξης καὶ ὕπ-
αρχον ἐν τῷ Δορίσκῳ τούτῳ καταστήσας Μασκάμην τὸν
Μεγαδόστεω, τὸν δὲ ὑπὸ Δαρείου σταθέντα καταπαύσας, ἐξή-
λαυνε τὸν στρατὸν διὰ τῆς Θρηίκης ἐπὶ τὴν Ἑλλάδα.
25 κατέλιπε δὲ ἄνδρα τοιόνδε Μασκάμην γενόμενον, τῷ μούνῳ 106
Ξέρξης δῶρα πέμπεσκε ὡς ἀριστεύοντι πάντων ὅσους αὐτὸς

1 δὲ] τε a   ὁ add. Bekker   2 βίου R V   3 εἰκός S
5 ὑπόσχομαι R V¹   οὐτεοισι a   6 μονόμ. d C¹ P¹   7 πάντων
ἂν D   8 τῶν om. D   φασι Valckenaer   9 καὶ om. C
μαχεόμενοι a : μαχό R   10 εἰσι et ἀνδρῶν om. R   ἄριστοί εἰσι(ν) d
13 ταῦτα τὰ D   14 οὐδὲ R   ἀνδρῶν P   15 τάξει L
16 φλυαρέειν λέγων D   ἀλλὰ Reiske : ἅμα a : τ' ἄλλα d P   17 ἐθέλω
d P   τε a   γίνοιτο D R V   18 νόμον R   τοι om. d
19 Ξέρξης . . . ἔτρεψε om. R   τε om. d [R]   20 ἐτρέψατο
P d [R]   οὐδεμίην P R S V Dᶜ   21 τούτων C R   22 τὸν
om. C   23 Μεγαλόστεω d   25 μούνῳ om. a   26 Ξέρξη R
ἀρίστωι ὄντι a

κατέστησε ἢ Δαρεῖος ὑπάρχους, πέμπεσκε δὲ ἀνὰ πᾶν
ἔτος· ὡς δὲ καὶ Ἀρτοξέρξης ὁ Ξέρξεω τοῖσι Μασκαμείοισι
ἐκγόνοισι. κατέστασαν γὰρ ἔτι πρότερον ταύτης τῆς ἐλά-
σιος ὕπαρχοι ἐν τῇ Θρηίκῃ καὶ τοῦ Ἑλλησπόντου παν-
2 ταχῇ. οὗτοι ὦν πάντες, οἵ τε ἐκ Θρηίκης καὶ τοῦ Ἑλ- 5
λησπόντου, πλὴν τοῦ ἐν Δορίσκῳ ὑπὸ Ἑλλήνων ὕστερον
ταύτης τῆς στρατηλασίης ἐξαιρέθησαν· τὸν δὲ ἐν Δορίσκῳ
[Μασκάμην] οὐδαμοί κω ἐδυνάσθησαν ἐξελεῖν, πολλῶν
πειρησαμένων. διὰ τοῦτο δέ οἱ τὰ δῶρα πέμπεται παρὰ
107 τοῦ βασιλεύοντος αἰεὶ ἐν Πέρσῃσι. τῶν δὲ ἐξαιρεθέντων 10
ὑπὸ Ἑλλήνων οὐδένα βασιλεὺς Ξέρξης ἐνόμισε εἶναι ἄνδρα
ἀγαθὸν εἰ μὴ Βόγην μοῦνον τὸν ἐξ Ἠιόνος. τοῦτον δὲ
αἰνέων οὐκ ἐπαύετο καὶ τοὺς περιεόντας αὐτοῦ ἐν Πέρσῃσι
παῖδας ἐτίμα μάλιστα, ἐπεὶ καὶ ἄξιος ἐπαίνου μεγάλου ἐγέ-
νετο Βόγης· ὃς ἐπειδὴ ἐπολιορκέετο ὑπὸ Ἀθηναίων ·καὶ 15
Κίμωνος τοῦ Μιλτιάδεω, παρεὸν αὐτῷ ὑπόσπονδον ἐξελθεῖν
καὶ νοστῆσαι ἐς τὴν Ἀσίην, οὐκ ἠθέλησε, μὴ δειλίῃ δόξειε
2 περιεῖναι βασιλέϊ, ἀλλὰ διεκαρτέρεε ἐς τὸ ἔσχατον. ὡς δ᾽
οὐδὲν ἔτι φορβῆς ἐνῆν ἐν τῷ τείχεϊ, συννήσας πυρὴν
μεγάλην ἔσφαξε τὰ τέκνα καὶ τὴν γυναῖκα καὶ τὰς παλλακὰς 20
καὶ τοὺς οἰκέτας καὶ ἔπειτα ἐσέβαλε ἐς τὸ πῦρ, μετὰ δὲ
ταῦτα τὸν χρυσὸν ἅπαντα τὸν ἐκ τοῦ ἄστεος καὶ τὸν ἄργυ-
ρον ἔσπειρε ἀπὸ τοῦ τείχεος ἐς τὸν Στρυμόνα, ποιήσας δὲ
ταῦτα ἑωυτὸν ἐσέβαλε ἐς τὸ πῦρ. οὕτω μὲν οὗτος δικαίως
108 αἰνέεται ἔτι καὶ ἐς τόδε ὑπὸ Περσέων. Ξέρξης δὲ ἐκ τοῦ 25
Δορίσκου ἐπορεύετο ἐπὶ τὴν Ἑλλάδα, τοὺς δὲ αἰεὶ γινομέ-
νους ἐμποδὼν συστρατεύεσθαι ἠνάγκαζε. ἐδεδούλωτο γάρ,
ὡς καὶ πρότερόν μοι δεδήλωται, ἡ μέχρι Θεσσαλίης πᾶσα

1 ἐπέμπεσκε D　2 Ἀρταξ. D　3 κατέστησαν C　4 τοῦ
om. C　πανταχῇ (-χοῦ P) . . . Ἑλλησπόντου om. CRSV　5 τε
om. A¹　τοῦ om. ▪D[CRSV]　7 ἐξαιρέθησαν AB : ἐξη(ι)ρ. rell.
ἐν om. C　8 Μασκ. del. Herwerden　ἠδυν. d　9 πειρησομ.
RSV　δή Stein　10 αἰὲν d　14 μάλιστα om. P¹RSV
ἄξιος post ἐπαίνου (αἴνου ▪P) D　16 παρεῶν RV　17 δόξειε]
ειε D°　18 δ᾽ om. V　19 συννήσας A¹CR　20 μεγάλην om. D
καὶ τὰς παλλακὰς (παλακὰς C¹) in mg. D²　21 δὲ om. ▪　22 τὸν
χρυσὸν . . . ταῦτα (24) om. D　24 ἐπέβαλε C　26 γενομένους R

καὶ ἦν ὑπὸ βασιλέα δασμοφόρος, Μεγαβάζου τε καταστρε- 2
ψαμένου καὶ ὕστερον Μαρδονίου. παραμείβετο δὲ πορευό-
μενος ἐκ Δορίσκου πρῶτα μὲν τὰ Σαμοθρηίκια τείχεα, τῶν
ἐσχάτη πεπόλισται πρὸς ἑσπέρης πόλις τῇ οὔνομά ἐστι
5 Μεσαμβρίη. ἔχεται δὲ ταύτης Θασίων πόλις Στρύμη, διὰ
δέ σφεων τοῦ μέσου Λίσος ποταμὸς διαρρέει, ὃς τότε οὐκ
ἀντέσχε τὸ ὕδωρ παρέχων τῷ Ξέρξεω στρατῷ ἀλλ᾽ ἐπέλιπε.
ἡ δὲ χώρη αὕτη πάλαι μὲν ἐκαλέετο Γαλλαϊκή, νῦν δὲ 3
Βριαντική· ἔστι μέντοι τῷ δικαιοτάτῳ τῶν λόγων καὶ αὕτη
10 Κικόνων. διαβὰς δὲ τοῦ Λίσου ποταμοῦ τὸ ῥέεθρον ἀπεξη- 109
ρασμένον πόλιας Ἑλληνίδας τάσδε παραμείβετο, Μαρώνειαν,
Δίκαιαν, Ἄβδηρα. ταύτας τε δὴ παρεξήιε καὶ κατὰ ταύτας
λίμνας ὀνομαστὰς τάσδε, Μαρωνείης μὲν μεταξὺ καὶ Στρύμης
κειμένην Ἰσμαρίδα, κατὰ δὲ Δίκαιαν Βιστονίδα, ἐς τὴν
15 ποταμοὶ δύο ἐσιεῖσι τὸ ὕδωρ, Τραῦός τε καὶ Κόμψατος.
κατὰ δὲ Ἄβδηρα λίμνην μὲν οὐδεμίαν ἐοῦσαν ὀνομαστὴν
παραμείψατο Ξέρξης, ποταμὸν δὲ Νέστον ῥέοντα ἐς θάλασ-
σαν. μετὰ δὲ ταύτας τὰς χώρας Θασίων τὰς ἠπειρώτιδας 2
πόλις παρήιε, τῶν ἐν μιῇ λίμνη ἐοῦσα τυγχάνει ὡσεὶ τριή-
20 κοντα σταδίων μάλιστά κη τὴν περίοδον, ἰχθυώδης τε καὶ
κάρτα ἁλμυρή· ταύτην τὰ ὑποζύγια μοῦνα ἀρδόμενα ἀνεξή-
ρηνε. τῇ δὲ πόλι ταύτῃ οὔνομά ἐστι Πίστυρος. ταύτας
μὲν δὴ τὰς πόλιας τὰς παραθαλασσίας τε καὶ Ἑλληνίδας ἐξ
εὐωνύμου χειρὸς ἀπέργων παρεξήιε· ἔθνεα δὲ Θρηίκων δι᾽ 110
25 ὧν τῆς χώρης ὁδὸν ἐποιέετο τοσάδε, Παῖτοι, Κίκονες, Βί-

1 Μεγαβύζου d 　　2 δὲ om. C 　　3 πρῶτον d 　　4 ἑσπέρης
Stein : ἑσπέρηι A B P : ἑσπέρη C d 　　5 Στρ + ὑμη D 　　6 δέ
om. D 　　διαιρέει A B 　　8 Γαλδαϊκή A B : Χαλδαική C 　　11 πόλεις
D R V : πόλις S 　　παρημ. a 　　12 Δικαιαν a : Δικάιαν P (it. 14)
Ἄβδηραν B 　　ταῦτά τε a 　　13 δὲ λίμνας C 　　Στρύμης C
15 ἐσιεῖσι τὸ Schweighaeuser : ἐσεῖσι τὸ a : ἐσεῖσιτο d : εἰσεῖσι τὸ P
ὕδωρ om. d 　　στραῦός a : Τραῦός Stein 　　Κόμψαντος A B : Κόψαντος d
16 οὔνομ. P R S V 　　17 παρημ. C 　　Μέστον R S V 　　18 ταῦτα a
Θασίων Stein : ἰὼν L 　　19 πόλεις D R V 　　τυγχάνει ἐοῦσα ὅση d
21 ἀνεξήρανε R : -ραινε S 　　22 πόλει C D R V 　　Πύστιρος A B D V
23 τὰς πόλιας om. Pᵃ S 　　24 ὑπέργων D¹ 　　25 ὁδὸν om. R S V
ποιέετο D 　　Κίκονες Βίστονες (Βιστόνες A D) Σαπαῖοι om. R S V

στονες, Σαπαῖοι, Δερσαῖοι, Ἠδωνοί, Σάτραι. τούτων οἱ μὲν
παρὰ θάλασσαν κατοικημένοι ἐν τῇσι νηυσὶ εἵποντο· οἱ δὲ
αὐτῶν τὴν μεσόγαιαν οἰκέοντες καταλεχθέντες τε ὑπ' ἐμεῦ,
πλὴν Σατρέων οἱ ἄλλοι πάντες πεζῇ ἀναγκαζόμενοι εἵποντο.

111 Σάτραι δὲ οὐδενός κω ἀνθρώπων ὑπήκοοι ἐγένοντο, ὅσον 5
ἡμεῖς ἴδμεν, ἀλλὰ διατελεῦσι τὸ μέχρι ἐμεῦ αἰεὶ ἐόντες
ἐλεύθεροι μοῦνοι Θρηίκων· οἰκέουσί τε γὰρ ὄρεα ὑψηλά,
ἴδῃσί τε παντοίῃσι καὶ χιόνι συνηρεφέα, καὶ εἰσὶ τὰ πολέμια
2 ἄκροι. οὗτοι οἱ τοῦ Διονύσου τὸ μαντήιόν εἰσι ἐκτημένοι·
τὸ δὲ μαντήιον τοῦτο ἔστι μὲν ἐπὶ τῶν ὀρέων τῶν ὑψηλοτά- 10
των, Βησσοὶ δὲ τῶν Σατρέων εἰσὶ οἱ προφητεύοντες τοῦ
ἱροῦ, πρόμαντις δὲ ἡ χρέωσα κατά περ ἐν Δελφοῖσι, καὶ
οὐδὲν ποικιλώτερον.

112 Παραμειψάμενος δὲ ὁ Ξέρξης τὴν εἰρημένην δεύτερα
τούτων παραμείβετο τείχεα τὰ Πιέρων, τῶν ἑνὶ Φάγρης 15
ἐστὶ οὔνομα καὶ ἑτέρῳ Πέργαμος. ταύτῃ μὲν δὴ παρ' αὐτὰ
τὰ τείχεα τὴν ὁδὸν ἐποιέετο, ἐκ δεξιῆς χειρὸς τὸ Πάγγαιον
ὄρος ἀπέργων, ἐὸν μέγα τε καὶ ὑψηλόν, ἐν τῷ χρύσεά τε
καὶ ἀργύρεα ἔνι μέταλλα, τὰ νέμονται Πίερές τε καὶ Ὀδό-
113 μαντοι καὶ μάλιστα Σάτραι. ὑπεροικέοντας δὲ τὸ Πάγγαιον 20
πρὸς βορέω ἀνέμου Παίονας Δόβηράς τε καὶ Παιόπλας
παρεξιὼν ἤιε πρὸς ἑσπέρην, ἐς ὃ ἀπίκετο ἐπὶ ποταμόν τε
Στρυμόνα καὶ πόλιν Ἠιόνα, τῆς ἔτι ζωὸς ἐὼν ἦρχε Βόγης,
2 τοῦ περ ὀλίγῳ πρότερον τούτων λόγον ἐποιεύμην. ἡ δὲ γῆ
αὕτη ἡ περὶ τὸ Πάγγαιον ὄρος καλέεται Φυλλίς, κατατεί- 25
νουσα τὰ μὲν πρὸς ἑσπέρην ἐπὶ ποταμὸν Ἀγγίτην ἐκδιδόντα
ἐς τὸν Στρυμόνα, τὰ δὲ πρὸς μεσαμβρίην τείνουσα ἐς αὐτὸν
τὸν Στρυμόνα· ἐς τὸν οἱ Μάγοι ἐκαλλιερέοντο σφάζοντες
114 ἵππους λευκούς. φαρμακεύσαντες δὲ ταῦτα ἐς τὸν ποταμὸν

1 Ἠδωνοὶ Σάστραι B   3 μεσόγεαν R   4 πάντες om. D
6 διατελέουσι a   8 τε om. d   9 οἱ P   κεκτημένοι a
11 Βισσοὶ d   15 παρημ. A B   ἑνὶ Φάγρης Dietsch (καὶ ἑνὶ Φ.
Leopardus): καινιφάγρης L   16 ταύτην Dᶜ   παρ' αὐτὰ d P :
παρὰ a   21 ὅπλας a   23 ζωὸς R V   24 ὀλίγον S [V]
λέγων R V (!)   25 Φυλλίς C : Φιλλίς R S V   28 φράζοντες C

καὶ ἄλλα πολλὰ πρὸς τούτοισι ἐν Ἐννέα ὁδοῖσι τῇσι Ἠδω-
νῶν ἐπορεύοντο κατὰ τὰς γεφύρας, τὸν Στρυμόνα εὑρόντες
ἐζευγμένον. Ἐννέα δὲ ὁδοὺς πυνθανόμενοι τὸν χῶρον
τοῦτον καλέεσθαι τοσούτους ἐν αὐτῷ παῖδάς τε καὶ παρθέ-
5 νους ἀνδρῶν τῶν ἐπιχωρίων ζώοντας κατώρυσσον. Περ- 2
σικὸν δὲ τὸ ζώοντας κατορύσσειν, ἐπεὶ καὶ Ἄμηστριν τὴν
Ξέρξεω γυναῖκα πυνθάνομαι γηράσασαν δὶς ἑπτὰ Περσέων
παῖδας, ἐόντων ἐπιφανέων ἀνδρῶν, ὑπὲρ ἑωυτῆς τῷ ὑπὸ γῆν
λεγομένῳ εἶναι θεῷ ἀντιχαρίζεσθαι κατορύσσουσαν. ὡς δὲ 115
10 ἀπὸ τοῦ Στρυμόνος ἐπορεύετο ὁ στρατός, ἐνθαῦτα πρὸς ἡλίου
δυσμέων ἐστὶ αἰγιαλὸς ἐν τῷ οἰκημένην Ἄργιλον πόλιν·
Ἑλλάδα παρεξήιε· αὕτη δὲ καὶ ἡ κατύπερθε ταύτης καλέεται
Βισαλτίη. ἐνθεῦτεν δὲ κόλπον τὸν ἐπὶ Ποσιδηίου ἐξ ἀρι- 2
στερῆς χειρὸς ἔχων ἤιε διὰ Συλέος πεδίου καλεομένου,
15 Στάγιρον πόλιν Ἑλλάδα παραμειβόμενος, καὶ ἀπίκετο ἐς
Ἄκανθον, ἅμα ἀγόμενος τούτων ἕκαστον τῶν ἐθνέων καὶ
τῶν περὶ τὸ Πάγγαιον ὄρος οἰκεόντων, ὁμοίως καὶ τῶν πρό-
τερον κατέλεξα, τοὺς μὲν παρὰ θάλασσαν ἔχων οἰκημένους
ἐν νηυσὶ στρατευομένους, τοὺς δ᾽ ὑπὲρ θαλάσσης πεζῇ ἑπο-
20 μένους. τὴν δὲ ὁδὸν ταύτην, τῇ βασιλεὺς Ξέρξης τὸν 3
στρατὸν ἤλασε, οὔτε συγχέουσι Θρήικες οὔτ᾽ ἐπισπείρουσι,
σέβονταί τε μεγάλως τὸ μέχρι ἐμεῦ. ὡς δὲ ἄρα ἐς τὴν 116
Ἄκανθον ἀπίκετο, ξεινίην τε ὁ Ξέρξης τοῖσι Ἀκανθίοισι
προεῖπε καὶ ἐδωρήσατό σφεας ἐσθῆτι Μηδικῇ ἐπαίνεέ τε,
25 ὀρέων αὐτοὺς προθύμους ἐόντας ἐς τὸν πόλεμον καὶ τὸ ὄρυ-
γμα †ἀκούων†. ἐν Ἀκάνθῳ δὲ ἐόντος Ξέρξεω συνήνεικε 117
ὑπὸ νούσου ἀποθανεῖν τὸν ἐπεστεῶτα τῆς διώρυχος Ἀρτα-
χαίην, δόκιμον ἐόντα παρὰ Ξέρξῃ καὶ γένος Ἀχαιμενίδην,
μεγάθεΐ τε μέγιστον ἐόντα Περσέων (ἀπὸ γὰρ πέντε πήχεων

---

1 τῇσι] τοῖσι a   3 ἐνέννέα D   5 ἐγχωρίων d   Περσικὸν ...
κατορύσσειν om. a   7 γηράσαν A[1] : γηρᾶσαν Buttmann   8 παῖδα
R : παῖδες V[1]   γῆς a P   11 Ἄρχιλον D   15 Στάγειρον L
16 ἑκάστων Reiske   19 ἐν νηυσὶ om. S V   22 τε om. R
μέχρις D   23 ξεινίην D R V   24 προσεῖπε B   25 αὐτοὺς
d : καὶ τοὺς a P   26 ἀνυσθέν conieci   27 ὑπὸ νούσου (νόσου S V)
post διώρυχος (-ας R) d   ἐφεστεῶτα D[1] R V   28 πείρα D

βασιληίων ἀπέλειπε τέσσερας δακτύλους) φωνέοντά τε
μέγιστον ἀνθρώπων, ὥστε Ξέρξην συμφορὴν ποιησάμενον
μεγάλην ἐξενεῖκαί τε αὐτὸν κάλλιστα καὶ θάψαι· ἐτυμβοχόεε
2 δὲ πᾶσα ἡ στρατιή. τούτῳ δὲ τῷ Ἀρταχαίῃ θύουσι Ἀκάν-
θιοι ἐκ θεοπροπίου ὡς ἥρωι, ἐπονομάζοντες τὸ οὔνομα. 5
βασιλεὺς μὲν δὴ Ξέρξης ἀπολομένου Ἀρταχαίεω ἐποιέετο
118 συμφορήν· οἱ δὲ ὑποδεκόμενοι Ἑλλήνων τὴν στρατιὴν καὶ
δειπνίζοντες Ξέρξην ἐς πᾶν κακοῦ ἀπίκατο, οὕτως ὥστε
ἀνάστατοι ἐκ τῶν οἴκων ἐγίνοντο, ὅκου γε Θασίοισι ὑπὲρ
τῶν ἐν τῇ ἠπείρῳ πολίων τῶν σφετέρων δεξαμένοισι τὴν 10
Ξέρξεω στρατιὴν καὶ δειπνίσασι Ἀντίπατρος ὁ Ὀργέος
ἀραιρημένος, τῶν ἀστῶν ἀνὴρ δόκιμος ὅμοια τῷ μάλιστα,
ἀπέδεξε ἐς τὸ δεῖπνον· τετρακόσια τάλαντα ἀργυρίου τετελε-
119 σμένα. ὡς δὲ παραπλησίως καὶ ἐν τῇσι ἄλλῃσι πόλισι οἱ
ἐπεστεῶτες ἀπεδείκνυσαν τὸν λόγον. τὸ γὰρ δεῖπνον 15
τοιόνδε τι ἐγίνετο, οἷα ἐκ πολλοῦ χρόνου προειρημένον καὶ
2 περὶ πολλοῦ ποιευμένων. τοῦτο μέν, ὡς ἐπύθοντο τάχιστα
τῶν κηρύκων τῶν περιαγγελλόντων, δασάμενοι σῖτον ἐν τῇσι
πόλισι οἱ ἀστοὶ ἄλευρά τε καὶ ἄλφιτα ἐποίευν πάντες ἐπὶ
μῆνας συχνούς· τοῦτο δὲ κτήνεα σιτεύεσκον ἐξευρίσκοντες 20
τιμῆς τὰ κάλλιστα, ἔτρεφόν τε ὄρνιθας χερσαίους καὶ
λιμναίους ἔν τε οἰκήμασι καὶ λάκκοισι, ἐς ὑποδοχὰς τοῦ
στρατοῦ· τοῦτο δὲ χρύσεά τε καὶ ἀργύρεα ποτήριά τε καὶ
κρητῆρας ἐποιεῦντο καὶ τἆλλα ὅσα ἐπὶ τράπεζαν τιθέαται
3 πάντα. ταῦτα μὲν αὐτῷ τε βασιλέι καὶ τοῖσι ὁμοσίτοισι 25
μετ᾽ ἐκείνου ἐπεποίητο, τῇ δὲ ἄλλῃ στρατιῇ τὰ ἐς φορβὴν
μοῦνα τασσόμενα. ὅκως δὲ ἀπίκοιτο ἡ στρατιή, σκηνὴ μὲν

1 ἀπέλιπε R S V   τέσσαρας C R   2 Ξέρξεα d   3 ἐξενεῖκαί]
αἱ Dᶜ   ἐτυμβόχεε a D   4 Ἀκάνθιοι θύουσι a   8 ἀπικέατο P
9 ἀναστάντοι R   οἰκίων ἐγένοντο d   γε om. a   11 Ὀργέως a
14 πόλησι(ν) D R   15 ἐπιστ. R   16 τοι R S V   ἐγένετο d
προειρημένου B   17 ποιεύμενον d P   ἐπύθοντο τῶν κηρ. μάλιστα d
18 -γελόντων B¹   δασαμένοισι τὸν D¹ R : δ. τῶν Dᶜ S V   19 πό-
λισι] pr. ι Dᶜ   ἐπὶ om. d   20 ἐσίτευον a P   23 alt. τε
om. a   24 τὰ ἄλλα a   τίθεται d P   25 μὲν ταῦτα d
27 στρατιῆι B

ἔσκε πεπηγυῖα ἑτοίμη ἐς τὴν αὐτὸς σταθμὸν ποιεέσκετο
Ξέρξης, ἡ δὲ ἄλλη στρατιὴ [ἔσκε] ὑπαίθριος. ὡς δὲ δεί- 4
πνου γίνοιτο ὥρη, οἱ μὲν δεκόμενοι ἔχεσκον πόνον, οἱ δὲ
ὅκως πλησθέντες νύκτα αὐτοῦ ἀγάγοιεν, τῇ ὑστεραίῃ τήν τε
5 σκηνὴν ἀνασπάσαντες καὶ τὰ ἔπιπλα πάντα λαβόντες οὕτω
ἀπελαύνεσκον, λείποντες οὐδὲν ἀλλὰ φερόμενοι. ἔνθα δὴ 120
Μεγακρέοντος ἀνδρὸς Ἀβδηρίτεω ἔπος εὖ εἰρημένον ἐγένετο,
ὃς συνεβούλευσε Ἀβδηρίτῃσι πανδημεὶ αὐτοὺς καὶ γυναῖκας,
ἐλθόντας ἐς τὰ σφέτερα ἱρὰ ἵζεσθαι ἱκέτας τῶν θεῶν παραι-
10 τεομένους καὶ τὸ λοιπόν σφι ἀπαμύνειν τῶν ἐπιόντων κακῶν
τὰ ἡμίσεα, τῶν τε παροιχομένων ἔχειν σφι μεγάλην χάριν,
ὅτι βασιλεὺς Ξέρξης οὐ δὶς ἑκάστης ἡμέρης ἐνόμισε σῖτον
αἱρέεσθαι· παρέχειν γὰρ ἂν Ἀβδηρίτῃσι, εἰ καὶ ἄριστον 2
προείρητο ὅμοια τῷ δείπνῳ παρασκευάζειν, ἢ μὴ ὑπομένειν
15 Ξέρξην ἐπιόντα ἢ καταμείναντας κάκιστα πάντων ἀνθρώπων
ἐκτριβῆναι.

Οἱ μὲν δὴ πιεζόμενοι ὅμως τὸ ἐπιτασσόμενον ἐπετέλεον, 121
Ξέρξης δὲ ἐκ τῆς Ἀκάνθου ἐντειλάμενος τοῖσι στρατηγοῖσι
τὸν ναυτικὸν στρατὸν ὑπομένειν ἐν Θέρμῃ ἀπῆκε ἀπ᾽ ἑωυτοῦ
20 πορεύεσθαι τὰς νέας, Θέρμῃ δὲ τῇ ἐν τῷ Θερμαίῳ κόλπῳ
οἰκημένῃ, ἀπ᾽ ἧς καὶ ὁ κόλπος οὗτος τὴν ἐπωνυμίην ἔχει·
ταύτῃ γὰρ ἐπυνθάνετο συντομώτατον εἶναι. μέχρι μὲν γὰρ 2
Ἀκάνθου ὧδε τεταγμένος ὁ στρατὸς ἐκ Δορίσκου τὴν ὁδὸν
ἐποιέετο· τρεῖς μοίρας ὁ Ξέρξης δασάμενος πάντα τὸν πεζόν
25 [στρατόν], μίαν αὐτέων ἔταξε παρὰ θάλασσαν ἰέναι ὁμοῦ τῷ
ναυτικῷ· ταύτης μὲν δὴ ἐστρατήγεον Μαρδόνιός τε καὶ 3
Μασίστης, ἑτέρη δὲ τεταγμένη ἤιε τοῦ στρατοῦ τριτημορὶς
τὴν μεσόγαιαν, τῆς ἐστρατήγεον Τριταντα ίχμης τε καὶ

---

1 ποιεέσκετο a P : ἐποιέετο d   2 ἔσκε om. a   3 ἐγίνετο a
πόνον ἔχεσκον d   4 ὅπως D R V   ἐν τῇ a   7 Μετακρ. D
ἔπος εὕρημ. B   8 συνεβούλευε a (ξ. C) E   πανδημὶ A B E
9 παραιτεομένους R V   10 ἀποταμνεῖν R : ἀπαμύνειν rell.   11 παρ-
εχομ. R S V   16 ἐκτριβῆναι E : διατριβῆναι rell.   17 ὅμως
(tamen) Valla : ὁμοίως L   19 τοῦ ναυτικοῦ στρατοῦ Stein
22 συντομώτερον d   γὰρ om. B   25 στρατόν a P Suid. s. v.
δάσασθαι: om. d   αὐτῶν d   27 ἑτέρηι B   28 μεσόγεαν R Vᵒ

Γέργις. ἡ δὲ τρίτη τῶν μοιρέων, μετ᾽ ἧς ἐπορεύετο αὐτὸς
Ξέρξης, ἤιε μὲν τὸ μέσον αὐτέων, στρατηγοὺς δὲ παρείχετο
Σμερδομένεά τε καὶ Μεγάβυξον.

122 Ὁ μέν νυν ναυτικὸς στρατὸς ὡς ἀπείθη ὑπὸ Ξέρξεω καὶ
διεξέπλωσε τὴν διώρυχα τὴν ἐν τῷ Ἄθῳ γενομένην, διέχου- 5
σαν δὲ ἐς κόλπον ἐν τῷ Ἄσσα τε πόλις καὶ Πίλωρος καὶ
Σίγγος καὶ Σάρτη οἴκηνται, ἐνθεῦτεν, ὡς καὶ ἐκ τουτέων τῶν
πολίων στρατιὴν παρέλαβε, ἔπλεε ἀπιέμενος ἐς τὸν Θερ-
μαῖον κόλπον, κάμπτων δὲ Ἄμπελον τὴν Τορωναίην ἄκρην
παραμείβετο Ἑλληνίδας [τε] τάσδε πόλις, ἐκ τῶν νέας τε 10
καὶ στρατιὴν παρελάμβανε, Τορώνην, Γαληψόν, Σερμύληι·,
Μηκύβερναν, Ὄλινθον. ἡ μέν νυν χώρη αὕτη Σιθωνίη
123 καλέεται. ὁ δὲ ναυτικὸς στρατὸς ὁ Ξέρξεω συντάμνων ἀπ᾽
Ἀμπέλου ἄκρης ἐπὶ Καναστραῖον ἄκρην, τὸ δὴ πάσης τῆς
Παλλήνης ἀνέχει μάλιστα, ἐνθεῦτεν νέας τε καὶ στρατιὴν 15
παρελάμβανε ἐκ Ποτειδαίης καὶ Ἀφύτιος καὶ Νέης πόλιος
καὶ Αἰγῆς καὶ Θεράμβω καὶ Σκιώνης καὶ Μένδης καὶ Σάνης·
αὗται γάρ εἰσι αἱ τὴν νῦν Παλλήνην πρότερον δὲ Φλέγρην
2 καλεομένην νεμόμεναι. παραπλέων δὲ καὶ ταύτην τὴν χώρην
ἔπλεε ἐς τὸ προειρημένον, παραλαμβάνων στρατιὴν καὶ ἐκ 20
τῶν προσεχέων πολίων τῇ Παλλήνῃ, ὁμουρεουσέων δὲ τῷ
Θερμαίῳ κόλπῳ, τῇσι οὐνόματά ἐστι τάδε, Λίπαξος, Κώμ-
βρεια, Λισαί, Γίγωνος, Κάμψα, Σμίλα, Αἴνεια· ἡ δὲ τουτέων
3 χώρη Κροσσαίη ἔτι καὶ ἐς τόδε καλέεται. ἀπὸ δὲ Αἰνείης,
ἐς τὴν ἐτελεύτων καταλέγων τὰς πόλις, ἀπὸ ταύτης ἤδη ἐς 25

1 Γέργι R : Γέρτις DSV   τρίτηι B   μεθ᾽ DRV   2 ὁ Ξ. D
3 τε om. d   Μεγάβυξον AD (υ Dᶜ) RV : -βυζον rell.   4 νυν
om. d   5 διέπλωσε d CP   6 Ἄσα V   Πί + δωρος A (λ εγ.) :
Πίδωρος BP : Πιδωρὸς C   7 Σάργη d P   καὶ om. C   8 ἀπι-
κόμενος d [C]   9 Κορων. a   10 τε om. P : γε Stein   τὰς C
πόλεις CDRV   11 παρέλαβε P   Γαληψῶν RSV   12 Μηκύ-
ρερναν D¹ : -ρεναν R : -ρενναν SV   Σιθωνίη a DS   14 Κανα-
στραῖ + +ον D : -ραίην a P   τὸν R   15 τε νέας τε d   16 Ποτιδ. L
Ἀφύτιος d   21 τῇ Παλλήνῃ om. d   ὁμουρεουσῶν DRV
22 Κωμβρία a   23 Λεισαί D : Αἶσα Stein   Καμψὰ D   Αἰνία
AB   24 Γλωσσαίη C   καὶ om. a   Αἰνέης D   25 πόλιας
D : πόλεις CRV

αὐτόν τε τὸν Θερμαῖον κόλπον ἐγίνετο τῷ ναυτικῷ στρατῷ
⟨ὁ⟩ πλόος καὶ γῆν τὴν Μυγδονίην, πλέων δὲ ἀπίκετο ἔς τε
τὴν προειρημένην Θέρμην καὶ Σίνδον τε πόλιν καὶ Χαλέστρην
ἐπὶ τὸν Ἄξιον ποταμόν, ὃς οὐρίζει χώρην τὴν Μυγδονίην τε
5 καὶ Βοττιαιίδα, τῆς ἔχουσι τὸ παρὰ θάλασσαν, στεινὸν χωρίον,
πόλιες Ἴχναι τε καὶ Πέλλα.

Ὁ μὲν δὴ ναυτικὸς στρατὸς αὐτοῦ περὶ Ἄξιον ποταμὸν 124
καὶ πόλιν Θέρμην καὶ τὰς μεταξὺ πόλιας τούτων περιμένων
βασιλέα ἐστρατοπεδεύετο, Ξέρξης δὲ καὶ ὁ πεζὸς στρατὸς
10 ἐπορεύετο ἐκ τῆς Ἀκάνθου τὴν μεσόγαιαν τάμνων τῆς ὁδοῦ,
βουλόμενος ἐς τὴν Θέρμην ἀπικέσθαι. ἐπορεύετο δὲ διὰ τῆς
Παιονικῆς καὶ Κρηστωνικῆς ἐπὶ ποταμὸν Ἐχείδωρον, ὃς ἐκ
Κρηστωναίων ἀρξάμενος ῥέει διὰ Μυγδονίης χώρης καὶ ἐξίει
παρὰ τὸ ἕλος τὸ ἐπ᾽ Ἀξίῳ ποταμῷ. πορευομένῳ δὲ ταύτῃ 125
15 λέοντές οἱ ἐπεθήκαντο τῇσι σιτοφόροισι καμήλοισι· κατα-
φοιτῶντες γὰρ οἱ λέοντες τὰς νύκτας καὶ λείποντες τὰ
σφέτερα ἤθεα ἄλλου μὲν οὐδενὸς ἅπτοντο οὔτε ὑποζυγίου
οὔτε ἀνθρώπου, οἱ δὲ τὰς καμήλους ἐκεράιζον μούνας.
θωμάζω δὲ τὸ αἴτιον, ὅ τι κοτὲ ἦν τῶν ἄλλων τὸ ἀναγκάζον
20 ἀπεχομένους τοὺς λέοντας τῇσι καμήλοισι ἐπιτίθεσθαι, τὸ
μήτε πρότερον ὀπώπεσαν θηρίον μήτ᾽ ἐπεπειρέατο αὐτοῦ.
εἰσὶ δὲ κατὰ ταῦτα τὰ χωρία καὶ λέοντες πολλοὶ καὶ βόες 126
ἄγριοι, τῶν τὰ κέρεα ὑπερμεγάθεά ἐστι τὰ ἐς Ἕλληνας
φοιτέοντα. οὖρος δὲ τοῖσι λέουσί ἐστι ὅ τε δι᾽ Ἀβδήρων
25 ῥέων ποταμὸς Νέστος καὶ ὁ δι᾽ Ἀκαρνανίης ῥέων Ἀχελῷος·
οὔτε γὰρ τὸ πρὸς τὴν ἠῶ τοῦ Νέστου οὐδαμόθι πάσης τῆς
ἔμπροσθε Εὐρώπης ἴδοι τις ἂν λέοντα, οὔτε πρὸς ἑσπέρης
τοῦ Ἀχελῴου ἐν τῇ ἐπιλοίπῳ ἠπείρῳ, ἀλλ᾽ ἐν τῇ μεταξὺ

2 ὁ add. Schaefer   3 Σίνδον CRSV: Σίνδόν DP   5 Βοττη-
νίδα d   ἧς d   6 πόλις L   Ἴχναι D: Ἰχναί PRSV: Ἴχνη a
8 pr. καὶ om. C   πόλιας] πόλις PRV: πόλεις D   τούτων Abicht:
τουτέων L   9 ἐστρατοπεδεύοντο RSV   10 μεσόγεαν R
12 Ἐχείδωρον I. Vossius: Χείδωρον L   14 ταύτην D   15 αἱ
om. R   καταφοιτέοντες d P: -έωντες C   16 λείπόντες C: λιπόντες
Cobet   21 ὠπ. D: ὀπώθεσαν C   25 pr. ῥέων om. d   26 τὴν]
τῇ D   27 ἔμπροσθεν d CP   οὐδαμοῦ οὔτε d

127 τούτων τῶν ποταμῶν γίνονται. ὡς δὲ ἐς τὴν Θέρμην
ἀπίκετο ὁ Ξέρξης, ἵδρυσε αὐτοῦ τὴν στρατιήν. ἐπέσχε δὲ
ὁ στρατὸς αὐτοῦ στρατοπεδευόμενος τὴν παρὰ θάλασσαν
χώρην τοσήνδε, ἀρξάμενος ἀπὸ Θέρμης πόλιος καὶ τῆς
Μυγδονίης μέχρι Λυδίεώ τε ποταμοῦ καὶ Ἁλιάκμονος, οἳ 5
οὐρίζουσι γῆν τὴν Βοττιαιίδα τε καὶ Μακεδονίδα, ἐς τὠυτὸ
2 ῥέεθρον τὸ ὕδωρ συμμίσγοντες. ἐστρατοπεδεύοντο μὲν δὴ
ἐν τούτοισι τοῖσι χωρίοισι οἱ βάρβαροι, τῶν δὲ καταλε-
χθέντων τούτων ποταμῶν ἐκ Κρηστωναίων ῥέων Ἐχείδωρος
μοῦνος οὐκ ἀντέχρησε τῇ στρατιῇ πινόμενος ἀλλ᾽ ἐπέλιπε. 10

128 Ξέρξης δὲ ὁρῶν ἐκ τῆς Θέρμης ὄρεα τὰ Θεσσαλικά, τόν
τε Ὄλυμπον καὶ τὴν Ὄσσαν, μεγάθεϊ [τε] ὑπερμήκεα ἐόντα,
διὰ μέσου τε αὐτῶν αὐλῶνα στεινὸν πυνθανόμενος εἶναι, δι᾽
οὗ ῥέει ὁ Πηνειός, ἀκούων τε ταύτῃ εἶναι ὁδὸν ἐς Θεσσαλίην
φέρουσαν, ἐπεθύμησε πλώσας θεήσασθαι τὴν ἐκβολὴν τοῦ 15
Πηνειοῦ, ὅτι τὴν ἄνω ὁδὸν ἔμελλε ἐλᾶν διὰ Μακεδόνων τῶν
κατύπερθε οἰκημένων ἐς Περραιβοὺς παρὰ Γόννον πόλιν·
2 ταύτῃ γὰρ ἀσφαλέστατον ἐπυνθάνετο εἶναι. ὡς δὲ ἐπεθύ-
μησε, καὶ ἐποίεε ταῦτα· ἐσβὰς ἐς Σιδωνίην νέα, ἐς τήν περ
ἐσέβαινε αἰεὶ ὅκως τι ἐθέλοι τοιοῦτο ποιῆσαι, ἀνέδεξε σημήιον 20
καὶ τοῖσι ἄλλοισι ἀνάγεσθαι, καταλιπὼν αὐτοῦ τὸν πεζὸν
στρατόν. ἐπεὶ δὲ ἀπίκετο καὶ ἐθεήσατο Ξέρξης τὴν ἐκβολὴν
τοῦ Πηνειοῦ, ἐν θώματι μεγάλῳ ἐνέσχετο, καλέσας δὲ τοὺς
κατηγεμόνας τῆς ὁδοῦ εἴρετο εἰ τὸν ποταμὸν ἔστι παρατρέ-
129 ψαντα ἑτέρῃ ἐς θάλασσαν ἐξαγαγεῖν. τὴν δὲ Θεσσαλίην 25
λόγος ἐστὶ τὸ παλαιὸν εἶναι λίμνην, ὥστε γε συγκεκλημένην

---

5 Ἀνίκμονος C¹   6 τὴν om. a   τε καὶ M. om. B   7 ῥέεθρον
del. Kallenberg   δὴ om. B   8 κατελεχθ. R   9 (δ) ἐκ
Valckenaer   Κρηστωνέης A B : -ναίης C   Χείδωρος a D P   10 οὐ
κατέχρησε C : οὐκ ἀπέχρησε Madvig   ἐπέλειπε B¹ D¹   11 ὀρέων
a C P   12 τε om. a P¹ Eustath. ll. 337   14 εἶναι ταύτῃ a P
17 κατύπερθεν R V   ἔστε Περρ. A B : ἔστετετταραβοὺς C : ἐς Περαιβοὺς
D P   Γόνον A¹ R S V   19 ποίεε R   ἦν a P¹   20 ἐνέβαινε
a P¹   τοι R S V   τοιοῦτον R S V   ἀνέδοξε R   22 ἐθηήσατο
D R : ἐθυήσατο V   ὁ Ξ. δ   ἐκβολὴν τοῦ om. S V   24 ἡγε-
μόνας a   25 τὴν δὲ θαλασσίην R   26 γε om. a   συγκε-
κλη(ι)σμένην a P°

πάντοθεν ὑπερμήκεσι ὄρεσι. τὰ μὲν γὰρ αὐτῆς πρὸς τὴν   *to the east*
ἠῶ ἔχοντα τό τε Πήλιον ὄρος καὶ ἡ Ὄσσα ἀποκληίει
συμμίσγοντα τὰς ὑπωρέας ἀλλήλοισι, τὰ δὲ πρὸς βορέω   *bases*
ἀνέμου Ὄλυμπος, τὰ δὲ πρὸς ἑσπέρην Πίνδος, τὰ δὲ πρὸς
5 μεσαμβρίην τε καὶ ἄνεμον νότον ἡ Ὄθρυς· τὸ μέσον δὲ
τούτων τῶν λεχθέντων ὀρέων ἡ Θεσσαλίη ἐστὶ ἐοῦσα κοίλη.
ὥστε ὦν ποταμῶν ἐς αὐτὴν καὶ ἄλλων συχνῶν ἐσβαλλόντων, 2
πέντε δὲ τῶν δοκίμων μάλιστα τῶνδε, Πηνειοῦ καὶ Ἀπιδανοῦ
καὶ Ὀνοχώνου καὶ Ἐνιπέος καὶ Παμίσου, οἱ μέν νυν ἐς τὸ
10 πεδίον τοῦτο συλλεγόμενοι ἐκ τῶν ὀρέων τῶν περικληιόντων   *ὀνομάζω - give*
τὴν Θεσσαλίην ὀνομαζόμενοι δι' ἑνὸς αὐλῶνος καὶ τούτου   *a name to*
στεινοῦ ἔκροον ἔχουσι ἐς θάλασσαν, προσυμμίσγοντες τὸ
ὕδωρ πάντες ἐς τὠυτό. ἐπεὰν δὲ συμμειχθέωσι τάχιστα, 3
ἐνθεῦτεν ἤδη ὁ Πηνειὸς τῷ οὐνόματι κατακρατέων ἀνωνύμους   *prevail*
15 τοὺς ἄλλους εἶναι ποιέει. τὸ δὲ παλαιὸν λέγεται, οὐκ ἐόντος
κω τοῦ αὐλῶνος καὶ διεκρόου τούτου, τοὺς ποταμοὺς τούτους
καὶ πρὸς τοῖσι ποταμοῖσι τούτοισι τὴν Βοιβηίδα λίμνην οὔτε
ὀνομάζεσθαι κατά περ νῦν ῥέειν τε οὐδὲν ἧσσον ἢ νῦν,
ῥέοντας δὲ ποιέειν τὴν Θεσσαλίην πᾶσαν πέλαγος. αὐτοὶ 4
20 μέν νυν Θεσσαλοί φασι Ποσειδέωνα ποιῆσαι τὸν αὐλῶνα δι'
οὗ ῥέει ὁ Πηνειός, οἰκότα λέγοντες. ὅστις γὰρ νομίζει   *believes*
Ποσειδέωνα τὴν γῆν σείειν καὶ τὰ διεστεῶτα ὑπὸ σεισμοῦ τοῦ   *διεστεωτα divide*
θεοῦ τούτου ἔργα εἶναι, καὶ ἂν ἐκεῖνο ἰδὼν φαίη Ποσειδέωνα   *(i.e. chasm*
ποιῆσαι· ἔστι γὰρ σεισμοῦ ἔργον, ὡς ἐμοὶ ἐφαίνετο εἶναι, ἡ
25 διάστασις τῶν ὀρέων.

Οἱ δὲ κατηγεόμενοι εἰρομένου Ξέρξεω εἰ ἔστι ἄλλη ἔξοδος 130   *ask*
ἐς θάλασσαν τῷ Πηνειῷ, ἐξεπιστάμενοι ἀτρεκέως εἶπον·
Βασιλεῦ, ποταμῷ τούτῳ οὐκ ἔστι ἄλλη ἐξήλυσις ἐς θάλασσαν

---

2 τε om. a   3 ὑπω + ρείας D: ὑπωρείας a PR : ἀπωρείας SV
ἀλλήλη(ι)σι DR   4 ὁ Ὄλυμπος a   7 ὧν] τῶν a   9 Ὀνο-
χώρου SV   9-10 ἐκ τῶν πεδίων συλλεγ. a   12 προσ συμμίσγοντες
DR   13 πάντες om. D   εἰς RV   ἐπὰν D   συμμιχθέωσι a
(ξ. C) P : συμμιχθῶσι a   14 ὀνόμ. D   15 ποιέειν C   πλαι a
17 λίμην B[1]   21 εἰκότα S   22 διεστῶτα a CP   23 κἂν a P
24 φαίνεται a P

κατήκουσα, ἀλλ' ἥδε αὐτή· ὄρεσι γὰρ περιεστέφάνωται πᾶσα
Θεσσαλίη. Ξέρξην δὲ λέγεται εἰπεῖν πρὸς ταῦτα· Σοφοὶ
2 ἄνδρες εἰσὶ Θεσσαλοί. ταῦτ' ἄρα πρὸ πολλοῦ ἐφυλάσσοντο
γνωσιμαχέοντες καὶ τἆλλα καὶ ὅτι χώρην ἄρα εἶχον εὐαίρετόν
τε καὶ ταχυάλωτον· τὸν γὰρ ποταμὸν πρῆγμα ἂν ἦν μοῦνον 5
ἐπεῖναί σφεων ἐπὶ τὴν χώρην, χώματι ἐκ τοῦ αὐλῶνος
ἐκβιβάσαντα καὶ παρατρέψαντα δι' ὧν νῦν ῥέει ῥεέθρων,
ὥστε Θεσσαλίην πᾶσαν ἔξω τῶν ὀρέων ὑπόβρυχα γενέσθαι.
3 ταῦτα δὲ ἔχοντα ἔλεγε ἐς τοὺς Ἀλεύεω παῖδας, ὅτι πρῶτοι
Ἑλλήνων ἐόντες Θεσσαλοὶ ἔδοσαν ἑωυτοὺς βασιλέϊ, δοκέων 10
ὁ Ξέρξης ἀπὸ παντός σφεας τοῦ ἔθνεος ἐπαγγέλλεσθαι
φιλίην. εἴπας δὲ ταῦτα καὶ θεησάμενος ἀπέπλεε ἐς τὴν
Θέρμην.

131 Ὁ μὲν δὴ περὶ Πιερίην διέτριβε ἡμέρας συχνάς· τὸ γὰρ
δὴ ὄρος τὸ Μακεδονικὸν ἔκειρε τῆς στρατιῆς τριτημορίς, ἵνα 15
ταύτῃ διεξίῃ ἅπασα ἡ στρατιὴ ἐς Περραιβούς· οἱ δὲ δὴ
κήρυκες οἱ ἀποπεμφθέντες ἐς τὴν Ἑλλάδα ἐπὶ γῆς αἴτησιν
132 ἀπίκατο οἱ μὲν κεινοί, οἱ δὲ φέροντες γῆν τε καὶ ὕδωρ. τῶν
δὲ δόντων ταῦτα ἐγένοντο οἵδε, Θεσσαλοί, Δόλοπες, Ἐνιῆνες,
Περραιβοί, Λοκροί, Μάγνητες, Μηλιέες, Ἀχαιοὶ οἱ Φθιῶται 20
καὶ Θηβαῖοι καὶ οἱ ἄλλοι Βοιωτοὶ πλὴν Θεσπιέων τε καὶ
2 Πλαταιέων. ἐπὶ τούτοισι οἱ Ἕλληνες ἔταμον ὅρκιον οἱ
τῷ βαρβάρῳ πόλεμον ἀειράμενοι. τὸ δὲ ὅρκιον ὧδε εἶχε,
ὅσοι τῷ Πέρσῃ ἔδοσαν σφέας αὐτοὺς Ἕλληνες ἐόντες, μὴ
ἀναγκασθέντες, καταστάντων σφι εὖ τῶν πρηγμάτων, τούτους 25
δεκατεῦσαι τῷ ἐν Δελφοῖσι θεῷ. τὸ μὲν δὴ ὅρκιον ὧδε
133 εἶχε τοῖσι Ἕλλησι· ἐς δὲ Ἀθήνας καὶ Σπάρτην οὐκ ἀπέ-
πεμψε Ξέρξης ἐπὶ γῆς αἴτησιν κήρυκας τῶνδε εἵνεκα· πρό-

1 αὐτή Abresch: αὕτη L: ἀλλ' [rectius ἄλλ'] ἢ αὕτη Matthiae
3 ἐφυλάξαντο a P   7 ῥέει om. B   ῥεέθρον A B d   8 ἔσω
Schaefer   ὑποβρυχεα a P   9 πρῶτον C   10 ὄντες Ἑλλήνων d
11 ὑπὸ d   12 ἀπέστελεν C   16 διέξῃ a   πᾶσα d   Περαιβ.
C P (it. 2ᵒ)   δὴ om. a   18 ἀπίκατο] a Dᶜ: ἀπικέατο P   19 ἐγέ-
νετο R V   Αἰνιῆνες R S V   20 Λικροί R   Μάγνητες d
21 Βιωτοὶ R   πλὴν] τὴν V: τῶν R   23 ἀειράμενοι C P: αἱρ.
A B: αἱρ. D R: αἱρ. S: εὑρ. V   28 κήρυκας om. S

τερον Δαρείου πέμψαντος ἐπ' αὐτὸ τοῦτο οἱ μὲν αὐτῶν τοὺς
αἰτέοντας ἐς τὸ βάραθρον, οἱ δ' ἐς φρέαρ ἐμβαλόντες
ἐκέλευον γῆν τε καὶ ὕδωρ ἐκ τούτων φέρειν παρὰ βασιλέα.
τούτων μὲν εἵνεκα οὐκ ἔπεμψε Ξέρξης τοὺς αἰτήσοντας. 2
5 ὅ τι δὲ τοῖσι Ἀθηναίοισι ταῦτα ποιήσασι τοὺς κήρυκας
συνήνεικε ἀνεθέλητον γενέσθαι, οὐκ ἔχω εἰπαι, πλὴν ὅτι
σφέων ἡ χώρη καὶ ἡ πόλις ἐδηιώθη, ἀλλὰ τοῦτο οὐ διὰ
ταύτην τὴν αἰτίην δοκέω γενέσθαι. τοῖσι δὲ ὦν Λακεδαι- 134
μονίοισι μῆνις κατέσκηψε Ταλθυβίου τοῦ Ἀγαμέμνονος
10 κήρυκος. ἐν γὰρ Σπάρτῃ ἐστὶ Ταλθυβίου ἱρόν, εἰσὶ δὲ
καὶ ἀπόγονοι [Ταλθυβίου] Ταλθυβιάδαι καλεόμενοι, τοῖσι
αἱ κηρυκηίαι αἱ ἐκ Σπάρτης πᾶσαι γέρας δέδονται. μετὰ 2
δὲ ταῦτα τοῖσι Σπαρτιήτῃσι καλλιερῆσαι θυομένοισι οὐκ
ἐδύνατο. τοῦτο δ' ἐπὶ χρόνον συχνὸν ἦν σφι. ἀχθο-
15 μένων δὲ καὶ συμφορῇ χρεωμένων Λακεδαιμονίων, ἁλίης τε
πολλάκις συλλεγομένης καὶ κήρυγμα τοιόνδε ποιευμένων, εἴ
τις βούλοιτο Λακεδαιμονίων πρὸ τῆς Σπάρτης ἀποθνῄσκειν,
Σπερθίης τε ὁ Ἀνηρίστου καὶ Βοῦλις ὁ Νικόλεω, ἄνδρες
Σπαρτιῆται φύσι τε γεγονότες εὖ καὶ χρήμασι ἀνήκοντες ἐς
20 τὰ πρῶτα, ἐθελονταὶ ὑπέδυσαν ποινὴν τείσειν Ξέρξῃ τῶν
Δαρείου κηρύκων τῶν ἐν Σπάρτῃ ἀπολομένων. οὕτω Σπαρ- 3
τιῆται τούτους ὡς ἀποθανευμένους ἐς Μήδους ἀπέπεμψαν.
αὕτη τε ἡ τόλμα τούτων τῶν ἀνδρῶν θώματος ἀξίη καὶ 135
τάδε πρὸς τούτοισι τὰ ἔπεα. πορευόμενοι γὰρ ἐς Σοῦσα
25 ἀπικνέονται παρὰ Ὑδάρνεα. ὁ δὲ Ὑδάρνης ἦν μὲν γένος
Πέρσης, στρατηγὸς δὲ τῶν παραθαλασσίων ἀνθρώπων τῶν
ἐν τῇ Ἀσίῃ· ὅς σφεας ξείνια προθέμενος ἱστία, ξεινίζων δὲ

1 αὐτέων a   2 ἐσβαλόντες a : ἐμβάλλοντες P   3 τε om.
DRV   φέρειν ἐκ τούτων DRV   4 εἵνεκε R : -εν DV   Ξέρξης
οὐκ ἔπεμψε d   ἀπέπεμψε CP   5 τοῖσι om. a   6 εἶπαι τι AB :
εἰπέντι (?) C   11 Ταλθυβίου om. aP   12 alt. αἱ om. aD
δίδονται PRSV   14 ἐδύνατο] ἐγίνετο Valckenaer   δ' om. d
15 ἁλίης ABD   16 πολλάκις om. D   18 Σπερθίης aDPSV
Const. : Σπερχίης R : Σπέρχις Suid. s. v.   Βοῦλι + s D   Νικώλ. D¹
19 φύσει L [C]   20 τίσειν d : τῖσαι aP   τῶν Const. : τῶ(ι) L
24 τάδσε R   τὰ ἔπεα del. Macan   26 alt. τῶν om. B   27 ξένια
RV   εἱστία CPRDᵒ

2 εἴρετο [λέγων] τάδε· Ἄνδρες Λακεδαιμόνιοι, τί δὴ φεύγετε
βασιλέϊ φίλοι γενέσθαι; ὁρᾶτε γὰρ ὡς ἐπίσταται βασιλεὺς
ἄνδρας ἀγαθοὺς τιμᾶν, ἐς ἐμέ τε καὶ τὰ ἐμὰ πρήγματα ἀπο-
βλέποντες. οὕτω δὲ καὶ ὑμεῖς εἰ δοίητε ὑμέας αὐτοὺς βασιλέϊ
(δεδόξωσθε γὰρ πρὸς αὐτοῦ ἄνδρες εἶναι ἀγαθοί), ἕκαστος ἂν 5
3 ὑμέων ἄρχοι γῆς Ἑλλάδος δόντος βασιλέος. πρὸς ταῦτα
ὑπεκρίναντο τάδε· Ὕδαρνες, οὐκ ἐξ ἴσου γίνεται ἡ συμβουλίη
ἡ ἐς ἡμέας τείνουσα. τοῦ μὲν γὰρ πεπειρημένος συμβου-
λεύεις, τοῦ δὲ ἄπειρος ἐών· τὸ μὲν γὰρ δοῦλος εἶναι ἐξε-
πίστεαι, ἐλευθερίης δὲ οὔκω ἐπειρήθης, οὔτ’ εἰ ἔστι γλυκὺ 10
οὔτ’ εἰ μή. εἰ γὰρ αὐτῆς πειρήσαιο, οὐκ ἂν δόρασι συμ-
βουλεύοις ἡμῖν περὶ αὐτῆς μάχεσθαι, ἀλλὰ καὶ πελέκεσι.
136 ταῦτα μὲν Ὑδάρνεα ἀμείψαντο· ἐνθεῦτεν δὲ ὡς ἀνέβησαν ἐς
Σοῦσα καὶ βασιλέϊ ἐς ὄψιν ἦλθον, πρῶτα μὲν τῶν δορυφόρων
κελευόντων καὶ ἀνάγκην σφι προσφερόντων προσκυνέειν 15
βασιλέα προσπίπτοντας οὐκ ἔφασαν ὠθεόμενοι πρὸς αὐτῶν
ἐπὶ κεφαλὴν ποιήσειν ταῦτα οὐδαμά· οὔτε γὰρ σφίσι ἐν
νόμῳ εἶναι ἄνθρωπον προσκυνέειν οὔτε κατὰ ταῦτα ἥκειν·
ὡς δὲ ἀπεμαχέσαντο τοῦτο, δεύτερά σφι λέγουσι τάδε καὶ
2 λόγου τοιοῦδε ἐχόμενα· Ὦ βασιλεῦ Μήδων, ἔπεμψαν ἡμέας 20
Λακεδαιμόνιοι ἀντὶ τῶν ἐν Σπάρτῃ ἀπολομένων κηρύκων
ποινὴν ἐκείνων τείσοντας, λέγουσι δὲ αὐτοῖσι ταῦτα Ξέρξης
ὑπὸ μεγαλοφροσύνης οὐκ ἔφη ὅμοιος ἔσεσθαι Λακεδαι-
μονίοισι· κείνους μὲν γὰρ συγχέαι τὰ πάντων ἀνθρώπων
νόμιμα ἀποκτείναντας κήρυκας, αὐτὸς δὲ τὰ ἐκείνοισι ἐπι- 25
πλήσσει ταῦτα οὐ ποιήσειν, οὐδὲ ἀνταποκτείνας ἐκείνους
137 ἀπολύσειν Λακεδαιμονίους τῆς αἰτίης. οὕτω ἡ Ταλθυβίου

1 λέγων om. **a** P   δεῖ R V   φεύγεται R   5 αὐτοὺς R
6 τῆς C   7 ἀπεκρίναντο R   8 ὑμέας **a**   τίνουσα R S V
9 τὸ] τοῦ **d** P¹   γὰρ om. R S V   εἶναι om. D   12 μάχεσθαι
περὶ αὐτῆς **d**   14 βασιλέος **d**   15 προφερόντων σφι **d**   16 (οὐδ')
ὠθεόμενοι Valckenaer   πρὸς **d** : ὑπ' **a** P   17 σφίσι Stein : σφι(ν) L
19 τούτω(ι) **a** P   δευτέραν D¹ R V   20 λόγου δὲ **d**   22 τί-
σοντας L   δὴ Krueger   τάδε C   23 ὁμοίως (!) τίσεσθαι C
24 μὲν γὰρ om. D   25 ἀποκτείνοντας **a** V¹ (!)   κείνοισι S
26 ἀνταποκτείναντας R S V

μῆνις καὶ ⌐ταῦτα ποιησάντων Σπαρτιητέων⌐ ἐπαύσατο τὸ
παραυτίκα, καίπερ ἀπονοστησάντων ἐς Σπάρτην Σπερθίεώ
τε καὶ Βούλιος. χρόνῳ δὲ μετέπειτα πολλῷ ἐπηγέρθη κατὰ
τὸν Πελοποννησίων καὶ Ἀθηναίων πόλεμον, ὡς λέγουσι
5 Λακεδαιμόνιοι. τοῦτό μοι ἐν τοῖσι θειότατον φαίνεται
γενέσθαι. ὅτι μὲν γὰρ κατέσκηψε ἐς ἀγγέλους ἡ Ταλθυ- 2
βίου μῆνις οὐδὲ ἐπαύσατο πρὶν ἢ ἐξῆλθε, τὸ δίκαιον οὕτω
ἔφερε· τὸ δὲ συμπεσεῖν ἐς τοὺς παῖδας τῶν ἀνδρῶν τούτων
τῶν ἀναβάντων πρὸς βασιλέα διὰ τὴν μῆνιν, ἐς Νικόλαν τε
10 τὸν Βούλιος καὶ ἐς Ἀνήριστον τὸν Σπερθίεω, ὃς εἷλε
Ἁλιέας τοὺς ἐκ Τίρυνθος⌐ ὁλκάδι καταπλώσας πλήρεϊ ἀνδρῶν,
δῆλον ὦν μοι ὅτι θεῖον ἐγένετο τὸ πρῆγμα [ἐκ τῆς μήνιος]·
οἱ [γὰρ] πεμφθέντες ὑπὸ Λακεδαιμονίων ἄγγελοι ἐς τὴν 3
Ἀσίην, προδοθέντες δὲ ὑπὸ Σιτάλκεω τοῦ Τήρεω Θρηίκων
15 βασιλέος καὶ Νυμφοδώρου τοῦ Πυθέω ἀνδρὸς Ἀβδηρίτεω,
ἥλωσαν κατὰ Βισάνθην τὴν ἐν Ἑλλησπόντῳ, καὶ ἀπαχθέντες
ἐς τὴν Ἀττικὴν ἀπέθανον ὑπὸ Ἀθηναίων, μετὰ δὲ αὐτῶν καὶ
Ἀριστέας ὁ Ἀδειμάντου Κορίνθιος ἀνήρ.

Ταῦτα μέν νυν πολλοῖσι ἔτεσι ὕστερον ἐγένετο τοῦ
20 βασιλέος στόλου, ἐπάνειμι δὲ ἐπὶ τὸν πρότερον λόγον. ἡ δὲ 138
στρατηλασίη ἡ βασιλέος οὔνομα μὲν εἶχε ὡς ἐπ' Ἀθήνας
ἐλαύνει, κατίετο δὲ ἐς πᾶσαν τὴν Ἑλλάδα. πυνθανόμενοι
δὲ ταῦτα ⌐πρὸ πολλοῦ⌐ οἱ Ἕλληνες οὐκ ἐν ὁμοίῳ πάντες
ἐποιεῦντο. οἱ μὲν γὰρ αὐτῶν δόντες γῆν καὶ ὕδωρ τῷ 2
25 Πέρσῃ εἶχον θάρσος ὡς οὐδὲν πεισόμενοι ἄχαρι πρὸς τοῦ
βαρβάρου· οἱ δὲ οὐ δόντες ἐν δείματι μεγάλῳ κατέστασαν,
ἅτε οὔτε νεῶν ἐουσέων ἐν τῇ Ἑλλάδι ἀριθμὸν ἀξιομάχων
δέκεσθαι τὸν ἐπιόντα, οὔτε βουλομένων τῶν πολλῶν ἀντ-

1 Σπαρτ. Λακεδαιμονίων d   τὸ S: τοῦ rell.   2 ἐν Σπάρτη d
Σπερχίεώ R (it. 10) : Σπερ + θίεώ (χ fuisse vid.) D   4 τῶν D V
πόλεμος D^c   5 τοῖς d   8 ἐφέρετο δὲ a P^m   10 εἶχεν S V
11 τε τοὺς a   πλήρη D¹ R V   12 τὸ (om. B) πρήγμα ἐγένετο d
(ἐγίν. S)   ἐκ τῆς μήνιος del. Gomperz   13 οἱ γὰρ a P : οἱ d
15 Πυθέω Bekker : Πύθεω L   18 δειμάντου d   19 τοῦ τοῦ d
24 (τε) καὶ H. Stephanus   25 ποισόμενοι R : πησ. D   26 κατέ-
στησαν d

139 ἄπτεσθαι τοῦ πολέμου, μηδιζόντων δὲ προθύμως. ἐνθαῦτα
ἀναγκαίῃ ἐξέργομαι γνώμην ἀποδέξασθαι ἐπίφθονον μὲν πρὸς
τῶν πλεόνων ἀνθρώπων, ὅμως δέ, τῇ γέ μοι φαίνεται εἶναι
2 ἀληθές, οὐκ ἐπισχήσω. εἰ Ἀθηναῖοι καταρρωδήσαντες τὸν
ἐπιόντα κίνδυνον ἐξέλιπον τὴν σφετέρην, ἢ καὶ μὴ ἐκλι- 5
πόντες ἀλλὰ μείναντες ἔδοσαν σφέας αὐτοὺς Ξέρξῃ, κατὰ
τὴν θάλασσαν οὐδαμοὶ ἂν ἐπειρῶντο ἀντιεύμενοι βασιλέϊ.
εἰ τοίνυν κατὰ τὴν θάλασσαν μηδεὶς ἠντιοῦτο Ξέρξῃ, κατά
3 γε ἂν τὴν ἤπειρον τοιάδε ἐγίνετο. εἰ καὶ πολλοὶ τειχέων
κιθῶνες ἦσαν ἐληλαμένοι διὰ τοῦ Ἰσθμοῦ Πελοποννησίοισι, 10
προδοθέντες ἂν Λακεδαιμόνιοι ὑπὸ τῶν συμμάχων οὐκ ἑκόντων
ἀλλ' ὑπ' ἀναγκαίης, κατὰ πόλις ἁλισκομένων ὑπὸ τοῦ ναυτικοῦ
στρατοῦ τοῦ βαρβάρου, ἐμουνώθησαν, μουνωθέντες δὲ ἂν καὶ
4 ἀποδεξάμενοι ἔργα μεγάλα ἀπέθανον γενναίως. ἢ ταῦτα ἂν
ἔπαθον, ἢ πρὸ τοῦ ὁρῶντες ἂν καὶ τοὺς ἄλλους Ἕλληνας 15
μηδίζοντας ὁμολογίῃ ἂν ἐχρήσαντο πρὸς Ξέρξην. καὶ οὕτω
ἂν ἐπ' ἀμφότερα ἡ Ἑλλὰς ἐγίνετο ὑπὸ Πέρσῃσι. τὴν γὰρ
ὠφελίην τὴν τῶν τειχέων τῶν διὰ τοῦ Ἰσθμοῦ ἐληλαμένων
οὐ δύναμαι πυθέσθαι ἥτις ἂν ἦν βασιλέος ἐπικρατέοντος
5 τῆς θαλάσσης. νῦν δὲ Ἀθηναίους ἄν τις λέγων σωτῆρας 20
γενέσθαι τῆς Ἑλλάδος οὐκ ἂν ἁμαρτάνοι τἀληθέος· οὗτοι
γὰρ ἐπὶ ὁκότερα τῶν πρηγμάτων ἐτράποντο, ταῦτα ῥέψειν
ἔμελλε· ἑλόμενοι δὲ τὴν Ἑλλάδα περιεῖναι ἐλευθέρην,
[τοῦτο] τὸ Ἑλληνικὸν πᾶν τὸ λοιπόν, ὅσον μὴ ἐμήδισε,
αὐτοὶ οὗτοι ἦσαν οἱ ἐπεγείραντες καὶ βασιλέα μετά γε 25
6 θεοὺς ἀνωσάμενοι. οὐδέ σφεας χρηστήρια φοβερὰ ἐλθόντα
ἐκ Δελφῶν καὶ ἐς δεῖμα βαλόντα ἔπεισε ἐκλιπεῖν τὴν Ἑλ-
λάδα, ἀλλὰ καταμείναντες ἀνέσχοντο τὸν ἐπιόντα ἐπὶ τὴν
χώρην δέξασθαι.

3 τῶν om. d   γέ (ex τέ corr. D¹) μοι] γ' ἐμοὶ Schaefer   7 ἀν-
τιούμενοι a P   9 ἂν om. d   ἐγίνοντο C: ἐγένετο Laur. lxx. 6
10 χιτῶνες d   12 πόλεις CDRV   13 τῶν βαρβάρων S
ἐμουνώθησαν R   16 Ξέρξεα d P   17 ἐπ'] κατ' Heiberg
18 τὴν om. S   21 τἀληθέος Schaefer: τἀληθές d P : τὸ ἀληθές a
24 τοῦτο a D P : τοῦ, R S V : del. Cobet   25 αὐτοῦ. d   27 ἐκ
... βαλόντα om. D¹

Πέμψαντες γὰρ οἱ Ἀθηναῖοι ἐς Δελφοὺς θεοπρόπους **140**
χρηστηριάζεσθαι ἦσαν ἕτοιμοι· καί σφι ποιήσασι περὶ τὸ
ἱρὸν τὰ νομιζόμενα, ὡς ἐς τὸ μέγαρον ἐσελθόντες ἵζοντο, *customary rites*
χρᾷ ἡ Πυθίη, τῇ οὔνομα ἦν Ἀριστονίκη, τάδε·

5 ὦ μέλεοι, τί κάθησθε; λιπὼν φεῦγ' ἔσχατα γαίης **2**
δώματα καὶ πόλιος τροχοειδέος ἄκρα κάρηνα. *τροχοειδής - circular*

οὔτε γὰρ ἡ κεφαλὴ μένει ἔμπεδον οὔτε τὸ σῶμα,
οὔτε πόδες νέατοι οὔτ' ὦν χέρες, οὔτε τι μέσσης *beneath*
λείπεται, ἀλλ' ἄζηλα πέλει· κατὰ γάρ μιν ἐρείπει *unenviable*
10 πῦρ τε καὶ ὀξὺς Ἄρης, Συριηγενὲς ἅρμα διώκων. *drive*

πολλὰ δὲ κἆλλ' ἀπόλεῖ πυργώματα, κοὐ τὸ σὸν οἶον· **3** *+ not yours alone*
πολλοὺς δ' ἀθανάτων νηοὺς μαλερῷ πυρὶ δώσει,
οἵ που νῦν ἱδρῶτι ῥεούμενοι ἑστήκασι,
δείματι παλλόμενοι, κατὰ δ' ἀκροτάτοις ὀρόφοισιν *κατα - over, roof-tops*
15 αἷμα μέλαν κέχυται, προϊδὸν κακότητος ἀνάγκας. *fore-see ἀνάγκη*
ἀλλ' ἴτον ἐξ ἀδύτοιο, κακοῖς δ' ἐπικίδνατε θυμόν. *ἐπικίδνημι - spread over*

ταῦτα ἀκούσαντες οἱ τῶν Ἀθηναίων θεοπρόποι συμφορῇ τῇ **141**
μεγίστῃ ἐχρέωντο. προβάλλουσι δὲ σφέας αὐτοὺς ὑπὸ τοῦ
κακοῦ τοῦ κεχρησμένου Τίμων ὁ Ἀνδροβούλου, τῶν Δελφῶν *throw away (metaphor)*
20 ἀνὴρ δόκιμος ὅμοια τῷ μάλιστα, συνεβούλευέ σφι ἱκετηρίας *suppliant branche*
λαβοῦσι δεύτερα αὖτις ἐλθόντας χρᾶσθαι τῷ χρηστηρίῳ ὡς
ἱκέτας. πειθομένοισι δὲ ταῦτα τοῖσι Ἀθηναίοισι καὶ λέγουσι· **2**
Ὦναξ, χρῆσον ἡμῖν ἄμεινόν τι περὶ τῆς πατρίδος, αἰδεσθεὶς *respect*
τὰς ἱκετηρίας τάσδε τάς τοι ἥκομεν φέροντες· ἢ οὔ τοι ἄπιμεν
25 ἐκ τοῦ ἀδύτου, ἀλλ' αὐτοῦ τῇδε μενέομεν ἔστ' ἂν καὶ τε-
λευτήσωμεν, ταῦτα δὲ λέγουσι ἡ πρόμαντις χρᾷ δεύτερα τάδε·

3 ἐλθόντες d   5 φύγετ' Oenom. ap. Eus. praep. ev. v. 24 : φύγ'
ἐς Reiske   6 τριχ. DSV   7 μενεῖ ABd   ἔμποδον RSV:
ἔμπεδος Oenom.   8 μέσης CDV¹   9 ἄζηλα Blomfield   ἐρίπει a
10 Ἀσιηγενὲς d   11 τόσον οἷον L   12 ναοὺς a DPS   13 ῥεεύ-
μενοι Clem. Al. Str. v. 132, 2   14 δείμασι d   15 ἀνάγκης A B :
-ην C   16 ἴτων SV   κακοῖσι a D   17 ταῦτα δὲ D R
19 κεχρημένου d   Ἀνδραβ. D   20 ἱκετηρίην a P   21 χρῆσθαι d
23 τί ἄμεινον d   24 alt. τοι] του R   25 μένομεν a   26 δὲ
om. d P Ac : δὴ Krueger

3   οὐ δύναται Παλλὰς Δί᾽ Ὀλύμπιον ἐξιλάσασθαι,
λισσομένη πολλοῖσι λόγοις καὶ μήτιδι πυκνῇ.
σοὶ δὲ τόδ᾽ αὖτις ἔπος ἐρέω, ἀδάμαντι πελάσσας·
τῶν ἄλλων γὰρ ἁλισκομένων ὅσα Κέκροπος οὖρος
ἐντὸς ἔχει κευθμῶν τε Κιθαιρῶνος ζαθέοιο,
τεῖχος Τριτογενεῖ ξύλινον διδοῖ εὐρύοπα Ζεὺς   5
μοῦνον ἀπόρθητον τελέθειν, τὸ σὲ τέκνα τ᾽ ὀνήσει.

4   μηδὲ σύ γ᾽ ἱπποσύνην τε μένειν καὶ πεζὸν ἰόντα
πολλὸν ἀπ᾽ ἠπείρου στρατὸν ἥσυχος, ἀλλ᾽ ὑποχωρεῖν
νῶτον ἐπιστρέψας· ἔτι τοί ποτε κἀντίος ἔσσῃ.   10
ὦ θείη Σαλαμίς, ἀπολεῖς δὲ σὺ τέκνα γυναικῶν
ἤ που σκιδναμένης Δήμητερος ἢ συνιούσης.

142   Ταῦτά σφι ἠπιώτερα γὰρ τῶν προτέρων καὶ ἦν καὶ ἐδόκεε
εἶναι, συγγραψάμενοι ἀπαλλάσσοντο ἐς τὰς Ἀθήνας. ὡς δὲ
ἀπελθόντες οἱ θεοπρόποι ἀπήγγελλον ἐς τὸν δῆμον, γνῶμαι   15
καὶ ἄλλαι πολλαὶ ἐγίνοντο διζημένων τὸ μαντήιον καὶ αἵδε
συνεστηκυῖαι μάλιστα· τῶν πρεσβυτέρων ἔλεγον μετεξέτεροι
δοκέειν σφίσι τὸν θεὸν τὴν ἀκρόπολιν χρῆσαι περιέσεσθαι·
ἢ γὰρ ἀκρόπολις τὸ πάλαι τῶν Ἀθηναίων ῥηχῷ ἐπέφρακτο.

2   οἱ μὲν δὴ [κατὰ τὸν φραγμὸν] συνεβάλλοντο τοῦτο τὸ ξύλινον   20
τεῖχος εἶναι, οἱ δ᾽ αὖ ἔλεγον τὰς νέας σημαίνειν τὸν θεόν,
καὶ ταύτας παραρτέεσθαι ἐκέλευον τἄλλα ἀπέντας. τοὺς
ὦν δὴ τὰς νέας λέγοντας εἶναι τὸ ξύλινον τεῖχος ἔσφαλλε
τὰ δύο τὰ τελευταῖα ῥηθέντα ὑπὸ τῆς Πυθίης,

ὦ θείη Σαλαμίς, ἀπολεῖς δὲ σὺ τέκνα γυναικῶν   25
ἤ που σκιδναμένης Δήμητερος ἢ συνιούσης.

3   κατὰ ταῦτα τὰ ἔπεα συνεχέοντο αἱ γνῶμαι τῶν φαμένων

2 λισομένη C   λόγοισ + D   3 πελάσας d   5 κευθμῶν R
τε καὶ C   8 ἱπποσύνην . . . ἀλλ᾽ om. R   9 ἱποχωρεῖν R
10 νότον R V   οἵ Stein   κοτε d   ἔσῃ(ι) C V : ἔσται Oenom.
14 ἀπήεσαν (ἀπίεσαν D¹) ἐς Ἀθ. d   15 ἀπήγγελλον om. C
16 πολλαὶ καὶ ἄλλαι P   γίνονται a : ἐγένοντο D   καὶ om. C   αἱ
δὲ a   18 τε δοκέειν a   σφίσι olim Stein : σφι L   19 Ἀθηναίων
Schaefer   20 κατὰ τὸν φραγμὸν del. Gomperz   συνεβάλοντο C
(ξ.) R V   22 τὰ ἄλλα a P   ἀφέντας a P¹   23 ὦν om. C

τὰς νέας τὸ ξύλινον τεῖχος εἶναι· οἱ γὰρ χρησμολόγοι
ταύτῃ ταῦτα ἐλάμβανον, ὡς ἀμφὶ Σαλαμῖνα δεῖ σφεας
ἐσσωθῆναι ναυμαχίην παρασκευασαμένους. ἦν δὲ τῶν τις   143
Ἀθηναίων ἀνὴρ ἐς πρώτους νεωστὶ παριών, τῷ οὔνομα μὲν
5 ἦν Θεμιστοκλέης, παῖς δὲ Νεοκλέος ἐκαλέετο. οὗτος ὡνὴρ
οὐκ ἔφη πᾶν ὀρθῶς τοὺς χρησμολόγους συμβάλλεσθαι,
λέγων τοιάδε, εἰ ἐς Ἀθηναίους εἶχε τὸ ἔπος εἰρημένον
ἐόντως, οὐκ ἂν οὕτω μιν δοκέειν ἠπίως χρησθῆναι, ἀλλὰ
ὧδε "Ὦ σχετλίη Σαλαμίς, ἀντὶ τοῦ "Ὦ θείη Σαλαμίς, εἴ πέρ
10 γε ἔμελλον οἱ οἰκήτορες ἀμφ' αὐτῇ τελευτήσειν. ἀλλὰ γὰρ   2
ἐς τοὺς πολεμίους τῷ θεῷ εἰρῆσθαι τὸ χρηστήριον συλλαμ-
βάνοντι κατὰ τὸ ὀρθόν, ἀλλ' οὐκ ἐς Ἀθηναίους. παρα-
σκευάζεσθαι ὧν αὐτοὺς ὡς ναυμαχήσοντας συνεβούλευε, ὡς
τούτου ἐόντος τοῦ ξυλίνου τείχεος. ταύτῃ Θεμιστοκλέος   3
15 ἀποφαινομένου Ἀθηναῖοι ταῦτα σφίσι ἔγνωσαν αἱρετώτερα
εἶναι μᾶλλον ἢ τὰ τῶν χρησμολόγων, οἳ οὐκ ἔων ναυμαχίην
ἀρτέεσθαι, τὸ δὲ σύμπαν εἶπαι οὐδὲ χεῖρας ἀνταείρεσθαι,
ἀλλὰ ἐκλιπόντας χώρην τὴν Ἀττικὴν ἄλλην τινὰ οἰκίζειν.
ἑτέρη τε Θεμιστοκλέϊ γνώμη ἔμπροσθε ταύτης ἐς καιρὸν   144
20 ἠρίστευσε, ὅτε Ἀθηναίοισι γενομένων χρημάτων μεγάλων
ἐν τῷ κοινῷ, τὰ ἐκ τῶν μετάλλων σφι προσῆλθε τῶν ἀπὸ
Λαυρείου, ἔμελλον λάξεσθαι ὀρχηδὸν ἕκαστος δέκα δραχμάς·
τότε Θεμιστοκλέης ἀνέγνωσε Ἀθηναίους τῆς διαιρέσιος ταύ-
της παυσαμένους νέας τούτων τῶν χρημάτων ποιήσασθαι
25 διηκοσίας ἐς τὸν πόλεμον, τὸν πρὸς Αἰγινήτας λέγων.
οὗτος γὰρ ὁ πόλεμος συστὰς ἔσωσε τότε τὴν Ἑλλάδα,   2
ἀναγκάσας θαλασσίους γενέσθαι Ἀθηναίους. αἱ δὲ ἐς τὸ

5 ἔην a P   6 πάνυ Krueger   συμβαλέσθαι C   7 ἔτυχε
conieci   ἔπος] πάθος d   8 ἐόντως Reiske : ἐόν κως L   ἡμῖν d
9 ἀντὶ . . . Σαλαμίς om. D   14 Θεμιστοκλέους a D   15 Ἀθηναίοις d
σφίσι Stein : σφι L   16 μᾶλλον om. d   17 εἶπαι Gomperz :
εἶναι L   19 Θεμιστοκλέως C¹ : -κλέη D¹ R V   ἔμπροσθεν D R
21 ἐν τῷ κοινῷ a : ἐκ τῶν κοινῶν d P   22 Λαυρίου R S V   λάξεσθαι
D° : λέξεσθαι R S V¹ (!) : λήξ. V° (!)   ὀρχιδὸν A¹ B¹ D¹   δραχμὰς C
23 διαιρέσεως d   25 [διηκοσίας] conieci   pr. τὸν om. d   26 ἔσωσε
ἐς τὸ τότε a

μὲν ἐποιήθησαν, οὐκ ἐχρήσθησαν, [ἐς δέον] δὲ οὕτω τῇ
Ἑλλάδι ἐγένοντο. αὗταί τε δὴ αἱ νέες τοῖσι Ἀθηναίοισι
προποιηθεῖσαι ὑπῆρχον, ἑτέρας τε ἔδεε προσναυπηγέεσθαι.
3 ἔδοξέ τέ σφι μετὰ τὸ χρηστήριον βουλευομένοισι [ἐπιόντα
ἐπὶ τὴν Ἑλλάδα τὸν βάρβαρον δέκεσθαι] τῇσι νηυσὶ 5
πανδημεί, τῷ θεῷ πειθομένους, ἅμα Ἑλλήνων τοῖσι βουλο-
μένοισι.

145　　Τὰ μὲν δὴ χρηστήρια ταῦτα τοῖσι Ἀθηναίοισι ἐγεγόνεε·
συλλεγομένων δὲ ἐς τὠυτὸ τῶν Ἑλλήνων τῶν περὶ τὴν
Ἑλλάδα τὰ ἀμείνω φρονεόντων καὶ διδόντων σφίσι λόγον 10
καὶ πίστιν, ἐνθαῦτα ἐδόκεε βουλευομένοισι αὐτοῖσι [πρῶτον
μὲν χρημάτων πάντων] καταλλάσσεσθαι τάς τε ἔχθρας καὶ
τοὺς κατ' ἀλλήλους ἐόντας πολέμους· ἦσαν δὲ πρός τινας
καὶ ἄλλους ἐγκεκρημένοι, ὁ δὲ ὧν μέγιστος Ἀθηναίοισί τε
2 καὶ Αἰγινήτῃσι. μετὰ δὲ πυνθανόμενοι Ξέρξην σὺν τῷ 15
στρατῷ εἶναι ἐν Σάρδισι ἐβουλεύσαντο κατασκόπους πέμ-
πειν ἐς τὴν Ἀσίην τῶν βασιλέος πρηγμάτων, ἐς Ἄργος τε
ἀγγέλους ὁμαιχμίην συνθησομένους πρὸς τὸν Πέρσην, καὶ
ἐς Σικελίην ἄλλους πέμπειν παρὰ Γέλωνα τὸν Δεινομένεος,
ἔς τε Κέρκυραν κελεύσοντας βοηθέειν τῇ Ἑλλάδι, καὶ ἐς 20
Κρήτην ἄλλους, φρονήσαντες εἴ κως ἕν τε γένοιτο τὸ Ἑλλη-
νικὸν καὶ εἰ συγκύψαντες τὠυτὸ πρήσσοιεν πάντες, ὡς
δεινῶν ἐπιόντων ὁμοίως πᾶσι Ἕλλησι. τὰ δὲ Γέλωνος
πρήγματα μεγάλα ἐλέγετο εἶναι, οὐδαμῶν Ἑλληνικῶν τῶν
146 οὐ πολλὸν μέζω. ὡς δὲ ταῦτά σφι ἔδοξε, καταλυσάμενοι 25
τὰς ἔχθρας πρῶτα μὲν κατασκόπους πέμπουσι ἐς τὴν Ἀσίην
ἄνδρας τρεῖς. οἱ δὲ ἀπικόμενοί τε ἐς Σάρδις καὶ καταμα-
θόντες τὴν βασιλέος στρατιήν, ὡς ἐπάϊστοι ἐγένοντο, βασα-

1 τούτωι a　　　2 ἐγίνοντο S　　　δὴ om. C　　　νῆες RSV
3 προσποιηθεῖσαι C　　　4 βουλομένοισι C　　　5 δέχεσθαι (?) D¹ :
ἀναδέκεσθαι RSV　　　6 πανδημὶ ABD¹　　　βουλευομένοισι R
9 τῶν περὶ τὴν Ἑλλάδα Ἑλλήνων τῶν L : transp. Schaefer　　　11 αὐ-
τοῖσι βουλ. d　　　12 πάντων om. d　　　14 ἐγκεκρημένοι Reiske :
ἐγκεχρημένοι L　　　Ἀθηναῖοι B¹　　　18 ὁμαιχμίην τε a　　　20 κε-
λεύοντας C　　　21 φρονῆσαν + + +τες B　　　τι (?) P¹　　　γενοίατο d
τὸ om. R　　　22 εἰ] οἱ R : del. Cobet　　　25 πολλῷ C : πελλῶν P

νισθέντες ὑπὸ τῶν στρατηγῶν τοῦ πεζοῦ στρατοῦ ἀπήγοντο
ὡς ἀπολεύμενοι. καὶ τοῖσι μὲν κατεκέκριτο θάνατος, Ξέρξης 2
δὲ ὡς ἐπύθετο ταῦτα, μεμφθεὶς τῶν στρατηγῶν τὴν γνώμην
πέμπει τῶν τινας δορυφόρων, ἐντειλάμενος, ἢν καταλάβωσι
5 τοὺς κατασκόπους ζῶντας, ἄγειν παρ' ἑωυτόν. ὡς δὲ ἔτι περι- 3
εόντας αὐτοὺς κατέλαβον καὶ ἤγαγον ἐς ὄψιν τὴν βασιλέος,
τὸ ἐνθεῦτεν πυθόμενος ἐπ' οἷσι ἦλθον, ἐκέλευσέ σφεας τοὺς
δορυφόρους περιάγοντας ἐπιδείκνυσθαι πάντα τε τὸν πεζὸν
στρατὸν καὶ τὴν ἵππον, ἐπεὰν δὲ ταῦτα θηεύμενοι ἔωσι
10 πλήρεες, ἀποπέμπειν ἐς τὴν ἂν αὐτοὶ ἐθέλωσι χώρην
ἀσινέας. ἐπιλέγων δὲ τὸν λόγον τόνδε ταῦτα ἐνετέλλετο, 147
ὡς εἰ μὲν ἀπώλοντο οἱ κατάσκοποι, οὔτ' ἂν τὰ ἑωυτοῦ πρή-
γματα προεπύθοντο οἱ Ἕλληνες ἐόντα λόγου μέζω, οὔτ' ἄν
τι τοὺς πολεμίους μέγα ἐσίναντο ἄνδρας τρεῖς ἀπολέσαντες·
15 νοστησάντων δὲ τούτων ἐς τὴν Ἑλλάδα δοκέειν ἔφη ἀκού-
σαντας τοὺς Ἕλληνας τὰ ἑωυτοῦ πρήγματα πρὸ τοῦ στόλου
τοῦ γινομένου παραδώσειν σφέας τὴν ἰδίην ἐλευθερίην, καὶ
οὕτως οὐδὲ δεήσειν ἐπ' αὐτοὺς στρατηλατέοντας πρήγματα
ἔχειν. οἶκε δὲ αὐτοῦ αὕτη ἡ γνώμη τῇδε ἄλλη· ἐὼν γὰρ 2
20 ἐν Ἀβύδῳ ὁ Ξέρξης εἶδε πλοῖα ἐκ τοῦ Πόντου σιταγωγὰ
διεκπλέοντα τὸν Ἑλλήσποντον, ἔς τε Αἴγιναν καὶ Πελοπόν-
νησον κομιζόμενα. οἱ μὲν δὴ πάρεδροι αὐτοῦ ὡς ἐπύθοντο
πολέμια εἶναι τὰ πλοῖα, ἕτοιμοι ἦσαν αἱρέειν αὐτά, ἐσβλέ-
ποντες ἐς τὸν βασιλέα ὁκότε παραγγελέει. ὁ δὲ Ξέρξης 3
25 εἴρετο αὐτοὺς ὄκη πλέοιεν· οἱ δὲ εἶπαν· Ἐς τοὺς σοὺς
πολεμίους, ὦ δέσποτα, σῖτον ἄγοντες. ὁ δὲ ὑπολαβὼν
ἔφη· Οὐκ ὦν καὶ ἡμεῖς ἐκεῖ πλέομεν ἔνθα περ οὗτοι, τοῖσί

τε ἄλλοισι ἐξηρτυμένοι καὶ σίτῳ; τί δῆτα ἀδικέουσι οὗτοι
ἡμῖν σιτία παρακομίζοντες;

148   Οἱ μέν νυν κατάσκοποι οὕτω θεησάμενοί τε καὶ ἀποπεμ-
φθέντες ἐνόστησαν ἐς τὴν Εὐρώπην, οἱ δὲ συνωμόται Ἑλ-
λήνων ἐπὶ τῷ Πέρσῃ μετὰ τὴν ἀπόπεμψιν τῶν κατασκόπων 5
2 δεύτερα ἔπεμπον ἐς Ἄργος ἀγγέλους. Ἀργεῖοι δὲ λέγουσι
τὰ κατ' ἑωυτοὺς γενέσθαι ὧδε· πυθέσθαι γὰρ αὐτίκα κατ'
ἀρχὰς τὰ ἐκ τοῦ βαρβάρου ἐγειρόμενα ἐπὶ τὴν Ἑλλάδα,
πυθόμενοι δὲ καὶ μαθόντες ὥς σφεας οἱ Ἕλληνες πειρήσον-
ται παραλαμβάνοντες ἐπὶ τὸν Πέρσην, πέμψαι θεοπρόπους 10
ἐς Δελφοὺς τὸν θεὸν ἐπειρησομένους, ὥς σφι μέλλοι ἄριστα
ποιέουσι γίνεσθαι· νεωστὶ γὰρ σφέων τεθνάναι ἑξακισχι-
λίους ὑπὸ Λακεδαιμονίων καὶ Κλεομένεος τοῦ Ἀναξανδρίδεω,
3 τῶν δὴ εἵνεκα πέμπειν. τὴν δὲ Πυθίην ἐπειρωτῶσι αὐτοῖσι
ἀνελεῖν τάδε· 15

ἐχθρὲ περικτιόνεσσι, φίλ' ἀθανάτοισι θεοῖσι,
εἴσω τὸν προβόλαιον ἔχων πεφυλαγμένος ἧσο
καὶ κεφαλὴν πεφύλαξο· κάρη δὲ τὸ σῶμα σαώσει.

ταῦτα μὲν τὴν Πυθίην χρῆσαι πρότερον, μετὰ δὲ ὡς ἐλθεῖν
τοὺς ἀγγέλους ἐς δὴ τὸ Ἄργος, ἐπελθεῖν ἐπὶ τὸ βουλευτή- 20
4 ριον καὶ λέγειν τὰ ἐντεταλμένα. τοὺς δὲ πρὸς τὰ λεγόμενα
ὑποκρίνασθαι ὡς ἕτοιμοί εἰσι Ἀργεῖοι ποιέειν ταῦτα τριή-
κοντα ἔτεα εἰρήνην σπεισάμενοι Λακεδαιμονίοισι καὶ ἡγεό-
μενοι κατὰ τὸ ἥμισυ πάσης τῆς συμμαχίης· καίτοι κατά γε
τὸ δίκαιον γίνεσθαι τὴν ἡγεμονίην ἑωυτῶν, ἀλλ' ὅμως σφι 25
149 ἀποχρᾶν κατὰ τὸ ἥμισυ ἡγεομένοισι. ταῦτα μὲν λέγουσι
τὴν βουλὴν ὑποκρίνασθαι, καίπερ ἀπαγορεύοντός σφι τοῦ
χρηστηρίου μὴ ποιέεσθαι τὴν πρὸς τοὺς Ἕλληνας συμμαχίην.

1 τε om. a E   ἐξηρτημένοι a D E   7 ωυτοὺς D   11 τῶν R
εἰρησομένους d   μέλλει a P S   ἄριστον a P   12 ποιεῦσι d
γενέσθαι a   14 τῶνδε δὴ d P   16 -όνεσι C R V   18 κάρα a
δὲ om. C   φυλάξει d   19 ὡς ⟨δὴ⟩ . . . ἐς [δὴ] Stein   20 ἐσελθεῖν
d P°   23 σπεισόμενοι a   25 αὐτῶν C¹   σφίσι Stein   28 μὴ
supra v. D¹

σπουδὴν δὲ ἔχειν σπονδὰς γενέσθαι τριηκοντοέτιδας, καίπερ
τὸ χρηστήριον φοβεομένοισι, ἵνα δή σφι οἱ παῖδες ἀνδρω-
θέωσι ἐν τούτοισι τοῖσι ἔτεσι· μὴ δὲ σπονδέων ἐουσέων
ἐπιλέγεσθαι, ἢν ἄρα σφέας καταλάβῃ πρὸς τῷ γεγονότι
5 κακῷ ἄλλο πταῖσμα πρὸς τὸν Πέρσην, μὴ τὸ λοιπὸν ἔωσι
Λακεδαιμονίων ὑπήκοοι. τῶν δὲ ἀγγέλων τοὺς ἀπὸ τῆς 2
Σπάρτης πρὸς τὰ ῥηθέντα ἐκ τῆς βουλῆς ἀμείψασθαι τοισίδε,
περὶ μὲν σπονδέων ἀνοίσειν ἐς τοὺς πλεῦνας, περὶ δὲ ἡγεμο-
νίης αὐτοῖσι ἐντετάλθαι ὑποκρίνασθαι, καὶ δὴ λέγειν σφίσι
10 μὲν εἶναι δύο βασιλέας, Ἀργείοισι δὲ ἕνα· οὐκ ὦν δυνατὸν
εἶναι τῶν ἐκ Σπάρτης οὐδέτερον παῦσαι τῆς ἡγεμονίης, μετὰ
δὲ δύο τῶν σφετέρων ὁμόψηφον τὸν Ἀργεῖον εἶναι κωλύειν
οὐδέν. οὕτω δὴ οἱ Ἀργεῖοί φασι οὐκ ἀνασχέσθαι τῶν 3
Σπαρτιητέων τὴν πλεονεξίην, ἀλλ' ἑλέσθαι μᾶλλον ὑπὸ τῶν
15 βαρβάρων ἄρχεσθαι ἤ τι ὑπεῖξαι Λακεδαιμονίοισι, προειπεῖν
τε τοῖσι ἀγγέλοισι πρὸ δύντος ἡλίου ἀπαλλάσσεσθαι ἐκ τῆς
Ἀργείων χώρης, εἰ δὲ μή, περιέψεσθαι ὡς πολεμίους.
αὐτοὶ μὲν Ἀργεῖοι τοσαῦτα τούτων πέρι λέγουσι· ἔστι δὲ 150
ἄλλος λόγος λεγόμενος ἀνὰ τὴν Ἑλλάδα, ὡς Ξέρξης ἔπεμψε
20 κήρυκα ἐς Ἄργος πρότερον ἤ περ ὁρμῆσαι στρατεύεσθαι
ἐπὶ τὴν Ἑλλάδα. ἐλθόντα δὲ τοῦτον λέγεται εἰπεῖν· 2
Ἄνδρες Ἀργεῖοι, βασιλεὺς Ξέρξης τάδε ὑμῖν λέγει· Ἡμεῖς
νομίζομεν Πέρσην εἶναι ἀπ' οὗ ἡμεῖς γεγόναμεν, παῖδα
Περσέος τοῦ Δανάης, γεγονότα ἐκ τῆς Κηφέος θυγατρὸς
25 Ἀνδρομέδης. οὕτω ἂν ὦν εἴημεν ὑμέτεροι ἀπόγονοι. οὔτε
ὦν ἡμέας οἰκὸς ἐπὶ τοὺς ἡμετέρους προγόνους ἐκστρατεύε-
σθαι, οὔτε ὑμέας ἄλλοισι τιμωρέοντας ἡμῖν ἀντιξόους γίνε-

1 τριηκονταετιδας BDSV   2 φοβεομένους Naber   ἀνδρεωθέωσι
a P   5 ἄλλω R   μὴ τὸν a   6 τοὺς] τῶν a   7 τῆς om. d
βολῆς R   τοῖσιδε C : τοῖσδε rell.   9 σφίσι DS : σφι rell.
11 τὸν a BC   13 οἱ om. a   ἀναχ. R   14 τῶν om. a
15 τι om. a P   ὑπεῖ + ξαι B   16 δὲ a P   δύνοντος d   18 περὶ
τούτων a   23 ἀφ' DRV   26 ὑμέας RV   στρατεύεσθαι a P
27 ἀντίξους a   γενέσθαι S

σθαι, ἀλλὰ παρ' ὑμῖν αὐτοῖσι ἡσυχίην ἔχοντας κατῆσθαι.
ἢν γὰρ ἐμοὶ γένηται κατὰ νόον, οὐδαμοὺς μέζονας ὑμέων
3 ἄξω. ταῦτα ἀκούσαντας Ἀργείους λέγεται πρῆγμα ποιήσα-
σθαι, καὶ παραχρῆμα μὲν οὐδὲν ἐπαγγελλομένους μεταιτέειν,
ἐπεὶ δέ σφεας παραλαμβάνειν τοὺς Ἕλληνας, οὕτω δὴ ἐπι- 5
σταμένους ὅτι οὐ μεταδώσουσι τῆς ἀρχῆς Λακεδαιμόνιοι
151 μεταιτέειν, ἵνα ἐπὶ προφάσιος ἡσυχίην ἄγωσι. συμπεσεῖν
δὲ τούτοισι καὶ τόνδε τὸν λόγον λέγουσί τινες Ἑλλήνων,
πολλοῖσι [τε] ἔτεσι ὕστερον γενόμενον τούτων· τυχεῖν ἐν
Σούσοισι τοῖσι Μεμνονείοισι ἐόντας ἑτέρου πρήγματος εἵνεκα 10
ἀγγέλους Ἀθηναίων, Καλλίην τε τὸν Ἱππονίκου καὶ τοὺς
μετὰ τούτου ἀναβάντας, Ἀργείους δὲ τὸν αὐτὸν τοῦτον
χρόνον πέμψαντας καὶ τούτους ἐς Σοῦσα ἀγγέλους εἰρωτᾶν
Ἀρτοξέρξην τὸν Ξέρξεω εἴ σφι ἔτι ἐμμένει τὴν πρὸς Ξέρξην
φιλίην συνεκεράσαντο, ἢ νομιζοίατο πρὸς αὐτοῦ εἶναι πολέ- 15
μιοι· βασιλέα δὲ Ἀρτοξέρξην μάλιστα ἐμμένειν φάναι καὶ
152 οὐδεμίαν νομίζειν πόλιν Ἄργεος φιλιωτέρην. εἰ μέν νυν
Ξέρξης τε ἀπέπεμψε ταῦτα λέγοντα κήρυκα ἐς Ἄργος καὶ
Ἀργείων ἄγγελοι ἀναβάντες ἐς Σοῦσα ἐπειρώτων Ἀρτοξέρ-
ξην περὶ φιλίης, οὐκ ἔχω ἀτρεκέως εἰπεῖν, οὐδέ τινα γνώ- 20
μην περὶ αὐτῶν ἀποφαίνομαι ἄλλην γε ἢ τήν περ αὐτοὶ
2 Ἀργεῖοι λέγουσι. ἐπίσταμαι δὲ τοσοῦτον ὅτι εἰ πάντες
ἄνθρωποι τὰ οἰκήια κακὰ ἐς μέσον συνενείκαιεν ἀλλάξασθαι
βουλόμενοι τοῖσι πλησίοισι, ἐγκύψαντες ἂν ἐς τὰ τῶν πέλας
κακὰ ἀσπασίως ἕκαστοι αὐτῶν ἀποφεροίατο ὀπίσω τὰ ἐση- 25
3 νείκαντο. οὕτω [δὴ] οὐδ' Ἀργείοισι αἴσχιστα πεποίηται.
ἐγὼ δὲ ὀφείλω λέγειν τὰ λεγόμενα, πείθεσθαί γε μὲν οὐ

1 καθῆσθαι **d**   2 γένοιται R   μέζονος (pluris) Valla   3 ἔξω **d**
6 τὰ τῆς **d**   8 Ἑλλήνω RV   9 τε om. **a** P : an γε ?
10 Μεμνονείοισι D P : -νίοισι rell.   14 Ἀρταξ. D (it. 16) : Ἀρτο-
ξέρξεα **a** P   σφίσι Herwerden   ἐμμένειν ἐθέλουσι **a**   τῇ . . φιλίῃ
Bekker   15 αὐτοὺς A¹ B   16 -ξέρξεα P   ἐπιμένειν **d**   17 οὐδε-
μίην D   φιλιωτέρην C   18 τε om. **d** P   ἀπέπεμψε] ἀπ' supra v. D
19 Ἀρταξέρξεα D : Ἀρτοξέρξεα rell.   22 λέγουσι om. **d**   τοσούτω(ι)
a : τοσοῦτο P   23 συνενείκααν A¹ : συνενεικει B¹ C   ἀναλλάξασθαι
B : ἀλλάξαι **d**   24 ἐσκύψαντες **a** Pᶜ   εἰς D R V   26 δὴ om. **d**
οὐδ' Krueger : οὐκ L   27 μὲν ὦν οὐ **d**

παντάπασιν ὀφείλω, καί μοι τοῦτο τὸ ἔπος ἐχέτω ἐς πάντα
λόγον· ἐπεὶ καὶ ταῦτα λέγεται, ὡς ἄρα Ἀργεῖοι ἦσαν οἱ
ἐπικαλεσάμενοι τὸν Πέρσην ἐπὶ τὴν Ἑλλάδα, ἐπειδή σφι
πρὸς τοὺς Λακεδαιμονίους κακῶς ἡ αἰχμὴ ἑστήκεε, πᾶν δὴ
5 βουλόμενοι σφίσι εἶναι πρὸ τῆς παρεούσης λύπης.

Τὰ μὲν περὶ Ἀργείων εἴρηται· ἐς δὲ τὴν Σικελίην ἄλλοι 153
τε ἀπίκατο ἄγγελοι ἀπὸ τῶν συμμάχων συμμείξοντες Γέλωνι
καὶ δὴ καὶ ἀπὸ Λακεδαιμονίων Σύαγρος. τοῦ δὲ Γέλωνος
τούτου πρόγονος, οἰκήτωρ ὁ ἐν Γέλῃ, ἦν ἐκ νήσου Τήλου
10 τῆς ἐπὶ Τριοπίῳ κειμένης· ὃς κτιζομένης Γέλης ὑπὸ Λινδίων
τε τῶν ἐκ Ῥόδου καὶ Ἀντιφήμου οὐκ ἐλείφθη. ἀνὰ χρόνον 2
δὲ αὐτοῦ οἱ ἀπόγονοι γενόμενοι ἱροφάνται τῶν χθονίων θεῶν
διετέλεον ἐόντες, Τηλίνεω ἑνός τευ τῶν προγόνων κτησαμένου
τρόπῳ τοιῷδε· ἐς Μακτώριον πόλιν τὴν ὑπὲρ Γέλης οἰκη-
15 μένην ἔφυγον ἄνδρες Γελῴων στάσι ἐσσωθέντες. τούτους 3
ὧν ὁ Τηλίνης κατήγαγε ἐς Γέλην, ἔχων οὐδεμίαν ἀνδρῶν
δύναμιν ἀλλὰ ἱρὰ τούτων τῶν θεῶν. ὅθεν δὲ αὐτὰ ἔλαβε
ἢ αὐτὸς ἐκτήσατο, τοῦτο δὲ οὐκ ἔχω εἰπεῖν. τούτοισι δ᾽
ὧν πίσυνος ἐὼν κατήγαγε, ἐπ᾽ ᾧ τε οἱ ἀπόγονοι αὐτοῦ ἱρο-
20 φάνται τῶν θεῶν ἔσονται. θῶμά μοι ὧν καὶ τοῦτο γέγονε 4
πρὸς τὰ πυνθάνομαι, κατεργάσασθαι Τηλίνην ἔργον τοσοῦτον·
τὰ τοιαῦτα γὰρ ἔργα οὐ πρὸς [τοῦ] ἅπαντος ἀνδρὸς νενόμικα
γίνεσθαι, ἀλλὰ πρὸς ψυχῆς τε ἀγαθῆς καὶ ῥώμης ἀνδρηίης·
ὁ δὲ λέγεται πρὸς τῆς Σικελίης τῶν οἰκητόρων τὰ ὑπεναντία
25 τούτων πεφυκέναι θηλυδρίης τε καὶ μαλακώτερος ἀνήρ.
οὕτω μέν νυν ἐκτήσατο τοῦτο τὸ γέρας· Κλεάνδρου δὲ τοῦ 154

1 πάντα πᾶσι Dulac   εἰς R V   4 τοὺς om. d P   ἡ αἰχμὴ
κακῶς D   ἑστήκεε d   5 σφίσι Plut. mor. 863: σφι L   7 ἀπι-
κέατο P   συμμίξοντες d P: -αντες a   8 ἀπὸ τῶν C P   9 [ὁ]
ἐν Γέλῃ Reiske: ἐὼν Γέλης Schaefer   10 Τριόπεω D S V: Τριώπεω R
11 Ἀντιφήμου Ios. Scaliger: Ἀντιοφ. D: Ἀντιιοφ. S V: Ἀντιοφ. rell.
12 αὐτοῦ τοῦ R V: αὖ τούτου D   13 τευ τῶν] τουτων d   κατησα-
μένου C: κτισαμ. R S V   14 Μακτώριον R   γαίης C   οἰκοι-
μένην R   15 στάσει a d [V]   18 ἢ ⟨εἰ⟩ Krueger   δὲ om. a
19 πίσσ. R S V   20 ὧν om. d   21 κατεργασθαι a P   22 τοῦ
del. Valckenaer   νενόμικε Classen   23 γενέσθαι R S V   26 οὕτω]
οὗτος Stein

Παντάρεος τελευτήσαντος τὸν βίον, ὃς ἐτυράννευσε μὲν
Γέλης ἑπτὰ ἔτεα, ἀπέθανε δὲ ὑπὸ Σαβύλλου ἀνδρὸς Γελῴου,
ἐνθαῦτα ἀναλαμβάνει τὴν μουναρχίην Ἱπποκράτης, Κλεάν-
δρου ἐὼν ἀδελφεός. ἔχοντος δὲ Ἱπποκράτεος τὴν τυραννίδα
ὁ Γέλων, ἐὼν Τηλίνεω τοῦ ἱροφάντεω ἀπόγονος, πολλῶν 5
μετ᾽ ἄλλων καὶ Αἰνησιδήμου τοῦ Παταίκου †ὃς† ἦν δορυφόρος
2 Ἱπποκράτεος. μετὰ δὲ οὐ πολλὸν χρόνον δι᾽ ἀρετὴν
ἀπεδέχθη πάσης τῆς ἵππου εἶναι ἵππαρχος· πολιορκέοντος
γὰρ Ἱπποκράτεος Καλλιπολίτας τε καὶ Ναξίους καὶ
Ζαγκλαίους τε καὶ Λεοντίνους καὶ πρὸς Συρηκοσίους τε καὶ 10
⌜τῶν βαρβάρων συχνοὺς⌝ ἀνὴρ ἐφαίνετο ἐν τούτοισι τοῖσι
πολέμοισι ἐὼν ὁ Γέλων λαμπρότατος. τῶν δὲ εἶπον πολίων
πασέων πλὴν Συρηκουσέων οὐδεμία ἀπέφυγε δουλοσύνην
3 πρὸς Ἱπποκράτεος. Συρηκοσίους δὲ Κορίνθιοί τε καὶ
Κερκυραῖοι ἐρρύσαντο μάχῃ ἑσσωθέντας ἐπὶ ποταμῷ Ἐλώρῳ· 15
ἐρρύσαντο δὲ οὗτοι⌜ἐπὶ τοισίδε καταλλάξαντες,⌝ ἐπ᾽ ᾧ τε
Ἱπποκράτεϊ Καμάριναν Συρηκοσίους παραδοῦναι· Συρηκοσίων
155 δὲ ἦν Καμάρινα τὸ ἀρχαῖον. ὡς δὲ καὶ Ἱπποκράτεα τυραν-
νεύσαντα ἴσα ἔτεα τῷ ἀδελφεῷ Κλεάνδρῳ κατέλαβε ἀπο-
θανεῖν πρὸς πόλι Ὕβλῃ, στρατευσάμενον ἐπὶ τοὺς Σικελούς, 20
οὕτω δὴ ὁ Γέλων ⌜τῷ λόγῳ⌝ τιμωρέων τοῖσι Ἱπποκράτεος
παισὶ Εὐκλείδῃ τε καὶ Κλεάνδρῳ, οὐ βουλομένων τῶν
πολιητέων κατηκόων ἔτι εἶναι, τῷ ἔργῳ, ὡς ἐπεκράτησε
μάχῃ τῶν Γελῴων, ἦρχε αὐτὸς ⌜ἀποστερήσας τοὺς Ἱππο-
2 κράτεος παῖδας. μετὰ δὲ τοῦτο τὸ εὕρημα τοὺς γαμόρους 25
καλεομένους τῶν Συρηκοσίων ἐκπεσόντας ὑπό τε τοῦ δήμου καὶ
τῶν σφετέρων δούλων, καλεομένων δὲ Κυλλυρίων, ὁ Γέλων

1 Πανδάρεως C : Παταρέος R : Παταρέος D P S V　　2 Σαβύλλου]
ὑ Dᵒ　　3 λαμβάνει ḍ　　4 ἀδελφεὸς ἐών ạ　　5 ἱεροφ. A B
6 Αἰνεσ. ḍ　　Παταίκου ạ P　　[δς] Reiske : υἱέος Stein　　8 ἀπε-
δείχθη A　　ἵππα. εἶναι D　　9 γὰρ] δὲ C　　10 pr. τε C, alt. ḍ om.
12 πολέμοισι S : πολεμοίοισι(ν) rell.　　εἶποντο D　　13 πασέων ḍ :
τουτέων ạ P　　-κουσίων D : -κοσίων R S V　　ἀπέφυγε Eltz : πέφευγε L
14 -κους. C D P (it. infra)　　δὲ] τε B　　15 -θέντες S V　　16 δὲ
καὶ C　　τοῖσδε L　　καταλέξαντες ḍ P　　τε om. R　　17 Καμά-
ριναν R　　20 πόλει C D　　22 Κασσάνδρῳ A B : Κασάνδρῳ C
26 τὲ ἐκπεσόντας B　　27 Κιλλυρίων A D : Κυλληρίων B

212

καταγαγὼν τούτους ἐκ Κασμένης πόλιος ἐς τὰς Συρηκούσας   *Syracuse*
ἔσχε καὶ ταύτας· ὁ γὰρ δῆμος ὁ τῶν Συρηκοσίων ἐπιόντι
Γέλωνι παραδιδοῖ τὴν πόλιν καὶ ἑωυτόν. ὁ δὲ ἐπείτε 156
παρέλαβε τὰς Συρηκούσας, Γέλης μὲν ἐπικρατέων [λό-   *Gela*
5 γον ἐλάσσω ἐποιέετο,] ἐπιτρέψας αὐτὴν Ἱέρωνι ἀδελφεῷ
ἑωυτοῦ, ὁ δὲ τὰς Συρηκούσας ἐκράτυνε, καὶ ἦσάν οἱ   *strengthen*
πάντα αἱ Συρήκουσαι. αἱ δὲ παραυτίκα ἀνά τ' ἔδραμον 2   *'shot up'*
καὶ ἔβλαστον· τοῦτο μὲν γὰρ Καμαριναίους ἅπαντας ἐς τὰς
Συρηκούσας ἀγαγὼν πολιήτας ἐποίησε, Καμαρίνης δὲ τὸ
10 ἄστυ κατέσκαψε, τοῦτο δὲ Γελώων ὑπερημίσεας τῶν ἀστῶν   *κατεσκαπτω-
demolish
τὠυτὸ τοῖσι Καμαριναίοισι ἐποίησε· Μεγαρέας τε τοὺς ἐν
Σικελίῃ, ὡς πολιορκεόμενοι ἐς ὁμολογίην προσεχώρησαν,
τοὺς μὲν αὐτῶν παχέας, ἀειραμένους τε πόλεμον αὐτῷ καὶ
προσδοκῶντας ἀπολέεσθαι διὰ τοῦτο, ἀγαγὼν ἐς τὰς Συρη-   *start*
15 κούσας/πολιήτας ἐποίησε· τὸν δὲ δῆμον τῶν Μεγαρέων.
οὐκ ἐόντα μεταίτιον τοῦ πολέμου τούτου οὐδὲ προσδεκόμενον
κακὸν οὐδὲν πείσεσθαι, ἀγαγὼν καὶ τούτους ἐς τὰς Συρη-   *ἀποδίδωμι-to sell*
κούσας ἀπέδοτο ἐπ' ἐξαγωγῇ ἐκ Σικελίης. τὠυτὸ δὲ τοῦτο 3   *ἐξαγωγή-
exportation*
καὶ Εὐβοέας τοὺς ἐν Σικελίῃ ἐποίησε διακρίνας. ἐποίεε
20 δὲ ταῦτα [τούτους ἀμφοτέρους νομίσας] δῆμον εἶναι συνοίκημα   *'housemate'*
ἀχαριτώτατον. τοιούτῳ μὲν τρόπῳ τύραννος ἐγεγόνεε μέγας
ὁ Γέλων· τότε δ' ὡς οἱ ἄγγελοι τῶν Ἑλλήνων ἀπίκατο ἐς 157
τὰς Συρηκούσας, ἐλθόντες αὐτῷ ἐς λόγους] ἔλεγον τάδε·
Ἔπεμψαν ἡμέας Λακεδαιμόνιοι [τε καὶ Ἀθηναῖοι] καὶ οἱ
25 τούτων σύμμαχοι παραλαμψομένους σε πρὸς τὸν βάρβαρον·

---

1 et 4 Συρηκούσσας A B   4–6 Γέλης . . . Συρηκούσας (-κούσσας
A⁰ B) om. R   5 Γέλωνι d [R]   ἀδελφῷ A   6 τάς τε Σ. D V
οἱ πάντα Reiske : ἅπαντα L   7 Συρηκουσαι A B : -άκουσαι R V
8 ἔκβλαστον R S V : ἀνέβλαστον C P   9 -ηκούσσας A B : -ακούσας
R S V   10 τούτῳ R   13 ἀειραμένους A B : -ρομένους rell.
14 προσδοκέοντας C P   ἀπολέσθαι D R V   ἀγαγὼν Bekker : ἄγων L
-ηκούσσας A : -ακούσσας B : -ακούσας R S V   15 πολίτας D R V
17 -ηκούσσας A B : -ακούσας R S V (it. 23)   18 ἀπέδοτο ἐξαγαγὼν
γῆ ἐκ C   20 τούτους] τοὺς C   21 τοιοῦτο R   μέγας ἐγεγόνεε
Γέλων d   22 ἀπικέατο P   24 τε καὶ Ἀθ. om. a P   25 συμμ.
τούτων d   -ψαμένους B   πρὸς τὸν] τοὺς πρὸς C

τὸν γὰρ ἐπιόντα ἐπὶ τὴν Ἑλλάδα πάντως κου πυνθάνεαι,
ὅτι Πέρσης ἀνὴρ μέλλει ζεύξας τὸν Ἑλλήσποντον καὶ
ἐπάγων πάντα τὸν ἠῷον στρατὸν ἐκ τῆς Ἀσίης στρατη-
λατήσειν ἐπὶ τὴν Ἑλλάδα, πρόσχημα μὲν ποιεύμενος ὡς ἐπ'
Ἀθήνας ἐλαύνει, ἐν νόῳ δὲ ἔχων πᾶσαν τὴν Ἑλλάδα ὑπ' 5
2 ἑωυτῷ ποιήσασθαι. σὺ δὲ δυνάμιός τε ⟨γὰρ⟩ ἥκεις μεγάλης
καὶ μοῖρά τοι τῆς Ἑλλάδος οὐκ ἐλαχίστη μέτα⌉ἄρχοντί γε
Σικελίης, βοήθει τε τοῖσι ἐλευθεροῦσι τὴν Ἑλλάδα καὶ
συνελευθέρου. ἀλὴς μὲν γὰρ γενομένη πᾶσα ἡ Ἑλλὰς χεὶρ
μεγάλη συνάγεται, καὶ ἀξιόμαχοι γινόμεθα τοῖσι ἐπιοῦσι· 10
ἢν δὲ ἡμέων οἱ μὲν καταπροδιδῶσι, οἱ δὲ μὴ θέλωσι τιμωρέειν,
τὸ δὲ ὑγιαῖνον τῆς Ἑλλάδος ᾖ ὀλίγον, τοῦτο δὲ ἤδη δεινὸν
3 γίνεται μὴ πέσῃ πᾶσα ἡ Ἑλλάς. μὴ γὰρ ἐλπίσῃς, ἢν
ἡμέας καταστρέψηται ὁ Πέρσης μάχῃ κρατήσας, ὡς οὐκὶ
ἥξει παρὰ σέ γε, ἀλλὰ πρὸ τούτου φύλαξαι· βοηθέων γὰρ 15
ἡμῖν σεωυτῷ τιμωρέεις· τῷ δὲ εὖ βουλευθέντι πρήγματι
158 τελευτὴ ὡς ⌈τὸ ἐπίπαν⌉ χρηστὴ ἐθέλει ἐπιγίνεσθαι. οἱ μὲν
ταῦτα ἔλεγον, Γέλων δὲ πολλὸς ἐνέκειτο λέγων τοιάδε·
Ἄνδρες Ἕλληνες, ⌈λόγον ἔχοντες πλεονέκτην⌉ ἐτολμήσατε
ἐμὲ σύμμαχον ἐπὶ τὸν βάρβαρον παρακαλέοντες ἐλθεῖν. 20
2 αὐτοὶ δὲ ⌈ἐμεῦ πρότερον δεηθέντος⌉ βαρβαρικοῦ στρατοῦ
συνεπάψασθαι, ὅτε μοι πρὸς Καρχηδονίους νεῖκος συνῆπτο,
ἐπισκήπτοντός τε τὸν Δωριέος τοῦ Ἀναξανδρίδεω ⌈πρὸς
Ἐγεσταίων⌉ φόνον ἐκπρήξασθαι, ὑποτείνοντός τε τὰ ἐμπόρια
συνελευθεροῦν ἀπ' ὧν ὑμῖν μεγάλαι ὠφελίαι τε καὶ ἐπαυ- 25
ρέσιες γεγόνασι, οὔτε ἐμεῦ εἵνεκα ἤλθετε βοηθήσοντες οὔτε

2 μέλλει et καὶ om. d　　　3 ᾿παγαγὼν B　　ἠοῖον Dindorf
στρατηλατέειν C P : ἐστρατηλάτησε(ν) d　　5 ἐλαύνειν C　　νῶ d
6 γὰρ add. Stein　　ἠγέαι conieci　　μεγάλως Reiske　　7 τῆς
om. d　　μέτε R　　9 ἀλλὴς A¹ B　　χειρὶ μεγάλη συλλέγεται d
10 γεν. B　　11 οἱ μὲν ἡμέων a　　θελήσωσι R S V　　12 δὴ ἤδη
D R V : ἤδη S　　13 ἢ om. C　　14 οὐχὶ d　　16 εὖ om. d
βουληθ. B　　17 θέλει R S V　　18 ταῦ R : αὐτὰ S [V]　　23 τε
τοῦ Δωριέως A B　　24 Ἐγεστέων D¹ R V　　ὑποτίν. R S V
25 ὠφελειαι C D P　　τε om. a　　ἐπαυρέσεις C: ἐπευρέσιες D:
²παρέσκες R V : ἐπαρκέσις S: ἐπαυρήσιες A B P

214

τὸν Δωριέος φόνον ἐκπρηξόμενοι, [τό τε κατ' ὑμέας] τάδε
πάντα ὑπὸ βαρβάροισι νέμεται. ἀλλὰ εὖ γὰρ ἡμῖν καὶ 3
ἐπὶ τὸ ἄμεινον κατέστη. νῦν δὲ ἐπειδὴ περιελήλυθε ὁ
πόλεμος καὶ ἀπῖκται ἐς ὑμέας, οὕτω δὴ Γέλωνος μνῆστις
5 γέγονε. ἀτιμίης δὲ πρὸς ὑμέων κυρήσας οὐκ ὁμοιώσομαι 4
ὑμῖν, ἀλλ' ἕτοιμός εἰμι βοηθέειν παρεχόμενος διηκοσίας τε
τριήρεας καὶ δισμυρίους ὁπλίτας καὶ δισχιλίην ἵππον καὶ
δισχιλίους τοξότας καὶ δισχιλίους σφενδονήτας καὶ δισχιλίους
ἱπποδρόμους ψιλούς· σῖτόν τε ἁπάσῃ τῇ Ἑλλήνων στρατιῇ,
10 ἔστ' ἂν διαπολεμήσωμεν, ὑποδέκομαι παρέξειν. ἐπὶ δὲ 5
λόγῳ τοιῷδε τάδε ὑπίσχομαι, ἐπ' ᾧ τε στρατηγός τε καὶ
ἡγεμὼν τῶν Ἑλλήνων ἔσομαι πρὸς τὸν βάρβαρον· ἐπ' ἄλλῳ
δὲ λόγῳ οὔτ' ἂν αὐτὸς ἔλθοιμι οὔτ' ἂν ἄλλους πέμψαιμι.
ταῦτα ἀκούσας οὔτε ἠνέσχετο ὁ Σύαγρος εἶπέ τε τάδε· Ἦ 159
15 κε μέγ' οἰμώξειε ὁ Πελοπίδης Ἀγαμέμνων πυθόμενος Σπαρ-
τιήτας τὴν ἡγεμονίην ἀπαραιρῆσθαι ὑπὸ Γέλωνός τε
καὶ Συρηκοσίων. ἀλλὰ τούτου μὲν τοῦ λόγου μηκέτι
μνησθῇς, ὅκως τὴν ἡγεμονίην τοι παραδώσομεν. ἀλλ' εἰ
μὲν βούλεαι βοηθέειν τῇ Ἑλλάδι, ἴσθι ἀρξόμενος ὑπὸ
20 Λακεδαιμονίων· εἰ δ' ἄρα μὴ δικαιοῖς ἄρχεσθαι, σὺ δὲ μηδὲ
βοηθέειν. πρὸς ταῦτα ὁ Γέλων, ἐπειδὴ ὥρα ἀπεστραμμένους 160
τοὺς λόγους τοῦ Συάγρου, τὸν τελευταῖόν σφι τόνδε ἐξέφαινε
λόγον· Ὦ ξεῖνε Σπαρτιῆτα, ὀνείδεα κατιόντα ἀνθρώπῳ φιλέει
ἐπανάγειν τὸν θυμόν· σὺ μέντοι ἀποδεξάμενος ὑβρίσματα
25 ἐν τῷ λόγῳ οὔ με ἔπεισας ἀσχήμονα ἐν τῇ ἀμοιβῇ γενέσθαι.
ὅκου δὲ ὑμεῖς οὕτω περιέχεσθε τῆς ἡγεμονίης, οἰκὸς καὶ ἐμὲ 2
μᾶλλον ὑμέων περιέχεσθαι, στρατιῆς τε ἐόντα πολλαπλησίης

1 Δωριέως A B   δὲ d P   καθ' D   ὑμᾶς D R V   2 ἄπαντα a
6 τε om. D   11 ἐπ' . . . ἔσομαι om. R   pr. τε om. a P   τῶν
Ἑλλ. καὶ ἡγ. C   13 τε d   alt. ἂν om. d   16 ἀπαιρῆσθαι C :
ὑπαιρεῖσθαι d   18 -σωμεν C D¹   20 μηδὲ A B D P : μὴ rell.
21 βοηθεῖ a P   ἀπεστρεμμ. C   22 τόδε R V   ἐξέφηνε S V
23 τὰ ὀνείδεα Stob. flor. 20, 45   25 οὔ με (οὔτε V : οὐκ S) ἔπεισας d :
οὔ μ' πείσεις a P : οὔ μ' ἔπεισας Stob. flor. 19, 19   27 περιέχεσθε τῆς
ἡγεμονίης R   ὄντα D R V   πολλαπλησίης A B D° : πολλαπλασίης rell.

ἡγεμόνα καὶ νεῶν πολλὸν πλεύνων. ἀλλ' ἐπείτε ὑμῖν ὁ
λόγος οὕτω προσάντης κατίσταται, ἡμεῖς τι ὑπείξομεν τοῦ
ἀρχαίου λόγου. εἰ τοῦ μὲν πεζοῦ ὑμεῖς ἡγέοισθε, τοῦ δὲ
ναυτικοῦ ἐγώ· εἰ δὲ ὑμῖν ἡδονὴ τοῦ κατὰ θάλασσαν ἡγεμο-
νεύειν, τοῦ πεζοῦ ἐγὼ θέλω. καὶ ἢ τούτοισι ὑμέας χρεόν 5
161 ἐστι ἀρκέεσθαι ἢ ἀπιέναι συμμάχων τοιῶνδε ἐρήμους. Γέλων
μὲν δὴ ταῦτα προετείνετο, φθάσας δὲ ὁ Ἀθηναίων ἄγγελος
τὸν Λακεδαιμονίων ἀμείβετό μιν τοισίδε· Ὦ βασιλεῦ
Συρηκοσίων, οὐκ ἡγεμόνος δεομένη ἡ Ἑλλὰς ἀπέπεμψε
ἡμέας πρὸς σέ, ἀλλὰ στρατιῆς. σὺ δὲ ὅκως μὲν στρατιὴν 10
πέμψεις μὴ ἡγεύμενος τῆς Ἑλλάδος, οὐ προφαίνεις, ὡς δὲ
2 στρατηγήσεις αὐτῆς, γλίχεαι. ὅσον μέν νυν παντὸς τοῦ
Ἑλλήνων στρατοῦ ἐδέου ἡγέεσθαι, ἐξήρκεε ἡμῖν τοῖσι
Ἀθηναίοισι ἡσυχίην ἄγειν, ἐπισταμένοισι ὡς ὁ Λάκων ἱκανός
τοι ἔμελλε ἔσεσθαι καὶ ὑπὲρ ἀμφοτέρων ἀπολογεύμενος· 15
ἐπείτε δὲ ἁπάσης ἀπελαυνόμενος δέεαι τῆς ναυτικῆς ἄρχειν,
οὕτω ἔχει τοι· οὐδ' ἢν ὁ Λάκων ἐπίῃ τοι ἄρχειν αὐτῆς,
ἡμεῖς ἐπήσομεν. ἡμετέρη γάρ ἐστι αὕτη γε μὴ αὐτῶν
βουλομένων Λακεδαιμονίων. τούτοισι μὲν ὦν ἡγέεσθαι
βουλομένοισι οὐκ ἀντιτείνομεν, ἄλλῳ δὲ παρήσομεν οὐδενὶ 20
3 ναυαρχέειν. μάτην γὰρ ἂν ὧδε πάραλον Ἑλλήνων στρατὸν
πλεῖστον εἴημεν ἐκτημένοι, εἰ Συρηκοσίοισι ἐόντες Ἀθηναῖοι
συγχωρήσομεν τῆς ἡγεμονίης, ἀρχαιότατον μὲν ἔθνος παρε-
χόμενοι, μοῦνοι δὲ ἐόντες οὐ μετανάσται Ἑλλήνων· τῶν
καὶ Ὅμηρος ὁ ἐποποιὸς ἄνδρα ἄριστον ἔφησε ἐς Ἴλιον 25
ἀπικέσθαι τάξαι τε καὶ διακοσμῆσαι στρατόν. οὕτω οὐκ
162 ὄνειδος οὐδὲν ἡμῖν ἐστι λέγειν ταῦτα. ἀμείβετο Γέλων
τοισίδε· Ξεῖνε Ἀθηναῖε, ὑμεῖς οἴκατε τοὺς μὲν ἄρχοντας

1 νηῶν πολὺ L   δ om. P   2 προσάντις B D¹   καταστή-
σαται R   4 λέγω C   6 ἀρκέεσθαι] ἐέ Dᶜ : ἀρέσκεσθαι a P
7 ὁ τῶν E   8 τῶν C D R V   τοιάδε ᵈ : τοῖσδε a P   10 σὺ
. . . ἀπολογεύμενος (15) om. C   11 πέμψῃς ᵈ   προφαίνῃ(ι) ᵈ :
ἀποφαίνεις E   12 στρατηγήσῃς ᵈ   13 ἐδέο Bredow   ἐξήρκει L
15 τι R V (?)   -γούμενος E   16 δέεται B¹ : δέῃ ᵈ   17 οὕτω]
οὔτε R   ἐπήει D : ἐπόίη S V   τὸ C   18 γε om. A   21 γὰρ
ὧδέ γε παρ' ἄλλων (-ον D¹) ᵈ   22 κεκτημένοι ᵈ   27 ἡμῖν οὐδέν D
28 τοῖσιδε C : τοῖσδε rell.   μὲν om. a E P

ἔχειν, τοὺς δὲ ἀρξομένους οὐκ ἕξειν. ἐπεὶ τοίνυν οὐδὲν
ὑπιέντες ἔχειν τὸ πᾶν ἐθέλετε, οὐκ ἂν φθάνοιτε τὴν ταχίστην
ὀπίσω ἀπαλλασσόμενοι καὶ ἀγγέλλοντες τῇ Ἑλλάδι ὅτι ἐκ
τοῦ ἐνιαυτοῦ τὸ ἔαρ αὐτῇ ἐξαραίρηται. [οὗτος δὲ ὁ νόος 2
5 τοῦ ῥήματος, τὸ ἐθέλει λέγειν· δῆλα γὰρ ὡς ἐν τῷ ἐνιαυτῷ
ἐστι τὸ ἔαρ δοκιμώτατον, τῆς δὲ τῶν Ἑλλήνων στρατιῆς
τὴν ἑωυτοῦ στρατιήν. στερισκομένην ὧν τὴν Ἑλλάδα τῆς
ἑωυτοῦ συμμαχίης εἴκαζε ὡς εἰ τὸ ἔαρ ἐκ τοῦ ἐνιαυτοῦ
ἐξαραιρημένον εἴη.]

10 Οἱ μὲν δὴ τῶν Ἑλλήνων ἄγγελοι τοιαῦτα τῷ Γέλωνι 163
χρηματισάμενοι ἀπέπλεον· Γέλων δὲ πρὸς ταῦτα δείσας μὲν
περὶ τοῖσι Ἕλλησι μὴ οὐ δύνωνται τὸν βάρβαρον ὑπερβα-
λέσθαι, δεινὸν δὲ καὶ οὐκ ἀνασχετὸν ποιησάμενος ἐλθὼν
ἐς Πελοπόννησον ἄρχεσθαι ὑπὸ Λακεδαιμονίων, ἐὼν Σικελίης
15 τύραννος, ταύτην μὲν τὴν ὁδὸν ἠμέλησε, ὁ δὲ ἄλλης εἴχετο·
ἐπείτε γὰρ τάχιστα ἐπύθετο τὸν Πέρσην διαβεβηκότα τὸν 2
Ἑλλήσποντον, πέμπει πεντηκοντέροισι τρισὶ Κάδμον τὸν
Σκύθεω ἄνδρα Κῷον ἐς Δελφούς, ἔχοντα χρήματα πολλὰ
καὶ φιλίους λόγους, καραδοκήσοντα τὴν μάχην τῇ πεσέεται,
20 καὶ ἢν μὲν ὁ βάρβαρος νικᾷ, τά τε χρήματα αὐτῷ διδόναι
καὶ γῆν τε καὶ ὕδωρ τῶν ἄρχει ὁ Γέλων, ἢν δὲ οἱ Ἕλληνες,
ὀπίσω ἀπάγειν. ὁ δὲ Κάδμος οὗτος πρότερον τούτων 164
παραδεξάμενος παρὰ πατρὸς τυραννίδα Κῴων εὖ βεβηκυῖαν,
ἑκών τε εἶναι καὶ δεινοῦ ἐπιόντος οὐδενὸς ἀλλ᾽ ὑπὸ δικαιο-
25 σύνης ἐς μέσον Κῴοισι καταθεὶς τὴν ἀρχὴν οἴχετο ἐς Σικελίην,
ἔνθα παρὰ Σαμίων ἔσχε τε καὶ κατοίκησε πόλιν Ζάγκλην
τὴν ἐς Μεσσήνην μεταβαλοῦσαν τὸ οὔνομα. τοῦτον δὴ ὁ 2

1 ἀρχ. E   οὐχ a E   ἔχειν d   2 ἐπιέντες a   τὸ πᾶν
ἔχειν E : ἔχειν om. RSV   4 αὐτῇ om. E   ἐξαίρηται C   οὗτος
. . . εἴη del. Wesseling   5 τὸ] τοδε d   ὡς om. d   6 δοκιμ.
τὸ ἔαρ D   7 ἂν om. d   8 ἐκ om. E   10 τοσαῦτα d P
12 δυνέωνται D^c R S V   ὑπερβαλλεσθαι V   14 ἐς om. D
15 ἤχετο R   19 φίλους C   καραδοκήσαντα d   τῇ Struve : ᾗ L
πεσεῖται d   21 pr. καὶ om. C   24 ἀλλὰ ἀπὸ a   25 καθεὶς B
ᾤχετο d   26 παρὰ a P : μετὰ d   οἴκησε d   27 ἐν Μεσσήνηι a
μεταβαλλοῦσαν R   τοὔνομα a P

Γέλων [τὸν Κάδμον καὶ τοιούτῳ τρόπῳ ἀπικόμενον διὰ
δικαιοσύνην, τήν οἱ αὐτὸς ἄλλην συνῄδεε ἐοῦσαν, ἔπεμπε·
ὃς ἐπὶ τοῖσι ἄλλοισι δικαίοισι τοῖσι ἐξ ἑωυτοῦ ἐργασμένοισι
καὶ τόδε οὐκ ἐλάχιστον τούτων ἐλίπετο· κρατήσας [γὰρ]
μεγάλων χρημάτων τῶν οἱ Γέλων ἐπετράπετο, παρεὸν 5
κατασχέσθαι οὐκ ἠθέλησε, ἀλλ' ἐπεὶ οἱ Ἕλληνες ἐπεκρά-
τησαν τῇ ναυμαχίῃ καὶ Ξέρξης οἰχώκεε ἀπελαύνων, καὶ δὴ
καὶ ἐκεῖνος ἀπίκετο ἐς τὴν Σικελίην ἅπαντα τὰ χρήματα
165 ἄγων. λέγεται δὲ καὶ τάδε ὑπὸ τῶν ἐν Σικελίῃ οἰκημένων,
ὡς ὅμως καὶ μέλλων ἄρχεσθαι ὑπὸ Λακεδαιμονίων ὁ Γέλων 10
ἐβοήθησε ἂν τοῖσι Ἕλλησι, εἰ μὴ ὑπὸ Θήρωνος τοῦ Αἰνησι-
δήμου [Ἀκραγαντίνων μουνάρχου] ἐξελασθεὶς ἐξ Ἱμέρης
Τήριλλος ὁ Κρινίππου, τύραννος ἐὼν Ἱμέρης, ἐπῆγε [ὑπ'
αὐτὸν τὸν χρόνον τοῦτον] Φοινίκων καὶ Λιβύων καὶ Ἰβήρων
καὶ Λιγύων καὶ Ἐλισύκων καὶ Σαρδονίων καὶ Κυρνίων 15
τριήκοντα μυριάδας καὶ στρατηγὸν αὐτῶν Ἀμίλκαν τὸν
Ἄννωνος, Καρχηδονίων ἐόντα βασιλέα, κατὰ ξεινίην τε
τὴν ἑωυτοῦ ὁ Τήριλλος ἀναγνώσας καὶ μάλιστα διὰ τὴν
Ἀναξίλεω τοῦ Κρητίνεω προθυμίην, ὃς Ῥηγίου ἐὼν τύραννος,
τὰ ἑωυτοῦ τέκνα δοὺς ὁμήρους Ἀμίλκᾳ ἐπῆγε ἐπὶ τὴν Σικε- 20
λίην τιμωρέων τῷ πενθερῷ· Τηρίλλου γὰρ εἶχε θυγατέρα
Ἀναξίλεως, τῇ οὔνομα ἦν Κυδίππη. οὕτω δὴ οὐκ οἷόν τε
γενόμενον βοηθέειν τὸν Γέλωνα τοῖσι Ἕλλησι [ἀποπέμπειν
166 ἐς Δελφοὺς τὰ χρήματα. πρὸς δὲ καὶ τάδε λέγουσι, ὡς
συνέβη [τῆς αὐτῆς ἡμέρης] ἔν τε τῇ Σικελίῃ Γέλωνα καὶ 25
Θήρωνα νικᾶν Ἀμίλκαν τὸν Καρχηδόνιον [καὶ ἐν Σαλαμῖνι
τοὺς Ἕλληνας τὸν Πέρσην.] τὸν δὲ Ἀμίλκαν, Καρχηδόνιον
ἐόντα πρὸς πατρός, μητρόθεν δὲ Συρηκόσιον, βασιλεύσαντά

2 ἤδεε(ν) d   ἐνεοῦσαν Naber   ἀνέπεμπε(ν) d   4 ἐλείπετο P
γὰρ om. D   6 ἐθέλησε P   8 καὶ om. ℭ   ἅπαντα Schaefer:
ἀπὸ πάντα a P Const. : πάντα d   9 ἐν τῆι a   11 Αἰνεσ. R S V
12 ἐξελασθεὶς D Const. : ἐξελαθεὶς rell.   13 ἐπ' a P   15 Ἐλυ-
σίκων R : Ἐσιλύκων a   Σαρδονίων (?) C¹ : Σαρδόνων Cᶜ rell.
17 Ἄννωνος R S V   19 Ἀξίλεω a   25 τῇ om. C   26 τὸν
Καρχηδόνιον . . . Ἀμίλκαν om. C

τε κατ᾽ ἀνδραγαθίην Καρχηδονίων, ὡς ἡ συμβολή τε ἐγίνετο
καὶ ὡς ἐσσοῦτο τῇ μάχῃ, ἀφανισθῆναι πυνθάνομαι· οὔτε
γὰρ ζῶντα οὔτε ἀποθανόντα φανῆναι οὐδαμοῦ γῆς· τὸ πᾶν
γὰρ ἐπεξελθεῖν διζήμενον Γέλωνα. ἔστι δὲ ὑπ᾽ αὐτῶν **167**
5 Καρχηδονίων ὅδε λόγος λεγόμενος, οἰκότι χρεωμένων, ὡς
οἱ μὲν βάρβαροι τοῖσι Ἕλλησι [ἐν τῇ Σικελίῃ] ἐμάχοντο
ἐξ ἠοῦς ἀρξάμενοι μέχρι δείλης ὀψίης (ἐπὶ τοσοῦτο γὰρ
λέγεται ἑλκύσαι τὴν σύστασιν), ὁ δὲ Ἀμίλκας ἐν τούτῳ τῷ
χρόνῳ μένων ἐν τῷ στρατοπέδῳ [ἐθύετο καὶ] ἐκαλλιερέετο
10 ἐπὶ πυρῆς μεγάλης σώματα ὅλα καταγίζων, ἰδὼν δὲ τροπὴν
τῶν ἑωυτοῦ γινομένην, ὡς ἔτυχε ἐπισπένδων τοῖσι ἱροῖσι,
ὦσε ἑωυτὸν ἐς τὸ πῦρ· οὕτω δὴ κατακαυθέντα ἀφανισθῆναι.
ἀφανισθέντι δὲ Ἀμίλκᾳ τρόπῳ εἴτε τοιούτῳ ὡς Φοίνικες **2**
λέγουσι, εἴτε ἑτέρῳ [ὡς Καρχηδόνιοι καὶ Συρηκόσιοι], τοῦτο
15 μέν οἱ θύουσι, τοῦτο δὲ μνήματα ἐποίησαν ἐν πάσῃσι τῇσι
πόλισι τῶν ἀποικίδων, ἐν αὐτῇ τε μέγιστον Καρχηδόνι. τὰ
μὲν ἀπὸ Σικελίης τοσαῦτα.

Κερκυραῖοι δὲ τάδε ὑποκρινάμενοι τοῖσι ἀγγέλοισι τοιάδε **168**
ἐποίησαν· καὶ γὰρ τούτους παρελάμβανον οἱ αὐτοὶ οἵ περ
20 ἐς Σικελίην ἀπίκατο, λέγοντες τοὺς αὐτοὺς λόγους τοὺς καὶ
πρὸς Γέλωνα ἔλεγον. οἱ δὲ παραυτίκα μὲν ὑπίσχοντο
πέμψειν τε καὶ ἀμυνέειν, φράζοντες ὡς οὔ σφι περιοπτέη
ἐστὶ ἡ Ἑλλὰς ἀπολλυμένη· ἢν γὰρ σφαλῇ, σφεῖς γε οὐδὲν
ἄλλο ἢ δουλεύσουσι τῇ πρώτῃ τῶν ἡμερέων· ἀλλὰ τιμω-
25 ρητέον εἴη ἐς τὸ δυνατώτατον. ὑπεκρίναντο μὲν οὕτω **2**
εὐπρόσωπα· ἐπεὶ δὲ ἔδει βοηθέειν, ἄλλα νοέοντες ἐπλήρωσαν
νέας ἑξήκοντα, μόγις δὲ ἀναχθέντες προσέμειξαν τῇ Πελο-
ποννήσῳ, καὶ περὶ Πύλον καὶ Ταίναρον γῆς τῆς Λακε-
δαιμονίων ἀνεκώχευον τὰς νέας, καραδοκέοντες καὶ οὗτοι

1 alt. τε om. S   ἐγένετο S V   5 ὅδε ὁ D R V   οἰκότι Koen :
εικόνι L (-ώνι Β)   6 ἐν τῇ Σικελίῃ om. ἀ P^t   7 τοσοῦτον R S V
8 λέγειν ἀ : del. Cobet   9 ἐθύετο καὶ del. Abicht   10 κατίζων C
12 εἰς R V   14 ὡς . . Συρηκ. del. Stein : καὶ Συρηκ. om. ἀ P
16 πόλησι R V   20 ἀπίκοντο a P   21 ὑπέσχοντο ἀ   22 πέμψειν
R S V   26 νοεῦντες ἀ   27 ἐξ. νέας S : νέας om. V   προσέ-
μιξαν L

τὸν πόλεμον τῇ πεσέεται, ἀελπτέοντες μὲν τοὺς Ἕλληνας
ὑπερβαλέεσθαι, δοκέοντες δὲ τὸν Πέρσην κατακρατήσαντα
3 πολλὸν ἄρξειν πάσης τῆς Ἑλλάδος. ἐποίευν ὦν ἐπίτηδες,
ἵνα ἔχωσι πρὸς τὸν Πέρσην λέγειν τοιάδε· Ὦ βασιλεῦ,
ἡμεῖς παραλαμβανόντων τῶν Ἑλλήνων ἡμέας ἐς τὸν πόλεμον 5
τοῦτον, ἔχοντες δύναμιν οὐκ ἐλαχίστην οὐδὲ νέας ἐλαχίστας
παρασχόντες ἂν ἀλλὰ πλείστας μετά γε Ἀθηναίους, οὐκ
ἠθελήσαμέν τοι ἀντιοῦσθαι οὐδέ τι ἀποθύμιον ποιῆσαι.
τοιαῦτα λέγοντες ἤλπιζον πλέον τι τῶν ἄλλων οἴσεσθαι·
4 τά περ ἂν καὶ ἐγένετο, ὡς ἐμοὶ δοκέει. πρὸς δὲ τοὺς 10
Ἕλληνάς σφι σκῆψις ἐπεποίητο, τῇ περ δὴ καὶ ἐχρήσαντο·
αἰτιωμένων γὰρ τῶν Ἑλλήνων ὅτι οὐκ ἐβοήθεον, ἔφασαν
πληρῶσαι μὲν ἑξήκοντα τριήρεας, ὑπὸ δὲ ἐτησίων ἀνέμων
ὑπερβαλεῖν Μαλέην οὐκ οἷοί τε γενέσθαι· οὕτω οὐκ ἀπικέσθαι
ἐς Σαλαμῖνα καὶ οὐδεμιῇ κακότητι λειφθῆναι τῆς ναυμαχίης. 15
οὗτοι μὲν οὕτω διεκρούσαντο τοὺς Ἕλληνας.

169 Κρῆτες δέ, ἐπείτε σφέας παρελάμβανον οἱ ἐπὶ τούτοισι
ταχθέντες Ἑλλήνων, ἐποίησαν τοιόνδε· πέμψαντες κοινῇ
θεοπρόπους ἐς Δελφοὺς τὸν θεὸν ἐπείρωτων εἴ σφι ἄμεινον
2 τιμωρέουσι γίνεται τῇ Ἑλλάδι. ἡ δὲ Πυθίη ὑπεκρίνατο· 20
Ὦ νήπιοι, ἐπιμέμφεσθε ὅσα ὑμῖν ἐκ τῶν Μενέλεω τιμωρη-
μάτων Μίνως ἔπεμψε μηνίων δακρύματα, ὅτι οἱ μὲν οὐ
συνεξεπρήξαντο αὐτῷ τὸν ἐν Καμικῷ θάνατον γενόμενον,
ὑμεῖς δὲ ἐκείνοισι τὴν ἐκ Σπάρτης ἁρπασθεῖσαν ὑπ᾽ ἀνδρὸς
βαρβάρου γυναῖκα. ταῦτα οἱ Κρῆτες ὡς ἀπενειχθέντα 25
170 ἤκουσαν, ἔσχοντο τῆς τιμωρίης. λέγεται γὰρ Μίνων κατὰ
ζήτησιν Δαιδάλου ἀπικόμενον ἐς Σικανίην τὴν νῦν Σικελίην

1 ἦ L   2 -βάλλεσθαι a : -βαλέσθαι D S Suid. s. v. ἀελπτέοντες
Ξέρξεα d   3 οὖν a   4 λέγειν om. a   5 ἡμέας om. R S V
8 σοι D R S : σε (?) V   ἐναντιοῦσθαι a P S   οὐδέ . . ποιῆσαι om. D
10 καί om. a   13 ἐτησίων S   14 ὑπερβαλέειν L   Μαλένη] η Dᶜ
οἷόν R   15 ληφθ. D   συμμαχίης C   19 σφίσι Stein
21 ἐπιμέμφεσθαι B : μέμφεσθε R S V : οὔτι μέμνησθε Reiske   Μενε-
λάου a P : Μενέλεῳ Wesseling   22 Μήνως D¹   μηνύων D V :
μηνυίων (?) R   23 τῶν R   Καμίκῳ L   24 κείνοισι D P R
ἁρπαχθεῖσαν A B P : ἀπαχθ. C   26 ἀπείχοντο D R : ἀπέχ. S :
ἀπήχ. V   Μίνεων A B : Μίνεω d

καλευμένην ἀποθανεῖν βιαίῳ θανάτῳ. ἀνὰ δὲ χρόνον Κρῆτας
[θεοῦ σφέας ἐπότρύναντος,] πάντας πλὴν Πολιχνιτέων τε
καὶ Πραισίων, ἀπικομένους στόλῳ μεγάλῳ ἐς Σικανίην
πολιορκέειν ἐπ' ἔτεα πέντε πόλιν Καμικόν, τὴν κατ' ἐμὲ
5 Ἀκραγαντῖνοι ἐνέμοντο. τέλος δὲ οὐ δυναμένους οὔτε ἑλεῖν 2
οὔτε παραμένειν λιμῷ συνεστεῶτας, ἀπολιπόντας οἴχεσθαι.
ὡς δὲ κατὰ Ἰηπυγίην γενέσθαι πλέοντας, ὑπολαβόντα σφέας
χειμῶνα μέγαν ἐκβαλεῖν ἐς τὴν γῆν· συναραχθέντων δὲ τῶν
πλοίων (οὐδεμίαν γάρ σφι ἔτι κομιδὴν ἐς Κρήτην φαίνεσθαι),
10 ἐνθαῦτα Ὑρίην πόλιν κτίσαντας καταμεῖναί τε καὶ μεταβα-
λόντας ἀντὶ μὲν Κρητῶν γενέσθαι Ἰήπυγας Μεσσαπίους,
ἀντὶ δὲ εἶναι νησιώτας ἠπειρώτας. ἀπὸ δὲ Ὑρίης πόλιος 3
τὰς ἄλλας οἰκίσαι, τὰς δὴ Ταραντῖνοι [χρόνῳ ὕστερον πολλῷ]
ἐξανιστάντες προσέπταισαν μεγάλως, ὥστε φόνος Ἑλλη-
15 νικὸς μέγιστος οὗτος δὴ ἐγένετο πάντων τῶν ἡμεῖς ἴδμεν,
αὐτῶν τε Ταραντίνων καὶ Ῥηγίνων, οἳ ὑπὸ Μικύθου τοῦ
Χοίρου ἀναγκαζόμενοι τῶν ἀστῶν] καὶ ἀπικόμενοι τιμωροὶ
Ταραντίνοισι ἀπέθανον τρισχίλιοι οὗτοι· αὐτῶν δὲ Ταραν-
τίνων οὐκ ἐπῆν ἀριθμός. ὁ δὲ Μίκυθος, οἰκέτης ἐὼν Ἀνα- 4
20 ξίλεω, ἐπίτροπος Ῥηγίου κατελέλειπτο, οὗτος ὅς περ ἐκπεσὼν
ἐκ Ῥηγίου [καὶ Τεγέην τὴν Ἀρκάδων οἰκήσας ἀνέθηκε ἐν
Ὀλυμπίῃ τοὺς πολλοὺς ἀνδριάντας. ἀλλὰ [τὰ μὲν κατὰ 171
Ῥηγίνους τε καὶ Ταραντίνους τοῦ λόγου μοι παρενθήκη
γέγονε. ἐς δὲ τὴν Κρήτην ἐρημωθεῖσαν, ὡς λέγουσι
25 Πραίσιοι, ἐσοικίζεσθαι ἄλλους τε ἀνθρώπους καὶ μάλιστα
Ἕλληνας, τρίτῃ δὲ γενεῇ μετὰ Μίνων τελευτήσαντα γενέσθαι
τὰ Τρωικά, ἐν τοῖσι οὐ φλαυροτάτους φαίνεσθαι ἐόντας

1 καλεομένην a Ἵνα DRV: εἶνα S 2 σφέας Cantabr.:
σφε L 4 Κάμικον L τὴν om. C 5 νέμονται B: ἐνέμαντο
SV 7 ἀπολαβ. C: ὑπολαβόντάς R 10 Ὑ + ρίην D: Ὑρηδίην
A¹B: Ὑρηλίην AᶜC τε om. d P¹ 11 Μεσσαππ. B: Μεσαπ. C
12 (τοῦ) εἶναι Aldus Ὑρηλίης a πόλις Herwerden 13 οἰ-
κίσαι Schaefer: οἰκῆσαι L ᾶς a 16 Σμικύθου Mᵉcan
17 (φεύγειν) ἀναγκαζόμενοι vel ἀναχαζόμενοι Madvig 18 οὗτοι
Pingel: οὕτω L γε] γε DV: γερ R 19 ἐπῆεν L 20 κατε-
λέλειπτο D: καταλ. rell. ὥσπερ RSV ἐκ Περσῶν R
25 Π + ραίσιοι D 26 Μίνεω L γίνεσθαι a

2 Κρῆτας τιμωροὺς Μενέλεῳ. ἀντὶ τούτων δέ σφι ἀπόνο.
στήσασι ἐκ Τροίης λιμόν τε καὶ λοιμὸν γενέσθαι καὶ αὐτοῖσι
καὶ τοῖσι προβάτοισι, ἔστε τὸ δεύτερον ἐρημωθείσης Κρήτης
μετὰ τῶν ὑπολοίπων τρίτους αὐτὴν νῦν νέμεσθαι Κρῆτας.
ἡ μὲν δὴ Πυθίη ὑπομνήσασα ταῦτα ἔσχε βουλομένους 5
τιμωρέειν τοῖσι Ἕλλησι.

172 Θεσσαλοὶ δὲ ὑπὸ ἀναγκαίης τὸ πρῶτον ἐμήδισαν, ὡς
διέδεξαν, ὅτι οὔ σφι ἥνδανε τὰ οἱ Ἀλευάδαι ἐμηχανῶντο.
ἐπείτε γὰρ ἐπύθοντο τάχιστα μέλλοντα διαβαίνειν τὸν
Πέρσην ἐς τὴν Εὐρώπην, πέμπουσι ἐς τὸν Ἰσθμὸν ἀγγέλους. 10
ἐν δὲ τῷ Ἰσθμῷ ἦσαν ἁλισμένοι πρόβουλοι τῆς Ἑλλάδος
ἀραιρημένοι ἀπὸ τῶν πολίων τῶν τὰ ἀμείνω φρονεουσέων
2 περὶ τὴν Ἑλλάδα. ἀπικόμενοι δὲ ἐπὶ τούτους τῶν Θεσσαλῶν
οἱ ἄγγελοι ἔλεγον· Ἄνδρες Ἕλληνες, δεῖ φυλάσσεσθαι τὴν
ἐσβολὴν τὴν Ὀλυμπικήν, ἵνα Θεσσαλίη τε καὶ ἡ σύμπασα 15
Ἑλλὰς ἐν σκέπῃ τοῦ πολέμου ᾖ. ἡμεῖς μέν νυν ἕτοιμοί
εἰμεν συμφυλάσσειν, πέμπειν δὲ χρὴ καὶ ὑμέας στρατιὴν
πολλήν, ὡς εἰ μὴ πέμψετε, ἐπίστασθε ἡμέας ὁμολογήσειν
τῷ Πέρσῃ· οὐ γάρ τοι προκατημένους τοσοῦτο πρὸ τῆς ἄλλης
3 Ἑλλάδος μούνους πρὸ ὑμέων δεῖ ἀπολέσθαι. βοηθέειν δὲ 20
οὐ βουλόμενοι ἀναγκαίην ἡμῖν οὐδεμίαν οἷοί τέ ἐστε προσ-
φέρειν· οὐδαμὰ γὰρ ἀδυνασίης ἀνάγκη κρέσσων ἔφυ. ἡμεῖς
δὲ πειρησόμεθα αὐτοί τινα σωτηρίην μηχανώμενοι. ταῦτα

173 ἔλεγον οἱ Θεσσαλοί. οἱ δὲ Ἕλληνες πρὸς ταῦτα ἐβουλεύ-
σαντο ἐς Θεσσαλίην πέμπειν κατὰ θάλασσαν πεζὸν στρατὸν 25
φυλάξοντα τὴν ἐσβολήν. ὡς δὲ συνελέχθη ὁ στρατός,
ἔπλεε δι' Εὐρίπου. ἀπικόμενος δὲ τῆς Ἀχαιίης ἐς Ἄλον,

1 ἀντὶ d: ἀπὸ a P   2 Κρήτης P   3 ὥστε Heiberg   4 νέ-
μεσθαι. Κρῆτας μὲν δὴ ἡ Πυθίη Stein et Herwerden   5 ὑπομνήσασι
D   Βουλόμενος C   7 ὥς] καὶ Pingel   8 διεδέξαντ' C
9 ἐπυθέατο d P   10 πέμπουσι γὰρ ἐς R S V   11 ἀλισκόμενοι C
12 προν. P^c: προνοεουσέων d   16 ἐν om. d   ᾖ ante Ἑλλὰς a (ἡ
B¹) P   17 ἐσμεν a   18 πέμψητε d C¹   19 τοι S V : τι
rell.   τοσοῦτον d   21 βουλομένοισι(ν) sine οὐ d   οὐδεμίην d P
ἐστι C   22 κρέσσον C   24 pr. οἱ om. D   25 ἐς om. D

ἀποβὰς ἐπορεύετο ἐς Θεσσαλίην, τὰς νέας αὐτοῦ κατα-
λιπών, καὶ ἀπίκετο ἐς τὰ Τέμπεα ἐς τὴν ἐσβολὴν ἥ περ
ἀπὸ Μακεδονίης τῆς κάτω ἐς Θεσσαλίην φέρει παρὰ
ποταμὸν Πηνειόν, μεταξὺ δὲ Ὀλύμπου τε ὄρεος ἐόντα καὶ
5 τῆς Ὄσσης. ἐνθαῦτα ἐστρατοπεδεύοντο τῶν Ἑλλήνων κατὰ 2
μυρίους ὁπλίτας συλλεγέντες, καί σφι προσῆν ἡ Θεσσαλῶν
ἵππος. ἐστρατήγεε δὲ Λακεδαιμονίων μὲν Εὐαίνετος ὁ
Καρήνου ἐκ τῶν πολεμάρχων ἀραιρημένος, γένεος μέντοι ἐὼν
οὐ τοῦ βασιληίου, Ἀθηναίων δὲ Θεμιστοκλέης ὁ Νεοκλέος.
10 ἔμειναν δὲ ὀλίγας ἡμέρας ἐνθαῦτα· ἀπικόμενοι γὰρ ἄγγελοι 3
παρὰ Ἀλεξάνδρου τοῦ Ἀμύντεω ἀνδρὸς Μακεδόνος συνε-
βούλευόν σφι ἀπαλλάσσεσθαι μηδὲ μένοντας ἐν τῇ ἐσβολῇ
καταπατηθῆναι ὑπὸ τοῦ στρατοῦ τοῦ ἐπιόντος, σημαίνοντες
τὸ πλῆθός τε τῆς στρατιῆς καὶ τὰς νέας. ὡς δὲ οὗτοί σφι
15 ταῦτα συνεβούλευον (χρηστὰ γὰρ ἐδόκεον συμβουλεύειν, καί
σφι εὔνοος ἐφαίνετο ἐὼν ὁ Μακεδών), ἐπείθοντο. δοκέειν 4
δέ μοι, ἀρρωδίη ἦν τὸ πεῖθον, ὡς ἐπύθοντο καὶ ἄλλην
ἐοῦσαν ἐσβολὴν ἐς Θεσσαλοὺς κατὰ τὴν ἄνω Μακεδονίην
διὰ Περραιβῶν κατὰ Γόννον πόλιν, τῇ περ δὴ καὶ ἐσέβαλε
20 ἡ στρατιὴ ἡ Ξέρξεω. καταβάντες δὲ οἱ Ἕλληνες ἐπὶ τὰς
νέας ὀπίσω ἐπορεύοντο ἐς τὸν Ἰσθμόν. αὕτη ἐγένετο ἡ ἐς 174
Θεσσαλίην στρατιή, βασιλέος τε μέλλοντος διαβαίνειν ἐς τὴν
Εὐρώπην ἐκ τῆς Ἀσίης καὶ ἐόντος ἤδη ἐν Ἀβύδῳ. Θεσσαλοὶ
δὲ ἐρημωθέντες συμμάχων οὕτω δὴ ἐμήδισαν προθύμως οὐδ'
25 ἔτι ἐνδοιαστῶς, ὥστε ἐν τοῖσι πρήγμασι ἐφαίνοντο βασιλέϊ
ἄνδρες ἐόντες χρησιμώτατοι.

Οἱ δὲ Ἕλληνες ἐπείτε ἀπίκατο ἐς τὸν Ἰσθμόν, ἐβου- 175
λεύοντο πρὸς τὰ λεχθέντα ἐξ Ἀλεξάνδρου τῇ τε στήσονται

2 ἀπίκατο DSV   ἥ(ι) a   4 ῥέοντα Dobree   6 ὁπλῖται
Aldus   7 δὲ om. C   μὲν om. đ P   8 ἐκ om. đ P   γένος S
9 οὐ om. Aldus   13 alt. τοῦ S solus   14 τε om. đ P   16 ἐὼν
om. đ   17 ἄλλη(ι) đ   18 ἐσβουλὴν RV   19 Περαιβῶν
a P   Γόνον CDSV   καὶ om. BC   20–21 ὀπίσω ἐπὶ τὰς νέας đ
22 στρατιηι Valckenaer   βασιλέως a   24 δὲ om. RV   ἠρη-
μωθέντες RSV   27 ἀπίκατο P   28 ἐξ om. đ   ἥ(ι) L

τὸν πόλεμον καὶ ἐν οἶσι χώροισι. ἡ νικῶσα δὲ γνώμη
ἐγίνετο τὴν ἐν Θερμοπύλῃσι ἐσβολὴν φυλάξαι· στεινοτέρη
γὰρ ἐφαίνετο ἐοῦσα τῆς ἐς Θεσσαλίην καὶ μία ἀγχοτέρη τε
2 τῆς ἑωυτῶν. τὴν δὲ ἀτραπόν, δι' ἣν ἥλωσαν οἱ ἁλόντες
Ἑλλήνων ἐν Θερμοπύλῃσι, οὐδὲ ᾔδεσαν ἐοῦσαν πρότερον ἤ
περ ἀπικόμενοι ἐς Θερμοπύλας ἐπύθοντο Τρηχινίων. ταύτην
ὦν ἐβουλεύσαντο φυλάσσοντες τὴν ἐσβολὴν μὴ παριέναι ἐς
τὴν Ἑλλάδα τὸν βάρβαρον, τὸν δὲ ναυτικὸν στρατὸν πλέειν
γῆς τῆς Ἱστιαιώτιδος ἐπὶ Ἀρτεμίσιον. ταῦτα γὰρ ἀγχοῦ τε
ἀλλήλων ἐστὶ ὥστε πυνθάνεσθαι τὰ κατὰ ἑκατέρους ἐόντα, 10
176 οἵ τε χῶροι οὕτως ἔχουσι· τοῦτο μέν, τὸ Ἀρτεμίσιον, ἐκ
τοῦ πελάγεος [τοῦ Θρηικίου ἐξ εὐρέος] συνάγεται ἐς στεινὸν
ἐόντα τὸν πόρον τὸν μεταξὺ νήσου τε Σκιάθου καὶ ἠπείρου
Μαγνησίης· ἐκ δὲ τοῦ στεινοῦ τῆς Εὐβοίης ἤδη τὸ Ἀρτε-
2 μίσιον δέκεται αἰγιαλός, ἐν δὲ Ἀρτέμιδος ἱρόν. ἡ δὲ αὖ 15
διὰ Τρηχῖνος ἔσοδος ἐς τὴν Ἑλλάδα ἐστὶ τῇ στεινοτάτη
ἡμίπλεθρον. οὐ μέντοι κατὰ τοῦτό γε ἐστὶ τὸ στεινότατον
τῆς χώρης τῆς ἄλλης, ἀλλ' ἔμπροσθέ τε Θερμοπυλέων καὶ
ὄπισθε, κατά τε Ἀλπηνούς, ὄπισθε ἐόντας, ἐοῦσα ἁμαξιτὸς
μούνη, καὶ ἔμπροσθε [κατὰ Φοίνικα ποταμὸν] ἀγχοῦ Ἀνθήλης 20
3 πόλιος, ἄλλη ἁμαξιτὸς μούνη. τῶν δὲ Θερμοπυλέων τὸ μὲν
πρὸς ἑσπέρης [ὄρος ἄβατόν τε καὶ ἀπόκρημνον, ὑψηλόν, ἀνα-
τεῖνον ἐς τὴν Οἴτην· τὸ δὲ πρὸς τὴν ἠῶ] τῆς ὁδοῦ θάλασσα
ὑποδέκεται καὶ τενάγεα. ἔστι δὲ ἐν τῇ ἐσόδῳ ταύτῃ θερμὰ
λουτρά, τὰ Χύτρους καλέουσι οἱ ἐπιχώριοι, καὶ βωμὸς ἵδρυται 25
Ἡρακλέος ἐπ' αὐτοῖσι. ἐδέδμητο δὲ τεῖχος κατὰ ταύτας
4 τὰς ἐσβολάς, καὶ τό γε παλαιὸν πύλαι ἐπῆσαν. ἔδειμαν

1 οἴοις χωρίοισι(ν) d   δὲ om. C   2 ἐγένετο S   3 ἐν
Θεσσαλίῃ d P   μία d : ἅμα a P : ἅμα μία Dietsch : μία ἅμα Sauppe
7 ἐς om. C   9 γῆς om. d   13 πόρον τὸν μεταξὺ ἐόντα P S :
πόρον τὸν μεταξύ τε ἐόντα D R V   14 τὸ Ἀρτ. del. Stein   15 ἐκ-
δέκεται Aldus   ἔνι Stein   16 εἰς R   τῇ] ἦ a   18 ἄλλης]
Μηλίδος Stein : παραλίης Herwerden   19 ὄπισθεν V   Ἀπλ. D
ὄπισθεν D P R V   ἐοῦσα om. a   ἁμαξιτὸς R (it. 21)   20 ἔμ-
προσθεν D   Ἀνθήλης a P   21 ἄλλη om. C : post ἁμαξ. P   τὸ
μὲν om. d   22 ἑσπέρην d   ὑψηλόν del. Valckenaer   23 ἔω d
27 τό γε τὸ A B   παλαιὸν om. D

δὲ Φωκέες τὸ τεῖχος δείσαντες, ἐπεὶ Θεσσαλοὶ ἦλθον ἐκ
Θεσπρωτῶν οἰκήσοντες γῆν τὴν Αἰολίδα, τήν περ νῦν
ἐκτέαται. ἅτε δὴ πειρωμένων τῶν Θεσσαλῶν καταστρέ-
φεσθαί σφεας, τοῦτο προεφυλάξαντο οἱ Φωκέες καὶ τὸ ὕδωρ
5 τὸ θερμὸν τότε ἐπῆκαν ἐπὶ τὴν ἔσοδον, ὡς ἂν χαραδρωθείη
ὁ χῶρος, πᾶν μηχανώμενοι ὅκως μή σφι ἐσβάλοιεν οἱ
Θεσσαλοὶ ἐς τὴν χώρην. τὸ μέν νυν τεῖχος τὸ ἀρχαῖον ἐκ 5
παλαιοῦ τε ἐδέδμητο καὶ τὸ πλέον αὐτοῦ ἤδη ὑπὸ χρόνου
ἔκειτο· τοῖσι δὲ αὖτις ὀρθώσασι ἔδοξε ταύτῃ ἀπαμύνειν ἀπὸ
10 τῆς Ἑλλάδος τὸν βάρβαρον. κώμη δέ ἐστι ἀγχοτάτω τῆς
ὁδοῦ, Ἀλπηνοὶ οὔνομα· ἐκ ταύτης δὲ ἐπισιτιεῖσθαι ἐλογί-
ζοντο οἱ Ἕλληνες. οἱ μὲν οὖν χῶροι οὗτοι τοῖσι Ἕλλησι 177
εἶναι ἐφαίνοντο ἐπιτήδεοι· ἅπαντα γὰρ προσκεψάμενοι καὶ
ἐπιλογισθέντες ὅτι οὔτε πλήθεϊ ἕξουσι χρᾶσθαι οἱ βάρβαροι
15 οὔτε ἵππῳ, ταύτῃ σφι ἔδοξε δέκεσθαι τὸν ἐπιόντα ἐπὶ τὴν
Ἑλλάδα. ὡς δὲ ἐπύθοντο τὸν Πέρσην ἐόντα ἐν Πιερίῃ,
διαλυθέντες ἐκ τοῦ Ἰσθμοῦ ἐστρατεύοντο αὐτῶν οἱ μὲν ἐς
Θερμοπύλας πεζῇ, ἄλλοι δὲ κατὰ θάλασσαν ἐπ᾽ Ἀρτεμίσιον.

Οἱ μὲν δὴ Ἕλληνες κατὰ τάχος ἐβοήθεον διαταχθέντες, 178
20 Δελφοὶ δ᾽ ἐν τούτῳ τῷ χρόνῳ ἐχρηστηριάζοντο τῷ θεῷ
ὑπὲρ ἑωυτῶν καὶ τῆς Ἑλλάδος καταρρωδηκότες, καί σφι
ἐχρήσθη ἀνέμοισι εὔχεσθαι· μεγάλους γὰρ τούτους ἔσεσθαι
τῇ Ἑλλάδι συμμάχους. Δελφοὶ δὲ δεξάμενοι τὸ μαντήιον 2
πρῶτα μὲν Ἑλλήνων τοῖσι βουλομένοισι εἶναι ἐλευθέροισι
25 ἐξήγγειλαν τὰ χρησθέντα αὐτοῖσι, καί σφι δεινῶς καταρρω-
δέουσι τὸν βάρβαρον ἐξαγγείλαντες χάριν ἀθάνατον κατέ-
θεντο· μετὰ δὲ ταῦτα οἱ Δελφοὶ τοῖσι ἀνέμοισι βωμόν τε
ἀπεδεξαν ἐν Θυίῃ, τῇ περ τῆς Κηφισοῦ θυγατρὸς Θυίης τὸ

2 οἰκήσαντες A B   3 λὲ S   4 τοῦτο om. d   ὕδωρ τότε τὸ
θερμὸν D   6 μηχανεώμενοι R S V: -νεόμενοι P   ἐμβάλοιεν d
οἱ om. d   7 ἐπὶ a P   alt. τὸ om. d   8 τε om. C   πλέον]
παλαιὸν a   9 ταῦτα a   10 ἀγχοτάτη D R [C V]   12 οὖν
d : νυν a P   13 πάντα a   17 διαληθ. R   ἐς] ἐν R V
18 πεζοί d   ἐς d   19 καταταχθέντες C   22 μεγίστους d
23 ξυμμ. d   26 ἐξ + αγγ. D   28 Θυίηι B: Θυίης A P (bis):
Θυής C d [S]   Κηφισσοῦ C P   Θυίης B D: Θυής C R S V

τέμενός ἐστι, ἐπ' ἧς καὶ ὁ χῶρος οὗτος τὴν ἐπωνυμίην ἔχει,
καὶ θυσίῃσί σφεας μετήισαν. Δελφοὶ μὲν δὴ κατὰ τὸ
χρηστήριον ἔτι καὶ νῦν τοὺς ἀνέμους ἱλάσκονται.

179 Ὁ δὲ ναυτικὸς Ξέρξεω στρατὸς ὁρμώμενος ἐκ Θέρμης
πόλιος παρέβαλε νηυσὶ τῇσι ἄριστα πλεούσῃσι δέκα ἰθὺ 5
Σκιάθου, ἔνθα ἦσαν προφυλάσσουσαι νέες τρεῖς Ἑλληνίδες,
Τροιζηνίη τε καὶ Αἰγιναίη καὶ Ἀττική. προϊδόντες δὲ οὗτοι
180 τὰς νέας τῶν βαρβάρων ἐς φυγὴν ὥρμησαν. τὴν μὲν δὴ
Τροιζηνίην, τῆς ἦρχε Πρηξῖνος, αὐτίκα αἱρέουσι ἐπισπόμενοι
οἱ βάρβαροι· καὶ ἔπειτα τῶν ἐπιβατέων αὐτῆς τὸν καλλι- 10
στεύοντα ἀγαγόντες ἐπὶ τὴν πρῴρην τῆς νεὸς ἔσφαξαν,
διαδέξιον ποιεύμενοι τὸν εἷλον τῶν Ἑλλήνων πρῶτον καὶ
κάλλιστον. τῷ δὲ σφαγιασθέντι τούτῳ οὔνομα ἦν Λέων·
181 τάχα δ' ἄν τι καὶ τοῦ οὐνόματος ἐπαύροιτο. ἡ δὲ Αἰγιναίη,
τῆς ἐτριηράρχεε Ἀσωνίδης, καί τινά σφι θόρυβον παρέσχε 15
Πυθέω τοῦ Ἰσχενόου ἐπιβατεύοντος, ἀνδρὸς ἀρίστου γενο-
μένου ταύτην τὴν ἡμέρην· ὃς ἐπειδὴ ἡ νηῦς ἡλίσκετο ἐς
2 τοῦτο ἀντεῖχε μαχόμενος ἐς ὃ κατεκρεουργήθη ἅπας. ὡς δὲ
πεσὼν οὐκ ἀπέθανε ἀλλ' ἦν ἔμπνοος, οἱ Πέρσαι, οἵ περ
ἐπεβάτευον ἐπὶ τῶν νεῶν, δι' ἀρετὴν τὴν ἐκείνου περι- 20
ποιῆσαί μιν περὶ πλείστου ἐποιήσαντο, [σμύρνῃ τε ἰώμενοι
τὰ ἕλκεα] καὶ σινδόνος βυσσίνης τελαμῶσι κατειλίσσοντες·
3 καί μιν, ὡς ὀπίσω ἀπίκοντο ἐς τὸ ἑωυτῶν στρατόπεδον,
ἐπεδείκνυσαν ἐκπαγλεόμενοι πάσῃ τῇ στρατιῇ, περιέποντες
εὖ· τοὺς δὲ ἄλλους τοὺς ἔλαβον ἐν τῇ νηὶ ταύτῃ περιεῖπον 25
182 ὡς ἀνδράποδα. αἱ μὲν δὴ δύο τῶν νεῶν οὕτω ἐχειρώθησαν·
ἡ δὲ τρίτη, τῆς ἐτριηράρχεε Φόρμος ἀνὴρ Ἀθηναῖος, φεύγουσα

2 μετῆ(ι)σαν **a**   δὴ] νυν **d**   4 ὁρμεόμενος P: -εώμενος C R
5 παρέλαβε **a**   ἰθὺς κυάθου D   9 ἧς **a**   Πρηξηνος D¹   ἐπι-
σπώμενοι S V   11 ἄγοντες **d**   τῆς πρώρης **a** (πρό- B) P   νηὸς
C P: νεὼς **d**   12 ὀρνιθα δεξιὸν Madvig   13 ὄνομα C: τοὔνομα
d P   14 τι om. **a**   οὐνόμ. D: ὀνόμ. rell.   15 Ἀστωνίδης **a** :
Ἀσωπίδης Macan   16 Πύθεω L   17 ναῦς L   18 κατε-
κρεουργήθη C P R S V   21 σμύρνῃσι **a** P Suid. s. v. τελαμών   22 τὰ]
καὶ τὰ D R V   καὶ ἐκ R S V   23 ἀπίκοντο (-καντο R) ὀπίσω ἐς
τωυτῶν D   24 ἐπιδείκ. R V   ἐκπλαγεόμενοι **d**   τῇ om. R
στρατιῇ καὶ **d**   26 οὕτω om. **d**   27 Φόρμος P: Φόρμος C
φεύγουσ R

ἐξοκέλλει ἐς τὰς ἐκβολὰς τοῦ Πηνειοῦ, καὶ τοῦ μὲν σκάφεος
ἐκράτησαν οἱ βάρβαροι, τῶν δὲ ἀνδρῶν οὔ. ὡς γὰρ δὴ
τάχιστα ἐπώκειλαν τὴν νέα οἱ Ἀθηναῖοι, ἀποθορόντες κατὰ
Θεσσαλίην πορευόμενοι ἐκομίσθησαν ἐς Ἀθήνας. ταῦτα οἱ 183
5 Ἕλληνες οἱ ἐπ᾽ Ἀρτεμισίῳ στρατοπεδευόμενοι πυνθάνονται
διὰ πυρσῶν ἐκ Σκιάθου. πυθόμενοι δὲ καὶ καταρρωδήσαντες
ἀπὸ τοῦ Ἀρτεμισίου μετορμίζωντο ἐς Χαλκίδα, φυλάξοντες
μὲν τὸν Εὔριπον, λείποντες δὲ ἡμεροσκόπους περὶ τὰ ὑψηλὰ
τῆς Εὐβοίης. [τῶν δὲ δέκα νεῶν τῶν βαρβάρων τρεῖς]2
10 ἐπήλασαν περὶ τὸ ἕρμα τὸ μεταξὺ ἐὸν Σκιάθου τε καὶ
Μαγνησίης, καλεόμενον δὲ Μύρμηκα. ἐνθαῦτα οἱ βάρβαροι
ἐπειδὴ στήλην λίθου ἐπέθηκαν κομίσαντες ἐπὶ τὸ ἕρμα,
ὁρμηθέντες αὐτοὶ ἐκ Θέρμης, ὥς σφι (τὸ ἐμποδὼν) ἐγεγόνεε
καθαρόν, ἐπέπλεον πάσῃσι τῇσι νηυσί, ἕνδεκα ἡμέρας
15 παρέντες μετὰ τὴν βασιλέος ἐξέλασιν ἐκ Θέρμης. τὸ δὲ 3
ἕρμα σφι κατηγήσατο ἐὸν ἐν πόρῳ μάλιστα Πάμμων Σκύ-
ριος. πανημερὸν δὲ πλέοντες οἱ βάρβαροι ἐξανύουσι τῆς
Μαγνησίης χώρης ἐπὶ Σηπιάδα τε καὶ τὸν αἰγιαλὸν τὸν
μεταξὺ Κασθαναίης τε πόλιος ἐόντα καὶ Σηπιάδος ἀκτῆς.
20 Μέχρι μέν νυν τούτου τοῦ χώρου καὶ Θερμοπυλέων 184
ἀπαθής τε κακῶν ἦν ὁ στρατός, καὶ πλῆθος ἦν τηνικαῦτα
ἔτι, ὡς ἐγὼ συμβαλλόμενος εὑρίσκω, τὸν μὲν ἐκ τῶν νεῶν
τῶν ἐκ τῆς Ἀσίης, ἐουσέων ἑπτὰ καὶ διηκοσιέων καὶ
χιλιέων, τὸν μὲν ἀρχαῖον ἑκάστων τῶν ἐθνέων ἐόντα ὅμιλον
25 τέσσερας καὶ εἴκοσι μυριάδας καὶ πρὸς χιλιάδα τε καὶ
τετρακοσίους, ὡς ἀνὰ διηκοσίους ἄνδρας λογιζομένοισι ἐν

---

1 ἐκβολὰς Bekker · ἐσβ. a P¹ : ἐμβ. d Pᶜ   6 διὰ d : παρὰ a P
7 μετωρμ. C P R S V Dᶜ   8 λείποντες C : λιπόντες Dulac   10 ἐπά-
λησαν D : δοκῶ ἐστάλησαν R : ἐπεστάλησαν S V   13 ἐκποδὼν d
14 ἔπλεον P d (-εν V)   ἓν δέκα R : ενδέκα A C   ἡμέρῃ(ι)σι a
16 ἐὸν ἐμπόρῳ m. Πάμμων R S V   17 πανήμερον C : πανήμεροι
Krueger   18 Σηπιάδα . . . ἐόντα καὶ om. R   19 Κασταναίης
S V   20 νυν om. d   22 ἔτι om. a   εὑρίσκω τόσον S   τὸν]
τῶν a   23 διηκοσίων d   24 ἑκάστου S [V]   ὅμιλον ἐόντα a
25 τέσσαρας A¹ C R V¹   26 ὡς (ὧν D) ἀνὰ (ἂν B) διηκοσίους
om. R S V

2 ἑκάστῃ νηί. ἐπεβάτευον δὲ ἐπὶ τουτέων τῶν νεῶν, χωρὶς
ἑκάστων τῶν ἐπιχωρίων ἐπιβατέων, Περσέων τε καὶ Μήδων
καὶ Σακέων τριήκοντα ἄνδρες. οὗτος ἄλλος ὅμιλος γίνεται
τρισμύριοι καὶ ἑξακισχίλιοι καὶ πρὸς διηκόσιοί τε καὶ δέκα.

3 προσθήσω δ' ἔτι τούτῳ καὶ τῷ προτέρῳ ἀριθμῷ τοὺς ἐκ τῶν 5
πεντηκοντέρων, ποιήσας, ὅ τι πλέον ἦν αὐτῶν ἢ ἔλασσον,
ἀν' ὀγδώκοντα ἄνδρας ἐνεῖναι. συνελέχθη δὲ ταῦτα τὰ πλοῖα,
ὡς καὶ πρότερον εἰρέθη, τρισχίλια. ἤδη ὦν ἄνδρες ἂν εἶεν

4 ἐν αὐτοῖσι τέσσερες μυριάδες καὶ εἴκοσι. τοῦτο μὲν δὴ τὸ ἐκ
τῆς Ἀσίης ναυτικὸν ἦν, σύμπαν ἐὸν πεντήκοντα μυριάδες καὶ 10
μία, χιλιάδες τε ἔπεισι ἐπὶ ταύτῃσι ἑπτὰ καὶ πρὸς ἑκατον-
τάδες ἑξ καὶ δεκάς. τοῦ δὲ πεζοῦ ἑβδομήκοντα καὶ ἑκατὸν
μυριάδες ἐγένοντο, τῶν δὲ ἱππέων ὀκτὼ μυριάδες. προσθήσω
δ' ἔτι τούτοισι τὰς καμήλους τοὺς ἐλαύνοντας Ἀραβίους καὶ
τοὺς τὰ ἅρματα Λίβυας, πλῆθος ποιήσας δισμυρίους ἄνδρας. 15

5 καὶ δὴ τό τε ἐκ τῶν νεῶν καὶ τοῦ πεζοῦ πλῆθος συντιθέ-
μενον γίνεται διηκόσιαί τε μυριάδες καὶ τριήκοντα καὶ μία
καὶ πρὸς χιλιάδες ἑπτὰ καὶ ἑκατοντάδες ἑξ καὶ δεκάς. τοῦτο
μὲν τὸ ἐξ αὐτῆς τῆς Ἀσίης στράτευμα ἐξαναχθὲν εἴρηται,
ἄνευ τε τῆς θεραπηίης τῆς ἑπομένης καὶ τῶν σιταγωγῶν 20

185 πλοίων καὶ ὅσοι ἐνέπλεον τούτοισι. τὸ δὲ δὴ ἐκ τῆς
Εὐρώπης ἀγόμενον στράτευμα ἔτι προσλογιστέα τούτῳ παντὶ
τῷ ἐξηριθμημένῳ· δόκησιν δὲ δεῖ λέγειν. νέας μέν νυν οἱ
ἀπὸ Θρηίκης Ἕλληνες καὶ ἐκ τῶν νήσων τῶν ἐπικειμένων τῇ
Θρηίκῃ παρείχοντο εἴκοσι καὶ ἑκατόν. ἐκ μέν νυν τουτέων 25
τῶν νεῶν ἄνδρες τετρακισχίλιοι καὶ δισμύριοι γίνονται.

2 πεζοῦ δὲ τὸν Θρήικες παρείχοντο καὶ Παίονες καὶ Ἐορδοὶ

1 νει **a**   3 γίνονται S   4 τε om. **d**   6 πεντηκοτ. D
ποιήσας ἔτι πλέον αὐτῶν ἢ ἐλάσσονα ὀγδ. **d**   7 δὲ + + D²   8 ὧν
ἂν ἦν (ἦι D) ἐν αὐτ. **d**   9 τέσσαρες A¹   δὴ] νυν **d** P   11 δὲ
a P¹   ἔπεισι] ἔτι A¹   ταύτῃ(ι) **d**   12 δέκα **d** (it. 18)   13 ἐγί-
νοντο C   14 δ' ἔτι] δὲ **a**   16 πλήθεος P   17 γίνονται **d**
18 pr. καὶ om. R   20 τε om. **d**   21 ἐπέπλεον C   23 δεῖ]
δὴ B V¹ : δὴ δεῖ A   24 νήσων τῶν om. RSV   ἐπικειμενέων P
26 μύριοι C : τρισμύριοι **d**   27 Ἐρδοὶ B

καὶ Βοττιαῖοι καὶ τὸ Χαλκιδικὸν γένος καὶ Βρύγοι καὶ Πίερες
καὶ Μακεδόνες καὶ Περραιβοὶ καὶ Ἐνιῆνες καὶ Δόλοπες καὶ
Μάγνητες καὶ Ἀχαιοὶ καὶ ὅσοι τῆς Θρηίκης τὴν παραλίην
νέμονται, τούτων τῶν ἐθνέων τριήκοντα μυριάδας δοκέω   *300,000*
5 γενέσθαι. αὗται ὦν αἱ μυριάδες ἐκείνῃσι προστεθεῖσαι 3
τῇσι ἐκ τῆς Ἀσίης γίνονται αἱ πᾶσαι ἀνδρῶν αἱ μάχιμοι
μυριάδες διηκόσιαι καὶ ἑξήκοντα καὶ τέσσερες, ἔπεισι δὲ
ταύτῃσι ἑκατοντάδες ἑκκαίδεκα καὶ δεκάς. ⌊τοῦ μαχίμου δὲ 186
τούτου ἐόντος ἀριθμὸν τοσούτου⌋ τὴν θεραπηίην τὴν ἑπομένην
10 τούτοισι καὶ τοὺς ἐν τοῖσι σιταγωγοῖσι ἀκάτοισι ἐόντας καὶ   *ἄκατος – ship of small size*
μάλα ἐν τοῖσι ἄλλοισι πλοίοισι τοῖσι ἅμα πλέουσι τῇ στρατιῇ,
τούτους ⌊τῶν μαχίμων ἀνδρῶν⌋ οὐ δοκέω εἶναι ἐλάσσονας ἀλλὰ
πλεῦνας. καὶ δή σφεας ποιέω ἴσους ἐκείνοισι εἶναι καὶ οὔτε 2
πλεῦνας οὔτε ἐλάσσονας οὐδέν· ἐξισούμενοι δὲ οὗτοι τῷ
15 μαχίμῳ ἐκπληροῦσι τὰς ἴσας μυριάδας ἐκείνοισι. οὕτω
πεντακοσίας τε μυριάδας καὶ εἴκοσι καὶ ὀκτὼ καὶ χιλιάδας
τρεῖς καὶ ἑκατοντάδας δύο καὶ δεκάδας δύο ἀνδρῶν ἤγαγε
Ξέρξης ὁ Δαρείου μέχρι Σηπιάδος καὶ Θερμοπυλέων. οὗτος 187
μὲν δὴ τοῦ συνάπαντος τοῦ Ξέρξεω στρατεύματος ἀριθμός,
20 γυναικῶν δὲ σιτοποιῶν καὶ παλλακέων καὶ εὐνούχων οὐδεὶς   *eunuchs*
ἂν εἴποι ἀτρεκέα ἀριθμόν· οὐδ' αὖ ὑποζυγίων τε καὶ τῶν
ἄλλων κτηνέων τῶν ἀχθοφόρων καὶ κυνῶν Ἰνδικῶν τῶν ἑπο-
μένων, οὐδ' ἂν τούτων ⌊ὑπὸ πλήθεος⌋ οὐδεὶς ἂν εἴποι ἀριθμόν.   *i.e. too numerous*
ὥστε οὐδέν μοι θῶμα παρίσταται προδοῦναι τὰ ῥέεθρα τῶν   *προδίδωμι – to give*
25 ποταμῶν ἔστι ὦν, ἀλλὰ μᾶλλον ὅκως τὰ σιτία ἀντέχρησε   *suffice*
θῶμά μοι μυριάσι τοσαύτῃσι. εὑρίσκω γὰρ συμβαλλόμενος, 2
εἰ χοίνικα πυρῶν ἕκαστος τῆς ἡμέρης ἐλάμβανε καὶ μηδὲν
πλέον, ἕνδεκα μυριάδας μεδίμνων τελεομένας ⌊ἐπ' ἡμέρῃ ἑκά-   *τελευ – pay/ spend*

1 alt. καὶ om. D   2 Περαιβοὶ **a** P   Αιν. RSVD^c   4 μυριάδες
R [V]   5 κείνησι **d**   7 τέσσαρες A C : τέτταρες D R V : πέντε S
8 ἐξ καὶ δέκα **d** (ἑξκαίδεκα D^c) : om. C   9 τοσοῦτον V¹   10 τοὺς] τοῖς C
τοῖσι] τῇσι A   ἀκάτοισι del. Stein   14 οὐδενός **d**   16 πεντηκ.
a [S V]   εἰκοσιοκτὼ **d** [S]   19 σύμπαντος **d** P   20 σιτοποιέων
d P   24 οὐδέ B   περιίσταται **d**   25 ἐνίων **d**   ὅπως **a**
ἀπέχρησε Madvig   28 πλέω D R V

229

δόμινος
ry meaning

are neal

στη καὶ πρὸς τριηκοσίους τε ἄλλους μεδίμνους καὶ τεσσερά-
κοντα. γυναιξὶ δὲ καὶ εὐνούχοισι καὶ ὑποζυγίοισι καὶ κυσὶ οὐ
λογίζομαι. ἀνδρῶν δ' ἐουσέων τοσουτέων μυριάδων κάλλεός
τε εἵνεκα καὶ μεγάθεος οὐδεὶς αὐτῶν ἀξιονικότερος ἦν αὐτοῦ
Ξέρξεω ἔχειν τοῦτο τὸ κράτος.   5

188 Ὁ δὲ δὴ ναυτικὸς στρατὸς ἐπείτε ὁρμηθεὶς ἔπλεε καὶ
κατέσχε τῆς Μαγνησίης χώρης ἐς τὸν αἰγιαλὸν τὸν μεταξὺ
Κασθαναίης τε πόλιος ἐόντα καὶ Σηπιάδος ἀκτῆς, αἱ μὲν δὴ
πρῶται τῶν νεῶν ὅρμεον πρὸς γῇ, ἄλλαι δ' ἐπ' ἐκείνῃσι ἐπ'
ἀγκυρέων· ἄτε γὰρ τοῦ αἰγιαλοῦ ἐόντος οὐ μεγάλου πρό-   10
2 κροσσαι ὅρμεον τὸ ἐς πόντον καὶ ἐπὶ ὀκτὼ νέας. ταύτην
μὲν τὴν εὐφρόνην οὕτω, ἅμα δὲ ὄρθρῳ ἐξ αἰθρίης τε καὶ
νηνεμίης τῆς θαλάσσης ζεσάσης ἐπέπεσέ σφι χειμών τε
μέγας καὶ πολλὸς ἄνεμος ἀπηλιώτης, τὸν δὴ Ἑλλησπον-
3 τίην καλέουσι οἱ περὶ ταῦτα τὰ χωρία οἰκημένοι. ὅσοι μέν   15
νυν αὐτῶν αὐξόμενον ἔμαθον τὸν ἄνεμον καὶ τοῖσι οὕτω εἶχε
ὅρμου, οἱ δ' ἔφθησαν τὸν χειμῶνα ἀνασπάσαντες τὰς νέας,
καὶ αὐτοί τε περιῆσαν καὶ αἱ νέες αὐτῶν· ὅσας δὲ τῶν νεῶν
μεταρσίας ἔλαβε, τὰς μὲν ἐξέφερε πρὸς Ἴπνους καλεομένους
τοὺς ἐν Πηλίῳ, τὰς δὲ ἐς τὸν αἰγιαλόν· αἱ δὲ περὶ αὐτὴν   20
τὴν Σηπιάδα περιέπιπτον, αἱ δὲ ἐς Μελίβοιαν πόλιν, αἱ δὲ
ἐς Κασθαναίην ἐξεβράσσοντο. ἦν τε τοῦ χειμῶνος χρῆμα
189 ἀφόρητον. λέγεται δὲ λόγος ὡς Ἀθηναῖοι τὸν Βορῆν ἐκ
θεοπροπίου ἐπεκαλέσαντο, ἐλθόντος σφι ἄλλου χρηστηρίου
τὸν γαμβρὸν ἐπίκουρον καλέσασθαι. Βορῆς δὲ κατὰ τὸν   25
Ἑλλήνων λόγον ἔχει γυναῖκα Ἀττικήν, Ὠρείθυιαν τὴν
2 Ἐρεχθέος. κατὰ δὴ τὸ κῆδος τοῦτο οἱ Ἀθηναῖοι, ὡς φάτις

1 τεσσαρ. C R V   3 μυριαδέων C   4 αὐξ. R: ἀξιων· B:
-κώτερος D¹   9 ὅρμεον d C P   γῆν d   11 ὅρμεον τὸ Pingel:
ὁρμέοντο A B Cᶜ: ὡρμέοντο C¹ P d (ἑ Dᶜ)   12 τὴν om. A¹   εὐ-
φροσύνην V   13 ζέσας B   14 πολὺς L   Ἑλλησποντίαν d
15 καλλ. R V   16 νυν] οὖν a   αὐτῶν om. a   17 οἶδ(ε)
B R V Dᶜ   ἔφησαν R   18 αἱ om. d   19 ἐξέφορε B   20 περὶ
a Pᶜ: ἐς d P¹   22 ἐξεράσσοντο R S V   δὲ d   25 alt. τὸν] τῶν
D R V   26 Ὠρειθυίην (ει Dᶜ) a P (it. infra)

ὅρμηται, συμβαλλόμενοι σφίσι τὸν Βορῆν γαμβρὸν εἶναι,
ναυλοχέοντες τῆς Εὐβοίης ἐν Χαλκίδι ὡς ἔμαθον αὐξόμενον
τὸν χειμῶνα ἢ καὶ πρὸ τούτου, ἐθύοντό τε καὶ ἐπεκαλέοντο
τόν τε Βορῆν καὶ τὴν Ὠρείθυιαν τιμωρῆσαι σφίσι καὶ δια-
5 φθεῖραι τῶν βαρβάρων τὰς νέας, ὡς καὶ πρότερον περὶ
Ἄθων. εἰ μέν νυν διὰ ταῦτα τοῖσι βαρβάροισι ὁρμέουσι ὁ
Βορῆς ἐπέπεσε, οὐκ ἔχω εἰπεῖν· οἱ δ' ὦν Ἀθηναῖοι σφίσι
λέγουσι βοηθήσαντα τὸν Βορῆν πρότερον καὶ τότε ἐκεῖνα
κατεργάσασθαι, καὶ ἱρὸν ἀπελθόντες Βορέω ἱδρύσαντο παρὰ
10 ποταμὸν Ἰλισσόν. ἐν τούτῳ τῷ πόνῳ νέας, οἳ ἐλαχίστας,
λέγουσι διαφθαρῆναι τετρακοσιέων οὐκ ἐλάσσονας, ἄνδρας
τε ἀναριθμήτους χρημάτων τε πλῆθος ἄφθονον· ὥστε Ἀμει-
νοκλεῖ τῷ Κρητίνεω ἀνδρὶ Μάγνητι γηοχέοντι περὶ Σηπιάδα
μεγάλως ἡ ναυηγίη αὕτη ἐγένετο χρηστή· ὃς πολλὰ μὲν
15 χρύσεα ποτήρια ὑστέρῳ χρόνῳ ἐκβρασσόμενα ἀνείλετο,
πολλὰ δὲ ἀργύρεα, θησαυρούς τε τῶν Περσέων εὗρε, ἄλλα
τε [χρύσεα] ἄφατα χρήματα περιεβάλετο. ἀλλ' ὁ μὲν τἆλλα
οὐκ εὐτυχέων εὑρήμασι μέγα πλούσιος ἐγένετο· ἦν γάρ τις
καὶ τοῦτον ἄχαρις συμφορὴ λυπεῦσα παιδοφόνος. σιτα-
20 γωγῶν δὲ ὁλκάδων καὶ τῶν ἄλλων πλοίων διαφθειρομένων
οὐκ ἐπῆν ἀριθμός, ὥστε δείσαντες οἱ στρατηγοὶ τοῦ ναυτι-
κοῦ στρατοῦ μή σφι κεκακωμένοισι ἐπιθέωνται οἱ Θεσσαλοί,
ἕρκος ὑψηλὸν ἐκ τῶν ναυηγίων περιεβάλοντο. ἡμέρας γὰρ
δὴ ἐχείμαζε τρεῖς· τέλος δὲ ἔντομά τε ποιεῦντες καὶ καταεί-

---

1 ὅρμηται C P: ὡρμέατο R: ὡρμέαται D V¹: ὡρμέαται τὸ Vᵉ: ὡρμέατο
τὸ S   συμβαλόμενοί A: συμβαλλόμενόν S V   σφίσι Stein: σφι L
(it. 7)   2 Εὐρώπης ð   3 ἢ om. ð   ἔθυον τότε C: ἔθυόν τε
Laur. lxx. 6   ἐπικ. Vᶜ   4 τε post Βορῆν P: om. ð   σφι ð C P
6 Ἄθω ð   νυν] οὖν D R V: om. S   ὁ om. ð P   7 Βορέης ð
8 βοηθήσοντα ð D   9 ἱδρύσασθαι C P   12 Ἀμεινοκλέεϊ A B:
Ἀμινοκλέη(ι) ð   14 αὕτη post χρηστή P¹: om. ð   15 ἀνείλατο ð
17 χρύσεα del. Valckenaer   ἄφατα om. ð   περιεβάλλετο C R S V
τὰ ἄλλα ð   19 τούτων B C¹   22 σφίσι? Stein   κεκακωμένοισι
(-ησιν V) αὐτοῖσι ð P   23 ναυαγίων ð P: ναυηγέων D: ναυηγιέων
R S V   περιεβάλλοντο D S   24 κατάδοντες ð

δοντες βοῆσι οἱ Μάγοι τῷ ἀνέμῳ, πρὸς δὲ τούτοισι καὶ τῇ
Θέτι καὶ τῇσι Νηρηίσι θύοντες ἔπαυσαν τετάρτῃ ἡμέρῃ, ἢ
ἄλλως κως αὐτὸς ἐθέλων ἐκόπασε. τῇ δὲ Θέτι ἔθυον πυθό-
μενοι παρὰ τῶν Ἰώνων τὸν λόγον ὡς ἐκ τοῦ χώρου τούτου
ἁρπασθείη ὑπὸ Πηλέος, εἴη τε ἅπασα ἡ ἀκτὴ ἡ Σηπιὰς 5

192 ἐκείνης τε καὶ τῶν ἀλλέων Νηρηίδων. ὁ μὲν δὴ τετάρτῃ
ἡμέρῃ ἐπέπαυτο· τοῖσι δὲ Ἕλλησι οἱ ἡμεροσκόποι ἀπὸ τῶν
ἄκρων τῶν Εὐβοϊκῶν καταδραμόντες δευτέρῃ ἡμέρῃ ἀπ᾿ ἧς
ὁ χειμὼν ὁ πρῶτος ἐγένετο, ἐσήμαινον πάντα τὰ γενόμενα
2 περὶ τὴν ναυηγίην. οἱ δὲ ὡς ἐπύθοντο, Ποσειδέωνι σωτῆρι 10
εὐξάμενοι καὶ σπονδὰς προχέαντες τὴν ταχίστην ὀπίσω
ἠπείγοντο ἐπὶ τὸ Ἀρτεμίσιον, ἐλπίσαντες ὀλίγας τινάς σφι
ἀντιξόους ἔσεσθαι νέας. οἱ μὲν δὴ τὸ δεύτερον ἐλθόντες
περὶ τὸ Ἀρτεμίσιον ἐναυλόχεον, Ποσειδέωνος σωτῆρος ἐπω-

193 νυμίην ἀπὸ τούτου ἔτι καὶ [ἐς τόδε] νομίζοντες· οἱ δὲ βάρβα- 15
ροι, ὡς ἐπαύσατό τε ὁ ἄνεμος καὶ τὸ κῦμα ἔστρωτο, κατα-
σπάσαντες τὰς νέας ἔπλεον παρὰ τὴν ἤπειρον, κάμψαντες
δὲ τὴν ἄκρην τῆς Μαγνησίης ἰθέαν ἔπλεον ἐς τὸν κόλπον
2 τὸν ἐπὶ Παγασέων φέροντα. ἔστι δὲ χῶρος ἐν τῷ κόλπῳ
τούτῳ τῆς Μαγνησίης, ἔνθα λέγεται τὸν Ἡρακλέα καταλει- 20
φθῆναι ὑπὸ Ἰήσονός τε καὶ τῶν συνεταίρων ἐκ τῆς Ἀργοῦς
ἐπ᾿ ὕδωρ πεμφθέντα, εὖτε ἐπὶ τὸ κῶας ἔπλεον ἐς Αἶαν [τὴν
Κολχίδα]· ἐνθεῦτεν γὰρ ἔμελλον ὑδρευσάμενοι ἐς τὸ πέλαγος
ἀφήσειν, ἐπὶ τούτου δὲ τῷ χώρῳ οὔνομα γέγονε Ἀφέται.

194 ἐν τούτῳ ὦν ὅρμον [οἱ Ξέρξεω] ἐποιεῦντο. πεντεκαίδεκα δὲ 25
τῶν νεῶν τουτέων ἔτυχόν τε ὕσταται πολλὸν ἐξαναχθεῖσαι
καί κως κατεῖδον τὰς ἐπ᾿ Ἀρτεμισίῳ τῶν Ἑλλήνων νέας.
ἔδοξάν τε δὴ τὰς σφετέρας εἶναι οἱ βάρβαροι καὶ πλέοντες

1 βοῆσι Madvig: γόησι L   τῷ ἀνέμῳ οἱ M. d P   τε a P
2 Θέτι] ι Dᶜ   Νηρηῖσι D   ἡμέρῃ om. D   3 ἐθέλων αὐτὸς D
6 ἐκείνῃ C: ἐκείνησε R   ἄλλων L   8 Εὐβοεικῶν C P
11 ἐξά + μενοι B   12 τινάς om. a   σφίσι? Stein   13 ἀν-
τίξους a   14 ἐναυμάχεον d   17 παρά . . . ἔπλεον om. R
18 ἰθειαν L [R]   20 τὸν om. d   22 πεμφέντα C R   κωίας B:
κώιας C   τὴν Κολχίδα om. d   24 γέγονε] λέγεται d   Ἀφεταί
D (it. infra)   28 δὴ om. a

ἐσέπεσον ἐς τοὺς πολεμίους· τῶν ἐστρατήγεε ὁ ἀπὸ Κύμης
τῆς Αἰολίδος ὕπαρχος Σανδώκης ὁ Θαμασίου, τὸν δὴ πρό-
τερον τούτων βασιλεὺς Δαρεῖος ἐπ᾽ αἰτίῃ τοιῇδε λαβὼν
ἀνεσταύρωσε, ἐόντα τῶν βασιληίων δικαστέων· ὁ Σανδώκης
5 ἐπὶ χρήμασι ἄδικον δίκην ἐδίκασε. ἀνακρεμασθέντος ὦν 2
αὐτοῦ λογιζόμενος ὁ Δαρεῖος εὗρέ οἱ πλέω ἀγαθὰ τῶν ἁμαρτη-
μάτων πεποιημένα ἐς οἶκον τὸν βασιλήιον· εὑρὼν δὲ τοῦτο
ὁ Δαρεῖος καὶ γνοὺς ὡς ταχύτερα αὐτὸς ἢ σοφώτερα ἐργα-
σμένος εἴη, ἔλυσε. βασιλέα μὲν δὴ Δαρεῖον οὕτω διαφυγὼν 3
10 μὴ ἀπολέσθαι περιῆν, τότε δὲ ἐς τοὺς Ἕλληνας καταπλώσας
ἔμελλε οὐ τὸ δεύτερον διαφυγὼν ἔσεσθαι· ὡς γὰρ σφεας
εἶδον προσπλέοντας οἱ Ἕλληνες, μαθόντες αὐτῶν τὴν γινο-
μένην ἁμαρτάδα ἐπαναχθέντες εὐπετέως σφέας εἷλον. ἐν 195
τουτέων μιῇ Ἀρίδωλις πλέων ἥλω, τύραννος Ἀλαβάνδων
15 τῶν ἐν Καρίῃ, ἐν ἑτέρῃ δὲ ὁ Πάφιος στρατηγὸς Πενθύλος
ὁ Δημονόου, ὃς ἦγε μὲν δυώδεκα νέας ἐκ Πάφου, ἀποβαλὼν
δέ σφεων τὰς ἔνδεκα τῷ χειμῶνι τῷ γενομένῳ κατὰ Σηπιάδα,
μιῇ τῇ περιγενομένῃ καταπλέων ἐπ᾽ Ἀρτεμίσιον ἥλω. τού-
τους οἱ Ἕλληνες ἐξιστορήσαντες τὰ ἐβούλοντο πυθέσθαι
20 ἀπὸ τῆς Ξέρξεω στρατιῆς, ἀποπέμπουσι δεδεμένους ἐς τὸν
Κορινθίων ἰσθμόν.

Ὁ μὲν δὴ ναυτικὸς [ὁ] τῶν βαρβάρων στρατός, πάρεξ 196
τῶν πεντεκαίδεκα νεῶν τῶν εἶπον Σανδώκεα στρατηγέειν,
ἀπίκοντο ἐς Ἀφέτας. Ξέρξης δὲ καὶ ὁ πεζὸς πορευθεὶς διὰ
25 Θεσσαλίης καὶ Ἀχαιίης ἐσβεβληκὼς ἦν καὶ δὴ τριταῖος ἐς
Μηλιέας, ἐν Θεσσαλίῃ μὲν ἅμιλλαν ποιησάμενος ἵππων τῶν
ἑωυτοῦ, ἀποπειρώμενος καὶ τῆς Θεσσαλίης ἵππου, πυθόμενος
ὡς ἀρίστη εἴη τῶν ἐν Ἕλλησι· ἔνθα δὴ αἱ Ἑλληνίδες ἵπποι

1 ἔπεσον d　　ὁ om. a　　2 Θαυμασίου C　　δὲ d　　6 εὑρέ
οἱ om. a　　8 ἐργασμέν + ος D: ἐργασάμενος a　　9 δὴ om. RSV
11 περιέσεσθαι Reiske　　14 Ἄρδωλις d　　19 ἂ d　　ἠβούλοντο a
22 ὃ del. Schaefer　　23 νεῶν om. a　　24 ἀπίκετο d　　καὶ
om. C　　25 Ἀχαίης R [V]　　δὴ om. C　　26 μὲν] δὲ d
27 Θεσσαλικῆς ? Bekker　　28 ἐν om. C　　δὴ Ἑλλ. C: δὴ αἴλλ. R

ἐλείποντο πολλόν. τῶν μέν νυν ἐν Θεσσαλίῃ ποταμῶν Ὀνό-
χωνος μοῦνος οὐκ ἀπέχρησε τῇ στρατιῇ τὸ ῥέεθρον πινόμενος·
τῶν δὲ ἐν Ἀχαιίῃ ποταμῶν ῥεόντων οὐδὲ ὅστις μέγιστος αὐτῶν
197 ἐστι Ἠπιδανός, οὐδὲ οὗτος ἀντέσχε εἰ μὴ φλαύρως. ἐς Ἄλον
δὲ τῆς Ἀχαιίης ἀπικομένῳ Ξέρξῃ οἱ κατηγεμόνες τῆς ὁδοῦ 5
βουλόμενοι τὸ πᾶν ἐξηγέεσθαι ἔλεγόν οἱ ἐπιχώριον λόγον, τὰ
περὶ τὸ ἱρὸν τοῦ Λαφυστίου Διός, ὡς Ἀθάμας ὁ Αἰόλου
ἐμηχανήσατο Φρίξῳ μόρον σὺν Ἰνοῖ βουλεύσας, μετέπειτα
δὲ ὡς ἐκ θεοπροπίου Ἀχαιοὶ προτιθεῖσι τοῖσι ἐκείνου ἀπο-
2 γόνοισι ἀέθλους τοιούσδε· ὃς ἂν ᾖ τοῦ γένεος τούτου πρε- 10
σβύτατος, τούτῳ ἐπιτάξαντες ἔργεσθαι τοῦ ληίτου αὐτοὶ
φυλακὰς ἔχουσι (λήιτον δὲ καλέουσι τὸ πρυτανήιον οἱ
Ἀχαιοί)· ἢν δὲ ἐσέλθῃ, οὐκ ἔστι ὅκως ἔξεισι πρὶν ἢ θύσε-
σθαι μέλλῃ· ὥς τ' ἔτι πρὸς τούτοισι πολλοὶ ἤδη τούτων
τῶν μελλόντων θύσεσθαι δείσαντες οἴχοντο ἀποδράντες ἐς 15
ἄλλην χώρην, χρόνου δὲ προϊόντος ὀπίσω κατελθόντες ἢν
ἁλίσκωνται ἐσελθόντες ἐς τὸ πρυτανήιον, ὡς θύεταί τε ἐξη-
γέοντο στέμμασι πᾶς πυκασθεὶς καὶ ὡς σὺν πομπῇ ἐξαχθείς.
3 ταῦτα δὲ πάσχουσι οἱ Κυτισσώρου τοῦ Φρίξου παιδὸς
ἀπόγονοι, διότι καθαρμὸν τῆς χώρης ποιευμένων Ἀχαιῶν 20
ἐκ θεοπροπίου Ἀθάμαντα τὸν Αἰόλου καὶ μελλόντων μιν
θύειν ἀπικόμενος οὗτος ὁ Κυτίσσωρος ἐξ Αἴης τῆς
Κολχίδος ἐρρύσατο, ποιήσας δὲ τοῦτο τοῖσι ἐπιγενομέ-
4 νοισι ἐξ ἑωυτοῦ μῆνιν τοῦ θεοῦ ἐνέβαλε. Ξέρξης δὲ
ταῦτα ἀκούσας ὡς κατὰ τὸ ἄλσος ἐγίνετο, αὐτός τε 25
ἔργετο αὐτοῦ καὶ τῇ στρατιῇ πάσῃ παρήγγειλε, τῶν τε

Left margin notes: ie. beaten / suffice / guides / temple/sacred precinct / plotted the death of P. / task/duty / commanding this man to λήιτον-town-hall / in addition to these things / how he is sacrificed / covered / sacred precinct / kept out of

Right margin notes: to a slight extent (i.e. only just) / on P's descendants / ἔργω -> to keep away from / if he can't except offered a sacrifice / if / procee... / descendants

---

1 ἐλείποντο Bekker : ἐλίποντο L   Ὀνόχονος R S V   **2** ἐπέ-
χρησε **d**   3 ὥσπερ **d**   ὁ μέγιστος C   ἐστι(ν) αὐτῶν **d**   4 ἄλον
D : ἄλλον C R V   6 ἐπιχώριοι R   7 ἱ + ρὸν A   Ἀφλυστίου
d ('Ἀφλι- D) P   10 εἴη D   11 ἔργεσθαι R V : εἴργ. A B : εἴργ. C
ληίτου Valckenaer : πρυτανηίου L   12 οἱ om. **d**   13 εἰσέλθη
R S V   14 μέλλει R V : -οι S   ὥς τ' ἔτι Schaefer : ὥστε τι A :
ὥστέ τι B C D V : ὥς τέ τι P S : ὥστε R   τούτων om. S, post μελλ. P
15 τῶν om. D R V   17 ἁλίσκονται C¹ (?) R   ἐσελθόντες **d** :
ἐστέλλοντο **a** P   μαντήιον C Pᵐ   18 σὺν om. **d**   22 Κτίσωρος C
25 ἐγένετο P R S V   26 εἴργετο **d**

'Αθάμαντος ἀπογόνων τὴν οἰκίην ὁμοίως καὶ τὸ τέμενος
ἐσέβετο.

Ταῦτα μὲν τὰ ἐν Θεσσαλίῃ καὶ τὰ ἐν 'Αχαιίῃ· ἀπὸ δὲ 198
τούτων τῶν χώρων ἤιε ἐς τὴν Μηλίδα παρὰ κόλπον θαλάσ-
5 σης, ἐν τῷ ἄμπωτίς τε καὶ ῥηχίη ἀνὰ πᾶσαν ἡμέρην γίνεται.
περὶ δὲ τὸν κόλπον τοῦτόν ἐστι χῶρος πεδιεινός, τῇ μὲν
εὐρύς, τῇ δὲ καὶ κάρτα στεινός· περὶ δὲ τὸν χῶρον ὄρεα
ὑψηλὰ καὶ ἄβατα περικληίει πᾶσαν τὴν Μηλίδα γῆν, Τρη-
χίνιαι πέτραι καλεόμεναι. πρώτη μέν νυν πόλις ἐστὶ ἐν τῷ 2
10 κόλπῳ ἰόντι ἀπὸ 'Αχαιίης 'Αντικύρη, παρ' ἣν Σπερχειὸς πο-
ταμὸς ῥέων ἐξ 'Ενιήνων ἐς θάλασσαν ἐκδιδοῖ. ἀπὸ δὲ
τούτου διὰ εἴκοσί κου σταδίων ἄλλος ποταμὸς τῷ οὔνομα
κεῖται Δύρας, τὸν βοηθέοντα τῷ 'Ηρακλέϊ καιομένῳ λόγος
ἐστὶ ἀναφανῆναι. ἀπὸ δὲ τούτου δι' ἄλλων εἴκοσι σταδίων
15 ἄλλος ποταμός ἐστι ὃς καλέεται Μέλας. Τρηχὶς δὲ πόλις 199
ἀπὸ τοῦ Μέλανος τούτου ποταμοῦ πέντε στάδια ἀπέχει.
ταύτῃ δὲ καὶ εὐρύτατόν ἐστι πάσης τῆς χώρης ταύτης ἐκ
τῶν ὀρέων ἐς θάλασσαν, κατ' ἃ Τρηχὶς πεπόλισται· δισ-
χίλιά τε γὰρ καὶ δισμύρια πλέθρα τοῦ πεδίου ἐστί. τοῦ δὲ
20 ὄρεος τὸ περικληίει τὴν γῆν τὴν Τρηχινίην ἐστὶ διασφὰξ
πρὸς μεσαμβρίην Τρηχῖνος, διὰ δὲ τῆς διασφάγος 'Ασωπὸς
ποταμὸς ῥέει παρὰ τὴν ὑπώρεαν τοῦ ὄρεος. ἔστι δὲ ἄλλος 200
Φοῖνιξ ποταμὸς οὐ μέγας πρὸς μεσαμβρίην τοῦ 'Ασωποῦ,
ὃς ἐκ τῶν ὀρέων τούτων ῥέων ἐς τὸν 'Ασωπὸν ἐκδιδοῖ.
25 κατὰ δὲ τὸν Φοίνικα ποταμὸν στεινότατόν ἐστι· ἁμαξιτὸς
γὰρ μούνη [μία] δέδμηται. ἀπὸ δὲ τοῦ Φοίνικος ποταμοῦ
πεντεκαίδεκα στάδιά ἐστι ἐς Θερμοπύλας. ἐν δὲ τῷ μεταξὺ 2
Φοίνικός ⟨τε⟩ ποταμοῦ καὶ Θερμοπυλέων κώμη τε ἔστι τῇ

Marginal glosses: flow at + tide / every day / flat / enclose / flow into / be distant / situated / chasm / (ie. the plain) / village

1 ὁμοίως τὴν οἰκίην d   3 alt. τὰ ἐν om. d   5 ῥαχίη DRV
6 πεδινὸς a P   7 καὶ AB soli   8 ἄβατα ⟨τὰ⟩ Reiske   Μη-
λιάδα a P.   10 ἦ R   ποτ. Σπερχηιὸς d (-ειὸς D)   11 Αἰνιήνων
R S V D²   13 τῷ om. d P   14 ἐστὶ om. S   15 καλεῖται
D R V   πόλι +s D   22 ὑπώρειαν d : ὑπωρέην a P   23 μέγα R
25–26 στεινότατόν (-τατός d) . . . ποταμοῦ om. C   26 μία μούνη S :
μία om. A B   27 πεντεκαίδεκα . . . ποταμοῦ (28) om. R   δὲ om.
D V   28 τε add. Stein

οὔνομα Ἀνθήλη κεῖται, παρ' ἣν δὴ παραρρέων ὁ Ἀσωπὸς
ἐς θάλασσαν ἐκδιδοῖ, καὶ χῶρος περὶ αὐτὴν εὐρύς, ἐν τῷ
Δήμητρός τε ἱρὸν Ἀμφικτυονίδος ἵδρυται καὶ ἕδραι εἰσὶ
Ἀμφικτύοσι καὶ αὐτοῦ τοῦ Ἀμφικτύονος ἱρόν.

201   Βασιλεὺς μὲν δὴ Ξέρξης ἐστρατοπεδεύετο τῆς Μηλίδος 5
ἐν τῇ Τρηχινίῃ, οἱ δὲ [δὴ] Ἕλληνες ἐν τῇ διόδῳ· καλέεται
δὲ ὁ χῶρος οὗτος ὑπὸ μὲν τῶν πλεόνων Ἑλλήνων Θερμο-
πύλαι, ὑπὸ δὲ τῶν ἐπιχωρίων καὶ περιοίκων Πύλαι. ἐστρα-
τοπεδεύοντο μέν νυν ἑκάτεροι ἐν τούτοισι τοῖσι χωρίοισι,
ἐπεκράτεε δὲ ὁ μὲν τῶν πρὸς βορὴν ἄνεμον ἐχόντων πάντων 10
μέχρι Τρηχῖνος, οἱ δὲ τῶν πρὸς νότον ⟨τε⟩ καὶ μεσαμβρίην
202 φερόντων τὸ ἐπὶ ταύτης τῆς ἠπείρου. ἦσαν δὲ οἵδε Ἑλ-
λήνων οἱ ὑπομένοντες τὸν Πέρσην ἐν τούτῳ τῷ χώρῳ·
Σπαρτιητέων τε τριηκόσιοι ὁπλῖται καὶ Τεγεητέων καὶ Μαν-
τινέων χίλιοι, ἡμίσεες ἑκατέρων, ἐξ Ὀρχομενοῦ τε τῆς 15
Ἀρκαδίης εἴκοσι καὶ ἑκατὸν καὶ ἐκ τῆς λοιπῆς Ἀρκαδίης
χίλιοι· τοσοῦτοι μὲν Ἀρκάδων, ἀπὸ δὲ Κορίνθου τετρακόσιοι
καὶ ἀπὸ Φλειοῦντος διηκόσιοι καὶ Μυκηναίων ὀγδώκοντα.
οὗτοι μὲν ἀπὸ Πελοποννήσου παρῆσαν, ἀπὸ δὲ Βοιωτῶν
203 Θεσπιέων τε ἑπτακόσιοι καὶ Θηβαίων τετρακόσιοι. πρὸς 20
τούτοισι ἐπίκλητοι ἐγένοντο Λοκροί τε οἱ Ὀπούντιοι παν-
στρατιῇ καὶ Φωκέων χίλιοι. αὐτοὶ γάρ σφεας οἱ Ἕλληνες
ἐπεκαλέσαντο, λέγοντες δι' ἀγγέλων ὡς αὐτοὶ μὲν ἥκοιεν
πρόδρομοι τῶν ἄλλων, οἱ δὲ λοιποὶ τῶν συμμάχων προσ-
δόκιμοι πᾶσαν εἶεν ἡμέρην, ἡ θάλασσά τέ σφι εἴη ἐν φυλακῇ 25
ὑπ' Ἀθηναίων τε φρουρεομένη καὶ Αἰγινητέων καὶ τῶν ἐς τὸν
2 ναυτικὸν στρατὸν ταχθέντων, καί σφι εἴη δεινὸν οὐδέν· οὐ
γὰρ θεὸν εἶναι τὸν ἐπιόντα ἐπὶ τὴν Ἑλλάδα ἀλλ' ἄνθρωπον,
εἶναι δὲ θνητὸν οὐδένα οὐδὲ ἔσεσθαι τῷ κακὸν ἐξ ἀρχῆς

2 αὐτῆι A B   3 -όνιδος B R V   4 -νόσι C P   -νόνος C D P
6 δὴ del. Stein   7 οὗτος om. P¹   8 ὑπὸ . . . Πύλαι om. R S V
δὲ om. D   ἐπι + + + χωρίων D   δὲ καὶ D   11 τε add. Naber
12 τὸ om. d   13 χρόνω D   14 τε om. B   15 Ὀρχου-
μενοῦ R   18 Φλιοῦντος d (Φιλι- R)   διηκ. ὁπλῖται C P
20 ἑπτακ.] διηκόσιοι Boas coll. Diod. xi. 9, 2   21 οἱ om. d
22 ἐπεκαλέσαντο οἱ Ἕλλ. C   23 ἐπεκαλέοντο d   ἥκουον D
25 εἶεν] εἶσι a   26 φρουρουμένη D : φρουρεουμένη R

γινομένῳ οὐ συνεμείχθη, τοῖσι δὲ μεγίστοισι αὐτῶν μέγιστα·
ὀφείλειν ὧν καὶ τὸν ἐπελαύνοντα, ὡς ἐόντα θνητόν, ἀπὸ τῆς
δόξης πεσεῖν [ἄν].   οἱ δὲ ταῦτα πυνθανόμενοι ἐβοήθεον ἐς
τὴν Τρηχῖνα.   τούτοισι ἦσαν μέν νυν καὶ ἄλλοι στρατηγοὶ **204**
5 κατὰ πόλιας ἑκάστων, ὁ δὲ θωμαζόμενος μάλιστα καὶ παντὸς
τοῦ στρατεύματος ἡγεόμενος Λακεδαιμόνιος ἦν Λεωνίδης ὁ
Ἀναξανδρίδεω τοῦ Λέοντος τοῦ Εὐρυκρατίδεω τοῦ Ἀναξάν-
δρου τοῦ Εὐρυκράτεος τοῦ Πολυδώρου τοῦ Ἀλκαμένεος τοῦ
Τηλέκλου τοῦ Ἀρχέλεω τοῦ Ἡγησίλεω τοῦ Δορύσσου τοῦ
10 Λεωβώτεω τοῦ Ἐχεστράτου τοῦ Ἥγιος τοῦ Εὐρυσθένεος
τοῦ Ἀριστοδήμου τοῦ Ἀριστομάχου τοῦ Κλεοδαίου τοῦ
Ὕλλου τοῦ Ἡρακλέος, κτησάμενος τὴν βασιληίην ἐν Σπάρτῃ
ἐξ ἀπροσδοκήτου. διξῶν γάρ οἱ ἐόντων πρεσβυτέρων ἀδελ- **205**
φεῶν, Κλεομένεός τε καὶ Δωριέος, ἀπελήλατο τῆς φροντίδος
15 περὶ τῆς βασιληίης.   ἀποθανόντος δὲ Κλεομένεος ἄπαιδος
ἔρσενος γόνου, Δωριέος τε οὐκέτι ἐόντος ἀλλὰ τελευτήσαντος
καὶ τούτου ἐν Σικελίῃ, οὕτω δὴ ἐς Λεωνίδην ἀνέβαινε ἡ βα-
σιληίη, καὶ διότι πρότερος ἐγεγόνεε Κλεομβρότου (οὗτος γὰρ
ἦν νεώτατος Ἀναξανδρίδεω παῖς) καὶ δὴ καὶ εἶχε Κλεομένεος
20 θυγατέρα.   ὃς τότε ἤιε ἐς Θερμοπύλας ἐπιλεξάμενος ἄνδρας 2
τε τοὺς κατεστεῶτας τριηκοσίους καὶ τοῖσι ἐτύγχανον παῖδες
ἐόντες.   παραλαβὼν δὲ ἀπίκετο καὶ Θηβαίων τοὺς ἐς τὸν
ἀριθμὸν λογισάμενος εἶπον, τῶν ἐστρατήγεε Λεοντιάδης ὁ
Εὐρυμάχου.   τοῦδε δὲ εἵνεκα τούτους σπουδὴν ἐποιήσατο 3
25 Λεωνίδης μούνους Ἑλλήνων παραλαβεῖν, ὅτι σφέων μεγάλως
κατηγόρητο μηδίζειν· παρεκάλεε ὧν ἐς τὸν πόλεμον θέλων
εἰδέναι εἴτε συμπέμψουσι εἴτε καὶ ἀπερέουσι ἐκ τοῦ ἐμφανέος
τὴν Ἑλλήνων συμμαχίην.   οἱ δὲ ἄλλα φρονέοντες ἔπεμπον.

1 γεινομένῳ A B : γενομένῳ V¹   συνεμείχθη L : συνηνείχθη Krueger
2 ὡς om. d   3 πεσέειν a P   ἄν del. Krueger   5 πόλεις d
8 τοῦ Πολ. τοῦ Ἀλκ. om. RSV   Ἀλκαιμένεος a   9 Τηλέκλου] η Dᶜ
Δωρύσσου C   10 Λεωβότεω L : corr. Stein   Ἡγήσιος d P   15 δὲ
τοῦ D   16 ἄρσενος B   ἐνόντος D²   19 νεώτατος] ατ Dᶜ
20 ἄνδρας τριηκ. κατεστεῶτάς τε καὶ Pingel   21 τοῦ κατεστεῶτος D
22 ἀπίκτο a   24 δὲ om. d   τούτου A B d [V] : om. C   26 παρε-
κέλευε D   27 συμπέψ. R V   ἀπαίρουσι(ν) d   28 ἀλλο-
φρονέοντες a P

206 τούτους μὲν τοὺς ἀμφὶ Λεωνίδην πρώτους ἀπέπεμψαν Σπαρ-
τιῆται, ἵνα τούτους ὁρῶντες οἱ ἄλλοι σύμμαχοι στρατεύωνται
μηδὲ καὶ οὗτοι μηδίσωσι, ἢν αὐτοὺς πυνθάνωνται ὑπερβαλ-
λομένους· μετὰ δέ, Κάρνεια γάρ σφι ἦν ἐμποδών, ἔμελλον
ὁρτάσαντες καὶ φυλακὰς λιπόντες ἐν τῇ Σπάρτῃ κατὰ 5
2 τάχος βοηθήσειν πανδημεί. ὡς δὲ καὶ ἱ λοιποὶ τῶν συμ-
μάχων ἐνένωντο καὶ αὐτοὶ ἕτερα τοιαῦτα ποιήσειν· ἢν γὰρ
κατὰ τὠυτὸ Ὀλυμπιὰς τούτοισι τοῖσι πρήγμασι συμπεσοῦσα·
οὐκ ὦν δοκέοντες κατὰ τάχος οὕτω διακριθήσεσθαι τὸν ἐν
Θερμοπύλῃσι πόλεμον ἔπεμπον τοὺς προδρόμους. 10

207 Οὗτοι μὲν δὴ οὕτω διενένωντο ποιήσειν· οἱ δὲ ἐν Θερμο-
πύλῃσι Ἕλληνες, ἐπειδὴ πέλας ἐγένετο τῆς ἐσβολῆς ὁ
Πέρσης, καταρρωδέοντες ἐβουλεύοντο περὶ ἀπαλλαγῆς. τοῖσι
μέν νυν ἄλλοισι Πελοποννησίοισι ἐδόκεε ἐλθοῦσι ἐς Πελο-
πόννησον τὸν Ἰσθμὸν ἔχειν ἐν φυλακῇ· Λεωνίδης δὲ Φωκέων 15
καὶ Λοκρῶν περισπερχθέντων τῇ γνώμῃ ταύτῃ [αὐτοῦ τε
μένειν ἐψηφίζετο] πέμπειν τε ἀγγέλους ἐς τὰς πόλιας
κελεύοντάς σφι ἐπιβοηθέειν, ὡς ἐόντων αὐτῶν ὀλίγων
208 στρατὸν τὸν Μήδων ἀλέξασθαι. ταῦτα βουλευομένων σφέων
ἔπεμπε Ξέρξης κατάσκοπον ἱππέα ἰδέσθαι ὁκόσοι εἰσὶ καὶ 20
ὅ τι ποιέοιεν. ἀκηκόεε δὲ ἔτι ἐὼν ἐν Θεσσαλίῃ ὡς ἁλισ-
μένη εἴη ταύτῃ στρατιὴ ὀλίγη, καὶ τοὺς ἡγεμόνας ὡς εἴησαν
Λακεδαιμόνιοί τε καὶ Λεωνίδης, ἐὼν γένος Ἡρακλείδης.
2 ὡς δὲ προσήλασε ὁ ἱππεὺς πρὸς τὸ στρατόπεδον, ἐθηεῖτό
τε καὶ κατώρα πᾶν μὲν οὐ τὸ στρατόπεδον· τοὺς γὰρ ἔσω 25
τεταγμένους τοῦ τείχεος, τὸ ἀνορθώσαντες εἶχον ἐν φυλακῇ,
οὐκ οἷά τε ἦν κατιδέσθαι· ὁ δὲ τοὺς ἔξω ἐμάνθανε, τοῖσι

2 ἄλλοι supra v. D¹　　στρατεύονται D¹ R V¹　　3 πυνθάνονται R
4 Κάρνια ᾱ　　5 φύλακας ᵃ [P]　　6 βοηθέειν ᵃ P　　πανδημί A B
7 ἐνένωντο Reiske : ἐνενῶντο P (ἐννεν.) ᵃ : ἐνενόωντο ᵃ　　11 διενέ-
νωντο Reiske : διενενῶντο ᵃ Pᶜ (διεννεν. P¹) : διενενόωντο ᵃ　　12 ἐγί-
νετο D R V　　ἐμβολῆς V　　16 περισπερχεόντων L (-χόντων P) :
corr. Valckenaer　　18 ἐπιβοηθέειν σφι(ν) ᵃ　　19 τῶν ᵃ C¹ P
20 ὅσοι ᵃ　　21 ἀκηκόεε Aldus : ἠκοκόεε B : ἠκήκοε D¹ : ἠκηκόεε
A C P R S V Dᶜ (ι)　　ἐὼν ἔτι R S V　　ἀλισκομένη C S V　　24 ἐθηεῖτό
... στρατόπεδον om. R　　25 κατώρα D V　　ἔσωσε R

πρὸ τοῦ τείχεος τὰ ὅπλα ἔκειτο. ἔτυχον δὲ τοῦτον τὸν
χρόνον Λακεδαιμόνιοι ἔξω τεταγμένοι. τοὺς μὲν δὴ ὥρα 3
γυμναζομένους τῶν ἀνδρῶν, τοὺς δὲ τὰς κόμας κτενιζομένους.
ταῦτα δὴ θεώμενος ἐθώμαζε καὶ τὸ πλῆθος ἐμάνθανε. μαθὼν
5 δὲ πάντα ἀτρεκέως ἀπήλαυνε ὀπίσω κατ' ἡσυχίην· οὔτε γάρ
τις ἐδίωκε ἀλογίης τε ἐκύρησε πολλῆς ἀπελθών τε ἔλεγε
πρὸς Ξέρξην τά περ ὀπώπεε πάντα. ἀκούων δὲ Ξέρξης 209
οὐκ εἶχε συμβαλέσθαι τὸ ἐόν, ὅτι παρεσκευάζοντο ὡς ἀπο-
λεόμενοί τε καὶ ἀπολέοντες κατὰ δύναμιν· ἀλλ' αὐτῷ γελοῖα
10 γὰρ ἐφαίνοντο ποιέειν, μετεπέμψατο Δημάρητον τὸν Ἀρί-
στωνος, ἐόντα ἐν τῷ στρατοπέδῳ. ἀπικόμενον δέ μιν εἰρώτα 2
Ξέρξης ἕκαστα τούτων, ἐθέλων μαθεῖν τὸ ποιεύμενον πρὸς
τῶν Λακεδαιμονίων. ὁ δὲ εἶπε· Ἤκουσας μὲν καὶ πρότερόν
μευ, εὖτε ὁρμῶμεν ἐπὶ τὴν Ἑλλάδα, περὶ τῶν ἀνδρῶν τού-
15 των· ἀκούσας δὲ γελωτά με ἔθευ λέγοντα τῇ περ ὥρων
ἐκβησόμενα πρήγματα ταῦτα. ἐμοὶ γὰρ τὴν ἀληθείην ἀσκέειν
ἀντία σεῦ, ὦ βασιλεῦ, ἀγὼν μέγιστός ἐστι. ἄκουσον δὲ 3
καὶ νῦν· οἱ ἄνδρες οὗτοι ἀπίκαται μαχησόμενοι ἡμῖν περὶ
τῆς ἐσόδου καὶ ταῦτα παρασκευάζονται. νόμος γάρ σφι
20 οὕτω ἔχων ἐστί· ἐπεὰν μέλλωσι κινδυνεύειν τῇ ψυχῇ, τότε
τὰς κεφαλὰς κοσμέονται. ἐπίστασο δέ· εἰ τούτους τε 4
καὶ τὸ ὑπομένον ἐν Σπάρτῃ καταστρέψεαι, ἔστι οὐδὲν ἄλλο
ἔθνος ἀνθρώπων τὸ σέ, βασιλεῦ, ὑπομενέει χεῖρας ἀνταει-
ρόμενον· νῦν γὰρ πρὸς βασιληίην τε καλλίστην τῶν ἐν
25 Ἕλλησι προσφέρεαι καὶ ἄνδρας ἀρίστους. κάρτα τε δὴ 5
Ξέρξῃ ἄπιστα ἐφαίνετο τὰ λεγόμενα [εἶναι] καὶ δεύτερα

3 κώμας R   4 ἐθαύμ. A¹ : ἐθώυμ. Aᶜ B P   μαθὼν R   5 ταῦτα P
6 ἐκύρησε Valckenaer : ἐνεκύρησε L   δὲ P¹   7 Ξέρξεα d P
8 παρεσκευάζοντο D : παρεσκευάζοιντο a P   11 μιν om. d
12 μαθέειν d   14 ὁρμῶμεν P   περὶ . . τούτων om. S
15 λέγον R   τῇ περ Wesseling : τά περ L   16 (τὰ) πρήγματα
Krueger   17 ὦ om. a   18 ἀπίκται καταμαχ. C   19 τέ-
ρασκευάζονται DR : γέρας σκεναζονται SV   20 ἔχων οὕτω A B :
ἔχων om. C   21 σμέονται Valckenaer   ἐπίστασο d P   τε] γε a
22 κατάστρεψαι C   23 ἀνταειράμενον d   24 τε καὶ καλλίστην
πόλιν τῶν a P   ἐν om. d   25 τε] δὲ C   26 ἄπιστα Ξέρξῃ
d P   εἶναι om. d P

ἐπειρώτα ὅντινα τρόπον τοσοῦτοι ἐόντες τῇ ἑωυτοῦ στρατιῇ
μαχήσονται. ὁ δὲ εἶπε· Ὦ βασιλεῦ, ἐμοὶ χρᾶσθαι ὡς
ἀνδρὶ ψεύστῃ, ἢν μὴ ταῦτά τοι ταύτῃ ἐκβῇ τῇ ἐγὼ λέγω.

210 ταῦτα λέγων οὐκ ἔπειθε τὸν Ξέρξην. τέσσερας μὲν δὴ
παρῆκε ἡμέρας, ἐλπίζων αἰεί σφεας ἀποδρήσεσθαι· πέμπτῃ 5
δέ, ὡς οὐκ ἀπαλλάσσοντο ἀλλὰ οἱ ἐφαίνοντο ἀναιδείῃ τε
καὶ ἀβουλίῃ διαχρεώμενοι μένειν, πέμπει ἐπ' αὐτοὺς Μήδους
τε καὶ Κισσίους θυμωθείς, ἐντειλάμενός σφεας ζωγρήσαντας
2 ἄγειν ἐς ὄψιν τὴν ἑωυτοῦ. ὡς δ' ἐσέπεσον φερόμενοι ἐς
τοὺς Ἕλληνας οἱ Μῆδοι, ἔπιπτον πολλοί, ἄλλοι δ' ἐπεσήισαν, 10
καὶ οὐκ ἀπήλαυνον καίπερ μεγάλως προσπταίοντες. δῆλον
δ' ἐποίευν παντί τεῳ καὶ οὐκ ἥκιστα αὐτῷ βασιλέϊ ὅτι πολλοὶ
μὲν ἄνθρωποι εἶεν, ὀλίγοι δὲ ἄνδρες. ἐγίνετο δὲ ἡ συμβολὴ
211 δι' ἡμέρης. ἐπείτε δὲ οἱ Μῆδοι τρηχέως περιείποντο,
ἐνθαῦτα οὗτοι μὲν ὑπεξήισαν, οἱ δὲ Πέρσαι ἐκδεξάμενοι 15
ἐπήισαν, τοὺς ἀθανάτους ἐκάλεε βασιλεύς, τῶν ἦρχε Ὑδάρ-
2 νης, ὡς δὴ οὗτοί γε εὐπετέως κατεργασόμενοι. ὡς δὲ καὶ
οὗτοι συνέμισγον τοῖσι Ἕλλησι, οὐδὲν πλέον ἐφέροντο τῆς
στρατιῆς τῆς Μηδικῆς ἀλλὰ τὰ αὐτά, ἅτε ἐν στεινοπόρῳ τε
χώρῳ μαχόμενοι καὶ δόρασι βραχυτέροισι χρεώμενοι ἤ περ 20
3 οἱ Ἕλληνες καὶ οὐκ ἔχοντες πλήθεϊ χρήσασθαι. Λακεδαι-
μόνιοι δὲ ἐμάχοντο ἀξίως λόγου, ἄλλα τε ἀποδεικνύμενοι ἐν
οὐκ ἐπισταμένοισι μάχεσθαι ἐξεπιστάμενοι, καὶ ὅκως ἐντρέ-
ψειαν τὰ νῶτα, ἀλέες φεύγεσκον δῆθεν, οἱ δὲ βάρβαροι
ὁρῶντες φεύγοντας βοῇ τε καὶ πατάγῳ ἐπήισαν, οἱ δ' ἂν 25
καταλαμβανόμενοι ὑπέστρεφον ἀντίοι εἶναι τοῖσι βαρβάροισι,
μεταστρεφόμενοι δὲ κατέβαλλον πλήθεϊ ἀναριθμήτους τῶν

3 ἦν . . . ταύτῃ om. A¹　　τοι om. d　　τῇ] ὡς d P¹　　5 παρεξῆκε
a P　　ἀεί D R V　　7 χρεώμενοι d　　8 σφε d　　9 ἐπέπεσον
R S V　　10 ἐπεσήεσαν d　　11 ἀπελαύνοντο a P　　12 δ'] δ'〉
D R V　　13 συμβουλῇ C D　　14 δὲ om. C　　15 ἐπεξῆεσαν D
16 ἐπῆεσαν D R S (it. 25 V¹) : ἐποίησαν V　　Ὑδάρνης R S V
19 τῆς Μηδικῆς . . . καὶ om. C　　τε om. d　　20 χώρῳ om. d
μακροτέροισι D R : μικρ. S V　　21 πλήθεσι a　　25 παττάγῳ R V
27 κατέλαβον S V

Περσέων· ἔπιπτον δὲ καὶ αὐτῶν τῶν Σπαρτιητέων ἐνθαῦτα
ὀλίγοι. ἐπεὶ δὲ οὐδὲν ἐδυνέατο παραλαβεῖν οἱ Πέρσαι τῆς
ἐσόδου πειρώμενοι⌈καὶ κατὰ τέλεα⌉ καὶ παντοίως προσβάλ-
λοντες, ἀπήλαυνον ὀπίσω. ἐν ταύτῃσι τῇσι προσόδοισι τῆς **212**
5 μάχης λέγεται βασιλέα θηεύμενον ⌈τρὶς ἀναδραμεῖν ἐκ τοῦ
θρόνου, δείσαντα περὶ τῇ στρατιῇ. τότε μὲν οὕτως ἠγωνί-
σαντο, τῇ δ' ὑστεραίῃ οἱ βάρβαροι οὐδὲν ἄμεινον ἀέθλεον·
ἅτε γὰρ ὀλίγων ἐόντων, ἐλπίσαντές σφεας κατατετρωματίσθαι
τε καὶ οὐκ οἵους τε ἔσεσθαι ἔτι χεῖρας ἀνταείρεσθαι⌉ συνέ-
10 βαλλον. οἱ δὲ Ἕλληνες κατὰ τάξις τε καὶ κατὰ ἔθνεα **2**
κεκοσμημένοι ἦσαν καὶ ἐν μέρεϊ ἕκαστοι ἐμάχοντο, πλὴν
Φωκέων· οὗτοι δὲ ἐς τὸ ὄρος ἐτάχθησαν φυλάξοντες τὴν
ἀτραπόν. ὡς δὲ οὐδὲν εὕρισκον ἀλλοιότερον οἱ Πέρσαι ἢ
τῇ προτεραίῃ ἐνώρων, ἀπήλαυνον. ἀπορέοντος δὲ βασιλέος **213**
15 ὅ τι χρήσηται τῷ παρεόντι πρήγματι, Ἐπιάλτης ὁ Εὐρυδήμου
ἀνὴρ Μηλιεὺς ἦλθέ οἱ ἐς λόγους ὡς μέγα τι παρὰ βασιλέος
δοκέων οἴσεσθαι, ἔφρασέ τε τὴν ἀτραπὸν τὴν διὰ τοῦ ὄρεος
φέρουσαν ἐς Θερμοπύλας καὶ διέφθειρε τοὺς ταύτῃ ὑπομεί-
ναντας Ἑλλήνων. ὕστερον δὲ δείσας Λακεδαιμονίους ἔφυγε **2**
20 ἐς Θεσσαλίην, καί οἱ φυγόντι ὑπὸ τῶν Πυλαγόρων, τῶν
Ἀμφικτυόνων ἐς τὴν Πυλαίην συλλεγομένων, ἀργύριον
ἐπεκηρύχθη. χρόνῳ δὲ ὕστερον, κατῆλθε γὰρ ἐς Ἀντικύρην,
ἀπέθανε ὑπὸ Ἀθηνάδεω ἀνδρὸς Τρηχινίου. ὁ δὲ Ἀθηνάδης **3**
οὗτος ἀπέκτεινε μὲν Ἐπιάλτην δι' ἄλλην αἰτίην, τὴν ἐγὼ
25 ἐν τοῖσι ὄπισθε λόγοισι σημανέω, ἐτιμήθη μέντοι ὑπὸ Λακε-
δαιμονίων οὐδὲν ἧσσον. Ἐπιάλτης μὲν οὕτως ὕστερον
τούτων ἀπέθανε· ἔστι δὲ ἕτερος λεγόμενος λόγος, ὡς Ὀνήτης **214**

2 ἐδυναίατο D: ἐδύνατο C   3 ὁδοῦ ＆ P¹   pr. καὶ om. ＆
6 ἦγον. B   7 ἀμείνονα ἔθελον ＆   9 οἰκήσυς (?) R¹   ἔτι om. ＆
ἀνταείρασθαι ＆ P   10 τάξεις D R V: τάξιν C   κατὰ] τὰ C
12 -ξαντες B   13 εὕρισκον del. Madvig   ἀλλοιότερον R S V
οἱ om. C   14 ἑώρων P   τοῦ βασιλέος R S V   15 χρήσεται
R S V   17 οἴ + σεσθαι A: οἱ ἔσεσθαι ＆   alt. τὴν om. ＆   20 [τῶν
. . . συλλεγομένων] Reiske   22 ὑστέρωι B C Const.   ἐς τὴν C
24 Ἐπιάλτεα ＆ P   27 λόγος λεγόμενος ＆

τε ὁ Φαναγόρεω ἀνὴρ Καρύστιος καὶ Κορυδαλλὸς Ἀντικυρεύς
εἰσι οἱ εἴπαντες πρὸς βασιλέα τούτους τοὺς λόγους καὶ
περιηγησάμενοι τὸ ὄρος τοῖσι Πέρσησι, οὐδαμῶς ἔμοιγε
2 πιστός. τοῦτο μὲν γὰρ τῷδε χρὴ σταθμώσασθαι, ὅτι οἱ
τῶν Ἑλλήνων Πυλαγόροι ἐπεκήρυξαν οὐκ ἐπὶ Ὀνήτῃ τε 5
καὶ Κορυδαλλῷ ἀργύριον ἀλλ' ἐπὶ Ἐπιάλτῃ τῷ Τρηχινίῳ,
πάντως κου τὸ ἀτρεκέστατον πυθόμενοι· τοῦτο δὲ φεύγοντα
3 Ἐπιάλτην ταύτην τὴν αἰτίην οἴδαμεν. εἰδείη μὲν γὰρ ἂν
καὶ ἐὼν μὴ Μηλιεὺς ταύτην τὴν ἀτραπὸν Ὀνήτης, εἰ τῇ
χώρῃ πολλὰ ὡμιληκὼς εἴη· ἀλλ' Ἐπιάλτης γάρ ἐστι ὁ 10
περιηγησάμενος τὸ ὄρος καὶ κατὰ τὴν ἀτραπόν, τοῦτον
215 αἴτιον γράφω. Ξέρξης δέ, ἐπεὶ ἤρεσε τὰ ὑπέσχετο ὁ
Ἐπιάλτης κατεργάσεσθαι, αὐτίκα περιχαρὴς γενόμενος
ἔπεμπε Ὑδάρνεα καὶ τῶν ἐστρατήγεε Ὑδάρνης· ὁρμέατο δὲ
περὶ λύχνων ἁφὰς ἐκ τοῦ στρατοπέδου. τὴν δὲ ἀτραπὸν 15
ταύτην ἐξεῦρον μὲν οἱ ἐπιχώριοι Μηλιέες, ἐξευρόντες δὲ
Θεσσαλοῖσι κατηγήσαντο ἐπὶ Φωκέας, τότε ὅτε οἱ Φωκέες
φράξαντες τείχεϊ τὴν ἐσβολὴν ἦσαν ἐν σκέπῃ τοῦ πολέμου·
ἔκ τε τοσοῦδε κατεδέδεκτο ἐοῦσα οὐδὲν χρηστὴ Μηλιεῦσι.
216 ἔχει δὲ ὧδε ἡ ἀτραπὸς αὕτη· ἄρχεται μὲν ἀπὸ τοῦ Ἀσωποῦ 20
ποταμοῦ τοῦ διὰ τῆς διασφάγος ῥέοντος, οὔνομα δὲ τῷ ὄρεϊ
τούτῳ καὶ τῇ ἀτραπῷ τὠυτὸ κεῖται, Ἀνόπαια· τείνει δὲ ἡ
Ἀνόπαια αὕτη κατὰ ῥάχιν τοῦ ὄρεος, λήγει δὲ κατά τε
Ἀλπηνὸν πόλιν, πρώτην ἐοῦσαν τῶν Λοκρίδων πρὸς Μηλιέων,
καὶ κατὰ Μελαμπύγου τε καλεόμενον λίθον καὶ κατὰ Κερκώ- 25
217 πων ἕδρας, τῇ καὶ τὸ στεινότατόν ἐστι. κατὰ ταύτην δὴ
τὴν ἀτραπὸν καὶ οὕτως ἔχουσαν οἱ Πέρσαι τὸν Ἀσωπὸν

1 Φαναγόρεω] ὁρ in lit. D²   2 ἅπαντες R   5 Πυλαγόραι P
6 ἐπὶ om. C V   7 που D R V^c   8 ἂν om. A¹ C   9–11 Ὀνήτης
(τις Cobet) . . . ἀτραπόν om. R   10 ὁμιληκὼς A B S V   11 καὶ
om. vulg.   12 Ξέρξη(ι) D P¹ S V   δέ om. V   ἤκουσε conieci
ὁ om. a   13 κατεργάσασθαι B C R S V   14 ὡρμέατο a P
15 λύχνον R   16 ἐξηῦρον C   17 Θεσσαλοὶ C   ἐπὶ D
18 τὴν ἐσβολὴν τείχεϊ D   19 τε supra v. D¹   τόσον δὴ a P
κατατεδέδεκτο S V   22 Ἀνάπαια d (it. 23)   τείνει . . Ἀν. om. A¹
24 πρὸς τῶν M. a   25 Μελαμπύγου Leopardus : Μελάνπυγόν C :
Μελάμπυγόν rell. (-πηγόν S V)

διαβάντες]ἐπορεύοντο πᾶσαν τὴν νύκτα, ἐν δεξιῇ μὲν ἔχοντες
ὄρεα τὰ Οἰταίων, ἐν ἀριστερῇ δὲ τὰ Τρηχινίων. ἠώς τε
δὴ διέφαινε καὶ οἱ ἐγένοντο ἐπ' ἀκρωτηρίῳ τοῦ ὄρεος. κατὰ 2
δὲ τοῦτο τοῦ ὄρεος ἐφύλασσον, ὡς καὶ πρότερόν μοι δεδή-
5 λωται, Φωκέων χίλιοι ὁπλῖται, ῥυόμενοί τε τὴν σφετέρην
χώρην καὶ φρουρέοντες τὴν ἀτραπόν. [ἡ μὲν γὰρ κάτω
ἐσβολὴ]ἐφυλάσσετο ὑπὸ τῶν εἴρηται· τὴν δὲ διὰ τοῦ ὄρεος
ἀτραπὸν ἐθελονταὶ Φωκέες ὑποδεξάμενοι Λεωνίδῃ ἐφύλασσον.
ἔμαθον δέ σφεας οἱ Φωκέες ὧδε ἀναβεβηκότας· ἀναβαί- 218
10 νοντες γὰρ ἐλάνθανον οἱ Πέρσαι τὸ ὄρος πᾶν ἐὸν δρυῶν
ἐπίπλεον. ἦν μὲν δὴ νηνεμίη, ψόφου δὲ γινομένου πολλοῦ,
ὡς οἰκὸς ἦν φύλλων ὑποκεχυμένων ὑπὸ τοῖσι ποσί, ἀνά τε
ἔδραμον οἱ Φωκέες καὶ ἐνέδυνον τὰ ὅπλα, καὶ αὐτίκα οἱ
βάρβαροι παρῆσαν. ὡς δὲ εἶδον ἄνδρας ἐνδυομένους ὅπλα, 2
15 ἐν θώματι ἐγένοντο· ἐλπόμενοι γὰρ οὐδέν σφι φανήσεσθαι
ἀντίξοον ἐνεκύρησαν στρατῷ. ἐνθαῦτα Ὑδάρνης καταρ-
ρωδήσας μὴ οἱ Φωκέες ἔωσι Λακεδαιμόνιοι, εἴρετο Ἐπιάλτην
ὁποδαπὸς εἴη ὁ στρατός, πυθόμενος δὲ ἀτρεκέως διέτασσε
τοὺς Πέρσας ὡς ἐς μάχην. οἱ δὲ Φωκέες ὡς ἐβάλλοντο 3
20 τοῖσι τοξεύμασι πολλοῖσί τε καὶ πυκνοῖσι, οἴχοντο φεύγοντες
ἐπὶ τοῦ ὄρεος τὸν κόρυμβον, ἐπιστάμενοι ὡς ἐπὶ σφέας
ὁρμήθησαν ἀρχήν, καὶ παρεσκευάδατο ὡς ἀπολεόμενοι. οὗτοι
μὲν δὴ ταῦτα ἐφρόνεον, οἱ δὲ ἀμφὶ Ἐπιάλτην καὶ Ὑδάρνεα
Πέρσαι Φωκέων μὲν οὐδένα λόγον ἐποιεῦντο, οἱ δὲ κατέ-
25 βαινον τὸ ὄρος κατὰ τάχος. τοῖσι δὲ ἐν Θερμοπύλῃσι 219
ἐοῦσι Ἑλλήνων πρῶτον μὲν ὁ μάντις Μεγιστίης ἐσιδὼν ἐς
τὰ ἱρὰ ἔφρασε τὸν μέλλοντα ἔσεσθαι ἅμα ἠοῖ σφι θάνατον,

2 alt. τὰ] τῶν C   3 δὴ διέφαινε P: δὴ ἔφαινε d: διέφαινε a   οἱ
om. d   ἐγίνοντο DSVR°   4 εἴρηται a   7 ὑπ' ὧν d
8 ἐθελοντὶ d   ὑποδεξάμενοι ... Φωκέες om. RSV   10 οἱ Π.
ἐλάνθανον d   ἐὸν om. d   11 ἐπίπλεων a P   12 εἰκὸς a P:
οἰκὸς D¹   13 ἐνέδυντο C   14 παρῆισαν C   15 οὐδένα d C P
16 ἀντίξον C   17 οἱ om. RSV   18 ποδαπὸς C: ποταπὸς A B
ὁ om. d P   22 ὡρμήθησαν d P   23 καὶ om. C   26 Μεγίστης D
27 ἱερὰ A   ἅμα οἱ d

ἐπὶ δὲ καὶ αὐτόμολοι ἦσαν οἱ ἐξαγγείλαντες τῶν Περσέων
τὴν περίοδον.　οὗτοι μὲν ἔτι νυκτὸς ἐσήμηναν, τρίτοι δὲ οἱ
ἡμεροσκόποι καταδραμόντες ἀπὸ τῶν ἄκρων ἤδη διαφαινούσης
2 ἡμέρης.　ἐνθαῦτα ἐβουλεύοντο οἱ Ἕλληνες, καί σφεων
ἐσχίζοντο αἱ γνῶμαι·　οἱ μὲν γὰρ οὐκ ἔων τὴν τάξιν ἐκλιπεῖν, 5
οἱ δὲ ἀντέτεινον.　μετὰ δὲ τοῦτο διακριθέντες οἱ μὲν ἀπαλ-
λάσσοντο καὶ διασκεδασθέντες κατὰ πόλις ἕκαστοι ἐτράποντο,
οἱ δὲ αὐτῶν ἅμα Λεωνίδῃ μένειν αὐτοῦ παρεσκευάδατο.

220 λέγεται δὲ ⟨καὶ⟩ ὡς αὐτός σφεας ἀπέπεμψε Λεωνίδης, μὴ
ἀπόλωνται κηδόμενος·　αὐτῷ δὲ καὶ Σπαρτιητέων τοῖσι 10
παρεοῦσι οὐκ ἔχειν εὐπρεπέως ἐκλιπεῖν τὴν τάξιν ἐς τὴν
2 ἦλθον φυλάξοντες ἀρχήν.　ταύτῃ καὶ μᾶλλον τὴν γνώμην
πλεῖστός εἰμι, Λεωνίδην, ἐπείτε ᾔσθετο τοὺς συμμάχους
ἐόντας ἀπροθύμους καὶ οὐκ ἐθέλοντας συνδιακινδυνεύειν,
κελεῦσαί σφεας ἀπαλλάσσεσθαι, αὐτῷ δὲ ἀπιέναι οὐ καλῶς 15
ἔχειν·　μένοντι δὲ αὐτοῦ κλέος μέγα ἐλείπετο, καὶ ἡ Σπάρτης
3 εὐδαιμονίη οὐκ ἐξηλείφετο.　ἐκέχρηστο γὰρ ὑπὸ τῆς Πυθίης
τοῖσι Σπαρτιήτῃσι χρεωμένοισι περὶ τοῦ πολέμου τούτου
αὐτίκα κατ' ἀρχὰς ἐγειρομένου ἢ Λακεδαίμονα ἀνάστατον
γενέσθαι ὑπὸ τῶν βαρβάρων ἢ τὸν βασιλέα σφέων 20
ἀπολέσθαι.　ταῦτα δέ σφι ἐν ἔπεσι ἑξαμέτροισι χρᾷ
ἔχοντα ὧδε·

4 ὑμῖν δ', ὦ Σπάρτης οἰκήτορες εὐρυχόροιο,
ἢ μέγα ἄστυ ἐρικυδὲς ὑπ' ἀνδράσι Περσείῃσι
πέρθεται, ἢ τὸ μὲν οὐχί, ἀφ' Ἡρακλέος δὲ γενέθλης 25
πενθήσει βασιλῆ φθίμενον Λακεδαίμονος οὖρος.

1 ἐπὶ Valckenaer : ἐπεὶ L　　αὐτόμαλοι R　　ἦισαν C : ἦισαν RSV
οἱ ἐξαγγείλαντες (-εἰ- Vᶜ)] ἐξαγγέλλοντες Dobree　　.3 διαφανοῦς
οὔσης d　　5 ἐκλείπειν d (it. 11)　　6 ἀνέτεινον S V　　7 δὴ
σκεδασθέντες D　　πόλεις C D　　9 καὶ add. Bekker　　10 δὲ
om. C　　12 ἀρχὴν φυλάξοντες D　　τὴν γνώμην Valckenaer : τῇ
γνώμῃ L　　13 εἰμι] εἰμι ὄχλος d : [πλεῖστος] εἰμι πολλός Gomperz
14 ἀπροθύμως C　　διακινδυνεύειν d　　17 ἐκέχρηστο Aldus :
ἐκέχρητο L　　19 ἄγειρ. R　　20 ἔσεσθαι d　　σφῶν DRV
21 ἀπολέεσθαι a　　χρᾷ ἔχοντα Schweighaeuser : χρᾷ λέγοντα S :
ἔχοντα χρᾷ λέγοντα rell.　　22 τάδε S　　23 εὐρυχόριοι D
25 πέρσεται Oenom. ap. Euseb. praep. ev. v. 25 .　　Ἡρακλέος d P
26 βασιλεῖ C : -λῆα Dᶜ : -λῆι S V

οὐ γὰρ τὸν ταύρων σχήσει μένος οὐδὲ λεόντων
ἀντιβίην· Ζηνὸς γὰρ ἔχει μένος· οὐδέ ἕ φημι
σχήσεσθαι, πρὶν τῶνδ' ἕτερον διὰ πάντα δάσηται.

ταῦτά τε δὴ ἐπιλεγόμενον Λεωνίδην καὶ βουλόμενον κλέος
5 καταθέσθαι μούνων Σπαρτιητέων, ἀποπέμψαι τοὺς συμμάχους
μᾶλλον ἢ γνώμη διενειχθέντας οὕτως ἀκόσμως οἴχεσθαι
τοὺς οἰχομένους. μαρτύριον δέ μοι καὶ τόδε οὐκ ἐλάχιστον **221**
τούτου πέρι γέγονε, ὅτι καὶ τὸν μάντιν ὃς εἵπετο τῇ στρατιῇ
ταύτῃ, Μεγιστίην τὸν Ἀκαρνῆνα, λεγόμενον εἶναι τἀνέκαθεν
10 ἀπὸ Μελάμποδος, τοῦτον (τὸν) εἴπαντα ἐκ τῶν ἱρῶν τὰ
μέλλοντά σφι ἐκβαίνειν, φανερός ἐστι Λεωνίδης ἀποπέμπων,
ἵνα μὴ συναπόληταί σφι.   ὁ δὲ ἀποπεμπόμενος αὐτὸς μὲν
οὐκ ἀπέλιπε, τὸν δὲ παῖδα συστρατευόμενον, ἐόντα οἱ μου-
νογενέα, ἀπέπεμψε.   οἱ μέν νυν σύμμαχοι οἱ ἀποπεμπόμενοι **222**
15 οἴχοντό τε ἀπιόντες καὶ ἐπείθοντο Λεωνίδῃ, Θεσπιέες δὲ
καὶ Θηβαῖοι κατέμειναν μοῦνοι παρὰ Λακεδαιμονίοισι.
τούτων δὲ Θηβαῖοι μὲν ἀέκοντες ἔμενον καὶ οὐ βουλόμενοι
(κατεῖχε γάρ σφεας Λεωνίδης ἐν ὁμήρων λόγῳ ποιεύμενος),
Θεσπιέες δὲ ἑκόντες μάλιστα, οἳ οὐκ ἔφασαν ἀπολιπόντες
20 Λεωνίδην καὶ τοὺς μετ' αὐτοῦ ἀπαλλάξεσθαι, ἀλλὰ κατα-
μείναντες συναπέθανον.   ἐστρατήγεε δὲ αὐτῶν Δημόφιλος
Διαδρόμεω.

Ξέρξης δὲ ἐπεὶ ἡλίου ἀνατείλαντος σπονδὰς ἐποιήσατο, **223**
ἐπισχὼν χρόνον ἐς ἀγορῆς κου μάλιστα πληθώρην πρόσοδον
25 ἐποιέετο· καὶ γὰρ ἐπέσταλτο ἐξ Ἐπιάλτεω οὕτω· ἀπὸ γὰρ
τοῦ ὄρεος ἡ κατάβασις συντομωτέρη τέ ἐστι καὶ βραχύτερος
ὁ χῶρος πολλὸν ἤ περ ἡ περίοδός τε καὶ ἀνάβασις. οἵ τε **2**
δὴ βάρβαροι οἱ ἀμφὶ Ξέρξην προσήισαν καὶ οἱ ἀμφὶ

1 τῶν C S Dᶜ   4 δὲ δὴ Plut. mor. 865: δὲ S   5 μούνων
Plut. : μούνων C : μοῦνον rell.   6 διενεχθέντας L   7 καὶ om. C
9 Μεγίστην τὸν Ἀβαρῆνα C   τὰ ἀνέκαθεν a P   10 τὸν add.
Bekker   εἴποντα D R Vᶜ   13 ἀπελίπετο a   14 alt. οἱ om.
a Plut.   15 τε om. d   18 γάρ] δέ D, nescio an recte   ὁμήρω(ι)
C R   23 ἐπανατείλαντος R S V   25 ἐξ om. C   27 χρόνος P
28 προσήεσαν d   οἱ om. D R V

Λεωνίδην Ἕλληνες, ὡς τὴν ἐπὶ θανάτῳ ἔξοδον ποιεύμενοι,
ἤδη πολλῷ μᾶλλον ἢ κατ᾽ ἀρχὰς ἐπεξήισαν ἐς τὸ εὐρύτερον
τοῦ αὐχένος. τὸ μὲν γὰρ ἔρυμα τοῦ τείχεος ἐφυλάσσετο,
οἱ δὲ ἀνὰ τὰς προτέρας ἡμέρας ὑπεξιόντες ἐς τὰ στεινόπορα
3 ἐμάχοντο. τότε δὲ συμμίσγοντες ἔξω τῶν στεινῶν ἔπιπτον 5
πλήθεϊ πολλοὶ τῶν βαρβάρων· ὄπισθε γὰρ οἱ ἡγεμόνες τῶν
τελέων ἔχοντες μάστιγας ἐρράπιζον πάντα ἄνδρα, αἰεὶ ἐς
τὸ πρόσω ἐποτρύνοντες. πολλοὶ μὲν δὴ ἐσέπιπτον αὐτῶν
ἐς τὴν θάλασσαν καὶ διεφθείροντο, πολλῷ δ᾽ ἔτι πλεῦνες
κατεπατέοντο ζωοὶ ὑπ᾽ ἀλλήλων· ἦν δὲ λόγος οὐδεὶς τοῦ 10
4 ἀπολλυμένου. ἅτε γὰρ ἐπιστάμενοι τὸν μέλλοντα σφίσι
ἔσεσθαι θάνατον ἐκ τῶν περιιόντων τὸ ὄρος, ἀπεδείκνυντο
ῥώμης ὅσον εἶχον μέγιστον ἐς τοὺς βαρβάρους, παραχρεώ-
224 μενοί τε καὶ ἀτέοντες. δόρατα μέν νυν τοῖσι πλέοσι αὐτῶν
τηνικαῦτα ἤδη ἐτύγχανε κατεηγότα, οἱ δὲ τοῖσι ξίφεσι 15
διεργάζοντο τοὺς Πέρσας. καὶ Λεωνίδης τε ἐν τούτῳ τῷ
πόνῳ πίπτει ἀνὴρ γενόμενος ἄριστος, καὶ ἕτεροι μετ᾽ αὐτοῦ
ὀνομαστοὶ Σπαρτιητέων, τῶν ἐγὼ ὡς ἀνδρῶν ἀξίων γενο-
μένων ἐπυθόμην τὰ οὐνόματα, ἐπυθόμην δὲ καὶ ἁπάντων
2 τῶν τριηκοσίων. καὶ δὴ Περσέων πίπτουσι ἐνθαῦτα ἄλλοι 20
τε πολλοὶ καὶ ὀνομαστοί, ἐν δὲ δὴ καὶ Δαρείου δύο παῖδες,
Ἀβροκόμης τε καὶ Ὑπεράνθης, ἐκ τῆς Ἀρτάνεω θυγατρὸς
Φραταγούνης γεγονότες Δαρείῳ. ὁ δὲ Ἀρτάνης Δαρείου
μὲν τοῦ βασιλέος ἦν ἀδελφεός, Ὑστάσπεος δὲ τοῦ Ἀρσάμεος
παῖς· ὃς καὶ ἐκδιδοὺς τὴν θυγατέρα Δαρείῳ τὸν οἶκον πάντα 25
τὸν ἑωυτοῦ ἐπέδωκε, ὡς μούνου οἱ ἐούσης ταύτης τέκνου.

2 ἐξήεσαν D : ἐπεξήεσαν RSV   3 τὸν μὲν R   4 οἱ δὲ
post ἡμέρας transp. Stein   στεινόπωρα C : στεινότερα ᵈP   5 δὴ C
συμμισγόντων conieci   6 ὄπισθεν R V   8 αὐτῶν ἐσέπιπτον D
11 σφίσι Stein : σφι(ν) L   12 περιιόντων R   ἀπεδείκνυντο C Pᶜ :
ἀπεδείκνυντο A B : ἐπεδείκνυντο ᵈP¹   14 ἀττέοντες S : ἀττέοντες
D R V   πλεόνεσιν R S V   15 ἤδη post κατ. P   16 κατηργά-
ζοντο D¹ R V : κατειργ. S Dᶜ   18 ἀξίων del. Valckenaer   19 ὀνόμ.
D   20 καὶ δὴ καὶ Aldus   Περσέων τε ᵈ   21 ὀνομαστοί] ὀν.
πολλοὶ δὲ καὶ οὐκ ὀνομαστοί A B D   22 Ἀτάρνεω C R S V : Ἀ + τάρ-
νεω P   23 Φρατογούνης D : ρατογ. ᵃ   Ἀτάρνης P   24 Ἀρσάμεω
ᵈP   26 μούνης ᵃ P   ταύτης ἐούσης ᵈ

Ξέρξεώ τε δὴ δύο ἀδελφεοὶ ἐνθαῦτα πίπτουσι μαχόμενοι **225**
⟨καὶ⟩ ὑπὲρ τοῦ νεκροῦ τοῦ Λεωνίδεω Περσέων τε καὶ Λακε-
δαιμονίων ὠθισμὸς ἐγίνετο πολλός, ἐς ὃ τοῦτόν τε ἀρετῇ
οἱ Ἕλληνες ὑπεξείρυσαν καὶ ἐτρέψαντο τοὺς ἐναντίους
5 τετράκις. τοῦτο δὲ συνεστήκεε μέχρι οὗ οἱ σὺν Ἐπιάλτῃ
παρεγένοντο. ὡς δὲ τούτους ἥκειν ἐπύθοντο οἱ Ἕλληνες, **2**
ἐνθεῦτεν ἤδη ἑτεροιοῦτο τὸ νεῖκος· ἔς τε γὰρ τὸ στεινὸν
τῆς ὁδοῦ ἀνεχώρεον ὀπίσω καὶ παραμειψάμενοι τὸ τεῖχος
ἐλθόντες ἵζοντο ἐπὶ τὸν κολωνὸν πάντες ἁλέες οἱ ἄλλοι
10 πλὴν Θηβαίων. ὁ δὲ κολωνός ἐστι ἐν τῇ ἐσόδῳ, ὅκου νῦν
ὁ λίθινος λέων ἕστηκε ἐπὶ Λεωνίδῃ. ἐν τούτῳ σφέας τῷ **3**
χώρῳ ἀλεξομένους μαχαίρῃσι, τοῖσι αὐτῶν ἐτύγχανον ἔτι
περιεοῦσαι, καὶ χερσὶ καὶ στόμασι κατέχωσαν οἱ βάρβαροι
βάλλοντες, οἱ μὲν ἐξ ἐναντίης ἐπισπόμενοι καὶ τὸ ἔρυμα
15 τοῦ τείχεος συγχώσαντες, οἱ δὲ περιελθόντες πάντοθεν
περισταδόν.

Λακεδαιμονίων δὲ καὶ Θεσπιέων τοιούτων γενομένων **226**
ὅμως λέγεται ἀνὴρ ἄριστος γενέσθαι Σπαρτιήτης Διηνέκης·
τὸν τόδε φασὶ εἰπεῖν τὸ ἔπος πρὶν ἢ συμμεῖξαί σφεας τοῖσι
20 Μήδοισι, πυθόμενον πρός τευ τῶν Τρηχινίων ὡς ἐπεὰν οἱ
βάρβαροι ἀπίωσι τὰ τοξεύματα, τὸν ἥλιον ὑπὸ τοῦ πλήθεος
τῶν ὀιστῶν ἀποκρύπτουσι· τοσοῦτο πλῆθος αὐτῶν εἶναι· τὸν **2**
δὲ οὐκ ἐκπλαγέντα τούτοισι εἰπεῖν, ἐν ἀλογίῃ ποιεύμενον τὸ
τῶν Μήδων πλῆθος, ὡς πάντα σφι ἀγαθὰ ὁ Τρηχίνιος ξεῖνος
25 ἀγγέλλοι, εἰ ἀποκρυπτόντων τῶν Μήδων τὸν ἥλιον ὑπὸ σκιῇ
ἔσοιτο πρὸς αὐτοὺς ἡ μάχη καὶ οὐκ ἐν ἡλίῳ. ταῦτα μὲν

1 δὴ om. d   μαχεόμενοι R S V   2 καὶ add. Schaefer   δὲ d
3 ἐγένετο C P   4 ὑπερεξείρυσαν a (-έρρυ- C)   5 μέχρις D R V
7 ἑτεροιοῦντο R S V   νικος d P   8 ἀνεχώρεεν R V   12 τῃσι a
14 εναντιας V¹   15 πάντοθε C   18 ἄριστος ἀνὴρ d P   Διη-
νέκυς R : -νεκῆς B   19 συμμιξαι L   20 πειθόμενον R S V
21 ἀπίωσι Dindorf : ἀφίωσι d (-σοι R) : ἀπιέωσι a E P   22 τοσοῦτον
E R : τοσοῦτο τι D P : τοσοῦτόν τι S V : τοσοῦτο Valckenaer
23 τούτοισι] τοῦτο d   24 τῶν om. a P   25 ἄγγελοι C :
ἀγγέλοι R : ἀπαγγέλλοι E   τῶν om. D R V

καὶ ἄλλα τοιουτότροπα ἔπεά φασι Διηνέκεα τὸν Λακεδαι-
227 μόνιον λιπέσθαι μνημόσυνα. μετὰ δὲ τοῦτον ἀριστεῦσαι
λέγονται Λακεδαιμόνιοι δύο ἀδελφεοί, Ἀλφεός τε καὶ Μάρων
Ὀρσιφάντου παῖδες. Θεσπιέων δὲ εὐδοκίμεε μάλιστα τῷ
228 οὔνομα ἦν Διθύραμβος Ἁρματίδεω. θαφθεῖσι δέ σφι αὐτοῦ 5
ταύτῃ τῇ περ ἔπεσον καὶ τοῖσι πρότερον τελευτήσασι ἢ
⟨τοὺς⟩ ὑπὸ Λεωνίδεω ἀποπεμφθέντας οἴχεσθαι, ἐπιγέγραπται
γράμματα λέγοντα τάδε·

> μυριάσιν ποτὲ τῇδε τριηκοσίαις ἐμάχοντο
> ⌊ἐκ Πελοποννάσου χιλιάδες τέτορες.⌋   10

2 ταῦτα μὲν δὴ τοῖσι πᾶσι ἐπιγέγραπται, τοῖσι δὲ Σπαρτιήτῃσι
ἰδίῃ·

> ὦ ξεῖν᾽, ἀγγέλλειν Λακεδαιμονίοις ὅτι τῇδε
> κείμεθα ⌊τοῖς κείνων ῥήμασι⌋ πειθόμενοι.

3 Λακεδαιμονίοισι μὲν δὴ τοῦτο, τῷ δὲ μάντι τόδε·   15

> μνῆμα τόδε κλεινοῖο Μεγιστία, ὅν ποτε Μῆδοι
> Σπερχειὸν ποταμὸν κτεῖναν ἀμειψάμενοι,
> μάντιος, ὃς τότε Κῆρας ἐπερχομένας σάφα εἰδὼς
> οὐκ ἔτλη Σπάρτης ἡγεμόνας προλιπεῖν.

4 ἐπιγράμμασι μέν νυν καὶ στήλῃσι, ἔξω ἢ τὸ τοῦ μάντιος 20
ἐπίγραμμα, Ἀμφικτύονές εἰσί σφεας οἱ ἐπικοσμήσαντες· τὸ
δὲ τοῦ μάντιος Μεγιστίεω Σιμωνίδης ὁ Λεωπρέπεός ἐστι
⌊κατὰ ξεινίην⌋ ὁ ἐπιγράψας.

229   Δύο δὲ τούτων τῶν τριηκοσίων λέγεται Εὔρυτόν τε καὶ
Ἀριστόδημον, παρεὸν αὐτοῖσι ἀμφοτέροισι ⌊κοινῷ λόγῳ χρη- 25
σαμένοισι⌋ ἢ ἀποσωθῆναι ὁμοῦ ἐς Σπάρτην, ὡς μεμετιμένοι
τε ἦσαν ἐκ τοῦ στρατοπέδου ὑπὸ Λεωνίδεω καὶ κατεκέατο ἐν

1 Διηνέκεά (-νεκέα D) φασι **d**   3 Ἀλφεός] Ἀδελφεός BRV   δὲ C
5 θαπτεῖσι DSV: ταφεῖσι R   6 ἢ om. **d**   7 τοὺς add.
Schaefer   9 τῇδε τριακοσίαις Schneidewin   10 Πελοποννήσου
CD: -πονήσου RV   11 δὴ om. **d**   12 ἰδία **d**   13 ξεῖνε
a V   15 μὲν δὴ] δὲ C   μάντηι B   16 κλειτοῖο **d**   21 -κτύόνες
a DP   τοῦ RV   22 Νεωρπέπεός C: Λεωτρέπεος RSV
24 ἔρυτόν DRV   25 ἀμφοτέροισι om. Const.   26 μεμετι + μένοι D
27 γε **a**: om. E

Ἀλπηνοῖσι ὀφθαλμιῶντες ἐς τὸ ἔσχατον, ἢ εἴ γε μὴ ἐβού-
λοντο νοστῆσαι, ἀποθανεῖν ἅμα τοῖσι ἄλλοισι, παρεόν σφι
τούτων τὰ ἕτερα ποιέειν οὐκ ἐθελῆσαι ὁμοφρονέειν, ἀλλὰ
[γνώμῃ διενειχθέντας] Εὔρυτον μὲν πυθόμενον τῶν Περσέων
5 τὴν περίοδον [αἰτήσαντά τε τὰ ὅπλα καὶ ἐνδύντα] ἄγειν
αὐτὸν κελεῦσαι τὸν εἵλωτα ἐς τοὺς μαχομένους, ὅκως δὲ
αὐτὸν ἤγαγε, τὸν μὲν ἀγαγόντα οἴχεσθαι φεύγοντα, τὸν
δὲ ἐσπεσόντα ἐς τὸν ὅμιλον διαφθαρῆναι, Ἀριστόδημον
δὲ λιποψυχέοντα λειφθῆναι. εἰ μέν νυν ἢ μοῦνον Ἀριστό- 2
10 δημον ἀλήσαντα ἀπονοστῆσαι ἐς Σπάρτην ἢ καὶ ὁμοῦ
σφεων ἀμφοτέρων τὴν κομιδὴν γενέσθαι, δοκέειν ἐμοὶ οὐκ
ἂν σφι Σπαρτιήτας μῆνιν οὐδεμίαν προσθέσθαι· νῦν δὲ τοῦ
μὲν αὐτῶν ἀπολομένου, τοῦ δὲ τῆς μὲν αὐτῆς ἐχομένου
προφάσιος, οὐκ ἐθελήσαντος δὲ ἀποθνήσκειν, ἀναγκαίως σφι
15 ἔχειν μηνῖσαι μεγάλως Ἀριστοδήμῳ. οἱ μὲν νυν οὕτω 230
σωθῆναι λέγουσι Ἀριστόδημον ἐς Σπάρτην καὶ διὰ πρόφασιν
τοιήνδε, οἱ δὲ ἄγγελον πεμφθέντα ἐκ τοῦ στρατοπέδου,
ἐξεὸν αὐτῷ καταλαβεῖν τὴν μάχην γινομένην οὐκ ἐθελῆσαι,
ἀλλ᾽ ὑπομείναντα ἐν τῇ ὁδῷ περιγενέσθαι, τὸν δὲ συνάγγε-
20 λον αὐτοῦ ἀπικόμενον ἐς τὴν μάχην ἀποθανεῖν. ἀπονοστήσας 231
δὲ ἐς Λακεδαίμονα ὁ Ἀριστόδημος ὄνειδός τε εἶχε καὶ
ἀτιμίην· πάσχων δὲ τοιάδε ἠτίμωτο· οὔτε οἱ πῦρ οὐδεὶς
ἔναυε Σπαρτιητέων οὔτε διελέγετο, ὄνειδός τε εἶχε ὁ τρέσας
Ἀριστόδημος καλεόμενος. ἀλλ᾽ ὁ μὲν [ἐν τῇ ἐν Πλαταιῇσι
25 μάχῃ] ἀνέλαβε πᾶσαν τὴν ἐπενειχθεῖσαν αἰτίην. λέγεται δὲ 232
καὶ ἄλλον ἀποπεμφθέντα ἄγγελον ἐς Θεσσαλίην τῶν τριη-
κοσίων · τούτων περιγενέσθαι, τῷ οὔνομα εἶναι Παντίτην·

2 ἀποθανέειν L   3 ἐθέλησαν a   4 διενεχθέντας a   6 ἐς
om. B¹   7 μὲν om. D¹   9 λειποψυχέοντα C D P R S Const. :
φιλοψυχέοντα Valckenaer   ἢ Stein : ἦν a P Const. : om. d : ⟨συνέβη⟩
ἢ Richards   μοῦνον om. Const.   10 ἀλήσαντα C P : ἀλοήσαντα
rell. Const.   11 ἐμοὶ om. d   12 προθέσθαι d P¹   νυνὶ a P
13 αὐτῶν om. P   ἀπολογουμένου C   14 οὐ θελήσαντος a   17 οἱ
δέ γε Const.   18 τὴν μάχην καταλαβεῖν d   21 ὁ om. d P
εἶχε(ν) ὄνειδός τε a   24 Ἀριστόδημος del. Naber   τῇ ἐν] τῇ⟨ι⟩σι d
Πλαταιῃ(ι)σι a D R V   25 ἐπενεχθεῖσαν L   26 ἀποπεμφθέντα C
27 Παντίτηι C

νοστήσαντα δὲ τοῦτον ἐς Σπάρτην, ὡς ἠτίμωτο, ἀπάγξασθαι.

233 οἱ δὲ Θηβαῖοι, τῶν ὁ Λεοντιάδης ἐστρατήγεε, τέως μὲν μετὰ
τῶν Ἑλλήνων ἐόντες ἐμάχοντο ὑπ' ἀναγκαίης ἐχόμενοι
πρὸς τὴν βασιλέος στρατιήν· ὡς δὲ εἶδον κατυπέρτερα τῶν
Περσέων γινόμενα τὰ πρήγματα, οὕτω δή, τῶν σὺν Λεωνίδῃ 5
Ἑλλήνων ἐπειγομένων ἐπὶ τὸν κολωνόν, ἀποσχισθέντες
τούτων χεῖράς τε προέτεινον καὶ ἤισαν ἆσσον τῶν βαρβάρων,
λέγοντες τὸν ἀληθέστατον τῶν λόγων, ὡς [καὶ] μηδίζουσι
καὶ γῆν τε καὶ ὕδωρ ἐν πρώτοισι ἔδοσαν βασιλέι, ὑπὸ δὲ
ἀναγκαίης ἐχόμενοι ἐς Θερμοπύλας ἀπικοίατο καὶ ἀναίτιοι 10
2 εἶεν τοῦ τρώματος τοῦ γεγονότος βασιλέι. [ὥστε] ταῦτα
λέγοντες περιεγένοντο· εἶχον γὰρ καὶ Θεσσαλοὺς τούτων
τῶν λόγων μάρτυρας. οὐ μέντοι τά γε πάντα εὐτύχησαν·
ὡς γὰρ αὐτοὺς ἔλαβον οἱ βάρβαροι ἐλθόντας, τοὺς μέν τινας
καὶ ἀπέκτειναν προσιόντας, τοὺς δὲ πλεῦνας αὐτῶν κελεύ- 15
σαντος Ξέρξεω ἔστιξαν στίγματα βασιλήια, ἀρξάμενοι ἀπὸ
τοῦ στρατηγοῦ Λεοντιάδεω, τοῦ τὸν παῖδα Εὐρύμαχον χρόνῳ
μετέπειτα ἐφόνευσαν Πλαταιέες στρατηγήσαντα ἀνδρῶν
Θηβαίων τετρακοσίων καὶ σχόντα τὸ ἄστυ τὸ Πλαταιέων.

234 Οἱ μὲν δὴ περὶ Θερμοπύλας Ἕλληνες οὕτως ἠγωνίσαντο, 20
Ξέρξης δὲ καλέσας Δημάρητον εἰρώτα ἀρξάμενος ἐνθένδε·
Δημάρητε, ἀνὴρ εἶς ἀγαθός. τεκμαίρομαι δὲ τῇ ἀληθείῃ·
ὅσα γὰρ εἶπας, ἅπαντα ἀπέβη οὕτω. νῦν δέ μοι εἰπέ, κόσοι
τινές εἰσι οἱ λοιποὶ Λακεδαιμόνιοι, καὶ τούτων ὁκόσοι τοιοῦ-
2 τοι τὰ πολέμια, εἴτε καὶ ἅπαντες· ὁ δὲ εἶπε· Ὦ βασιλεῦ, 25
πλῆθος μὲν πολλὸν πάντων καὶ Λακεδαιμονίων καὶ πόλιες
πολλαί· τὸ δὲ θέλεις ἐκμαθεῖν, εἰδήσεις. ἔστι ἐν τῇ Λακε-
δαίμονι Σπάρτη πόλις ἀνδρῶν ὀκτακισχιλίων μάλιστα. [καὶ]

3 ἀναγκαίης] αίης D^c　　4–5 γινόμενα τῶν Π. τὰ ᵭ : γιν. τὰ τῶν Π.
Const.　　5 δὴ καὶ τῶν C　　6 ἐπιγενομένων ᵃ　　7 τούτων
om. Plut. mor. 866　　προέτειναν Plut.　　8 καὶ om. S V Plut.
10 ἀνάγκης Const.　　11 εἶναι ᵭ P　　βασιλέος ᵭ　　ὥστε om.
Plut. : τε ᵭ　　12 περιεγένοντο S V¹ Plut. : περιεγίνοντο rell. Const.
τῶν λόγων τούτων ᵭ P　　13 τά om. Const.　　15 καὶ om. D¹
προσιόντες C　　16 ἔστιξαν Plut. : ἔστιζον L Const.　　20 ἠγωνί-
ζοντο R S V　　21 ἐνθάδε D　　23 εἶπες ᵭ　　25 ὦ om. D
26 πολλὸν post Λακ. P　　πόλις A B P S : πόλεις C D R V　　27 δ'
εἰ θέλεις D²　　28 καὶ om. ᵭ : κη Schaefer

οὗτοι πάντες εἰσὶ ὅμοιοι τοῖσι ἐνθάδε μαχεσαμένοισι· οἵ γε
μὲν ἄλλοι Λακεδαιμόνιοι τούτοισι μὲν οὐκ ὅμοιοι, ἀγαθοὶ
δέ. εἶπε πρὸς ταῦτα Ξέρξης· Δημάρητε, τέῳ τρόπῳ ἀπονη- 3
τότατα τῶν ἀνδρῶν τούτων ἐπικρατήσομεν; ἴθι ἐξηγέο. σὺ
5 γὰρ ἔχεις αὐτῶν τὰς διεξόδους τῶν βουλευμάτων, οἷα βασι-
λεὺς γενόμενος. ὁ δ' ἀμείβετο· Ὦ βασιλεῦ, εἰ μὲν δὴ 235
συμβουλεύεαί μοι προθύμως, δίκαιόν με σοί ἐστι φράζειν
τὸ ἄριστον. εἰ τῆς ναυτικῆς στρατιῆς νέας τριηκοσίας ἀπο-
στείλειας ἐπὶ τὴν Λάκαιναν χώρην. ἔστι δὲ ἐπ' αὐτῇ νῆσος 2
10 ἐπικειμένη τῇ οὔνομά ἐστι Κύθηρα, τὴν Χίλων ἀνὴρ παρ'
ἡμῖν σοφώτατος γενόμενος κέρδος μέζον ἔφη εἶναι Σπαρτιή-
τῃσι κατὰ τῆς θαλάσσης καταδεδυκέναι μᾶλλον ἢ ὑπερέχειν,
αἰεί τι προσδοκῶν ἀπ' αὐτῆς τοιοῦτον ἔσεσθαι οἷόν τοι ἐγὼ
ἐξηγέομαι, οὔτι τὸν σὸν στόλον προειδώς, ἀλλὰ πάντα
15 ὁμοίως φοβεόμενος ἀνδρῶν στόλον. ἐκ ταύτης τῆς νήσου 3
ὁρμώμενοι φοβεόντων τοὺς Λακεδαιμονίους. παροίκου δὲ
πολέμου σφι ἐόντος οἰκηίου οὐδὲν δεινοὶ ἔσονταί τοι μὴ τῆς
ἄλλης Ἑλλάδος ἁλισκομένης ὑπὸ τοῦ πεζοῦ βοηθέωσι ταύτῃ.
καταδουλωθείσης δὲ τῆς ἄλλης Ἑλλάδος ἀσθενὲς ἤδη τὸ
20 Λακωνικὸν μοῦνον λείπεται. ἢν δὲ ταῦτα μὴ ποιῇς, τάδε 4
τοι προσδόκα ἔσεσθαι· ἔστι τῆς Πελοποννήσου ἰσθμὸς στει-
νός· ἐν τούτῳ τῷ χώρῳ, πάντων Πελοποννησίων συνομο-
σάντων ἐπὶ σοί, μάχας ἰσχυροτέρας ἄλλας τῶν γενομένων
προσδέκεο ἔσεσθαί τοι. ἐκεῖνο δὲ ποιήσαντι ἀμαχητὶ ὅ τε
25 ἰσθμὸς οὗτος καὶ αἱ πόλιες προσχωρήσουσι. λέγει μετὰ 236
τούτον Ἀχαιμένης, ἀδελφεός τε ἐὼν Ξέρξεω καὶ τοῦ ναυ-
τικοῦ στρατοῦ στρατηγός, παρατυχών τε τῷ λόγῳ καὶ δείσας

μὴ ἀναγνωσθῇ Ξέρξης ποιέειν ταῦτα· Ὦ βασιλεῦ, ὁρῶ σε
ἀνδρὸς ἐνδεκόμενον λόγους ὃς φθονέει τοι εὖ πρήσσοντι ἢ
καὶ προδιδοῖ πρήγματα τὰ σά. καὶ γὰρ δὴ καὶ τρόποισι
τοιούτοισι χρεώμενοι Ἕλληνες χαίρουσι· τοῦ τε εὐτυχέειν
2 φθονέουσι καὶ τὸ κρέσσον στυγέουσι. εἰ δ' ἐπὶ τῇσι παρ- 5
εούσῃσι τύχῃσι, τῶν νέες νεναυηγήκασι τετρακόσιαι, ἄλλας
ἐκ τοῦ στρατοπέδου τριηκοσίας ἀποπέμψεις περιπλέειν Πελο-
πόννησον, ἀξιόμαχοί τοι γίνονται οἱ ἀντίπαλοι· ἀλὴς δὲ
ἐὼν ὁ ναυτικὸς στρατὸς δυσμεταχείριστός τε αὐτοῖσι γίνεται,
καὶ ἀρχὴν οὐκ ἀξιόμαχοί τοι ἔσονται, καὶ πᾶς ὁ ναυτικὸς τῷ 10
πεζῷ ἀρήξει καὶ ὁ πεζὸς τῷ ναυτικῷ ὁμοῦ πορευόμενος· εἰ
δὲ διασπάσεις, οὔτε σὺ ἔσεαι ἐκείνοισι χρήσιμος οὔτε ἐκεῖνοι
3 σοί. τὰ σεωυτοῦ δὲ τιθέμενος εὖ γνώμην ἔχε τὰ τῶν ἀντι-
πολέμων μὴ ἐπιλέγεσθαι πρήγματα, τῇ τε στήσονται τὸν
πόλεμον τά τε ποιήσουσι ὅσοι τε πλῆθός εἰσι. ἱκανοὶ γὰρ 15
ἐκεῖνοί γε αὐτοὶ ἑωυτῶν πέρι φροντίζειν εἰσί, ἡμεῖς δὲ
ἡμέων ὡσαύτως. Λακεδαιμόνιοι δὲ ἢν ἴωσι ἀντία Πέρσῃσι
237 ἐς μάχην, οὐδὲν τὸ παρεὸν τρῶμα ἀκεῦνται. ἀμείβεται
Ξέρξης τοισίδε· Ἀχαίμενες, εὖ τέ μοι δοκέεις λέγειν καὶ
2 ποιήσω ταῦτα. Δημάρητος δὲ λέγει μὲν τὰ ἄριστα ἔλπεται 20
εἶναι ἐμοί, γνώμη μέντοι ἑσσοῦται ὑπὸ σεῦ. οὐ γὰρ δὴ
κεῖνό γε ἐνδέξομαι ὅκως οὐκ εὐνοέει τοῖσι ἐμοῖσι πρήγμασι,
τοῖσί τε λεγομένοισι πρότερον ἐκ τούτου σταθμώμενος καὶ
τῷ ἐόντι, ὅτι πολιήτης μὲν πολιήτῃ εὖ πρήσσοντι φθονέει
καὶ ἔστι δυσμενὴς τῇ σιγῇ, οὐδ' ἂν συμβουλευομένου τοῦ 25
ἀστοῦ πολιήτης ἀνὴρ τὰ ἄριστά οἱ δοκέοντα εἶναι ὑποθέοιτο,

1 ὁρῶ A B : ὁρέω rell.   2 εὐπρήσσοντι (-τα B¹) R V   3 τὰ
πρήγματα τὰ σά ᵈ   6 τῷ Valckenaer : (ἐκ) τῶν Baehr   8 τοι om. a
(it. 10) : τε D   10 ἔσονται] γίνονται ᵈ   12 ἐκείνοισι(ν) (κείν.
C P : -σε V) ἔσεαι ᵈ   13 δὲ om. C   ἔχε S : ἔχω a : ἔχων D P R V
ἀντιπολιων D¹   14 ἐπιδέχεσθαι ᵈ   16 περιφροντίζειν B C R V
18 οὐδὲ ἐν a   τραῦμα A¹   ἀκεῦνται Stein (ἀκέσονται Reiske) :
ἀνεῦνται C : ἀνιεῦνται rell.   19 τοῖσδε L   21 ἔσσωνται ᵈ
22 ἐκεῖνό A¹ ᵈ   εὐνοεῖ a D : εὖ νοεῖ R : εὖ νοοῖ V   25 τῇ(ι) τε
γῇ(ι) οὐδὲν συμβ. ᵈ   26 αὐτοῦ D   τὰ om. ᵈ   εἶναι om. Stob.
flor. 38, 61 M. (57 H.)

εἰ μὴ πρόσω ἀρετῆς ἀνήκοι· σπάνιοι δέ εἰσι οἱ τοιοῦτοι·
ξεῖνος δὲ ξείνῳ εὖ πρήσσοντί ἐστι εὐμενέστατον πάντων, 3
συμβουλευομένου τε ἂν συμβουλεύσειε τὰ ἄριστα. οὕτω
ὧν κακολογίης πέρι τῆς ἐς Δημάρητον, ἐόντος ἐμοὶ ξείνου,
5 ἔχεσθαί τινα τοῦ λοιποῦ κελεύω. ταῦτα εἴπας Ξέρξης 238
διεξήιε διὰ τῶν νεκρῶν καὶ Λεωνίδεω, ἀκηκοὼς ὅτι βασιλεύς
τε ἦν καὶ στρατηγὸς Λακεδαιμονίων, ἐκέλευσε ἀποταμόντας
τὴν κεφαλὴν ἀνασταυρῶσαι. δῆλά μοι [πολλοῖσι μὲν καὶ 2
ἄλλοισι] τεκμηρίοισι, ἐν δὲ καὶ τῷδε οὐκ ἥκιστα γέγονε, ὅτι
10 βασιλεὺς Ξέρξης πάντων δὴ μάλιστα ἀνδρῶν ἐθυμώθη ζῶντι
Λεωνίδῃ· οὐ γὰρ ἄν κοτε ἐς τὸν νεκρὸν ταῦτα παρενόμησε,
ἐπεὶ τιμᾶν μάλιστα νομίζουσι τῶν ἐγὼ οἶδα ἀνθρώπων
Πέρσαι ἄνδρας ἀγαθοὺς τὰ πολέμια. οἱ μὲν δὴ ταῦτα
ἐποίευν, τοῖσι ἐπετέτακτο ποιέειν. ἄνειμι δὲ ἐκεῖσε τοῦ 239
15 λόγου τῇ μοι [τὸ] πρότερον ἐξέλιπε. ἐπύθοντο Λακεδαι-
μόνιοι ὅτι βασιλεὺς στέλλοιτο ἐπὶ τὴν Ἑλλάδα πρῶτοι, καὶ
οὕτω δὴ ἐς τὸ χρηστήριον τὸ ἐς Δελφοὺς ἀπέπεμψαν, ἔνθα
δή σφι ἐχρήσθη τὰ [ὀλίγῳ πρότερον] εἶπον· ἐπύθοντο δὲ
τρόπῳ θωμασίῳ. Δημάρητος γὰρ ὁ Ἀρίστωνος φυγὼν ἐς 2
20 Μήδους, ὡς μὲν ἐγὼ δοκέω, καὶ τὸ οἰκὸς ἐμοὶ συμμάχεται,
οὐκ ἦν εὔνοος Λακεδαιμονίοισι, πάρεστι δὲ εἰκάζειν εἴτε
εὐνοίῃ ταῦτα ἐποίησε εἴτε καὶ καταχαίρων· ἐπείτε γὰρ Ξέρξῃ
ἔδοξε στρατηλατέειν ἐπὶ τὴν Ἑλλάδα, ἐὼν ἐν Σούσοισι ὁ
Δημάρητος καὶ πυθόμενος ταῦτα ἠθέλησε Λακεδαιμονίοισι
25 ἐξαγγεῖλαι. ἄλλως μὲν δὴ οὐκ εἶχε σημῆναι· ἐπικίνδυνον 3
γὰρ ἦν μὴ λαμφθείη· ὁ δὲ μηχανᾶται τοιάδε· δελτίον δί-
πτυχον λαβὼν τὸν κηρὸν αὐτοῦ ἐξέκνησε καὶ ἔπειτα ἐν τῷ

1 ἀνήκοι ἀρετῆς d   2 ἐστι μὲν d, haud male   4 περὶ κακο-
λογίης a : πέρι del. Krueger   5 περιέχεσθαί a P   6 ὡς ὅτι a
7 ἐκέλευε C   9 ἐν A   τόδε D   10 ζόωντι C : ζώοντι P
11 ἄν om. a   παρηνόμησε D P   13 ταῦτα om. d   14 caput
239 del. Krueger   ἐπ' ἐκείνου d Pt   15 τῇ] ῇ Pc   τὸ om. d P
18 ὀλίγον S [V]   19 θωυμ. A B P   20 εἰκὸς B   21 εὖνος B
22 ἐπείτε γὰρ om. R S V   23 ἐδόκεε d   25 δὴ om. a
26 λα + φθείη B   δίπτυκτον D   27 τῷ om. a

ξύλῳ τοῦ δελτίου ἔγραψε τὴν βασιλέος γνώμην, ποιήσας δὲ
ταῦτα ὀπίσω ἐπέτηξε τὸν κηρὸν ἐπὶ τὰ γράμματα, ἵνα φερό-
μενον κεινὸν τὸ δελτίον μηδὲν πρῆγμα παρέχοι πρὸς τῶν
4 ὁδοφυλάκων. ἐπεὶ δὲ καὶ ἀπίκετο ἐς τὴν Λακεδαίμονα, οὐκ
εἶχον συμβαλέσθαι οἱ Λακεδαιμόνιοι, πρίν γε δή σφι, ὡς 5
ἐγὼ πυνθάνομαι, Κλεομένεος μὲν θυγάτηρ, Λεωνίδεω δὲ
γυνὴ Γοργὼ ὑπέθετο [ἐπιφρασθεῖσα αὐτή] τὸν κηρὸν ἐκκνᾶν
κελεύουσα, καὶ εὑρήσειν σφέας γράμματα ἐν τῷ ξύλῳ. πειθό-
μενοι δὲ εὗρον καὶ ἐπελέξαντο, ἔπειτα δὲ τοῖσι ἄλλοισι
Ἕλλησι ἐπέστειλαν. ταῦτα μὲν δὴ οὕτω λέγεται γενέσθαι. 10

---

1 ἔγραφε d   2 ἔταξε D¹ : ἐπέταξε D² R : ἐπέτεξε S V   3 κεινὸν
om. d   πρῆμα B   παρέχει R Vᶜ : -χη S V¹   4 ὁμοφυλ. C
6 δὲ om. R   7 ἐπισφρ. R   ἐκκνᾶν Naber : κνᾶν L   9 ἄλλοισι
om. d   10 ταῦτα . . . γενέσθαι om. P S

254

ΙΣΤΟΡΙΩΝ Θ

Οἱ δὲ Ἑλλήνων ἐς τὸν ναυτικὸν στρατὸν ταχθέντες ἦσαν 1
οἵδε, Ἀθηναῖοι μὲν νέας παρεχόμενοι ἑκατὸν καὶ εἴκοσι καὶ
ἑπτά· ὑπὸ δὲ ἀρετῆς τε καὶ προθυμίης Πλαταιέες, ἄπειροι
τῆς ναυτικῆς ἐόντες, συνεπλήρουν τοῖσι Ἀθηναίοισι τὰς νέας.
5 Κορίνθιοι δὲ τεσσεράκοντα νέας παρείχοντο, Μεγαρέες δὲ
εἴκοσι. καὶ Χαλκιδέες ἐπλήρουν εἴκοσι, Ἀθηναίων σφι 2
παρεχόντων τὰς νέας, Αἰγινῆται δὲ ὀκτωκαίδεκα, Σικυώνιοι
δὲ δυοκαίδεκα, Λακεδαιμόνιοι δὲ δέκα, Ἐπιδαύριοι δὲ ὀκτώ,
Ἐρετριέες δὲ ἑπτά, Τροιζήνιοι δὲ πέντε, Στυρέες δὲ δύο καὶ
10 Κήιοι δύο τε νέας καὶ πεντηκοντέρους δύο. Λοκροὶ δέ σφι οἱ
Ὀπούντιοι ἐπεβοήθεον πεντηκοντέρους ἔχοντες ἑπτά. ἦσαν 2
μὲν ὦν οὗτοι οἱ στρατευόμενοι ἐπ᾽ Ἀρτεμίσιον, εἴρηται δέ
μοι καὶ ὡς τὸ πλῆθος ἕκαστοι τῶν νεῶν παρείχοντο. ἀριθμὸς   the number
δὲ τῶν συλλεχθεισέων νεῶν ἐπ᾽ Ἀρτεμίσιον ἦν, πάρεξ τῶν
15 πεντηκοντέρων, διηκόσιαι καὶ ἑβδομήκοντα καὶ μία. τὸν 2   271
δὲ στρατηγὸν τὸν τὸ μέγιστον κράτος ἔχοντα παρείχοντο
Σπαρτιῆται Εὐρυβιάδην Εὐρυκλείδεω· οἱ γὰρ σύμμαχοι οὐκ   refuse
ἔφασαν, ἢν μὴ ὁ Λάκων ἡγεμονεύῃ, Ἀθηναίοισι ἕψεσθαι
ἡγεομένοισι, ἀλλὰ λύσειν τὸ μέλλον ἔσεσθαι στράτευμα.
20 ἐγένετο γὰρ κατ᾽ ἀρχὰς λόγος, πρὶν ἢ καὶ ἐς Σικελίην 3   talk
πέμπειν ἐπὶ συμμαχίην, ὡς τὸ ναυτικὸν Ἀθηναίοισι χρεὸν
εἴη ἐπιτρέπειν. [ἀντιβάντων δὲ τῶν συμμάχων) εἶκον οἱ   yield

1 ταῦτα μὲν δὴ οὕτω λέγεται γενέσθαι· οἱ L   Ἕλληνες τὸν (τὸ B)
d C   2–3 ἑπτὰ καὶ εἴκοσι καὶ ἑκατὸν d   3 τε om. A¹   5 τέσσαρ.
C D V   6 Καλχ. R V   6–7 παρεχόντων σφι d P   7 δυώδεκα D¹
Σικυώνιοι δὲ δυοκαίδεκα (δυώδεκα d) om. D¹   9 Στυριέες R S V
10 Κεῖοι A B : Κίοι rell.   νήας d   πεντηκοτ. D (it. 11)   11 ἐπ-
εβώθεον d   12 οὖν d P : om. a   οὗτοι om. D   13 ὅσον τὸ
Reiske : ὅσον τι Schaefer   νηῶν R S V D²   14 νηῶν d   15 μία
καὶ ἑβδομ. καὶ διηκ. d   16 τὸ om. d P¹   κάρτος A B   17 Εὐ-
ρυβιάδεα d   19 λύσιν D   20 γὰρ] δὲ R   καὶ om. D¹
21 ἐπὶ τὴν d

Ἀθηναῖοι, μέγα πεποιημένοι περιεῖναι τὴν Ἑλλάδα καὶ
γνόντες, εἰ στασιάσουσι περὶ τῆς ἡγεμονίης, ὡς ἀπολέεται
ἡ Ἑλλάς, ὀρθὰ νοεῦντες· στάσις γὰρ ἔμφυλος [πολέμου
ὁμοφρονέοντος] τοσούτῳ κάκιόν ἐστι ὅσῳ πόλεμος εἰρήνης.
2 ἐπιστάμενοι ὦν αὐτὸ τοῦτο οὐκ ἀντέτεινον ἀλλ᾽ εἶκον, μέχρι 5
ὅσου κάρτα ἐδέοντο αὐτῶν, ὡς διέδεξαν· ὡς γὰρ διωσάμενοι
τὸν Πέρσην [περὶ τῆς ἐκείνου ἤδη τὸν ἀγῶνα ἐποιεῦντο]
πρόφασιν τὴν Παυσανίεω ὕβριν προϊσχόμενοι ἀπείλοντο τὴν
ἡγεμονίην τοὺς Λακεδαιμονίους. ἀλλὰ ταῦτα μὲν ὕστερον
4 ἐγένετο· τότε δὲ οὗτοι οἱ καὶ ἐπ᾽ Ἀρτεμίσιον Ἑλλήνων 10
ἀπικόμενοι ὡς εἶδον νέας τε πολλὰς καταχθείσας ἐς τὰς
Ἀφέτας καὶ στρατῆς ἅπαντα πλέα, ἐπεὶ αὐτοῖσι παρὰ δόξαν
τὰ πρήγματα τῶν βαρβάρων ἀπέβαινε ἢ ὡς αὐτοὶ κατε-
δόκεον, καταρρωδήσαντες δρησμὸν ἐβούλευον ἀπὸ τοῦ Ἀρτε-
2 μισίου ἔσω ἐς τὴν Ἑλλάδα. γνόντες δέ σφεας οἱ Εὐβοέες 15
ταῦτα βουλευομένους ἐδέοντο Εὐρυβιάδεω προσμεῖναι χρόνον
ὀλίγον, ἔστ᾽ ἂν αὐτοὶ τέκνα τε καὶ τοὺς οἰκέτας ὑπεκθέωνται.
ὡς δ᾽ οὐκ ἔπειθον, μεταβάντες τὸν Ἀθηναίων στρατηγὸν
πείθουσι Θεμιστοκλέα ἐπὶ μισθῷ τριήκοντα ταλάντοισι, ἐπ᾽ ᾧ
τε καταμείναντες πρὸ τῆς Εὐβοίης ποιήσονται τὴν ναυμαχίην. 20
5 ὁ δὲ Θεμιστοκλέης τοὺς Ἕλληνας ἐπισχεῖν ὧδε ποιέει·
Εὐρυβιάδῃ τούτων τῶν χρημάτων μεταδιδοῖ πέντε τάλαντα ὡς
παρ᾽ ἑωυτοῦ δῆθεν διδούς. ὡς δέ οἱ οὗτος ἀνεπέπειστο (Ἀδεί-
μαντος γὰρ ὁ Ὠκύτου ⟨ὁ⟩ Κορίνθιος στρατηγὸς τῶν λοιπῶν
ἤσπαιρε μοῦνος, φάμενος ἀποπλεύσεσθαί τε ἀπὸ τοῦ Ἀρτε- 25
μισίου καὶ οὐ παραμενέειν), πρὸς δὴ τοῦτον εἶπε ὁ Θεμι-
2 στοκλέης ἐπομόσας· Οὐ σύ γε ἡμέας ἀπολείψεις, ἐπεί τοι

1 τε ποιεύμενοι Stein   2 στασιοῦσι d   3 νοέοντες d   4 ὁμο-
φρέοντος D¹   τοσοῦτο RV   5–6 μέχρις οὗ d P   6 διωσάμενοι
Bekker : δη ωσάμενοι L   7 Πέρσεα d   ἐποιέοντο d   10 ἐγένοντο
C¹   οἱ ABDRV   11 νῆας d   τοὺς RSV   12 Ἀφετὰς D
πάντα d   14 δρασμὸν P   ἐβουλεύοντο a P   16 Εὐρυβάτεω D
18 τῶν Ἀθ. τῶν (τὸν Dᶜ) D   20 τε om. d   21 ποιέειν SV
23 Ἀδάμ. SV   24 ὁ Suidas s. v. ἤσπαιρεν   Κόρινθος C   τῶν
λοιπῶν om. d P   25 ἀποπλώ- d

ἐγὼ μέζω δῶρα δώσω ἢ βασιλεὺς ἄν τοι ὁ Μήδων πέμψειε
ἀπολιπόντι τοὺς συμμάχους. ταῦτά τε ἅμα ἠγόρευε καὶ
πέμπει ἐπὶ τὴν νέα τὴν Ἀδειμάντου τάλαντα ἀργυρίου τρία.
οὗτοί τε δὴ πληγέντες δώροισι ἀναπεπεισμένοι ἦσαν καὶ 3
5 τοῖσι Εὐβοεῦσι ἐκεχάριστο, αὐτός τε ὁ Θεμιστοκλέης
ἐκέρδηνε, ἐλάνθανε δὲ τὰ λοιπὰ ἔχων, ἀλλ᾽ ἠπιστέατο οἱ
μεταλαβόντες τούτων τῶν χρημάτων ἐκ τῶν Ἀθηνέων ἐλθεῖν
ἐπὶ τῷ λόγῳ τούτῳ [τὰ χρήματα].

Οὕτω δὴ κατέμεινάν τε ἐν τῇ Εὐβοίῃ καὶ ἐναυμάχησαν. 6
10 ἐγένετο δὲ ὧδε· ἐπείτε δὴ ἐς τὰς Ἀφέτας περὶ δείλην
πρωίην γινομένην ἀπίκατο οἱ βάρβαροι, πυθόμενοι μὲν ἔτι
καὶ πρότερον περὶ τὸ Ἀρτεμίσιον ναυλοχέειν νέας Ἑλληνίδας
ὀλίγας, τότε δὲ αὐτοὶ ἰδόντες, πρόθυμοι ἦσαν ἐπιχειρέειν, εἴ
κως ἕλοιεν αὐτάς. ἐκ μὲν δὴ τῆς ἀντίης προσπλέειν οὔ κώ 2
15 σφι ἐδόκεε τῶνδε εἵνεκα, μή κως ἰδόντες οἱ Ἕλληνες προσ-
πλέοντας ἐς φυγὴν ὁρμήσειαν φεύγοντάς τε εὐφρόνη κατα-
λαμβάνῃ· καὶ ἔμελλον δῆθεν ἐκφεύξεσθαι, ἔδει δὲ μηδὲ
πυρφόρον τῷ ἐκείνων λόγῳ ἐκφυγόντα περιγενέσθαι. πρὸς 7
ταῦτα ὦν τάδε ἐμηχανέοντο· τῶν νεῶν πασέων ἀποκρίναντες
20 διηκοσίας περιέπεμπον ἔξωθεν Σκιάθου, ὡς ἂν μὴ ὀφθείησαν
ὑπὸ τῶν πολεμίων περιπλέουσαι Εὔβοιαν κατά τε Καφηρέα
καὶ περὶ Γεραιστὸν ἐς τὸν Εὔριπον, ἵνα δὴ περιλάβοιεν οἱ
μὲν ταύτῃ ἀπικόμενοι καὶ φράξαντες αὐτῶν τὴν ὀπίσω
φέρουσαν ὁδόν, σφεῖς δὲ ἐπισπόμενοι ἐξ ἐναντίης. ταῦτα 2
25 βουλευσάμενοι ἀπέπεμπον τῶν νεῶν τὰς ταχθείσας, αὐτοὶ
οὐκ ἐν νόῳ ἔχοντες ταύτης τῆς ἡμέρης τοῖσι Ἕλλησι ἐπι-

3 νέαν C : νῆα d   τὴν] τοῦ P¹   4 τε] δὲ C   πληγέντες] πάντες a P
6 ἐκέρδανε(ν) d   7 Ἀθηναίων L : corr. Bekker   8 τὰ χρήματα
om. d   10 δὴ om. d   τοὺς R   Ἀφετὰς D V   11 γενομένην
d   πειθ. D   12 τὸ om. a   νῆας d   13 τότε ... ἰδόντες
om. d   14 -πλώ- d   ὅκως D   15 εἵνεκε D R   πως a P : om. d
προσπλώ- d   16 καταλάβῃ d : -βοι P   17 φεύξεσθαι Stein
18 λόγῳ d   19 νηῶν d (it. 25)   20 περιέπεμψαν ἔξω d   ὀφθέω-
σι(ν) d P   21 -πλώ- d   22 περὶ om. d   23 μὲν a D P : μὲν
δὴ R S V   24 ἐξεναντίας d   25 τῶν] τὴν R

θήσεσθαι, οὐδὲ πρότερον ἢ τὸ σύνθημά σφι ἔμελλε φανή-
σεσθαι παρὰ τῶν περιπλεόντων [ὡς ἡκόντων]. ταύτας μὲν
δὴ περιέπεμπον, τῶν δὲ λοιπέων νεῶν ἐν τῇσι ᾿Αφέτῃσι
8 ἐποιεῦντο ἀριθμόν. ἐν δὲ τούτῳ τῷ χρόνῳ ἐν ᾧ οὗτοι ἀριθμὸν
ἐποιεῦντο τῶν νεῶν (ἦν γὰρ ἐν τῷ στρατοπέδῳ τούτῳ 5
Σκυλλίης Σκιωναῖος, δύτης τῶν τότε ἀνθρώπων ἄριστος, ὃς
καὶ ἐν τῇ ναυηγίῃ τῇ κατὰ Πήλιον γενομένῃ πολλὰ μὲν
ἔσωσε τῶν χρημάτων τοῖσι Πέρσῃσι, πολλὰ δὲ καὶ αὐτὸς
περιεβάλετο), οὗτος ὁ Σκυλλίης ἐν νόῳ μὲν εἶχε ἄρα [καὶ
πρότεροῦ] αὐτομολήσειν ἐς τοὺς ῞Ελληνας, ἀλλ᾿ οὐ γάρ οἱ 10
2 παρέσχε [ἐς τότε]. ὅτεῳ μὲν δὴ τρόπῳ τὸ ἐνθεῦτεν ἔτι
ἀπίκετο ἐς τοὺς ῞Ελληνας, οὐκ ἔχω εἰπεῖν ἀτρεκέως, θωμάζω
δὲ εἰ τὰ λεγόμενά ἐστι ἀληθέα· λέγεται γὰρ ὡς ἐξ ᾿Αφετέων
δὺς ἐς τὴν θάλασσαν οὐ πρότερον ἀνέσχε πρὶν ἢ ἀπίκετο
ἐπὶ τὸ ᾿Αρτεμίσιον, σταδίους μάλιστά κη τούτους ἐς ὀγδώ- 15
3 κοντα διὰ τῆς θαλάσσης διεξελθών. λέγεται μέν νυν καὶ
ἄλλα ψευδέσι ἴκελα περὶ τοῦ ἀνδρὸς τούτου, τὰ δὲ μετεξ-
έτερα ἀληθέα· περὶ μέντοι τούτου γνώμη μοι ἀποδεδέχθω
πλοίῳ μιν ἀπικέσθαι ἐπὶ τὸ ᾿Αρτεμίσιον. ὡς δὲ ἀπίκετο,
αὐτίκα ἐσήμηνε τοῖσι στρατηγοῖσι [τήν τε ναυηγίην ὡς 20
γένοιτο καὶ τὰς περιπεμφθείσας τῶν νεῶν περὶ Εὔβοιαν.
9 τοῦτο δὲ ἀκούσαντες οἱ ῞Ελληνες λόγον σφίσι αὐτοῖσι
ἐδίδοσαν. πολλῶν δὲ λεχθέντων ἐνίκα τὴν ἡμέρην ἐκείνην
αὐτοῦ μείναντάς τε καὶ αὐλισθέντας, μετέπειτα νύκτα μέσην
παρέντας πορεύεσθαι καὶ ἀπαντᾶν τῇσι περιπλεούσῃσι τῶν 25
νεῶν. μετὰ δὲ τοῦτο, ὡς οὐδείς σφι ἐπέπλεε, δείλην ὀψίην

2 -πλω- d   3 λοιπῶν d   νηῶν RSV   ἐπὶ d   ᾿Αφετῆσι(ν)
DRV   4 ἐποιέοντο d (it. 5)   ἐν τῷ Bekker   5 νηῶν d
τούτῳ om. C   6 τότε] τε D   8 τῇσι SV   9 περιεβάλλετο BSV
ἐνόῳ R   10 αὐτομολήσειν . . . οἱ (οἱ πρότερον D) om.·RSV   11 ἐς
Pingel : ὡς L   ἔτι] ἤδη C[1]   12 εἶπαι RSVD[c] (1)   θωυμάζω
PRSV   13 ὡς om. d   14 εἰς RV   ἀνέχειν d   15 ἐπὶ] ἐς d
τούτους ἐς om. d   17 ἴκελλα R : εἴκελα a P   18 μέντοι] μὲν
A[1]C   19 ἀπικέσθαι R   20 ἐσήμαινε PRSV   21 περι-
πεφθείσας A[1]B[1]   νηῶν DR   22 τούτου D   23 δὲ om. D
24 μείναντά RV   25 -πλω- d (it. 26)   26 νηῶν d

γινομένην τῆς ἡμέρης φυλάξαντες αὐτοὶ ἐπανέπλεον ἐπὶ τοὺς
βαρβάρους, ἀπόπειραν αὐτῶν ποιήσασθαι βουλόμενοι τῆς τε
μάχης καὶ τοῦ διεκπλόου. ὁρῶντες δέ σφεας οἵ τε ἄλλοι 10
στρατιῶται οἱ Ξέρξεω καὶ οἱ στρατηγοὶ ἐπιπλέοντας νηυσὶ
5 ὀλίγῃσι, πάγχυ σφι μανίην ἐπενείκαντες ἀνῆγον καὶ αὐτοὶ
τὰς νέας, ἐλπίσαντές σφεας εὐπετέως αἱρήσειν, οἰκότα κάρτα
ἐλπίσαντες, τὰς μέν γε τῶν Ἑλλήνων ὁρῶντες ὀλίγας νέας,
τὰς δὲ ἑωυτῶν πλήθεΐ τε πολλαπλησίας καὶ ἄμεινον πλεούσας.
καταφρονήσαντες ταῦτα ἐκυκλοῦντο αὐτοὺς ἐς μέσον. ὅσοι 2
10 μέν νυν τῶν Ἰώνων ἦσαν εὔνοοι τοῖσι Ἕλλησι, ἀέκοντές
τε ἐστρατεύοντο συμφορήν τε ἐποιεῦντο μεγάλην ὁρῶντες
περιεχομένους αὐτοὺς καὶ ἐπιστάμενοι ὡς οὐδεὶς αὐτῶν ἀπονο-
στήσει· οὕτω ἀσθενέα σφι ἐφαίνετο εἶναι τὰ τῶν Ἑλλήνων
πρήγματα. ὅσοισι δὲ καὶ ἡδομένοισι ἦν τὸ γινόμενον, 3
15 ἅμιλλαν ἐποιεῦντο ὅκως αὐτὸς ἕκαστος πρῶτος νέα Ἀττικὴν
ἑλὼν παρὰ βασιλέος δῶρα λάμψεται· Ἀθηναίων γὰρ αὐτοῖσι
λόγος ἦν πλεῖστος ἀνὰ τὰ στρατόπεδα. τοῖσι δὲ Ἕλλησι 11
ὡς ἐσήμηνε, πρῶτα μὲν ἀντίπρωροι τοῖσι βαρβάροισι γενό-
μενοι ἐς τὸ μέσον τὰς πρύμνας συνήγαγον, δεύτερα δὲ σημή-
20 ναντος ἔργου εἴχοντο, ἐν ὀλίγῳ περ ἀπολαμφθέντες καὶ κατὰ
στόμα. ἐνθαῦτα τριήκοντα νέας αἱρέουσι [τῶν βαρβάρων] 2
καὶ τὸν Γόργου τοῦ Σαλαμινίων βασιλέος ἀδελφεὸν Φιλάονα
τὸν Χέρσιος, λόγιμον ἐόντα ἐν τῷ στρατοπέδῳ [ἄνδρα].
πρῶτος δὲ Ἑλλήνων νέα τῶν πολεμίων εἶλε ἀνὴρ Ἀθηναῖος,
25 Λυκομήδης Αἰσχραίου, καὶ τὸ ἀριστήιον ἔλαβε οὗτος. τοὺς 3
δ' ἐν τῇ ναυμαχίῃ ταύτῃ ἑτεραλκέως ἀγωνιζομένους νὺξ

1 -πλω- d   3 διεκπλόων RSV   ὁρέωντες C: ὁρέοντες d P
(it. 7, 11)   4 alt. οἵ om. d   -πλω- d   5 ἀνῆγαγον d   6 νῆας
d (it. 7)   8 πολλαπλασίας d CP   πλω- d   10 εὔνοι R :
εὔνοι + D   12 αὐτῶν] σφιν S   ἀπονοστήσειν S [V]   13 σφι(ν)
ἀσθενέα d   15 ἐποιέοντο d   ἕκαστος αὐτὸς d P   νῆα d : νέας C
16 λά + ψεται B   18 γινόμενοι PRSV   19 εἰσήγαγον d
20 ἀπολα + φθέντες B   21 νῆας d   τῶν βαρβάρων om. d   22 τὸν]
τοῦ B   23 ἐν om. C   ἄνδρα om. d   24 νῆα d : μετὰ C
25 Αἰσχρέου CPR: Αἰσχρέω Bredow   26 ἐν om. C   ἑτερα-
κλέως D

ἐπελθοῦσα διέλυσε. οἱ μὲν δὴ Ἕλληνες ἐπὶ τὸ Ἀρτεμίσιον
ἀπέπλεον, οἱ δὲ βάρβαροι ἐς τὰς Ἀφέτας, [πολλὸν παρὰ
δόξαν] ἀγωνισάμενοι. ἐν ταύτῃ τῇ ναυμαχίῃ Ἀντίδωρος
Λήμνιος μοῦνος τῶν σὺν βασιλέϊ Ἑλλήνων ἐόντων αὐτο-
μολέει ἐς τοὺς Ἕλληνας, καί οἱ Ἀθηναῖοι διὰ τοῦτο τὸ ἔργον 5
12 ἔδοσαν [αὐτῷ] χῶρον ἐν Σαλαμῖνι. ὡς δὲ εὐφρόνη ἐγεγόνεε,
ἦν μὲν τῆς ὥρης μέσον θέρος, ἐγίνετο δὲ ὕδωρ τε ἄπλετον
διὰ πάσης τῆς νυκτὸς καὶ σκληραὶ βρονταὶ ἀπὸ τοῦ Πηλίου·
οἱ δὲ νεκροὶ καὶ τὰ ναυήγια ἐξεφορέοντο ἐς τὰς Ἀφέτας,
καὶ περί τε τὰς πρῴρας τῶν νεῶν εἱλέοντο καὶ ἐτάρασσον 10
2 τοὺς ταρσοὺς τῶν κωπέων. οἱ δὲ στρατιῶται οἱ ταύτῃ
ἀκούοντες ταῦτα ἐς φόβον κατιστέατο, ἐλπίζοντες πάγχυ
ἀπολέεσθαι ἐς οἷα κακὰ ἦκον· πρὶν γὰρ ἢ καὶ ἀναπνεῦσαί
σφεας ἔκ τε τῆς ναυηγίης καὶ τοῦ χειμῶνος τοῦ γενομένου
κατὰ Πήλιον, ὑπέλαβε ναυμαχίη καρτερή, ἐκ δὲ τῆς ναυμα- 15
χίης ὄμβρος τε λάβρος [καὶ ῥεύματα ἰσχυρὰ ἐς θάλασσαν
13 ὁρμημένα] βρονταί τε σκληραί. καὶ τούτοισι μὲν τοιαύτη ἡ
νὺξ ἐγίνετο, τοῖσι δὲ ταχθεῖσι αὐτῶν περιπλέειν Εὔβοιαν
ἡ αὐτή περ ἐοῦσα νὺξ πολλὸν ἦν ἔτι ἀγριωτέρη, τοσούτῳ
ὅσῳ [ἐν πελάγεϊ φερομένοισι] ἐπέπιπτε, καὶ τὸ τέλος σφι 20
ἐγίνετο ἄχαρι· ὡς γὰρ δὴ πλέουσι αὐτοῖσι χειμών τε καὶ τὸ
ὕδωρ ἐπεγίνετο ἐοῦσι κατὰ τὰ Κοῖλα τῆς Εὐβοίης, φερόμενοι
τῷ πνεύματι καὶ οὐκ εἰδότες τῇ ἐφέροντο ἐξέπιπτον πρὸς τὰς
πέτρας. ἐποιεέτό τε πᾶν [ὑπὸ τοῦ θεοῦ] ὅκως ἂν ἐξισωθείη
14 τῷ Ἑλληνικῷ τὸ Περσικὸν μηδὲ πολλῷ πλέον εἴη. οὗτοι 25
μέν νυν περὶ τὰ Κοῖλα τῆς Εὐβοίης διεφθείροντο· οἱ δὲ ἐν

1 διέλ C   2 -πλω- d   Ἀφετὰς D R V (it. 9)   5 καὶ a P
6 αὐτῷ om. d   χῶραν d   ὡς δὲ εὐφρ. (εὐφρ. δ᾽ P) ἐγεγόνεε om. B
7 ἐγένετο S   δὲ om. C   ἄπλετόν τε d   8 βρονταὶ σκληραὶ P
9 ναυάγια V¹ Bᶜ (1)   ἐξεφέροντο a P   10 τῶν] καὶ τῶν B   12 ταῦτα
om. P¹   13 ἀπολέσθαι D R V   ἐς om. C   καὶ om. d   14 γιν.
R S V   15 καρτερή S : κρατ. rell.   16 τε om. d   λάμβρος
C : καρτερὸς d   ἐς] κατὰ C P   17 ὥρμ. C D P S   τοιαύτη ἡ
Schaefer : τοιαύτην R : τοιαύτη rell.   18 αὐτέων a P   -πλώ- d
20 τὸ om. d   21 ἐγίνετο a P   πλώ- d   23 ἐξεφέροντο d
τρὸς] εἰς V : ἐς S   24 ἐξισωθῇ C   25 Περσικὸν] περιεὸν d

Ἀφέτῃσι βάρβαροι, ὥς σφι ἀσμένοισι ἡμέρη ἐπέλαμψε,   *glad*

ἀτρέμας τε εἶχον τὰς νέας καί σφι ἀπεχρᾶτο κακῶς πρήσσουσι   *suffice*

ἡσυχίην ἄγειν ἐν τῷ παρεόντι. τοῖσι δὲ Ἕλλησι ἐπεβοήθεον

νέες τρεῖς καὶ πεντήκοντα Ἀττικαί. αὗταί τε δή σφεας 2

5 ἐπέρρωσαν ἀπικόμεναι καὶ ἅμα ἀγγελίη ἐλθοῦσα ὡς τῶν   *ἐπιρρωννυμι — to encourage*

βαρβάρων οἱ περιπλέοντες τὴν Εὔβοιαν πάντες εἴησαν

διεφθαρμένοι ὑπὸ τοῦ γενομένου χειμῶνος. φυλάξαντες δὴ   *waiting for*

τὴν αὐτὴν ὥρην πλέοντες ἐπέπεσον νηυσὶ Κιλίσσῃσι· ταύτας   *ie. the Gks.*

δὲ διαφθείραντες, ὡς εὐφρόνη ἐγίνετο, ἀπέπλεον ὀπίσω ἐπὶ

10 τὸ Ἀρτεμίσιον. τρίτῃ δὲ ἡμέρῃ δεινόν τι ποιησάμενοι οἱ 15   *take it badly*

στρατηγοὶ τῶν βαρβάρων νέας οὕτω σφι ὀλίγας λυμαίνεσθαι   *λυμαινω + dat*

καὶ τὸ ἀπὸ Ξέρξεω δειμαίνοντες οὐκ ἀνέμειναν ἔτι τοὺς Ἕλ-   *- to defeat*

ληνας μάχης ἄρξαι, ἀλλὰ παρασκευασάμενοι κατὰ μέσον

ἡμέρης ἀνῆγον τὰς νέας. συνέπιπτε δὲ ὥστε τὰς αὐτὰς   *happen*

15 ταύτας ἡμέρας τάς τε ναυμαχίας γίνεσθαι ταύτας καὶ τὰς

πεζομαχίας τὰς ἐν Θερμοπύλῃσι. ἦν δὲ πᾶς ὁ ἀγὼν 2   *battle*

τοῖσι κατὰ θάλασσαν περὶ τοῦ Εὐρίπου, ὥσπερ τοῖσι ἀμφὶ

Λεωνίδην τὴν ἐσβολὴν φυλάσσειν. οἱ μὲν δὴ παρεκελεύοντο   *the Greeks enjoin*

ὅκως μὴ παρήσουσι ἐς τὴν Ἑλλάδα τοὺς βαρβάρους, οἱ δ'   *the Persians*

20 ὅκως τὸ Ἑλληνικὸν στράτευμα διαφθείραντες τοῦ πόρου κρα-

τήσουσι. ὡς δὲ ταξάμενοι οἱ Ξέρξεω ἐπέπλεον, οἱ Ἕλληνες 16

ἀτρέμας εἶχον πρὸς τῷ Ἀρτεμισίῳ. οἱ δὲ βάρβαροι μηνοειδὲς   *crescent formation*

ποιήσαντες τῶν νεῶν ἐκυκλεῦντο, ὡς περιλάβοιεν αὐτούς.

ἐνθεῦτεν οἱ Ἕλληνες ἐπανέπλεόν τε καὶ συνέμισγον. ἐν

25 ταύτῃ τῇ ναυμαχίῃ παραπλήσιοι ἀλλήλοισι ἐγίνοντο. ὁ γὰρ 2

Ξέρξεω στρατὸς ὑπὸ μεγάθεός τε καὶ πλήθεος αὐτὸς ὑπ'

---

1 Ἀφετῆσι D R [V]   2 ἀτρέμα a P   ἀπεχρῆτο a P: ἀπεχρέετο
d : ἀπέχρα ἔτι Pingel   3–4 ἐπεβώθεον νῆες d   4 πεντήκοντα καὶ
τρεῖς a   6 -πλω- d   7 δὲ a   8 πλω- d   ἔπεσον R
Κιλίσ+σ. D   9 ἐγίνετο d C P   -πλω- d   11 νῆας d (it. 14)
σφέας a   13 παρακελευσάμενοι a P   14 ἀνήγαγον d   14–15 ταῖς
αὐταῖς ἡμέραις a P   15 τε om. a   18 Λεωνίδεα d P [C]
19 παρήσωσι(ν) d   20 κρατήσουσι P: -ωσι a d   21 -πλω- d
(it. 24)   22 ἀτρέμα P   23 νηῶν d   ἐκυκλέοντο d: ἐκυκλεῦντο
a P : corr. Reiske   24 συνέσμιγον A   25 ἐγένοντο d C P

ἑωυτοῦ ἔπιπτε, ταρασσομένων τε τῶν νεῶν κα`ι περιπιπτου-
σέων περὶ ἀλλήλας· ὅμως μέντοι ἀντεῖχε καὶ οὐκ εἶκε·
δεινὸν γὰρ χρῆμα ἐποιεῦντο ὑπὸ νεῶν ὀλιγέων ἐς φυγὴν
3 τράπεσθαι. πολλαὶ μὲν δὴ τῶν Ἑλλήνων νέες διεφθεί-
ροντο, πολλοὶ δὲ ἄνδρες, πολλῷ δ᾽ ἔτι πλεῦνες νέες τε τῶν 5
βαρβάρων καὶ ἄνδρες. οὕτω δὲ ἀγωνιζόμενοι διέστησαν
χωρὶς ἑκάτεροι.

17 Ἐν ταύτῃ τῇ ναυμαχίῃ Αἰγύπτιοι μὲν τῶν Ξέρξεω στρα-
τιωτέων ἠρίστευσαν, οἳ ἄλλα τε μεγάλα ἔργα ἀπεδέξαντο
καὶ νέας αὐτοῖσι ἀνδράσι εἷλον Ἑλληνίδας πέντε. τῶν 10
δὲ Ἑλλήνων κατὰ ταύτην τὴν ἡμέρην ἠρίστευσαν Ἀθη-
ναῖοι καὶ Ἀθηναίων Κλεινίης ὁ Ἀλκιβιάδεω, ὃς δαπάνην
οἰκηίην παρεχόμενος ἐστρατεύετο ἀνδράσι τε διηκοσίοισι καὶ
οἰκηίῃ νηί.

18 Ὡς δὲ διέστησαν, ἄσμενοι ἑκάτεροι ἐς ὅρμον ἠπείγοντο. 15
οἱ δὲ Ἕλληνες ὡς διακριθέντες ἐκ τῆς ναυμαχίης ἀπηλλά-
χθησαν, τῶν μὲν νεκρῶν καὶ τῶν ναυηγίων ἐπεκράτεον, τρηχέως
δὲ περιεφθέντες, καὶ οὐκ ἥκιστα Ἀθηναῖοι τῶν αἱ ἡμίσεαι
τῶν νεῶν τετρωμέναι ἦσαν, δρησμὸν δὴ ἐβούλευον ἔσω ἐς τὴν
19 Ἑλλάδα. νόῳ δὲ λαβὼν ὁ Θεμιστοκλέης ὡς εἰ ἀπορραγείη 20
ἀπὸ τοῦ βαρβάρου τό τε Ἰωνικὸν φῦλον καὶ τὸ Καρικόν,
οἷοί τε εἴησαν τῶν λοιπῶν κατύπερθε γενέσθαι, ἐλαυνόντων
τῶν Εὐβοέων πρόβατα ἐπὶ τὴν θάλασσαν, ταύτῃ συλλέξας
τοὺς στρατηγοὺς ἔλεγέ σφι ὡς δοκέοι ἔχειν τινὰ παλάμην
τῇ ἐλπίζοι τῶν βασιλέος συμμάχων ἀποστήσειν τοὺς ἀρί- 25
2 στους. ταῦτα μέν νυν ἐς τοσοῦτο παρεγύμνου, ἐπὶ δὲ τοῖσι

1 παραταασσομένων B: ταρασσομενέων ᵈ C P   νηῶν R S V
3 ἐποιέοντο ᵈ P   νηῶν ᵈ   ὀλίγον R : ὀλίγων rell. [V]   4 νῆες
ᵈ   5 νῆες ᵈ : om. A¹   6 τε ᵈ   διαγων. D : ἀγωνισάμενοι
Schweighaeuser   9 ἔργα μεγάλα ᵈ   10 νῆας ᵈ   12 Κλινίης
D : Κλεινίας ᵃ P   15 οἱ δὲ ὡς ᵈ   διέστεσαν D : -στασαν R S V
17 ναυγίων R : ναυηγιέων Vᶜ : -ηγέων S   τρηχέος R   18 ἡμίσεαι
Aldus : -σειαι ᵃ (-ε C) P : -σεες ᵈ   19 νηῶν ᵈ   ἐβουλεύοντο C
20 ὁ om. ᵈ   21 τό (+ + τό D) τε om. C   22 ἦσαν C   γί-
νεσθαι ᵃ   23 ταύτην ᵃ P   25 ἐλπίζει P   26 τοσοῦτον R S V
τῇσι R V

κατήκουσι πρήγμασι] τάδε ποιητέα σφι εἶναι ἔλεγε, τῶν τε
προβάτων τῶν Εὐροϊκῶν καταθύειν ὅσα τις ἐθέλοι (κρέσσον
γὰρ εἶναι τὴν στρατιὴν ἔχεω ἢ τοὺς πολεμίους), παραίνεέ
τε προειπεῖν τοῖσι ἑωυτῶν ἑκάστους πῦρ ἀνακαίειν· [κομιδῆς
5 δὲ πέρι] τὴν ὥρην αὐτῷ μελήσειν ὥστε ἀσινέας ἀπικέ-
σθαι ἐς τὴν Ἑλλάδα. ταῦτα ἤρεσέ σφι ποιέειν καὶ αὐτίκα
πυρὰ ἀνακαυσάμενοι ἐτρέποντο πρὸς τὰ πρόβατα. οἱ γὰρ 20
Εὐβοέες παραχρησάμενοι τὸν Βάκιδος χρησμὸν ὡς οὐδὲν
λέγοντα, οὔτε τι ἐξεκομίσαντο οὐδὲν οὔτε προεσάξαντο ὡς
10 παρεσομένου σφι πολέμου, περιπετέα τε ἐποιήσαντο σφίσι
αὐτοῖσι τὰ πρήγματα. Βάκιδι γὰρ ὧδε ἔχει περὶ τούτων ὁ 2
χρησμός·

   φράζεο, βαρβαρόφωνος ὅταν ζυγὸν εἰς ἅλα βάλλῃ
   βύβλινον, Εὐβοίης ἀπέχειν πολυμηκάδας αἶγας.

15 τούτοισι [δὲ] οὐδὲν τοῖσι ἔπεσι χρησαμένοισι [ἐν τοῖσι τότε
παρεοῦσί] τε καὶ προσδοκίμοισι κακοῖσι] παρῆν σφι συμφορῇ
χρᾶσθαι [πρὸς τὰ μέγιστα.] οἱ μὲν δὴ ταῦτα ἔπρησσον, 21
παρῆν δὲ ὁ ἐκ Τρηχῖνος κατάσκοπος. ἦν μὲν γὰρ ἐπ'
Ἀρτεμισίῳ κατάσκοπος Πολύας, γένος Ἀντικυρεύς, τῷ προσ-
20 ετέτακτο (καὶ εἶχε πλοῖον κατῆρες ἕτοιμον), εἰ παλήσειε ὁ
ναυτικὸς στρατός, σημαίνειν τοῖσι ἐν Θερμοπύλῃσι ἐοῦσι·
ὡς δ' αὔτως ἦν Ἀβρώνιχος ὁ Λυσικλέος Ἀθηναῖος καὶ [παρὰ
Λεωνίδῃ] ἕτοιμος τοῖσι ἐπ' Ἀρτεμισίῳ ἐοῦσι ἀγγέλλειν
τριηκοντέρῳ, ἤν τι καταλαμβάνῃ νεώτερον τὸν πεζόν. οὗτος 2
25 ὦν ὁ Ἀβρώνιχος ἀπικόμενός σφι ἐσήμηνε τὰ γεγονότα περὶ
Λεωνίδην καὶ τὸν στρατὸν αὐτοῦ. οἱ δὲ ὡς ἐπύθοντο ταῦτα,

1 εἶναί σφι(ν) d P   2 θέλοι d   4 προ- s. v. P¹   ἑκάστοις
C   5 αὐτῶν C   ἀσινέες S V   ἀπικέεσθαι R   7 πυρὰ Cobet :
πυρὰς S : πῦρ rell.   καυσάμενοι D : καυσόμενοι R V(S)   ἐτράποντο
d P   9 οὔτετι ἐξ. A B : οὔτ' ἐπεξ. D : οὔτ' ἐξ. C P R S V   προεσεά-
ξαντο A B : προσεσάξ. (προσεστάξ.?) C   13 βαρβαρόφωνος (barbaricus)
Valla : -φωνον L   ἄλλα R V   βάλῃ D   14 βύβλιον R S V
πολὺ μηκ. D S V   15 δὲ om. a : δὴ ! Herwerden   οὐδὲ C
16 περεοῦσι R V   τε s. v. D¹   17 χρῆσθαι a P   20 ἕτοιμον del.
Bekker   παλαίσειεν C : παλήσιεν R V   22 ὡς . . . ἐοῦσι (23) om. C
Ἀβρόνιχος B (it. 25 C¹)   25 ἐσήμαινε a P   26 Λεωνίδεα d

[οὐκέτι ἐς ἀναβολὰς] ἐποιεῦντο τὴν ἀποχώρησιν, ἐκομίζοντο
δὲ ὡς ἕκαστοι ἐτάχθησαν, Κορίνθιοι πρῶτοι, ὕστατοι δὲ
22 Ἀθηναῖοι. [Ἀθηναίων δὲ νέας τὰς ἄριστα πλεούσας ἐπι-
λεξάμενος] Θεμιστοκλέης ἐπορεύετο περὶ τὰ πότιμα ὕδατα,
ἐντάμνων ἐν τοῖσι λίθοισι γράμματα, τὰ Ἴωνες ἐπελθόντες 5
τῇ ὑστεραίῃ ἡμέρῃ ἐπὶ τὸ Ἀρτεμίσιον ἐπελέξαντο. τὰ δὲ
γράμματα τάδε ἔλεγε· "Ἄνδρες Ἴωνες, οὐ ποιέετε δίκαια ἐπὶ
τοὺς πατέρας στρατευόμενοι καὶ τὴν Ἑλλάδα καταδουλού-
2 μενοι. ἀλλὰ μάλιστα μὲν [πρὸς ἡμέων] γίνεσθε· εἰ δὲ ὑμῖν
ἐστι τοῦτο μὴ δυνατὸν ποιῆσαι, ὑμεῖς δὲ ἔτι καὶ νῦν [ἐκ τοῦ 10
μέσου ἡμῖν ἕζεσθε] καὶ αὐτοὶ καὶ τῶν Καρῶν δέεσθε τὰ αὐτὰ
ὑμῖν ποιέειν· εἰ δὲ μηδέτερον τούτων οἷόν τε γίνεσθαι, ἀλλ'
ὑπ' ἀναγκαίης μέζονος κατέζευχθε ἢ ὥστε ἀπίστασθαι,
ὑμεῖς δὲ [ἐν τῷ ἔργῳ], ἐπεὰν συμμίσγωμεν, ἐθελοκακέετε,
μεμνημένοι ὅτι ἀπ' ἡμέων γεγόνατε καὶ ὅτι ἀρχῆθεν ἡ ἔχθρη 15
3 πρὸς τὸν βάρβαρον [ἀπ' ὑμέων] ἡμῖν γέγονε. Θεμιστοκλέης
δὲ ταῦτα ἔγραψε, δοκέειν ἐμοί, ἐπ' ἀμφότερα νοέων, ἵνα ἢ
λαθόντα τὰ γράμματα βασιλέα Ἴωνας ποιήσῃ μεταβαλεῖν
καὶ γενέσθαι πρὸς ἑωυτῶν, ἢ ἐπείτε ἀνενειχθῇ καὶ διαβληθῇ
πρὸς Ξέρξην, ἀπίστους ποιήσῃ τοὺς Ἴωνας καὶ τῶν ναυμα- 20
23 χιέων αὐτοὺς ἀπόσχῃ. Θεμιστοκλέης μὲν ταῦτα ἐνέγραψε·
τοῖσι δὲ βαρβάροισι αὐτίκα μετὰ ταῦτα πλοίῳ ἦλθε ἀνὴρ
Ἱστιαιεὺς ἀγγέλλων τὸν δρησμὸν τὸν ἀπ' Ἀρτεμισίου τῶν
Ἑλλήνων. οἱ δ' ὑπ' ἀπιστίης τὸν μὲν ἀγγέλλοντα εἶχον
ἐν φυλακῇ, νέας δὲ ταχέας ἀπέστειλαν προκατοψομένας· 25
ἀπαγγειλάντων δὲ τούτων τὰ ἦν, οὕτω δὴ [ἅμα ἡλίῳ σκιδνα-

1 ἐποιεόντο d P   3 νῆας d (it. 25)   πλω- d   5 τὰ ... γράμ-
ματα (7) om. d   7 λέγοντα τάδε d   9 γίνεσθαι a   εἰ δὲ εἰ R
10 ὑμέες d P   11 ἔσεσθε d   δέεσθαι B   ταυτὰ D R V
12 τι R   13 ἀνάγκης μείζονος A B   ὥστε μὴ a P¹   14 ὑμέες d P
γε P R S V   -κακέεται B¹   15 ἦ om. d   17 δὲ om. d   ἔγραφε
a P   18 ποιήσει R [V] (it. 20)   μεταβαλέειν d   19 ἐπεὰν
Krueger   ἀνενεχθῇ A B   20 Ξέρξεα d P   21 ἔγραψε D
23 Εστιαιεὺς D Plut. mor. 867 : Ἱστιεὺς C P   τῶν] τὸν τῶν C P Plut.
25 ταχείας L   26 τουτέων a

μένῳ) πᾶσα ἡ στρατιὴ ἔπλεε ἁλὴς ἐπὶ τὸ Ἀρτεμίσιον. ἐπι-
σχόντες δὲ ἐν τούτῳ τῷ χώρῳ μέχρι μέσου ἡμέρης, τὸ ἀπὸ
τούτου ἔπλεον ἐς Ἱστιαίην. ἀπικόμενοι δὲ τὴν πόλιν ἔσχον
τῶν Ἱστιαιέων καὶ τῆς Ἐλλοπίης μοίρης, γῆς δὲ τῆς Ἱστι-
5 αιώτιδος τὰς παραθαλασσίας κώμας πάσας ἐπέδραμον.
[ἐνθαῦτα δὲ τούτων ἐόντων) Ξέρξης ἑτοιμασάμενος τὰ περὶ **24**
τοὺς νεκροὺς ἔπεμπε ἐς τὸν ναυτικὸν στρατὸν κήρυκα. προε-
τοιμάσατο δὲ τάδε· ὅσοι τοῦ στρατοῦ τοῦ ἑωυτοῦ ἦσαν
νεκροὶ ἐν Θερμοπύλησι (ἦσαν δὲ καὶ δύο μυριάδες), ὑπολιπό-
10 μενος τούτων ὡς χιλίους, τοὺς λοιποὺς τάφρους ὀρυξάμενος
ἔθαψε, φυλλάδα τε ἐπιβαλὼν καὶ γῆν ἐπαμησάμενος, ἵνα
μὴ ὀφθείησαν ὑπὸ τοῦ ναυτικοῦ στρατοῦ. ὡς δὲ διέβη ἐς **2**
τὴν Ἱστιαίην ὁ κῆρυξ, σύλλογον ποιησάμενος παντὸς τοῦ
στρατοπέδου ἔλεγε τάδε· Ἄνδρες σύμμαχοι, βασιλεὺς Ξέρξης
15 τῷ βουλομένῳ ὑμέων παραδίδωσι ἐκλιπόντα τὴν τάξιν [καὶ]
ἐλθόντα θεήσασθαι ὅκως μάχεται πρὸς τοὺς ἀνοήτους τῶν
ἀνθρώπων, οἳ ἤλπισαν τὴν βασιλέος δύναμιν ὑπερβαλέεσθαι.
ταῦτα ἐπαγγειλαμένου, μετὰ ταῦτα οὐδὲν ἐγίνετο πλοίων **25**
σπανιώτερον· οὕτω πολλοὶ ἤθελον θεήσασθαι. διαπεραιω-
20 θέντες δὲ ἐθηεῦντο διεξιόντες τοὺς νεκρούς· πάντες δὲ ἠπι-
στέατο τοὺς κειμένους εἶναι πάντας Λακεδαιμονίους καὶ
Θεσπιέας, ὁρῶντες καὶ τοὺς εἵλωτας. οὐ μὲν οὐδ᾿ ἐλάνθανε **2**
τοὺς διαβεβηκότας Ξέρξης ταῦτα πρήξας περὶ τοὺς νεκροὺς
τοὺς ἑωυτοῦ· καὶ γὰρ δὴ καὶ γελοῖον ἦν· τῶν μὲν χίλιοι
25 ἐφαίνοντο νεκροὶ κείμενοι, οἱ δὲ πάντες ἔκεατο ἀλέες συγκε-
κομισμένοι ἐς τὠυτὸ χωρίον, τέσσερες χιλιάδες. ταύτην **3**
μὲν τὴν ἡμέρην πρὸς θέην ἐτράποντο, τῇ δ᾿ ὑστεραίῃ οἱ μὲν

1 ἔπλεε P : ἔπλωε(ν) **d** : ἐπέπλεε **a**   ἁλὴς R V   3 -πλω- **d**
ἐς om. D   4 Ἱστιαιέων S : Ἑστιέων D : Ἱστιαίων rell. . τῆς
s. v. P[1]   ελλογίμης **d**   Ἱστιαιήτιδος **d**   5 τὰς om. **d**   6 τὰ
om. **d**   7 στρατὸν om. S V   προητοιμ. **a**   8 alt. τοῦ om. **d**
9 ὑπολειπόμενος C[c] (ι)   11 ἐπιβάλλων R S V   15 καὶ om. **d**
17 ὑπερβαλέσθαι **d**   18 ἐγένετο C P   20 ἐθηεῦντο (ἐθηέοντο
D S V) . . . δὲ om. R   21-22 ὁρῶντες (ὁρέοντες **d** P : ὁρέωντες C)
καὶ Θεσπιέας Macan   23 + + Ξέρξης P   δὲ ταῦτα **d** P[1]   25 συγκε-
κοσμημένοι D   26 τέσσερες (-αρες C R V) χιλιάδες del. Heraeus

ἀπέπλεον ἐς Ἱστιαίην ἐπὶ τὰς νέας, οἱ δὲ ἀμφὶ Ξέρξην ἐς
26 ὁδὸν ὁρμέατο. ἧκον δέ σφι αὐτόμολοι ἄνδρες ἀπ' Ἀρκαδίης
ὀλίγοι τινές, βίου τε δεόμενοι καὶ ἐνεργοὶ βουλόμενοι εἶναι.
ἄγοντες δὲ τούτους ἐς ὄψιν τὴν βασιλέος ἐπυνθάνοντο οἱ
Πέρσαι περὶ τῶν Ἑλλήνων τὰ ποιέοιεν· εἷς δέ τις πρὸ 5
2 πάντων ἦν ὁ εἰρωτῶν αὐτοὺς ταῦτα. οἱ δέ σφι ἔλεγον ὡς
Ὀλύμπια ἄγουσι καὶ θεωρέοιεν ἀγῶνα γυμνικὸν καὶ ἱππικόν.
ὁ δὲ ἐπείρετο ὅ τι [τὸ ἄεθλον] εἴη σφι κείμενον περὶ ὅτευ
ἀγωνίζονται· οἱ δὲ εἶπον τῆς ἐλαίης τὸν διδόμενον στέφανον.
ἐνθαῦτα εἴπας γνώμην γενναιοτάτην Τριτανταίχμης ὁ Ἀρτα- 10
3 βάνου δειλίην ὦφλε πρὸς βασιλέος. πυνθανόμενος γὰρ τὸ
ἄεθλον ἐὸν στέφανον ἀλλ' οὐ χρήματα, οὔτε ἠνέσχετο σιγῶν
εἶπέ τε ἐς πάντας τάδε· Παπαί, Μαρδόνιε, κοίους ἐπ' ἄνδρας
ἤγαγες μαχησομένους ἡμέας, οἳ οὐ περὶ χρημάτων τὸν
27 ἀγῶνα ποιεῦνται ἀλλὰ περὶ ἀρετῆς. τούτῳ μὲν δὴ ταῦτα 15
εἴρητο· ἐν δὲ τῷ διὰ μέσου χρόνῳ, ἐπείτε τὸ ἐν Θερμοπύλησι
τρῶμα ἐγεγόνεε, αὐτίκα Θεσσαλοὶ πέμπουσι κήρυκα ἐς Φω-
κέας, ἅτε σφι ἐνέχοντες αἰεὶ χόλον, ἀπὸ δὲ τοῦ ὑστάτου
2 τρώματος καὶ τὸ κάρτα. ἐσβαλόντες γὰρ πανστρατιῇ αὐτοί
τε οἱ Θεσσαλοὶ καὶ οἱ σύμμαχοι αὐτῶν ἐς τοὺς Φωκέας οὐ 20
πολλοῖσι ἔτεσι πρότερον ταύτης τῆς βασιλέος στρατηλασίης
ἐσσώθησαν ὑπὸ τῶν Φωκέων καὶ περιέφθησαν τρηχέως.
3 ἐπείτε γὰρ κατειλήθησαν ἐς τὸν Παρνησσὸν οἱ Φωκέες
ἔχοντες μάντιν Τελλίην τὸν Ἠλεῖον, ἐνθαῦτα ὁ Τελλίης
οὗτος σοφίζεται αὐτοῖσι τοιόνδε· γυψώσας ἄνδρας ἑξακο- 25
σίους τῶν Φωκέων τοὺς ἀρίστους, αὐτούς τε τούτους καὶ τὰ

1 -πλω- d   νῆας d   Ξέρξεα d   2 ὁρμ. Ε Ρ Cᶜ   4 ἀγαγόντες
C P   5 τὰ d : τί a P : ὅτι E   ποιέειν C   6 εἰρωτέων d : ἠρωτῶν
C : ἐρωτῶν P [E]   7 ἄγοιεν d P   θεωροῖεν a E P   ἱππ. τε καὶ
γυμν. E   8 τὸ ἄεθλον del. Stein   ὅτεο R : ὅτεω S V : ὅτε D
10 Τι + γράνης P : Τιγράνης a E   11 ὦφλεε d   πυθόμενος d E P
11–12 τὸν ἄεθλον ἐόντα d   13 δὲ d   πρὸς P   τόδε d   14 τὸν
om. d   15 ἀλλ' ἀρετῆς d   16 ἧρετο C : εἴρετο D   ἐπεὶ
τάχιστα τὸ d   17 κήρυκας d   18 ἐνέχοντες D S V : ἔχοντες
a P R   21 πολλοῖς D R V   22 ἐσώθησαν R V   23 Παρνησὸν
a R   25 σοφίζεσθαι P

ὅπλα αὐτῶν, νυκτὸς ἐπεύηκατο τοῖσι Θεσσαλοῖσι, προείπας
αὐτοῖσι, τὸν ἂν μὴ λευκανθίζοντα ἴδωνται, τοῦτον κτείνειν.
τούτους ὦν αἵ τε φυλακαὶ τῶν Θεσσαλῶν πρῶται ἰδοῦσαι 4
ἐφοβήθησαν, δόξασαι ἄλλο τι εἶναι τέρας, καὶ μετὰ τὰς
5 φυλακὰς αὐτὴ ἡ στρατιὴ οὕτω ὥστε τετρακισχιλίων κρατῆ-
σαι νεκρῶν καὶ ἀσπίδων Φωκέας, τῶν τὰς μὲν ἡμισέας ἐς
Ἄβας ἀνέθεσαν, τὰς δὲ ἐς Δελφούς· ἡ δὲ δεκάτη ἐγένετο 5
τῶν χρημάτων ἐκ ταύτης τῆς μάχης οἱ μεγάλοι ἀνδριάν-
τες οἱ περὶ τὸν τρίποδα συνεστεῶτες ἔμπροσθε τοῦ νηοῦ
10 τοῦ ἐν Δελφοῖσι, καὶ ἕτεροι τοιοῦτοι ἐν Ἄβῃσι ἀνακέαται.
ταῦτα μέν νυν τὸν πεζὸν ἐργάσαντο τῶν Θεσσαλῶν οἱ 28
Φωκέες πολιορκέοντας ἑωυτούς· ἐσβαλοῦσαν δὲ ἐς τὴν χώρην
τὴν ἵππον αὐτῶν ἐλυμήναντο ἀνηκέστως. ἐν γὰρ τῇ
ἐσβολῇ ἥ ἐστι κατὰ Ὑάμπολιν, ἐν ταύτῃ τάφρον μεγάλην
15 ὀρύξαντες ἀμφορέας κεινοὺς ἐς αὐτὴν κατέθηκαν, χοῦν δὲ
ἐπιφορήσαντες καὶ ὁμοιώσαντες τῷ ἄλλῳ χώρῳ ἐδέκοντο
τοὺς Θεσσαλοὺς ἐσβάλλοντας. οἱ δὲ ὡς ἀναρπασόμενοι
τοὺς Φωκέας φερόμενοι ἐσέπεσον ἐς τοὺς ἀμφορέας. ἐνθαῦτα
οἱ ἵπποι τὰ σκέλεα διεφθάρησαν. τούτων δή σφι ἀμφο- 29
20 τέρων ἔχοντες ἔγκοτον οἱ Θεσσαλοὶ πέμψαντες κήρυκα
ἠγόρευον τάδε· Ὦ Φωκέες, ἤδη τι μᾶλλον γνωσιμαχέετε
μὴ εἶναι ὅμοιοι ἡμῖν. πρόσθε τε γὰρ ἐν τοῖσι Ἕλλησι, 2
ὅσον χρόνον ἐκεῖνα ἡμῖν ἤνδανε, πλέον αἰεί κοτε ὑμέων
ἐφερόμεθα, νῦν τε παρὰ τῷ βαρβάρῳ τοσοῦτον δυνάμεθα
25 ὥστε ἐπ' ἡμῖν ἐστι τῆς γῆς ἐστερῆσθαι καὶ πρὸς ἠνδραπο-
δίσθαι ὑμέας· ἡμεῖς μέντοι τὸ πᾶν ἔχοντες οὐ μνησικακέο-
μεν, ἀλλ' ἡμῖν γενέσθω ἀντ' αὐτῶν πεντήκοντα τάλαντα

1 ἀπεύηκατο R   2 λευκαθίζοντα a R S V   3 οὖν P   τε
om. B   πρῶται τῶν Θεσσ. d   ἰδοῦσαι om. R   5 ἡ αὐτὴ ἡ D·
καὶ τρισχιλίων d   6 ἡμισέας ἀσπίδας d   7 ἀνέθεσαν] εσ D²
9 τοῦ τρίποδος d   ἔμπροσθεν R V   10 ἀνακέεται d   11 ειργ.
C P S   12 πολιορκέοντα (-τες V) Stein   13 ἐλυμήνατο R
14 ἥ R V: om. C   Ὑάνπολιν A   15 κενεοὺς a P   17 ἐσβα-
λόντας B : ἐσβαλέοντας d   18 ἐνέπεσον R S V   22 πρόσθεν τε
C P : προσθέντες A¹ B   23 ὅσον s. v. D¹   αἰεί] εἴ R S V   24 δὲ d
τοσούτω(ι) d   25 ἐστὲ d   γῆς τε D R V   προσηνδρ. d C P
26 ἡμέες d   27 ὑμῖν D

ἀργυρίου, καὶ ὑμῖν ὑποδεκόμεθα τὰ ἐπιόντα ἐπὶ τὴν χώρην

30 ἀποτρέψειν. ταῦτά σφι ἐπαγγέλλοντο οἱ Θεσσαλοί. οἱ
γὰρ Φωκέες μοῦνοι τῶν ταύτῃ ἀνθρώπων οὐκ ἐμήδιζον, κατ'
ἄλλο μὲν οὐδέν, ὡς ἐγὼ συμβαλλόμενος εὑρίσκω, κατὰ δὲ

2 τὸ ἔχθος τὸ Θεσσαλῶν. εἰ δὲ Θεσσαλοὶ τὰ Ἑλλήνων 5
ηὖξον, ὡς ἐμοὶ δοκέειν, ἐμήδιζον ἂν οἱ Φωκέες· οἱ ταῦτα
ἐπαγγελλομένων Θεσσαλῶν οὔτε δώσειν ἔφασαν χρήματα
παρέχειν τέ σφι Θεσσαλοῖσι ὁμοίως μηδίζειν, εἰ ἄλλως
βουλοίατο· ἀλλ' οὐκ ἔσεσθαι ἑκόντες εἶναι προδόται τῆς

31 Ἑλλάδος. ἐπειδὴ δὲ ἀνηνείχθησαν οὗτοι οἱ λόγοι, οὕτω 10
δὴ οἱ Θεσσαλοὶ κεχολωμένοι τοῖσι Φωκεῦσι ἐγένοντο ἡγε-
μόνες τῷ βαρβάρῳ τῆς ὁδοῦ. ἐκ μὲν δὴ τῆς Τρηχινίης ἐς
τὴν Δωρίδα ἐσέβαλον· τῆς γὰρ Δωρίδος χώρης ποδεὼν
στεινὸς ταύτῃ κατατείνει, ὡς τριήκοντα σταδίων μάλιστά κῃ
εὖρος, κείμενος μεταξὺ τῆς τε Μηλίδος καὶ Φωκίδος χώρης, 15
ᾗ περ ἦν τὸ παλαιὸν Δρυοπίς· ἡ δὲ χώρη αὕτη ἐστὶ μη-
τρόπολις Δωριέων τῶν ἐν Πελοποννήσῳ. ταύτην ὦν τὴν
Δωρίδα γῆν οὐκ ἐσίναντο ἐσβαλόντες οἱ βάρβαροι· ἐμήδιζόν

32 τε γὰρ καὶ οὐκ ἐδόκεε Θεσσαλοῖσι. ὡς δὲ ἐκ τῆς Δωρίδος
ἐς τὴν Φωκίδα ἐσέβαλον, αὐτοὺς μὲν τοὺς Φωκέας οὐκ 20
αἱρέουσι. οἱ μὲν γὰρ τῶν Φωκέων ἐς τὰ ἄκρα τοῦ Παρνησ-
σοῦ ἀνέβησαν (ἔστι δὲ καὶ ἐπιτηδέη δέξασθαι ὅμιλον τοῦ
Παρνησσοῦ ἡ κορυφὴ ᾗ κατὰ Νέωνα πόλιν κειμένη ἐπ'
ἑωυτῆς, Τιθορέα οὔνομα αὐτῇ· ἐς τὴν δὴ ἀνηνείκαντο καὶ

2 αὐτοὶ ἀνέβησαν)· οἱ δὲ πλεῦνες αὐτῶν ἐς τοὺς Ὀζόλας Λο- 25
κροὺς ἐξεκομίσαντο, ἐς Ἄμφισσαν πόλιν τὴν ὑπὲρ τοῦ Κρι-

1 ἐπιδεκόμεθα **d**　　ἐπιόντα om. **d**　　2 ἐπηγγ. **a**　　4 ἄλλον R
δὲ om. D　　5 alt. τὸ] τῶν S　　6 δοκέει S: δοκεῖ Plut. mor. 868
οἱ om. **a** P　　7 ἐπαγγελομ. C　　8 τε παρέχειν **a** P　　σφίσι Stein
10 ἐπεὶ δὲ δὴ **d**　　ἀνηνέχθησαν C　　11 Φωκεῦσι A B　　ἐγίνοντο **d**
12 δὴ om. D　　Τρηχίνης R　　13 ἐσέβαλλον D　　14 τριάκοντα
D¹ R V　　15 Μηλιάδος **a** P　　καὶ τῆς S　　16 ᾗ D: ἡ(ι) rell.
Δρυοπίης **d**　　18 ἐσβαλόντες C　　20 ἐσέβαλλον B C　　21 ἐραίου-
σι B　　Παρνησοῦ **a** (it. 23)　　22 ἀνέβησαν . . . Παρνησσοῦ om. R
23 ἡ add. Pingel　　24 Τιθορέα R S V　　τὴν διανηνείκαντο R
26 Ἄμφισαν B C D¹　　Κρισσαίου B R S V

σαίου πεδίου οἰκεομένην. οἱ δὲ βάρβαροι τὴν χώρην πᾶσαν
ἐπέδραμον τὴν Φωκίδα· Θεσσαλοὶ γὰρ οὕτω ἦγον τὸν στρα-
τόν· ὁκόσα δὲ ἐπέσχον, πάντα ἐπέφλεγον καὶ ἔκειρον, καὶ   *burn + cut down*
ἐς τὰς πόλις ἐνιέντες πῦρ καὶ ἐς τὰ ἱρά.   πορευόμενοι γὰρ **33**
5 ταύτῃ παρὰ τὸν Κηφισὸν ποταμὸν ἐδηίουν πάντα, καὶ κατὰ   *destroy*
μὲν ἔκαυσαν Δρυμὸν πόλιν, κατὰ δὲ Χαράδραν καὶ Ἔρωχον
καὶ Τεθρώνιον καὶ Ἀμφίκαιαν καὶ Νέωνα καὶ Πεδιέας καὶ
Τριτέας καὶ Ἐλάτειαν καὶ Ὑάμπολιν καὶ Παραποταμίους
καὶ Ἄβας, ἔνθα ἦν ἱρὸν Ἀπόλλωνος πλούσιον, θησαυροῖσί
10 τε καὶ ἀναθήμασι πολλοῖσι κατεσκευασμένον· ἦν δὲ καὶ τότε   *furnished*
καὶ νῦν ἔστι χρηστήριον αὐτόθι· καὶ τοῦτο τὸ ἱρὸν συλή-   *plunder*
σαντες ἐνέπρησαν.   καί τινας διώκοντες εἷλον τῶν Φωκέων   *caught*
πρὸς τοῖσι ὄρεσι, καὶ γυναῖκάς τινας διέφθειραν μισγόμενοι
ὑπὸ πλήθεος. Παραποταμίους δὲ παραμειβόμενοι οἱ βάρβαροι **34**
15 ἀπίκοντο ἐς Πανοπέας.   ἐνθεῦτεν δὲ ἤδη διακρινομένη ἡ στρατιὴ
αὐτῶν ἐσχίζετο.   τὸ μὲν πλεῖστον καὶ δυνατώτατον τοῦ στρα-
τοῦ ἅμα αὐτῷ Ξέρξῃ πορευόμενον ἐπ' Ἀθήνας ἐσέβαλε ἐς   *enter*
Βοιωτούς, ἐς γῆν τὴν Ὀρχομενίων.   Βοιωτῶν δὲ πᾶν τὸ πλῆθος
ἐμήδιζε, τὰς δὲ πόλις αὐτῶν ἄνδρες Μακεδόνες διατεταγμένοι
20 ἔσῳζον, ὑπὸ Ἀλεξάνδρου ἀποπεμφθέντες.   ἔσῳζον δὲ τῇδε,
δῆλον βουλόμενοι ποιέειν Ξέρξῃ ὅτι τὰ Μήδων Βοιωτοὶ φρο-   *φρονεω – be*
νέοιεν.   οὗτοι μὲν δὴ τῶν βαρβάρων ταύτῃ ἐτράποντο, ἄλλοι δὲ **35**   *on one's side*
αὐτῶν ἡγεμόνας ἔχοντες ὁρμέατο ἐπὶ τὸ ἱρὸν τὸ ἐν Δελφοῖσι, ἐν
δεξιῇ τὸν Παρνησσὸν ἀπέργοντες.   ὅσα δὲ καὶ οὗτοι ἐπέσχον   *occupy*
25 τῆς Φωκίδος, πάντα ἐσιναμώρεον· καὶ γὰρ τῶν Πανοπέων τὴν
πόλιν ἐνέπρησαν καὶ Δαυλίων καὶ Αἰολιδέων.   ἐπορεύοντο **2**
δὲ ταύτῃ ἀποσχισθέντες τῆς ἄλλης στρατιῆς τῶνδε εἵνεκα,

1 κειμένην C: οἰκημένην Stein   4 πόλεις C: πόλιας d (it. 19)
καὶ ἱστὰ ἱρά B : καὶ εστερα D¹ RV: κατέκαιον S   5 παρὰ om. C
Κηφισσὸν d C P   6 Δρυμον D: Δρύμον a P   Χαράνδραν C :
Χαράδρην D P R [V]   Ἐρωχόν D   7 Τεθρόνιον R S V : Θρόνιον
Eust. ll. 278   Ἀμφίκαια R   8 Παρποτ. R V S (hic it. 14)
10 κατασκ. R   11 ἔτι a P   συλλ. R S V   12 τῶν om. a
13 διέφθειρον d   17 ἐπ'] ἐς d   18 τὴν] τῶν d P   20 τῇδε
om. d   23 ὡρμ. C P   24 Παρνησὸν a   26 Αἰολίδων P :
Λιλαιέων Valckenaer   27 ταύτην a   εἵνεκεν d

ὅκως συλήσαντες τὸ ἱρὸν τὸ ἐν Δελφοῖσι βασιλέι Ξέρξῃ
ἀποδέξαιεν τὰ χρήματα. πάντα δ᾽ ἠπίστατο τὰ ἐν τῷ ἱρῷ
ὅσα λόγου ἦν ἄξια Ξέρξης, ὡς ἐγὼ πυνθάνομαι, ἄμεινον ἢ
τὰ ἐν τοῖσι οἰκίοισι ἔλιπε, πολλῶν αἰεὶ λεγόντων, καὶ μά-
36 λιστα τὰ Κροίσου τοῦ Ἀλυάττεω ἀναθήματα. οἱ δὲ Δελφοὶ 5
πυνθανόμενοι ταῦτα ἐς πᾶσαν ἀρρωδίην ἀπίκατο, ἐν δείματι
δὲ μεγάλῳ κατεστεῶτες ἐμαντεύοντο περὶ τῶν ἱρῶν χρημάτων,
εἴτε σφέα κατὰ γῆς κατορύξωσι εἴτε ἐκκομίσωσι ἐς ἄλλην
χώρην. ὁ δὲ θεός σφεας οὐκ ἔα κινέειν, φὰς αὐτὸς ἱκανὸς
2 εἶναι τῶν ἑωυτοῦ προκατῆσθαι. Δελφοὶ δὲ ταῦτα ἀκού- 10
σαντες σφέων αὐτῶν πέρι ἐφρόντιζον. τέκνα μέν νυν καὶ
γυναῖκας πέρην ἐς τὴν Ἀχαιίην διέπεμψαν, αὐτῶν δὲ οἱ μὲν
πλεῖστοι ἀνέβησαν ἐς τοῦ Παρνησσοῦ τὰς κορυφὰς καὶ ἐς
τὸ Κωρύκιον ἄντρον ἀνηνείκαντο, οἱ δὲ ἐς Ἄμφισσαν τὴν
Λοκρίδα ὑπεξῆλθον. πάντες δὲ ὦν οἱ Δελφοὶ ἐξέλιπον 15
37 τὴν πόλιν, πλὴν ἑξήκοντα ἀνδρῶν καὶ τοῦ προφήτεω. ἐπεὶ
δὲ ἀγχοῦ τε ἦσαν οἱ βάρβαροι ἐπιόντες καὶ ἀπώρων τὸ ἱρόν,
ἐν τούτῳ ὁ προφήτης, τῷ οὔνομα ἦν Ἀκήρατος, ὁρᾷ πρὸ τοῦ
νηοῦ ὅπλα προκείμενα ἔσωθεν ἐκ τοῦ μεγάρου ἐξενηνειγμένα
2 ἱρά, τῶν οὐκ ὅσιον ἦν ἅπτεσθαι ἀνθρώπων οὐδενί. ὁ μὲν δὴ 20
ἤιε Δελφῶν τοῖσι παρεοῦσι σημανέων τὸ τέρας· οἱ δὲ βάρ-
βαροι ἐπειδὴ ἐγίνοντο ἐπειγόμενοι κατὰ τὸ ἱρὸν τῆς Προ-
νηίης Ἀθηναίης, ἐπιγίνεταί σφι τέρεα ἔτι μέζονα τοῦ πρὶν
γενομένου τέρεος. θῶμα μὲν γὰρ καὶ τοῦτο κάρτα ἐστί,
ὅπλα ἀρήια αὐτόματα φανῆναι ἔξω προκείμενα τοῦ νηοῦ· τὰ 25
δὲ δὴ ἐπὶ τούτῳ δεύτερα ἐπιγενόμενα καὶ διὰ πάντων φα-
3 σμάτων ἄξια θωμάσαι μάλιστα. ἐπεὶ γὰρ δὴ ἦσαν ἐπιόντες

1 συλλ. S　　2 ἐπιστέατο d　　5 τὰ om. d　　Δελφοὶ δὲ a P
6 ἀπικέατο P　　7 τε d　　8 σφέας RSV　　κατορύξουσι εἴτε
ἐκκομίσουσι P　　κατωρ. RV　　9 σφεα Stein　　κινέειν a　　11 περι-
εφρόντιζον B C　　12 Ἀχαίην R　　13 Παρνησοῦ a　　14 Ἄμφισαν
C R¹　　15 ἐξέλειπον B　　17 τε om. a P　　19 ἐκ s. v. D¹
ἐξενηνεγμένα R　　20 ἀνθρώπω RSV　　22 Προνηίης D R V Suid.
s. v. πρόνοια 2 : -ναίης a P : -νοίης S　　23 μέζονα D R V　　24 γε-
γενημένου d　　θωυμα d P　　μὲν om. d　　26 ἐπιγενόμενα P : ἐπι-
γινόμενα a : γινόμενα d　　27 θωυμάσαι d P

οἱ βάρβαροι κατὰ τὸ ἱρὸν τῆς Προνηίης ['Αθηναίης], ἐν τού-
τῳ ἐκ μὲν τοῦ οὐρανοῦ κεραυνοὶ αὐτοῖσι ἐνέπιπτον, ἀπὸ δὲ
τοῦ Παρνησσοῦ ἀπορραγεῖσαι δύο κορυφαὶ ἐφέροντο πολλῷ
πατάγῳ ἐς αὐτοὺς καὶ κατέλαβον συχνούς σφεων, ἐκ δὲ τοῦ
5 ἱροῦ τῆς Προνηίης βοή τε καὶ ἀλαλαγμὸς ἐγίνετο. [συμμι- 38
γέντων δὲ τούτων πάντων] φόβος τοῖσι βαρβάροισι ἐνεπε-
πτώκεε. μαθόντες δὲ οἱ Δελφοὶ φεύγοντάς σφεας, ἐπικατα-
βάντες ἀπέκτειναν πλῆθός τι αὐτῶν. οἱ δὲ περιεόντες ἰθὺ
Βοιωτῶν ἔφευγον. ἔλεγον δὲ οἱ ἀπονοστήσαντες οὗτοι τῶν
10 βαρβάρων, ὡς ἐγὼ πυνθάνομαι, ὡς πρὸς τούτοισι καὶ ἄλλα
ὥρων θεῖα· δύο γὰρ ὁπλίτας μέζονας ἢ κατὰ ἀνθρώπων
φύσιν ἐόντας ἕπεσθαί σφι κτείνοντας καὶ διώκοντας. τού- 39
τους δὲ τοὺς δύο Δελφοὶ λέγουσι εἶναι ἐπιχωρίους ἥρωας,
Φύλακόν τε καὶ Αὐτόνοον, τῶν τὰ τεμένεά ἐστι περὶ τὸ ἱρόν,
15 Φυλάκου μὲν παρ' αὐτὴν τὴν ὁδὸν κατύπερθε τοῦ ἱροῦ τῆς
Προνηίης, Αὐτονόου δὲ πέλας τῆς Κασταλίης ὑπὸ τῇ Ὑαμ-
πείῃ κορυφῇ. οἱ δὲ πεσόντες ἀπὸ τοῦ Παρνησσοῦ λίθοι 2
ἔτι καὶ ἐς ἡμέας ἦσαν σόοι, ἐν τῷ τεμένεΐ τῆς Προνηίης
['Αθηναίης] κείμενοι, ἐς τὸ ἐνέσκηψαν διὰ τῶν βαρβάρων
20 φερόμενοι. τούτων μέν νυν τῶν ἀνδρῶν αὕτη ἀπὸ τοῦ ἱροῦ
ἀπαλλαγὴ γίνεται.

Ὁ δὲ Ἑλλήνων ναυτικὸς στρατὸς ἀπὸ τοῦ Ἀρτεμισίου 40
['Αθηναίων δεηθέντων] ἐς Σαλαμῖνα κατίσχει τὰς νέας. τῶνδε
δὲ εἵνεκα προσεδεήθησαν αὐτῶν σχεῖν πρὸς Σαλαμῖνα
25 Ἀθηναῖοι, ἵνα αὐτοὶ παῖδάς τε καὶ γυναῖκας ὑπεξαγάγωνται
ἐκ τῆς Ἀττικῆς, πρὸς δὲ καὶ βουλεύσωνται τὸ ποιητέον
αὐτοῖσι ἔσται. [ἐπὶ γὰρ τοῖσι κατήκουσι πρήγμασι] βουλὴν

1 Προνηίης D R : -ναίης a P : -νοίης S V (it. 5, 16, 18)   'Αθηναίης
om. A¹   3 Παρνησοῦ a (it. 17)   ἀπορραγῆσαι A B   4 κατέβαλον
Reiske   5 βοῂ] νηοῦ βοῂ d   ἐγένετο (?) C¹   6 ἐπεπτώκεε
S V   8 ἀπέκτεινον P¹   τι] τε d   εὐθὺ a P   12 ἐόντας
Koen : ἔχοντας L   13 ἐπιχ. ἥρ. εἶναι P   18 σῶοι C P S V
19 'Αθηναίης delevi   ἀνέσκηψαν B : ἐνεσκήψαντο d   23 κατασχεῖν
d   νῆας d   24 δὲ om. d   25 αὐτοὶ 'Αθηναῖοι ἵνα D R V :
αὐτοὶ om. S   26 βουλεύσονται R

2 ἔμελλον ποιήσεσθαι ὡς ἐψευσμένοι γνώμης. δοκέοντες γὰρ
εὑρήσειν Πελοποννησίους πανδημεὶ ἐν τῇ Βοιωτίῃ ὑπο-
κατημένους τὸν βάρβαρον, τῶν μὲν εὗρον οὐδὲν ἐόν, οἱ δὲ
ἐπυνθάνοντο τὸν Ἰσθμὸν αὐτοὺς τειχέοντας, τὴν Πελοπόν-
νησον περὶ πλείστου τε ποιεομένους περιεῖναι καὶ ταύτην 5
ἔχοντας ἐν φυλακῇ, τὰ ἄλλα δὲ ἀπιέναι. ταῦτα πυνθανόμενοι
οὕτω δὴ προσεδεήθησάν σφεων σχεῖν πρὸς τὴν Σαλαμῖνα.

41 οἱ μὲν δὴ ἄλλοι κατέσχον ἐς τὴν Σαλαμῖνα, Ἀθηναῖοι δὲ
ἐς τὴν ἑωυτῶν. μετὰ δὲ τὴν ἄπιξιν κήρυγμα ἐποιήσαντο,
Ἀθηναίων τῇ τις δύναται σῴζειν τέκνα τε καὶ τοὺς οἰκέτας. 10
ἐνθαῦτα οἱ μὲν πλεῖστοι ἐς Τροιζῆνα ἀπέστειλαν, οἱ δὲ ἐς
2 Αἴγιναν, οἱ δὲ ἐς Σαλαμῖνα. ἔσπευσαν δὲ ταῦτα ὑπεκθέσθαι
τῷ χρηστηρίῳ τε βουλόμενοι ὑπηρετέειν καὶ δὴ καὶ τοῦδε
εἵνεκα οὐκ ἥκιστα· λέγουσι Ἀθηναῖοι ὄφιν μέγαν φύλακα
τῆς ἀκροπόλιος ἐνδιαιτᾶσθαι ἐν τῷ ἱρῷ. λέγουσί τε ταῦτα 15
καὶ δὴ καὶ ὡς ἐόντι ἐπιμήνια ἐπιτελέουσι προτιθέντες· τὰ
3 δ' ἐπιμήνια μελιτόεσσά ἐστι. αὕτη δ' ἡ μελιτόεσσα ἐν τῷ
πρόσθε αἰεὶ χρόνῳ ἀναισιμουμένη τότε ἦν ἄψαυστος. σημη-
νάσης δὲ ταῦτα τῆς ἱερείης μᾶλλόν τι οἱ Ἀθηναῖοι καὶ
προθυμότερον ἐξέλιπον τὴν πόλιν ὡς καὶ τῆς θεοῦ ἀπολε- 20
λοιπυίης τὴν ἀκρόπολιν. ὡς δέ σφι πάντα ὑπεξέκειτο,

42 ἔπλεον ἐς τὸ στρατόπεδον. ἐπεὶ δὲ οἱ ἀπ' Ἀρτεμισίου ἐς
Σαλαμῖνα κατέσχον τὰς νέας, συνέρρεε καὶ ὁ λοιπὸς πυνθα-
ρόμενος ὁ τῶν Ἑλλήνων ναυτικὸς στρατὸς ἐκ Τροιζῆνος·
ἐς γὰρ Πώγωνα τὸν Τροιζηνίων λιμένα προείρητο συλλέ- 25
γεσθαι. συνελέχθησάν τε δὴ πολλῷ πλεῦνες νέες ἢ ἐπ'

1 ποιήσασθαι a D   2 πανδημὶ A B D¹   4 ἐς τὴν P : εἰς τὴν
a : καὶ τὴν d : ὡς τὴν Stein   5 τε om. D   ποιευμ. C P   τε
καὶ d   6 ἔχοντες d   τἆλλα D R V   6–7 ταῦτα δὴ πυνθ. οὕτω a P
10 Ἀθηναίων D¹   τὰ τέκνα d   11 Τροίζην. L (it. infra)   13 τε
om. B C   ὑπηρετεῖν d   τούτου P   14 εἵνεκεν D R V   σφι d
15 ἐνδιαιτέεσθαι d   δὲ a   16 alt. καὶ om. a P   17 ἐστι
μελιτ. d   δὴ ἡ Stein   18 πρόσθε D : πρόσθεν rell.   19 τῆς
om. R   ἱρείης d P   20 πρότερον a   ἐξέλειπον A B   ἀπολε-
λοιποίης A B : -πίης C   21 ὑπεξέκειτο πάντα d   22 -πλω- d
alt. ἐς] εἰς R V   23 νῆας d   25 τῶν D R V   εἴρητο d   26 τε]
δὲ D   νῆες d

Ἀρτεμισίῳ ἐναυμάχεον καὶ ἀπὸ πολίων πλεύνων. ναύαρχος 2
μέν νυν ἐπῆν ὠυτὸς ὅς περ ἐπ᾽ Ἀρτεμισίῳ, Εὐρυβιάδης
ὁ Εὐρυκλείδεω ἀνὴρ Σπαρτιήτης, οὐ μέντοι γένεός γε τοῦ
βασιληίου ἐών· νέας δὲ πολλῷ πλείστας τε καὶ ἄριστα
5 πλεούσας παρείχοντο Ἀθηναῖοι. ἐστρατεύοντο δὲ οἵδε· ἐκ 43
μὲν Πελοποννήσου Λακεδαιμόνιοι ἑκκαίδεκα νέας παρεχό-
μενοι, Κορίνθιοι δὲ τὸ αὐτὸ πλήρωμα παρεχόμενοι τὸ καὶ
ἐπ᾽ Ἀρτεμισίῳ· Σικυώνιοι δὲ πεντεκαίδεκα παρείχοντο νέας,
Ἐπιδαύριοι δὲ δέκα, Τροιζήνιοι δὲ πέντε, Ἑρμιονέες δὲ
10 τρεῖς, ἐόντες οὗτοι πλὴν Ἑρμιονέων Δωρικόν τε καὶ
Μακεδνὸν ἔθνος, ἐξ Ἐρινεοῦ τε καὶ Πίνδου καὶ τῆς Δρυο-
πίδος ὕστατα ὁρμηθέντες. οἱ δὲ Ἑρμιονέες εἰσὶ Δρύοπες,
ὑπὸ Ἡρακλέος τε καὶ Μηλιέων ἐκ τῆς νῦν Δωρίδος καλεο-
μένης χώρης ἐξαναστάντες. οὗτοι μέν νυν Πελοποννησίων 44
15 ἐστρατεύοντο, οἵδε δὲ ἐκ τῆς ἔξω ἠπείρου, Ἀθηναῖοι μὲν
πρὸς πάντας τοὺς ἄλλους παρεχόμενοι νέας ὀγδώκοντα καὶ
ἑκατόν, μοῦνοι· ἐν Σαλαμῖνι γὰρ οὐ συνεναυμάχησαν Πλα-
ταιέες Ἀθηναίοισι διὰ τοιόνδε τι πρῆγμα· ἀπαλλασσομένων
τῶν Ἑλλήνων ἀπὸ τοῦ Ἀρτεμισίου, ὡς ἐγίνοντο κατὰ
20 Χαλκίδα, οἱ Πλαταιέες ἀποβάντες ἐς τὴν περαίην τῆς
Βοιωτίης χώρης πρὸς ἐκκομιδὴν ἐτράποντο τῶν οἰκετέων.
οὗτοι μέν νυν τούτους σῴζοντες ἐλείφθησαν. Ἀθηναῖοι δὲ 2
ἐπὶ μὲν Πελασγῶν ἐχόντων τὴν νῦν Ἑλλάδα καλεομένην
ἦσαν Πελασγοί, ὀνομαζόμενοι Κραναοί, ἐπὶ δὲ Κέκροπος
25 βασιλέος ἐπεκλήθησαν Κεκροπίδαι, ἐκδεξαμένου δὲ Ἐρεχθέος
τὴν ἀρχὴν Ἀθηναῖοι μετωνομάσθησαν, Ἴωνος δὲ τοῦ Ξούθου
στρατάρχεω γενομένου Ἀθηναίοισι ἐκλήθησαν ἀπὸ τούτου
Ἴωνες. Μεγαρέες δὲ τὠυτὸ πλήρωμα παρείχοντο τὸ καὶ 45

---

2 ὅπερ C   3 ὁ om. CS   γε om. a P   4 νῆας d (it. 6, 8,
16)   5 πλω- d   7 pr. τὸ] τῶι B   alt. τὸ] δ a P   8 παρ-
έσχοντο d   9 Ἑρμιόνεες B   δὲ om. R V   11 Μακεδονικὸν S
13 Ἡρακλέους d   15 οἵδε Schweighaeuser : οἱ L   17 μοῦνον D
18 τι om. a   20 περδίην D : πτερίην R S V   21 κομιδὴν d
24 οὐνομ. d   25 ἐκλήθησαν a P   Ἐρεχθέως D R V   26 Ἴωνες R
28 παρείχοντο τὸ D P R : παρεῖχον τὸ a : παρείχοντο S V

ἐπ᾽ Ἀρτεμισίῳ, Ἀμπρακιῶται δὲ ἑπτὰ νέας ἔχοντες ἐπεβοή-
θησαν, Λευκάδιοι δὲ τρεῖς, ἔθνος ἐόντες οὗτοι Δωρικὸν ἀπὸ
46 Κορίνθου. νησιωτέων δὲ Αἰγινῆται τριήκοντα παρείχοντο.
ἦσαν μέν σφι καὶ ἄλλαι πεπληρωμέναι νέες, ἀλλὰ τῇσι μὲν
τὴν ἑωυτῶν ἐφύλασσον, τριήκοντα δὲ τῇσι ἄριστα πλεούσῃσι 5
ἐν Σαλαμῖνι ἐναυμάχησαν. Αἰγινῆται δέ εἰσι Δωριέες ἀπὸ
2 Ἐπιδαύρου· τῇ δὲ νήσῳ πρότερον οὔνομα ἦν Οἰνώνη. μετὰ
δὲ Αἰγινήτας Χαλκιδέες τὰς ἐπ᾽ Ἀρτεμισίῳ εἴκοσι παρεχό-
μενοι καὶ Ἐρετριέες τὰς ἑπτά· οὗτοι δὲ Ἴωνές εἰσι. μετὰ
δὲ Κήιοι τὰς αὐτὰς παρεχόμενοι, ἔθνος ἐὸν Ἰωνικὸν ἀπὸ 10
3 Ἀθηνέων. Νάξιοι δὲ παρείχοντο τέσσερας, ἀποπεμφθέντες
μὲν ἐς τοὺς Μήδους ὑπὸ τῶν πολιητέων, κατά περ ὧλλοι
νησιῶται, ἀλογήσαντες δὲ τῶν ἐντολέων ἀπίκατο ἐς τοὺς
Ἕλληνας Δημοκρίτου σπεύσαντος, ἀνδρὸς τῶν ἀστῶν δοκίμου
καὶ τότε τριηραρχέοντος· Νάξιοι δέ εἰσι Ἴωνες ἀπὸ Ἀθηνέων 15
4 γεγονότες. Στυρέες δὲ τὰς αὐτὰς παρείχοντο νέας τὰς καὶ
ἐπ᾽ Ἀρτεμισίῳ, Κύθνιοι δὲ μίαν καὶ πεντηκόντερον, ἐόντες
συναμφότεροι οὗτοι Δρύοπες. καὶ Σερίφιοί τε καὶ Σίφνιοι
καὶ Μήλιοι ἐστρατεύοντο· οὗτοι γὰρ οὐκ ἔδοσαν μοῦνοι
47 νησιωτέων τῷ βαρβάρῳ γῆν τε καὶ ὕδωρ. οὗτοι μὲν ἅπαντες 20
ἐντὸς οἰκημένοι Θεσπρωτῶν καὶ Ἀχέροντος ποταμοῦ ἐστρα-
τεύοντο· Θεσπρωτοὶ γάρ εἰσι ὁμουρέοντες Ἀμπρακιώτῃσι
καὶ Λευκαδίοισι, οἳ ἐξ ἐσχατέων χωρέων ἐστρατεύοντο. τῶν
δὲ ἐκτὸς τούτων οἰκημένων Κροτωνιῆται μοῦνοι ἦσαν οἳ
ἐβοήθησαν τῇ Ἑλλάδι κινδυνευούσῃ μιῇ νηί, τῆς ἦρχε ἀνὴρ 25
τρὶς πυθιονίκης Φάϋλλος· Κροτωνιῆται δὲ γένος εἰσὶ Ἀχαιοί.

1 νῆας d (it. 16)   ἐπεβώθησαν D S V : -βωήθησαν R   2 οὗτοι
om. B   3 τριήκοντα om. C   4 μέν νυν d P¹   νῆες d   5 πλω- d
10 Κεῖοι a P : Κῖοι d   ἐὸν om. d   11 Ἀθηνέων P : -ναίων a d
τέσσαρας C P V   12 πολιτέων R   οἱ ἄλλοι a P   13 ἀπίκοντο
d P   14 πλεύσαντος d   15 τριηρχ. D¹   Ἀθηναίων L   16 καὶ
d : περ a P   17 Κίνθιοι B : Κύνθιοι rell.   18 συναμφότερον C
Σίφνιοί τε D R V   19 ἔδωσαν B   20 πάντες d   22 εἰσι
οἱ d   23 οἳ om. d   25 ἐβώθησαν D R : ἐβόθ. V   νηὶ μιῇ d P
26 πυθιόνικος d   Φαῦλος D : Φάϋλος S V

οἱ μέν νυν ἄλλοι τριήρεας παρεχόμενοι ἐστρατεύοντο, Μήλιοι 48
δὲ καὶ Σίφνιοι καὶ Σερίφιοι πεντηκοντέρους. Μήλιοι μέν,
γένος ἐόντες ἀπὸ Λακεδαίμονος, δύο παρείχοντο, Σίφνιοι δὲ
καὶ Σερίφιοι, Ἴωνες ἐόντες ἀπ' Ἀθηνέων, μίαν ἑκάτεροι.
5 ἀριθμὸς δὲ ἐγένετο ὁ πᾶς τῶν νεῶν, πάρεξ τῶν πεντηκοντέρων,
τριηκόσιαι καὶ ἑβδομήκοντα καὶ ὀκτώ.

'Ως δὲ ἐς τὴν Σαλαμῖνα συνῆλθον οἱ στρατηγοὶ ἀπὸ τῶν 49
εἰρημένων πολίων, ἐβουλεύοντο, προθέντος Εὐρυβιάδεω
γνώμην ἀποφαίνεσθαι τὸν βουλόμενον, ὅκου δοκέοι ἐπιτη-
10 δεότατον εἶναι ναυμαχίην ποιέεσθαι τῶν αὐτοὶ χωρέων
ἐγκρατέες εἰσί· ἡ γὰρ Ἀττικὴ ἀπεῖτο ἤδη, τῶν δὲ λοιπέων
πέρι προετίθεε. αἱ γνῶμαι δὲ τῶν λεγόντων αἱ πλεῖσται 2
συνεξέπιπτον πρὸς τὸν Ἰσθμὸν πλώσαντας ναυμαχέειν πρὸ
τῆς Πελοποννήσου, ἐπιλέγοντες τὸν λόγον τόνδε, ὡς εἰ
15 νικηθέωσι τῇ ναυμαχίῃ, ἐν Σαλαμῖνι μὲν ἐόντες πολιορκή-
σονται ἐν νήσῳ, ἵνα σφι τιμωρίη οὐδεμία ἐπιφανήσεται,
πρὸς δὲ τῷ Ἰσθμῷ ἐς τοὺς ἑωυτῶν ἐξοίσονται. ταῦτα τῶν 50
ἀπὸ Πελοποννήσου στρατηγῶν ἐπιλεγομένων ἐληλύθεε ἀνὴρ
Ἀθηναῖος ἀγγέλλων ἥκειν τὸν βάρβαρον ἐς τὴν Ἀττικὴν
20 καὶ πᾶσαν αὐτὴν πυρπολέεσθαι. ὁ γὰρ διὰ Βοιωτῶν τραπό- 2
μενος στρατὸς ἅμα Ξέρξῃ, ἐμπρήσας Θεσπιέων τὴν πόλιν
αὐτῶν ἐκλελοιπότων ἐς Πελοπόννησον καὶ τὴν Πλαταιέων
ὡσαύτως, ἧκέ τε ἐς τὰς Ἀθήνας καὶ πάντα ἐκεῖνα ἐδηίου.
ἐνέπρησε δὲ Θεσπειάν τε καὶ Πλάταιαν πυθόμενος Θηβαίων
25 ὅτι οὐκ ἐμήδιζον. ἀπὸ δὲ τῆς διαβάσιος τοῦ Ἑλλησπόντου, 51
ἔνθεν πορεύεσθαι ἤρξαντο οἱ βάρβαροι, ἕνα αὐτοῦ διατρί-

1 μὲν A : μὲν d   παρέχοντες d   3 γένος ἐόντες d P : γεγονότες a
4 Ἀθηνῶν Eus.. Dion. 525 : Ἀθηναίων L   5 νηῶν d   6 ὀκτὼ
καὶ πεντήκοντα καὶ τριηκόσιαι d   7 εἰς D   (οἱ) ἀπὸ Herwerden
10 ποιήσεσθαι d   χώρων d   11 ἀφεῖτο L (-ται P)   λοιπῶν d
12 πέρι om. d   δὴ S   14 τοῦτον d   εἰ a : ἢν d P   15 με-
νέοντες R S V   16 οὐδεμίη L   φανήσεται d P¹   18 ἐλήλυθε(ν)
L : corr. Werfer   19 ἀγγέλων R¹ V¹   21 στρατὸς s. v. D¹
22 αὐτῶν a P : ἐκ τῶν d   τῶν d   23 τε om. C   24 δὲ et τε
om. d   Θέσπιαν d

ψαντες μῆνα, ἐν τῷ διέβαινον ἐς τὴν Εὐρώπην, ἐν τρισὶ
ἑτέροισι μησὶ ἐγένοντο ἐν τῇ ᾿Αττικῇ, Καλλιάδεω ἄρχοντος

2 ᾿Αθηναίοισι. καὶ αἱρέουσι ἔρημον τὸ ἄστυ καί τινας ὀλίγους
εὑρίσκουσι τῶν ᾿Αθηναίων ἐν τῷ ἱρῷ ἐόντας, ταμίας τε τοῦ
ἱροῦ καὶ πένητας ἀνθρώπους, οἳ φραξάμενοι τὴν ἀκρόπολιν 5
θύρῃσί τε καὶ ξύλοισι ἠμύνοντο τοὺς ἐπιόντας, ἅμα μὲν ὑπ'
ἀσθενείης βίου οὐκ ἐκχωρήσαντες ἐς Σαλαμῖνα, πρὸς δὲ καὶ
αὐτοὶ δοκέοντες ἐξευρηκέναι τὸ μαντήιον τὸ ἡ Πυθίη σφι
ἔχρησε, "τὸ ξύλινον τεῖχος ἀνάλωτον ἔσεσθαι· αὐτὸ δὴ τοῦτο
εἶναι τὸ κρησφύγετον κατὰ τὸ μαντήιον καὶ οὐ τὰς νέας. 10

52 οἱ δὲ Πέρσαι ἱζόμενοι ἐπὶ τὸν καταντίον τῆς ἀκροπόλιος
ὄχθον, τὸν ᾿Αθηναῖοι καλέουσι ᾿Αρήιον πάγον, ἐπολιόρκεον
τρόπον τοιόνδε· ὅκως στυππεῖον περὶ τοὺς ὀϊστοὺς περι-
θέντες ἅψειαν, ἐτόξευον ἐς τὸ φράγμα. ἐνθαῦτα ᾿Αθηναίων
οἱ πολιορκεόμενοι ὅμως ἠμύνοντο, καίπερ ἐς τὸ ἔσχατον 15

2 κακοῦ ἀπιγμένοι καὶ τοῦ φράγματος προδεδωκότος. οὐδὲ
λόγους τῶν Πεισιστρατιδέων προσφερόντων περὶ ὁμολογίης
ἐνεδέκοντο, ἀμυνόμενοι δὲ ἄλλα τε ἀντεμηχανῶντο καὶ δὴ
καὶ προσιόντων τῶν βαρβάρων πρὸς τὰς πύλας ὀλοιτρόχους
ἀπίεσαν, ὥστε Ξέρξην ἐπὶ χρόνον συχνὸν ἀπορίῃσι ἐνέχεσθαι 20

53 οὐ δυνάμενόν σφεας ἑλεῖν. χρόνῳ δ' ἐκ τῶν ἀπόρων ἐφάνη
δή τις ἔσοδος τοῖσι βαρβάροισι· ἔδεε γὰρ κατὰ τὸ θεοπρόπιον
πᾶσαν τὴν ᾿Αττικὴν τὴν ἐν τῇ ἠπείρῳ γενέσθαι ὑπὸ Πέρσῃσι.
ἔμπροσθε ὦν τῆς ἀκροπόλιος, ὄπισθε δὲ τῶν πυλέων καὶ
τῆς ἀνόδου, τῇ δὴ οὔτε τις ἐφύλασσε οὔτ' ἂν ἤλπισε μή 25
κοτέ τις κατὰ ταῦτα ἀναβαίη ἀνθρώπων, ταύτῃ ἀνέβησάν
τινες κατὰ τὸ ἱρὸν τῆς Κέκροπος θυγατρὸς ᾿Αγλαύρου, καί-

---

1 μῆνα ante διατρίψαντες S: om. D R V   2 μήνεσι(ν) ᵈ   5 ἱεροῦ
A   7 καὶ om. ᵃP   9 τὸ] καὶ D   καὶ αὐτὸ S   10 εἶναι]
εἴσεσθαι D: εἴσεσθαι καὶ SV: ἔσεσθαι καὶ R   καὶ... καταντίον (11) om. R
νῆας ᵈ [R]   12 ἐπολιορκέοντο D R V   13 στυπειον C P: στυπίον
D¹: στυππίον SV   τὸ P   15 πολιορκευθμενοι C   16 προσδεδ.
R S V   18 ἀνεμηχανέοντο ᵈ P (ἀντ-)   19 ὅλοι τροχους R S V:
ολυτρόχους B   20 Ξέρξεα ᵈ P   22 ἔξοδος Gomperz   23 ἐν]
ἐπὶ ᵈ   24 ἔμπροσθεν D P R V   ὦν πρὸ τῆς ᵃ P   25 οὔκοτέ
τις S   27 καίπερ] καίτοι περ ᵃ P

276

περ ἀποκρήμνου ἐόντος τοῦ χώρου. ὡς δὲ εἶδον αὐτοὺς 2   *precipitous*
ἀναβεβηκότας οἱ Ἀθηναῖοι [ἐπὶ τὴν ἀκρόπολιν], οἱ μὲν
ἐρρίπτεον ἑωυτοὺς κατὰ τοῦ τείχεος κάτω καὶ διεφθείροντο,
οἱ δὲ ἐς τὸ μέγαρον κατέφευγον. τῶν δὲ Περσέων οἱ
5 ἀναβεβηκότες πρῶτον μὲν ἐτράποντο πρὸς τὰς πύλας, ταύτας
δὲ ἀνοίξαντες τοὺς ἱκέτας ἐφόνευον· ἐπεὶ δέ σφι πάντες
κατέστρωντο, τὸ ἱρὸν συλήσαντες ἐνέπρησαν πᾶσαν τὴν   *κατεστορεννυμι*
                                                       —overwhelm an
ἀκρόπολιν. σχὼν δὲ παντελέως τὰς Ἀθήνας Ξέρξης ἀπέ- 54   *enemy*
πεμψε ἐς Σοῦσα ἄγγελον ἱππέα Ἀρταβάνῳ ἀγγελέοντα τὴν
10 παρεοῦσάν σφι εὐπρηξίην. ἀπὸ δὲ τῆς πέμψιος τοῦ κήρυκος   *success*
δευτέρῃ ἡμέρῃ συγκαλέσας Ἀθηναίων τοὺς φυγάδας, ἑωυτῷ   *after*
δὲ ἑπομένους, ἐκέλευε τρόπῳ τῷ σφετέρῳ θῦσαι τὰ ἱρὰ ἀνα-
βάντας ἐς τὴν ἀκρόπολιν, εἴτε δὴ ὦν ὄψιν τινὰ ἰδὼν ἐνυπνίου
ἐνετέλλετο ταῦτα, εἴτε καὶ ἐνθύμιόν οἱ ἐγένετο ἐμπρήσαντι   *τὸ ἐνθύμιον*
15 τὸ ἱρόν. οἱ δὲ φυγάδες τῶν Ἀθηναίων ἐποίησαν τὰ ἐντε-   *—scruple*
ταλμένα. τοῦ δὲ εἵνεκεν τούτων ἐπεμνήσθην, φράσω. ἔστι 55   *mention*
ἐν τῇ ἀκροπόλι ταύτῃ Ἐρεχθέος τοῦ γηγενέος λεγομένου   *‘the earth born’*
εἶναι νηός, ἐν τῷ ἐλαίη τε καὶ θάλασσα ἔνι, τὰ λόγος παρὰ   *salt-water spring*
Ἀθηναίων Ποσειδέωνά τε καὶ Ἀθηναίην ἐρίσαντας περὶ τῆς
20 χώρης μαρτύρια θέσθαι. ταύτην ὦν τὴν ἐλαίην ἅμα τῷ   *piece of evidence*
ἄλλῳ ἱρῷ κατέλαβε ἐμπρησθῆναι ὑπὸ τῶν βαρβάρων· δευ-
τέρῃ δὲ ἡμέρῃ ἀπὸ τῆς ἐμπρήσιος Ἀθηναίων οἱ θύειν ὑπὸ
βασιλέος κελευόμενοι ὡς ἀνέβησαν ἐς τὸ ἱρόν, ὥρων βλαστὸν   *they saw a shoot*
ἐκ τοῦ στελέχεος ὅσον τε πηχυαῖον ἀναδεδραμηκότα. οὗτοι   *a cubit long*
25 μέν νυν ταῦτα ἔφρασαν.

Οἱ δὲ ἐν Σαλαμῖνι Ἕλληνες, ὥς σφι ἐξαγγέλθη ὡς ἔσχε 56
τὰ περὶ τὴν Ἀθηνέων ἀκρόπολιν, ἐς τοσοῦτον θόρυβον
ἀπίκοντο ὥστε ἔνιοι τῶν στρατηγῶν οὐδὲ κυρωθῆναι ἔμενον   *to be decided*

2 ἐπὶ (ἐς d) τὴν ἀκρόπολιν del. Cobet   3 ἔριπτον ἑ. ἀπὸ τοῦ C
6 οἰκέτας R S V   7 πᾶσαν om. d   8 ἔχων d   παντελῶς d C
10 εὐπρηξίην D : εὐπραξίην A P · ἀταξίην C   14 ἐμπρήσαντα A¹ C :
-σοντα B   16 εἵνεκε S V   17 ἀκροπόλει C D R [V]   18 παρὰ]
ὑπὸ d   23 εἰς R V   ἱ + ρόν d   25 νυν] ὦν d   26 ἐξηγγέλθη
a P   27 τὰ om. a   Ἀθηναίων L : corr. Bekker   28 ὡς
a P

τὸ προκείμενον πρῆγμα, ἀλλ' ἔς τε τὰς νέας ἐσέπιπτον καὶ
ἱστία ἀείροντο ὡς ἀποθευσόμενοι· τοῖσί τε ὑπολειπομένοισι
αὐτῶν ἐκυρώθη πρὸ τοῦ Ἰσθμοῦ ναυμαχέειν. νύξ τε ἐγίνετο
καὶ οἱ διαλυθέντες ἐκ τοῦ συνεδρίου ἐσέβαινον ἐς τὰς νέας.
57 ἐνθαῦτα δὴ Θεμιστοκλέα ἀπικόμενον ἐπὶ τὴν νέα εἴρετο 5
Μνησίφιλος ἀνὴρ Ἀθηναῖος ὅ τι σφι εἴη βεβουλευμένον.
πυθόμενος δὲ πρὸς αὐτοῦ ὡς εἴη δεδογμένον ἀνάγειν τὰς
νέας πρὸς τὸν Ἰσθμὸν καὶ πρὸ τῆς Πελοποννήσου ναυμα-
2 χέειν, εἶπε· Οὔ τοι ἄρα, ἢν ἀπάρωσι τὰς νέας ἀπὸ Σαλαμῖνος,
οὐδὲ περὶ μιῆς ἔτι πατρίδος ναυμαχήσεις· κατὰ γὰρ πόλις 10
ἕκαστοι τρέψονται, καὶ οὔτε σφέας Εὐρυβιάδης κατέχειν
δυνήσεται οὔτε τις ἀνθρώπων ἄλλος ὥστε μὴ οὐ διασκεδα-
σθῆναι τὴν στρατιήν· ἀπολέεταί τε ἡ Ἑλλὰς ἀβουλίῃσι.
ἀλλ' εἴ τις ἔστι μηχανή, ἴθι καὶ πειρῶ διαχέαι τὰ βεβου-
λευμένα, ἤν κως δύνῃ ἀναγνῶσαι Εὐρυβιάδην μεταβου- 15
58 λεύσασθαι ὥστε αὐτοῦ μένειν. κάρτα τε τῷ Θεμιστοκλέϊ
ἤρεσε ἡ ὑποθήκη καὶ οὐδὲν πρὸς ταῦτα ἀμειψάμενος ἤιε ἐπὶ
τὴν νέα τὴν Εὐρυβιάδεω. ἀπικόμενος δὲ ἔφη ἐθέλειν οἱ
κοινόν τι πρῆγμα συμμεῖξαι. ὁ δ' αὐτὸν ἐς τὴν νέα ἐκέλευε
2 ἐσβάντα λέγειν, εἴ τι θέλοι. ἐνθαῦτα ὁ Θεμιστοκλέης παριζό- 20
μενός οἱ καταλέγει ἐκεῖνά τε πάντα τὰ ἤκουσε Μνησιφίλου,
ἑωυτοῦ ποιεύμενος, καὶ ἄλλα πολλὰ προστιθείς, ἐς ὃ ἀνέγνωσε
χρηίζων ἔκ τε τῆς νεὸς ἐκβῆναι συλλέξαι τε τοὺς στρατηγοὺς
59 ἐς τὸ συνέδριον. ὡς δὲ ἄρα συνελέχθησαν, πρὶν ἢ τὸν
Εὐρυβιάδην προθεῖναι τὸν λόγον τῶν εἵνεκα συνήγαγε τοὺς 25

1 νῆας d (it. 4, 8, 9)   3 αὐτέων d   ἐγένετο R S V   5 νῆα
d (it. 18, 19)   6 σφίσι(ν) a   9 οὔ τοι Bekker : οὗτοι d : οὔτ'
a P : οὐκ Plut. mor. 869   ἀπαίρωσι L Plut.   10 οὐδὲ περὶ μιῆς
Plut. : περὶ δὲ οὐδὲ μιῆς R : περὶ οὐδὲ μιῆς rell.   πόλεις C : πόλιας d P
12 οὐ μὴ a   σκεδασθῆναι S V   15 -βιάδεα d (it. 25)   μετα-
βαλέσθαι d   16 μενέειν d C P   δὲ a P   τῷ om. R S V
18 θέλειν d P   19 συμμεῖξαι L   ἐμβάντα (ἐσβαλόντα B) ἐκέλευε d
20 θέλει a P   δ om. d   παρεζόμενός a P   21 γε οἱ d   κατα-
λέγειν R [V]   κεῖνά d   23 νηὸς ἐκβῆναι τὸν Εὐρυβιάδεα d
24 ἄρα om. d   25 προσθεῖναι A¹ B   εἴνεκε D : -κεν R

278

στρατηγούς, πολλὸς ἦν ὁ Θεμιστοκλέης ἐν τοῖσι λόγοισι[οἷα
κάρτα δεόμενος.] λέγοντος δὲ αὐτοῦ ὁ Κορίνθιος στρατηγὸς
Ἀδείμαντος ὁ Ὠκύτου εἶπε· Ὦ Θεμιστόκλεες, ἐν τοῖσι
ἀγῶσι οἱ προεξανιστάμενοι ῥαπίζονται. ὁ δὲ ἀπολυόμενος
5 ἔφη· Οἱ δέ γε ἐγκαταλειπόμενοι οὐ στεφανοῦνται. τότε 60
μὲν ἠπίως [πρὸς] τὸν Κορίνθιον ἀμείψατο, πρὸς δὲ τὸν
Εὐρυβιάδην ἔλεγε [ἐκείνων μὲν οὐκέτι οὐδὲν τῶν πρότερον
λεχθέντων,] ὡς ἐπεὰν ἀπάρωσι ἀπὸ Σαλαμῖνος διαδρήσονται·
παρεόντων γὰρ τῶν συμμάχων οὐκ ἔφερέ οἱ κόσμον οὐδένα
10 κατηγορέειν· ὁ δὲ ἄλλου λόγου εἴχετο, λέγων τάδε· Ἐν σοὶ a
νῦν ἔστι σῶσαι τὴν Ἑλλάδα, ἢν ἐμοὶ πείθῃ [ναυμαχίην αὐτοῦ
μένων] ποιέεσθαι] μηδὲ πειθόμενος τούτων τοῖσι λόγοισι
ἀναζεύξῃς πρὸς τὸν Ἰσθμὸν τὰς νέας. ἀντίθες γὰρ ἑκάτερον
ἀκούσας. πρὸς μὲν τῷ Ἰσθμῷ συμβάλλων ἐν πελάγεϊ
15 ἀναπεπταμένῳ ναυμαχήσεις, [ἐς] τὸ ἥκιστα ἡμῖν σύμφορόν
ἐστι νέας ἔχουσι βαρυτέρας καὶ ἀριθμὸν ἐλάσσονας· τοῦτο
δὲ ἀπολέεις Σαλαμῖνά τε καὶ Μέγαρα καὶ Αἴγιναν, ἤν περ
καὶ τὰ ἄλλα εὐτυχήσωμεν. ἅμα δὲ [τῷ ναυτικῷ αὐτῶν]
ἕψεται καὶ ὁ πεζὸς στρατός, καὶ οὕτω σφέας αὐτὸς ἄξεις
20 ἐπὶ τὴν Πελοπόννησον, κινδυνεύσεις τε ἁπάσῃ τῇ Ἑλλάδι.
ἢν δὲ τὰ ἐγὼ λέγω ποιήσῃς, τοσάδε ἐν αὐτοῖσι χρηστὰ β
εὑρήσεις· πρῶτα μὲν ἐν στεινῷ συμβάλλοντες νηυσὶ ὀλίγῃσι
πρὸς πολλάς, ἢν τὰ οἰκότα ἐκ τοῦ πολέμου ἐκβαίνῃ, πολλὸν
κρατήσομεν· τὸ γὰρ ἐν στεινῷ ναυμαχέειν [πρὸς ἡμέων ἐστί,]
25 ἐν εὐρυχωρίῃ δὲ πρὸς ἐκείνων. αὖτις δὲ Σαλαμὶς περι-
γίνεται, ἐς τὴν ἡμῖν ὑπέκκειται τέκνα τε καὶ γυναῖκες. καὶ

---

1 πολὺς L   3 ὁ et ὢ om. d   -κλεις d   5 γε om. d   στε-
φανεῦνται d   6 πρὸς del. Krueger   ἠμείψατο d   7 -βιάδεα d
ἔτι a P   8 ἀπαίρωσι(ν) L   10 ὁ δὲ] οὐδὲ R   12 μένων om. d
λέγουσι(ν) L : corr. Krueger   13 νῆας d (it. 16)   14 συμβαλὼν
d   15 ἀναπεπταμένων R   ἐς del. Krueger   ὃ L   16 ἐλάσσονα a.
18 καὶ om. d   τἄλλα d   δὲ Stein : γὰρ L   19 αὐτοὺς d
21 ποιῇς a : ποιήσεις D¹   22 συμβαλλόντες C : συμβαλόντες d
23 ἐοικότα a   25 αὖθις d   δὲ om. d   26 ἡμῖν νῦν ἔγκειται d
γυναῖκας B¹ C

279

μὲν καὶ τόδε ἐν αὐτοῖσι ἔνεστι, τοῦ καὶ περιέχεσθε μάλιστα·
ὁμοίως [αὐτοῦ τε μένων] προναυμαχήσεις Πελοποννήσου καὶ
γ πρὸς τῷ Ἰσθμῷ, οὐδέ σφεας, εἴ περ εὖ φρονέεις, ἄξεις ἐπὶ
τὴν Πελοπόννησον. ἢν δέ γε [καὶ] τὰ ἐγὼ ἐλπίζω γένηται
καὶ νικήσωμεν τῆσι νηυσί, οὔτε ὑμῖν ἐς τὸν Ἰσθμὸν παρέ-   5
σονται οἱ βάρβαροι οὔτε προβήσονται ἑκαστέρω τῆς Ἀττικῆς,
ἀπίασί τε οὐδενὶ κόσμῳ, Μεγάροισί τε κερδανέομεν περιεοῦσι
καὶ Αἰγίνῃ καὶ Σαλαμῖνι, ἐν τῇ ἡμῖν καὶ λόγιόν ἐστι τῶν
ἐχθρῶν κατύπερθε γενέσθαι. οἰκότα μέν νυν βουλευομένοισι
ἀνθρώποισι ὡς τὸ ἐπίπαν ἐθέλει γίνεσθαι· μὴ δὲ οἰκότα   10
βουλευομένοισι οὐκ ἐθέλει οὐδὲ ὁ θεὸς προσχωρέειν πρὸς
61 τὰς ἀνθρωπηίας γνώμας. ταῦτα λέγοντος Θεμιστοκλέος
αὖτις ὁ Κορίνθιος Ἀδείμαντος ἐπεφέρετο, σιγᾶν τε κελεύων
τῷ μή ἐστι πατρὶς καὶ Εὐρυβιάδην οὐκ ἐῶν ἐπιψηφίζειν ἀπόλι
ἀνδρί· πόλιν γὰρ τὸν Θεμιστοκλέα παρεχόμενον ἐκέλευε   15
οὕτω γνώμας συμβάλλεσθαι. ταῦτα δέ οἱ προέφερε, ὅτι
2 ἡλώκεσάν τε καὶ κατείχοντο αἱ Ἀθῆναι. τότε δὴ ὁ Θεμι-
στοκλέης κεῖνόν τε καὶ τοὺς Κορινθίους πολλά τε καὶ κακὰ
ἔλεγε, ἑωυτοῖσί τε ἐδήλου λόγῳ ὡς εἴη καὶ πόλις καὶ γῆ
μέζων ἤ περ ἐκείνοισι, ἔστ' ἂν διηκόσιαι νέες σφι ὦσι   20
πεπληρωμέναι· οὐδαμοὺς γὰρ Ἑλλήνων αὐτοὺς ἐπιόντας
62 ἀποκρούσεσθαι. σημαίνων δὲ ταῦτα τῷ λόγῳ διέβαινε ἐς
Εὐρυβιάδην, λέγων μᾶλλον ἐπεστραμμένα· Σὺ εἰ μενέεις
αὐτοῦ καὶ μένων ἔσεαι ἀνὴρ ἀγαθός· εἰ δὲ μή, ἀνατρέψεις
τὴν Ἑλλάδα· τὸ πᾶν γὰρ ἡμῖν τοῦ πολέμου φέρουσι αἱ νέες.   25
2 ἀλλ' ἐμοὶ πείθεο. εἰ δὲ ταῦτα μὴ ποιήσῃς, ἡμεῖς μὲν ὡς

1 μὴν a P   περιέχεσθαι d B P   2 γε conieci   πρὸς ναυμ. R :
προναυμαχέεις a   4 τὴν om. C   γε om. d   καὶ om. d B
5 ἡμῖν R S V   6 ἑκατέρω(ι) A C R S V   8–9 τῶν ἐχθρῶν s. v. D¹
12 -κλέους d C   13 αὖθις R   14 -βιάδεα d (it. 23)   ἐὰν
R S V   ἀπόλει C : ἀπόλιδι d   15–16 ἐκέλευεν οὕτω E : οὕτω ἐκέλευε
rell.   16 προεφέρετο a E   17 αἱ om. d P   δὲ d   18 ἐκεῖνόν C
καλὰ R S V   19 pr. καὶ om. E   20 μέζω d   νῆες R S V
21 οὐδαμῶς d   22 ἀποκρούσεσθαι A C D E P   δὲ om. D¹   τῷ
λόγῳ om. E   23 ἀπεστρ. D   εἰ (μὲν) Werfer   24 -ψῃς V
25 αἱ om. d   νῆες d   26 ποιήσεις D P

ἔχομεν ἀναλαβόντες τοὺς οἰκέτας κομιεύμεθα ἐς Σῖριν τὴν
ἐν Ἰταλίῃ, ἥ περ ἡμετέρη τέ ἐστι ἐκ παλαιοῦ ἔτι, καὶ τὰ
λόγια λέγει ὑπ' ἡμέων αὐτὴν δεῖν κτισθῆναι· ὑμεῖς δὲ συμ-
μάχων τοιῶνδε μουνωθέντες μεμνήσεσθε τῶν ἐμῶν λόγων.
5 ταῦτα δὲ Θεμιστοκλέος λέγοντος ἀνεδιδάσκετο Εὐρυβιάδης· 63
δοκέειν δέ μοι, ἀρρωδήσας μάλιστα τοὺς Ἀθηναίους [ἀνεδι-
δάσκετο], μή σφεας ἀπολίπωσι, ἢν πρὸς τὸν Ἰσθμὸν ἀνάγῃ
τὰς νέας· [ἀπολιπόντων γὰρ Ἀθηναίων] οὐκέτι ἐγίνοντο
ἀξιόμαχοι οἱ λοιποί. ταύτην δὴ αἱρέεται τὴν γνώμην, αὐ-
10 τοῦ μένοντας διαναυμαχέειν. οὕτω μὲν οἱ περὶ Σαλαμῖνα 64
ἔπεσι ἀκροβολισάμενοι, ἐπείτε Εὐρυβιάδῃ ἔδοξε, αὐτοῦ παρε-
σκευάζοντο ὡς ναυμαχήσοντες. ἡμέρη τε ἐγίνετο καὶ ἅμα
τῷ ἡλίῳ ἀνιόντι σεισμὸς ἐγένετο ἔν τε τῇ γῇ καὶ τῇ
θαλάσσῃ. ἔδοξε δέ σφι εὔξασθαι τοῖσι θεοῖσι καὶ ἐπι- 2
15 καλέσασθαι τοὺς Αἰακίδας συμμάχους. ὡς δέ σφι ἔδοξε,
καὶ ἐποίευν ταῦτα· εὐξάμενοι γὰρ πᾶσι τοῖσι θεοῖσι
αὐτόθεν μὲν ἐκ Σαλαμῖνος Αἴαντά τε καὶ Τελαμῶνα
ἐπεκαλέοντο, ἐπὶ δὲ Αἰακὸν καὶ τοὺς ἄλλους Αἰακίδας νέα
ἀπέστελλον ἐς Αἴγιναν.
20 Ἔφη δὲ Δίκαιος ὁ Θεοκύδεος ἀνὴρ Ἀθηναῖος, φυγάς τε 65
καὶ παρὰ Μήδοισι λόγιμος γενόμενος, τοῦτον τὸν χρόνον,
ἐπείτε ἐκείρετο ἡ Ἀττικὴ χώρη ὑπὸ τοῦ πεζοῦ στρατοῦ τοῦ
Ξέρξεω, ἐοῦσα ἔρημος Ἀθηναίων, τυχεῖν τότε ἐὼν ἅμα
Δημαρήτῳ τῷ Λακεδαιμονίῳ ἐν τῷ Θριασίῳ πεδίῳ, ἰδεῖν δὲ
25 κονιορτὸν χωρέοντα ἀπ' Ἐλευσῖνος [ὡς ἀνδρῶν μάλιστά κη
τρισμυρίων,] ἀποθωμάζειν τέ σφεας τὸν κονιορτὸν ὅτεων κοτε
εἴη ἀνθρώπων, καὶ πρόκατε φωνῆς ἀκούειν, καί οἱ φαίνεσθαι
τὴν φωνὴν εἶναι τὸν μυστικὸν ἴακχον. εἶναι δ' ἀδαήμονα 2

[marginal notes: families · oracles · you will remember, changed his mind · ἀκροβολίζομαι - to skirmish · of repute · devastate · about · of what · suddenly · ignorant of · iacchus song]

3 δεῖν D: δεῖ RSV: δέειν a P   4 τοιούτων P   μέμνησθε B
5–6 Εὐρ.... ἀνεδιδάσκετο (del. Cobet) om. R   6 δοκέων D   7 ἀπο-
λείπωσι B¹ D¹   ἀγάγῃ a P   8 νῆας d   9 δὴ S: δὲ rell.
10 οὕτοι d   13 ἐγίνετο B   τε om. d   16 ἐποίεον d   17 μὲν
om. d   τε και] τὸν DRS: τῶν V   Τελαμῶνος DSV   18 νῆα
DSV: νῆας R   19 ἀπέστειλλον C¹   22 alt. τοῦ om. C
25 χωρεύοντα D   κου a   26 ἀποθωυμάζοντέ σφεας V: -ζοντές
σφεας R: -ζοντάς σφεας S   σφεας om. B

τῶν ἱρῶν τῶν ἐν Ἐλευσῖνι γινομένων τὸν Δημάρητον,
εἰρέσθαι τε αὐτὸν ὅ τι τὸ φθεγγόμενον εἴη τοῦτο. αὐτὸς
δὲ εἰπεῖν· Δημάρητε, [οὐκ ἔστι ὅκως οὐ] μέγα τι σίνος ἔσται
τῇ βασιλέος στρατιῇ. τάδε γὰρ ἀρίδηλα, ἐρήμου ἐούσης
τῆς Ἀττικῆς, ὅτι θεῖον τὸ φθεγγόμενον, ἀπ' Ἐλευσῖνος ἰὸν 5
3 ἐς τιμωρίην Ἀθηναίοισί τε καὶ τοῖσι συμμάχοισι. καὶ ἦν
μέν γε κατασκήψῃ ἐς τὴν Πελοπόννησον, κίνδυνος αὐτῷ τε
βασιλέι καὶ τῇ στρατιῇ τῇ ἐν τῇ ἠπείρῳ ἔσται, ἢν δὲ ἐπὶ
τὰς νέας τράπηται τὰς ἐν Σαλαμῖνι, τὸν ναυτικὸν στρατὸν
4 κινδυνεύσει βασιλεὺς ἀποβαλεῖν. τὴν δὲ ὁρτὴν ταύτην 10
ἄγουσι Ἀθηναῖοι ἀνὰ πάντα ἔτεα τῇ Μητρὶ καὶ τῇ Κόρῃ, καὶ
αὐτῶν τε ὁ βουλόμενος καὶ τῶν ἄλλων Ἑλλήνων μυεῖται·
καὶ τὴν φωνὴν [τῆς ἀκούεις] ἐν ταύτῃ τῇ ὁρτῇ ἰακχάζουσι.
πρὸς ταῦτα εἰπεῖν Δημάρητον· Σίγα τε καὶ μηδενὶ ἄλλῳ τὸν
5 λόγον τοῦτον εἴπῃς. ἢν γάρ τοι ἐς βασιλέα ἀνενειχθῇ τὰ 15
ἔπεα ταῦτα, ἀποβαλέεις τὴν κεφαλήν, καί σε οὔτε ἐγὼ δυνή-
σομαι ῥύσασθαι οὔτ' ἄλλος ἀνθρώπων οὐδὲ εἷς. ἀλλ' ἔχ'
6 ἥσυχος, περὶ δὲ στρατιῆς τῆσδε θεοῖσι μελήσει. τὸν μὲν
δὴ ταῦτα παραινέειν, ἐκ δὲ τοῦ κονιορτοῦ καὶ τῆς φωνῆς
γενέσθαι νέφος καὶ μεταρσιωθὲν φέρεσθαι ἐπὶ Σαλαμῖνος ἐς 20
τὸ στρατόπεδον τὸ τῶν Ἑλλήνων. οὕτω δὴ αὐτοὺς μαθεῖν
ὅτι τὸ ναυτικὸν τὸ Ξέρξεω ἀπολέεσθαι μέλλοι. ταῦτα
μὲν Δίκαιος ὁ Θεοκύδεος ἔλεγε, Δημαρήτου τε καὶ ἄλλων
μαρτύρων καταπτόμενος.

66   Οἱ δὲ ἐς τὸν Ξέρξεω ναυτικὸν στρατὸν ταχθέντες, ἐπειδὴ 25
ἐκ Τρηχῖνος θηησάμενοι τὸ τρῶμα τὸ Λακωνικὸν διέβησαν ἐς
τὴν Ἱστιαίην, ἐπισχόντες ἡμέρας τρεῖς ἔπλεον δι' Εὐρίπου,

1 ἱ + ρῶν A   ἐν s. v. D¹   γενομένων C   2 τε om. d   τὸ + D
τοιοῦτον d   3 εἶπε d   5 ἐὸν d   7 τε om. C   9 νῆας d
10 ἀποβαλέειν d P   11 τῇ δήμητρι d   Κούρῃ a   13 ιακχίζουσι (?)
P¹ : ιακιάζουσι (?) V¹   15 ἀνενεχθῇ B   17 οὐδείς d P   19 δὴ
om. a   20 ἐς] ἐπὶ a P   21 δὴ Stein : δὲ L   22 ἀπολέσθαι d
23 τε om. a   τῶν ἄλλων d   24 καθαπτόμενος a   25 διταχθέντες
C   27 ἔπλωον d

282

καὶ ἐν ἑτέρῃσι τρισὶ ἡμέρῃσι ἐγένοντο ἐν Φαλήρῳ. ὡς μὲι
ἐμοὶ δοκέειν, οὐκ ἐλάσσονες ἐόντες ἀριθμὸν ἐσέβαλον ἐς τὰς
Ἀθήνας κατά τε ἤπειρον καὶ τῇσι νηυσὶ [ἀπικόμενοι], ἢ
ἐπί τε Σηπιάδα ἀπίκοντο καὶ ἐς Θερμοπύλας. ἀντιθήσω γὰρ 2
5 τοῖσί τε ὑπὸ τοῦ χειμῶνος αὐτῶν ἀπολομένοισι καὶ τοῖσι ἐν
Θερμοπύλῃσι καὶ τῇσι ἐπ' Ἀρτεμισίῳ ναυμαχίῃσι τούσδε
τοὺς τότε οὔκω ἑπομένους βασιλέϊ, Μηλιέας καὶ Δωριέας καὶ
Λοκροὺς καὶ Βοιωτοὺς πανστρατιῇ ἑπομένους πλὴν Θεσπιέων·
τε καὶ Πλαταιέων, καὶ μάλα Καρυστίους τε καὶ Ἀνδρίους καὶ
10 Τηνίους τε καὶ τοὺς λοιποὺς νησιώτας πάντας, πλὴν τῶν
πέντε πολίων τῶν ἐπεμνήσθην πρότερον τὰ οὐνόματα. ὅσῳ
γὰρ δὴ προέβαινε ἐσωτέρω τῆς Ἑλλάδος ὁ Πέρσης, τοσούτῳ
πλέω ἔθνεά οἱ εἵπετο. ἐπεὶ ὦν ἀπίκατο ἐς τὰς Ἀθήνας 67
πάντες οὗτοι πλὴν Παρίων (Πάριοι δὲ ὑπολειφθέντες ἐν
15 Κύθνῳ ἐκαραδόκεον τὸν πόλεμον κῇ ἀποβήσεται), οἱ δὲ
λοιποὶ ὡς ἀπίκοντο ἐς τὸ Φάληρον, ἐνθαῦτα κατέβη αὐτὸς
Ξέρξης ἐπὶ τὰς νέας, ἐθέλων σφι συμμεῖξαί τε καὶ πυθέσθαι
τῶν ἐπιπλεόντων τὰς γνώμας. ἐπεὶ δὲ ἀπικόμενος προΐζετο, 2
παρῆσαν μετάπεμπτοι οἱ τῶν ἐθνέων τῶν σφετέρων τύραννοι
20 καὶ ταξίαρχοι ἀπὸ τῶν νεῶν, καὶ ἵζοντο ὥς σφι βασιλεὺς
ἑκάστῳ τιμὴν ἐδεδώκεε, πρῶτος μὲν ὁ Σιδώνιος [βασιλεύς],
μετὰ δὲ ὁ Τύριος, ἐπὶ δὲ ὧλλοι. ὡς δὲ κόσμῳ ἐπεξῆς ἵζοντο,
πέμψας Ξέρξης Μαρδόνιον εἰρώτα ἀποπειρώμενος ἑκάστου
εἰ ναυμαχίην ποιέοιτο. ἐπεὶ δὲ περιιὼν εἰρώτα ὁ Μαρδόνιος 68
25 ἀρξάμενος ἀπὸ τοῦ Σιδωνίου, οἱ μὲν ἄλλοι κατὰ τὠυτὸ γνώμην·
ἐξεφέροντο, κελεύοντες ναυμαχίην ποιέεσθαι, Ἀρτεμισίη δὲ
τάδε ἔφη· Εἰπεῖν μοι πρὸς βασιλέα, Μαρδόνιε, ὡς ἐγὼ τάδε α

---

2 δοκέει S   ἐσέβαλλον C D   3 ἀπικόμενοι om. d   4 ἐπεί
C D V   5 τοῖσι τῇσι Pᶜ   8 Βοιωτίους D R (Βι-) V   9 pr. τε P
solus   10 τε om. a   11 ἐπεμνήσθημεν a   12 προσέβαινε(ν) d
13 εἵποντο P   ἀπίκετο D R V : ἀπικέατο P   15 ᾗ(ι) d   17 νῆας d
θέλων d   συμμιξαί L   18 -πλω- d   20 ταξιάρχαι R
νηῶν d   21 ἐδέδωκε D R V(?)   βασιλεύς del. Cobet   24 ποιοῖν-
το a   περιεὼν D   25 μὲν δὴ ὧλλοι d   26 ἐπεφέροντο a [C]
27 μοι om. d

λέγω, οὔτε κακίστη γενομένη ἐν τῇσι ναυμαχίῃσι τῇσι πρὸς
Εὐβοίῃ οὔτε ἐλάχιστα ἀποδεξαμένη. "δέσποτα, τὴν δὲ
ἐοῦσαν γνώμην με δίκαιόν ἐστι ἀποδείκνυσθαι, τὰ τυγχάνω
φρονέουσα ἄριστα ἐς πρήγματα τὰ σά. καί τοι τάδε λέγω,
φείδεο τῶν νεῶν μηδὲ ναυμαχίην ποιέο· οἱ γὰρ ἄνδρες [τῶν 5
σῶν ἀνδρῶν] κρέσσονες τοσοῦτόν εἰσι κατὰ θάλασσαν ὅσον
2 ἄνδρες γυναικῶν. τί δὲ πάντως δεῖ σε ναυμαχίῃσι ἀνακιν-
δυνεύειν; οὐκ ἔχεις μὲν τὰς Ἀθήνας, τῶν περ εἵνεκα ὁρμήθης
στρατεύεσθαι, ἔχεις δὲ τὴν ἄλλην Ἑλλάδα; ἐμποδὼν δέ τοι
ἵσταται οὐδείς· οἱ δέ τοι ἀντέστησαν, ἀπήλλαξαν οὕτω ὡς 10
β. κείνους ἔπρεπε. τῇ δὲ ἐγὼ δοκέω ἀποβήσεσθαι τὰ τῶν
ἀντιπολέμων πρήγματα, τοῦτο φράσω· ἢν μὲν μὴ ἐπειχθῇς
ναυμαχίην ποιεύμενος, ἀλλὰ τὰς νέας αὐτοῦ ἔχῃς πρὸς γῇ
μένων ἢ καὶ προβαίνων ἐς τὴν Πελοπόννησον, εὐπετέως τοι,
2 δέσποτα, χωρήσει τὰ νοέων ἐλήλυθας. οὐ γὰρ οἷοί τε πολλὸν 15
χρόνον εἰσί τοι ἀντέχειν οἱ Ἕλληνες, ἀλλά σφεας διασκεδᾷς,
κατὰ πόλις δὲ ἕκαστοι φεύξονται. οὔτε γὰρ σῖτος πάρα σφι
ἐν τῇ νήσῳ ταύτῃ, ὡς ἐγὼ πυνθάνομαι, οὔτε αὐτοὺς οἰκός,
ἢν σὺ ἐπὶ τὴν Πελοπόννησον ἐλαύνῃς τὸν πεζὸν στρατόν,
ἀτρεμιεῖν τοὺς ἐκεῖθεν αὐτῶν ἥκοντας, οὐδέ σφι μελήσει πρὸ 20
γ τῶν Ἀθηνέων ναυμαχέειν. ἢν δὲ αὐτίκα ἐπειχθῇς ναυμα-
χῆσαι, δειμαίνω μὴ ὁ ναυτικὸς στρατὸς κακωθεὶς τὸν πεζὸν
προσδηλήσηται. πρὸς δέ, ὦ βασιλεῦ, καὶ τόδε ἐς θυμὸν
βαλεῦ, ὡς τοῖσι μὲν χρηστοῖσι τῶν ἀνθρώπων κακοὶ δοῦλοι
φιλέουσι γίνεσθαι, τοῖσι δὲ κακοῖσι χρηστοί. σοὶ δὲ ἐόντι 25

1 κακίστην γενομένην a   2 ἀποδεξαμένη P: -μένην a: προσδεξα-
μένη d   τήνδε S: τὴν [δὲ] Valckenaer   4 εἰς D R   5 φείδεω
R V   νηῶν d   ποιέε d   6 τοσοῦτό a: -τω D   7 δέει L
8 εἵνεκε D: -κεν R V   ὡρμ. C P R S V Dᶜ   10 οἱ ... ἀντιστάται d
δ' ἔτι C: δέτι R   11 ἐκείνους a P R S   13 ποιεόμενος d   νήας d
14 ἢ om. D R V   16 ἔσονταί τοι Plut. mor. 869   17 πόλεις
δὲ C: δὲ πόλις P: πόλιας δέ τοι d   σφι Stein: σφίσι(ν) L   18 αὐ-
τὸς R V   19 σὺ om. A¹   ἐλαύνεις C   20 ἀτρεμέειν dP
μελήσειν Plut.   21 Ἀθηναίων dC Plut.   ναυμαχῆσαι aP:
-χέειν d   23 προσδηλήσεται A B: προδηλήσηται dP   24 βαλεῦ
D¹ P S: βάλευ Dᶜ R V: βαλεό A B: βάλεο C   25 φιλοῦσι a

ἀρίστῳ ἀνδρῶν πάντων κακοὶ δοῦλοι εἰσί, οἳ ἐν συμμάχων
λόγῳ λέγονται εἶναι, ἐόντες Αἰγύπτιοί τε καὶ Κύπριοι καὶ
Κίλικες καὶ Πάμφυλοι, τῶν ὄφελός ἐστι οὐδέν. ταῦτα **69**
λεγούσης πρὸς Μαρδόνιον, ὅσοι μὲν ἦσαν εὔνοοι τῇ Ἀρτε-
5 μισίῃ, συμφορὴν ἐποιεῦντο τοὺς λόγους ὡς κακόν τι πεισο-
μένης πρὸς βασιλέος, ὅτι οὐκ ἔα ναυμαχίην ποιέεσθαι· οἱ δὲ
ἀγεόμενοί τε καὶ φθονέοντες αὐτῇ, ἅτε ἐν πρώτοισι τετιμη-
μένης διὰ πάντων τῶν συμμάχων, ἐτέρποντο τῇ ἀνακρίσι ὡς
ἀπολεομένης αὐτῆς. ἐπεὶ δὲ ἀνηνείχθησαν αἱ γνῶμαι ἐς **2**
10 Ξέρξην, κάρτα τε ἥσθη τῇ γνώμῃ τῇ Ἀρτεμισίης, καὶ
νομίζων ἔτι πρότερον σπουδαίην εἶναι τότε πολλῷ μᾶλλον
αἴνεε. ὅμως δὲ τοῖσι πλέοσι πείθεσθαι ἐκέλευε, τάδε
καταδόξας, πρὸς μὲν Εὐβοίῃ σφέας ἐθελοκακέειν ὡς οὐ
παρεόντος αὐτοῦ, τότε δὲ αὐτὸς παρεσκεύαστο θεήσασθαι
15 ναυμαχέοντας.

Ἐπειδὴ δὲ παρήγγελλε ἀναπλέειν, ἀνῆγον τὰς νέας ἐπὶ **70**
τὴν Σαλαμῖνα, καὶ παρεκρίθησαν διαταχθέντες κατ' ἡσυχίην.
τότε μέν νυν οὐκ ἐξέχρησέ σφι ἡ ἡμέρη ναυμαχίην ποιή-
σασθαι· νὺξ γὰρ ἐπεγένετο· οἱ δὲ παρεσκευάζοντο ἐς τὴν
20 ὑστεραίην. τοὺς δὲ Ἕλληνας εἶχε δέος τε καὶ ἀρρωδίη, **2**
οὐκ ἥκιστα δὲ τοὺς ἀπὸ Πελοποννήσου· ἀρρώδεον δέ, ὅτι
αὐτοὶ μὲν ἐν Σαλαμῖνι κατήμενοι ὑπὲρ γῆς τῆς Ἀθηναίων
ναυμαχέειν μέλλοιεν, νικηθέντες τε ἐν νήσῳ ἀπολαμφθέντες
πολιορκήσονται, ἀπέντες τὴν ἑωυτῶν ἀφύλακτον· τῶν δὲ **71**
25 βαρβάρων ὁ πεζὸς ὑπὸ τὴν παρεοῦσαν νύκτα ἐπορεύετο ἐπὶ
τὴν Πελοπόννησον. καίτοι τὰ δυνατὰ πάντα ἐμεμηχάνητο
ὅκως κατ' ἤπειρον μὴ ἐσβάλοιεν οἱ βάρβαροι. ὡς γὰρ

1 ἀνδρὶ P¹   ἐν om. d   συμμάχω B¹   2 εἶναι om. d   4 εὔνοοι
ἦσαν d   5 ἐποιέοντο d P   πεισομένης] ει D^c   6 ἔα Reiske :
ἐᾶ(ι) L   7 ἀγαιόμενοί A R P^c   8 ἀνακρίσι P : -σει a : κρίσει d
9 ἐπειδὴ δὲ d   πρὸς D   10 Ξέρξεα d   alt. τῇ] τῆς C P S
12 πλέο + σι B : πλείοσι d   16 ἐπεὶ a P   παρηγγελλε(ν)
Valckenaer : παρήγγελον A¹ V : παρήγγειλον C : παρήγγελλον rell.
-πλώ- d   νήας d   17 τὲ κατ' D R : τὲ καθ' S V   18 ἤ om.
D R V   19 τε γὰρ d   ἐγένετο P   εἰς B   23 ἀπολα + φθέντες B
24 ἀφέντες a : ἀπόντες D   27 ἐμβάλοιεν d

ἐπύθοντο τάχιστα Πελοποννήσιοι τοὺς ἀμφὶ Λεωνίδην ἐν
Θερμοπύλῃσι τετελευτηκέναι, συνδραμόντες ἐκ τῶν πολίων
ἐς τὸν Ἰσθμὸν ἵζοντο, καί σφι ἐπῆν στρατηγὸς Κλεόμβροτος
2 ὁ Ἀναξανδρίδεω, Λεωνίδεω δὲ ἀδελφεός. ἱζόμενοι δὲ ἐν τῷ
Ἰσθμῷ καὶ συγχώσαντες τὴν Σκειρωνίδα ὁδόν, μετὰ τοῦτο 5
ὥς σφι ἔδοξε βουλευομένοισι, οἰκοδόμεον διὰ τοῦ Ἰσθμοῦ
τεῖχος. ἅτε δὲ ἐουσέων μυριάδων πολλέων καὶ παντὸς
ἀνδρὸς ἐργαζομένου ἤνετο τὸ ἔργον· καὶ γὰρ λίθοι καὶ
πλίνθοι καὶ ξύλα καὶ φορμοὶ ψάμμου πλήρεες ἐσεφορέοντο,
καὶ ἐλίννον οὐδένα χρόνον οἱ βοηθήσαντες ἐργαζόμενοι, οὔτε 10
72 νυκτὸς οὔτε ἡμέρης. οἱ δὲ βοηθήσαντες ἐς τὸν Ἰσθμὸν
πανδημεὶ οἵδε ἦσαν Ἑλλήνων, Λακεδαιμόνιοί τε καὶ Ἀρκάδες
πάντες καὶ Ἠλεῖοι καὶ Κορίνθιοι καὶ Σικυώνιοι καὶ Ἐπι-
δαύριοι καὶ Φλειάσιοι καὶ Τροιζήνιοι καὶ Ἑρμιονέες. οὗτοι
μὲν ἦσαν οἱ βοηθήσαντες καὶ ὑπεραρρωδέοντες τῇ Ἑλλάδι 15
κινδυνευούσῃ· τοῖσι δὲ ἄλλοισι Πελοποννησίοισι ἔμελε οὐδέν.
Ὀλύμπια δὲ καὶ Κάρνεια παροιχώκεε ἤδη.
73 Οἰκέει δὲ τὴν Πελοπόννησον ἔθνεα ἑπτά. τούτων δὲ τὰ
μὲν δύο αὐτόχθονα ἐόντα κατὰ χώρην ἵδρυται νῦν τῇ καὶ τὸ
πάλαι οἴκεον, Ἀρκάδες τε καὶ Κυνούριοι· ἐν δὲ ἔθνος τὸ 20
Ἀχαιϊκὸν ἐκ μὲν Πελοποννήσου οὐκ ἐξεχώρησε, ἐκ μέντοι
2 τῆς ἑωυτῶν, οἰκέει δὲ γῆν ἀλλοτρίην. τὰ δὲ λοιπὰ ἔθνεα
τῶν ἑπτὰ τέσσερα ἐπήλυδά ἐστι, Δωριέες τε καὶ Αἰτωλοὶ
καὶ Δρύοπες καὶ Λήμνιοι. Δωριέων μὲν πολλαί τε καὶ
δόκιμοι πόλιες, Αἰτωλῶν δὲ Ἦλις μούνη, Δρυόπων δὲ Ἑρ- 25
μιών τε καὶ Ἀσίνη ἡ πρὸς Καρδαμύλῃ τῇ Λακωνικῇ, Λη-

1 Λεωνίδεα d   2 τὲ ἐκ RSV   πολεμίων R   4 ὁ om. a
5 συγχώσαντες C   Σκιρωνίδα A B D P : Σκληρ. C   7 μυριαδέων C
πολλέων] ἐς. v. D¹ : πολέων R   8 ἠνύετο d   9 ἐσεφέροντο a P
11 βωθήσαντες D R V (it. 15)   12 πανδημί οἵδε D¹ : πανδήμιοι δὲ
R V   13 καὶ πάντες καὶ R V   14 Φλιάσιοι L   16 ἔμελε P :
ἔμελλε(ν) a d   17 Κάρνια d P   19 τῇ Schaefer : τε L   20 Κουν.
B   21 Ἀχαϊκὸν A¹ R V   22 γῆν Krueger : τὴν L   23 τέσσαρα
C R   24 Λίμνιοι D¹ : Λίμνηοι C   25 πόλις A B : πόλεις C (it.
infra)   Δρυόπων τε C   Ἑρμιων A B D R : Ἑρμηῶν V : Ἑρμιώνη C :
Ἑρμιόνη P S

μνίων δὲ Παρωρεῆται πάντες. οἱ δὲ Κυνούριοι αὐτόχθονες 3
ἐόντες δοκέουσι μοῦνοι εἶναι Ἴωνες, ἐκδεδωρίευνται δὲ ὑπό
τε Ἀργείων ἀρχόμενοι καὶ τοῦ χρόνου, ἐόντες Ὀρνεῆται καὶ
[οἱ] περίοικοι. τούτων ὦν τῶν ἑπτὰ ἐθνέων αἱ λοιπαὶ πό-
5 λιες, πάρεξ τῶν κατέλεξα, ἐκ τοῦ μέσου κατέατο· εἰ δὲ
ἐλευθέρως ἔξεστι εἰπεῖν, ἐκ τοῦ μέσου κατήμενοι ἐμήδιζον.

Οἱ μὲν δὴ ἐν τῷ Ἰσθμῷ τοιούτῳ πόνῳ συνέστασαν, ἅτε 74
⟨τὸν⟩ περὶ τοῦ παντὸς ἤδη δρόμον θέοντες καὶ τῇσι νηυσὶ
οὐκ ἐλπίζοντες ἐλλάμψεσθαι· οἱ δὲ ἐν Σαλαμῖνι ὅμως ταῦτα
10 πυνθανόμενοι ἀρρώδεον, οὐκ οὕτω περὶ σφίσι αὐτοῖσι δει-
μαίνοντες ὡς περὶ τῇ Πελοποννήσῳ. ἕως μὲν δὴ αὐτῶν 2
ἀνὴρ ἀνδρὶ παραστὰς σιγῇ λόγον ἐποιέετο, θῶμα ποιεύμενοι
τὴν Εὐρυβιάδεω ἀβουλίην· τέλος δὲ ἐξερράγη ἐς τὸ μέσον.
σύλλογός τε δὴ ἐγίνετο καὶ πολλὰ ἐλέγετο περὶ τῶν αὐτῶν,
15 οἱ μὲν ὡς ἐς τὴν Πελοπόννησον χρεὸν εἴη ἀποπλέειν καὶ
περὶ ἐκείνης κινδυνεύειν, μηδὲ πρὸ χώρης δοριαλώτου μένον-
τας μάχεσθαι, Ἀθηναῖοι δὲ καὶ Αἰγινῆται καὶ Μεγαρέες
αὐτοῦ μένοντας ἀμύνεσθαι. ἐνθαῦτα Θεμιστοκλέης ὡς 75
ἑσσοῦτο τῇ γνώμῃ ὑπὸ τῶν Πελοποννησίων, λαθὼν ἐξέρ-
20 χεται ἐκ τοῦ συνεδρίου, ἐξελθὼν δὲ πέμπει ἐς τὸ στρατό-
πεδον τὸ Μήδων ἄνδρα πλοίῳ, ἐντειλάμενος τὰ λέγειν χρεόν,
τῷ οὔνομα μὲν ἦν Σίκιννος, οἰκέτης δὲ καὶ παιδαγωγὸς ἦν
τῶν Θεμιστοκλέος παίδων· τὸν δὴ ὕστερον τούτων τῶν
πρηγμάτων Θεμιστοκλέης Θεσπιέα τε ἐποίησε, ὡς ἐπεδέ-
25 κοντο οἱ Θεσπιέες πολιήτας, καὶ χρήμασι ὄλβιον. ὃς 2

1 Παρωραιῆται DRV   2 ἐκδεδωριαται a (-τε C): ἐκδεδώρισται
Aᵐ: ἐκδεδωρίωνται Valchenaer: -ρίδαται Dindorf   3 Ὀρνεᾶται a
4 οἱ om. d   τουτέων d P   ὦν om. C   5 ἐκαθέατο a: ἐκατ. d P
8 θέοντες τὸν περὶ τοῦ παντὸς ἤδη δρόμον Eustath. Il. 1264   δρόμου L
9 ἐνλάμψεσθαι A B (μ eras.) D R V   Σαλ. Ἕλληνες d   9-10 πυνθανό-
μενοι ταῦτα d   11 τέως Reiske   12 ποιεύμενος d: -εύμενος P
14 τῶν om. D   15 -πλώ- d   17 τε R S V   18 μένοντες d
ἀμύνασθαι C: ἀμυνέεσθαι D R   21 χρεών C P: χρην d   22 Σίκινος
R V¹: Σίκυννος C   23 -κλέους D V: -κλούς R   τῶν πρηγμ. τού-
των R S V   24 ὁ Θεμιστ. d   25 πολιήτας S: πολίτας rell.

τότε πλοίῳ ἀπικόμενος ἔλεγε πρὸς τοὺς στρατηγοὺς τῶν
βαρβάρων τάδε· Ἔπεμψέ με στρατηγὸς ὁ Ἀθηναίων λάθρῃ
τῶν ἄλλων Ἑλλήνων (τυγχάνει γὰρ φρονέων τὰ βασιλέος
καὶ βουλόμενος μᾶλλον τὰ ὑμέτερα κατύπερθε γίνεσθαι ἢ τὰ
τῶν Ἑλλήνων πρήγματα) φράσοντα ὅτι οἱ Ἕλληνες δρη- 5
σμὸν βουλεύονται καταρρωδηκότες, καὶ νῦν παρέχει κάλλι-
στον ὑμέας ἔργον ἁπάντων ἐξεργάσασθαι, ἢν μὴ περιίδητε
3 διαδράντας αὐτούς. οὔτε γὰρ ἀλλήλοισι ὁμοφρονέουσι οὔτ᾽
ἔτι ἀντιστήσονται ὑμῖν, πρὸς ἑωυτούς τε σφέας ὄψεσθε ναυ-
μαχέοντας, τοὺς τὰ ὑμέτερα φρονέοντας καὶ τοὺς μή. ὁ μὲν 10
76 ταῦτά σφι σημήνας ἐκποδὼν ἀπαλλάσσετο· τοῖσι δὲ ὡς
πιστὰ ἐγίνετο τὰ ἀγγελθέντα, τοῦτο μὲν ἐς τὴν νησῖδα τὴν
[Ψυττάλειαν] μεταξὺ Σαλαμῖνός τε κειμένην καὶ τῆς ἠπείρου
πολλοὺς τῶν Περσέων ἀπεβίβασαν· τοῦτο δέ, ἐπειδὴ ἐγί-
νοντο μέσαι νύκτες, ἀνῆγον μὲν τὸ ἀπ᾽ ἑσπέρης κέρας κυ- 15
κλούμενοι πρὸς τὴν Σαλαμῖνα, ἀνῆγον δὲ οἱ ἀμφὶ τὴν Κέον
τε καὶ τὴν Κυνόσουραν τεταγμένοι, κατεῖχόν τε μέχρι Μου-
2 νιχίης πάντα τὸν πορθμὸν τῇσι νηυσί. τῶνδε δὲ εἵνεκα
ἀνῆγον τὰς νέας, ἵνα δὴ τοῖσι Ἕλλησι μηδὲ φυγεῖν ἐξῇ,
ἀλλ᾽ ἀπολαμφθέντες ἐν τῇ Σαλαμῖνι δοῖεν τίσιν τῶν ἐπ᾽ 20
Ἀρτεμισίῳ ἀγωνισμάτων. ἐς δὲ τὴν νησῖδα τὴν Ψυττάλειαν
καλεομένην ἀπεβίβαζον τῶν Περσέων τῶνδε εἵνεκα, ὡς ἐπεὰν
γένηται ναυμαχίη, ἐνθαῦτα μάλιστα ἐξοισομένων τῶν τε
ἀνδρῶν καὶ τῶν ναυηγίων (ἐν γὰρ δὴ πόρῳ τῆς ναυμαχίης
τῆς μελλούσης ἔσεσθαι ἔκειτο ἡ νῆσος), ἵνα τοὺς μὲν περι- 25
3 ποιῶσι, τοὺς δὲ διαφθείρωσι. ἐποίευν δὲ σιγῇ ταῦτα, ὡς

2 με] ὁ a   ὁ om. a   4 μᾶλλον om. d   κατυπέρτερα d
γενέσθαι P   6 βούλονται d   7 ἔργων a P   πάντων a d
-σεσθαι D   8–9 οὔτ᾽ ἔτι D : οὔτέτι R S V : οὔτε a P   11 ἀπηλλ. d
13 Ψυττάλειαν del. Cobet   14 ἀπεβιβάσαντο a P   15 νύκτες
μέσαι a   κυκλούμενον D   16 Κέων D^c   17 Μουνυχίης L
18 πάντα] παρὰ a   δὲ om. d   εἵνεκεν d   19 νῆας d   μὴ
φυγέειν d   20 ἀπολα + φθέντες B   τίσιν] τοῖσι R V   22 εἵνεκεν
d C P   23 γίνηται a (-τε B) P D^c   24 τῆς om. d P   25 ἔσεσθαι
om. d   26 ἐποίεον a

μὴ πυνθανοίατο οἱ ἐναντίοι. οἱ μὲν δὴ ταῦτα [τῆς νυκτὸς
οὐδὲν ἀποκοιμηθέντες] παραρτέοντο.

Χρησμοῖσι δὲ οὐκ ἔχω ἀντιλέγειν ὡς οὐκ εἰσὶ ἀληθέες, 77
οὐ βουλόμενος [ἐναργέως λέγοντας] πειρᾶσθαι καταβάλλειν,
5 ἐς τοιάδε πρήγματα ἐσβλέψας.

'Αλλ' ὅταν 'Αρτέμιδος χρυσαόρου ἱερὸν ἀκτὴν
νηυσὶ γεφυρώσωσι καὶ εἰναλίην Κυνόσουραν,
ἐλπίδι μαινομένῃ λιπαρὰς πέρσαντες 'Αθήνας,
δῖα Δίκη σβέσσει κρατερὸν Κόρον, Ὕβριος υἱόν,
10 δεινὸν μαιμώοντα, δοκεῦντ' ἀνὰ πάντα πιθέσθαι.
χαλκὸς γὰρ χαλκῷ συμμίξεται, αἵματι δ' Ἄρης   2
πόντον φοινίξει. τότ' ἐλεύθερον Ἑλλάδος ἦμαρ
εὐρύοπα Κρονίδης ἐπάγει καὶ πότνια Νίκη.

ἐς τοιαῦτα μὲν καὶ οὕτω ἐναργέως λέγοντι Βάκιδι ἀντι-
15 λογίας χρησμῶν πέρι] οὔτε αὐτὸς λέγειν τολμέω οὔτε παρ'
ἄλλων ἐνδέκομαι.

Τῶν δὲ ἐν Σαλαμῖνι στρατηγῶν ἐγίνετο ὠθισμὸς λόγων 78
πολλός. ἤδεσαν δὲ οὔκω ὅτι σφέας περιεκυκλεῦντο τῇσι
νηυσὶ οἱ βάρβαροι, ἀλλ' ὥσπερ τῆς ἡμέρης ὥρων αὐτοὺς
20 τεταγμένους, ἐδόκεον κατὰ χώρην εἶναι. συνεστηκότων δὲ 79
τῶν στρατηγῶν [ἐξ Αἰγίνης διέβη 'Αριστείδης ὁ Λυσιμάχου,
ἀνὴρ 'Αθηναῖος μέν, ἐξωστρακισμένος δὲ ὑπὸ τοῦ δήμου, τὸν
ἐγὼ νενόμικα, πυνθανόμενος αὐτοῦ τὸν τρόπον, ἄριστον
ἄνδρα γενέσθαι ἐν 'Αθήνῃσι καὶ δικαιότατον. οὗτος ὠνὴρ 2
25 στὰς ἐπὶ τὸ συνέδριον ἐξεκαλέετο Θεμιστοκλέα, ἐόντα μὲν
ἑωυτῷ οὐ φίλον, ἐχθρὸν δὲ τὰ μάλιστα· ὑπὸ δὲ μεγάθεος
τῶν παρεόντων κακῶν λήθην ἐκείνων ποιεύμενος] ἐξεκαλέετο,
θέλων αὐτῷ συμμεῖξαι. προακηκόεε δὲ ὅτι σπεύδοιεν οἱ

1 ἐναντίον C . . . οὕτω δὴ (cap. 84, 5) om. R S V
3 caput 77 secl. Krüger   4 λέγοντος D   5 ῥήματα Stein
ἐμβλέψας A¹   6 ἀλλ' om. C   ἱρὸν D   8 κρατεράς D
9 σβέσει C   10 μαιμάοντα D   ἀν ἅπαντα Steger   πειθεσθαι B :
τίθεσθαι C : πίεσθαι Duentzer   14 [ἐς] coni. Stein   ἀντιλογίας
Wesseling : ἀντιλογίης L   15 (τι) αὐτὸς Stein   18 περιεκυ-
κλέοντο a (περικ- C) D : -κλοῦντο P   20 ἐντεταγμένους D   28 συμ-
μῖξαι L   προακηκόε L : corr Matthiae

3 ἀπὸ Πελοποννήσου ἀνάγειν τὰς νέας πρὸς τὸν Ἰσθμόν. ὡς
δὲ ἐξῆλθέ οἱ Θεμιστοκλέης, ἔλεγε Ἀριστείδης τάδε· Ἡμέας
στασιάζειν χρεόν ἐστι ἔν τε τῷ ἄλλῳ καιρῷ καὶ δὴ καὶ ἐν
τῷδε περὶ τοῦ ὁκότερος ἡμέων πλέω ἀγαθὰ τὴν πατρίδα
4 ἐργάσεται. λέγω δέ τοι ὅτι ἴσον ἐστὶ πολλά τε καὶ ὀλίγα 5
λέγειν περὶ ἀποπλόου τοῦ ἐνθεῦτεν Πελοποννησίοισι. ἐγὼ
γὰρ αὐτόπτης τοι λέγω γενόμενος ὅτι νῦν ουδ' ἦν θέλωσι
Κορίνθιοί τε καὶ αὐτὸς Εὐρυβιάδης οἷοί τε ἔσονται ἐκπλῶσαι·
περιεχόμεθα γὰρ ὑπὸ τῶν πολεμίων κύκλῳ. ἀλλ' ἐσελθὼν
80 σφι ταῦτα σήμηνον. ὁ δ' ἀμείβετο τοισίδε· Κάρτα τε 10
χρηστὰ διακελεύεαι καὶ εὖ ἤγγειλας· τὰ γὰρ ἐγὼ ἐδεόμην
γενέσθαι, αὐτὸς αὐτόπτης γενόμενος ἥκεις. ἴσθι γὰρ ἐξ
ἐμέο τάδε ποιεύμενα ὑπὸ Μήδων. ἔδεε γάρ, ὅτε οὐκ ἑκόντες
ἤθελον ἐς μάχην κατίστασθαι οἱ Ἕλληνες, ἀέκοντας παρα-
στήσασθαι. σὺ δὲ ἐπεί περ ἥκεις χρηστὰ ἀπαγγέλλων, 15
2 αὐτός σφι ἄγγειλον. ἢν γὰρ ἐγὼ αὐτὰ λέγω, δόξω πλάσας
λέγειν καὶ οὐ πείσω ὡς οὐ ποιεύντων τῶν βαρβάρων ταῦτα.
ἀλλά σφι σήμηνον αὐτὸς παρελθὼν ὡς ἔχει. ἐπεὰν δὲ
σημήνῃς, ἢν μὲν πείθωνται, ταῦτα δὴ τὰ κάλλιστα, ἢν δὲ
αὐτοῖσι μὴ πιστὰ γένηται, ὅμοιον ἡμῖν ἔσται· οὐ γὰρ ἔτι 20
διαδρήσονται, εἴ περ περιεχόμεθα πανταχόθεν, ὡς σὺ λέγεις.
81 ταῦτα ἔλεγε παρελθὼν ὁ Ἀριστείδης, φάμενος ἐξ Αἰγίνης
τε ἥκειν καὶ μόγις ἐκπλῶσαι λαθὼν τοὺς ἐπορμέοντας· περι-
έχεσθαι γὰρ πᾶν τὸ στρατόπεδον τὸ Ἑλληνικὸν ὑπὸ τῶν
νεῶν τῶν Ξέρξεω· παραρτέεσθαί τε συνεβούλευε ὡς ἀλεξη- 25
σομένους. καὶ ὁ μὲν ταῦτα εἴπας μετεστήκεε, τῶν δὲ αὖτις
ἐγίνετο λόγων ἀμφισβασίη· οἱ γὰρ πλεῦνες τῶν στρατηγῶν
82 οὐκ ἐπείθοντο τὰ ἐσαγγελθέντα. ἀπιστεόντων δὲ τούτων
ἧκε τριήρης ἀνδρῶν Τηνίων αὐτομολέουσα, τῆς ἦρχε ἀνὴρ
⟨Τήνιος⟩ Παναίτιος ὁ Σωσιμένεος, ἥ περ δὴ ἔφερε τὴν ἀλη- 30

3 τῷ] τεῳ Gomperz   alt. καὶ om. D   6 -πλώ- D   10 τοῖσιδε
C : τοῖσδε A B D P   13 ἐμέω D¹   τάδε Krueger : τὰ L
14 ἀέκοντες παραστήσεσθαι C   15 ἐπαγγέλλων D   19 πείθωνται B
ταῦτα δὴ τὰ κάλλιστα del. Krueger   23 διεκπλῶσαι Naber
25 παρὰ ἀρτέεσθαι a   30 Τήνιος add. Krueger

θείην πᾶσαν.   διὰ δὲ τοῦτο τὸ ἔργον ἐνεγράφησαν Τήνιοι
ἐν Δελφοῖσι ἐς τὸν τρίποδα ἐν τοῖσι τὸν βάρβαρον κατελοῦσι.
σὺν δὲ ὧν ταύτῃ τῇ νηὶ τῇ αὐτομολησάσῃ ἐς Σαλαμῖνα 2
καὶ τῇ πρότερον ἐπ' Ἀρτεμίσιον τῇ Λημνίῃ ἐξεπληροῦτο
5 τὸ ναυτικὸν τοῖσι Ἕλλησι ἐς τὰς ὀγδώκοντα καὶ τριη-
κοσίας νέας· δύο γὰρ δὴ νεῶν τότε κατέδεε ἐς τὸν
ἀριθμόν.

Τοῖσι δὲ Ἕλλησι ὡς πιστὰ δὴ τὰ λεγόμενα ἦν τῶν 83
Τηνίων [ῥήματα], παρεσκευάζοντο ὡς ναυμαχήσοντες.   ἠώς
10 τε διέφαινε καὶ οἱ σύλλογον τῶν ἐπιβατέων ποιησάμενοι,
προηγόρευε εὖ ἔχοντα μὲν ἐκ πάντων Θεμιστοκλέης.   τὰ
δὲ ἔπεα ἦν πάντα ⟨τὰ⟩ κρέσσω τοῖσι ἥσσοσι ἀντιτιθέμενα, ὅσα
δὴ ἐν ἀνθρώπου φύσι καὶ καταστάσι ἐγγίνεται· παραινέσας 2
δὲ τούτων τὰ κρέσσω αἱρέεσθαι καὶ καταπλέξας τὴν ῥῆσιν,
15 ἐσβαίνειν ἐκέλευσε ἐς τὰς νέας.   καὶ οὗτοι μὲν δὴ ἐσέβαινον,
καὶ ἧκε ἡ ἀπ' Αἰγίνης τριήρης, ἣ κατὰ τοὺς Αἰακίδας ἀπεδή-
μησε.   ἐνθαῦτα ἀνῆγον τὰς νέας ἁπάσας ⟨οἱ⟩ Ἕλληνες.
ἀναγομένοισι δέ σφι αὐτίκα ἐπεκέατο οἱ βάρβαροι.   οἱ μὲν 84
δὴ ἄλλοι Ἕλληνες [ἐπὶ] πρύμνην ἀνεκρούοντο καὶ ὤκελλον
20 τὰς νέας, Ἀμεινίης δὲ Παλληνεὺς ἀνὴρ Ἀθηναῖος ἐξαν-
αχθεὶς νηὶ ἐμβάλλει.   συμπλεκείσης δὲ τῆς νεὸς καὶ οὐ δυνα-
μένων ἀπαλλαγῆναι, οὕτω δὴ οἱ ἄλλοι Ἀμεινίῃ βοηθέοντες
συνέμισγον.   Ἀθηναῖοι μὲν οὕτω λέγουσι τῆς ναυμαχίης 2
γενέσθαι τὴν ἀρχήν, Αἰγινῆται δὲ τὴν κατὰ τοὺς Αἰακίδας
25 ἀποδημήσασαν ἐς Αἴγιναν, ταύτην εἶναι τὴν ἄρξασαν.
λέγεται δὲ καὶ τάδε, ὡς φάσμα σφι γυναικὸς ἐφάνη,
φανεῖσαν δὲ διακελεύσασθαι ὥστε καὶ ἅπαν ἀκοῦσαι τὸ
τῶν Ἑλλήνων στρατόπεδον, ὀνειδίσασαν πρότερον τάδε·
Ὦ δαιμόνιοι, μέχρι κόσου ἔτι πρύμνην ἀνακρούεσθε;

1 ἐγράφησαν C   6 ⟨ἐς⟩ τότε conieci   9 ῥήματα del. Stein
10 τε δὴ ἔφαινε A B D   12 τὰ add. Dobree   κρείσσω A B
13 δὴ A²: δὲ L   φύσει καὶ καταστάσει a D   14 δὴ A D P
αἱρέσθαι A¹   καταπλήξας C   κρῆσιν A¹ B D   15 ἐκβαίνειν C
ἐκέλευε C P   18 ἔπεκ + ἔατο B   19 ἐπὶ del. Bekker   21 συμπλα-
κείσης P Aᵒ   νηὸς C¹ D

85   Κατὰ μὲν δὴ ᾿Αθηναίους ἐτετάχατο Φοίνικες (οὗτοι γὰρ
εἶχον τὸ πρὸς ᾿Ελευσῖνός τε καὶ ἑσπέρης κέρας), κατὰ δὲ
Λακεδαιμονίους ῎Ιωνες· οὗτοι δ᾿ εἶχον τὸ πρὸς τὴν ἠῶ τε
καὶ τὸν Πειραιέα. ἐθελοκάκεον μέντοι αὐτῶν κατὰ τὰς
2 Θεμιστοκλέος ἐντολὰς ὀλίγοι, οἱ δὲ πλεῦνες οὔ. ἔχω μέν 5
νυν συχνῶν οὐνόματα τριηράρχων καταλέξαι τῶν νέας
῾Ελληνίδας ἑλόντων, χρήσομαι δὲ αὐτοῖσι οὐδὲν πλὴν
Θεομήστορός τε τοῦ ᾿Ανδροδάμαντος καὶ Φυλάκου τοῦ
3 ῾Ιστιαίου, Σαμίων ἀμφοτέρων. τοῦδε ⟨δὲ⟩ εἵνεκα μέμνημαι
τούτων μούνων, ὅτι Θεομήστωρ μὲν διὰ τοῦτο τὸ ἔργον 10
Σάμου ἐτυράννευσε καταστησάντων τῶν Περσέων, Φύλακος
δὲ εὐεργέτης βασιλέος ἀνεγράφη καὶ χώρῃ ἐδωρήθη πολλῇ.
οἱ δ᾿ εὐεργέται βασιλέος ὀροσάγγαι καλέονται Περσιστί.

86 περὶ μέν νυν τούτους οὕτω εἶχε· τὸ δὲ πλῆθος τῶν νεῶν ἐν
τῇ Σαλαμῖνι ἐκεραΐζετο, αἱ μὲν ὑπ᾿ ᾿Αθηναίων διαφθειρό- 15
μεναι, αἱ δὲ ὑπ᾿ Αἰγινητέων. ἅτε γὰρ τῶν μὲν ῾Ελλήνων
σὺν κόσμῳ ναυμαχεόντων ⟨καὶ⟩ κατὰ τάξιν, τῶν δὲ βαρβάρων
οὔτε τεταγμένων ἔτι οὔτε σὺν νόῳ ποιεόντων οὐδέν, ἔμελλε
τοιοῦτό σφι συνοίσεσθαι οἷόν περ ἀπέβη. καίτοι ἦσάν γε
καὶ ἐγένοντο ταύτην τὴν ἡμέρην μακρῷ ἀμείνονες αὐτοὶ 20
ἑωυτῶν ἢ πρὸς Εὐβοίῃ, πᾶς τις προθυμεόμενος καὶ δειμαίνων
87 Ξέρξην, ἐδόκεέ τε ἕκαστος ἑωυτὸν θεήσεσθαι βασιλέα. κατὰ
μὲν δὴ τοὺς ἄλλους οὐκ ἔχω [μετεξετέρους] εἰπεῖν ἀτρεκέως
ὡς ἕκαστοι τῶν βαρβάρων ἢ τῶν ῾Ελλήνων ἠγωνίζοντο·
κατὰ δὲ ᾿Αρτεμισίην τάδε ἐγένετο, ἀπ᾿ ὧν εὐδοκίμησε μᾶλλον 25
2 ἔτι παρὰ βασιλέϊ. ἐπειδὴ γὰρ ἐς θόρυβον πολλὸν ἀπίκετο
τὰ βασιλέος πρήγματα, ἐν τούτῳ τῷ καιρῷ ἡ νηῦς ἡ ᾿Αρτε-
μισίης ἐδιώκετο ὑπὸ νεὸς ᾿Αττικῆς· καὶ ἣ οὐκ ἔχουσα δια-

---

2 Σαλαμινὸς Loeschke   6 τριηραρχῶν D[1] : -ράρχων R   8 Θεμή-
στορός B   9 δὲ add. Reiske   10 μόνων RSV   11 Σάμον
RV   12 χώρηι P : χώρῃ a d   πολλῇ a S   14 οὕτω] τοῦτό
B   17 καὶ add. Stein   18 pr. οὔτε Baiter : οὐ L   ἤμελλε L
19 τοιοῦτόν RV   22 τοι B   θηήσεσθαι B : θηήσασθαι A D R V :
θεήσασθαι C P S   23 μετεξετέρους del. Stein   24 ὡς om. C
25–26 ἔτι μᾶλλον D   27 ναῦς RSV : νῦς C   28 νεὸς P : νηὸς D :
νεὼς A B R S V Cᶜ (1)   διαφυγέειν L

φυγεῖν (ἔμπροσθε γὰρ αὐτῆς ἦσαν ἄλλαι νέες φίλιαι, ἡ δὲ
αὐτῆς πρὸς τῶν πολεμίων μάλιστα ἐτύγχανε ἐοῦσα), ἔδοξέ
οἱ τόδε ποιῆσαι, τὸ καὶ συνήνεικε ποιησάσῃ· διωκομένη γὰρ
ὑπὸ τῆς Ἀττικῆς φέρουσα ἐνέβαλε νηὶ φιλίῃ [ἀνδρῶν τε
5 Καλυνδέων] καὶ αὐτοῦ ἐπιπλέοντος τοῦ Καλυνδέων βασιλέος
Δαμασιθύμου. εἰ μὲν καί τι νεῖκος πρὸς αὐτὸν ἐγεγόνεε 3
ἔτι περὶ Ἑλλήσποντον ἐόντων, οὐ μέντοι ἔχω γε εἰπεῖν,
οὔτε εἰ ἐκ προνοίης αὐτὰ ἐποίησε, οὔτε εἰ συνεκύρησε ἡ τῶν
Καλυνδέων κατὰ τύχην παραπεσοῦσα νηῦς. ὡς δὲ ἐνέβαλέ 4
10 τε καὶ κατέδυσε, εὐτυχίῃ χρησαμένη διπλᾶ ἑωυτὴν ἀγαθὰ
ἐργάσατο· ὅ τε γὰρ τῆς Ἀττικῆς νεὸς τριήραρχος ὡς εἶδέ
μιν ἐμβάλλουσαν νηὶ ἀνδρῶν βαρβάρων, νομίσας τὴν νέα
τὴν Ἀρτεμισίης ἢ Ἑλληνίδα εἶναι ἢ αὐτομολέειν ἐκ τῶν
βαρβάρων καὶ αὐτοῖσι ἀμύνειν, ἀποστρέψας πρὸς ἄλλας
15 ἐτράπετο. τοῦτο μὲν τοιοῦτον αὐτῇ συνήνεικε γενέσθαι 88
διαφυγεῖν τε καὶ μὴ ἀπολέσθαι, τοῦτο δὲ συνέβη ὥστε [κακὸν
ἐργασαμένην] ἀπὸ τούτων αὐτὴν μάλιστα εὐδοκιμῆσαι παρὰ
Ξέρξῃ. λέγεται γὰρ βασιλέα θηεύμενον μαθεῖν τὴν νέα 2
ἐμβαλοῦσαν, καὶ δή τινα εἰπεῖν τῶν παρεόντων· Δέσποτα,
20 ὁρᾷς Ἀρτεμισίην ὡς εὖ ἀγωνίζεται καὶ νέα τῶν πολεμίων
κατέδυσε; καὶ τὸν ἐπειρέσθαι εἰ ἀληθέως ἐστὶ Ἀρτεμισίης
τὸ ἔργον, καὶ τοὺς φάναι, σαφέως τὸ ἐπίσημον τῆς νεὸς
ἐπισταμένους· τὴν δὲ διαφθαρεῖσαν ἠπιστέατο εἶναι πολε-
μίην. τά τε γὰρ ἄλλα, ὡς εἴρηται, αὐτῇ συνήνεικε ἐς 3
25 εὐτυχίην γενόμενα καὶ τὸ τῶν ἐκ τῆς Καλυνδικῆς νεὸς [μηδένα
ἀποσωθέντα] κατήγορον γενέσθαι. Ξέρξην δὲ εἰπεῖν λέγεται
πρὸς τὰ φραζόμενα· Οἱ μὲν ἄνδρες γεγόνασί μοι γυναῖκες,
αἱ δὲ γυναῖκες ἄνδρες. ταῦτα μὲν Ξέρξην φασὶ εἰπεῖν. ἐν 89
δὲ τῷ πόνῳ τούτῳ ἀπὸ μὲν ἔθανε ὁ στρατηγὸς Ἀριαβίγνης

1 ἔμπροσθεν R V   νῆες D¹   2 ἐτύγχ. μάλ. D   3 συνή-
νεγκε A B D   6 Δαμασιθύθου R : Θαμασιθύμου S V   7 ἔγωγε ἔχω
S. ἔγωγε V   9 παραπεσοῦσαν R   ἐνέβαλλέ C S V   10 διπλὰ
C διπλᾶ rell.   11Γ νεὼς A C D   12 ἐμβάλουσαν C   15 τοιοῦτο
a D P   16 διαφυγέειν L   17 αὐτῶν Heiberg   19 ἐμβαλ-
λουσαν C   εἰπεῖν om. C   22 νεὼς R S V Cᶜ Dᶜ   24 ἐς om. C
25 νεὼς C Dᶜ   26 ἀποσωθέντα C   27 εἰ V   29 Ἀριβίγνης C

ὁ Δαρείου, Ξέρξεω ἐὼν ἀδελφεός, ἀπὸ δὲ ἄλλοι πολλοί τε
καὶ ὀνομαστοὶ Περσέων καὶ Μήδων καὶ τῶν ἄλλων συμμάχων,
ὀλίγοι δέ τινες καὶ Ἑλλήνων· ἅτε γὰρ νέειν ἐπιστάμενοι,
τοῖσι αἱ νέες διεφθείροντο, οἱ μὴ ἐν χειρῶν νόμῳ ἀπολλύ-
2 μενοι ἐς τὴν Σαλαμῖνα διένεον. τῶν δὲ βαρβάρων οἱ πολλοὶ 5
ἐν τῇ θαλάσσῃ διεφθάρησαν, νέειν οὐκ ἐπιστάμενοι. ἐπεὶ
δὲ αἱ πρῶται ἐς φυγὴν ἐτράποντο, ἐνθαῦτα αἱ πλεῖσται
διεφθείροντο. οἱ γὰρ ὄπισθε τεταγμένοι, ἐς τὸ πρόσθε
τῇσι νηυσὶ παριέναι πειρώμενοι ὡς ἀποδεξόμενοί τι καὶ
αὐτοὶ ἔργον βασιλέϊ, τῇσι σφετέρῃσι νηυσὶ φευγούσῃσι 10
90 περιέπιπτον. ἐγένετο δὲ καὶ τόδε ἐν τῷ θορύβῳ τούτῳ·
τῶν τινες Φοινίκων, τῶν αἱ νέες διεφθάρατο, ἐλθόντες παρὰ
βασιλέα διέβαλλον τοὺς Ἴωνας, ὡς δι' ἐκείνους ἀπολοίατο
αἱ νέες, ὡς προδόντων. συνήνεικε ὦν οὕτω ὥστε Ἰώνων
τε τοὺς στρατηγοὺς μὴ ἀπολέσθαι Φοινίκων τε τοὺς διαβάλ- 15
2 λοντας λαβεῖν τοιόνδε μισθόν. ἔτι τούτων ταῦτα λεγόντων
ἐνέβαλε νηὶ Ἀττικῇ Σαμοθρηικίη νηῦς. ἥ τε δὴ Ἀττικὴ
κατεδύετο καὶ ἐπιφερομένη Αἰγιναίη νηῦς κατέδυσε τῶν
Σαμοθρηίκων τὴν νέα. ἅτε δὴ ἐόντες ἀκοντισταὶ οἱ Σαμο-
θρήικες τοὺς ἐπιβάτας ἀπὸ τῆς καταδυσάσης νεὸς βάλλοντες 20
3 ἀπήραξαν καὶ ἐπέβησάν τε καὶ ἔσχον αὐτήν. ταῦτα γενό-
μενα τοὺς Ἴωνας ἐρρύσατο· ὡς γὰρ εἶδέ σφεας Ξέρξης
ἔργον μέγα ἐργασαμένους, ἐτράπετο πρὸς τοὺς Φοίνικας
οἷα ὑπερλυπεόμενός τε καὶ πάντας αἰτιώμενος, καί σφεων
ἐκέλευσε τὰς κεφαλὰς ἀποταμεῖν, ἵνα μὴ αὐτοὶ κακοὶ γενό- 25
4 μενοι τοὺς ἀμείνονας διαβάλλωσι. ὅκως γάρ τινα ἴδοι
Ξέρξης τῶν ἑωυτοῦ ἔργον τι ἀποδεικνύμενον ἐν τῇ ναυμαχίῃ,
κατήμενος ὑπὸ τῷ ὄρεϊ τῷ ἀντίον Σαλαμῖνος τὸ καλέεται
Αἰγάλεως, ἀνεπυνθάνετο τὸν ποιήσαντα, καὶ οἱ γραμματισταὶ

4 νῆες A B d   οἱ Krueger: καὶ L   8 ὄπισθεν R V   πρόσθεν
R V   12 Φοίνικες L: corr. H. Stephanus   διεφθειρέατο P:
διεφθαρέατο a d   17 Σαμοθρη(ι)κίη D P R S: Σαμοθρα(ι)κίη(ι) a V
18 -δύατο V¹: -δυέατο S   Αἰγινέη R S V   19 Σαμοθρηκῶν d
νῆα D   δὲ Pᵐ   Σαμοθρῆκες D R V   20 νεὼς C D°   26 δια-
βάλωσιν R   27 ἑωυτῶν C

ἀνέγραφον πατρόθεν τὸν τριήραρχον καὶ τὴν πόλιν.   πρὸς
δέ τι καὶ προσεβάλετο φίλος (Ἰώνων) ἐὼν Ἀριαράμνης ἀνὴρ
Πέρσης παρεὼν τούτου τοῦ Φοινικηίου πάθεος.

Οἱ μὲν δὴ πρὸς τοὺς Φοίνικας ἐτράποντο· τῶν δὲ βαρ- 91
5 βάρων ἐς φυγὴν τραπομένων καὶ ἐκπλεόντων πρὸς τὸ Φάληρον
Αἰγινῆται ὑποστάντες ἐν τῷ πορθμῷ ἔργα ἀπεδέξαντο λόγου
ἄξια. οἱ μὲν γὰρ Ἀθηναῖοι ἐν τῷ θορύβῳ ἐκεράιζον τάς τε
ἀντισταμένας καὶ τὰς φευγούσας τῶν νεῶν, οἱ δὲ Αἰγινῆται
τὰς ἐκπλεούσας· ὅκως δέ τινες τοὺς Ἀθηναίους διαφύγοιεν,
10 φερόμενοι ἐσέπιπτον ἐς τοὺς Αἰγινήτας.   ἐνθαῦτα συνεκύρεον 92
νέες ἥ τε Θεμιστοκλέος διώκουσα νέα, καὶ ἡ Πολυκρίτου
τοῦ Κριοῦ ἀνδρὸς Αἰγινήτεω νηὶ ἐμβαλοῦσα Σιδωνίῃ, ἥ περ
εἷλε τὴν προφυλάσσουσαν ἐπὶ Σκιάθῳ τὴν Αἰγιναίην, ἐπ'
ἧς ἔπλεε Πυθέης ὁ Ἰσχενόου, τὸν οἱ Πέρσαι κατακοπέντα
15 ἀρετῆς εἵνεκα εἶχον ἐν τῇ νηὶ ἐκπαγλεόμενοι· τὸν δὴ περιά-
γουσα ἅμα τοῖσι Πέρσῃσι ἥλω νηῦς ἡ Σιδωνίη, ὥστε Πυθέην
οὕτω σωθῆναι ἐς Αἴγιναν. ὡς δὲ ἐσεῖδε τὴν νέα τὴν Ἀττικὴν 2
ὁ Πολύκριτος, ἔγνω τὸ σημήιον ἰδὼν τῆς στρατηγίδος, καὶ
βώσας τὸν Θεμιστοκλέα ἐπεκερτόμησε ἐς τῶν Αἰγινητέων
20 τὸν μηδισμὸν ὀνειδίζων. ταῦτα μέν νυν νηὶ ἐμβαλὼν ὁ
Πολύκριτος ἀπέρριψε ἐς Θεμιστοκλέα· οἱ δὲ βάρβαροι τῶν
αἱ νέες περιεγένοντο φεύγοντες ἀπίκοντο ἐς Φάληρον ὑπὸ
τὸν πεζὸν στρατόν. ἐν δὲ τῇ ναυμαχίῃ ταύτῃ ἤκουσαν 93
Ἑλλήνων ἄριστα Αἰγινῆται, ἐπὶ δὲ Ἀθηναῖοι, ἀνδρῶν δὲ
25 Πολύκριτός τε ὁ Αἰγινήτης καὶ Ἀθηναῖοι Εὐμένης τε [ὁ]
Ἀναγυράσιος καὶ Ἀμεινίης Παλληνεύς, ὃς καὶ Ἀρτεμισίην
ἐπεδίωξε. εἰ μέν νυν ἔμαθε ὅτι ἐν ταύτῃ πλέοι Ἀρτεμισίη,
οὐκ ἂν ἐπαύσατο πρότερον ἢ εἷλέ μιν ἢ καὶ αὐτὸς ἥλω.

2 δέ τι Schaefer : δ' ἔτι d : δὲ ἔτι a P   προσεβάλλετο C : προσε-
λάβετο Reiske   Ἰώνων add. Abresch   12 -τέων B   14 Ἰσχένου
L : corr. H. Stephanus   15 ἐκπλαγεόμενοι D   19 τῶν] τὸν
D R V   20 (τῇ) νηὶ Reiske   21 ἀπέριψεν C R   25 Εὐμενῆς L
ὁ del. Wilamowitz   26 Ἀναγυρράσιος R : Ἀργυράσιος V¹ : Ἀργυρρ.
S Vᵒ   Ἀμινίης Παληνεύς R   27 Ἀρτεμισίη] Ἀρτεμισίην ἐπεδίωξεν R

2 τοῖσι ·γὰρ Ἀθηναίων τριηράρχοισι παρεκεκέλευστο, πρὸς δὲ
καὶ ἄεθλον ἔκειτο μύριαι δραχμαί, ὃς ἄν μιν ζώην ἕλῃ·
δεινὸν γάρ τι ἐποιεῦντο γυναῖκα ἐπὶ τὰς Ἀθήνας στρα-
τεύεσθαι. αὕτη μὲν δή, ὡς πρότερον εἴρηται, διέφυγε·
ἦσαν δὲ καὶ οἱ ἄλλοι, τῶν αἱ νέες περιεγεγόνεσαν, ἐν τῷ 5
Φαλήρῳ.

94 Ἀδείμαντον δὲ τὸν Κορίνθιον στρατηγὸν λέγουσι Ἀθηναῖοι
αὐτίκα κατ' ἀρχάς, ὡς συνέμισγον αἱ νέες, ἐκπλαγέντα τε
καὶ ὑπερδείσαντα, τὰ ἱστία ἀειράμενον οἴχεσθαι φεύγοντα,
ἰδόντας δὲ τοὺς Κορινθίους τὴν στρατηγίδα φεύγουσαν 10
2 ὡσαύτως οἴχεσθαι. ὡς δὲ ἄρα φεύγοντας γίνεσθαι τῆς
Σαλαμινίης κατὰ ⟨τὸ⟩ ἱρὸν Ἀθηναίης Σκιράδος, περιπίπτειν
σφι κέλητα θείῃ πομπῇ, τὸν οὔτε πέμψαντα φανῆναι οὐδένα,
οὔτε τι τῶν ἀπὸ τῆς στρατιῆς εἰδόσι προσφέρεσθαι τοῖσι
Κορινθίοισι. τῇδε δὲ συμβάλλονται εἶναι θεῖον τὸ πρῆγμα· 15
ὡς γὰρ ἀγχοῦ γενέσθαι τῶν νεῶν, τοὺς ἀπὸ τοῦ κέλητος
3 λέγειν τάδε· Ἀδείμαντε, σὺ μὲν ἀποστρέψας τὰς νέας ἐς
φυγὴν ὅρμησαι] καταπροδοὺς τοὺς Ἕλληνας· οἱ δὲ καὶ δὴ
νικῶσι ὅσον αὐτοὶ ἠρῶντο ἐπικρατῆσαι τῶν ἐχθρῶν. ταῦτα
λεγόντων ἀπιστέειν γὰρ τὸν Ἀδείμαντον, αὖτις τάδε λέγειν, 20
ὡς αὐτοὶ οἷοί τε εἶεν ἀγόμενοι ὅμηροι ἀποθνήσκειν, ἢν μὴ
4 νικῶντες φαίνωνται οἱ Ἕλληνες. οὕτω δὴ ἀποστρέψαντα
τὴν νέα αὐτόν τε καὶ τοὺς ἄλλους ἐπ' ἐξεργασμένοισι] ἐλθεῖν
ἐς τὸ στρατόπεδον. τούτους μὲν τοιαύτη φάτις ἔχει ὑπὸ
Ἀθηναίων, οὐ μέντοι αὐτοί γε Κορίνθιοι ὁμολογέουσι, ἀλλ' 25
ἐν πρώτοισι σφέας αὐτοὺς τῆς ναυμαχίης νομίζουσι γενέσθαι·
95 μαρτυρέει δέ σφι καὶ ἡ ἄλλη Ἑλλάς. Ἀριστείδης δὲ ὁ
Λυσιμάχου ἀνὴρ Ἀθηναῖος, τοῦ καὶ ὀλίγῳ τι πρότερον τού-

1 τριηράρχηισι S V   παρακ. C P   2 μυρίαι R V   4 διέφυγε
om. C   5 οἱ] ἡ R : om. D P¹   9 τὰ del. Krueger   10 φέ-
ρουσαν C   12 Σαλαμίνης C   τὸ add. Aldus   Σκιρράδος R S V
13 φάναι C   14–15 τοῖσι Κορινθίοισι om. S V   15 νηῶν R S V
Madvig (quod si verum, ὡς δὲ (16) scribendum)   16 νηῶν R S V
17 λέγει C   ναῦς L   18 ὥρμησαι d C P   19 αὐτοὶ αὐ R S V
23 ἐπεξεργ. C D R V   24 ὑπὸ] ὑ Dᶜ   27 μαρτυρεῖ L   28 ὀλίγον
S [V]

τῶν ἐπεμνήσθην ὡς ἀνδρὸς ἀρίστου, οὗτος ἐν τῷ θορύβῳ
τούτῳ τῷ περὶ Σαλαμῖνα γενομένῳ τάδε ἐποίεε· παραλαβὼν
πολλοὺς τῶν ὁπλιτέων οἳ παρετετάχατο παρὰ τὴν ἀκτὴν
τῆς Σαλαμινίης χώρης, γένος ἐόντες Ἀθηναῖοι, ἐς τὴν
5 Ψυττάλειαν νῆσον ἀπέβησε ἄγων, οἳ τοὺς Πέρσας τοὺς ἐν
τῇ νησῖδι ταύτῃ κατεφόνευσαν πάντας.

'Ως δὲ ἡ ναυμαχίη διελέλυτο, κατειρύσαντες ἐς τὴν Σαλα- 96
μῖνα οἱ Ἕλληνες τῶν ναυηγίων ὅσα ταύτῃ ἐτύγχανε ἔτι
ἐόντα, ἕτοιμοι ἦσαν ἐς ἄλλην ναυμαχίην, ἐλπίζοντες τῇσι
10 περιεούσῃσι νηυσὶ ἔτι χρήσεσθαι βασιλέα. τῶν δὲ ναυη- 2
γίων πολλὰ ὑπολαβὼν ἄνεμος ζέφυρος ἔφερε τῆς Ἀττικῆς
ἐπὶ τὴν ἠιόνα τὴν καλεομένην Κωλιάδα, ὥστε ἀποπλησθῆναι
τὸν χρησμὸν τόν τε ἄλλον πάντα τὸν περὶ τῆς ναυμαχίης
ταύτης εἰρημένον Βάκιδι καὶ Μουσαίῳ, καὶ δὴ καὶ κατὰ τὰ
15 ναυήγια τὰ ταύτῃ ἐξενειχθέντα τὸ εἰρημένον πολλοῖσι ἔτεσι
πρότερον τούτων ἐν χρησμῷ Λυσιστράτῳ Ἀθηναίῳ ἀνδρὶ
χρησμολόγῳ, τὸ ἐλελήθεε πάντας τοὺς Ἕλληνας,

Κωλιάδες δὲ γυναῖκες ἐρετμοῖσι φρύξουσι.

τοῦτο δὲ ἔμελλε ἀπελάσαντος βασιλέος ἔσεσθαι.

20 Ξέρξης δὲ ὡς ἔμαθε τὸ γεγονὸς πάθος, δείσας μή τις 97
τῶν Ἰώνων ὑποθῆται τοῖσι Ἕλλησι ἢ αὐτοὶ νοήσωσι πλέειν
ἐς τὸν Ἑλλήσποντον λύσοντες τὰς γεφύρας καὶ ἀπολαμφθεὶς
ἐν τῇ Εὐρώπῃ κινδυνεύσῃ ἀπολέσθαι, δρησμὸν ἐβούλευε·
θέλων δὲ μὴ ἐπίδηλος εἶναι μήτε τοῖσι Ἕλλησι μήτε τοῖσι
25 ἑωυτοῦ ἐς τὴν Σαλαμῖνα χῶμα ἐπειρᾶτο διαχοῦν, γαύλους
τε Φοινικηίους συνέδεε, ἵνα ἀντί τε σχεδίης ἔωσι καὶ τείχεος,
ἀρτέετό τε ἐς πόλεμον ὡς ναυμαχίην ἄλλην ποιησόμενος.

1 ἐμνήσθην P   2 τούτῳ om. D   τῷ in lit. D   γινομένῳ
conieci   3 παρετετάχατο D : παρατ. rell.   7 κατερ. CP
8 ἔτι ἐτύγχ. ἔτι RV   11 ὑποβαλὼν C   ἐξέφερε Lex. Vind. 181
12 ἀποπλῆσαι L : ut impletum sit Valla : ἀποπλῆσθαι Buttmann : ἀπο-
πεπλῆσθαι Abicht   15 ἐξενεχθ. CR   18 δὲ om. C   φρίξουσι
L : corr. I. Kuhn   19 ἀπελάσσοντος RV : ἀπελάσαν τοῦ D   21 ὑπό-
θηται RVDᶜ   23 ἀπολέσθαι κινδυνεύσῃ (-σει C¹ SV) P   ἐβού-
λευσε P   24 ἐπίδημος RSV   25 γαυλούς R : γαύλούς V :
γαυλούς rell.   26 Φοινικῇ + ους D

2 ὁρῶντες δέ μιν πάντες οἱ ἄλλοι ταῦτα πρήσσοντα [εὖ ἠπι-
στέατο ὡς [ἐκ παντὸς νόου] παρεσκεύασται μένων πολεμήσειν·
Μαρδόνιον δ᾽ οὐδὲν τούτων ἐλάνθανε ὡς μάλιστα ἔμπειρον
98 ἐόντα τῆς ἐκείνου διανοίης. ταῦτά τε ἅμα Ξέρξης ἐποίεε
καὶ ἔπεμπε ἐς Πέρσας ἀγγελέοντα τὴν παρεοῦσάν σφι 5
συμφορήν. τούτων δὲ τῶν ἀγγέλων ἔστι οὐδὲν ὅ τι θᾶσσον
παραγίνεται θνητὸν ἐόν· οὕτω τοῖσι Πέρσῃσι ἐξεύρηται
τοῦτο. λέγουσι γὰρ ὡς ὁσέων ἂν ἡμερέων (ἦ) ἡ πᾶσα
ὁδός, τοσοῦτοι ἵπποι τε καὶ ἄνδρες διεστᾶσι, [κατὰ ἡμερησίην
ὁδὸν ἑκάστην] ἵππος τε καὶ ἀνὴρ τεταγμένος· τοὺς οὔτε 10
νιφετός, οὐκ ὄμβρος, οὐ καῦμα, οὐ νὺξ ἔργει μὴ οὐ κατα-
2 νύσαι τὸν προκείμενον αὐτῷ δρόμον τὴν ταχίστην. ὁ μὲν
δὴ πρῶτος δραμὼν παραδιδοῖ τὰ ἐντεταλμένα τῷ δευτέρῳ,
ὁ δὲ δεύτερος τῷ τρίτῳ· τὸ δὲ ἐνθεῦτεν ἤδη κατ᾽ ἄλλον (καὶ
ἄλλον) διεξέρχεται παραδιδόμενα, κατά περ Ἕλλησι ἡ 15
λαμπαδηφορίη τὴν τῷ Ἡφαίστῳ ἐπιτελέουσι. τοῦτο τὸ
99 δράμημα τῶν ἵππων καλέουσι Πέρσαι "ἀγγαρήιον." ἡ μὲν
δὴ πρώτη ἐς Σοῦσα ἀγγελίη ἀπικομένη, ὡς ἔχοι Ἀθήνας
Ξέρξης, ἔτερψε οὕτω δή τι Περσέων τοὺς ὑπολειφθέντας
ὡς τάς τε ὁδοὺς μυρσίνῃ πάσας ἐστόρεσαν καὶ ἐθυμίων 20
θυμιήματα καὶ αὐτοὶ ἦσαν ἐν θυσίῃσί τε καὶ εὐπαθείῃσι·
2 ἡ δὲ δευτέρη σφι ἀγγελίη ἐπεσελθοῦσα συνέχεε οὕτω ὥστε
τοὺς κιθῶνας κατερρήξαντο πάντες, βοῇ τε καὶ οἰμωγῇ
ἐχρέωντο ἀπλέτῳ, Μαρδόνιον ἐν αἰτίῃ τιθέντες. οὐκ οὕτω
δὲ περὶ τῶν νεῶν ἀχθόμενοι [ταῦτα οἱ Πέρσαι ἐποίευν] ὡς 25
περὶ αὐτῷ Ξέρξῃ δειμαίνοντες.
100 Καὶ περὶ Πέρσας μὲν ἦν ταῦτα [τὸν πάντα μεταξὺ χρόνον
γενόμενον], μέχρι οὗ Ξέρξης αὐτός σφεας ἀπικόμενος ἔπαυσε.

4 ἐόντα om. R   5 παροῦσάν a D R V   8 ὅσον A Cᶜ : ὅσων
rell.   ἂν s. v. D¹   ἦ add. Schaefer   10 ἵπποι L   14 ἐνθεῦτε
R   alium atque alium Valla   15 ⟨ἐν⟩ Ἕλλησι Stein   16 λαμ-
παδιφορίη d   17 δράμημα] ημα D²   ἀγγειρήιον R S V   20 τά B¹
μυρσήνη D¹   ἐστόρνεσαν D   21 εὐπαθίη(ι)σι(ν) L   22 ἀγγελίη R
ἐπεξελθοῦσα L : corr. Reiske   23 κιθῶνας B   κατηρείξαντο Cobet
24 αἰτίῃσι P   25 νηῶν A B d   28 γινόμενον Bekker : γινόμενα
Stein

Μαρδόνιος δὲ ὁρῶν μὲν Ξέρξην συμφορὴν μεγάλην ἐκ τῆς
ναυμαχίης ποιεύμενον, ὑποπτεύων δὲ αὐτὸν δρησμὸν βου-
λεύειν ἐκ τῶν Ἀθηνέων, φροντίσας πρὸς ἑωυτὸν ὡς δώσει
δίκην ἀναγνώσας βασιλέα στρατεύεσθαι ἐπὶ τὴν Ἑλλάδα,
5 καί οἱ κρέσσον εἴη ἀνακινδυνεῦσαι ἢ κατεργάσασθαι τὴν
Ἑλλάδα ἢ αὐτὸν καλῶς τελευτῆσαι τὸν βίον ὑπὲρ μεγάλων
αἰωρηθέντα· πλέον μέντοι ἔφερέ οἱ ἡ γνώμη κατεργάσεσθαι
τὴν Ἑλλάδα· λογισάμενος ὧν ταῦτα προσέφερε τὸν λόγον
τόνδε· Δέσποτα, μήτε λυπέο μήτε συμφορὴν μηδεμίαν 2
10 μεγάλην ποιεῦ τοῦδε τοῦ γεγονότος εἵνεκα πρήγματος. οὐ
γὰρ ξύλων ἀγὼν ὁ τὸ πᾶν φέρων ἐστὶ ἡμῖν, ἀλλ' ἀνδρῶν τε
καὶ ἵππων. σοὶ δὲ οὔτε τις τούτων τῶν τὸ πᾶν σφίσι ἤδη
δοκεόντων κατεργάσθαι ἀποβὰς ἀπὸ τῶν νεῶν πειρήσεται
ἀντιωθῆναι οὔτ' ἐκ τῆς ἠπείρου τῆσδε· οἵ τε ἡμῖν ἠντιώθησαν,
15 ἔδοσαν δίκας. εἰ μέν νυν δοκέει, αὐτίκα πειρώμεθα τῆς 3
Πελοποννήσου· εἰ δὲ καὶ δοκέει ἐπισχεῖν, παρέχει ποιέειν·
ταῦτα. μὴ δὲ δυσθύμει· οὐ γὰρ ἔστι Ἕλλησι οὐδεμία
ἔκδυσις μὴ οὐ δόντας λόγον τῶν ἐποίησαν νῦν τε καὶ πρότε-
ρον εἶναι σοὺς δούλους. μάλιστα μέν νυν ταῦτα ποίεε· εἰ
20 δ' ἄρα τοι βεβούλευται αὐτὸν ἀπελαύνοντα ἀπάγειν τὴν
στρατιήν, ἄλλην ἔχω καὶ ἐκ τῶνδε βουλήν. σὺ Πέρσας, 4
βασιλεῦ, μὴ ποιήσῃς καταγελάστους γενέσθαι Ἕλλησι.
οὐδὲν γὰρ ἐν Πέρσῃσί τοι δεδήληται τῶν πρηγμάτων, οὐδὲ
ἐρέεις ὅκου ἐγενόμεθα ἄνδρες κακοί. εἰ δὲ Φοίνικές τε καὶ
25 Αἰγύπτιοι καὶ Κύπριοί τε καὶ Κίλικες κακοὶ ἐγένοντο, οὐδὲν
πρὸς Πέρσας τοῦτο προσήκει τὸ πάθος. ἤδη ὧν, ἐπειδὴ οὐ 5
Πέρσαι τοι αἴτιοί εἰσι, ἐμοὶ πείθεο· εἴ τοι δέδοκται μὴ παρα-

1 δὲ in lit. D²   ὁρέων C P   2 δὲ om. A¹   3 Ἀθηναίων
d C P¹   ἑωυτὸν] ὁ Dᶜ   5 καί . . . Ἑλλάδα (6) om. D¹   κρεῖσσον
A B R S V   6 ἢ . . . Ἑλλάδα (8) om. B¹   7 πλέω C¹   ἢ om.
R S V   κατεργάσθαι V¹ : -γάσασθαι rell. : corr. Cobet   11 ἡμῖν
ἐστιν D¹   12 τῶν om. D R V   σφίσι Stein : σφι L   13 κατερ-
γάσασθαι d   14 ἀντιώθησαν D   15 δοκέειν S V   16 παρέ-
χειν C   19 τοὺς R S V   ποίεεν S V : ποιέειν R   20 ἀπαγαγεῖν
R S V   23 Πέρσῃσί τοι Stein olim : Π. τοῖσι a P : τοῖσι (-σι + D)
Π. d : Π. τοί τι Valckenaer   24 ἐρεῖς L   27 εἴ τι R   μὴ
om. C   παραμενέειν R S V

μένειν, σὺ μὲν ἐς ἤθεα τὰ σεωυτοῦ ἀπέλαυνε τῆς στρατιῆς
ἀπάγων τὸ πολλόν, ἐμὲ δὲ σοὶ χρὴ τὴν Ἑλλάδα παρασχεῖν
δεδουλωμένην, τριήκοντα μυριάδας τοῦ στρατοῦ ἀπολεξά-
101 μενον. ταῦτα ἀκούσας Ξέρξης ὡς ἐκ κακῶν ἐχάρη τε καὶ
ἤσθη, πρὸς Μαρδόνιόν τε βουλευσάμενος ἔφη ὑποκρινέεσθαι 5
ὁκότερον ποιήσει τούτων. ὡς δὲ ἐβουλεύετο ἅμα Περσέων
τοῖσι ἐπικλήτοισι, ἔδοξέ οἱ καὶ Ἀρτεμισίην ἐς συμβουλίην
μεταπέμψασθαι, ὅτι πρότερον ἐφαίνετο μούνη νοέουσα τὰ
2 ποιητέα ἦν. ὡς δὲ ἀπίκετο ἡ Ἀρτεμισίη, μεταστησάμενος
τοὺς ἄλλους, τούς τε συμβούλους Περσέων καὶ τοὺς δορυ- 10
φόρους, ἔλεξε Ξέρξης τάδε· Κελεύει με Μαρδόνιος μένοντα
αὐτοῦ πειρᾶσθαι τῆς Πελοποννήσου, λέγων ὥς μοι Πέρσαι
τε καὶ ὁ πεζὸς στρατὸς οὐδενὸς μεταίτιοι πάθεός εἰσι, ἀλλὰ
3 βουλομένοισί σφι γένοιτ᾽ ἂν ἀπόδεξις. ἐμὲ ὦν ἢ ταῦτα
κελεύει ποιέειν, ἢ αὐτὸς ἐθέλει τριήκοντα μυριάδας ἀπολεξά- 15
μενος τοῦ στρατοῦ παρασχεῖν μοι τὴν Ἑλλάδα δεδουλω-
μένην, αὐτὸν δέ με κελεύει ἀπελαύνειν σὺν τῷ λοιπῷ στρατῷ
4 ἐς ἤθεα τὰ ἐμά. σὺ ὦν ἐμοί (καὶ γὰρ περὶ τῆς ναυμαχίης
εὖ συνεβούλευσας τῆς γενομένης οὐκ ἐῶσα ποιέεσθαι) νῦν
[τε] συμβούλευσον ὁκότερα ποιέων ἐπιτύχω εὖ βουλευσά- 20
102 μενος. ὁ μὲν ταῦτα συνεβουλεύετο, ἡ δὲ λέγει τάδε·
Βασιλεῦ, χαλεπὸν μέν ἐστι συμβουλευομένῳ τυχεῖν τὰ
ἄριστα εἴπασαν, ἐπὶ μέντοι τοῖσι κατήκουσι πρήγμασι δοκέει
μοι αὐτὸν μέν σε ἀπελαύνειν ὀπίσω, Μαρδόνιον δέ, εἰ ἐθέλει
τε καὶ ὑποδέκεται ταῦτα ποιήσειν, αὐτοῦ καταλιπεῖν σὺν 25
2 τοῖσι ἐθέλει. τοῦτο μὲν γάρ, ἢν καταστρέψηται τά φησι
θέλειν καί οἱ προχωρήσῃ τὰ νοέων λέγει, σὸν τὸ ἔργον, ὦ
δέσποτα, γίνεται· οἱ γὰρ σοὶ δοῦλοι κατεργάσαντο· τοῦτο

1 τὰς εωυτοῦ A B : τὰ ἑωυτοῦ S   3 ἀπολεξάμενον] λ D²   5 ἀπο-
κρινεῖσθαι L : corr. Bredow   6 ποιήσει] ει D² [V]   7 ἐπὶ
συμβουλὴν P R S V   13 εἰσι πάθεος D¹   14 ἀποδιξις A : ἀπό-
δεξης D¹ : ἀπόδειξις R   15 κελεύειν R   ποιεῖν D   17 λυπῶι
A¹ B¹   20 [τε] Krueger : ἄγε Stein : γε conieci   ποιέω C
22 ⟨τοι⟩ τυχεῖν Stein   25 τε om. P¹   ὑποδέδεκται R S V   κατα-
λειπεῖν B   26 τοῦτο . . . θέλειν om. R   τά σφισι C P   27 θέλειν
A² : θέλει a P : ἐθέλει d [R]   προχωρήσει R S [V]

δέ, ἢν τὰ ἐναντία τῆς Μαρδονίου γνώμης γένηται, οὐδεμία
συμφορὴ μεγάλη ἔσται σέο τε περιεόντος καὶ ἐκείνων τῶν
πρηγμάτων περὶ οἶκον τὸν σόν. ἢν γὰρ σύ τε περῇς καὶ   3
οἶκος ὁ σός, πολλοὺς πολλάκις ἀγῶνας δραμέονται περὶ
5 σφέων αὐτῶν οἱ Ἕλληνες. Μαρδονίου δέ, ἤν τι πάθῃ,
λόγος οὐδεὶς γίνεται· οὐδέ τι νικῶντες οἱ Ἕλληνες νικῶσι,
δοῦλον σὸν ἀπολέσαντες· σὺ δέ, τῶν εἵνεκα τὸν στόλον
ἐποιήσαο, πυρώσας τὰς Ἀθήνας ἀπελᾷς. ἤσθη τε δὴ τῇ   103
συμβουλῇ Ξέρξης· λέγουσα γὰρ ἐπετύγχανε τά περ αὐτὸς
10 ἐνόεε. οὐδὲ γὰρ εἰ πάντες καὶ πᾶσαι συνεβούλευον αὐτῷ
μένειν, ἔμενε ἂν δοκέειν ἐμοί· οὕτω καταρρωδήκεε. ἐπαινέ-
σας δὲ τὴν Ἀρτεμισίην ταύτην μὲν ἀποστέλλει ἄγουσαν
αὐτοῦ τοὺς παῖδας ἐς Ἔφεσον· νόθοι γάρ τινες παῖδές οἱ
συνείποντο. συνέπεμπε δὲ τοῖσι παισὶ φύλακον Ἑρμότιμον,   104
15 γένος μὲν ἐόντα Πηδασέα, φερόμενον δὲ οὐ τὰ δεύτερα τῶν
εὐνούχων παρὰ βασιλέι· [οἱ δὲ Πηδασέες οἰκέουσι ὑπὲρ
Ἁλικαρνησσοῦ. ἐν δὲ τοῖσι Πηδάσοισι τούτοισι τοιόνδε
συμφέρεται πρῆγμα γίνεσθαι· ἐπεὰν τοῖσι ἀμφικτυόσι πᾶσι
τοῖσι ἀμφὶ ταύτης οἰκέουσι τῆς πόλιος μέλλῃ τι ἐντὸς
20 χρόνου ἔσεσθαι χαλεπόν, τότε ἡ ἱερείη αὐτόθι τῆς Ἀθη-
ναίης φύει πώγωνα μέγαν. τοῦτο δέ σφι δὶς ἤδη ἐγένετο.
ἐκ τούτων δὴ τῶν Πηδασέων ὁ Ἑρμότιμος ἦν] τῷ μεγίστη   105
τίσις ἤδη ἀδικηθέντι ἐγένετο πάντων τῶν ἡμεῖς ἴδμεν.
ἁλόντα γὰρ αὐτὸν ὑπὸ πολεμίων καὶ πωλεόμενον ὠνέεται
25 Πανιώνιος ἀνὴρ Χῖος, ὃς τὴν ζόην κατεστήσατο ἀπ᾽ ἔργων
ἀνοσιωτάτων· ὅκως γὰρ κτήσαιτο παῖδας εἴδεος ἐπαμμένους,
ἐκτάμνων ἀγινέων ἐπώλεε ἐς Σάρδις τε καὶ Ἔφεσον χρημά-

1 Μαρδονίης C   2 ἐστι C   3 ⟨τῶν⟩ περὶ Krueger   5 δέ]
τὲ B   8 ἐποιήσω L   δὴ om. RSV   9 συμβουλίη a   11 με-
νέειν C   κατερρ. D   12 μὲν] τὴν μὲν RSV   13 τοὺς om. a
14 συνέσποντο AB: συνέποντο C   16 οἱ ... ἦν (22) om. Const.
17 -νησοῦ ABD¹   τουτέοισι a   18 φέρεται d P   ἀμφικτύοσι
RSV   20 ἱρείη P: ἱρέη d   23 γέγονε Const.   25 Παιώνιος
d (it. infra) P¹ (?)   ὃς a PRSV Const.: ὅστις D   ζωην d C
27 ἐκταμὼν Reiske   Σάρδιάς τε καὶ ἐς Ἔφεσον d

2 τῶν μεγάλων. παρὰ γὰρ τοῖσι βαρβάροισι τιμιώτεροί εἰσι
οἱ εὐνοῦχοι πίστιος εἵνεκα τῆς πάσης τῶν ἐνορχέων. ἄλ-
λους τε δὴ ὁ Πανιώνιος ἐξέταμε πολλούς, ἅτε ποιεύμενος
ἐκ τούτου τὴν ζόην, καὶ δὴ καὶ τοῦτον. καὶ οὐ γὰρ τὰ
πάντα ἐδυστύχεε ὁ Ἑρμότιμος, ἀπικνέεται ἐκ τῶν Σαρδίων 5
παρὰ βασιλέα μετ' ἄλλων δώρων, χρόνου δὲ προϊόντος πάν-
106 των τῶν εὐνούχων ἐτιμήθη μάλιστα παρὰ Ξέρξῃ. ὡς δὲ
τὸ στράτευμα τὸ Περσικὸν ὅρμα βασιλεὺς ἐπὶ τὰς Ἀθήνας
ἐὼν ἐν Σάρδισι, ἐνθαῦτα καταβὰς κατὰ δή τι πρῆγμα ὁ
Ἑρμότιμος ἐς γῆν τῆς Μυσίης, τὴν Χῖοι μὲν νέμονται, 10
Ἀταρνεὺς δὲ καλέεται, εὑρίσκει τὸν Πανιώνιον ἐνθαῦτα.
2 ἐπιγνοὺς δὲ ἔλεγε πρὸς αὐτὸν πολλοὺς καὶ φιλίους λόγους,
πρῶτα μέν οἱ καταλέγων ὅσα αὐτὸς δι' ἐκεῖνον ἔχοι ἀγαθά,
δεύτερα δέ οἱ ὑπισχνεύμενος ἀντὶ τούτων ὅσα μιν ἀγαθὰ
ποιήσει, ἢν κομίσας τοὺς οἰκέτας οἰκέῃ ἐκείνῃ, ὥστε ὑπο- 15
δεξάμενον ἄσμενον τοὺς λόγους τὸν Πανιώνιον κομίσαι τὰ
3 τέκνα καὶ τὴν γυναῖκα. ὡς δὲ ἄρα πανοικίῃ μιν περιέλαβε,
ἔλεγε ὁ Ἑρμότιμος τάδε· Ὦ πάντων ἀνδρῶν ἤδη μάλιστα
ἀπ' ἔργων ἀνοσιωτάτων τὸν βίον κτησάμενε, τί σε ἐγὼ κακὸν
ἢ αὐτὸς ἢ τῶν ἐμῶν τις ἐργάσατο, ἢ σὲ ἢ τῶν σῶν τινα, 20
ὅτι με ἀντ' ἀνδρὸς ἐποίησας τὸ μηδὲν εἶναι; ἐδόκεές τε
θεοὺς λήσειν οἷα ἐμηχανῶ τότε· οἵ σε ποιήσαντα ἀνόσια
νόμῳ δικαίῳ χρεώμενοι, ὑπήγαγον ἐς χεῖρας τὰς ἐμάς,
ὥστε σε μὴ μέμψεσθαι τὴν ἀπ' ἐμέο τοι ἐσομένην δίκην.
4 ὡς δέ οἱ ταῦτα ὠνείδισε, ἀχθέντων τῶν παίδων ἐς ὄψιν 25
ἠναγκάζετο ὁ Πανιώνιος τῶν ἑωυτοῦ παίδων, τεσσέρων

2 εἵνεκε DV: -κεν R   ἐνορχέων P: -χίων a Const.: -χιέων d
3 ἐξέταμνε Dᶜ (-μμε D¹) R V   ποιεόμενος D R V   4 ζόην C S V
7 μάλιστα ἐτιμήθη παρὰ βασιλεῖ Ξ. d   8 ὅρμα a P   9 ἐνθαῦτα
a P Const.: ἐνθ. δὴ d (δὶ R)   10 τὴν Μυσίην L: corr. Pingel
μὲν a D P Const.: om. R S V   11 Ἀταρνέος d   12 ἄρα πρὸς d
φίλους Const.   14 ὑπισχεύμενος A¹ B   15 ποιήσειεν a P
κομισάμενος d   οἰκέτας παῖδας C P   ἀποδεξ. Stein   16 ἄσμενον
et 17 ἄρα om. Const.   18 δ] οἱ Const.   μάλιστα om. D   20 ἐμῶν
τις σε προγόνων a P Const. (τί)   23 ἐς om. R S V   24 μέμψασθαι
L Const.: corr. Cobet and Madvig   του R S V   25 ὠνείδιζε(ν) C P
ἐς om. V   26-1 seq. pag. ἐόντων τεσσέρων B

ἐόντων, τὰ αἰδοῖα ἀποτάμνειν, ἀναγκαζόμενος δὲ ἐποίεε   private parts
ταῦτα· αὐτοῦ τε, ὡς ταῦτα ἐργάσατο, οἱ παῖδες ἀναγκαζό-
μενοι ἀπέταμνον. Πανιώνιον μέν νυν οὕτω περιῆλθε ἥ τε   περιερχομαι—to catch
τίσις καὶ Ἑρμότιμος.

5   Ξέρξης δὲ ὡς τοὺς παῖδας ἐπέτρεψε Ἀρτεμισίῃ ἀπάγειν 107
ἐς Ἔφεσον, καλέσας Μαρδόνιον ἐκέλευέ μιν τῆς στρατιῆς
διαλέγειν τοὺς βούλεται, καὶ ποιέειν τοῖσι λόγοισι τὰ ἔργα   to choose
πειρώμενον ὅμοια. ταύτην μὲν τὴν ἡμέρην ἐς τοσοῦτον
ἐγίνετο, τῆς δὲ νυκτὸς κελεύσαντος βασιλέος ⌜τὰς νέας οἱ
10 στρατηγοὶ ἐκ τοῦ Φαλήρου ἀπῆγον ὀπίσω ἐς τὸν Ἑλλήσ-
ποντον, ⌊ὡς τάχεος εἶχε⌋ ἕκαστος, διαφυλαξούσας τὰς σχεδίας   bridges for the king to travel across
πορευθῆναι βασιλέϊ. ἐπεὶ δὲ ἀγχοῦ ἦσαν Ζωστῆρος πλέοντες 2
οἱ βάρβαροι, ἀνατείνουσι γὰρ ἄκραι λεπταὶ τῆς ἠπείρου   rocky
ταύτῃ, ἔδοξάν τε νέας εἶναι καὶ ἔφευγον ἐπὶ πολλόν. χρόνῳ
15 δὲ μαθόντες ὅτι οὐ νέες εἶεν ἀλλ᾽ ἄκραι, συλλεχθέντες ἐκο-
μίζοντο. ὡς δὲ ἡμέρη ἐγίνετο, ὁρῶντες οἱ Ἕλληνες κατὰ 108
χώρην μένοντα τὸν στρατὸν τὸν πεζὸν ἤλπιζον καὶ τὰς νέας   expect
εἶναι περὶ Φάληρον, ἐδόκεόν τε ναυμαχήσειν σφέας παραρ-   prepare
τέοντό τε ὡς ἀλεξησόμενοι. ἐπεὶ δὲ ἐπύθοντο τὰς νέας
20 οἰχωκυίας, αὐτίκα μετὰ ταῦτα ἐδόκεε ἐπιδιώκειν. τὸν μέν
νυν ναυτικὸν τὸν Ξέρξεω στρατὸν ⌊οὐκ ἐπεῖδον⌋ διώξαντες   see
μέχρι Ἄνδρου, ἐς δὲ τὴν Ἄνδρον ἀπικόμενοι ἐβουλεύοντο.
Θεμιστοκλέης μέν νυν γνώμην ἀπεδείκνυτο διὰ νήσων τρα- 2   through they should sail
πομένους καὶ ἐπιδιώξαντας τὰς νέας πλέειν ἰθέως ἐπὶ τὸν
25 Ἑλλήσποντον λύσοντας τὰς γεφύρας· Εὐρυβιάδης δὲ τὴν
ἐναντίην ταύτῃ γνώμην ἐτίθετο, λέγων ὡς εἰ λύσουσι τὰς
σχεδίας, τοῦτ᾽ ἂν μέγιστον πάντων σφεῖς κακὸν τὴν Ἑλλάδα

2 δς C P¹   3 νυν om. C   τε om. d   4 καὶ δ C P   5 Ἀρτ.
ἐπέτρ. C (ἐπέστρ.) P   6 ἐκέλευσέ C P   8 τοσοῦτο a D P
9 ἐγένετο S   νῆας d (it. 14, 17, 19, 24)   11 ταχέως S   ἔσχε(ν) d
φυλαξούσας d   12 πλώ- d (it. 24)   14 ταύτῃ Pingel: ταύτης
a P: ταύτας d   χρόνου D   15 νῆες L   16 ἐγένετο C P
ὁρέοντες d P: ὁρέωντες C   20 ὠχωκυίας d (-α R)   μὲν ναυτικὸν
στρατὸν τὸν Ξ. d   23 ἐπεδείκνυτο d   27 σφεῖς Aldus: σφέας d
(ante πάντων D): σφι a P   κακῶν a P

3 ἐργασαίατο. εἰ γὰρ ἀναγκασθείη ἀπολαμφθεὶς ὁ Πέρσης
μένειν ἐν τῇ Εὐρώπῃ, πειρῷτο ἂν ἡσυχίην μὴ ἄγειν, ὡς
ἄγοντι μέν οἱ ἡσυχίην οὔτε τι προχωρέειν οἷόν τε ἔσται τῶν
πρηγμάτων οὔτε τις κομιδὴ τὸ ὀπίσω φανήσεται, λιμῷ τέ οἱ
ἡ στρατιὴ διαφθερέεται, ἐπιχειρέοντι δὲ αὐτῷ καὶ ἔργου ἐχο- 5
μένῳ πάντα τὰ κατὰ τὴν Εὐρώπην οἷά τε ἔσται προσχωρῆ-
σαι κατὰ πόλις τε καὶ κατὰ ἔθνεα, ἤτοι ἁλισκομένων γε ἢ
πρὸ τούτου ὁμολογεόντων· τροφήν τε ἕξειν σφέας τὸν ἐπέ-
4 τειον αἰεὶ τὸν τῶν Ἑλλήνων καρπόν. ἀλλὰ δοκέειν γὰρ
νικηθέντα τῇ ναυμαχίῃ οὐ μενέειν ἐν τῇ Εὐρώπῃ τὸν Πέρσην· 10
ἐατέον ὧν εἶναι φεύγειν, ἐς ὃ ἔλθῃ φεύγων ἐς τὴν ἑωυτοῦ·
τὸ ἐνθεῦτεν δὲ περὶ τῆς ἐκείνου ποιέεσθαι ἤδη τὸν ἀγῶνα
ἐκέλευε. ταύτης δὲ εἴχοντο τῆς γνώμης καὶ Πελοποννησίων
109 τῶν ἄλλων οἱ στρατηγοί. ὡς δὲ ἔμαθε ὅτι οὐ πείσει τούς
γε πολλοὺς πλέειν ἐς τὸν Ἑλλήσποντον ὁ Θεμιστοκλέης, 15
μεταβαλὼν πρὸς τοὺς Ἀθηναίους (οὗτοι γὰρ μάλιστα ἐκπε-
φευγότων περιημέκτεον, ὁρμέατό τε ἐς τὸν Ἑλλήσποντον
πλέειν καὶ ἐπὶ σφέων αὐτῶν βαλόμενοι, εἰ ὧλλοι μὴ βου-
2 λοίατο) ἔλεγέ σφι τάδε· Καὶ αὐτὸς ἤδη πολλοῖσι παρεγενό-
μην καὶ πολλῷ πλέω ἀκήκοα τοιάδε γενέσθαι, ἄνδρας ἐς 20
ἀναγκαίην ἀπειληθέντας νενικημένους ἀναμάχεσθαί τε καὶ
ἀναλαμβάνειν τὴν προτέρην κακότητα. ἡμεῖς δέ (εὕρημα
γὰρ εὑρήκαμεν ἡμέας τε αὐτοὺς καὶ τὴν Ἑλλάδα, νέφος
τοσοῦτον ἀνθρώπων ἀνωσάμενοι) μὴ διώκωμεν ἄνδρας φεύ-
3 γοντας. τάδε γὰρ οὐκ ἡμεῖς κατεργασάμεθα, ἀλλὰ θεοί τε 25
καὶ ἥρωες, οἳ ἐφθόνησαν ἄνδρα ἕνα τῆς τε Ἀσίης καὶ τῆς
Εὐρώπης βασιλεῦσαι, ἐόντα ἀνόσιόν τε καὶ ἀτάσθαλον· ὃς

1 ἐργασαίατο Dindorf: ἐργάσαιτο a D P V : -σατο R : -σαιντο S
2 ἐν τῇ Ε. μένειν d πειρῶ(ι)τ' a P 5 ἤ om. A¹ R διαφθαρέεται
a S V ἐπιχωρέοντι R S V 6 προχωρῆσαι C 7 πόλιάς L
8 ἐπ' ἔτιον C 9 τὸν om. d P ἀλλ' οὐ C 10 μένειν C
Περσεα d 11 ἔλθοι a 13 δὴ Pᵗ 14 ἔμαθον D 15 πλώειν
d (it. 18) 16 πρὸς a : ἔλεγε πρὸς d P¹ 17 ὥρμ. a P 18 βαλλό-
μενοι C : βουλόμενοι d οἱ ἄλλοι a P 19 σφι om. d 20 πλείω d
24 τοσοῦτο Aᶜ B C D ἀνασωσάμενοι a Pᶜ διώκομεν R V 25 γὰρ
om. D 26 τε τῆς τε D² (ησ τ ex corr.)

τά τε ἱρὰ καὶ τὰ ἴδια ἐν ὁμοίῳ ἐποιέετο, ἐμπιπράς τε καὶ
καταβάλλων τῶν θεῶν τὰ ἀγάλματα· ὃς καὶ τὴν θάλασσαν
ἀπεμαστίγωσε πέδας τε κατῆκε. ἀλλ' εὖ γὰρ ἔχει ἐς τὸ **4**
παρεὸν ἡμῖν, νῦν μὲν ἐν τῇ Ἑλλάδι καταμείναντας ἡμέων τε
5 αὐτῶν ἐπιμεληθῆναι καὶ τῶν οἰκετέων· καί τις οἰκίην τε
ἀναπλασάσθω καὶ σπόρου ἀνακῶς ἐχέτω, παντελέως ἀπελά-
σας τὸν βάρβαρον· ἅμα δὲ τῷ ἔαρι καταπλέωμεν ἐπὶ Ἑλ-
λησπόντου καὶ Ἰωνίης. ταῦτα ἔλεγε ἀποθήκην μέλλων ποιή- **5**
σεσθαι ἐς τὸν Πέρσην, ἵνα ἢν ἄρα τί μιν καταλαμβάνῃ πρὸς
10 Ἀθηναίων πάθος, ἔχῃ ἀποστροφήν· τά περ ὦν καὶ ἐγένετο.
Θεμιστοκλέης μὲν ταῦτα λέγων διέβαλλε, Ἀθηναῖοι δὲ **110**
ἐπείθοντο· ἐπειδὴ γὰρ καὶ πρότερον δεδογμένος εἶναι σοφὸς
ἐφάνη ἐὼν ἀληθέως σοφός τε καὶ εὔβουλος, πάντως ἕτοιμοι
ἦσαν λέγοντι πείθεσθαι. ὡς δὲ οὗτοί οἱ ἀνεγνωσμένοι **2**
15 ἦσαν, αὐτίκα μετὰ ταῦτα ὁ Θεμιστοκλέης ἄνδρας ἀπέπεμπε
ἔχοντας πλοῖον, τοῖσι ἐπίστευε σιγᾶν ἐς πᾶσαν βάσανον
ἀπικομένοισι τὰ αὐτὸς ἐνετείλατο βασιλέϊ φράσαι· τῶν καὶ
Σίκιννος ὁ οἰκέτης αὖτις ἐγένετο· οἳ ἐπείτε ἀπίκοντο πρὸς
τὴν Ἀττικήν, οἱ μὲν κατέμενον ἐπὶ τῷ πλοίῳ, Σίκιννος δὲ
20 ἀναβὰς παρὰ Ξέρξην ἔλεγε τάδε· Ἔπεμψέ με Θεμιστοκλέης **3**
ὁ Νεοκλέος, στρατηγὸς μὲν Ἀθηναίων, ἀνὴρ δὲ τῶν συμμά-
χων πάντων ἄριστος καὶ σοφώτατος, φράσοντά τοι ὅτι
Θεμιστοκλέης ὁ Ἀθηναῖος σοὶ βουλόμενος ὑπουργέειν ἔσχε
τοὺς Ἕλληνας τὰς νέας βουλομένους διώκειν καὶ τὰς ἐν
25 Ἑλλησπόντῳ γεφύρας λύειν. καὶ νῦν κατ' ἡσυχίην πολλὴν
κομίζεο. οἱ μὲν ταῦτα σημήναντες ἀπέπλεον ὀπίσω· οἱ δὲ **111**

---

1 pr. τε om. ᵈ P   ἐμπιπρείς A B : ἐμπιπρῆς C   3 παῖδας D P¹
ἔχει om. S V   4 καταμείναντες ᵈ Pᶜ   5 αὐτέων a   6 σπόρους C
παντελῶς ᵈ C P   ἀναπελάσας S V   7 Ἑλλήσποντον C   8 ποιή-
σασθαι B R S V   9 Πέρσεα ᵈ   ἢν] εἰ C   10 ἔχει D R V   οὖν
R V   14 οἱ om. ᵈ   15 ὁ om. ᵈ   16 ἐπίστευσε ᵈ
17 ἀπικνεομ. A B : ἀπικεομ. C   τὰ αὐτὸς] τούτοισι(ν) D R V : ὦν τ. S
18 Σίκκ. B¹   αὖτι D   ἐπειδὴ ᵈ P   19 Σίκιννος C : Σίκινος R
20 Ξέρξεα ᵈ   22 ὅτι] ὁ C   23 ᵈ] τοι ᵈ   σὺ C: om. ᵈ
βουλευόμενος B   ὑπουργέειν ᵈ C P   24 νήας ᵈ   26 ἀπέπλωον ᵈ

Ἕλληνες, ἐπείτε σφι ἀπέδοξε μήτ' ἐπιδιώκειν ἔτι προσω-
τέρω τῶν βαρβάρων τὰς νέας μήτε πλέειν ἐς τὸν Ἑλλήσ-
ποντον λύσοντας τὸν πόρον, τὴν Ἄνδρον περικατέατο
2 ἐξελεῖν ἐθέλοντες. πρῶτοι γὰρ Ἄνδριοι νησιωτέων αἰτη-
θέντες πρὸς Θεμιστοκλέος χρήματα οὐκ ἔδοσαν, ἀλλὰ προϊ- 5
σχομένου Θεμιστοκλέος λόγον τόνδε, ὡς ἥκοιεν Ἀθηναῖοι
περὶ ἑωυτοὺς ἔχοντες δύο θεοὺς μεγάλους, Πειθώ τε καὶ
Ἀναγκαίην, οὕτω τέ σφι κάρτα δοτέα εἶναι χρήματα, ὑπε-
κρίναντο πρὸς ταῦτα λέγοντες ὡς κατὰ λόγον ἦσαν ἄρα αἱ
Ἀθῆναι μεγάλαι τε καὶ εὐδαίμονες, αἲ καὶ θεῶν χρηστῶν 10
3 ἥκοιεν εὖ· ἐπεὶ Ἀνδρίους γε εἶναι γεωπείνας ἐς τὰ μέγιστα
ἀνήκοντας, καὶ θεοὺς δύο ἀχρήστους οὐκ ἐκλείπειν σφέων
τὴν νῆσον ἀλλ' αἰεὶ φιλοχωρέειν, Πενίην τε καὶ Ἀμηχανίην,
καὶ τούτων τῶν θεῶν ἐπηβόλους ἐόντας Ἀνδρίους οὐ δώσειν
χρήματα· οὐδέκοτε γὰρ ⟨ἂν⟩ τῆς ἑωυτῶν ἀδυναμίης τὴν Ἀθη- 15
ναίων δύναμιν εἶναι κρέσσω. οὗτοι μὲν δὴ ταῦτα ὑποκρινάμενοι
112 καὶ οὐ δόντες χρήματα ἐπολιορκέοντο. Θεμιστοκλῆς δέ, οὐ
γὰρ ἐπαύετο πλεονεκτέων, ἐσπέμπων ἐς τὰς ἄλλας νήσους
ἀπειλητηρίους λόγους αἴτεε χρήματα διὰ τῶν αὐτῶν ἀγγέλων
[χρεώμενος] τοῖσι καὶ πρὸς βασιλέα ἐχρήσατο, λέγων ὡς εἰ 20
μὴ δώσουσι τὸ αἰτεόμενον, ἐπάξει τὴν στρατιὴν τῶν Ἑλ-
2 λήνων καὶ πολιορκέων ἐξαιρήσει. λέγων ταῦτα συνέλεγε
χρήματα μεγάλα παρὰ Καρυστίων τε καὶ Παρίων, οἳ πυνθα-
νόμενοι τήν τε Ἄνδρον ὡς πολιορκέοιτο διότι ἐμήδισε, καὶ
Θεμιστοκλέα ὡς εἴη ἐν αἴνη μεγίστη τῶν στρατηγῶν, δεί- 25
σαντες ταῦτα ἔπεμπον χρήματα. εἰ δὲ δή τινες καὶ ἄλλοι

2 νῆας μήτ' ἐπιπλώειν **d**   3 περιεκατέατο **a** P   4 ἐξελέειν **d**
5 -κλέους D S V (it. 6 D¹)   χρήματα . . . Θεμιστ. om. R   6 τὸν
λόγον τόνδε **d**   7 μεγάλας Richards   9 τάδε R S V D²   9–10 ἄρα
ἦσαν Ἀθῆναι **d**   10 αἲ add. Stein   11 γεωπίνας A B¹ D¹ R V
μάλιστα P   12 χρηστοὺς **d**   ἐλείπειν A¹ B   14 ἐπηβόλους
C : ἐπιβόλους **d**   15 ἂν add. Dobree   17 τὰ χρήματα **a**
20 χρεώμενος dell. Cobet et Madvig   λόγοισι τοῖσι **d** P   βασιλέα
a : Ἀνδρίους **d** P   21 ἐπάξειν C : ἀπάξει **d**   τῶν] τὴν A B D
22 ἐξαιρῆσαι C : -ρέσει D   λέγων ⟨ἂν⟩ Schaefer   23 τε om. **d**
25 αἴνῃ] τιμῇ **d**   26 ἄλλων **d**

ἔδοσαν νησιωτέων, οὐκ ἔχω εἰπεῖν· δοκέω δέ τινας καὶ
ἄλλους δοῦναι καὶ οὐ τούτους μούνους. καίτοι Καρυστίοισί 3
γε οὐδὲν τούτου εἵνεκα τοῦ κακοῦ ὑπερβολὴ ἐγένετο· Πάριοι
δὲ Θεμιστοκλέα χρήμασι ἱλασάμενοι διέφυγον τὸ στράτευμα.
5 Θεμιστοκλέης μέν νυν ἐξ Ἄνδρου ὁρμώμενος χρήματα παρὰ
νησιωτέων ἐκτᾶτο λάθρη τῶν ἄλλων στρατηγῶν.

Οἱ δ' ἀμφὶ Ξέρξην ἐπισχόντες ὀλίγας ἡμέρας μετὰ τὴν 113
ναυμαχίην ἐξήλαυνον ἐς Βοιωτοὺς τὴν αὐτὴν ὁδόν. ἔδοξε
γὰρ Μαρδονίῳ ἅμα μὲν προπέμψαι βασιλέα, ἅμα δὲ ἀνωρίη
10 εἶναι τοῦ ἔτεος πολεμέειν, χειμερίσαι τε ἄμεινον εἶναι ἐν
Θεσσαλίῃ, καὶ ἔπειτα ἅμα τῷ ἔαρι πειρᾶσθαι τῆς Πελοπον-
νήσου. ὡς δὲ ἀπίκατο ἐς τὴν Θεσσαλίην, ἐνθαῦτα Μαρδόνιος 2
ἐξελέγετο πρώτους μὲν τοὺς Πέρσας πάντας τοὺς ἀθανάτους
καλεομένους, πλὴν Ὑδάρνεος τοῦ στρατηγοῦ (οὗτος γὰρ οὐκ
15 ἔφη λείψεσθαι βασιλέος), μετὰ δὲ τῶν ἄλλων Περσέων τοὺς
θωρηκοφόρους καὶ τὴν ἵππον τὴν χιλίην, καὶ Μήδους τε καὶ
Σάκας καὶ Βακτρίους τε καὶ Ἰνδούς, καὶ τὸν πεζὸν καὶ τὴν
ἵππον. ταῦτα μὲν ἔθνεα ὅλα εἵλετο, ἐκ δὲ τῶν ἄλλων 3
συμμάχων ἐξελέγετο κατ' ὀλίγους, τοῖσι εἴδεά τε ὑπῆρχε
20 διαλέγων καὶ εἰ τέοισί τι χρηστὸν συνῄδεε πεποιημένον· ἐν
δὲ πλεῖστον ἔθνος Πέρσας αἱρέετο, ἄνδρας στρεπτοφόρους τε
καὶ ψελιοφόρους, ἐπὶ δὲ Μήδους. οὗτοι δὲ πλῆθος μὲν οὐκ
ἐλάσσονες ἦσαν τῶν Περσέων, ῥώμῃ δὲ ἥσσονες· ὥστε
σύμπαντας τριήκοντα μυριάδας γενέσθαι σὺν ἱππεῦσι. ἐν δὲ 114
25 τούτῳ τῷ χρόνῳ, ἐν τῷ Μαρδονιός τε τὴν στρατιὴν διέκρινε
καὶ Ξέρξης ἦν περὶ Θεσσαλίην, χρηστήριον ἐληλύθεε ἐκ
Δελφῶν Λακεδαιμονίοισι, Ξέρξην αἰτέειν δίκας τοῦ Λεωνίδεω

1 νησ. ἔδοσαν d   εἶπαι d   3 γε om. d P   οὐδὲ A¹   εἵνεκε
D R V: -κεν S   4 ἔφυγον a   5 ὁρμεόμενος d P : -εώμενος C
6 ἐκτέατο a : ἐκτέετο d P   7 Ξέρξεα d (it. 27) P   ἡμέρας ὀλίγας
A B   9 γὰρ καὶ C   προσπ. B   ἀνωρίην P R S V D²   12 ἀπί-
κετο d : ἀπικέατο P   13 τοὺς om. C P   Πέρσας πάντας a P :
μυρίους Π. d   15 λήψεσθαι C¹ R V   17 τε om. d P   τὴν d :
τὴν ἄλλην a P   18 εἵλατο d   ἄλλων om. a Pᵗ   19 ὀλίγον D
ἰδέα D   20 εἰ τέοισί τε B C : εἴ τι οἱ d   συνῄδεε P : συνείδεε a d
ἐν A B¹ : ἐν C P   22 τὸ πλῆθος a

φόνου καὶ τὸ διδόμενον ἐξ ἐκείνου δέκεσθαι. πέμπουσι δὴ *accep*
κήρυκα τὴν ταχίστην Σπαρτιῆται, ὃς ἐπειδὴ κατέλαβε ἐοῦσαν *catch w*
ἔτι πᾶσαν τὴν στρατιὴν ἐν Θεσσαλίῃ, ἐλθὼν ἐς ὄψιν τὴν
2 Ξέρξεω ἔλεγε τάδε· Ὦ βασιλεῦ Μήδων, Λακεδαιμόνιοί τέ
σε καὶ Ἡρακλεῖδαι οἱ ἀπὸ Σπάρτης αἰτέουσι φόνου δίκας, 5
ὅτι σφέων τὸν βασιλέα ἀπέκτεινας ῥυόμενον τὴν Ἑλλάδα.
not answer   ὁ δὲ γελάσας τε καὶ κατασχὼν πολλὸν χρόνον, ὥς οἱ ἐτύγχανε
παρεστεὼς Μαρδόνιος, δεικνὺς ἐς τοῦτον εἶπε· Τοιγάρ σφι *points to him*
Μαρδόνιος ὅδε δίκας δώσει τοιαύτας οἵας ἐκείνοισι πρέπει.
115 ὁ μὲν δὴ δεξάμενος τὸ ῥηθὲν ἀπαλλάσσετο, Ξέρξης δὲ 10
Μαρδόνιον ἐν Θεσσαλίῃ καταλιπὼν αὐτὸς ἐπορεύετο κατὰ
τάχος ἐς τὸν Ἑλλήσποντον καὶ ἀπικνέεται ἐς τὸν πόρον τῆς
διαβάσιος ἐν πέντε καὶ τεσσεράκοντα ἡμέρῃσι, ἀπάγων   *45*
ie. only a fraction
2 τῆς στρατιῆς οὐδὲν μέρος ὡς εἰπεῖν. ὅκου δὲ πορευόμενοι
γινοίατο καὶ κατ' οὕστινας ἀνθρώπους, τὸν τούτων καρπὸν 15
grass   ἁρπάζοντες ἐσιτέοντο· εἰ δὲ καρπὸν μηδένα εὕροιεν, οἱ δὲ τὴν
bark   ποίην τὴν ἐκ τῆς γῆς ἀναφυομένην καὶ τῶν δενδρέων τὸν
stripkin—peel off φλοιὸν περιλέποντες καὶ τὰ φύλλα καταδρέποντες κατήσθιον, *pluc*
ὁμοίως τῶν τε ἡμέρων καὶ τῶν ἀγρίων, καὶ ἔλειπον οὐδέν· *cultiva + wild*
3 ταῦτα δ' ἐποίεον ὑπὸ λιμοῦ. ἐπιλαβὼν δὲ λοιμός τε τὸν 20
dysentery στρατὸν καὶ δυσεντερίη κατ' ὁδὸν ἔφθειρε. τοὺς δὲ καὶ
νοσέοντας αὐτῶν κατέλειπε, ἐπιτάσσων τῇσι πόλισι, ἵνα *or*
march ἑκάστοτε γίνοιτο ἐλαύνων, μελεδαίνειν τε καὶ τρέφειν, ἐν *to care for si*
Θεσσαλίῃ τέ τινας καὶ ἐν Σίρι τῆς Παιονίης καὶ ἐν Μακε-
sacred chariot 4 δονίῃ. ἔνθα καὶ τὸ ἱρὸν ἅρμα καταλιπὼν τοῦ Διός, ὅτε ἐπὶ 25
τὴν Ἑλλάδα ἤλαυνε, ἀπιὼν οὐκ ἀπέλαβε, ἀλλὰ δόντες οἱ *take bac*
Παίονες τοῖσι Θρήιξι ἀπαιτέοντος Ξέρξεω ἔφασαν νεμομένας *(recor the graziṇ mare*
ἁρπασθῆναι ὑπὸ τῶν ἄνω Θρηίκων τῶν περὶ τὰς πηγὰς τοῦ

3 alt. τὴν inter ἐς et ὄψιν s. v. D¹   5 αἰτέουσα R V¹   7 οἱ
om. S V   ἔτυχε d   8 τοιγάρτοι (σφι om.) S V   13 ἐν om. d
τεσσαρ. C R V   15 καὶ . . . ἀνθρώπους del. Krueger   καρ R
16 ἀναρπάζοντες d   ἐσιτεύοντο C   17 δένδρων d   τῶν R
18 τὰ κατὰ R   19 ἔλιπον a   21 διέφθειρε D¹ (!) S   22 αὐ-
τέων d   κατέλιπε D : κατέλειπον C¹   23 ἑκάστοθι d   τε om. a
24 Σίρει (!) D   27 Ξέρξεω . . . Θρηίκων (28) om. S V   28 ἁρπα-
χθῆναι L   πηγὰς om. R

308

Στρυμόνος οἰκημένων. ἔνθα καὶ ὁ τῶν Βισαλτέων βασιλεὺς 116
γῆς τε τῆς Κρηστωνικῆς Θρηίξ ἔργον ὑπερφυὲς ἐργάσατο·
ὃς οὔτε αὐτὸς ἔφη τῷ Ξέρξῃ ἑκὼν εἶναι δουλεύσειν, ἀλλ'
οἴχετο ἄνω ἐς τὸ ὄρος τὴν Ῥοδόπην, τοῖσί τε παισὶ ἀπη-
5 γόρευε μὴ στρατεύεσθαι ἐπὶ τὴν Ἑλλάδα. οἱ δὲ ἀλογή- 2
σαντες, ἢ ἄλλως σφι θυμὸς ἐγένετο θεήσασθαι τὸν πόλεμον,
ἐστρατεύοντο ἅμα τῷ Πέρσῃ. ἐπεὶ δὲ ἀνεχώρησαν ἀσινέες
πάντες ἓξ ἐόντες, ἐξώρυξε αὐτῶν ὁ πατὴρ τοὺς ὀφθαλμοὺς
διὰ τὴν αἰτίην ταύτην. καὶ οὗτοι μὲν τοῦτον τὸν μισθὸν 117
10 ἔλαβον· οἱ δὲ Πέρσαι ὡς ἐκ τῆς Θρηίκης πορευόμενοι ἀπί-
κοντο ἐπὶ τὸν πόρον, ἐπειγόμενοι τὸν Ἑλλήσποντον τῇσι
νηυσὶ διέβησαν ἐς Ἄβυδον· τὰς γὰρ σχεδίας οὐκ εὗρον ἔτι
ἐντεταμένας ἀλλ' ὑπὸ χειμῶνος διαλελυμένας. ἐνθαῦτα δὲ 2
κατεχόμενοι σιτία [τε] πλέω ἢ κατ' ὁδὸν ἐλάγχανον, οὐδένα τε
15 κόσμον ἐμπιπλάμενοι καὶ ὕδατα μεταβάλλοντες ἀπέθνησκον
τοῦ στρατοῦ τοῦ περιεόντος πολλοί. οἱ δὲ λοιποὶ ἅμα Ξέρξῃ
ἀπικνέονται ἐς Σάρδις. ἔστι δὲ καὶ ἄλλος ὅδε λόγος λεγό- 118
μενος, ὡς ἐπειδὴ Ξέρξης ἀπελαύνων ἐξ Ἀθηνέων ἀπίκετο
ἐπ' Ἠιόνα τὴν ἐπὶ Στρυμόνι, ἐνθεῦτεν οὐκέτι ὁδοιπορίῃσι
20 διεχρᾶτο, ἀλλὰ τὴν μὲν στρατιὴν Ὑδάρνεϊ ἐπιτρέπει ἀπάγειν
ἐς τὸν Ἑλλήσποντον, αὐτὸς δ' ἐπὶ νεὸς Φοινίσσης ἐπιβὰς
ἐκομίζετο ἐς τὴν Ἀσίην. πλέοντα δέ μιν ἄνεμον Στρυ- 2
μονίην ὑπολαβεῖν μέγαν καὶ κυματίην. καὶ δὴ μᾶλλον γάρ
τι χειμαίνεσθαι, γεμούσης τῆς νεὸς ὥστε ἐπὶ τοῦ καταστρώ-
25 ματος ἐπεόντων συχνῶν Περσέων τῶν σὺν Ξέρξῃ κομιζο-
μένων, ἐνθαῦτα ἐς δεῖμα πεσόντα τὸν βασιλέα εἰρέσθαι
βώσαντα τὸν κυβερνήτην εἴ τις ἔστι σφι σωτηρίη. καὶ τὸν 3
εἰπαι· Δέσποτα, οὐκ ἔστι οὐδεμία, εἰ μὴ τούτων ἀπαλλαγή

1 Βι + σ. V   2 Κριστ. D: Κρηστον. R   Θρηίξ del. Stein
3 τῷ om. d   4 ὤ(ι)χετο a   6 θηήσασθαι D R V   7 Ξέρξῃ d
8 αὐτέων d   12 οὐχ R V   13 ἐντεταγμένας A¹ C   14 τε
om. d P   16 περιόντος B   17 ἀπικνέονται] αι Dᶜ   18 Ἀθη-
ναίων d B C   19 ἐνθεῦτεν om. d Const.   20 διεχρῆτο a:
διεχρέετο d P : ἐχρῆτο Const.   21 ἐς] ἐπὶ Const.   νεὼς C : νηὸς
d (it. 24)   22 πλώ- d   23 μέγαν om. D¹   μᾶλλον γάρ τι
(τοι S V) om. Const.   27 κυβερνήτεα d (it. infra)   σφι om. P
28 εἰπεῖν E   εἰ a P Const. : ἢν d

τις γένηται τῶν πολλῶν ἐπιβατέων. καὶ Ξέρξην λέγεται
ἀκούσαντα ταῦτα εἰπεῖν· Ἄνδρες Πέρσαι, νῦν τις διαδεξάτω
ὑμέων βασιλέος κηδόμενος· ἐν ὑμῖν γὰρ οἶκε εἶναι ἐμοὶ ἡ

4 σωτηρίη. τὸν μὲν ταῦτα λέγειν, τοὺς δὲ προσκυνέοντας
ἐκπηδᾶν ἐς τὴν θάλασσαν, καὶ τὴν νέα ἐπικουφισθεῖσαν οὕτω 5
δὴ ἀποσωθῆναι ἐς τὴν Ἀσίην. ὡς δὲ ἐκβῆναι τάχιστα ἐς
γῆν τὸν Ξέρξην, ποιῆσαι τοιόνδε· ὅτι μὲν ἔσωσε βασιλέος
τὴν ψυχήν, δωρήσασθαι χρυσέῳ στεφάνῳ τὸν κυβερνήτην,
ὅτι δὲ Περσέων πολλοὺς ἀπώλεσε, ἀποταμεῖν τὴν κεφαλὴν

119 αὐτοῦ. οὗτος δὲ ἄλλος λέγεται λόγος περὶ τοῦ Ξέρξεω 10
νόστου, οὐδαμῶς ἔμοιγε πιστός, οὔτε ἄλλως οὔτε τὸ Περ-
σέων τοῦτο πάθος. εἰ γὰρ δὴ ταῦτα οὕτως εἰρέθη ἐκ τοῦ
κυβερνήτεω πρὸς Ξέρξην, ἐν μυρίῃσι γνώμῃσι μίαν οὐκ ἔχω
ἀντίξοον μὴ οὐκ ἂν ποιῆσαι βασιλέα τοιόνδε, τοὺς μὲν ἐκ
τοῦ καταστρώματος καταβιβάσαι ἐς κοίλην νέα, ἐόντας 15
Πέρσας καὶ Περσέων τοὺς πρώτους, τῶν δ' ἐρετέων ἐόντων
Φοινίκων ὅκως οὐκ ἂν ἴσον πλῆθος τοῖσι Πέρσῃσι ἐξέβαλε
ἐς τὴν θάλασσαν. ἀλλ' ὁ μέν, ὡς καὶ πρότερόν μοι εἴρηται,
ὁδῷ χρεώμενος ἅμα τῷ ἄλλῳ στρατῷ ἀπενόστησε ἐς τὴν

120 Ἀσίην. μέγα δὲ καὶ τόδε μαρτύριον· φαίνεται γὰρ Ξέρξης 20
ἐν τῇ ὀπίσω κομιδῇ ἀπικόμενος ἐς Ἄβδηρα καὶ ξεινίην τέ
σφι συνθέμενος καὶ δωρησάμενος αὐτοὺς [ἀκινάκῃ τε
χρυσέῳ] καὶ [τιήρῃ χρυσοπάστῳ.] καὶ ὡς αὐτοὶ λέγουσι
Ἀβδηρῖται, λέγοντες ἔμοιγε οὐδαμῶς πιστά, πρῶτον ἐλύ-
σατο τὴν ζώνην φεύγων ἐξ Ἀθηνέων ὀπίσω, ὡς ἐν ἀδείῃ 25
ἐών. τὰ δὲ Ἄβδηρα ἵδρυται πρὸς τοῦ Ἑλλησπόντου

1 Ξέρξεα d (it. 7, 13)   2 εἰπεῖν a Const. : εἶπαι d P   3 ἔοικε(ν) d
ἡ a P Const. : om. d   5 ἐκπηδᾶν a P Const. : -δέειν d   -σθῆναι Cᶜ
οὕτω δὴ om. Const.   8 χρυσέῳ στεφάνῃ a P Const.   9 τοὺς
πολλοὺς D   10 ἄλλως a PS   λέγεται ὁ λόγος CPS : λόγος
λέγεται D RV   11 ἄλλος a P   τὸ post τοῦτο (12) d   12 ἡρέθη
C : ἐρρήθη Pᶜ : ἐρρέθη d P¹   13 πρὸς τὸν d   ἔξω ? Krueger
14 μὴ om. d   ἐκ d : ἐπὶ a P   15 νῆα d   16 τῶν] καὶ τῶν
RSV   ἐρετρίων R : ἐρετριεων SV   17 κῶς Pingel   18 μοι
AB soli   21 ξενίην RSV : ξιν. (?) D¹   22 τε om. d   23 τιήρῃ
AB : τριήρει CP   24 οὐδαμῶς ἔμοιγε d   25 Ἀθηναίων d BC

μᾶλλον τοῦ Στρυμόνος καὶ τῆς Ἠιόνος, ὅθεν δή μίν φασι
ἐπιβῆναι ἐπὶ τὴν νέα.

to board

Οἱ δὲ Ἕλληνες ἐπείτε οὐκ οἷοί τε ἐγίνοντο ἐξελεῖν τὴν 121
Ἄνδρον, τραπόμενοι ἐς Κάρυστον καὶ δηιώσαντες αὐτῶν

destroy

5 τὴν χώρην ἀπαλλάσσοντο ἐς Σαλαμῖνα. πρῶτα μέν νυν
τοῖσι θεοῖσι ἐξεῖλον ἀκροθίνια ἄλλα τε καὶ τριήρεας τρεῖς

1st fruits

Φοινίσσας, τὴν μὲν ἐς Ἰσθμὸν ἀναθεῖναι, ἥ περ ἔτι καὶ ἐς
ἐμὲ ἦν, τὴν δὲ ἐπὶ Σούνιον, τὴν δὲ τῷ Αἴαντι αὐτοῦ ἐς
Σαλαμῖνα. μετὰ δὲ τοῦτο διεδάσαντο τὴν ληίην καὶ τὰ 2

plunder

10 ἀκροθίνια ἀπέπεμψαν ἐς Δελφούς, ἐκ τῶν ἐγένετο ἀνδριὰς

statue

ἔχων ἐν τῇ χειρὶ ἀκρωτήριον νεός, ἐὼν μέγαθος δυώδεκα
πήχεων· ἕστηκε δὲ οὗτος τῇ περ ὁ Μακεδὼν Ἀλέξανδρος ὁ
χρύσεος. πέμψαντες δὲ ἀκροθίνια οἱ Ἕλληνες ἐς Δελφοὺς 122
ἐπειρώτων τὸν θεὸν κοινῇ εἰ λελάβηκε πλήρεα καὶ ἀρεστὰ τὰ

full-share

15 ἀκροθίνια. ὁ δὲ παρ᾽ Ἑλλήνων μὲν τῶν ἄλλων ἔφησε ἔχειν,

from

παρὰ Αἰγινητέων δὲ οὔ, ἀλλὰ ἀπαίτεε αὐτοὺς τὰ ἀριστήια

prize of valour

τῆς ἐν Σαλαμῖνι ναυμαχίης. Αἰγινῆται δὲ πυθόμενοι ἀνέ-
θεσαν ἀστέρας χρυσέους, οἳ ἐπὶ ἱστοῦ χαλκέου ἑστᾶσι τρεῖς

mast

ἐπὶ τῆς γωνίης, ἀγχοτάτω τοῦ Κροίσου κρητῆρος. μετὰ δὲ 123

ἡ γωνίη - corner of a building

20 τὴν διαίρεσιν τῆς ληίης ἔπλεον οἱ Ἕλληνες ἐς τὸν Ἰσθμὸν
ἀριστήια δώσοντες τῷ ἀξιωτάτῳ γενομένῳ Ἑλλήνων ἀνὰ τὸν
πόλεμον τοῦτον. ὡς δὲ ἀπικόμενοι οἱ στρατηγοὶ διέφερον 2

altar

τὰς ψήφους ἐπὶ τοῦ Ποσειδέωνος τῷ βωμῷ, τὸν πρῶτον καὶ
τὸν δεύτερον κρίνοντες ἐκ πάντων, ἐνθαῦτα πᾶς τις αὐτῶν
25 ἑωυτῷ ἐτίθετο τὴν ψῆφον, αὐτὸς ἕκαστος δοκέων ἄριστος
γενέσθαι, δεύτερα δὲ οἱ πολλοὶ συνεξέπιπτον Θεμιστοκλέα

agree

κρίνοντες. οἱ μὲν δὴ ἐμουνοῦντο, Θεμιστοκλῆς δὲ δευτε-

μουνουμαι -lit: be left alone

1 μᾶλλον ἢ a P   2 νῆα d: post h. v. λείπουσι στίχοι εἴκοσι B²
3 ἐγένοντο C P   ἐξελέειν d   7 καὶ om. C   9 τὰ om. d
10 ἔπεμψαν d   11 ἀκρωτ. ἐν τῇ χειρὶ d   νεὼς d C P   δυωκαί-
δεκα a   12 ἕστηκε D S V: ἑστήκεε a P: ἔστη R   14 ἔπηρ. C P
19 Κροίσου D P: Κροίσεω a: χρυσοῦ R S V   κρατ. V   20 ἔπλωον d
22 τ + οὗτον D   διέφερον Herwerden: διένεμον a: διενέμοντο P:
ἔφερον d   24 αὐτῶν om. d   26 δὲ om. C   ξυνεξ. R S V
27 ἐμουνοῦτο A¹: ἐμυοῦντο C

124 ρείοισι ὑπερεβάλλετο πολλόν. οὐ βουλομένων δὲ ταῦτα κρίνειν τῶν Ἑλλήνων φθόνῳ, ἀλλ' ἀποπλεόντων ἑκάστων ἐς τὴν ἑωυτῶν ἀκρίτων, ὅμως Θεμιστοκλέης ἐβώσθη τε καὶ ἐδοξώθη εἶναι ἀνὴρ πολλὸν Ἑλλήνων σοφώτατος ἀνὰ πᾶσαν
2 τὴν Ἑλλάδα. ὅτι δὲ νικῶν οὐκ ἐτιμήθη πρὸς τῶν ἐν 5 Σαλαμῖνι ναυμαχησάντων, αὐτίκα μετὰ ταῦτα ἐς Λακεδαίμονα ἀπίκετο θέλων τιμηθῆναι· καί μιν Λακεδαιμόνιοι καλῶς μὲν ὑπεδέξαντο, μεγάλως δὲ ἐτίμησαν. ἀριστήια μέν νυν ἔδοσαν Εὐρυβιάδῃ ἐλαίης στέφανον, σοφίης δὲ καὶ δεξιότητος Θεμιστοκλέϊ, καὶ τούτῳ στέφανον ἐλαίης· ἐδωρή- 10
3 σαντό τέ μιν ὄχῳ τῷ ἐν Σπάρτῃ καλλιστεύοντι. αἰνέσαντες δὲ πολλά, προέπεμψαν ἀπιόντα τριηκόσιοι Σπαρτιητέων λογάδες, οὗτοι οἵ περ ἱππέες καλέονται, μέχρι οὔρων τῶν Τεγεητικῶν. μοῦνον δὴ τοῦτον πάντων ἀνθρώπων τῶν ἡμεῖς
125 ἴδμεν Σπαρτιῆται προέπεμψαν. ὡς δὲ ἐκ τῆς Λακεδαίμονος 15 ἀπίκετο ἐς τὰς Ἀθήνας, ἐνθαῦτα Τιμόδημος Ἀφιδναῖος, τῶν ἐχθρῶν μὲν τῶν Θεμιστοκλέος ἐών, ἄλλως δὲ οὐ τῶν ἐπιφανέων ἀνδρῶν, φθόνῳ καταμαργέων ἐνείκεε τὸν Θεμιστοκλέα, τὴν ἐς Λακεδαίμονα ἄπιξιν προφέρων, ὡς διὰ τὰς Ἀθήνας ἔχοι τὰ γέρεα τὰ παρὰ Λακεδαιμονίων, ἀλλ' οὐ δι' 20
2 ἑωυτόν. ὁ δέ, ἐπείτε οὐκ ἐπαύετο λέγων ταῦτα ὁ Τιμόδημος, εἶπε· Οὕτω ἔχει τοι· οὔτ' ἂν ἐγὼ ἐὼν Βελβινίτης ἐτιμήθην οὕτω πρὸς Σπαρτιητέων, οὔτ' ἂν σύ, ὤνθρωπε, ἐὼν Ἀθηναῖος.
126 Ταῦτα μέν νυν ἐς τοσοῦτον ἐγένετο, Ἀρτάβαζος δὲ ὁ 25 Φαρνάκεος, ἀνὴρ ἐν Πέρσῃσι λόγιμος καὶ πρόσθε ἐών, ἐκ δὲ τῶν Πλαταιικῶν καὶ μᾶλλον ἔτι γενόμενος, ἔχων ἓξ μυριάδας

1 ὑπερέβαλε D: -λλε RSV   2 -πλω- d   3 ἐβοήθη C
4 πολλῶν BCD   8 ἐτιμήθησαν C   9 ἔδοσαν (ἀνδρηίης μὲν)
Cobet coll. Plut. Them. 17   10 τοῦτο B   11 δέ C P   καλλιστεύσαντι a P   12 ἀνιόντα P   14 τούτων R   16 Ἀθηναῖος d
17 μὲν om. d   18 καταμαργέων a γρ. Pm   19 Σπάρτην d
20 ἔχει S   21 ἑωυτῶν B   23 οὔτε σύ d   25 νυν om. a P
τοσοῦτο a D P   26 πρόσθεν P R V

στρατοῦ τοῦ Μαρδόνιος ἐξελέξατο, προέπεμπε βασιλέα μέχρι
τοῦ πόρου. ὡς δὲ ὁ μὲν ἦν ἐν τῇ Ἀσίῃ, ὁ δὲ ὀπίσω 2
πορευόμενος κατὰ τὴν Παλλήνην ἐγίνετο, ἅτε Μαρδονίου
τε χειμερίζοντος περὶ Θεσσαλίην τε καὶ Μακεδονίην καὶ
5 οὐδέν κω κατεπείγων αὐτὸς ἥκειν ἐς τὸ ἄλλο στρατόπεδον,
οὐκ ἐδικαίου ἐντυχὼν ἀπεστεῶσι Ποτειδαιήτῃσι μὴ οὐκ
ἐξανδραποδίσασθαί σφεας. οἱ γὰρ Ποτειδαιῆται, ὡς βασι-
λεὺς παρεξεληλάκεε καὶ ὁ ναυτικὸς τοῖσι Πέρσῃσι οἰχώκεε
φεύγων ἐκ Σαλαμῖνος, ἐκ τοῦ φανεροῦ ἀπέστασαν ἀπὸ τῶν
10 βαρβάρων· ὡς δὲ καὶ ὧλλοι οἱ τὴν Παλλήνην ἔχοντες.
ἐνθαῦτα δὴ Ἀρτάβαζος ἐπολιόρκεε τὴν Ποτείδαιαν. ὑπ- 127
οπτεύσας δὲ καὶ τοὺς Ὀλυνθίους ἀπίστασθαι ἀπὸ βασιλέος,
καὶ ταύτην ἐπολιόρκεε· εἶχον δὲ αὐτὴν Βοττιαῖοι οἱ ἐκ τοῦ
Θερμαίου κόλπου ἐξαναστάντες ὑπὸ Μακεδόνων. ἐπεὶ δέ
15 σφεας εἷλε πολιορκέων, κατέσφαξε ἐξαγαγὼν ἐς λίμνην, τὴν
δὲ πόλιν παραδιδοῖ Κριτοβούλῳ Τορωναίῳ ἐπιτροπεύειν καὶ
τῷ Χαλκιδικῷ γένεϊ, καὶ οὕτω Ὄλυνθον Χαλκιδέες ἔσχον.
ἐξελὼν δὲ ταύτην ὁ Ἀρτάβαζος τῇ Ποτειδαίῃ ἐντεταμένως 128
προσεῖχε, προσέχοντι δέ οἱ προθύμως συντίθεται προδοσίην
20 Τιμόξεινος ὁ τῶν Σκιωναίων στρατηγός, ὅντινα μὲν τρόπον
ἀρχήν, ἔγωγε οὐκ ἔχω εἰπεῖν (οὐ γὰρ ὦν λέγεται), τέλος μέντοι
τοιάδε ἐγίνετο· ὅκως βυβλίον γράψειε ἢ Τιμόξεινος ἐθέλων
παρὰ Ἀρτάβαζον πέμψαι ἢ Ἀρτάβαζος παρὰ Τιμόξεινον,
τοξεύματος παρὰ τὰς γλυφίδας περιειλίξαντες καὶ πτερώ-
25 σαντες τὸ βυβλίον ἐτόξευον ἐς συγκείμενον χωρίον. ἐπάϊστος 2
δὲ ἐγένετο ὁ Τιμόξεινος προδιδοὺς τὴν Ποτείδαιαν· τοξεύων
γὰρ ὁ Ἀρτάβαζος ἐς τὸ συγκείμενον, ἁμαρτὼν τοῦ χωρίου

2 ἦν om. a   3 ἐγένετο S   5 κατεπείγων αὐτὸς Pingel:
κατεπείγοντος L   6 ἀπιστ. D   Ποτιδ. L (it. infra)   8 ἐξελη-
λάκεε D   9 ἀπέστησαν C   10 οἱ ἄλλοι a P   11 δὲ SV
ὁ Ἀρτ. C   τὴν ... ἐπολιόρκεε (13) om. C   -δαίην D (it. 26) R S V
13 οἱ om. a P   15 λειμῶνα Pingel   16 Τορωναίῳ (το τωρ. D¹)
om. a   ἐπιτρέπειν a   18 ἐντεταγμένως C   20 Τιμόξεν. d (it.
infra)   22 βιβλίον P (it. infra)   θέλων d   24 περὶ Valckenaer
ex Aen. Tact. 31   γλαφίδας R   26 ἐγίνετο a   27 ὁ om. d
χώρου D R V

τούτου βάλλει ἀνδρὸς Ποτειδαιήτεω τὸν ὦμον, τὸν δὲ βλη-
θέντα περιέδραμε ὅμιλος, οἷα φιλέει γίνεσθαι ἐν πολέμῳ, οἳ
αὐτίκα τὸ τόξευμα λαβόντες, ὡς ἔμαθον τὸ βυβλίον, ἔφερον
ἐπὶ τοὺς στρατηγούς· παρῆν δὲ καὶ τῶν ἄλλων Παλληναίων
3 συμμαχίη. τοῖσι δὲ στρατηγοῖσι ἐπιλεξαμένοισι τὸ βυβλίον 5
καὶ μαθοῦσι τὸν αἴτιον τῆς προδοσίης ἔδοξε μὴ καταπλῆξαι
Τιμόξεινον προδοσίῃ [τῆς Σκιωναίων πόλιος εἵνεκα] μὴ
νομιζοίατο εἶναι Σκιωναῖοι [ἐς τὸν μετέπειτα χρόνον] αἰεὶ
129 προδόται. ὁ μὲν δὴ τοιούτῳ τρόπῳ ἐπάϊστος ἐγεγόνεε· Ἀρτα-
βάζῳ δὲ ἐπειδὴ πολιορκέοντι ἐγεγόνεσαν τρεῖς μῆνες, γίνεται 10
ἄμπωτις τῆς θαλάσσης μεγάλη καὶ χρόνον ἐπὶ πολλόν.
ἰδόντες δὲ οἱ βάρβαροι τέναγος γενόμενον παρήισαν ἐς τὴν
2 Παλλήνην. ὡς δὲ τὰς δύο μὲν μοίρας διοδοιπορήκεσαν, ἔτι
δὲ τρεῖς ὑπόλοιποι ἦσαν, τὰς διελθόντας χρῆν εἶναι ἔσω ἐν
τῇ Παλλήνῃ, ἐπῆλθε πλημυρὶς τῆς θαλάσσης μεγάλη, ὅση 15
οὐδαμά κω, ὡς οἱ ἐπιχώριοι λέγουσι, [πολλάκις γινομένης]
οἱ μὲν δὴ νέειν αὐτῶν οὐκ ἐπιστάμενοι διεφθείροντο, [τοὺς δὲ
ἐπισταμένους] οἱ Ποτειδαιῆται ἐπιπλώσαντες πλοίοισι ἀπώ-
3 λεσαν. αἴτιον δὲ λέγουσι Ποτειδαιῆται τῆς τε ῥηχίης [καὶ τῆς
πλημυρίδος] καὶ τοῦ Περσικοῦ πάθεος γενέσθαι τόδε, ὅτι τοῦ 20
Ποσειδέωνος ἐς τὸν νηὸν καὶ τὸ ἄγαλμα τὸ ἐν τῷ προαστίῳ
ἠσέβησαν οὗτοι τῶν Περσέων οἵ περ καὶ διεφθάρησαν ὑπὸ
τῆς θαλάσσης· αἴτιον δὲ τοῦτο λέγοντες εὖ λέγειν ἔμοιγε
δοκέουσι. τοὺς δὲ περιγενομένους ἀπῆγε Ἀρτάβαζος ἐς
Θεσσαλίην παρὰ Μαρδόνιον. 25

130 Οὗτοι μὲν οἱ προπέμψαντες βασιλέα οὕτω ἔπρηξαν. ὁ δὲ
ναυτικὸς ὁ Ξέρξεω ⟨ὁ⟩ περιγενόμενος, ὡς προσέμειξε τῇ

---

3 pr. τὸ s. v. V¹   6 καταπλέξαι d P¹   9 ἐγένετο P   12 παρῆ-
σαν L   13 μὲν δύο d   μόρας A¹   διοδ. P D² (-σσαν D)   14 ἔσω
εἶναι d   15 πλημυρὶς C : πλημμ. rell.   ὅσην d   16 γινομένης
D R V : γενομένης S : γινομένη a P   18 οἱ om. d P   ἐπιπλ. . . .
Ποτειδ. (19) om. B¹   19 οἱ Ποτ. C   καὶ τῆς πλημμυρίδος (sic L) del.
Valckenaer   20–1 ὅτι ἐς τοῦ Ποσειδ. (Ποσιδ. R) τὸν d   21 νεὼν B
τὸ ἐν τῷ προαστείῳ (sic L) om. d   22 ἐσέβησαν a   26 οὕτω
ἔπρηξαν om. a   27 ὁ add. Krueger   προσέμιξε L

Ἀσίῃ φεύγων ἐκ Σαλαμῖνος καὶ βασιλέα τε καὶ τὴν στρατιὴν
ἐκ Χερσονήσου διεπόρθμευσε ἐς Ἄβυδον, ἐχειμέριζε ἐν Κύμῃ.
ἔαρος δὲ ἐπιλάμψαντος πρώιος συνελέγετο ἐς Σάμον· αἱ δὲ
τῶν νεῶν καὶ ἐχειμέρισαν αὐτοῦ· Περσέων δὲ καὶ Μήδων·
5 οἱ πλεῦνες ἐπεβάτευον. στρατηγοὶ δέ σφι ἐπῆλθον Μαρ- 2
δόντης τε ὁ Βαγαίου καὶ Ἀρταΰντης ὁ Ἀρταχαίεω· συνῆρχε
δὲ τούτοισι καὶ ἀδελφιδέος αὐτοῦ Ἀρταΰντεω προσελομένου
Ἰθαμίτρης. ἅτε δὲ μεγάλως πληγέντες, οὐ προῄισαν ἀνωτέρω
τὸ πρὸς ἑσπέρης, οὐδ' ἐπηνάγκαζε οὐδὲ εἷς, ἀλλ' ἐν τῇ Σάμῳ
10 κατήμενοι ἐφύλασσον τὴν Ἰωνίην μὴ ἀποστῇ, νέας ἔχοντες
σὺν τῇσι Ἰάσι τριηκοσίας. οὐ μὲν οὐδὲ προσεδέκοντο τοὺς 3
Ἕλληνας ἐλεύσεσθαι ἐς τὴν Ἰωνίην ἀλλ' ἀποχρήσειν σφι τὴν
ἑωυτῶν φυλάσσειν, σταθμεύμενοι ὅτι σφέας οὐκ ἐπεδίωξαν
φεύγοντας ἐκ Σαλαμῖνος ἀλλ' ἄσμενοι ἀπαλλάσσοντο. κατὰ
15 μέν νυν τὴν θάλασσαν ἑσσωμένοι ἦσαν τῷ θυμῷ, πεζῇ δὲ
ἐδόκεον πολλῷ κρατήσειν τὸν Μαρδόνιον. ἐόντες δὲ ἐν 4
Σάμῳ ἅμα μὲν ἐβουλεύοντο εἴ τι δυναίατο κακὸν τοὺς πολε-
μίους ποιέειν, ἅμα δὲ καὶ ὠτακούστεον ὅκῃ πεσέεται τὰ
Μαρδονίου πρήγματα. τοὺς δὲ Ἕλληνας τό τε ἔαρ γινόμενον 131
20 ἤγειρε καὶ Μαρδόνιος ἐν Θεσσαλίῃ ἐών. ὁ μὲν δὴ πεζὸς
οὔκω συνελέγετο, ὁ δὲ ναυτικὸς ἀπίκετο ἐς Αἴγιναν, νέες
ἀριθμὸν δέκα καὶ ἑκατόν. στρατηγὸς δὲ καὶ ναύαρχος ἦν 2
Λευτυχίδης ὁ Μενάρεος τοῦ Ἡγησίλεω τοῦ Ἱπποκρατίδεω
τοῦ Λευτυχίδεω τοῦ Ἀναξίλεω τοῦ Ἀρχιδήμου τοῦ Ἀνα-
25 ξανδρίδεω τοῦ Θεοπόμπου τοῦ Νικάνδρου τοῦ Χαρίλεω τοῦ

1 τε om. DRV   2 Χερρον. DPRV: Χερονν. C   διεπόρθμευε(ν) d
ἐχειμέρισε P   3 πρῶτον d   4 νηῶν d   5 δὲ ἐπῆλθον δέ
σφι C   6 Ἀρταχαίου L   7 τοῖσι a   ἀδελφεὸς D¹: -φιδεὸς
a PRVDᶜ   Ἀρτ. αὐτοῦ Krueger   προελομένου d   8 ὀαμίτηρ
R: ὁ ἀμίτρης rell.: corr. Wesseling   προῄισαν A: προσῆισαν B:
προσῆσαν C: προσήεσαν D: προή(ι)εσαν PRSV   9 τὰ d P   οὐ-
δείς a P   10 νῆας d   11 μὴν a   12 pr. τὴν om. d
14 φεύγοντες C   15 ἧισαν d   16 πολλὸν d   17 ἐβουλεύ-
σαντο B   18 καὶ om. d   ὅπη C   19 γενόμενον d P   21 νήες
ABd   23 Μενάριος C   Ἡσίλεω d   25 Χαρίλεω Stein:
Χαρίλλου RSV: Χαρίλου ABDP: Χαρίλου τοῦ Ἡρακλέος C

Εὐνόμου τοῦ Πολυδέκτεω τοῦ Πρυτάνιος τοῦ Εὐρυφῶντος
τοῦ Προκλέος τοῦ Ἀριστοδήμου τοῦ Ἀριστομάχου τοῦ
Κλεοδαίου τοῦ Ὕλλου τοῦ Ἡρακλέος, ἐὼν τῆς ἑτέρης οἰκίης
3 τῶν βασιλέων. οὗτοι πάντες, πλὴν τῶν ἑπτὰ τῶν μετὰ
Λευτυχίδεα πρώτων καταλεχθέντων, οἱ ἄλλοι βασιλέες ἐγέ- 5
νοντο Σπάρτης. Ἀθηναίων δὲ ἐστρατήγεε Ξάνθιππος ὁ
132 Ἀρίφρονος. ὡς δὲ παρεγένοντο ἐς τὴν Αἴγιναν πᾶσαι αἱ
νέες, ἀπίκοντο Ἰώνων ἄγγελοι ἐς τὸ στρατόπεδον τῶν Ἑλ-
λήνων, οἳ καὶ ἐς Σπάρτην ὀλίγῳ πρότερον τούτων ἀπικόμενοι
2 ἐδέοντο Λακεδαιμονίων ἐλευθεροῦν τὴν Ἰωνίην· τῶν καὶ 10
Ἡρόδοτος ὁ Βασιληΐδεω ἦν· οἳ στασιῶται σφίσι γενόμενοι
ἐπεβούλευον θάνατον Στράττι τῷ Χίου τυράννῳ, ἐόντες ἀρχὴν
ἑπτά· ἐπιβουλεύοντες δὲ ὡς φανεροὶ ἐγένοντο ἐξενείκαντος
τὴν ἐπιχείρησιν ἑνὸς τῶν μετεχόντων, οὕτω δὴ οἱ λοιποὶ ἐξ
ἐόντες ὑπεξέσχον ἐκ τῆς Χίου καὶ ἐς Σπάρτην τε ἀπίκοντο 15
καὶ δὴ καὶ τότε ἐς τὴν Αἴγιναν, τῶν Ἑλλήνων δεόμενοι
καταπλῶσαι ἐς τὴν Ἰωνίην· οἳ προήγαγον αὐτοὺς μόγις μέχρι
3 Δήλου. τὸ γὰρ προσωτέρω πᾶν δεινὸν ἦν τοῖσι Ἕλλησι οὔτε
τῶν χώρων ἐοῦσι ἐμπείροισι, στρατιῆς τε πάντα πλέα ἐδόκεε
εἶναι· τὴν δὲ Σάμον ἐπιστέατο δόξῃ καὶ Ἡρακλέας στήλας 20
ἴσον ἀπέχειν. συνέπιπτε δὲ τοιοῦτον ὥστε τοὺς μὲν βαρβά-
ρους τὸ πρὸς ἑσπέρης ἀνωτέρω Σάμου μὴ τολμᾶν ἀναπλῶσαι
καταρρωδηκότας, τοὺς δὲ Ἕλληνας χρηιζόντων τῶν Χίων τὸ
πρὸς τὴν ἠῶ κατωτέρω Δήλου. οὕτω δέος τὸ μέσον ἐφύλασσέ
133 σφεων. οἱ μὲν δὴ Ἕλληνες ἔπλεον ἐς τὴν Δῆλον, Μαρδόνιος 25
δὲ περὶ τὴν Θεσσαλίην ἐχείμαζε. ἐνθεῦτεν δὲ ὁρμώμενος

1 Πολυδέκτεος L : corr. Valckenaer   τοῦ Πρυτάνιος om. C   3 τοῦ
Ἡρακλέος om. C   4 τῶν ἑπτὰ Paulmier : τῶν δυων a D P S V :
om. R   5 πρῶτον D   καταλεχθέντα Rᵒ [V]   8 νῆες d
11 στρατιῶταί S V   σφι d P   12 Στράττη Cᶜ : Στάττι d
13 ἐγίνοντο a   14 οὗτοι R S V   δὴ om. d   15 ὑπερέσχον
S V   τε om. d P   17 οἳ προήγαγον a P : πρ. δὲ d   18 προ-
τέρω R V : πορρωτέρω S   20 ἤπιστ. P S   21 τοιοῦτο a D P
22 Σάμου] υ Dᶜ   καταπλῶσαι L : corr. Stein   23 -κότες D P
τῶν B S soli   24 Δῆλος B   δέος] δὲ ἐς a   25 ἔπλωον d
26 ὁρμεόμενος d P : ὁρμεώμενος C

ἔπεμπε κατὰ τὰ χρηστήρια ἄνδρα Εὐρωπέα γένος, τῷ οὔνομα
ἦν Μῦς, ἐντειλάμενος πανταχῇ μιν χρησόμενον ἐλθεῖν, τῶν
οἷά τε ἦν σφι ἀποπειρήσασθαι. ὅ τι μὲν βουλόμενος ἐκ-
μαθεῖν πρὸς τῶν χρηστηρίων ταῦτα ἐνετέλλετο, οὐκ ἔχω
5 φράσαι· οὐ γὰρ ὦν λέγεται· δοκέω δ᾽ ἔγωγε περὶ τῶι'
παρεόντων πρηγμάτων καὶ οὐκ ἄλλων πέρι πέμψαι. οὗτος **134**
ὁ Μῦς ἔς τε Λεβάδειαν φαίνεται ἀπικόμενος καὶ μισθῷ
πείσας τῶν ἐπιχωρίων ἄνδρα καταβῆναι παρὰ Τροφώνιον,
καὶ ἐς Ἄβας τὰς Φωκέων ἀπικόμενος ἐπὶ τὸ χρηστήριον· καὶ
10 δὴ καὶ ἐς Θήβας πρῶτα ὡς ἀπίκετο, τοῦτο μὲν τῷ Ἰσμηνίῳ
Ἀπόλλωνι ἐχρήσατο (ἔστι δὲ κατά περ ἐν Ὀλυμπίῃ ἱροῖσι
αὐτόθι χρηστηριάζεσθαι), τοῦτο δὲ ξεῖνόν τινα καὶ οὐ Θηβαῖον
χρήμασι πείσας κατεκοίμησε ἐς Ἀμφιάρεω. Θηβαίων δὲ **2**
οὐδενὶ ἔξεστι μαντεύεσθαι αὐτόθι διὰ τόδε· ἐκέλευσέ σφεας
15 ὁ Ἀμφιάρεως διὰ χρηστηρίων ποιεύμενος ὁκότερα βούλονται
ἑλέσθαι τούτων, ἑωυτῷ ἢ ἅτε μάντι χρᾶσθαι ἢ ἅτε συμμάχῳ,
τοῦ ἑτέρου ἀπεχομένους· οἱ δὲ σύμμαχόν μιν εἵλοντο εἶναι.
διὰ τοῦτο μὲν οὐκ ἔξεστι Θηβαίων οὐδενὶ αὐτόθι ἐγκατα-
κοιμηθῆναι. τότε δὲ θῶμά μοι μέγιστον γενέσθαι λέγεται **135**
20 ὑπὸ Θηβαίων, ἐλθεῖν ἄρα τὸν Εὐρωπέα Μῦν, περιστρωφώ-
μενον πάντα τὰ χρηστήρια, καὶ ἐς τοῦ Πτῴου Ἀπόλλωνος τὸ
τέμενος. τοῦτο δὲ τὸ ἱρὸν καλέεται μὲν Πτῷον, ἔστι δὲ
Θηβαίων, κεῖται δὲ ὑπὲρ τῆς Κωπαΐδος λίμνης πρὸς ὄρεϊ
ἀγχοτάτω Ἀκραιφίης πόλιος. ἐς τοῦτο τὸ ἱρὸν ἐπείτε **2**
25 παρελθεῖν τὸν καλεόμενον τοῦτον Μῦν, ἕπεσθαι δέ οἱ τῶν
ἀστῶν αἱρετοὺς ἄνδρας τρεῖς ἀπὸ τοῦ κοινοῦ ὡς ἀπογραψο-

marginal notes right:
Κατα - round
consult oracle
(is known)
to have . . .
to go down into
(a cave)
as in Olympia
by sacrifices
sleep
to consult
oracle
as
ἀπεχομαι + Gen
- leave alone
go the round of

1 τὰ om. **d**   Εὐρώπαια (αι in lit. 2) D (it. bis infra): Εὐρωμέα
Stein   2 χρησάμενον **a** P   7 Λαβάδ. C: Λεβέδ. D   10 καὶ
om. R S V   τούτωι C   Ἰσμινίῳ R S V   11 καὶ τά B   ἱροῖσιν
V: ἐμπύροισι Valckenaer   13 κατεκοίμισε A B P S D[c]   ἐς om. D
Ἀμφιάρεῳ] εω D[c]   14 ἐκέλευέ C P   15 Ἀμφιάρεος **d**   16 μάντει
A B   χρῆσθαι **a** : χρέεσθαι **d** P   17 ἀποιχομένους C   18 οὐδενὶ
. . . Θηβαίων (20) om. C   κατακοιμηθῆναι **d** P   19 τόδε Wesseling
21 τὰ om. D R V   Πτώιου A: Πτῴου rell.   22 καλεεται . . .
ἱρὸν (24) om. R   Πτώιον A B: Πτῶον rell.   23 κέεται D P S V
Κοπ. A   24 Ἀκραιφνίης C: Ἀκριφίης D S V   25 δέ om. **d**

μένους τὰ θεσπιεῖν ἔμελλε, καὶ πρόκατε τὸν πρόμαντιν
3 βαρβάρῳ γλώσσῃ χρᾶν. καὶ τοὺς μὲν ἑπομένους τῶν Θη-
βαίων ἐν θώματι ἔχεσθαι ἀκούοντας βαρβάρου γλώσσης
ἀντὶ Ἑλλάδος, οὐδὲ ἔχειν ὅ τι χρήσωνται τῷ παρεόντι
πρήγματι· τὸν δὲ Εὐρωπέα Μῦν ἐξαρπάσαντα παρ' αὐτῶν τὴν 5
ἐφέροντο δέλτον, τὰ λεγόμενα ὑπὸ τοῦ προφήτεω γράφειν ἐς
αὐτήν, φάναι δὲ Καρίῃ μιν γλώσσῃ χρᾶν, συγγραψάμενον
136 δὲ οἴχεσθαι ἀπιόντα ἐς Θεσσαλίην. Μαρδόνιος δὲ ἐπιλεξά-
μενος ὅ τι δὴ λέγοντα ἦν τὰ χρηστήρια, μετὰ ταῦτα ἔπεμψε
ἄγγελον ἐς Ἀθήνας Ἀλέξανδρον τὸν Ἀμύντεω ἄνδρα Μακε- 10
δόνα, ἅμα μὲν ὅτι οἱ προσκηδέες οἱ Πέρσαι ἦσαν (Ἀλεξάν-
δρου γὰρ ἀδελφεὴν Γυγαίην, Ἀμύντεω δὲ θυγατέρα, Βουβάρης
ἀνὴρ Πέρσης ἔσχε, ἐκ τῆς οἱ ἐγεγόνεε Ἀμύντης ὁ ἐν τῇ
Ἀσίῃ, ἔχων τὸ οὔνομα τοῦ μητροπάτορος, τῷ δὴ ἐκ βασιλέος
τῆς Φρυγίης ἐδόθη Ἀλάβανδα πόλις μεγάλη νέμεσθαι), ἅμα 15
δὲ ὁ Μαρδόνιος πυθόμενος ὅτι πρόξεινός τε εἴη καὶ εὐεργέτης
2 ὁ Ἀλέξανδρος ἔπεμπε. τοὺς γὰρ Ἀθηναίους οὕτω ἐδόκεε
μάλιστα προσκτήσεσθαι, λεών τε πολλὸν ἄρα ἀκούων εἶναι
καὶ ἄλκιμον, τά τε κατὰ τὴν θάλασσαν συντυχόντα σφι
παθήματα κατεργασαμένους μάλιστα Ἀθηναίους ἐπίστατο. 20
3 τούτων δὲ προσγενομένων κατήλπιζε εὐπετέως τῆς θαλάσσης
κρατήσειν, τά περ ἂν καὶ ἦν, πεζῇ τε ἐδόκεε πολλῷ εἶναι
κρέσσων· οὕτω τε ἐλογίζετο κατύπερθέ οἱ τὰ πρήγματα
ἔσεσθαι τῶν Ἑλληνικῶν. τάχα δ' ἂν καὶ τὰ χρηστήρια
ταῦτά οἱ προλέγοι, συμβουλεύοντα σύμμαχον τὸν Ἀθηναῖον 25
ποιέεσθαι· τοῖσι δὴ πειθόμενος ἔπεμπε.
137 Τοῦ δὲ Ἀλεξάνδρου τούτου ἕβδομος γενέτωρ Περδίκκης

1 θεσπιέειν ἀ   μάντιν P¹S   3 θωυματι ἀP   4 χρήσονται
ἀCP¹   5 χρήματι C   7 γλώσσῃ] φωνῇ ἀ   9 ἦν λέγοντα P
13 δ' Ἀμ. δD   14 τὸ om. C   τοῦ ⁎D: τὸ PRSV   τὸ RV
15 Ἀλάβαστρα Steph. Byz. s. v.   νέεσθαι D¹   16 δὲ Cantabr. :
τε L   πρόξενός L   (σφι) εἴη Stein   18 προσκτήσασθαι ἀP¹
19 καὶ om. P¹   20 ἐπιστέατο ἀ   21 προγενομένων ἀ   22 πολλὸν
S   23 κρείσσων RSV   ἔσεσθαι τὰ πρήγματα D   24 τῶν om. C
Ἑλλήνων ἀ   τάχα δὲ τὰ ἀ   25 προλέγουσι RSV   26 οἱ
ποιήσασθαι ἀ   27 Περδίκης ἀBC

ἐστὶ ὁ κτησάμενος τῶν Μακεδόνων τὴν τυραννίδα τρόπῳ
τοιῷδε· ἐξ Ἄργεος ἔφυγον ἐς Ἰλλυριοὺς τῶν Τημένου ἀπο-
γόνων τρεῖς ἀδελφεοί, Γαυάνης τε καὶ Ἀέροπος καὶ Περδίκκης,
ἐκ δὲ Ἰλλυριῶν ὑπερβαλόντες ἐς τὴν ἄνω Μακεδονίην ἀπί-
5 κοντο ἐς Λεβαίην πόλιν. ἐνθαῦτα δὲ ἐθήτευον ἐπὶ μισθῷ 2
παρὰ τῷ βασιλέϊ, ὁ μὲν ἵππους νέμων, ὁ δὲ βοῦς, ὁ δὲ
νεώτατος αὐτῶν Περδίκκης τὰ λεπτὰ τῶν προβάτων. ἦσαν
δὲ τὸ πάλαι καὶ αἱ τυραννίδες τῶν ἀνθρώπων ἀσθενέες χρή-
μασι, οὐ μοῦνον ὁ δῆμος. ἡ δὲ γυνὴ τοῦ βασιλέος αὐτὴ τὰ
10 σιτία σφι ἔπεσσε. ὅκως δὲ ὀπτῴη, ὁ ἄρτος τοῦ παιδὸς τοῦ 3
θητός, τοῦ Περδίκκεω, διπλήσιος ἐγίνετο αὐτὸς ἑωυτοῦ. ἐπεὶ
δὲ αἰεὶ τὠυτὸ τοῦτο ἐγίνετο, εἶπε πρὸς τὸν ἄνδρα τὸν ἑωυτῆς.
τὸν δὲ ἀκούσαντα ἐσῆλθε αὐτίκα ὡς εἴη τέρας καὶ φέροι ἐς
μέγα τι. καλέσας δὲ τοὺς θῆτας προηγόρευέ σφι ἀπαλλάσ-
15 σεσθαι ἐκ γῆς τῆς ἑωυτοῦ. οἱ δὲ τὸν μισθὸν ἔφασαν δίκαιοι 4
εἶναι ἀπολαβόντες οὕτως ἐξιέναι. ἐνθαῦτα ὁ βασιλεὺς τοῦ
μισθοῦ πέρι ἀκούσας, ἦν γὰρ κατὰ τὴν καπνοδόκην ἐς τὸν
οἶκον ἐσέχων ὁ ἥλιος, εἶπε θεοβλαβὴς γενόμενος ' Μισθὸν
δὲ ὑμῖν ἐγὼ ὑμέων ἄξιον τόνδε ἀποδίδωμι,' δέξας τὸν ἥλιον.
20 ὁ μὲν δὴ Γαυάνης τε καὶ ὁ Ἀέροπος οἱ πρεσβύτεροι ἔστασαν 5
ἐκπεπληγμένοι, ὡς ἤκουσαν ταῦτα· ὁ δὲ παῖς, ἐτύγχανε γὰρ
ἔχων μάχαιραν, εἴπας τάδε ' Δεκόμεθα, ὦ βασιλεῦ, τὰ διδοῖς,'
περιγράφει τῇ μαχαίρῃ ἐς τὸ ἔδαφος τοῦ οἴκου τὸν ἥλιον,
περιγράψας δέ, ἐς τὸν κόλπον τρὶς ἀρυσάμενος τοῦ ἡλίου,
25 ἀπαλλάσσετο αὐτός τε καὶ οἱ μετ' ἐκείνου. οἱ μὲν δὴ 138

---

2 Ἰλλυρικοὺς R S V   Τημενου a P   3 Περδίκης C D¹ S   4 ἐκ
... ἀπίκοντο ἐς om. C   Ἰλλύρων R   ὑπερβαλλόντες B V   7 νεώ-
τερος R   Περδίκης C D¹ S V   ἦσαν ... δῆμος post ἔπεσσε transp.
Stein   8 δὲ a : γὰρ a P   9 μόνον a C P   σφι τὰ σιτία a
10 ἔπεσε A¹ C R   ὀπτοῖτο D : ὀπτῶ(ι)το C P R S V   11 τοῦ
om. a   Περδίκεω a A¹ C   ἐγένετο C (it. 12) R   13 ἐς om. a P
15 γῆς om. a   ἔφασαν τὸν μισθὸν εἶναι δίκαιον (sic L) a   16 ἀπο-
λαβόντας R S   19 ἄξιον ὑμέων D   τόδε C   δείξας L   20 alt.
ὁ om. a   πρεσβύτατοι a   22 τάδε ὧδε δεχόμεθα a   βασιλεὺς
C D¹   25 ἐκείνῳ R V

ἀπήισαν, τῷ δὲ βασιλέϊ σημαίνει τις τῶν παρέδρων οἷόν τι
χρῆμα ποιήσειε ὁ παῖς καὶ ὡς σὺν νόῳ κείνων ὁ νεώτατος
λάβοι τὰ διδόμενα. ὁ δὲ ταῦτα ἀκούσας καὶ ὀξυνθεὶς πέμπει
ἐπ᾽ αὐτοὺς ἱππέας ἀπολέοντας. ποταμὸς δέ ἐστι ἐν τῇ
χώρῃ ταύτῃ, τῷ θύουσι οἱ τούτων τῶν ἀνδρῶν ἀπ᾽ Ἄργεος 5
2 ἀπόγονοι ⟨ὡς⟩ σωτῆρι. οὗτος, ἐπείτε διέβησαν οἱ Τημενίδαι,
μέγας οὕτως ἐρρύη ὥστε τοὺς ἱππέας μὴ οἵους τε γενέσθαι
διαβῆναι. οἱ δὲ ἀπικόμενοι ἐς ἄλλην γῆν τῆς Μακεδονίης
οἴκησαν πέλας τῶν κήπων τῶν λεγομένων εἶναι Μίδεω τοῦ
Γορδίεω, ἐν τοῖσι φύεται αὐτόματα ῥόδα, ἓν ἕκαστον ἔχον 10
3 ἑξήκοντα φύλλα, ὀδμῇ τε ὑπερφέροντα τῶν ἄλλων. ἐν τού-
τοισι καὶ ὁ Σιληνὸς τοῖσι κήποισι ἥλω, ὡς λέγεται ὑπὸ
Μακεδόνων. ὑπὲρ δὲ τῶν κήπων ὄρος κεῖται Βέρμιον οὔνομα,
ἄβατον ὑπὸ χειμῶνος. ἐνθεῦτεν δὲ ὁρμώμενοι ὡς ταύτην
139 ἔσχον, κατεστρέφοντο καὶ τὴν ἄλλην Μακεδονίην. ἀπὸ 15
τούτου δὴ τοῦ Περδίκκεω Ἀλέξανδρος ὧδε ἐγένετο· Ἀμύντεω
παῖς ἦν Ἀλέξανδρος, Ἀμύντης δὲ Ἀλκέτεω, Ἀλκέτεω δὲ
πατὴρ ἦν Ἀέροπος, τοῦ δὲ Φίλιππος, Φιλίππου δὲ Ἀργαῖος,
τοῦ δὲ Περδίκκης ὁ κτησάμενος τὴν ἀρχήν.

140 a   Ἐγεγόνεε μὲν δὴ ὧδε Ἀλέξανδρος ὁ Ἀμύντεω· ὡς δὲ 20
ἀπίκετο ἐς τὰς Ἀθήνας ἀποπεμφθεὶς ὑπὸ Μαρδονίου, ἔλεγε
τάδε· Ἄνδρες Ἀθηναῖοι, Μαρδόνιος τάδε λέγει· Ἐμοὶ
ἀγγελίη ἥκει παρὰ βασιλέος λέγουσα οὕτως· Ἀθηναίοισι
τὰς ἁμαρτάδας τὰς ἐς ἐμὲ ἐξ ἐκείνων γενομένας πάσας
2 μετίημι. νῦν τε ὧδε, Μαρδόνιε, ποίει· τοῦτο μὲν τὴν γῆν 25
σφι ἀπόδος, τοῦτο δὲ ἄλλην πρὸς ταύτῃ ἑλέσθων αὐτοί,
ἥντινα ἂν ἐθέλωσι, ἐόντες αὐτόνομοι. ἱρά τε πάντα σφι,

---

1 ἀπήισαν A B : ἀπήεσαν C : ἀπήεσαν D P : ἀπίεσαν R S V   τῶν τις
Krueger   2 συνόω(ι) C R   ἐκείνων d P : κακείνων C   3 δεδο-
μένα P   5 τῷ s. v. D¹   6 ὡς add. Pingel   7 τε om. d
10 τούτοισι d   ἔχων D P   12 Σίληνος D R : Σήληνὸς V   ὥστε B
13 κέεται d P   Βέρβιον d   16 Περδίκκεω C R (-αιω) S V   ἐγε-
γόνεε(ν) d   17 Ἀλέξανδρος . . . ἦν om. R   18 Ἀργαῖος a P
19 Περδίκης B C (Περιδ-) V   20 δὲ C   ὁ Ἀλεξ. ὁ B C P A°
23 βασιλέως C D   ὧδε C   24 ἐξ ἐκείνων ἐς ἐμὲ D   25 Μαρ-
δόνιε ὧδε d   ποίε R : ποίεε C D P S V   27 θέλωσι(ν) d   ἱρά i D°

ἢν δὴ βούλωνταί γε ἐμοὶ ὁμολογέειν, ἀνόρθωσον, ὅσα ἐγὼ
ἐνέπρησα." τούτων δὲ ἀπιγμένων ἀναγκαίως ἔχει μοι ποιέειν
ταῦτα, ἢν μὴ τὸ ὑμέτερον αἴτιον γένηται. λέγω δὲ ὑμῖν 3
τάδε. νῦν τί μαίνεσθε πόλεμον βασιλέϊ ἀνταειρόμενοι;
5 οὔτε γὰρ ἂν ὑπερβάλοισθε οὔτε οἷοί τέ ἐστε ἀντέχειν τὸν
πάντα χρόνον. εἴδετε μὲν γὰρ τῆς Ξέρξεω στρατηλασίης
τὸ πλῆθος καὶ τὰ ἔργα, πυνθάνεσθε δὲ καὶ τὴν νῦν παρ'
ἐμοὶ ἐοῦσαν δύναμιν, ὥστε καὶ ἢν ἡμέας ὑπερβάλησθε καὶ
νικήσητε, τοῦ περ ὑμῖν οὐδεμία ἐλπὶς εἴ περ εὖ φρονέετε,
10 ἄλλη παρέσται πολλαπλησίη. μὴ ὦν βούλεσθε παρισού- 4
μενοι βασιλέϊ στέρεσθαι μὲν τῆς χώρης, θέειν δὲ αἰεὶ περὶ
ὑμέων αὐτῶν, ἀλλὰ καταλύσασθε. παρέχει δὲ ὑμῖν κάλλιστα
καταλύσασθαι βασιλέος ταύτῃ ὁρμημένου. ἔστε ἐλεύθεροι,
ἡμῖν ὁμαιχμίην συνθέμενοι ἄνευ τε δόλου καὶ ἀπάτης.
15 Μαρδόνιος μὲν ταῦτα, ὦ Ἀθηναῖοι, ἐνετείλατό μοι εἰπεῖν β
πρὸς ὑμέας. ἐγὼ δὲ περὶ μὲν εὐνοίης τῆς πρὸς ὑμέας
ἐούσης ἐξ ἐμεῦ οὐδὲν λέξω (οὐ γὰρ ἂν νῦν πρῶτον ἐκμά-
θοιτε), προσχρηΐζω δὲ ὑμέων πείθεσθαι Μαρδονίῳ. ἐνορῶ 2
γὰρ ὑμῖν οὐκ οἵοισί τε ἐσομένοισι τὸν πάντα χρόνον πολε-
20 μέειν Ξέρξῃ (εἰ γὰρ ἐνώρων τοῦτο ἐν ὑμῖν, οὐκ ἄν κοτε ἐς
ὑμέας ἦλθον ἔχων λόγους τούσδε)· καὶ γὰρ δύναμις ὑπὲρ
ἄνθρωπον ἡ βασιλέος ἐστὶ καὶ χεὶρ ὑπερμήκης. ἢν ὦν μὴ 3
αὐτίκα ὁμολογήσητε, μεγάλα προτεινόντων ἐπ' οἷσι ὁμολο-
γέειν ἐθέλουσι, δειμαίνω ὑπὲρ ὑμέων ἐν τρίβῳ τε μάλιστα
25 οἰκημένων τῶν συμμάχων πάντων αἰεί τε φθειρομένων μού-
νων, ἐξαίρετον μεταίχμιόν τε τὴν γῆν ἐκτημένων. ἀλλὰ 4
πείθεσθε· πολλοῦ γὰρ ὑμῖν ἄξια ταῦτα, εἰ βασιλεύς γε ὁ

---

3 ἀντίον Valckenaer   4 ἀειρόμενοι **a** P   5 pr. οὔτε] οὗτοι C
ὑπερβάλλοισθε C S   8 ἐμοί P : ἐμέ **a** d   9 τοῦ Aldus : τό L
10 ἀλλ' ἄλλη Cobet   πάρεστε B   βούλεσθαι B : βούλησθε P
παρισεύμενοι **a**   12 καταλύσασθε . . . κάλλιστα om. D   13 ἐστε
C : ἐστὲ D P R V   17 ἐξ ἐμεῦ ἐούσης **a**   ἐκμάθητε D   18 ἐνω-
ρῶν B¹ : ἐνορέω **a**   22 οὖν P : om. R S V   23 ἐποίσει R S V
25 μοῦνον C   26 ἐξαίρετόν τι μεταίχμιον Aldus   ἐκτημένων Aldus :
κεκτημένων L

μέγας μούνοισι ὑμῖν Ἑλλήνων τὰς ἁμαρτάδας ἀπιεὶς ἐθέλει
141 φίλος γενέσθαι. Ἀλέξανδρος μὲν ταῦτα ἔλεξε· Λακεδαι-
μόνιοι δὲ πυθόμενοι ἥκειν Ἀλέξανδρον ἐς Ἀθήνας ἐς
ὁμολογίην ἄξοντα τῷ βαρβάρῳ Ἀθηναίους, ἀναμνησθέντες
τῶν λογίων ὥς σφεας χρεόν ἐστι ἅμα τοῖσι ἄλλοισι Δωριεῦσι 5
ἐκπίπτειν ἐκ Πελοποννήσου ὑπὸ Μήδων τε καὶ Ἀθηναίων,
κάρτα τε ἔδεισαν μὴ ὁμολογήσωσι τῷ Πέρσῃ Ἀθηναῖοι,
2 αὐτίκα τέ σφι ἔδοξε πέμπειν ἀγγέλους. καὶ δὴ συνέπιπτε
ὥστε ὁμοῦ σφεων γίνεσθαι τὴν κατάστασιν· ἐπαγέμειναν
γὰρ οἱ Ἀθηναῖοι διατρίβοντες, εὖ ἐπιστάμενοι ὅτι ἔμελλον 10
Λακεδαιμόνιοι πεύσεσθαι ἥκοντα παρὰ τοῦ βαρβάρου ἄγγελον
ἐπ᾽ ὁμολογίῃ πυθόμενοί τε πέμψειν κατὰ τάχος ἀγγέλους.
ἐπίτηδες ὦν ἐποίευν, ἐνδεικνύμενοι τοῖσι Λακεδαιμονίοισι
142 τὴν ἑωυτῶν γνώμην. ὡς δὲ ἐπαύσατο λέγων Ἀλέξανδρος,
διαδεξάμενοι ἔλεγον οἱ ἀπὸ Σπάρτης ἄγγελοι· Ἡμέας δὲ 15
ἔπεμψαν Λακεδαιμόνιοι δεησομένους ὑμέων μήτε νεώτερον
ποιέειν μηδὲν κατὰ τὴν Ἑλλάδα μήτε λόγους ἐνδέκεσθαι
2 παρὰ τοῦ βαρβάρου. οὔτε γὰρ δίκαιον οὐδαμῶς οὔτε κόσμον
φέρον οὔτε γε ἄλλοισι Ἑλλήνων οὐδαμοῖσι, ὑμῖν δὲ δὴ καὶ
διὰ πάντων ἥκιστα πολλῶν εἵνεκα· ἠγείρατε γὰρ τόνδε τὸν 20
πόλεμον ὑμεῖς οὐδὲν ἡμέων βουλομένων, καὶ περὶ τῆς
ὑμετέρης ἀρχῆθεν ὁ ἀγὼν ἐγένετο· νῦν δὲ φέρει καὶ ἐς
3 πᾶσαν τὴν Ἑλλάδα. ἄλλως τε τούτων ἁπάντων αἰτίους
γενέσθαι δουλοσύνης τοῖσι Ἕλλησι Ἀθηναίους οὐδαμῶς
ἀνασχετόν, οἵτινες αἰεὶ καὶ τὸ πάλαι φαίνεσθε πολλοὺς 25
ἐλευθερώσαντες ἀνθρώπων. πιεζευμένοισι μέντοι ὑμῖν
συναχθόμεθα, καὶ ὅτι καρπῶν ἐστερήθητε διξῶν ἤδη καὶ ὅτι

---

1 ἀφεὶς a P   θέλει D R V   2 τοσαῦτα d   4 ἐς Ἀθ. C
5 σφέων D   Δωριεῦσι D   6 ἐκ] ἀπὸ d   7 τε om. S V   8 τέ]
δέ d   12 ἐπομολογίην C   πειθόμενοί R   14 ὁ Ἀλέξανδρος C
19 φέρων R   γε om. d: οὔτι γε Werfer: οὐδέ γε Richards
20 τὸν (om. S) πόλεμον τόνδε d   21 βουλευομένων a   22 ὑμε-
τέρας P   ἀρχῆθεν Wesseling, ἀρχὴν Schaefer: ἀρχῆς L   23 τε
(ἄνευ) Reiske   τουτέων πάντων (ἀπεόντων Krueger) d   26 πιεζο-
μένοισι B C D

322

οἰκοφθόρησθε χρόνον ἤδη πολλόν. ἀντὶ τούτων δὲ ὑμῖν 4
Λακεδαιμόνιοί τε καὶ οἱ σύμμαχοι ἐπαγγέλλονται γυναῖκάς
τε καὶ τὰ ἐς πόλεμον ἄχρηστα οἰκετέων ἐχόμενα πάντα
ἐπιθρέψειν, ἔστ' ἂν ὁ πόλεμος ὅδε συνεστήκῃ. μηδὲ ὑμέας
5 Ἀλέξανδρος ὁ Μακεδὼν ἀναγνώσῃ, λεήνας τὸν Μαρδονίου
λόγον. τούτῳ μὲν γὰρ ταῦτα ποιητέα ἐστί· τύραννος γὰρ 5
ἐὼν τυράννῳ συγκατεργάζεται· ὑμῖν δέ γε οὐ ποιητέα, εἴ
περ εὖ τυγχάνετε φρονέοντες, ἐπισταμένοισι ὡς βαρβάροισί
ἐστι οὔτε πιστὸν οὔτε ἀληθὲς οὐδέν. ταῦτα ἔλεξαν οἱ
10 ἄγγελοι. Ἀθηναῖοι δὲ πρὸς μὲν Ἀλέξανδρον ὑπεκρίναντο 143
τάδε· Καὶ αὐτοὶ τοῦτό γε ἐπιστάμεθα ὅτι πολλαπλησίη
ἐστὶ τῷ Μήδῳ δύναμις ἤ περ ἡμῖν, ὥστε οὐδὲν δεῖ τοῦτό
γε ὀνειδίζειν. ἀλλ' ὅμως ἐλευθερίης γλιχόμενοι ἀμυνεύμεθα
οὕτως ὅκως ἂν καὶ δυνώμεθα. ὁμολογῆσαι δὲ τῷ βαρβάρῳ
15 μήτε σὺ ἡμέας πειρῶ ἀναπείθειν οὔτε ἡμεῖς πεισόμεθα. νῦν 2
τε ἀπάγγελλε Μαρδονίῳ ὡς Ἀθηναῖοι λέγουσι, ἔστ' ἂν ὁ
ἥλιος τὴν αὐτὴν ὁδὸν ἴῃ τῇ περ καὶ νῦν ἔρχεται, μήκοτε
ὁμολογήσειν ἡμέας Ξέρξῃ· ἀλλὰ θεοῖσί τε συμμάχοισι
πίσυνοί μιν ἐπέξιμεν ἀμυνόμενοι καὶ τοῖσι ἥρωσι, τῶν ἐκεῖνος
20 οὐδεμίαν ὄπιν ἔχων ἐνέπρησε τούς τε οἴκους καὶ τὰ ἀγάλματα.
σύ τε τοῦ λοιποῦ λόγους ἔχων τοιούσδε μὴ ἐπιφαίνεο 3
Ἀθηναίοισι, μηδὲ δοκέων χρηστὰ ὑπουργέειν ἀθέμιστα ἔρδειν
παραίνεε. οὐ γάρ σε βουλόμεθα οὐδὲν ἄχαρι πρὸς Ἀθηναίων
παθεῖν, ἐόντα πρόξεινόν τε καὶ φίλον. πρὸς μὲν Ἀλέξανδρον 144
25 ταῦτα ὑπεκρίναντο, πρὸς δὲ τοὺς ἀπὸ Σπάρτης ἀγγέλους τάδε·
Τὸ μὲν δεῖσαι Λακεδαιμονίους μὴ ὁμολογήσωμεν τῷ βαρβάρῳ
κάρτα ἀνθρωπήιον ἦν. ἀτὰρ αἰσχρῶς γε οἴκατε ἐξεπιστά-

2 οἱ λοιποὶ σύμμαχοι d   3 πάντα οἰκ. ἐχ. P¹   5 Μαρδόνιον C
6 οὕτω D   7 γε om. a P   8 τυγχάνεσθε P: -ται R   βαρ-
βάροις P   11 τοιᾶδε d   γε om. R   12 τῶν Μήδων R S V
δέει L   13 ἐλευθερίην d Pᵗ   σκεπόμενοι D : σκεπτόμενοι Pᵗ R S V
ἀμύνεσθαι C   14 καὶ om. d   15 ἡμεῖς] ἡμέες d   16 δὲ S
ἀπάγγελλε] ἀπ- et -ε Dᶜ   17 τὴν περ (hoc om. a) Cobet   19 πίσ-
συνοί R S V   20 ὄπιν οὐδεμίην d   22 ὑπουργέειν L   ἔδειν
C : ῥέξειν d   23 παραίνεεν R V   24 παθέειν d (om. D¹)
25 ὑπεκρίνατο R V   27 κάρτα μὲν d   γε om. A¹

μενοι τὸ ᾿Αθηναίων φρόνημα] ἀρρωδῆσαι, ὅτι οὔτε χρυσός
ἐστι γῆς οὐδαμόθι τοσοῦτος [οὔτε χώρη κάλλεϊ καὶ ἀρετῇ
μέγα ὑπερφέρουσα] τὰ ἡμεῖς δεξάμενοι ἐθέλοιμεν ἂν μηδί-
2 σαντες καταδουλῶσαι τὴν ῾Ελλάδα.   πολλά τε γὰρ καὶ
μεγάλα ἐστὶ τὰ διακωλύοντα ταῦτα μὴ ποιέειν [μηδ᾿ ἢν 5
ἐθέλωμεν] πρῶτα μὲν καὶ μέγιστα τῶν θεῶν τὰ ἀγάλματα
καὶ τὰ οἰκήματα ἐμπεπρησμένα τε καὶ συγκεχωσμένα, τοῖσι
ἡμέας ἀναγκαίως ἔχει τιμωρέειν ἐς τὰ μέγιστα μᾶλλον ἤ
περ ὁμολογέειν [τῷ ταῦτα ἐργασαμένῳ, αὖτις δὲ τὸ ῾Ελλη-
νικόν, ἐὸν ὅμαιμόν τε καὶ ὁμόγλωσσον, καὶ θεῶν ἱδρύματά 10
τε κοινὰ καὶ θυσίαι [ἤθεά τε ὁμότροπα, τῶν προδότας γενέσθαι
3 ᾿Αθηναίους οὐκ ἂν εὖ ἔχοι.   ἐπίστασθέ τε οὕτω, εἰ μὴ καὶ
πρότερον ἐτυγχάνετε ἐπιστάμενοι, ἔστ᾿ ἂν καὶ εἷς περιῇ
᾿Αθηναίων, μηδαμὰ ὁμολογήσοντας ἡμέας Ξέρξῃ.   ὑμέων
μέντοι ἀγάμεθα τὴν προνοίην τὴν ἐς ἡμέας ἔχουσαν, ὅτι 15
προείδετε [ἡμέων οἰκοφθορημένων] οὕτω ὥστε ἐπιθρέψαι
4 ἐθέλειν ἡμέων τοὺς οἰκέτας.   καὶ ὑμῖν μὲν ἡ χάρις ἐκπε-
πλήρωται, ἡμεῖς μέντοι λιπαρήσομεν οὕτω ὅκως ἂν ἔχωμεν,
οὐδὲν λυπέοντες ὑμέας.   νῦν δέ, ὡς οὕτω ἐχόντων, στρατιὴν
5 ὡς τάχιστα ἐκπέμπετε.   ὡς γὰρ ἡμεῖς εἰκάζομεν, [οὐκ ἑκὰς 20
χρόνου] παρέσται ὁ βάρβαρος ἐσβαλὼν ἐς τὴν ἡμετέρην,
ἀλλ᾿ ἐπεὰν τάχιστα πύθηται τὴν ἀγγελίην ὅτι οὐδὲν ποιή-
σομεν τῶν ἐκεῖνος ἡμέων προσεδέετο.   πρὶν ὦν παρεῖναι
ἐκεῖνον ἐς τὴν ᾿Αττικήν, ὑμέας καιρός ἐστι προβοηθῆσαι
ἐς τὴν Βοιωτίην.   οἱ μὲν ταῦτα ὑποκριναμένων ᾿Αθηναίων 25
ἀπαλλάσσοντο ἐς Σπάρτην.

1 τῶν ᾿Αθ. τὸ S   2 οὐδαμόθι γῆς D   3 μεγάλα D   7 τὰ
οἰκήματα τὰ S V   ἐμπεπρημένα a   9 τοῖσι ταῦτα ἐργασαμένοισι(ν) d
10 ἐὸν om. P   11 ὦν a P   12 καὶ om. a P   15 εἰς R:
πρὸς a P   ἐοῦσαν a P   16 οἰκοφορ. R   17 ὑμῖν] ἡμῖν V Sᵐ
18 ἡμέες d   20 ἡμέας D: ἡμέες R S V   ἑὰς χρόνον C   22 ἐπεὰν
Bredow: ἐπειδὰν L   23 προσεδέκετο C   24 ὑμέας Wesseling:
ἡμέας L   προσβοηθῆσαι B: προσβωθῆσαι d   25 οἱ ... Σπάρτηι
in principio l. ix. P, utrobique a d

ΙΣΤΟΡΙΩΝ Ι

Μαρδόνιος δέ, ὥς οἱ ἀπονοστήσας Ἀλέξανδρος τὰ παρὰ 1
Ἀθηναίων ἐσήμηνε, ὁρμηθεὶς ἐκ Θεσσαλίης ἦγε τὴν στρατιὴν
σπουδῇ ἐπὶ τὰς Ἀθήνας· ὅκου δὲ ἑκάστοτε γίνοιτο, τούτους
παρελάμβανε. τοῖσι δὲ Θεσσαλίης ἡγεομένοισι οὔτε τὰ πρὸ
5 τοῦ πεπρηγμένα μετέμελε οὐδὲν πολλῷ τε μᾶλλον ἐπῆγον
τὸν Πέρσην, καὶ συμπροέπεμψέ τε Θώρηξ ὁ Ληρισαῖος
Ξέρξην φεύγοντα καὶ τότε ἐκ τοῦ φανεροῦ παρῆκε Μαρδόνιον
ἐπὶ τὴν Ἑλλάδα. ἐπεὶ δὲ πορευόμενος γίνεται ὁ στρατὸς 2
ἐν Βοιωτοῖσι, οἱ Θηβαῖοι κατελάμβανον τὸν Μαρδόνιον καὶ
10 συνεβούλευον αὐτῷ λέγοντες ὡς οὐκ εἴη χῶρος ἐπιτηδεότερος
ἐνστρατοπεδεύεσθαι ἐκείνου, οὐδὲ ἔων ἰέναι ἑκαστέρω, ἀλλ᾽
αὐτοῦ ἱζόμενον ποιέειν ὅκως ἀμαχητὶ τὴν πᾶσαν Ἑλλάδα
καταστρέψεται. κατὰ μὲν γὰρ τὸ ἰσχυρὸν Ἕλληνας ὁμο- 2
φρονέοντας, οἵ περ καὶ πάρος ταὐτὰ ἐγίνωσκον, χαλεπὰ
15 εἶναι περιγίνεσθαι καὶ ἅπασι ἀνθρώποισι· εἰ δὲ ποιήσεις
τὰ ἡμεῖς παραινέομεν, ἔφασαν λέγοντες, ἕξεις ἀπόνως ἅπαντα
τὰ ἐκείνων βουλεύματα. πέμπε χρήματα ἐς τοὺς δυνα- 3
στεύοντας ἄνδρας ἐν τῇσι πόλισι, πέμπων δὲ τὴν Ἑλλάδα
διαστήσεις· ἐνθεῦτεν δὲ τοὺς μὴ τὰ σὰ φρονέοντας ῥηιδίως
20 μετὰ τῶν στασιωτέων καταστρέψεαι. οἱ μὲν ταῦτα συνε- 3
βούλευον, ὁ δὲ οὐκ ἐπείθετο, ἀλλά οἱ δεινός τις ἐνέστακτο
ἵμερος τὰς Ἀθήνας δεύτερα ἑλεῖν, ἅμα μὲν ὑπ᾽ ἀγνωμοσύνης,
ἅμα δὲ πυρσοῖσι διὰ νήσων ἐδόκεε βασιλέι δηλώσειν ἐόντι

5 μετέμελλεν R V 6 τε] τῶ R : m. C P Ληρισαῖος P R S V
7 Ξέρξεα ᵈ 9 τὸν om. ᵈ 11 ἐνστρατεύεσθαι C D ἑκατέρω(ι)
C R S V 13 καταστρέψηται L : corr. Steger γὰρ om. P¹
14 ταῦτα B D R V χαλεποὺς Stein 15 περιγενέσθαι ᵈ 16 ἕξ A¹
πάντα ᵃ 17 ἰσχυρὰ βουλεύματα ᵈ P 20 τῶν om. R S V
στρατιωτέων ᵈ καταστρέψεαι] αι in fine v. D² : καταστρεψαι C R V :
-στρέψεις S 21 ἐπίθετο R τις om. ᵃ P 23 δηλώσει R [V] :
δηλῶσαι conieci

2 ἐν Σάρδισι ὅτι ἔχοι ᾿Αθήνας. ὃς οὐδὲ τότε ἀπικόμενος ἐς
τὴν ᾿Αττικὴν εὗρε τοὺς ᾿Αθηναίους, ἀλλ᾿ ἔν τε Σαλαμῖνι
τοὺς πλείστους ἐπυνθάνετο εἶναι ἔν τε τῇσι νηυσί, αἱρέει
τε ἔρημον τὸ ἄστυ. ἡ δὲ βασιλέος αἵρεσις ἐς τὴν ὑστέρην
4 τὴν Μαρδονίου ἐπιστρατηίην δεκάμηνος ἐγένετο. ἐπεὶ δὲ 5
ἐν ᾿Αθήνῃσι ἐγένετο ὁ Μαρδόνιος, πέμπει ἐς Σαλαμῖνα
Μουρυχίδην ἄνδρα ῾Ελλησπόντιον φέροντα τοὺς αὐτοὺς
λόγους τοὺς καὶ ᾿Αλέξανδρος ὁ Μακεδὼν τοῖσι ᾿Αθηναίοισι
2 διεπόρθμευσε. ταῦτα δὲ τὸ δεύτερον ἀπέστελλε προέχων
μὲν τῶν ᾿Αθηναίων οὐ φιλίας γνώμας, ἐλπίσας δέ σφεας 10
ὑπήσειν τῆς ἀγνωμοσύνης ὡς δοριαλώτου ἐούσης πάσης τῆς
᾿Αττικῆς χώρης καὶ ἐούσης ὑπ᾿ ἑωυτῷ. τούτων μὲν εἵνεκα
5 ἀπέπεμψε Μουρυχίδην ἐς Σαλαμῖνα· ὁ δὲ ἀπικόμενος ἐπὶ
τὴν βουλὴν ἔλεγε τὰ παρὰ Μαρδονίου. τῶν δὲ βουλευτέων
Λυκίδης εἶπε γνώμην ὡς οἱ ἐδόκεε ἄμεινον εἶναι δεξαμένους 15
τὸν λόγον τόν σφι Μουρυχίδης προσφέρει ἐξενεῖκαι ἐς τὸν
2 δῆμον. ὁ μὲν δὴ ταύτην τὴν γνώμην ἀπεφαίνετο, εἴτε δὴ
δεδεγμένος χρήματα παρὰ Μαρδονίου, εἴτε καὶ ταῦτά οἱ
ἑάνδανε· ᾿Αθηναῖοι δὲ αὐτίκα δεινὸν ποιησάμενοι, οἵ τε ἐκ
τῆς βουλῆς καὶ οἱ ἔξωθεν, ὡς ἐπύθοντο, περιστάντες Λυκίδην 20
κατέλευσαν βάλλοντες, τὸν δὲ ῾Ελλησπόντιον [Μουρυχίδην]
3 ἀπέπεμψαν ἀσινέα. γενομένου δὲ θορύβου ἐν τῇ Σαλαμῖνι
περὶ τὸν Λυκίδην, πυνθάνονται τὸ γινόμενον αἱ γυναῖκες
τῶν ᾿Αθηναίων, διακελευσαμένη δὲ γυνὴ γυναικὶ καὶ παρα-
λαβοῦσα ἐπὶ τὴν Λυκίδεω οἰκίην ἤισαν αὐτοκελέες, καὶ 25
κατὰ μὲν ἔλευσαν αὐτοῦ τὴν γυναῖκα, κατὰ δὲ τὰ τέκνα.

1 τὰς ᾿Αθήνας ἃ   3 τε om. ἃ   4 ὑστεραίην C P S   5 -τιηίην D
6 ἐν om. ἃ   7 Βουργίδην C: Μουριχίδην R   8 οὓς ἃ Const.
9 προσδοκῶν Krueger   10 ἐλπίζων ἃ P   11 δοριαλ. D   πάσης
om. ἃ P   12 ἐούσης ἤδη ἃ   ἕνεκα ἃ P: εἵνεκε D: -κεν R S V
15 οἱ E solus   δεξάμενος C   16 προσφέρει Const.: προφέρει L
ἐξενεῖκε C: -κεν R V   18 οἱ καὶ ταῦτα E   20 Λυκίδεα ἃ (it. 23)
21 βάλοντες C¹ R V   Μουρυχίδεα ἃ (-ρι- R): del. Herwerden
22 ἐν τῇ Σαλαμῖνι om. Const.   23 τὸ] τὸν C   αἱ om. C   25 ἤισαν
A B: ἦσαν C E: ἤ(ι)εσαν ἃ P   αὐτομολέες E

ἐς δὲ τὴν Σαλαμῖνα διέβησαν οἱ Ἀθηναῖοι ὧδε· ἕως μὲν **6**
προσεδέκοντο ἐκ τῆς Πελοποννήσου στρατὸν ἥξειν τιμωρή-
σοντά σφι, οἱ δὲ ἔμενον ἐν τῇ Ἀττικῇ· ἐπεὶ δὲ οἱ μὲν
μακρότερα καὶ σχολαίτερα ἐποίεον, ὁ δὲ ἐπιὼν καὶ δὴ ἐν τῇ
5 Βοιωτίῃ ἐλέγετο εἶναι, οὕτω δὴ ὑπεξεκομίσαντό τε πάντα
καὶ αὐτοὶ διέβησαν ἐς Σαλαμῖνα, ἐς Λακεδαίμονά τε ἔπεμπον
ἀγγέλους ἅμα μὲν μεμψομένους τοῖσι Λακεδαιμονίοισι ὅτι
περιεῖδον ἐσβαλόντα τὸν βάρβαρον ἐς τὴν Ἀττικὴν ἀλλ'
οὐ μετὰ σφέων ἠντίασαν ἐς τὴν Βοιωτίην, ἅμα δὲ ὑπομνή-
10 σοντας ὅσα σφι ὑπέσχετο ὁ Πέρσης μεταβαλοῦσι δώσειν,
προεῖπαί τε ὅτι εἰ μὴ ἀμυνεῦσι Ἀθηναίοισι, ὡς καὶ αὐτοί
τινα ἀλεωρὴν εὑρήσονται. οἱ γὰρ δὴ Λακεδαιμόνιοι ὥρταζόν **7**
τε τοῦτον τὸν χρόνον καί σφι ἦν Ὑακίνθια, περὶ πλείστου
δ' ἦγον τὰ τοῦ θεοῦ πορσύνειν· ἅμα δὲ τὸ τεῖχός σφι, τὸ
15 ἐν τῷ Ἰσθμῷ ἐτείχεον, καὶ ἤδη ἐπάλξις ἐλάμβανε. ὡς δὲ
ἀπίκοντο ἐς τὴν Λακεδαίμονα οἱ ἄγγελοι οἱ ἀπ' Ἀθηνέων,
ἅμα ἀγόμενοι ἔκ τε Μεγάρων ἀγγέλους καὶ ἐκ Πλαταιέων,
ἔλεγον τάδε ἐπελθόντες ἐπὶ τοὺς ἐφόρους· Ἔπεμψαν ἡμέας **a**
Ἀθηναῖοι λέγοντες ὅτι ἡμῖν βασιλεὺς ὁ Μῆδος τοῦτο μὲν
20 τὴν χώρην ἀποδιδοῖ, τοῦτο δὲ συμμάχους ἐθέλει ἐπ' ἴσῃ τε
καὶ ὁμοίῃ ποιήσασθαι ἄνευ τε δόλου καὶ ἀπάτης, ἐθέλει δὲ
καὶ ἄλλην χώρην πρὸς τῇ ἡμετέρῃ διδόναι, τὴν ἂν αὐτοὶ
ἑλώμεθα. ἡμεῖς δὲ Δία τε Ἑλλήνιον αἰδεσθέντες καὶ τὴν **2**
Ἑλλάδα δεινὸν ποιεύμενοι προδοῦναι οὐ καταινέσαμεν ἀλλ'
25 ἀπειπάμεθα, καίπερ ἀδικεόμενοι ὑπ' Ἑλλήνων καὶ κατα-
προδιδόμενοι ἐπιστάμενοί τε ὅτι κερδαλεώτερόν ἐστι ὁμολο-
γέειν τῷ Πέρσῃ μᾶλλον ἤ περ πολεμέειν· οὐ μὲν οὐδὲ

1 οἱ om. P   4 τε καὶ Aldus   σχολαιότερα C S   οἱ C   ἐς
τὴν Βοιωτίην ἃ P   5 τε P quoque   6 ἔπεμψαν S   7 μεμφο-
μένους ἃ P   8 ἐσβαλόντα Pᶜ: ἐσβάλλοντα C: ἐμβαλόντα rell.
11 προεῖπέ C R V¹   12 ὥρταζόν C P S V   14 δ'] δὴ D R V
τὸ τεῖχός σφι τὸ ἐν τῷ Ἰσθμῷ ἐτειχέετο καὶ ἤδη (δὴ Schaefer) Madvig
15 ἐπάλξεις C P R S V   16 alt. οἱ om. S   Ἀθηνέων A: -ναίων
rell.   18 ἐπὶ] ἐς ἃ   24 κατενέσαμεν R   27 Πέρσει R [V]

ὁμολογήσομεν ἑκόντες εἶναι.   καὶ τὸ μὲν ἀπ' ἡμέων οὕτω
β ἀκίβδηλον νέμεται ἐπὶ τοὺς Ἕλληνας· ὑμεῖς δὲ ἐς πᾶσαν
ἀρρωδίην τότε ἀπικόμενοι μὴ ὁμολογήσωμεν τῷ Πέρσῃ,
ἐπείτε ἐξεμάθετε τὸ ἡμέτερον φρόνημα σαφέως, ὅτι οὐδαμὰ
προδώσομεν τὴν Ἑλλάδα, καὶ διότι τεῖχος ὑμῖν διὰ τοῦ 5
Ἰσθμοῦ ἐλαυνόμενον ἐν τέλεΐ ἐστι, καὶ δὴ λόγον οὐδένα
τῶν Ἀθηναίων ποιέεσθε, συνθέμενοί τε ἡμῖν [τὸν Πέρσην]
ἀντιώσεσθαι ἐς τὴν Βοιωτίην προδεδώκατε, περιείδετέ τε
2 ἐσβαλόντα ἐς τὴν Ἀττικὴν τὸν βάρβαρον. ἐς μέν νυν τὸ
παρεὸν Ἀθηναῖοι ὑμῖν μηνίουσι· οὐ γὰρ ἐποιήσατε ἐπιτηδέως. 10
νῦν δὲ ὅ τι τάχος στρατιὴν ἅμα ἡμῖν ἐκέλευσαν ὑμέας ἐκπέμ-
πειν, ὡς ἂν τὸν βάρβαρον δεκώμεθα ἐν τῇ Ἀττικῇ· ἐπειδὴ
γὰρ ἡμάρτομεν τῆς Βοιωτίης, τῆς γε ἡμετέρης ἐπιτηδεότατόν
8 ἐστι ἐμμαχέσασθαι τὸ Θριάσιον πεδίον. ὡς δὲ ἄρα ἤκουσαν
οἱ ἔφοροι ταῦτα, ἀνεβάλλοντο ἐς τὴν ὑστεραίην ὑποκρίνασθαι, 15
τῇ δὲ ὑστεραίῃ ἐς τὴν ἑτέρην· τοῦτο καὶ ἐπὶ δέκα ἡμέρας
ἐποίεον, ἐξ ἡμέρης ἐς ἡμέρην ἀναβαλλόμενοι. ἐν δὲ τούτῳ
τῷ χρόνῳ τὸν Ἰσθμὸν ἐτείχεον σπουδὴν ἔχοντες πολλὴν
2 πάντες Πελοποννήσιοι, καί σφι ἦν πρὸς τέλεΐ. οὐδ' ἔχω
εἰπεῖν τὸ αἴτιον δι' ὅ τι ἀπικομένου μὲν Ἀλεξάνδρου τοῦ 20
Μακεδόνος ἐς Ἀθήνας σπουδὴν μεγάλην ἐποιήσαντο μὴ
μηδίσαι Ἀθηναίους, τότε δὲ ὥρην ἐποιήσαντο οὐδεμίαν,
ἄλλο γε ἢ ὅτι ὁ Ἰσθμός σφι ἐτετείχιστο καὶ ἐδόκεον Ἀθη-
ναίων ἔτι δέεσθαι οὐδέν· ὅτε δὲ Ἀλέξανδρος ἀπίκετο ἐς τὴν
Ἀττικήν, οὔκω ἀπετετείχιστο, ἐργάζοντο δὲ μεγάλως καταρ- 25
9 ρωδηκότες τοὺς Πέρσας. τέλος δὲ τῆς τε ὑποκρίσιος καὶ
ἐξόδου τῶν Σπαρτιητέων ἐγένετο τρόπος τοιόσδε· τῇ προτε-

1 ἀπ' ἡμέων] ἡμέτερον P   2 ἀκίβδηλον ἐὸν C P   ἡμεῖς D V
4 ἐξέμαθε R   5 καὶ ὅτι ᵈ   ⟨τὸ⟩ διὰ Stein   7 τῷ Πέρσῃ
Reiske : del. Krueger   8 περιίδετέ D¹   τε om. C   9 προσβα-
λόντα A B : προσβάλλοντα C : προεσβαλόντα Stein   τὸν βάρβαρον ἐς
τὴν Ἀττικήν D   12 ἐπεὶ C   13 ἐπιτηδέστατόν ᵈ : -εώτατόν C P
14 μαχέσασθαι ᵃ P   ἄρα om. S V   15 ἐνεβάλλοντο B : ἀνεβάλοντο
C D P R V   ὑποκρίνεσθαι A B D : ὑποκρινέεσθαι bene Cobet   20 εἶ-
παι R S V   22 οὐδεμίην ᵈ   23 δ om. D   24 δεῖσθαι ᵃ P
οὐδενός ᵈ   ὁ Ἀλέξανδρος C P

ραίη τῆς ὑστάτης καταστάσιος μελλούσης ἔσεσθαι Χίλεος   *audience*
ἀνὴρ Τεγεήτης, δυνάμενος ἐν Λακεδαίμονι μέγιστον ξείνων,
τῶν ἐφόρων ἐπύθετο πάντα λόγον, τὸν δὴ οἱ Ἀθηναῖοι
ἔλεγον. ἀκούσας δὲ [ταῦτα] ὁ Χίλεος ἔλεγε ἄρα σφι τάδε· 2
5 Οὕτως ἔχει, ἄνδρες ἔφοροι· Ἀθηναίων ἡμῖν ἐόντων μὴ
ἀρθμίων, τῷ δὲ βαρβάρῳ συμμάχων, καίπερ τείχεος διὰ   *ἀρθμιος – friendly*
τοῦ Ἰσθμοῦ ἐληλαμένου καρτεροῦ, μεγάλαι κλισιάδες ἀνα-   *gates*
πεπτέαται ἐς τὴν Πελοπόννησον τῷ Πέρσῃ. ἀλλ' ἐσακού-
σατε, πρίν τι ἄλλο Ἀθηναίοισι δόξαι σφάλμα φέρον τῇ   *σφαλμα – disaster*
10 Ἑλλάδι. ὁ μέν σφι ταῦτα συνεβούλευε· οἱ δὲ φρενὶ 10
λαβόντες τὸν λόγον αὐτίκα, φράσαντες οὐδὲν τοῖσι ἀγγέλοισι
τοῖσι ἀπιγμένοισι ἀπὸ τῶν πολίων, νυκτὸς ἔτι ἐκπέμπουσι
πεντακισχιλίους Σπαρτιητέων καὶ ἑπτὰ περὶ ἕκαστον τάξαντες   *each man*
τῶν εἱλώτων, Παυσανίῃ τῷ Κλεομβρότου ἐπιτρέψαντες
15 ἐξάγειν. ἐγίνετο μέν νυν ἡ ἡγεμονίη Πλειστάρχου τοῦ 2 *chief power*
Λεωνίδεω· ἀλλ' ὁ μὲν ἦν ἔτι παῖς, ὁ δὲ τούτου ἐπίτροπός   = *Pausania*
τε καὶ ἀνεψιός. Κλεόμβροτος γὰρ ὁ Παυσανίεω μὲν πατήρ,   *guardian*
Ἀναξανδρίδεω δὲ παῖς οὐκέτι περιῆν, ἀλλ' ἀπαγαγὼν ἐκ
τοῦ Ἰσθμοῦ τὴν στρατιὴν τὴν τὸ τεῖχος δείμασαν μετὰ *build*
20 ταῦτα οὐ πολλόν τινα χρόνον βιοὺς ἀπέθανε. ἀπῆγε δὲ 3
τὴν στρατιὴν ὁ Κλεόμβροτος ἐκ τοῦ Ἰσθμοῦ διὰ τόδε·
θυομένῳ οἱ ἐπὶ τῷ Πέρσῃ ὁ ἥλιος ἀμαυρώθη ἐν τῷ οὐρανῷ. *darken*
προσαιρέεται δὲ ἑωυτῷ Παυσανίης Εὐρυάνακτα τὸν Δωριέος,
ἄνδρα οἰκίης ἐόντα τῆς αὐτῆς. οἱ μὲν δὴ σὺν Παυσανίῃ *the same*
25 ἐξεληλύθεσαν ἔξω Σπάρτης· οἱ δὲ ἄγγελοι, ὡς ἡμέρη II
ἐγεγόνεε, οὐδὲν εἰδότες περὶ τῆς ἐξόδου ἐπῆλθον ἐπὶ τοὺς
ἐφόρους, ἐν νόῳ δὴ ἔχοντες ἀπαλλάσσεσθαι καὶ αὐτοὶ ἐπὶ

1 Χείλεως D^{rec}· Plut. mor. 871   4 ταῦτα om. a   5 μὴ
ἐόντων a   6 τῶδε τῶ RSV   7 ἀναπεπταλαται A¹ B   8 ἐσακού-
σετε B   9 τῇ Ἑ. φέρον P   10 ἐν φρενὶ a   11 φράσοντες D
13 πεντακισχιλίων RSV   καὶ . . . εἱλώτων (-τέων D) om. RSV
14 ἐπιτάξαντες a P   15 ἐγένετο a S   νυν om. a P   17 ἀνεψιὸς
Κλεόμβροτος· Κλεόμβροτος D RV   γὰρ] μὲν C   19 alt. τὴν om.
a C   20 χρόνον τινὰ a P   ἀπήγαγε Cobet   23 προσερ. RV
ὁ Παυσανίης a   25 -θησαν C   26 ἰδόντες C

τὴν ἑωυτοῦ ἕκαστος· ἐπελθόντες δὲ ἔλεγον τάδε· Ὑμεῖς
μέν, ὦ Λακεδαιμόνιοι, αὐτοῦ τῇδε μένοντες Ὑακίνθιά τε
ἄγετε καὶ παίζετε, καταπροδόντες τοὺς συμμάχους· Ἀθηναῖοι
δὲ ὡς ἀδικεόμενοι ὑπὸ ὑμέων χήτεί τε συμμάχων καταλύ-
2 σονται τῷ Πέρσῃ οὕτως ὅκως ἂν δύνωνται. καταλυσάμενοι 5
δέ, δῆλα γὰρ ὅτι σύμμαχοι βασιλέος γινόμεθα, συστρατευ-
σόμεθα ἐπὶ τὴν ἂν ἐκεῖνοι ἐξηγέωνται. ὑμεῖς δὲ τὸ ἐνθεῦτεν
μαθήσεσθε ὁκοῖον ἄν τι ὑμῖν ἐξ αὐτοῦ ἐκβαίνῃ. ταῦτα
λεγόντων τῶν ἀγγέλων οἱ ἔφοροι εἶπαν ἐπ᾽ ὅρκου καὶ δὴ
δοκέειν εἶναι ἐν Ὀρεσθείῳ στίχοντας ἐπὶ τοὺς ξείνους· 10
3 ξείνους γὰρ ἐκάλεον τοὺς βαρβάρους. οἱ δὲ ὡς οὐκ εἰδότες
ἐπειρώτων τὸ λεγόμενον, ἐπειρόμενοι δὲ ἐξέμαθον πᾶν τὸ
ἐόν, ὥστε ἐν θώματι γενόμενοι ἐπορεύοντο τὴν ταχίστην
διώκοντες· σὺν δέ σφι τῶν περιοίκων Λακεδαιμονίων λογάδες
πεντακισχίλιοι [ὁπλῖται] τὠυτὸ τοῦτο ἐποίεον. 15

12 Οἱ μὲν δὴ ἐς τὸν Ἰσθμὸν ἠπείγοντο· Ἀργεῖοι δὲ ἐπείτε
τάχιστα ἐπύθοντο τοὺς μετὰ Παυσανίεω ἐξεληλυθότας ἐκ
Σπάρτης, πέμπουσι κήρυκα τῶν ἡμεροδρόμων ἀνευρόντες
τὸν ἄριστον ἐς τὴν Ἀττικήν, πρότερον αὐτοὶ Μαρδονίῳ
2 ὑποδεξάμενοι σχήσειν τὸν Σπαρτιήτην μὴ ἐξιέναι· ὃς ἐπείτε 20
ἀπίκετο ἐς τὰς Ἀθήνας, ἔλεγε τάδε· Μαρδόνιε, ἔπεμψάν
με Ἀργεῖοι φράσοντά τοι ὅτι ἐκ Λακεδαίμονος ἐξελήλυθε
ἡ νεότης, καὶ ὡς οὐ δυνατοὶ αὐτὴν ἴσχειν εἰσὶ Ἀργεῖοι μὴ
13 οὐκ ἐξιέναι. πρὸς ταῦτα τύγχανε εὖ βουλευόμενος. ὁ μὲν
δὴ εἴπας ταῦτα ἀπαλλάσσετο ὀπίσω, Μαρδόνιος δὲ οὐδαμῶς 25
ἔτι πρόθυμος ἦν μένειν ἐν τῇ Ἀττικῇ, ὡς ἤκουσε ταῦτα.
πρὶν μέν νυν ἢ πυθέσθαι ἀνεκώχευε, θέλων εἰδέναι τὸ παρ᾽

1 τῆς P   3 παίζετε] αἱ D²   4 χήτεί ABRD²: χητι
CPSVD¹ (χ + ή-) τε om. d   6 ὅτι εἱ SV   βασιλέως CD
γενόμεθα CRSV   συστρατευόμεθα D   7 τὴν DPRV: τῆ S:
ἥν a   8 μαχήσεσθε D   ἐκβαίνει C: ἐκβαίῃ RSV   ταῦτα δὲ d
9 ἐφόρκου AB   10 Ὀρεστείῳ DSV: -στίῳ R   στείχοντας a D² P²
11 ἐκάλουν d   οἱ δὲ om. C   12 ἐπειρώτεον d   ἐπειρώμ. D:
ἐπηρώμ. C   13 θώυματι P   15 ὁπλῖται om. d   19 αὐτῶ d
20 ἐπεὶ d: om. C   22 σοι a: τε S [V]   23 αὐτοὶ d   ἔχειν a P
26 ἤκουε C   27 ἢ om. d P

330

’Αθηναίων, ὁκοῖόν τι ποιήσουσι, καὶ οὔτε ἐπήμαινε οὔτε
ἐσίνετο γῆν τὴν ’Αττικήν, ἐλπίζων διὰ παντὸς [τοῦ χρόνου]
ὁμολογήσειν σφέας· ἐπεὶ δὲ οὐκ ἔπειθε, πυθόμενος πάντα 2
λόγον, πρὶν ἢ τοὺς μετὰ Παυσανίεω ἐς τὸν ’Ισθμὸν ἐσβαλεῖν,
5 ὑπεξεχώρεε ἐμπρήσας τε τὰς ’Αθήνας, καὶ εἴ κού τι ὀρθὸν
ἦν τῶν τειχέων ἢ τῶν οἰκημάτων ἢ τῶν ἱρῶν, πάντα κατα-
βαλὼν καὶ συγχώσας. ἐξήλαυνε δὲ τῶνδε εἵνεκεν, ὅτι οὔτε 3
ἱππασίμη ἡ χώρη ἦν ἡ ’Αττική, εἴ τε νικῷτο συμβαλών,
ἀπάλλαξις οὐκ ἦν [ὅτι μὴ] κατὰ στεινόν, ὥστε καὶ ὀλίγους
10 σφέας ἀνθρώπους ἴσχειν. ἐβουλεύετο ὦν ἐπαναχωρήσας
ἐς τὰς Θήβας συμβαλεῖν πρὸς πόλι τε φιλίη καὶ ⟨ἐν⟩ χώρῃ
ἱππασίμῳ. Μαρδόνιος μὲν δὴ ὑπεξεχώρεε, ἤδη δὲ ἐν τῇ 14
ὁδῷ ἐόντι αὐτῷ ἦλθε ἀγγελίη πρόδρομον ἄλλην στρατιὴν
ἥκειν ἐς Μέγαρα, Λακεδαιμονίων χιλίους. πυθόμενος δὲ
15 ταῦτα ἐβουλεύετο, θέλων εἴ κως τούτους πρῶτον ἕλοι. ὑπο-
στρέψας δὲ τὴν στρατιὴν ἦγε ἐπὶ τὰ Μέγαρα· ἡ δὲ ἵππος
προελθοῦσα κατιππάσατο χώρην τὴν Μεγαρίδα. ἐς ταύτην
δὴ ἑκαστάτω τῆς Εὐρώπης τὸ πρὸς ἡλίου δύνοντος ἡ Περσικὴ
αὕτη στρατιὴ ἀπίκετο. μετὰ δὲ ταῦτα Μαρδονίῳ ἦλθε 15
20 ἀγγελίη ὡς ἁλέες εἴησαν οἱ Ἕλληνες ἐν τῷ ’Ισθμῷ. οὕτω
δὴ ὀπίσω ἐπορεύετο διὰ Δεκελέης· οἱ γὰρ βοιωτάρχαι μετε-
πέμψαντο τοὺς προσχώρους τῶν ’Ασωπίων, οὗτοι δὲ αὐτῷ
τὴν ὁδὸν ἡγέοντο ἐς Σφενδαλέας, ἐνθεῦτεν δὲ ἐς Τάναγραν.
ἐν Τανάγρῃ δὲ νύκτα ἐναυλισάμενος καὶ τραπόμενος τῇ 2
25 ὑστεραίῃ ἐς Σκῶλον ἐν γῇ τῇ Θηβαίων ἦν. ἐνθαῦτα δὲ τῶν
Θηβαίων καίπερ μηδιζόντων ἔκειρε τοὺς χώρους, οὔτι κατὰ
ἔχθος αὐτῶν ἀλλ’ ὑπ’ ἀναγκαίης μεγάλης ἐχόμενος, βουλό-

2 ἐσινέετο d   τοῦ χρόνου om. S   3 δὲ om. V   τὸν πάντα d P
4 ἐμβαλεῖν a P   5 τε] δὲ A¹ C   7 δὲ om. a   8 alt. ἢ om.
B C   9 καὶ om. a P   11 ’Αθήνας C¹ R S V   συμβάλλειν d
πόλει D : πόλεις C   ἐν add. Schweighaeuser   χώρῃ τῇ D S V
12 ὑπεχώρεε(ν) d   13 πρόδρομος L : corr. Schweighaeuser
15 ante θέλων (om. duo deterr.) λέγων expunctum B   16 pr.
δὲ] δὴ Stein   17 προσελθοῦσα a P¹   18 δὲ d   19 στρατιὴ
αὕτη a   ἦλθε] ἧκε P   21 Δεκελέης a P   22 προχ. S V
23 Τανάγρην d   25 κῶλον D   Θηβαίῳ R V   27 ἐχόμενος
del. Cobet   βουλόμενος om. a P¹

μενος ἔρυμά τε τῷ στρατοπέδῳ ποιήσασθαι, καὶ ἢν συμβα-
λόντι οἱ μὴ ἐκβαίνῃ ὁκοῖόν τι ἐθέλοι, κρησφύγετον τοῦτο

3 ἐποιέετο. παρῆκε δὲ αὐτοῦ τὸ στρατόπεδον ἀρξάμενον ἀπὸ
Ἐρυθρέων παρὰ Ὑσιάς, κατέτεινε δὲ ἐς τὴν Πλαταιίδα γῆν,
παρὰ τὸν Ἀσωπὸν ποταμὸν τεταγμένον. οὐ μέντοι τό γε 5
τεῖχος τοσοῦτον ἐποιέετο, ἀλλ᾽ ὡς ἐπὶ δέκα σταδίους μάλιστά
κῃ μέτωπον ἕκαστον.

4   Ἐχόντων δὲ τὸν πόνον τοῦτον τῶν βαρβάρων Ἀτταγῖνος
ὁ Φρύνωνος ἀνὴρ Θηβαῖος παρασκευασάμενος μεγάλως ἐκάλεε
ἐπὶ ξείνια αὐτόν τε Μαρδόνιον καὶ πεντήκοντα Περσέων 10
τοὺς λογιμωτάτους, κληθέντες δὲ οὗτοι εἵποντο· ἢν δὲ τὸ

16 δεῖπνον ποιεύμενον ἐν Θήβῃσι. τάδε δὲ ἤδη τὰ ἐπίλοιπα
ἤκουον Θερσάνδρου ἀνδρὸς μὲν Ὀρχομενίου, λογίμου δὲ ἐς
τὰ πρῶτα ἐν Ὀρχομενῷ. ἔφη δὲ ὁ Θέρσανδρος κληθῆναι
καὶ αὐτὸς ὑπὸ Ἀτταγίνου ἐπὶ τὸ δεῖπνον τοῦτο, κληθῆναι 15
δὲ καὶ Θηβαίων ἄνδρας πεντήκοντα, καί σφεων οὐ χωρὶς
ἑκατέρους κλῖναι, ἀλλὰ Πέρσην τε καὶ Θηβαῖον ἐν κλίνῃ

2 ἑκάστῃ. ὡς δὲ ἀπὸ δείπνου ἦσαν, διαπινόντων τὸν Πέρσην
τὸν ὁμόκλινον Ἑλλάδα γλῶσσαν ἱέντα εἰρέσθαι αὐτὸν ποδαπός
ἐστι, αὐτὸς δὲ ὑποκρίνασθαι ὡς εἴη Ὀρχομένιος. τὸν δὲ 20
εἰπεῖν· Ἐπεί νυν ὁμοτράπεζός τέ μοι καὶ ὁμόσπονδος ἐγένεο,
μνημόσυνά τοι γνώμης τῆς ἐμῆς καταλιπέσθαι θέλω, ἵνα
καὶ προειδὼς αὐτὸς περὶ σεωυτοῦ βουλεύεσθαι ἔχῃς τὰ

3 συμφέροντα. ὁρᾷς τούτους τοὺς δαινυμένους Πέρσας καὶ
τὸν στρατὸν τὸν ἐλίπομεν ἐπὶ τῷ ποταμῷ στρατοπεδευόμενον; 25
τούτων πάντων ὄψεαι ὀλίγου τινὸς χρόνου διελθόντος ὀλίγους
τινὰς τοὺς περιγενομένους. ταῦτά τε ἅμα τὸν Πέρσην λέγειν

1 στρατῷ a P   2 οἱ] οὐ C   θέλῃ d   3 ἀπὸ] ἀ. τὸ D   5 τετα-
μένον Reiske   6 τοσοῦτο a: οὕτω d   11 τοὺς om. A¹   pr. δὲ
om. D   12 τὰ δὲ δὲ δη] R: τὰ δὲ ἤδη DSV   16 σφεας E
17 κλιθῆναι Reiske: κλιτῆναι G. Dindorf   18 διαπινόντων om. E
19 ποδαπός d E: ὁποδαπός a P: ὁκοδαπός Bekker   21 ἐπεί νυν
DERV: ἐπεὶ νῦν rell.   ἐγένετο RV   22 τοι] τε CS[V]
ἐθέλω d   23 αὐτὸ R   ἑωυτοῦ C   24 τοὺς om. A¹C   δαινυ-
μένους ERV   25 ἐπὶ τῷ ποταμῷ om. E   27 τε ἅμα d E: ἅμα
τε a P

καὶ μετιέναι πολλὰ τῶν δακρύων.   αὐτὸς δὲ θωμάσας τὸν 4
λόγον εἰπεῖν πρὸς αὐτόν· Οὐκῶν Μαρδονίῳ τε ταῦτα χρεόν
ἐστι λέγειν καὶ τοῖσι μετ' ἐκεῖνον ἐν αἴνῃ ἐοῦσι Περσέων;   *αἴνη - repute*
τὸν δὲ μετὰ ταῦτα εἰπεῖν· Ξεῖνε, ὅ τι δεῖ γενέσθαι ἐκ τοῦ
5 θεοῦ, ἀμήχανον ἀποτρέψαι ἀνθρώπῳ· οὐδὲ γὰρ πιστὰ λέγουσι   *to avert / prevent*
ἐθέλει πείθεσθαι οὐδείς.   ταῦτα δὲ Περσέων συχνοὶ ἐπιστά-   5
μενοι ἑπόμεθα ἀναγκαίῃ ἐνδεδεμένοι.   ἐχθίστη δὲ ὀδύνη   *pain*
ἐστὶ τῶν ἐν ἀνθρώποισι αὕτη, πολλὰ φρονέοντα μηδενὸς   *know much*
κρατέειν.   ταῦτα μὲν τοῦ Ὀρχομενίου Θερσάνδρου ἤκουον,   *to control*
10 καὶ τάδε πρὸς τούτοισι, ὡς αὐτὸς αὐτίκα λέγοι ταῦτα πρὸς   *that he himself*
ἀνθρώπους πρότερον ἢ γενέσθαι ἐν Πλαταιῆσι τὴν μάχην.

Μαρδονίου δὲ ἐν τῇ Βοιωτίῃ στρατοπεδευομένου οἱ μὲν 17
ἄλλοι παρείχοντο ἅπαντες στρατιὴν καὶ συνεσέβαλον ἐς   *attack with*
Ἀθήνας ὅσοι περ ἐμήδιζον Ἑλλήνων τῶν ταύτῃ οἰκημένων,
15 μοῦνοι δὲ Φωκέες οὐ συνεσέβαλον· ἐμήδιζον γὰρ δὴ σφόδρα
καὶ οὗτοι, οὐκ ἑκόντες ἀλλ' ὑπ' ἀναγκαίης.   ἡμέρῃσι δὲ οὐ 2
πολλῇσι μετὰ τὴν ἄπιξιν τὴν ἐς Θήβας ὕστερον ἦλθον   *after*
αὐτῶν ὁπλῖται χίλιοι· ἦγε δὲ αὐτοὺς Ἁρμοκύδης ἀνὴρ τῶν
ἀστῶν δοκιμώτατος.   ἐπεὶ δὲ ἀπίκατο καὶ οὗτοι ἐς Θήβας,
20 πέμψας ὁ Μαρδόνιος ἱππέας ἐκέλευέ σφεας ἐπ' ἑωυτῶν ἐν   *on their own*
τῷ πεδίῳ ἵζεσθαι.   ὡς δὲ ἐποίησαν ταῦτα, αὐτίκα παρῆν 3
ἵππος ἡ ἅπασα.   μετὰ δὲ ταῦτα διεξῆλθε μὲν διὰ τοῦ στρα-
τοπέδου τοῦ Ἑλληνικοῦ τοῦ μετὰ Μήδων ἐόντος φήμη ὡς   *rumour*
κατακοντιεῖ σφεας, διεξῆλθε δὲ δι' αὐτῶν Φωκέων τὠυτὸ
25 τοῦτο.   ἔνθα δή σφι ὁ στρατηγὸς Ἁρμοκύδης παραίνεε λέγων 4   *urge*
τοιάδε· Ὦ Φωκέες, πρόδηλα γὰρ ὅτι ἡμέας οὗτοι οἱ ἄνθρωποι
μέλλουσι προόπτῳ θανάτῳ δώσειν, διαβεβλημένους ὑπὸ   *slandered*

2 τε om. E   χρεών EPRVD² 3 ἐκείνων B   6 πείθεσθαι
θέλει d   8 ἐστὶ om. P⁴ : post ἀνθρ. d   9 κρατεῖν C   τοῦ
om. a P   11 ante ἀνθρ. (ἄλλους Valckenaer) + + + D   ἐν om. R
Πλαταίῃσι a D : Πλαταίῃσι R   12 στρατευομένου d   13 συνέ-
βαλον C : συνεβάλλον d P¹ : συνεσέβαλλον P²   15 συνεσέβαλλον P :
συνέβαλον DS   δὴ om. d C   18 αὐτέων d   19 δυνατώτατος a
ἀπικέατο P   ἐς τὰς Θ. d   20 ἱππέας ante ὁ d : del. Kallenberg
ἐκέλευσέ a P   ἀπ' R S V   21 ὡς d : ἐπεὶ a P   22 ἡ ἵππος d
26 τάδε B

Θεσσαλῶν, ὡς ἐγὼ εἰκάζω· νῦν ὦν ἄνδρα πάντα τινὰ ὑμέων
χρεόν ἐστι γενέσθαι ἀγαθόν· κρέσσον γὰρ ποιεῦντάς τι καὶ
ἀμυννομένους τελευτῆσαι τὸν αἰῶνα ἤ περ παρέχοντας δια-
φθαρῆναι αἰσχίστῳ μόρῳ. ἀλλὰ μαθέτω τις αὐτῶν ὅτι ἐόντες
18 βάρβαροι ἐπ᾽ Ἕλλησι ἀνδράσι φόνον ἔρραψαν. ὁ μὲν 5
ταῦτα παραίνεε· οἱ δὲ ἱππέες ἐπείτε σφέας ἐκυκλώσαντο,
ἐπήλαυνον ὡς ἀπολέοντες, καὶ δὴ διετείνοντο τὰ βέλεα ὡς
ἀπήσοντες, καί κού τις καὶ ἀπῆκε. καὶ οἱ ἀντίοι ἔστησαν,
πάντῃ συστρέψαντες ἑωυτοὺς καὶ πυκνώσαντες ὡς μάλιστα.
2 ἐνθαῦτα οἱ ἱππόται ὑπέστρεφον καὶ ἀπήλαυνον ὀπίσω. οὐκ 10
ἔχω δ᾽ ἀτρεκέως εἰπεῖν οὔτε εἰ ἦλθον μὲν ἀπολέοντες τοὺς
Φωκέας δεηθέντων Θεσσαλῶν, ἐπεὶ δὲ ὥρων πρὸς ἀλέξησιν
τραπομένους, δείσαντες μὴ [καὶ] σφίσι γένηται τρῶμα,
οὕτω δὴ ἀπήλαυνον ὀπίσω (ὡς γάρ σφι ἐνετείλατο Μαρδό-
νιος) οὔτ᾽ εἰ αὐτῶν πειρηθῆναι ἠθέλησε εἴ τι ἀλκῆς μετέ- 15
3 χουσι. ὡς δὲ ὀπίσω ἀπήλασαν οἱ ἱππόται, πέμψας Μαρδόνιος
κήρυκα ἔλεγε τάδε· Θαρσέετε, ὦ Φωκέες· ἄνδρες γὰρ ἐφά-
νητε ἐόντες ἀγαθοί, οὐκ ὡς ἐγὼ ἐπυνθανόμην. καὶ νῦν
προθύμως φέρετε τὸν πόλεμον τοῦτον· εὐεργεσίῃσι γὰρ οὐ
νικήσετε οὔτ᾽ ὦν ἐμὲ οὔτε βασιλέα. τὰ περὶ Φωκέων μὲν 20
19 ἐς τοσοῦτον ἐγένετο· Λακεδαιμόνιοι δὲ ὡς ἐς τὸν Ἰσθμὸν
ἦλθον, ἐν τούτῳ ἐστρατοπεδεύοντο. πυνθανόμενοι δὲ ταῦτα
οἱ λοιποὶ Πελοποννήσιοι τοῖσι τὰ ἀμείνω ἑάνδανε, οἱ δὲ καὶ
ὁρῶντες ἐξιόντας Σπαρτιήτας, οὐκ ἐδικαίευν λείπεσθαι τῆς
2 ἐξόδου [Λακεδαιμονίων]. ἐκ δὴ ὦν τοῦ Ἰσθμοῦ καλλιερη- 25
σάντων [τῶν ἱρῶν] ἐπορεύοντο πάντες καὶ ἀπικνέονται ἐς
Ἐλευσῖνα· ποιήσαντες δὲ καὶ ἐνθαῦτα ἱρά, ὥς σφι ἐκαλ-

1 ὦν om. a P   ἄνδρα τινὰ πάντα C P : πάντά τινα ἄνδρα d   ἡμέων D
2 γίνεσθαι d   4 αὐτῶν om. D   6 ἐπεί a P   7 ἀπολεῦντες d
καὶ δὴ καὶ B   8 ἀφήσοντες a   ἀφῆκε a   οἱ A C D P : οἱ B S V :
om. R   ἕστασαν C P   9 πάντες S [V]   στρέψαντες a
κυκλώσαντες d   11 εἰ om. C R   12 ἐώρων a   13 καὶ om. D¹
τρῶμα D : τρώματα rell.   14 δς R   16 ἀπήλαυσαν R : ἀπή-
λαυνον C D   19 τοῦτον om. D   21 τοσοῦτο a D P   -μονίοισι V
24 ἐξιόντες D¹   αἰδίκευν C : ἐδικεῦν D   25 Λακ. del. Stein
26 τῶν ἱρῶν del. Krueger   27 ἐνταῦθα V   ἐκαλλιέρεε, τὸ
Suevern : ἐκαλλιρέετο R : ἐκαλιέρεετο C : ἐκαλλιερέετο rell.

λιέρεε, τὸ πρόσω ἐπορεύοντο, Ἀθηναῖοι δὲ ἅμα αὐτοῖσι,   *forward*
διαβάντες μὲν ἐκ Σαλαμῖνος, συμμιγέντες δὲ ἐν Ἐλευσῖνι.   *meet*
ὡς δὲ ἄρα ἀπίκοντο τῆς Βοιωτίης ἐς Ἐρυθράς, ἔμαθόν τε 3
δὴ τοὺς βαρβάρους ἐπὶ τῷ Ἀσωπῷ στρατοπεδευομένους,
5 φρασθέντες δὲ τοῦτο] ἀντετάσσοντο ἐπὶ τῆς ὑπωρέης τοῦ   *foot-hills*
Κιθαιρῶνος. Μαρδόνιος δέ, ὡς οὐ κατέβαινον οἱ Ἕλληνες 20
ἐς τὸ πεδίον, πέμπει ἐς αὐτοὺς πᾶσαν τὴν ἵππον, τῆς
ἱππάρχεε Μασίστιος εὐδοκιμέων παρὰ Πέρσῃσι, τὸν Ἕλληνες   *amongst*
Μακίστιον καλέουσι, ἵππον ἔχων Νησαῖον χρυσοχάλινόν τε   *with a gold bridle*
10 καὶ ἄλλως κεκοσμημένον καλῶς. ἐνθαῦτα ὡς προσήλασαν   *advance*
οἱ ἱππόται πρὸς τοὺς Ἕλληνας, προσέβαλλον [κατὰ τέλεα,]   *squadron by*
προσβάλλοντες δὲ [κακὰ μεγάλα ἐργάζοντο] καὶ γυναῖκάς   *squadron*
σφεας ἀπεκάλεον. [κατὰ συντυχίην] δὲ Μεγαρέες ἔτυχον 21   *by coincidence*
ταχθέντες τῇ τε ἐπιμαχώτατον ἦν τοῦ χώρου παντός, καὶ   *most assailable*
15 ἡ πρόσοδος μάλιστα ταύτῃ ἐγίνετο τῇ ἵππῳ. προσβαλούσης
ὦν τῆς ἵππου οἱ Μεγαρέες πιεζόμενοι ἔπεμπον ἐπὶ τοὺς
στρατηγοὺς τῶν Ἑλλήνων κήρυκα, ἀπικόμενος δὲ ὁ κῆρυξ
πρὸς αὐτοὺς ἔλεγε τάδε· Μεγαρέες λέγουσι· Ἡμεῖς, ἄνδρες 2
σύμμαχοι, οὐ δυνατοί εἰμεν τὴν Περσέων ἵππον δέκεσθαι
20 μοῦνοι, ἔχοντες στάσιν ταύτην ἐς τὴν ἕσταμεν ἀρχήν· ἀλλὰ   *at the beginning*
καὶ [ἐς τόδε] λιπαρίη τε καὶ ἀρετῇ ἀντέχομεν καίπερ πιεζεύ-   *until now*
μενοι. νῦν τε εἰ μή τινας ἄλλους πέμψετε διαδόχους τῆς   *successors*
τάξιος, ἴστε ἡμέας ἐκλείψοντας τὴν τάξιν. ὁ μὲν δή σφι 3
ταῦτα ἀπήγγελλε, Παυσανίης δὲ ἀπεπειρᾶτο τῶν Ἑλλήνων
25 εἴ τινες ἐθέλοιεν ἄλλοι ἐθελονταὶ ἰέναι τε ἐς τὸν χῶρον
τοῦτον καὶ τάσσεσθαι διάδοχοι Μεγαρεῦσι. οὐ βουλομένων
δὲ τῶν ἄλλων Ἀθηναῖοι ὑπεδέξαντο καὶ Ἀθηναίων οἱ τριη-

1 ἐπορεύετο R   5 τε Schaefer   ὑπωρείης L (ὑπορ- B)
8 ἵππαρχε R   9 τε om. a P¹   11 τοὺς om. C   προσέβαλον
d P   12 προσβάλλοντες Eust. Il. 668 : προσβαλλόντες V : προσ-
βαλόντες rell.   13 σφεας om. Eust.   14 ἧ(ι) τε (add. D²) d :
ἧι τὸ A B P¹ : ἧι Pᶜ : ἧ τὸ C   χώρου D : χωρίου rell.   15 ἡ om.
a P   προσβαλούσης C D P R V   16 ὦν om. D¹   19 εἶμεν]
εἰ D²   20 ἐπ' ἦν d   21 πιεζόμενοι a P   22 διαδόχους
πέμψητε d   24 ἀπήγγειλε C   25 ἐθελοντὶ D : ἐθελοντὰς R V
τε om. D   26 τάσεσθαι R

κόσιοι λογάδες, τῶν ἐλοχήγεε Ὀλυμπιόδωρος ὁ Λάμπωνος.

22 οὗτοι ἦσαν οἵ τε ὑποδεξάμενοι καὶ οἱ πρὸ τῶν ἄλλων τῶν παρεόντων Ἑλλήνων ἐς Ἐρυθρὰς ταχθέντες, τοὺς τοξότας προσελόμενοι. μαχομένων δέ σφεων ἐπὶ χρόνον τέλος τοιόνδε ἐγένετο τῆς μάχης· προσβαλλούσης τῆς ἵππου κατὰ 5 τέλεα ὁ Μασιστίου προέχων τῶν ἄλλων ἵππος βάλλεται τοξεύματι τὰ πλευρά, ἀλγήσας δὲ ἵσταταί τε ὀρθὸς καὶ 2 ἀποσείεται τὸν Μασίστιον. πεσόντι δὲ αὐτῷ οἱ Ἀθηναῖοι αὐτίκα ἐπεκέατο. τόν τε δὴ ἵππον αὐτοῦ λαμβάνουσι καὶ αὐτὸν ἀμυνόμενον κτείνουσι, κατ᾽ ἀρχὰς οὐ δυνάμενοι. 10 ἐνεσκεύαστο γὰρ οὕτως· ἐντὸς θώρηκα εἶχε χρύσεον λεπιδωτόν, κατύπερθε δὲ τοῦ θώρηκος κιθῶνα φοινίκεον ἐνεδεδύκεε. τύπτοντες δὲ ἐς τὸν θώρηκα ἐποίευν οὐδέν, πρίν γε δὴ μαθών τις τὸ ποιεύμενον παίει μιν ἐς τὸν ὀφθαλμόν. οὕτω 3 δὴ ἔπεσέ τε καὶ ἀπέθανε. ταῦτα δέ κως γινόμενα ἐλελήθεε 15 τοὺς ἄλλους ἱππέας· οὔτε γὰρ πεσόντα μιν εἶδον ἀπὸ τοῦ ἵππου οὔτε ἀποθνήσκοντα, ἀναχωρησιός τε γινομένης καὶ ὑποστροφῆς οὐκ ἔμαθον τὸ γινόμενον. ἐπείτε δὲ ἔστησαν, αὐτίκα ἐπόθεσαν, ὥς σφεας οὐδεὶς ἦν ὁ τάσσων· μαθόντες δὲ τὸ γεγονός, διακελευσάμενοι ἤλαυνον τοὺς ἵππους πάντες, 20

23 ὡς ἂν τόν γε νεκρὸν ἀνελοίατο. ἰδόντες δὲ οἱ Ἀθηναῖοι οὐκέτι κατὰ τέλεα προσελαύνοντας τοὺς ἱππέας ἀλλ᾽ ἅμα πάντας, τὴν ἄλλην στρατιὴν ἐπεβώσαντο. ἐν ᾧ δὲ ὁ πεζὸς ἅπας ἐπεβοήθεε, ἐν τούτῳ μάχη ὀξέα περὶ τοῦ νεκροῦ γίνεται.

2 ἕως μέν νυν μοῦνοι ἦσαν οἱ τριηκόσιοι, ἑσσοῦντό τε πολλὸν 25 καὶ τὸν νεκρὸν ἀπέλειπον· ὡς δέ σφι τὸ πλῆθος ἐπεβοήθησε, οὕτω δὴ οὐκέτι οἱ ἱππόται ὑπέμενον, οὐδέ σφι ἐξεγένετο τὸν νεκρὸν ἀνελέσθαι, ἀλλὰ πρὸς ἐκείνῳ ἄλλους προσαπώ-

1 Λάμπονος R   2 τε om. d   4 προελ. B   5 ἐγίνετο a D
ἐπὶ τῆς a Pᵐ   προσβαλούσης DPRV   7 τε om. d P   9 ἀπε-
κέατο R   τε δὴ DRV: δὲ δὴ S: δὲ P: δὴ a   11 θώρηκος D
12 χιτῶνα d   φοινίκεὸν R   ἐνδεδύκεε RSV   19 τάξων Her-
werden   21 γε om. a P   22-3 ἀλλὰ πάντας a P   24 ἐβό-
θεε(ν) d   ὀξέα (!) B¹: ὀξεια rell.   ἐγίνετο d   26 ἀπέλιπον
RSV   ἐβοήθησε D: ἐπεβοήθησεν RV: -σαν S   28 προσαπώ-
λεσαν RSV

λεσαν τῶν ἱππέων. ἀποστήσαντες ὧν ὅσον τε δύο στάδια
ἐβουλεύοντο ὅ τι χρεὸν εἴη ποιέειν· ἐδόκεε δέ σφι ἀναρχίης
ἐούσης ἀπελαύνειν παρὰ Μαρδόνιον. ἀπικομένης δὲ τῆς 24
ἵππου ἐς τὸ στρατόπεδον πένθος ἐποιήσαντο Μασιστίου
5 πᾶσά τε ἡ στρατιὴ καὶ Μαρδόνιος μέγιστον, σφέας τε
αὐτοὺς κείροντες καὶ τοὺς ἵππους καὶ τὰ ὑποζύγια οἰμωγῇ
τε χρεώμενοι ἀπλέτῳ· ἅπασαν γὰρ τὴν Βοιωτίην κατεῖχε
ἠχὼ ὡς ἀνδρὸς ἀπολομένου μετά γε Μαρδόνιον λογιμωτάτου
παρά τε Πέρσῃσι καὶ βασιλέϊ.

10 Οἱ μέν νυν βάρβαροι τρόπῳ τῷ σφετέρῳ ἀποθανόντα
ἐτίμων Μασίστιον· οἱ δὲ Ἕλληνες ὡς τὴν ἵππον ἐδέξαντο 25
προσβάλλουσαν καὶ δεξάμενοι ὤσαντο, ἐθάρσησαν πολλῷ
μᾶλλον. καὶ πρῶτα μὲν ἐς ἅμαξαν ἐσθέντες τὸν νεκρὸν
παρὰ τὰς τάξις ἐκόμιζον· ὁ δὲ νεκρὸς ἦν θέης ἄξιος μεγάθεος
15 εἵνεκα καὶ κάλλεος· τῶν δὲ εἵνεκα καὶ ταῦτα ἐποίευν· ἐκλι-
πόντες τὰς τάξις ἐφοίτων θηησόμενοι Μασίστιον. μετὰ δὲ 2
ἔδοξέ σφι ἐπικαταβῆναι ἐς Πλαταιάς· ὁ γὰρ χῶρος ἐφαίνετο
πολλῷ ἐὼν ἐπιτηδεότερός σφι ἐνστρατοπεδεύεσθαι ὁ Πλα-
ταιικὸς τοῦ Ἐρυθραίου τά τε ἄλλα καὶ εὐυδρότερος. ἐς
20 τοῦτον δὴ τὸν χῶρον καὶ ἐπὶ τὴν κρήνην τὴν Γαργαφίην
τὴν ἐν τῷ χώρῳ τούτῳ ἐοῦσαν ἔδοξέ σφι χρεὸν εἶναι ἀπι-
κέσθαι καὶ διαταχθέντας στρατοπεδεύεσθαι. ἀναλαβόντες 3
δὲ τὰ ὅπλα ἤισαν διὰ τῆς ὑπωρέης τοῦ Κιθαιρῶνος παρὰ
Ὑσιὰς ἐς τὴν Πλαταιίδα γῆν, ἀπικόμενοι δὲ ἐτάσσοντο
25 κατὰ ἔθνεα πλησίον τῆς τε κρήνης τῆς Γαργαφίης καὶ τοῦ
τεμένεος τοῦ Ἀνδροκράτεος τοῦ ἥρωος διὰ ὄχθων τε οὐκ
ὑψηλῶν καὶ ἀπέδου χώρου. ἐνθαῦτα ἐν τῇ διατάξι ἐγένετο 26
λόγων πολλὸς ὠθισμὸς Τεγεητέων τε καὶ Ἀθηναίων· ἐδι-

4 ἐποιήσατο R   8 γε om. d   10-11 ἐτίμων ἀποθανόντα d
12 προσβαλοῦσαν d   ἐθάρρησαν d C P   τε πολλῷ a P   14 τάξεις
C D V¹   ἐκομίζοντο d   15 δὴ Krueger   καὶ om. d   ἐποίεον
d P   ἐκλείποντες a P   16 τάξεις B C D   ἐφοίτεον d   18 ἐπι-
τηδεότερός C P R   Πλαταϊκὸς a   22 στραπεδ. D¹   23 ὑπορεής
D¹ : ὑπωρείης rell.   24 Ὑσιὰς d   27 χωρίου C P   διατάξι
P : -ξει rell.   28 πολλῶν a P¹   ἐδικαίουν A B : ἐδικεῦν D

καίευν γὰρ αὐτοὶ ἑκάτεροι ἔχειν τὸ ἕτερον κέρας, καὶ καινὰ
καὶ παλαιὰ παραφέροντες ἔργα. τοῦτο μὲν οἱ Τεγεῆται
2 ἔλεγον τάδε· Ἡμεῖς αἰεί κοτε ἀξιεύμεθα ταύτης τῆς τάξιος
ἐκ τῶν συμμάχων ἁπάντων, ὅσαι ἤδη ἔξοδοι κοιναὶ ἐγένοντο
Πελοποννησίοισι καὶ τὸ πάλαι καὶ τὸ νέον, ἐξ ἐκείνου τοῦ 5
χρόνου ἐπείτε Ἡρακλεῖδαι ἐπειρῶντο [μετὰ τὸν Εὐρυσθέος
3 θάνατον] κατιόντες ἐς Πελοπόννησον. τότε εὑρόμεθα τοῦτο
[διὰ πρῆγμα τοιόνδε] ἐπεὶ [μετὰ Ἀχαιῶν καὶ Ἰώνων τῶν τότε
ἐόντων ἐν Πελοποννήσῳ] ἐκβοηθήσαντες ἐς τὸν Ἰσθμὸν
ἱζόμεθα ἀντίοι τοῖσι κατιοῦσι, τότε ὦν λόγος Ὕλλον ἀγο- 10
ρεύσασθαι ὡς χρεὸν εἴη τὸν μὲν στρατὸν τῷ στρατῷ μὴ
ἀνακινδυνεύειν συμβάλλοντα, [ἐκ δὲ τοῦ Πελοποννησίου
στρατοπέδου] τὸν ἂν σφέων αὐτῶν κρίνωσι εἶναι ἄριστον,
4 τοῦτόν οἱ μουνομαχῆσαι [ἐπὶ διακειμένοισι.] ἔδοξέ τε τοῖσι
Πελοποννησίοισι ταῦτα εἶναι ποιητέα καὶ ἔταμον ὅρκιον ἐπὶ 15
λόγῳ τοιῷδε, ἢν μὲν Ὕλλος νικήσῃ τὸν Πελοποννησίων
ἡγεμόνα, κατιέναι Ἡρακλείδας ἐπὶ τὰ πατρώϊα, ἢν δὲ νικηθῇ,
[τὰ ἔμπαλιν] Ἡρακλείδας ἀπαλλάσσεσθαι καὶ ἀπάγειν τὴν
στρατιὴν [ἑκατόν τε ἐτέων μὴ ζητῆσαι κάτοδον ἐς Πελοπόν-
5 νησον. προεκρίθη τε δὴ ἐκ πάντων τῶν συμμάχων ἐθε- 20
λοντὴς Ἔχεμος ὁ Ἡερόπου τοῦ Φηγέος, στρατηγός τε ἐὼν
καὶ βασιλεὺς ἡμέτερος, καὶ ἐμουνομάχησέ τε καὶ ἀπέκτεινε
Ὕλλον. ἐκ τούτου τοῦ ἔργου εὑρόμεθα ἐν Πελοποννησίοισι
[τε] τοῖσι τότε καὶ ἄλλα γέρεα μεγάλα, τὰ διατελέομεν
ἔχοντες, καὶ τοῦ κέρεος τοῦ ἑτέρου αἰεὶ ἡγεμονεύειν [κοινῆς 25
6 ἐξόδου γινομένης] ὑμῖν μέν νυν, ὦ Λακεδαιμόνιοι, οὐκ
ἀντιεύμεθα, ἀλλὰ διδόντες αἵρεσιν ὁκοτέρου βούλεσθε κέρεος

3 ἀεί DRV   τάξιος ... ἐγένοντο om. R   4 πάντων d [R]
ἔξοδοι ἤδη a   5 παλαιὸν a P   6 Εὐρυσθένεος C S V   10 ἀντίον B
ἀγορήσασθαι Grashof   12 συμβαλόντα a P   13 κρίνω + σι D
εἶναι om. P¹   15 ὅρκιον] ιο D² (ὅρκον? D¹): ὅρκια B C   16 τῶν
B S V   17 ἐπὶ ... Ἡρακλείδας om. R S V   20 δὴ om. S
τῶν om. d P   21 Ἡερόπου] ἑρό Dᶜ: Ἡρόπου C   Φηγέος R V:
Κηφέος Paulmier   22 τε om. d   24 τε om. d P: γε Stein
25 ἀεί D R V   26 γενομένης C

ἄρχειν παρίεμεν· τοῦ δὲ ἑτέρου φαμὲν ⟨ἐς⟩ ἡμέας ἱκνέεσθαι
ἡγεμονεύειν κατά περ ἐν τῷ πρόσθε χρόνῳ. χωρίς τε τούτου
τοῦ ἀπηγημένου ἔργου ἀξιονικότεροί εἰμεν Ἀθηναίων ταύτην
τὴν τάξιν ἔχειν. πολλοὶ μὲν γὰρ καὶ εὖ ἔχοντες πρὸς ὑμέας 7
5 ἡμῖν, ἄνδρες Σπαρτιῆται, ἀγῶνες ἀγωνίδαται, πολλοὶ δὲ καὶ
πρὸς ἄλλους. οὕτω ὦν δίκαιον ἡμέας ἔχειν τὸ ἕτερον κέρας
ἤ περ Ἀθηναίους· οὐ γάρ σφί ἐστι ἔργα οἷά περ ἡμῖν κατερ-
γασμένα, οὔτ' ὦν καινὰ οὔτε παλαιά. οἱ μὲν ταῦτα ἔλεγον, 27
Ἀθηναῖοι δὲ πρὸς ταῦτα ὑπεκρίναντο τάδε· Ἐπιστάμεθα
10 μὲν σύνοδον τήνδε μάχης εἵνεκα συλλεγῆναι πρὸς τὸν
βάρβαρον, ἀλλ' οὐ λόγων· ἐπεὶ δὲ ὁ Τεγεήτης προέθηκε
παλαιά τε καὶ καινὰ λέγειν τὰ ἑκατέροισι ἐν τῷ παντὶ χρόνῳ
κατέργασται χρηστά, ἀναγκαίως ἡμῖν ἔχει δηλῶσαι πρὸς
ὑμέας ὅθεν ἡμῖν πατρώιόν ἐστι ἐοῦσι χρηστοῖσι αἰεὶ πρώ-
15 τοισι εἶναι μᾶλλον ἢ Ἀρκάσι. Ἡρακλείδας, τῶν οὗτοί 2
φασι ἀποκτεῖναι τὸν ἡγεμόνα ἐν Ἰσθμῷ, τούτους πρότερον
ἐξελαυνομένους ὑπὸ πάντων Ἑλλήνων ἐς τοὺς ἀπικοίατο
φεύγοντες δουλοσύνην πρὸς Μυκηναίων, μοῦνοι ὑποδεξάμενοι
τὴν Εὐρυσθέος ὕβριν κατείλομεν, σὺν ἐκείνοισι μάχη νική-
20 σαντες τοὺς τότε ἔχοντας Πελοπόννησον. τοῦτο δὲ Ἀργείους 3
τοὺς μετὰ Πολυνείκεος ἐπὶ Θήβας ἐλάσαντας, τελευτήσαντας
τὸν αἰῶνα καὶ ἀτάφους κειμένους, στρατευσάμενοι ἐπὶ τοὺς
Καδμείους ἀνελέσθαι τε τοὺς νεκροὺς φαμεν καὶ θάψαι τῆς
ἡμετέρης ἐν Ἐλευσῖνι. ἔστι δὲ ἡμῖν ἔργον εὖ ἔχον καὶ ἐς 4
25 Ἀμαζονίδας τὰς ἀπὸ Θερμώδοντος ποταμοῦ ἐσβαλούσας
κοτὲ ἐς γῆν τὴν Ἀττικήν· καὶ ἐν τοῖσι Τρωικοῖσι πόνοισι
οὐδαμῶν ἐλειπόμεθα. ἀλλ' οὐ γάρ τι προέχει τούτων ἐπι-
μεμνῆσθαι· καὶ γὰρ ἂν χρηστοὶ τότε ἐόντες ὡυτοὶ νῦν ἂν

1 ἐς add. Koen   ἱκέσθαι C   2 πρόσθεν a D   3 -κότεροι D¹
4 καὶ om. D¹   6 πολλούς d   7 κατεργασάμενα R   12 τε
om. a P   τῷ om. D   15 μᾶλλον om. S   φασι οὗτοι P
16 τοῦτο μὲν τούτους a P   πρότον D¹ : πρώτον D°   17 πάντων
τῶν Aldus   18 δουλωσ. D¹   19 Εὐρυσθενεος P S V   25 Ἀμαζίδας
A¹ B¹   τοὺς C   Θερμώδ. R   26 ἡρωικοῖσι d   27 οὐδαμῶν
om. P   ἐλιπόμεθα A B : λειπόμεθα D R V   προσήκει Richards
28 χρηστοί τε ἐόντες τότε S   ὡυτοὶ (ἑωυτοὶ d) . . . ἐόντες om. B¹

εἶεν φλαυρότεροι καὶ τότε ἐόντες φλαῦροι νῦν ἂν εἶεν ἀμεί-
5 νονες. παλαιῶν μέν νυν ἔργων ἅλις ἔστω· ἡμῖν δὲ εἰ
μηδὲν ἄλλο ἐστὶ ἀποδεδεγμένον, ὥσπερ ἐστὶ πολλά τε καὶ
εὖ ἔχοντα εἰ τέοισι καὶ ἄλλοισι Ἑλλήνων, ἀλλὰ καὶ ἀπὸ
τοῦ ἐν Μαραθῶνι ἔργου ἄξιοί εἰμεν τοῦτο τὸ γέρας ἔχειν 5
καὶ ἄλλα πρὸς τούτῳ, οἵτινες μοῦνοι Ἑλλήνων δὴ μουνο-
μαχήσαντες τῷ Πέρσῃ καὶ ἔργῳ τοσούτῳ ἐπιχειρήσαντες
περιεγενόμεθα καὶ ἐνικήσαμεν ἔθνεα ἓξ τε καὶ τεσσεράκοντα.
6 ἆρ' οὐ δίκαιοί εἰμεν ἔχειν ταύτην τὴν τάξιν ἀπὸ τούτου
μούνου τοῦ ἔργου; ἀλλ' οὐ γὰρ ἐν τῷ τοιῷδε τάξιος εἵνεκα 10
στασιάζειν πρέπει, ἄρτιοί εἰμεν πείθεσθαι ὑμῖν, ὦ Λακε-
δαιμόνιοι, ἵνα δοκέει ἐπιτηδεότατον ἡμέας εἶναι ἑστάναι καὶ
κατ' οὕστινας· πάντῃ γὰρ τεταγμένοι πειρησόμεθα εἶναι
28 χρηστοί. ἐξηγέεσθε δὲ ὡς πεισομένων, οἱ μὲν ταῦτα
ἀμείβοντο, Λακεδαιμονίων δὲ ἀνέβωσε ἅπαν τὸ στρατόπεδον 15
Ἀθηναίους ἀξιονικοτέρους εἶναι ἔχειν τὸ κέρας ἤ περ
Ἀρκάδας. οὕτω δὴ ἔσχον οἱ Ἀθηναῖοι καὶ ὑπερεβάλοντο
τοὺς Τεγεήτας.
2 Μετὰ δὲ ταῦτα ἐτάσσοντο ὧδε οἱ ἐπιφοιτῶντές τε καὶ οἱ
ἀρχὴν ἐλθόντες Ἑλλήνων. τὸ μὲν δεξιὸν κέρας εἶχον 20
Λακεδαιμονίων μύριοι· τούτων δὲ τοὺς πεντακισχιλίους
ἐόντας Σπαρτιήτας ἐφύλασσον ψιλοὶ τῶν εἱλωτέων πεντακισ-
χίλιοι καὶ τρισμύριοι, περὶ ἄνδρα ἕκαστον ἑπτὰ τετα-
3 γμένοι. προσέχεας δὲ σφίσι εἵλοντο ἑστάναι οἱ Σπαρτιῆται
τοὺς Τεγεήτας καὶ τιμῆς εἵνεκα καὶ ἀρετῆς· τούτων δ' ἦσαν 25
ὁπλῖται χίλιοι καὶ πεντακόσιοι. μετὰ δὲ τούτους ἵσταντο
Κορινθίων πεντακισχίλιοι, παρὰ δὲ σφίσι εὕροντο παρὰ
Παυσανίεω ἑστάναι Ποτειδαιητέων τῶν ἐκ Παλλήνης τοὺς
4 παρεόντας τριηκοσίους. τούτων δὲ ἐχόμενοι ἵσταντο Ἀρ-
κάδες Ὀρχομένιοι ἑξακόσιοι, τούτων δὲ Σικυωνίων τρισχί- 30

1 φλαυρότερον R   3 μὴ D¹   5 Μαθῶνι D¹   κέρας D
8 τεσσαρ. CRV   10 μόνου ἀ B   11 ἄρτιοι μὲν B¹: ἄρτι
εἴοιμεν RV: ἄρτι ἴοιμεν S   13 πάντοι R   16 -κωτέρους D¹
περ om. B   19 ταῦτα om. P¹   20 ἐθέλοντες B   22 εἰλώτων
ἀ P   24 σφι(ν) L   27 σφι(ν) ἀ   28 Ποτιδ. L   30 Σι-
κυώνιοι ἀ P

λιοι. τούτων δὲ εἴχοντο Ἐπιδαυρίων ὀκτακόσιοι. παρὰ
δὲ τούτους Τροιζηνίων ἐτάσσοντο χίλιοι, Τροιζηνίων δὲ
ἐχόμενοι Λεπρεητέων διηκόσιοι, τούτων δὲ Μυκηναίων καὶ
Τιρυνθίων τετρακόσιοι, τούτων δὲ ἐχόμενοι Φλειάσιοι χίλιοι·
5 παρὰ δὲ τούτους ἔστησαν Ἑρμιονέες τριηκόσιοι. Ἑρμιονέων 5
δὲ ἐχόμενοι ἵσταντο Ἐρετριέων τε καὶ Στυρέων ἑξακόσιοι,
τούτων δὲ Χαλκιδέες τετρακόσιοι, τούτων δὲ Ἀμπρακιωτέων
πεντακόσιοι. μετὰ δὲ τούτους Λευκαδίων καὶ Ἀνακτορίων
ὀκτακόσιοι ἔστησαν, τούτων δὲ ἐχόμενοι Παλέες οἱ ἐκ
10 Κεφαλληνίης διηκόσιοι. μετὰ δὲ τούτους Αἰγινητέων πεν- 6
τακόσιοι ἐτάχθησαν. παρὰ δὲ τούτους ἐτάσσοντο Μεγα-
ρέων τρισχίλιοι. εἴχοντο δὲ τούτων Πλαταιέες ἑξακόσιοι.
τελευταῖοι δὲ καὶ πρῶτοι Ἀθηναῖοι ἐτάσσοντο, κέρας ἔχοντες
τὸ εὐώνυμον, ὀκτακισχίλιοι· ἐστρατήγεε δ' αὐτῶν Ἀριστείδης
15 ὁ Λυσιμάχου. οὗτοι, πλὴν τῶν ἑπτὰ περὶ ἕκαστον τετα- 29
γμένων Σπαρτιήτῃσι, ἦσαν ὁπλῖται, συνάπαντες ἐόντες ἀρι-
θμὸν τρεῖς τε μυριάδες καὶ ὀκτὼ χιλιάδες καὶ ἑκατοντάδες
ἑπτά. ὁπλῖται μὲν οἱ πάντες συλλεγέντες ἐπὶ τὸν βάρβα-
ρον ἦσαν τοσοῦτοι, ψιλῶν δὲ πλῆθος ἦν τόδε, τῆς μὲν
20 Σπαρτιητικῆς τάξιος πεντακισχίλιοι καὶ τρισμύριοι ἄνδρες
ὡς ἐόντων ἑπτὰ περὶ ἕκαστον ἄνδρα, καὶ τούτων πᾶς τις
παρήρτητο ὡς ἐς πόλεμον· οἱ δὲ τῶν λοιπῶν Λακεδαιμονίων 2
καὶ Ἑλλήνων ψιλοί, ὡς εἷς περὶ ἕκαστον ἐὼν ἄνδρα, πεντα-
κόσιοι καὶ τετρακισχίλιοι καὶ τρισμύριοι ἦσαν. ψιλῶν μὲν δὴ
25 τῶν ἁπάντων μαχίμων ἦν τὸ πλῆθος ἕξ τε μυριάδες καὶ ἐννέα
χιλιάδες καὶ ἑκατοντάδες πέντε, τοῦ δὲ σύμπαντος Ἑλληνικοῦ 30
τοῦ συνελθόντος ἐς Πλαταιὰς σύν τε ὁπλίτῃσι καὶ ψιλοῖσι
τοῖσι μαχίμοισι ἔνδεκα μυριάδες ἦσαν, μιῆς χιλιάδος, πρὸς δὲ

[marginal annotations: 800; after; last or 1ˢᵗ; 29; 38,700; 35000; prepare one; 34500; 69500; 30; lacking 1800 (for this total no.); besides; 000]

2 δὲ om. P¹   τούτους... παρὰ δὲ (5) om. R   3 τούτων...
τετρακόσιοι om. S V   δὲ] δ' ἐχόμενοι D   Μυκιν. D¹   4 Φλιάσιοι L
5 ἔστασαν ᾱ P (it. 9)   6 τε om. ᾱ   7 τούτων δὲ Χ. τετρ. om.
R S V   -κιητέων ᾱ P   9 Πλέες D¹   10 πεντηκόσιοι ᾱ
16 σύμπαντες ᾱ P   ἐόντες om. A¹   17 τρίς D¹ R V   23 ἐὼν
om. S   25 ⟨τῶν⟩ μαχίμων Stein   καὶ ἐννέα χιλιάδες om. ᾱ
26 Ἑλληνικοῦ] τοῦ Ἑ. ᾱ P   27 Πλαταιάς A B R V

ὀκτακοσίων ἀνδρῶν καταδέουσαι. σὺν δὲ Θεσπιέων τοῖσι
παρεοῦσι ἐξεπληροῦντο αἱ ἕνδεκα μυριάδες· παρῆσαν γὰρ
καὶ Θεσπιέων ἐν τῷ στρατοπέδῳ οἱ περιεόντες, ἀριθμὸν ἐς
ὀκτακοσίους καὶ χιλίους· ὅπλα δὲ οὐδ' οὗτοι εἶχον.

31 Οὗτοι μέν νυν ταχθέντες ἐπὶ τῷ Ἀσωπῷ ἐστρατοπε- 5
δεύοντο· οἱ δὲ ἀμφὶ Μαρδόνιον βάρβαροι ὡς ἀπεκήδευσαν
Μασίστιον, παρῆσαν, πυθόμενοι τοὺς Ἕλληνας εἶναι ἐν
Πλαταιῇσι, καὶ αὐτοὶ ἐπὶ τὸν Ἀσωπὸν τὸν ταύτῃ ῥέοντα.
ἀπικόμενοι δὲ ἀντετάσσοντο ὧδε ὑπὸ Μαρδονίου. κατὰ
2 μὲν Λακεδαιμονίους ἔστησε Πέρσας. καὶ δὴ πολλὸν γὰρ 10
περιῆσαν πλήθεϊ οἱ Πέρσαι, ἐπί τε τάξις πλεῦνας ἐκεκο-
σμέατο καὶ ἐπεῖχον καὶ τοὺς Τεγεήτας. ἔταξε δὲ οὕτω· ὅ τι
μὲν ἦν αὐτῶν δυνατώτατον πᾶν ἀπολέξας ἔστησε ἀντίον
Λακεδαιμονίων, τὸ δὲ ἀσθενέστερον παρέταξε κατὰ τοὺς
Τεγεήτας. ταῦτα δ' ἐποίεε φραζόντων τε καὶ διδασκόντων 15
3 Θηβαίων. Περσέων δὲ ἐχομένους ἔταξε Μήδους· οὗτοι δὲ
ἐπέσχον Κορινθίους τε καὶ Ποτειδαιήτας καὶ Ὀρχομενίους
τε καὶ Σικυωνίους. Μήδων δὲ ἐχομένους ἔταξε Βακτρίους·
οὗτοι δὲ ἐπέσχον Ἐπιδαυρίους τε καὶ Τροιζηνίους καὶ Λε-
πρεήτας τε καὶ Τιρυνθίους καὶ Μυκηναίους τε καὶ Φλειασίους. 20
4 μετὰ δὲ Βακτρίους ἔστησε Ἰνδούς· οὗτοι δὲ ἐπέσχον Ἑρ-
μιονέας τε καὶ Ἐρετριέας καὶ Στυρέας τε καὶ Χαλκιδέας.
Ἰνδῶν δὲ ἐχομένους Σάκας ἔταξε, οἳ ἐπέσχον Ἀμπρακιώτας
τε καὶ Ἀνακτορίους καὶ Λευκαδίους καὶ Παλέας καὶ Αἰγινή-
5 τας. Σακέων δὲ ἐχομένους ἔταξε ἀντία Ἀθηναίων τε καὶ 25
Πλαταιέων καὶ Μεγαρέων Βοιωτούς τε καὶ Λοκροὺς καὶ
Μηλιέας καὶ Θεσσαλοὺς καὶ Φωκέων τοὺς χιλίους· οὐ γὰρ

1 ὀκτασ. D (it. 4)   ἀνδρῶν om. d   2 γὰρ] δὲ C P¹   3 οἱ
om. D   ἐς om. R S   4 οὐκ C   6 ἀμφὶ περὶ C   8 Πλα-
ταίη(ι)σι A B D R V   9 ἐτάσσοντο B   11 περίεσαν a P°:
περιέασαν d P¹ (?)   οἱ om. P   ἐπεί R S V   ἔκοσμ. D¹ : -μήατο
S V   12 alt. καὶ om. a P   13 αὐτῶν de Pauw: αὐτοῦ L
17 Ποτιδ. L   · 19 Λεπριήτας a   20 pr. τε om. a   Φλιασίους
d C P   23 Ἀμβρακιώτας R S V: Ἀμπρακιήτας a P   24 Λευκαδίους
d C P   Παλαίας B C¹   25 ἀντίον d   27 Μηλιέας τε καὶ a

ὧν ἅπαντες οἱ Φωκέες ἐμήδιζον, ἀλλά τινες αὐτῶν καὶ τὰ
Ἑλλήνων ηὖξον [περὶ τὸν Παρνησσὸν κατειλημένοι] καὶ
ἐνθεῦτεν ὁρμώμενοι (ἔφερόν τε καὶ ἦγον) τήν τε Μαρδονίου
στρατιὴν καὶ τοὺς μετ' αὐτοῦ ἐόντας Ἑλλήνων. ἔταξε δὲ
5 καὶ Μακεδόνας τε καὶ (τοὺς περὶ Θεσσαλίην οἰκημένους)
κατὰ τοὺς Ἀθηναίους. ταῦτα μὲν τῶν ἐθνέων τὰ μέγιστα 32
ὠνόμασται τῶν ὑπὸ Μαρδονίου ταχθέντων, τά περ ἐπιφανέ-
στατά τε ἦν καὶ λόγου πλείστου. ἐνῆσαν δὲ καὶ ἄλλων
ἐθνέων ἄνδρες ἀναμεμειγμένοι, Φρυγῶν τε καὶ Μυσῶν καὶ
10 Θρηίκων τε καὶ Παιόνων καὶ τῶν ἄλλων, ἐν δὲ καὶ Αἰθιόπων
τε καὶ Αἰγυπτίων (οἵ τε Ἑρμοτύβιες καὶ οἱ Καλασίριες
καλεόμενοι μαχαιροφόροι) οἵ περ εἰσὶ Αἰγυπτίων μοῦνοι
μάχιμοι. τούτους δὲ (ἔτι ἐν Φαλήρῳ ἐὼν) ἀπὸ τῶν νεῶν 2
ἀπεβίβασατο, ἐόντας ἐπιβάτας· οὐ γὰρ ἐτάχθησαν (ἐς τὸν
15 πεζὸν τὸν ἅμα Ξέρξῃ ἀπικόμενον ἐς Ἀθήνας) Αἰγύπτιοι.
τῶν μὲν δὴ βαρβάρων ἦσαν τριήκοντα μυριάδες, ὡς καὶ πρό-
τερον δεδήλωται· τῶν δὲ Ἑλλήνων τῶν Μαρδονίου συμμά-
χων οἷδε μὲν οὐδεὶς ἀριθμόν (οὐ γὰρ ὦν ἠριθμήθησαν), ὡς
δὲ ἐπεικάσαι, ἐς πέντε μυριάδας συλλεγῆναι εἰκάζω. οὗτοι
20 οἱ παραταχθέντες πεζοὶ ἦσαν, ἡ δὲ ἵππος χωρὶς ἐτέτακτο.
Ὡς δὲ ἄρα πάντες οἱ ἐτετάχατο [κατά τε ἔθνεα] καὶ [κατὰ 33
τέλεα] ἐνθαῦτα τῇ δευτέρῃ ἡμέρῃ ἐθύοντο καὶ ἀμφότεροι.
Ἕλλησι μὲν Τεισαμενὸς Ἀντιόχου ἦν ὁ θυόμενος· οὗτος
γὰρ δὴ εἵπετο τῷ στρατεύματι τούτῳ μάντις· τὸν ἐόντα
25 Ἠλεῖον καὶ γένεος τοῦ Ἰαμιδέων [Κλυτιάδην] Λακεδαιμόνιοι
ἐποιήσαντο λεωσφέτερον. Τεισαμενῷ γὰρ μαντευομένῳ ἐν 2
Δελφοῖσι περὶ γόνου ἀνεῖλε ἡ Πυθίη ἀγῶνας τοὺς μεγίστους

1 πάντες d   οἱ Φωκέες om. RSV   ἐμήδισαν a P   2 ηὖξων
SV   κατειλημένοι CP: -μμένοι ABd   5 Λακεδαίμονας C   Θεσσ.
... ἐθνέων om. R   7 ὀν. (!) D¹   8 τε om. C   ἦσαν RSD°V°
9 ἀναμεμιγμένοι L   Θρηικῶν καὶ Μυσῶν a P   11 Κολ. V
13 νηῶν d   15 ἐς τὰς S   17 Μαρδονίωι D°   18 ἠρίθμησαν
DRV   19 ἐπεικάσαι ἐστὶ(ν) a: ἀπ. ἐστὶ P: ἀπεικάσαι d   21 πάντες
om. RSV   κατά] καὶ B   τε] τὰ B: om. ACP   23 Τισαμ. L
(it. infra)   25 Κλυτιάδην (-δου S) del. Valckenaer   26 λεώ
σφέτερον AB: λεώ σφετερον C   27 τοὺς om. Const.

ἀναιρήσεσθαι πέντε. ὁ μὲν δὴ ἁμαρτὼν τοῦ χρηστηρίου
προσεῖχε γυμνασίοισι ὡς ἀναιρησόμενος γυμνικοὺς ἀγῶνας,
ἀσκέων δὲ πεντάεθλον παρὰ ἓν πάλαισμα ἔδραμε νικᾶν
3 ὀλυμπιάδα, Ἱερωνύμῳ τῷ Ἀνδρίῳ ἐλθὼν ἐς ἔριν. Λακεδαι-
μόνιοι δὲ μαθόντες οὐκ ἐς γυμνικοὺς ἀλλ᾽ ἐς ἀρηίους ἀγῶνας 5
φέρον τὸ Τεισαμενοῦ μαντήιον, μισθῷ ἐπειρῶντο πείσαντες
Τεισαμενὸν ποιέεσθαι ἅμα Ἡρακλειδέων τοῖσι βασιλεῦσι
4 ἡγεμόνα τῶν πολέμων. ὁ δὲ ὁρῶν περὶ πολλοῦ ποιευ-
μένους Σπαρτιήτας φίλον αὐτὸν προσθέσθαι, μαθὼν τοῦτο
ἀνετίμα σημαίνων σφι ὡς ἤν μιν πολιήτην σφέτερον ποιή- 10
σωνται τῶν πάντων μεταδιδόντες, ποιήσει ταῦτα, ἐπ᾽ ἄλλῳ
5 μισθῷ δ᾽ οὔ. Σπαρτιῆται δὲ πρῶτα μὲν ἀκούσαντες δεινὰ
ἐποιεῦντο καὶ μετίεσαν τῆς χρησμοσύνης τὸ παράπαν, τέλος
δὲ δείματος μεγάλου ἐπικρεμαμένου τοῦ Περσικοῦ τούτου
στρατεύματος καταίνεον μετιόντες. ὁ δὲ γνοὺς τετραμ- 15
μένους σφέας οὐδ᾽ οὕτως ἔτι ἔφη ἀρκέεσθαι τούτοισι μού-
νοισι, ἀλλὰ δεῖν ἔτι τὸν ἀδελφεὸν ἑωυτοῦ Ἡγίην γίνεσθαι
Σπαρτιήτην ἐπὶ τοῖσι αὐτοῖσι λόγοισι τοῖσι καὶ αὐτὸς γίνε-
34 ται. ταῦτα δὲ λέγων οὗτος ἐμιμέετο Μελάμποδα, ὡς εἰκά-
σαι βασιληίην τε καὶ πολιτηίην αἰτεομένους. καὶ γὰρ δὴ 20
καὶ Μελάμπους τῶν ἐν Ἄργεϊ γυναικῶν μανεισέων, ὥς μιν
οἱ Ἀργεῖοι ἐμισθοῦντο ἐκ Πύλου παῦσαι τὰς σφετέρας
γυναῖκας τῆς νούσου, μισθὸν προετείνατο τῆς βασιληίης τὸ
2 ἥμισυ. οὐκ ἀνασχομένων δὲ τῶν Ἀργείων ἀλλ᾽ ἀπιόντων,
ὡς ἐμαίνοντο [πολλῷ] πλεῦνες τῶν γυναικῶν, οὕτω δὴ ὑπο- 25
στάντες τὰ ὁ Μελάμπους προετείνατο ἤισάν δώσοντές οἱ
ταῦτα. ὁ δὲ ἐνθαῦτα δὴ ἐπορέγεται ὁρῶν αὐτοὺς τετραμ-

3 πένταθλον d   4 ὀλυμπιάδα + + D   ἀνδρείῳ C : ἀδρίῳ D¹
5 ἀγῶνας ante ἀλλ᾽ R   6 σπείσαντες C   8 πόλεων D¹ : πολεμίων P
ὀρέων d C P   9 προθέσθαι R   10 σφετέρων D   ποιήσονται R
12 οὔ + + + + D   13 ἐποίευν τε καὶ a P Const.   15 μετιέντες
a P Const.   16 ἔφη ἔτι Const.   17 ἔτι καὶ τὸν Aldus   αὐτοῦ P
18 alt. τοῖσι s. v. V¹   19 ὡς εἰκάσαι om. Const.   20 τε om. R
αἰτεόμενος L Const. : corr. Stein   21 καὶ om. Const.   ἐνάργειαν R
23 νόσου C R S V   προέτεινε S : προετείνετο V (sic 26 C S)   25 πολλῷ
om. a P Const.   27 δὴ om. Const.   ὀρέων d C P

μένους, φάς, ἢν μὴ καὶ τῷ ἀδελφεῷ Βίαντι μεταδῶσι τὸ

give a share

τριτημόριον τῆς βασιληίης, οὐ ποιήσειν τὰ βούλονται. οἱ
δὲ Ἀργεῖοι ἀπειληθέντες ἐς στεινὸν καταινέουσι καὶ ταῦτα.
ὡς δὲ καὶ Σπαρτιῆται, ἐδέοντο γὰρ δεινῶς τοῦ Τεισαμενοῦ, 35
5 πάντως συνεχώρεόν οἱ. συγχωρησάντων δὲ καὶ ταῦτα τῶν

to agree to

Σπαρτιητέων, οὕτω δὴ πέντε σφι μαντευόμενος ἀγῶνας τοὺς

prophesy (μαντευομαι)

μεγίστους Τεισαμενὸς ὁ Ἠλεῖος, γενόμενος Σπαρτιήτης,
συγκαταιρέει. μοῦνοι δὲ δὴ πάντων ἀνθρώπων ἐγένοντο

to win alone become

οὗτοι Σπαρτιήτῃσι πολιῆται. οἱ δὲ πέντε ἀγῶνες οἵδε ἐγέ- 2
10 νοντο, εἷς μὲν καὶ πρῶτος οὗτος ὁ ἐν Πλαταιῇσι, ἐπὶ δὲ ὁ

after

ἐν Τεγέῃ πρὸς Τεγεήτας τε καὶ Ἀργείους γενόμενος, μετὰ

against

δὲ ὁ ἐν Διπαιεῦσι πρὸς Ἀρκάδας πάντας πλὴν Μαντινέων,
ἐπὶ δὲ ὁ Μεσσηνίων ὁ πρὸς Ἰθώμῃ, ὕστατος δὲ ὁ ἐν
Τανάγρῃ πρὸς Ἀθηναίους τε καὶ Ἀργείους γενόμενος· οὗτος
15 δὲ ὕστατος κατεργάσθη τῶν πέντε ἀγώνων.

achieved

Οὗτος δὴ τότε τοῖσι Ἕλλησι ὁ Τεισαμενὸς ἀγόντων τῶν 36

was prophesying

Σπαρτιητέων ἐμαντεύετο ἐν τῇ Πλαταιΐδι. τοῖσι μέν νυν
Ἕλλησι καλὰ ἐγίνετο τὰ ἱρὰ ἀμυνομένοισι, διαβᾶσι δὲ τὸν
Ἀσωπὸν καὶ μάχης ἄρχουσι οὔ· Μαρδονίῳ δὲ προθυμεο- 37

ie. attack

20 μένῳ μάχης ἄρχειν οὐκ ἐπιτήδεα ἐγίνετο τὰ ἱρά, ἀμυνομένῳ
δὲ καὶ τούτῳ καλά. καὶ γὰρ οὗτος Ἑλληνικοῖσι ἱροῖσι

rituals

ἐχρᾶτο, μάντιν ἔχων Ἡγησίστρατον, ἄνδρα Ἠλεῖόν τε καὶ
τῶν Τελλιαδέων ἐόντα λογιμώτατον, τὸν δὴ πρότερον τούτων·
Σπαρτιῆται λαβόντες ἔδησαν ἐπὶ θανάτῳ ὡς πεπονθότες
25 πολλά τε καὶ ἀνάρσια ὑπ' αὐτοῦ. ὁ δὲ ἐν τούτῳ τῷ κακῷ 2

before

ἐχόμενος, ὥστε τρέχων περὶ τῆς ψυχῆς πρό τε τοῦ θανάτου
πεισόμενος πολλά τε καὶ λυγρά, ἔργον ἐργάσατο μέζον λόγου.

painful

ὡς γὰρ δὴ ἐδέδετο ἐν ξύλῳ σιδηροδέτῳ, ἐσενειχθέντος κως

σιδηρίου ἐκράτησε, αὐτίκα δὲ ἐμηχανᾶτο ἀνδρηιότατον ἔργον
πάντων τῶν ἡμεῖς ἴδμεν· σταθμησάμενος γὰρ ὅκως ἐξελεύ-
σεταί οἱ τὸ λοιπὸν τοῦ ποδός, ἀπέταμε τὸν ταρσὸν ἑωυτοῦ.

3 ταῦτα δὲ ποιήσας, ὥστε φυλασσόμενος ὑπὸ φυλάκων, δι-
ορύξας τὸν τοῖχον ἀπέδρη ἐς Τεγέην, τὰς μὲν νύκτας πορευό- 5
μενος, τὰς δὲ ἡμέρας καταδύνων ἐς ὕλην καὶ αὐλιζόμενος,
οὕτω ὥστε Λακεδαιμονίων πανδημεὶ διζημένων τρίτῃ εὐφρόνῃ
γενέσθαι ἐν Τεγέῃ, τοὺς δὲ ἐν θώματι μεγάλῳ ἐνέχεσθαι
τῆς τε τόλμης, ὁρῶντας τὸ ἡμίτομον τοῦ ποδὸς κείμενον

4 κἀκεῖνον οὐ δυναμένους εὑρεῖν. τότε μὲν οὕτω διαφυγὼν 10
Λακεδαιμονίους καταφεύγει ἐς Τεγέην, ἐοῦσαν οὐκ ἀρθμίην
Λακεδαιμονίοισι τοῦτον τὸν χρόνον· ὑγιὴς δὲ γενόμενος καὶ
προσποιησάμενος ξύλινον πόδα κατεστήκεε ἐκ τῆς ἰθέης
Λακεδαιμονίοισι πολέμιος. οὐ μέντοι ἔς γε τέλος οἱ συνή-
νεικε τὸ ἔχθος τὸ ἐς Λακεδαιμονίους συγκεκρημένον ἥλω 15

38 γὰρ μαντευόμενος ἐν Ζακύνθῳ ὑπ' αὐτῶν καὶ ἀπέθανε. ὁ
μέν νυν θάνατος ὁ Ἡγησιστράτου ὕστερον ἐγένετο τῶν
Πλαταιικῶν, τότε δὲ ἐπὶ τῷ Ἀσωπῷ Μαρδονίῳ μεμισθω-
μένος οὐκ ὀλίγου ἐθύετό τε καὶ προεθυμέετο κατά τε τὸ ἔχθος

2 τὸ Λακεδαιμονίων καὶ κατὰ τὸ κέρδος. ὡς δὲ οὐκ ἐκαλλιέρεε 20
ὥστε μάχεσθαι οὔτε αὐτοῖσι Πέρσῃσι οὔτε τοῖσι μετ' ἐκείνων
ἐοῦσι Ἑλλήνων (εἶχον γὰρ καὶ οὗτοι ἐπ' ἑωυτῶν μάντιν
Ἱππόμαχον Λευκάδιον ἄνδρα), ἐπιρρεόντων δὲ τῶν Ἑλλήνων
καὶ γινομένων πλεύνων Τιμηγενίδης ὁ Ἕρπυος ἀνὴρ Θηβαῖος
συνεβούλευσε Μαρδονίῳ τὰς ἐκβολὰς τοῦ Κιθαιρῶνος 25
φυλάξαι, λέγων ὡς ἐπιρρέουσι οἱ Ἕλληνες αἰεὶ ἀνὰ πᾶσαν

39 ἡμέρην καὶ ὡς ἀπολάμψοιτο συχνούς. ἡμέραι δέ σφι ἀντι-

1 δὴ ᾱ   ἀνδρειότατον L   7 πάντων ἔργον ᾱ   3 ἑωυτοῦ del.
Krueger   4 ὡς ᾳ P   7 ὡς ᾳ   πανδημ ABD¹   9 τε]
τότε ᾱ   δρέον P   11 καταφεύγειν RV   13 ἐπὶ C   ἰθείης L
14 γε ἐς ᾱ   οὐ D   15 συγκεκυρημένον ᾳ P : συγκεχωρημένον ᾱ
(-σμένον R) : corr. Reiske   17 μέν νυν ᾱ : μέντοι ᾳ P   18 Πλα-
ταικῶν BC   19 προθυμέετο ᾳ   alt. τε om. ᾱP   20 pr. τὸ]
τῶν R   24 Τιμογενίδης ᾳ P   25 Κιθερῶνος A   27 ἀπο-
λάμψαιτο ᾱ

κατημένοισι ἤδη ἐγεγόνεσαν ὀκτώ, ὅτε ταῦτα ἐκεῖνος συνε-
βούλευε Μαρδονίῳ. ὁ δὲ μαθὼν τὴν παραίνεσιν εὖ ἔχουσαν,
ὡς εὐφρόνη ἐγένετο, πέμπει τὴν ἵππον ἐς τὰς ἐκβολὰς τὰς
Κιθαιρωνίδας αἳ ἐπὶ Πλαταιέων φέρουσι, τὰς Βοιωτοὶ μὲν
5 Τρεῖς κεφαλὰς καλέουσι, Ἀθηναῖοι δὲ Δρυὸς κεφαλάς.
πεμφθέντες δὲ οἱ ἱππόται οὐ μάτην ἀπίκοντο· ἐσβάλλοντα 2
γὰρ ἐς τὸ πεδίον λαμβάνουσι ὑποζύγιά τε πεντακόσια, σιτία
ἄγοντα ἀπὸ Πελοποννήσου ἐς τὸ στρατόπεδον, καὶ ἀνθρώ-
πους οἳ εἵποντο τοῖσι ζεύγεσι. ἑλόντες δὲ ταύτην τὴν ἄγρην
10 οἱ Πέρσαι ἀφειδέως ἐφόνευον, [οὐ] φειδόμενοι οὔτε ὑποζυγίου
οὐδενὸς οὔτε ἀνθρώπου. ὡς δὲ ἅδην εἶχον κτείνοντες, τὰ
λοιπὰ αὐτῶν ἤλαυνον περιβαλόμενοι παρά τε Μαρδόνιον
καὶ ἐς τὸ στρατόπεδον. μετὰ δὲ τοῦτο τὸ ἔργον ἑτέρας 40
δύο ἡμέρας διέτριψαν, οὐδέτεροι βουλόμενοι μάχης ἄρξαι·
15 μέχρι μὲν γὰρ τοῦ Ἀσωποῦ ἐπήισαν οἱ βάρβαροι πειρώμενοι
τῶν Ἑλλήνων, διέβαινον δὲ οὐδέτεροι. ἡ μέντοι ἵππος ἡ
Μαρδονίου αἰεὶ προσέκειτό τε καὶ ἐλύπεε τοὺς Ἕλληνας·
οἱ γὰρ Θηβαῖοι, ἅτε μηδίζοντες μεγάλως, προθύμως ἔφερον
τὸν πόλεμον καὶ αἰεὶ κατηγέοντο μέχρι μάχης, τὸ δὲ ἀπὸ
20 τούτου παραδεκόμενοι Πέρσαι τε καὶ Μῆδοι μάλα ἔσκον οἳ
ἀπεδείκνυντο ἀρετάς.

Μέχρι μὲν νυν τῶν δέκα ἡμερέων οὐδὲν ἐπὶ πλεῦν ἐγίνετο 41
τούτων· ὡς δὲ ἑνδεκάτη ἐγεγόνεε ἡμέρη ἀντικατημένοισι ἐν
Πλαταιῇσι, οἵ τε δὴ Ἕλληνες πολλῷ πλεῦνες ἐγεγόνεσαν
25 καὶ Μαρδόνιος περιημέκτεε τῇ ἕδρῃ, ἐνθαῦτα ἐς λόγους ἦλθον
Μαρδόνιός τε ὁ Γωβρύεω καὶ Ἀρτάβαζος ὁ Φαρνάκεος, ὃς ἐν
ὀλίγοισι Περσέων ἦν ἀνὴρ δόκιμος παρὰ Ξέρξῃ. βουλευο- 2
μένων δὲ αἵδε ἦσαν αἱ γνῶμαι, ἡ μὲν [γὰρ] Ἀρταβάζου ὡς
χρεὸν εἴη ἀναζεύξαντας τὴν ταχίστην πάντα τὸν στρατὸν ἰέναι

3 ἐσβολὰς DR: ἐμβολὰς SV   6 ἐσβαλόντα d   7 εἰς R
9 σκέυεσι D   10 φειδ. ἐφόν. D¹   οὐ om. d   12 περιβαλλόμενοι
SV   παρά τε om. C: τε om. AB   16 δὲ om. D   18-19 ἐφέ-
ροντο πόλεμον C   20 μάλιστα d: καλὰ δὲ om. D   24 Πλαταίη(ι)σι
ABD   25 Μαρδόνιος . . . ἦλθον om. R   26 Γοβρύεω C P
27 λόγοισι C   βουλομένων RSV   28 γὰρ om. a P   29 ἀνα-
ζεύξαντες CD

347

ἐς τὸ τεῖχος τὸ Θηβαίων, ἔνθα σῖτόν τέ σφι ἐσενηνεῖχθαι
πολλὸν καὶ χόρτον τοῖσι ὑποζυγίοισι, κατ᾽ ἡσυχίην τε ἱζομέ-
3 νους διαπρήσσεσθαι ποιεῦντας τάδε· ἔχειν γὰρ χρυσὸν πολλὸν
μὲν ἐπίσημον, πολλὸν δὲ καὶ ἄσημον, πολλὸν δὲ ἄργυρόν τε
καὶ ἐκπώματα· τούτων φειδομένους μηδενὸς διαπέμπειν ἐς 5
τοὺς Ἕλληνας, Ἑλλήνων δὲ μάλιστα ἐς τοὺς προεστεῶτας
ἐν τῇσι πόλισι, καὶ ταχέως σφέας παραδώσειν τὴν ἐλευθερίην,
4 μηδὲ ἀνακινδυνεύειν συμβάλλοντας. τούτου μὲν ἡ αὐτὴ
ἐγίνετο καὶ Θηβαίων γνώμη, ὡς προειδότος πλεῦν τι καὶ
τούτου, Μαρδονίου δὲ ἰσχυροτέρη τε καὶ ἀγνωμονεστέρη καὶ 10
οὐδαμῶς συγγινωσκομένη· δοκέειν τε γὰρ πολλῷ κρέσσονα
εἶναι τὴν σφετέρην στρατιὴν τῆς Ἑλληνικῆς, συμβάλλειν τε
τὴν ταχίστην μηδὲ περιορᾶν συλλεγομένους ἔτι πλεῦνας τῶν
συλλελεγμένων, τά τε σφάγια τὰ Ἡγησιστράτου ἐᾶν χαίρειν
μηδὲ βιάζεσθαι, ἀλλὰ νόμῳ τῷ Περσέων χρεωμένους συμ- 15
42 βάλλειν. τούτου δὲ οὕτω δικαιεῦντος ἀντέλεγε οὐδείς, ὥστε
ἐκράτεε τῇ γνώμῃ· τὸ γὰρ κράτος εἶχε τῆς στρατιῆς οὗτος
ἐκ βασιλέος, ἀλλ᾽ οὐκ Ἀρτάβαζος. μεταπεμψάμενος ὦν
τοὺς ταξιάρχους τῶν τελέων καὶ τῶν μετ᾽ ἑωυτοῦ ἐόντων
Ἑλλήνων τοὺς στρατηγοὺς εἰρώτα εἴ τι εἰδεῖεν λόγιον περὶ 20
2 Περσέων ὡς διαφθερέονται ἐν τῇ Ἑλλάδι. σιγώντων δὲ τῶν
ἐπικλήτων, τῶν μὲν οὐκ εἰδότων τοὺς χρησμούς, τῶν δὲ
εἰδότων μέν, ἐν ἀδείῃ δὲ οὐ ποιευμένων τὸ λέγειν, αὐτός
γε Μαρδόνιος ἔλεγε· Ἐπεὶ τοίνυν ὑμεῖς ἢ ἴστε οὐδὲν ἢ οὐ
3 τολμᾶτε λέγειν, ἀλλ᾽ ἐγὼ ἐρέω ὡς εὖ ἐπιστάμενος. ἔστι 25
λόγιον ὡς χρεόν ἐστι Πέρσας ἀπικομένους ἐς τὴν Ἑλλάδα
διαρπάσαι τὸ ἱρὸν τὸ ἐν Δελφοῖσι, μετὰ δὲ τὴν διαρπαγὴν

1 Θηβαῖον BRV   ἐσενηνέχθαι RV : ἐνηνέχθαι S   4 alt. δὲ]
δὲ καὶ C P   5 τούτων δὲ d   8 συμβαλόντας DSV   10 τε
om. d   καὶ ἀγνωμ. om. C   11 συγγιγν. AB   κρέσσονα P :
κρέσσον᾽ S : κρέσσον CRV : κρέσσων D : κρέσσονας A¹B¹   12 στρα-
τηίην R¹SV   14 συλλεγομένων A¹DP   alt. τὰ] τοῦ D
15 συμβάλλειν RV   16 δικεῦντος D   18 ἐκ βασιλέος om. d
19 ωυτοῦ D   21 διαφθερέονται P : διαφθαρέονται a : διαφθορεῦνται d
(-φο- D)   23 ἀδείαι P   24 γε Gomperz : τ: d : om. a P
26 ἐστι] τι RSV   27 ἀρπαγήν d

ἀπολέσθαι πάντας. ἡμεῖς τοίνυν αὐτὸ τοῦτο ἐπιστάμενοι
οὔτε ἴμεν ἐπὶ τὸ ἱρὸν τοῦτο οὔτε ἐπιχειρήσομεν διαρπάζειν,
ταύτης τε εἵνεκα τῆς αἰτίης οὐκ ἀπολεόμεθα. ὥστε ὑμέων 4
ὅσοι τυγχάνουσι εὔνοοι ἐόντες Πέρσῃσι, ἥδεσθε τοῦδε εἵνεκα   rejoice
5 ὡς περιεσομένους ἡμέας Ἑλλήνων. ταῦτά σφι εἶπας δεύτερα   defeat
ἐσήμαινε παραρτέεσθαί τε πάντα καὶ εὐκρινέα ποιέεσθαι ὡς   εὐκρινης - in order
ἅμα ἡμέρῃ τῇ ἐπιούσῃ συμβολῆς ἐσομένης. τοῦτον δ' ἔγωγε 43
τὸν χρησμόν, τὸν Μαρδόνιος εἶπε ἐς Πέρσας ἔχειν, ἐς Ἰλλυ-   to apply to
ριούς τε καὶ τὸν Ἐγχελέων στρατὸν οἶδα πεποιημένον, ἀλλ'
10 οὐκ ἐς Πέρσας. ἀλλὰ τὰ μὲν Βάκιδι ἐς ταύτην τὴν μάχην
ἐστὶ πεποιημένα,

τὴν δ' ἐπὶ Θερμώδοντι καὶ Ἀσωπῷ λεχεποίη   2   grassy
Ἑλλήνων σύνοδον καὶ βαρβαρόφωνον ἰυγήν,   noise
τῇ πολλοὶ πεσέονται ὑπὲρ λάχεσίν τε μόρον τε   ἡ λαχεσις - destiny
15 τοξοφόρων Μήδων, ὅταν αἴσιμον ἦμαρ ἐπέλθῃ,   day of doom

ταῦτα μὲν καὶ παραπλήσια τούτοισι ἄλλα Μουσαίου ἔχοντα   similar
οἶδα ἐς Πέρσας. ὁ δὲ Θερμώδων ποταμὸς ῥέει μεταξὺ
Ταναγρης τε καὶ Γλίσαντος. μετὰ δὲ τὴν ἐπείρώτησιν τῶν 44   about the oracles
χρησμῶν καὶ παραίνεσιν τὴν ἐκ Μαρδονίου νύξ τε ἐγίνετο καὶ
20 ἐς φυλακὰς ἐτάσσοντο. ὡς δὲ πρόσω τῆς νυκτὸς προελήλατο   was far advanced
καὶ ἡσυχίη τε ἐδόκεε εἶναι ἀνὰ τὰ στρατόπεδα καὶ μάλιστα
οἱ ἄνθρωποι εἶναι ἐν ὕπνῳ, τηνικαῦτα προσελάσας ἵππῳ πρὸς
τὰς φυλακὰς τὰς Ἀθηναίων Ἀλέξανδρος ὁ Ἀμύντεω, στρα-
τηγός τε ἐὼν καὶ βασιλεὺς Μακεδόνων, ἐδίζητο τοῖσι στρατη-
25 γοῖσι ἐς λόγους ἐλθεῖν. τῶν δὲ φυλάκων οἱ μὲν πλεῦνες 2
παρέμενον, οἱ δ' ἔθεον ἐπὶ τοὺς στρατηγούς, ἐλθόντες δὲ
ἔλεγον ὡς ἄνθρωπος ἥκοι ἐπ' ἵππου ἐκ τοῦ στρατοπέδου τοῦ

2 τοῦτο om. d   3 ταύτηι C   5 περισομένους R : περιεζομένους
SV   6 ἐσήμηνε DSV : ἐσήμενε R   εὐρικρενέα B   7 συμ-
βουλῆς R   8 Ἰλλυρίους RV   9 τῶν d   Ἐγχελέων AB (-ον)
CPS[R]   10 τάδε μὲν d   11 ἐστὶ del. Schweighaeuser
12 Θερμόδοτον R   14 πολλῇ RSV   λάχεσί RV   16 τούτοισι
om. S   Μουσαίου D : Μουσαίω(ι) rell. (-ων R)   18 Γλισάντος
A B D¹   ἐπηρ. C V¹   19 ἐγένετο S   20 προσελήλατο d
21 τε om. a P   23 alt. τὰς] τῶν P

Μήδων, ὃς ἄλλο μὲν οὐδὲν παραγυμνοῖ ἔπος, στρατηγοὺς δὲ
45 ὀνομάζων ἐθέλειν φησὶ ἐς λόγους ἐλθεῖν. οἱ δὲ ἐπεὶ ταῦτα
ἤκουσαν, αὐτίκα εἵποντο ἐς τὰς φυλακάς. ἀπικομένοισι δὲ
ἔλεγε Ἀλέξανδρος τάδε· Ἄνδρες Ἀθηναῖοι, παραθήκην ὑμῖν
τὰ ἔπεα τάδε τίθεμαι, ἀπόρρητα ποιεύμενος πρὸς μηδένα 5
λέγειν ὑμέας ἄλλον ἢ Παυσανίην, μή με καὶ διαφθείρητε· οὐ
γὰρ ἂν ἔλεγον, εἰ μὴ μεγάλως ἐκηδόμην συναπάσης τῆς
2 Ἑλλάδος. αὐτός τε γὰρ Ἕλλην γένος εἰμὶ τὠρχαῖον καὶ ἀντ'
ἐλευθέρης δεδουλωμένην οὐκ ἂν ἐθέλοιμι ὁρᾶν τὴν Ἑλλάδα.
λέγω δὲ ὦν ὅτι Μαρδονίῳ τε καὶ τῇ στρατιῇ τὰ σφάγια οὐ 10
δύναται καταθύμια γενέσθαι· πάλαι γὰρ ἂν ἐμάχεσθε. νῦν
δέ οἱ δέδοκται τὰ μὲν σφάγια ἐᾶν χαίρειν, ἅμα ἡμέρῃ δὲ
διαφαυσκούσῃ συμβολὴν ποιέεσθαι· καταρρώδηκε γὰρ μὴ
πλεῦνες συλλεχθῆτε, ὡς ἐγὼ εἰκάζω. πρὸς ταῦτα ἑτοιμά-
ζεσθε. ἢν δὲ ἄρα ὑπερβάληται τὴν συμβολὴν Μαρδόνιος 15
καὶ μὴ ποιῇται, λιπαρέετε μένοντες· ὀλιγέων γάρ σφι
3 ἡμερέων λείπεται σιτία. ἢν δὲ ὑμῖν ὁ πόλεμος ὅδε κατὰ
νόον τελευτήσῃ, μνησθῆναί τινα χρὴ καὶ ἐμεῦ ἐλευθερώσιος
πέρι, ὃς Ἑλλήνων εἵνεκα ἔργον οὕτω παράβολον ἔργασμαι
ὑπὸ προθυμίης, ἐθέλων ὑμῖν δηλῶσαι τὴν διάνοιαν τὴν 20
Μαρδονίου, ἵνα μὴ ἐπιπέσωσι ὑμῖν [ἐξαίφνης] οἱ βάρβαροι
μὴ προσδεκομένοισί κω. εἰμὶ δὲ Ἀλέξανδρος ὁ Μακεδών.
ὁ μὲν ταῦτα εἴπας ἀπήλαυνε ὀπίσω ἐς τὸ στρατόπεδον καὶ
46 τὴν ἑωυτοῦ τάξιν· οἱ δὲ στρατηγοὶ τῶν Ἀθηναίων ἐλθόντες
ἐπὶ τὸ δεξιὸν κέρας ἔλεγον Παυσανίῃ τά περ ἤκουσαν 25
Ἀλεξάνδρου. ὁ δὲ τούτῳ τῷ λόγῳ καταρρωδήσας τοὺς
2 Πέρσας ἔλεγε τάδε· Ἐπεὶ τοίνυν ἐς ἠῶ ἡ συμβολὴ γίνεται,

2 φησὶ] σφι C   3 ἔποντο C P   5 τάδε τὰ ἔπεα D S V : τάδε
τὰ ἔπαθε R   6 καὶ om. C P   9 ἐλευθερίης C D   ἔλοιμι R S V
12 δέ οἱ om. R   μὲν τὰ D R V : τὰ S   δὲ om. D   13 διαφασκ.
A¹ B Lex. Vind. 51 : διαφωσκ. A²   συμβουλὴν R V¹   καταρρω-
δήκεε d   14 συλλεγητε d   16 λιπάρετε V : λιπαρέετε τε R
ὀλίγων L   18 τελευτήσει V   ἐμὲ C   19 οὕτω ἔργον a P
20 alt. τὴν] τοῦ S   21 ἐξαίφνης post βάρβαροι P¹ : om. d   22 μηδὲ
C P¹   προδεκομ. R V   23 ἀπέλαυνε(ν) d

ὑμέας μὲν χρεόν ἐστι τοὺς Ἀθηναίους στῆναι κατὰ τοὺς
Πέρσας, ἡμέας δὲ κατὰ τοὺς Βοιωτούς τε καὶ τοὺς κατ᾽ ὑμέας
τεταγμένους Ἑλλήνων, τῶνδε εἵνεκα· ὑμεῖς ἐπίστασθε τοὺς
Μήδους καὶ τὴν μάχην αὐτῶν ἐν Μαραθῶνι μαχεσάμενοι,
5 ἡμεῖς δὲ ἄπειροί τέ εἰμεν καὶ ἀδαέες τούτων τῶν ἀνδρῶν·
Σπαρτιητέων γὰρ οὐδεὶς πεπείρηται Μήδων, ἡμεῖς δὲ Βοιωτῶν
καὶ Θεσσαλῶν ἔμπειροί εἰμεν. ἀλλ᾽ ἀναλαβόντας τὰ ὅπλα 3
χρεόν ἐστι ἰέναι ὑμέας μὲν ἐς τόδε τὸ κέρας, ἡμέας δὲ ἐς τὸ
εὐώνυμον. πρὸς δὲ ταῦτα εἶπαν οἱ Ἀθηναῖοι τάδε· Καὶ
10 αὐτοῖσι ἡμῖν πάλαι ἀπ᾽ ἀρχῆς, ἐπείτε εἴδομεν κατ᾽ ὑμέας
τασσομένους τοὺς Πέρσας, ἐν νόῳ ἐγένετο εἰπεῖν ταῦτα τά
περ ὑμεῖς φθάντες προφέρετε· ἀλλὰ γὰρ ἀρρωδέομεν μὴ
ὑμῖν οὐκ ἡδέες γένωνται οἱ λόγοι. ἐπεὶ δ᾽ ὦν αὐτοὶ ἐμνή-
σθητε, καὶ ἡδομένοισι ἡμῖν οἱ λόγοι γεγόνασι καὶ ἕτοιμοί
15 εἰμεν ποιέειν ταῦτα. ὡς δ᾽ ἤρεσκε ἀμφοτέροισι ταῦτα, ἠώς 47
τε διέφαινε καὶ διαλλάσσοντο τὰς τάξις. γνόντες δὲ οἱ
Βοιωτοὶ τὸ ποιεύμενον ἐξαγορεύουσι Μαρδονίῳ. ὁ δ᾽ ἐπείτε
ἤκουσε, αὐτίκα μετιστάναι καὶ αὐτὸς ἐπειρᾶτο, παράγων τοὺς
Πέρσας κατὰ τοὺς Λακεδαιμονίους. ὡς δὲ ἔμαθε τοῦτο
20 τοιοῦτο γινόμενον ὁ Παυσανίης, γνοὺς ὅτι οὐ λανθάνει,
ὀπίσω ἦγε τοὺς Σπαρτιήτας ἐπὶ τὸ δεξιὸν κέρας· ὡς δ᾽
αὔτως καὶ ὁ Μαρδόνιος ἐπὶ τοῦ εὐωνύμου. ἐπεὶ δὲ κατέ- 48
στησαν ἐς τὰς ἀρχαίας τάξις, πέμψας ὁ Μαρδόνιος κήρυκα
ἐς τοὺς Σπαρτιήτας ἔλεγε τάδε· Ὦ Λακεδαιμόνιοι, ὑμεῖς
25 δὴ λέγεσθε εἶναι ἄνδρες ἄριστοι ὑπὸ τῶν τῇδε ἀνθρώπων,
ἐκπαγλεομένων ὡς οὔτε φεύγετε ἐκ πολέμου οὔτε τάξιν
ἐκλείπετε, μένοντές τε ἢ ἀπόλλυτε τοὺς ἐναντίους ἢ αὐτοὶ
ἀπόλλυσθε. τῶν δ᾽ ἄρ᾽ ἦν οὐδὲν ἀληθές· πρὶν γὰρ ἢ 2

---

2 τε om. a   3 ἐπίστασθαι B R   4 ἐπὶ P   5 τῶν ἀνδρῶν
(-έων R V) τουτέων d   6 τε a   12 γὰρ om. a P   13 γίνωνται
R: γίνονται S V   14 ὑμῖν D R V   15-16 ἢ ὥστε R V
16 διάλλασσον D: διάλασσον R: διάλασσον V   τάξεις C D R V
17 -ωσι D   20 τοιοῦτον R S V   γενόμενον P S   22 αὔτως
καί] καὶ (add. D²) αὐτὸς d   τὸ εὐώνυμον d   23 τάξεις C D R
δ om. d   κήρυκας C   25 λέγεσθαι C D¹ R   26 ἐκπλαγεο-
μένων d

συμμεῖξαι ἡμέας ἐς χειρῶν τε νόμον ἀπικέσθαι, καὶ δὴ φεύ-
γοντας καὶ στάσιν ἐκλείποντας ὑμέας εἴδομεν, ἐν Ἀθηναίοισί
τε τὴν πρόπειραν ποιευμένους αὐτούς τε ἀντία δούλων τῶν
3 ἡμετέρων τασσομένους. ταῦτα οὐδαμῶς ἀνδρῶν ἀγαθῶν ἔργα,
ἀλλὰ πλεῖστον δὴ ἐν ὑμῖν ἐψεύσθημεν· προσδεκόμενοι γὰρ 5
κατὰ κλέος ὡς δὴ πέμψετε ἐς ἡμέας κήρυκα προκαλεύμενοι
καὶ βουλόμενοι μούνοισι Πέρσῃσι μάχεσθαι, ἄρτιοι ἐόντες
ποιέειν ταῦτα οὐδὲν τοιοῦτο λέγοντας ὑμέας εὕρομεν ἀλλὰ
πτώσσοντας μᾶλλον. νῦν ὦν ἐπειδὴ οὐκ ὑμεῖς ἤρξατε τούτου
4 τοῦ λόγου, ἀλλ' ἡμεῖς ἄρξομεν. τί δὴ οὐ πρὸ μὲν τῶν 10
Ἑλλήνων ὑμεῖς, ἐπείτε δεδόξωσθε εἶναι ἄριστοι, πρὸ δὲ
τῶν βαρβάρων ἡμεῖς ἴσοι πρὸς ἴσους ἀριθμὸν ἐμαχεσάμεθα;
καὶ ἢν μὲν δοκῇ καὶ τοὺς ἄλλους μάχεσθαι, οἱ δ' ὦν μετέπειτα
μαχέσθων ὕστεροι· εἰ δὲ καὶ μὴ δοκέοι ἀλλ' ἡμέας μούνους
ἀποχρᾶν, ἡμεῖς δὲ διαμαχεσώμεθα· ὁκότεροι δ' ἂν ἡμέων 15
49 νικήσωσι, τούτους τῷ ἅπαντι στρατοπέδῳ νικᾶν. ὁ μὲν ταῦτα
εἴπας τε καὶ ἐπισχὼν χρόνον, ὥς οἱ οὐδεὶς οὐδὲν ὑπεκρίνετο,
ἀπαλλάσσετο ὀπίσω, ἀπελθὼν δὲ ἐσήμαινε Μαρδονίῳ τὰ
καταλαβόντα. ὁ δὲ περιχαρὴς γενόμενος καὶ ἐπαρθεὶς ψυχρῇ
2 νίκῃ ἐπῆκε τὴν ἵππον ἐπὶ τοὺς Ἕλληνας. ὡς δὲ ἐπήλασαν 20
οἱ ἱππόται, ἐσίνοντο πᾶσαν τὴν στρατιὴν τὴν Ἑλληνικὴν
ἐσακοντίζοντές τε καὶ ἐστοξεύοντες ὥστε ἱπποτοξόται τε
ἐόντες καὶ προσφέρεσθαι ἄποροι· τήν τε κρήνην τὴν Γαρ-
γαφίην, ἀπ' ἧς ὑδρεύετο πᾶν τὸ στράτευμα τὸ Ἑλληνικόν,
3 συνετάραξαν καὶ συνέχωσαν. ἦσαν μέν νυν κατὰ τὴν κρήνην 25
Λακεδαιμόνιοι τεταγμένοι μοῦνοι, τοῖσι δὲ ἄλλοισι Ἕλλησι
ἡ μὲν κρήνη πρόσω ἐγίνετο, ὡς ἕκαστοι ἔτυχον τεταγμένοι,

1 συμμιξαι L   ὑμέας **d**   2 τάξιν ἐκλιπόντας **d**   3 πεῖραν **d**
ἀντὶ **d**   5 προσδοκώμενοι C   7 (μοῦνοι) μούνοισι Koen   8 τοιοῦτον
RSV   ὑμέας om. **d**   9 πτώσσοντας C D¹   10 ἄρχομεν **a** P
τὸ SV   οὐ] ὦν **d**   13 δοκέῃ **d** (η Dᶜ) P   14 ὕστερον **d**
15 διαμαχεσόμεθα **d**   17 τε om. BDRV   οἱ om. C   ὑπε-
κρίνατο **a** D¹ P   18 ἐσήμηνε **d**   21 ἐσίνεοντο **d**   22 τε
om. **d**   τοξεύοντες **a** P   ὥστε καὶ **d**   τε om. **d** C   23 ἄποροι]
pr. ο Dᶜ   24 πᾶν τὸ Ἑλλ. στρ. D   25 συνέταξαν D   νυν D:
ὧν rell.

ὁ δὲ Ἀσωπὸς ἀγχοῦ· ἐρυκόμενοι δὲ τοῦ Ἀσωποῦ οὕτω δὴ ἐπὶ
τὴν κρήνην ἐφοίτων· ἀπὸ τοῦ ποταμοῦ γάρ σφι οὐκ ἐξῆν ὕδωρ
φορέεσθαι ὑπό τε τῶν ἱππέων καὶ τοξευμάτων.

　　Τούτου δὲ τοιούτου γινομένου οἱ τῶν Ἑλλήνων στρατηγοί, 50
5 ἅτε τοῦ τε ὕδατος στερηθείσης τῆς στρατιῆς καὶ ὑπὸ τῆς
ἵππου ταρασσομένης, συνελέχθησαν περὶ αὐτῶν τε τούτων
καὶ ἄλλων, ἐλθόντες παρὰ Παυσανίην ἐπὶ τὸ δεξιὸν κέρας.
ἄλλα γὰρ τούτων τοιούτων ἐόντων μᾶλλόν σφεας ἐλύπεε· οὔτε
γὰρ σιτία εἶχον ἔτι, οἵ τέ σφεων ὀπέωνες ἀποπεμφθέντες
10 ἐς Πελοπόννησον ὡς ἐπισιτιεύμενοι ἀπεκεκλήιατο ὑπὸ τῆς
ἵππου, οὐ δυνάμενοι ἀπικέσθαι ἐς τὸ στρατόπεδον.　βουλευο- 51
μένοισι δὲ τοῖσι στρατηγοῖσι ἔδοξε, ἢν ὑπερβάλωνται ἐκείνην
τὴν ἡμέρην οἱ Πέρσαι συμβολὴν μὴ ποιεύμενοι, ἐς τὴν νῆσον
ἰέναι.　ἡ δέ ἐστι ἀπὸ τοῦ Ἀσωποῦ καὶ τῆς κρήνης τῆς
15 Γαργαφίης, ἐπ᾽ ᾗ ἐστρατοπεδεύοντο τότε, δέκα σταδίους
ἀπέχουσα, πρὸ τῆς Πλαταιέων πόλιος.　νῆσος δὲ οὕτω ἂν 2
εἴη ἐν ἠπείρῳ· σχιζόμενος [ὁ] ποταμὸς ἄνωθεν ἐκ τοῦ
Κιθαιρῶνος ῥέει κάτω ἐς τὸ πεδίον, διέχων ἀπ᾽ ἀλλήλων τὰ
ῥέεθρα ὅσον περ τρία στάδια, καὶ ἔπειτα συμμίσγει ἐς τωὐτό·
20 οὔνομα δέ οἱ Ὠερόη.　θυγατέρα δὲ ταύτην λέγουσι εἶναι
Ἀσωποῦ οἱ ἐπιχώριοι.　ἐς τοῦτον δὴ τὸν χῶρον ἐβουλεύ- 3
σαντο μεταναστῆναι, ἵνα καὶ ὕδατι ἔχωσι χρᾶσθαι ἀφθόνῳ
καὶ οἱ ἱππέες σφέας μὴ σινοίατο ὥσπερ κατιθὺ ἐόντων·
μετακινέεσθαί τε ἐδόκεε τότε ἐπεὰν τῆς νυκτὸς ᾖ δευτέρη
25 φυλακή, ὡς ἂν μὴ ἰδοίατο οἱ Πέρσαι ἐξορμωμένους καί
σφεας ἑπόμενοι ταράσσοιεν οἱ ἱππόται.　ἀπικομένων δὲ ἐς 4
τὸν χῶρον τοῦτον, τὸν δὴ ἡ Ἀσωπὶς Ὠερόη περισχίζεται
ῥέουσα ἐκ τοῦ Κιθαιρῶνος, ὑπὸ τὴν νύκτα ταύτην ἐδόκεε τοὺς

1 ἀπὸ τοῦ Ἀσωποῦ C P 　 2 ὕδωρ om. d 　 4 οἵ τε D 　 8 ἄλλα
S : ἀλλὰ rell. 　 ἐόντων τοιούτων D 　 ἐπελύπεε(ν) C P 　 9 ὀπεῶνες
D R : ὀπαῶνες S : ὀπεῶνες V 　 10 ἀπεκεκλέατο a P : ἀποκεκλέατο d
(-λίατο D) 　 ἀπὸ C 　 11 ἀπικέεσθαι R 　 12 ἔδειξε D¹ 　 13 μὴ
om. a P 　 15 ἦν a P 　 τε D 　 16 ἔχουσα d 　 ἂν] δ᾽ ἂν d
17 ὁ del. Stein 　 19 περ] τε Krueger 　 ἔπειτα] ἐπὶ D 　 τοῦτο d
20 ὁ D¹ (expunctum) R V 　 22 μεταστῆναι S V

ἡμίσεας ἀποστέλλειν τοῦ στρατοπέδου πρὸς τὸν Κιθαιρῶνα,
ὡς ἀναλάβοιεν τοὺς ὀπέωνας τοὺς ἐπὶ τὰ σιτία οἰχομένους·
52 ἦσαν γὰρ ἐν τῷ Κιθαιρῶνι ἀπολελαμμένοι. ταῦτα βουλευ-
σάμενοι κείνην μὲν τὴν ἡμέρην πᾶσαν ⌈προσκειμένης τῆς
ἵππου⌉ εἶχον πόνον ἄτρυτον· ὡς δὲ ἥ τε ἡμέρη ἔληγε καὶ οἱ 5
ἱππέες ἐπέπαυντο, νυκτὸς δὴ γινομένης καὶ ἐούσης τῆς ὥρης
ἐς τὴν δὴ συνέκειτό σφι ἀπαλλάσσεσθαι, ἐνθαῦτα ἀερθέντες
οἱ πολλοὶ ἀπαλλάσσοντο, ἐς μὲν τὸν χῶρον ἐς τὸν συνέκειτο
οὐκ ἐν νόῳ ἔχοντες, οἱ δὲ ὡς ἐκινήθησαν, ἔφευγον ἄσμενοι τὴν
ἵππον πρὸς τὴν Πλαταιέων πόλιν, φεύγοντες δὲ ἀπικνέονται 10
ἐπὶ τὸ Ἥραιον. τὸ δὲ πρὸ τῆς πόλιός ἐστι τῆς Πλαταιέων,
εἴκοσι σταδίους ἀπὸ τῆς κρήνης τῆς Γαργαφίης ἀπέχον.
53 ἀπικόμενοι δὲ ἔθεντο πρὸ τοῦ ἱροῦ τὰ ὅπλα. καὶ οἱ μὲν περὶ
τὸ Ἥραιον ἐστρατοπεδεύοντο, Παυσανίης δὲ ὁρῶν σφέας
ἀπαλλασσομένους ἐκ τοῦ στρατοπέδου παρήγγελλε καὶ τοῖσι 15
Λακεδαιμονίοισι ἀναλαβόντας τὰ ὅπλα ἰέναι κατὰ τοὺς
ἄλλους τοὺς προϊόντας, νομίσας αὐτοὺς ἐς τὸν χῶρον ἰέναι
2 ἐς τὸν συνεθήκαντο. ἐνθαῦτα οἱ μὲν ἄλλοι ἄρτιοι ἦσαν
τῶν ταξιάρχων πείθεσθαι Παυσανίῃ, Ἀμομφάρετος δὲ ὁ
Πολιάδεω λοχηγέων ⌈τοῦ Πιτανήτεω λόχου⌉ οὐκ ἔφη τοὺς 20
ξείνους φεύξεσθαι οὐδὲ ἑκὼν εἶναι αἰσχυνέειν τὴν Σπάρτην,
ἐθώμαζέ τε ὁρῶν τὸ ποιεύμενον ἅτε οὐ παραγενόμενος τῷ
3 προτέρῳ λόγῳ. ὁ δὲ Παυσανίης τε καὶ ὁ Εὐρυάναξ δεινὸν
μὲν ἐποιεῦντο τὸ μὴ πείθεσθαι ἐκεῖνον σφίσι, δεινότερον δὲ
ἔτι κείνου ταῦτα νενωμένου ἀπολιπεῖν τὸν λόχον τὸν Πιτα- 25
νήτην, μὴ ἢν ἀπολίπωσι ποιεῦντες τὰ συνεθήκαντο τοῖσι
ἄλλοισι Ἕλλησι, ἀπόληται ὑπολειφθεὶς αὐτός τε Ἀμομφά-
4 ρετος καὶ οἱ μετ' αὐτοῦ. ταῦτα λογιζόμενοι ἀτρέμας εἶχον

---

2 ὀπεώνας B: ὀπέωνας D: ὀπάονας R: ὀπαῶνας S: ὀπεῶνας V
4 ἐκείνην d   μὲν om. D¹   προκειμένης CS   6 δὲ R¹V
γεν. D   θεούσης a   7 δὴ om. a P   8 ἀπαλλάσσοντο om. C
ἐς ὃν a   9 ὄψ D   ὡς] ἐς C   11 Ἥραιον τὸ δὴ d   14 ἱρὸν d
15 παρήγγειλε CV(?)   16 -βόντες B   19 ταξιαρχέων d
Ἀμομφ. (Ἀμορφ. R V¹) δὲ om. C   20 Πιτανητέων L (Πητ. D¹):
corr. Koen   22 ὁρῶν A B: ὁρέων d C P   24 σφι D   25 ἐκεί-
νου d   ταῦτ' ἀναινομένου a P   Πιτανίτην C   27 ὑποληφθεὶς R V

τὸ στρατόπεδον τὸ Λακωνικὸν καὶ ἐπειρῶντο πείθοντές μιν   *persuade*
ὡς οὐ χρεὸν εἴη ταῦτα ποιέειν.   καὶ οἱ μὲν παρηγόρεον 54   *urge*
'Αμομφάρετον μοῦνον Λακεδαιμονίων τε καὶ Τεγεητέων
λελειμμένον, 'Αθηναῖοι δὲ ἐποίευν τοιάδε· εἶχον ἀτρέμας
5 σφέας αὐτοὺς ἵνα ἐτάχθησαν, ἐπιστάμενοι τὰ Λακεδαιμονίων
φρονήματα ὡς ἄλλα φρονεόντων καὶ ἄλλα λεγόντων.   ὡς δὲ 2
ἐκινήθη τὸ στρατόπεδον, ἔπεμπον σφέων ἱππέα ὀψόμενόν τε   *horseman*
εἰ πορεύεσθαι ἐπιχειροῖεν οἱ Σπαρτιῆται, εἴτε καὶ τὸ παράπαν   *or whether*
μὴ διανοεῦνται ἀπαλλάσσεσθαι, ἐπείρεσθαί τε Παυσανίην τὸ
10 χρεὸν εἴη ποιέειν.   ὡς δὲ ἀπίκετο ὁ κῆρυξ ἐς τοὺς Λακεδαι- 55
μονίους, ὥρα τέ σφεας κατὰ χώρην τεταγμένους καὶ ἐς   *in situ*
νείκεα ἀπιγμένους αὐτῶν τοὺς πρώτους.   ὡς γὰρ δὴ παρη-   *their leaders*
γόρεον τὸν 'Αμομφάρετον ὅ τε Εὐρυάναξ καὶ ὁ Παυσανίης μὴ
κινδυνεύειν μένοντας μούνους Λακεδαιμονίων, οὔκων ἔπειθον,
15 ἐς ὃ ἐς νείκεά τε συμπεσόντες ἀπίκατο καὶ ὁ κῆρυξ ὁ τῶν
'Αθηναίων παρίστατό σφι ἀπιγμένος.   νεικέων δὲ ὁ 'Αμομφά- 2
ρετος λαμβάνει πέτρον ἀμφοτέρῃσι τῇσι χερσὶ καὶ τιθεὶς πρὸ
ποδῶν τοῦ Παυσανίεω ταύτῃ τῇ ψήφῳ ψηφίζεσθαι ἔφη μὴ
φεύγειν τοὺς ξείνους [λέγων τοὺς βαρβάρους].   ὁ δὲ μαινό-   *mad*
20 μενον καὶ οὐ φρενήρεα καλέων ἐκεῖνον [πρός τε] τὸν
'Αθηναίων κήρυκα ἐπειρωτῶντα τὰ ἐντεταλμένα λέγειν [ὁ
Παυσανίης] ἐκέλευε τὰ παρεόντα σφι πρήγματα, ἐχρήιζέ τε   *ask*
τῶν 'Αθηναίων προσχωρῆσαί τε πρὸς ἑωυτοὺς καὶ ποιέειν περὶ
τῆς ἀπόδου τά περ ἂν καὶ σφεῖς.   καὶ ὁ μὲν ἀπαλλάσσετο 56
25 ἐς τοὺς 'Αθηναίους· τοὺς δὲ ἐπεὶ ἀνακρινομένους πρὸς   *arguing*
ἑωυτοὺς ἠὼς κατελάμβανε, ἐν τούτῳ τῷ χρόνῳ κατήμενος ὁ
Παυσανίης, οὐ δοκέων τὸν 'Αμομφάρετον λείψεσθαι τῶν

2 παρηγορέοντο Bekker   3 μούνων B   4 λελειμμένων D
ἀτρέμα A B   8 ἐπιχειρέοιεν d (-έοιν D¹) P   11 καὶ . .
ἀπιγμένους om. D¹   12 παρηγόρευον D : παρηγορέοντο a   13 καὶ
om. C   14 Λακεδαιμονίων E : -νίους rell.   οὔκων Stein : οὔκουν
E : οὔκως rell.   15 τε om. E   ἀπικέατο P   alt. ὁ om. a E P
18 τοῦ E : τὸν B : τῶν rell.   19 λέγων (ξείνους λέγων D S V) τοὺς
βαρβάρους del. Werfer   20 οὐ] ὡς B   καλέων . . . ἐπειρωτῶντα
om. R   πρός τε et ὁ Παυσανίης del. Krueger   τῶν D S V   21 'Αθη-
ναῖον a   23 τε om. P¹ R S V Dᶜ   καὶ . . . ἑωυτοὺς (26) om. R
26 καθήμενος C

ἄλλων Λακεδαιμονίων ἀποστιχόντων, τὰ δὴ καὶ ἐγένετο,
σημήνας ἀπῆγε διὰ τῶν κολωνῶν τοὺς λοιποὺς πάντας·
2 εἵποντο δὲ καὶ Τεγεῆται. Ἀθηναῖοι δὲ ταχθέντες ἦισαν τὰ
ἔμπαλιν ἢ Λακεδαιμόνιοι· οἱ μὲν γὰρ τῶν τε ὄχθων ἀντεί-
χοντο καὶ τῆς ὑπωρέης τοῦ Κιθαιρῶνος, φοβεόμενοι τὴν 5
57 ἵππον, Ἀθηναῖοι δὲ κάτω τραφθέντες ἐς τὸ πεδίον. Ἀμομφά-
ρετος δὲ ἀρχήν γε οὐδαμὰ δοκέων Παυσανίην τολμήσειν
σφέας ἀπολιπεῖν περιείχετο αὐτοῦ μένοντας μὴ ἐκλιπεῖν τὴν
τάξιν· προτερεόντων δὲ τῶν σὺν Παυσανίῃ, καταδόξας αὐ-
τοὺς ἰθέῃ τέχνῃ ἀπολείπειν αὐτόν, ἀναλαβόντα τὸν λόχον 10
2 τὰ ὅπλα ἦγε βάδην πρὸς τὸ ἄλλο στῖφος. τὸ δὲ ἀπελθὸν
ὅσον τε τέσσερα στάδια ἀνέμενε τὸν Ἀμομφαρέτου λόχον,
περὶ ποταμὸν Μολόεντα ἱδρυμένον Ἀργιόπιόν τε χῶρον
καλεόμενον, τῇ καὶ Δήμητρος Ἐλευσινίης ἱρὸν ἧσται· ἀνέ-
μενε δὲ τοῦδε εἵνεκα, ἵνα ἢν μὴ ἀπολείπῃ τὸν χῶρον ἐν τῷ 15
ἐτετάχατο ὁ Ἀμομφάρετός τε καὶ ὁ λόχος, ἀλλ' αὐτοῦ
3 μένωσι, βοηθέοι ὀπίσω παρ' ἐκείνους. καὶ οἵ τε ἀμφὶ τὸν
Ἀμομφάρετον παρεγίνοντό σφι καὶ ἡ ἵππος ἡ τῶν βαρβάρων
προσέκειτο πᾶσα. οἱ γὰρ ἱππόται ἐποίευν οἷον καὶ ἐώθεσαν
ποιεῖν αἰεί, ἰδόντες δὲ τὸν χῶρον κεινὸν ἐν τῷ ἐτετάχατο οἱ 20
Ἕλληνες τῇσι προτέρῃσι ἡμέρῃσι, ἤλαυνον τοὺς ἵππους αἰεὶ
τὸ πρόσω καὶ ἅμα καταλαβόντες προσεκεάτό σφι.
58 Μαρδόνιος δὲ ὡς ἐπύθετο τοὺς Ἕλληνας ἀποιχομένους
ὑπὸ νύκτα εἶδέ τε τὸν χῶρον ἔρημον, καλέσας τὸν Ληρισαῖον
Θώρηκα καὶ τοὺς ἀδελφεοὺς αὐτοῦ Εὐρύπυλον καὶ Θρασυδήιον 25
2 ἔλεγε· Ὦ παῖδες Ἀλεύεω, ἔτι τί λέξετε τάδε ὁρῶντες ἔρημα;

1 ἀποστιχ. a D P S V: ἀποστειχ. R 　　καὶ om. d　　3 ἦ(ι)σαν a
5 ὑπωρείης L　　6 στραφέντες C: τραφέντες R S V　　Ἀμορφ. R
7 γε Schweighaeuser: τε L　　8 περιείχετο . . . ἐκλιπεῖν om. D¹
9 -ρόντων D¹　　καταδόξαντας R S V　　10 θείη d: ἰθείη a P: ἰθέῃ,
(μὴ) τέχνῃ aut ἰθέῃ [τέχνῃ] Madvig　　ἀπολιπεῖν d C P　　11 ἄλλο
om. d　　στῖφος C R S V　　ἀπελθὼν D　　12 τέσσερα (δ') Pingel:
δέκα L　　13 Μορόεντα D R¹: Μοόεντα Rᵒ S V　　14 Ἰστα R:
Ἰσται S V: ἐστι Krueger　　15 εἵνεκα D: -κεν R S V　　ἀπολίπῃ d
ᾦ a　　19 εἰόθ. S V　　20 ἀεὶ A B (it. 21)　　ᾦ P　　24 τε
om. R S V　　Ληρισσαῖον R S V　　25 Θρασύδηιον a P: θρασυδαῖον
d (-διαῖον S)　　26 τί om. C: τι Krueger

ὑμεῖς γὰρ οἱ πλησιόχωροι ἐλέγετε Λακεδαιμονίους οὐ φεύγειν
ἐκ μάχης, ἀλλὰ ἄνδρας εἶναι τὰ πολέμια πρώτους· τοὺς
πρότερόν τε μετισταμένους ἐκ τῆς τάξιος εἴδετε, νῦν τε ὑπὸ
τὴν παροιχομένην νύκτα καὶ οἱ πάντες ὁρῶμεν διαδράντας·
5 διέδεξάν τε, ἐπεί σφεας ἔδεε πρὸς τοὺς ἀψευδέως ἀρίστους
ἀνθρώπων μάχῃ διακριθῆναι, ὅτι οὐδένες ἄρα ἐόντες ἐν
οὐδαμοῖσι ἐοῦσι Ἕλλησι ἐναπεδεικνύατο. καὶ ὑμῖν μὲν ἐοῦσι 3
Περσέων ἀπείροισι πολλὴ ἔκ γε ἐμεῦ ἐγίνετο συγγνώμη,
ἐπαινεόντων τούτους τοῖσί τι καὶ συνῄδέατε· Ἀρταβάζου δὲ
10 θῶμα καὶ μᾶλλον ἐποιεύμην τὸ [καὶ] καταρρωδῆσαι Λακεδαι-
μονίους καταρρωδήσαντά τε ἀποδέξασθαι γνώμην δειλοτάτην,
ὡς χρεὸν εἴη ἀναζεύξαντας τὸ στρατόπεδον ἰέναι ἐς τὸ Θη-
βαίων ἄστυ πολιορκησομένους· τὴν ἔτι πρὸς ἐμεῦ βασιλεὺς
πεύσεται. καὶ τούτων μὲν ἑτέρωθι ἔσται λόγος· νῦν δὲ 4
15 ἐκείνοισι ταῦτα ποιεῦσι οὐκ ἐπιτρεπτέα ἐστί, ἀλλὰ διωκτέοι
εἰσὶ ἐς ὃ καταλαμφθέντες δώσουσι ἡμῖν τῶν δὴ ἐποίησαν
Πέρσας πάντων δίκας. ταῦτα εἴπας ἦγε τοὺς Πέρσας δρόμῳ 59
διαβάντας τὸν Ἀσωπὸν κατὰ στίβον τῶν Ἑλλήνων ὡς δὴ
ἀποδιδρησκόντων, ἐπεῖχέ τε ἐπὶ Λακεδαιμονίους τε καὶ
20 Τεγεήτας μούνους· Ἀθηναίους γὰρ τραπομένους ἐς τὸ πεδίον
ὑπὸ τῶν ὄχθων οὐ κατώρα. Πέρσας δὲ ὁρῶντες ὁρμημένους 2
διώκειν τοὺς Ἕλληνας οἱ λοιποὶ τῶν βαρβαρικῶν τελέων
ἄρχοντες αὐτίκα πάντες ἦραν τὰ σημήια καὶ ἐδίωκον ὡς
ποδῶν ἕκαστος εἶχον, οὔτε κόσμῳ οὐδενὶ κοσμηθέντες οὔτε
25 τάξι. καὶ οὗτοι μὲν βοῇ τε καὶ ὁμίλῳ ἐπήισαν ὡς ἀναρπασό-
μενοι τοὺς Ἕλληνας· Παυσανίης δέ, ὡς προσέκειτο ἡ ἵππος, 60
πέμψας πρὸς τοὺς Ἀθηναίους ἱππέα λέγει τάδε· Ἄνδρες
Ἀθηναῖοι, ἀγῶνος μεγίστου προκειμένου ἐλευθέρην εἶναι ἢ
δεδουλωμένην τὴν Ἑλλάδα, προδεδόμεθα ὑπὸ τῶν συμμάχων

1 δὲ γὰρ D   λέγετε C P   4 οἱ πάντες] ἅπαντες Pingel   δια-
δράντες C   8 τε ᾱ   9 συνῃ(ι)δέαται L (συνει- D) : corr. A²
δὲ om. D   10 θωυμα ᾱ P   alt. καὶ om. ᾱ   12 Θηβαίων V
21 κατόρα D V¹   ὡρμημένους ᾱ C P   23 ἅπαντες ᾱ [S]   ἦιραν
A B   24 ἕκαστοι ᾱ P [V]   ἦκον ᾱ   25 τάξει ᾱ C   ἐπῇ(ι)σαν ᾱ
ἁρπασόμενοι ᾱ

ἡμεῖς τε οἱ Λακεδαιμόνιοι καὶ ὑμεῖς οἱ Ἀθηναῖοι ὑπὸ
2 τὴν παροιχομένην νύκτα διαδράντων. νῦν ὦν δέδοκται τὸ
ἐνθεῦτεν τὸ ποιητέον ἡμῖν, ἀμυνομένους γὰρ τῇ δυνάμεθα
ἄριστα περιστέλλειν ἀλλήλους. εἰ μέν νυν ἐς ὑμέας ὅρμησε
ἀρχὴν ἡ ἵππος, χρῆν δὴ ἡμέας τε καὶ τοὺς μετ' ἡμέων τὴν 5
Ἑλλάδα οὐ προδιδόντας Τεγεήτας βοηθέειν ὑμῖν· νῦν δέ, ἐς
ἡμέας γὰρ ἅπασα κεχώρηκε, δίκαιοί ἐστε ὑμεῖς πρὸς τὴν
3 πιεζομένην μάλιστα τῶν μοιρέων ἀμυνέοντες ἰέναι. εἰ δ'
ἄρα αὐτοὺς ὑμέας καταλελάβηκε ἀδύνατόν τι βοηθέειν, ὑμεῖς
δ' ἡμῖν τοὺς τοξότας ἀποπέμψαντες χάριν θέσθε. συνοί- 10
δαμεν δὲ ὑμῖν ὑπὸ τὸν παρεόντα τόνδε πόλεμον ἐοῦσι
61 πολλὸν προθυμοτάτοισι, ὥστε καὶ ταῦτα ἐσακούειν. ταῦτα
οἱ Ἀθηναῖοι ὡς ἐπύθοντο, ὁρμέατο βοηθέειν καὶ τὰ μάλιστα
ἐπαμύνειν· καί σφι ἤδη στίχουσι ἐπιτίθενται οἱ ἀντιταχθέντες
Ἑλλήνων τῶν μετὰ βασιλέος γενομένων, ὥστε καὶ μηκέτι 15
δύνασθαι βοηθῆσαι· τὸ γὰρ προσκείμενόν σφεας ἐλύπεε.
2 οὕτω δὴ μουνωθέντες Λακεδαιμόνιοι καὶ Τεγεῆται, ἐόντες
σὺν ψιλοῖσι ἀριθμὸν οἱ μὲν πεντακισμύριοι, Τεγεῆται δὲ
τρισχίλιοι (οὗτοι γὰρ οὐδαμὰ ἀπεσχίζοντο ἀπὸ Λακεδαι-
μονίων), ἐσφαγιάζοντο ὡς συμβαλέοντες Μαρδονίῳ καὶ τῇ 20
3 στρατιῇ τῇ παρεούσῃ. καὶ οὐ γάρ σφι ἐγίνετο τὰ σφάγια
χρηστά, ἔπιπτον δὲ αὐτῶν ἐν τούτῳ τῷ χρόνῳ πολλοὶ καὶ
πολλῷ πλεῦνες ἐτρωματίζοντο· φράξαντες γὰρ τὰ γέρρα οἱ
Πέρσαι ἀπίεσαν τῶν τοξευμάτων πολλὰ ἀφειδέως, οὕτω
ὥστε πιεζομένων τῶν Σπαρτιητέων καὶ τῶν σφαγίων οὐ 25
γινομένων ἀποβλέψαντα τὸν Παυσανίην πρὸς τὸ Ἥραιον
τὸ Πλαταιέων ἐπικαλέσασθαι τὴν θεόν, χρηίζοντα μηδαμῶς
62 σφέας ψευσθῆναι τῆς ἐλπίδος. ταῦτα δ' ἔτι τούτου ἐπι-
καλεομένου προεξαναστάντες πρότεροι οἱ Τεγεῆται ἐχώρεον

1 alt. οἱ om. D   2 παροιχημένην R V   δέδεκται Cobet   3 τὸ
om. d   ὑμῖν a P¹   4 ὥρμησε C P S V   7 πᾶσα d   10 θέσθαι
C¹ R V   σύνιδμεν Mehler   13 ὡρμέατο d C P   βοηθεῖν C
14 στείχουσι P S V D²   15 καὶ om. a P   16 προκείμενον R
22 δ' A B : δι' C : τε Schaefer   23 γέρα A¹ C R S V   26 Ἥραιον
d (τὸ Ἥ. in lit. D^c)   29 πρότερον d

ἐς τοὺς βαρβάρους, καὶ τοῖσι Λακεδαιμονίοισι αὐτίκα μετὰ
τὴν εὐχὴν τὴν Παυσανίεω ἐγίνετο θυομένοισι τὰ σφάγια
χρηστά. ὡς δὲ χρόνῳ κοτὲ ἐγίνετο, ἐχώρεον καὶ οὗτοι ἐπὶ
τοὺς Πέρσας, καὶ οἱ Πέρσαι ἀντίοι τὰ τόξα μετέντες. ἐγίνετο 2
5 δὲ πρῶτον περὶ τὰ γέρρα μάχη. ὡς δὲ ταῦτα ἐπεπτώκεε,
ἤδη ἐγίνετο μάχη ἰσχυρὴ παρ’ αὐτὸ τὸ Δημήτριον καὶ χρόνον
ἐπὶ πολλόν, ἐς ὃ ἀπίκοντο ἐς ὠθισμόν· τὰ γὰρ δόρατα
ἐπιλαμβανόμενοι κατέκλων οἱ βάρβαροι. λήματι μέν νυν 3
καὶ ῥώμῃ οὐκ ἥσσονες ἦσαν οἱ Πέρσαι, ἄνοπλοι δὲ ἐόντες καὶ
10 πρὸς ἀνεπιστήμονες ἦσαν καὶ οὐκ ὅμοιοι τοῖσι ἐναντίοισι
σοφίην. προεξαΐσσοντες δὲ κατ’ ἕνα καὶ δέκα καὶ πλεῦνές τε
καὶ ἐλάσσονες συστρεφόμενοι ἐσέπιπτον ἐς τοὺς Σπαρτιήτας
καὶ διεφθείροντο. τῇ δὲ ἐτύγχανε αὐτὸς ἐὼν Μαρδόνιος, ἀπ’ 63
ἵππου τε μαχόμενος λευκοῦ ἔχων τε περὶ ἑωυτὸν λογάδας
15 Περσέων τοὺς ἀρίστους χιλίους, ταύτῃ δὲ καὶ μάλιστα τοὺς
ἐναντίους ἐπίεσαν. ὅσον μέν νυν χρόνον Μαρδόνιος περιῆν,
οἱ δὲ ἀντεῖχον καὶ ἀμυνόμενοι κατέβαλλον πολλοὺς τῶν
Λακεδαιμονίων· ὡς δὲ Μαρδόνιος ἀπέθανε καὶ τὸ περὶ 2
ἐκεῖνον τεταγμένον, ἐὸν ἰσχυρότατον, ἔπεσε, οὕτω δὴ καὶ οἱ
20 ἄλλοι ἐτράποντο καὶ εἶξαν τοῖσι Λακεδαιμονίοισι. πλεῖστον
γάρ σφεας ἐδηλέετο ἡ ἐσθὴς ἔρημος ἐοῦσα ὅπλων· πρὸς γὰρ
ὁπλίτας ἐόντες γυμνῆτες ἀγῶνα ἐποιεῦντο. ἐνθαῦτα ἥ τε 64
δίκη τοῦ φόνου τοῦ Λεωνίδεω κατὰ τὸ χρηστήριον τοῖσι
Σπαρτιήτῃσι ἐκ Μαρδονίου ἐπετελέετο καὶ νίκην ἀναιρέεται
25 καλλίστην ἀπασέων τῶν ἡμεῖς ἴδμεν Παυσανίης ὁ Κλεομ-
βρότου τοῦ Ἀναξανδρίδεω. τῶν δὲ κατύπερθέ οἱ προγόνων 2
τὰ οὐνόματα εἴρηται ἐς Λεωνίδην· ὡυτοὶ γάρ σφι τυγχάνουσι
ἐόντες. ἀποθνήσκει δὲ Μαρδόνιος ὑπὸ Ἀριμνήστου ἀνδρὸς

2 θυμεομένοισι V   3 ἐγένετο A B   5 γέρα C R¹ S   6 ἡ
μάχη a P°   αὐτὸ δὴ τὸ P   7 δ] δ ἐ V   8 λήματι P : λήμματι
rell.   9 ἔσσονες P : ἔσονες C   ἀνάπλοι D   10 ἦσαν οἱ
Πέρσαι R   οὐχ D R V   ἀντίοισι d   11 alt. καὶ om. R S V
12 ἐλάττ. C   17 οἶδε(ν) D R V   κατέβαλον V¹   τῶν] τοὺς R :
om. D   19 ἐὼν A¹ B   οἱ ἄλλοι om. C   22 ἀγῶνας R S V :
-νος D   23 τὸ τοῖσι d   24 ἐπιτελ. R S V   27 οὗτοι a
28 Ἀριμνήστου d Plut. Arist. 19 : Αἰμνήστου A B : Ἀειμνήστου C P

ἐν Σπάρτῃ λογίμου, ὃς χρόνῳ ὕστερον μετὰ τὰ Μηδικὰ
ἔχων ἄνδρας τριηκοσίους συνέβαλε ἐν Στενυκλήρῳ πολέμου
ἐόντος Μεσσηνίοισι πᾶσι καὶ αὐτός τε ἀπέθανε καὶ οἱ
65 τριηκόσιοι. ἐν δὲ Πλαταιῇσι οἱ Πέρσαι ὡς ἐτράποντο ὑπὸ
τῶν Λακεδαιμονίων, ἔφευγον οὐδένα κόσμον ἐς τὸ στρατό- 5
πεδον τὸ ἑωυτῶν καὶ ἐς τὸ τεῖχος τὸ ξύλινον τὸ ἐποιήσαντο
2 ἐν μοίρῃ τῇ Θηβαΐδι. θῶμα δέ μοι ὅκως παρὰ τῆς Δήμητρος
τὸ ἄλσος μαχομένων οὐδὲ εἷς ἐφάνη τῶν Περσέων οὔτε
ἐσελθὼν ἐς τὸ τέμενος οὔτε ἐναποθανών, περί τε τὸ ἱρὸν οἱ
πλεῖστοι ἐν τῷ βεβήλῳ ἔπεσον. δοκέω δέ, εἴ τι περὶ τῶν 10
θείων πρηγμάτων δοκέειν δεῖ, ἡ θεὸς αὐτή σφεας οὐκ ἐδέκετο
ἐμπρήσαντας [τὸ ἱρὸν] τὸ ἐν Ἐλευσῖνι ἀνάκτορον.
66   Αὕτη μέν νυν ἡ μάχη ἐπὶ τοσοῦτον ἐγένετο· Ἀρτάβαζος
δὲ ὁ Φαρνάκεος αὐτίκα τε οὐκ ἠρέσκετο κατ' ἀρχὰς λειπο-
μένου Μαρδονίου ἀπὸ βασιλέος, καὶ τότε πολλὰ ἀπαγορεύων 15
οὐδὲν ἤνυε, συμβάλλειν οὐκ ἐῶν· ἐποίησέ τε αὐτὸς τοιάδε
ὡς οὐκ ἀρεσκόμενος τοῖσι πρήγμασι τοῖσι ἐκ Μαρδονίου
2 ποιευμένοισι. τῶν ἐστρατήγεε ὁ Ἀρτάβαζος (εἶχε δὲ δύναμιν
οὐκ ὀλίγην ἀλλὰ καὶ ἐς τέσσερας μυριάδας ἀνθρώπων περὶ
ἑωυτόν), τούτους, ὅκως ἡ συμβολὴ ἐγίνετο, εὖ ἐξεπιστάμενος 20
τὰ ἔμελλε ἀποβήσεσθαι ἀπὸ τῆς μάχης, ἦγε κατηρτισμένους,
παραγγείλας κατὰ τὠυτὸ ἰέναι πάντας τῇ ἂν αὐτὸς ἐξηγῆται,
3 ὅκως ἂν αὐτὸν ὁρῶσι σπουδῆς ἔχοντα. ταῦτα παραγγείλας
ὡς ἐς μάχην ἦγε δῆθεν τὸν στρατόν· προτερέων δὲ τῆς ὁδοῦ
ὥρα καὶ δὴ φεύγοντας τοὺς Πέρσας. οὕτω δὴ οὐκέτι 25
τὸν αὐτὸν κόσμον κατηγέετο, ἀλλὰ τὴν ταχίστην ἐτρόχαζε

2 συνέβαλλε C   3 Μεσσην. C S V   ἀπέθανε om. D   4 Πλα-
ταίῃ(ι)σι A B D R V   5 ἔς (τε) Stein   6 ἑωυτὸν R V   8 οὐ-
δεὶς D   9 εἰσελθὼν D   περὶ τὸ ἱρόν· οἱ δὲ πλεῖστοι ἃ P   11 δοκεῖν
A   ἐδέξατο C P   12 τὸ ἱρὸν del. Valckenaer   Ἐλευσῖνοι R
ἀνακτόριον ἃ Pᶜ   13 τοσοῦτο ἃ D P   14 Φαρνάκεω C   15 ὑπὸ
Herwerden   18 ὁ om. ἃ P   19 τέσσαρας A C D R V   20 αὐ-
τόν ἃ   ἐγένετο C R S V   21 ᾖε ἃ   κατηρτισμένους Vl ut vid. :
-τισμένως D R Vᶜ : -τισμένος S : -τημένως A B : -τημένος C P   22 κατ'
αὐτὸ P : κατὰ τοῦτο ἃ   ἐξηγέεται ἃ   23 ἂν om. ἃ   24 προτερέως
25 ὥρα P R S V Dᶜ : ὅρα D¹ : ὁρᾶι ἃ

φεύγων οὔτε ἐς τὸ ξύλινον τεῖχος οὔτε ἐς τὸ Θηβαίων τεῖχος
ἀλλ' ἐς Φωκέας, ἐθέλων ὡς τάχιστα ἐπὶ τὸν Ἑλλήσποντον
ἀπικέσθαι. καὶ δὴ οὗτοι μὲν ταύτῃ ἐτράποντο· τῶν δὲ **67**
ἄλλων Ἑλλήνων τῶν μετὰ βασιλέος ἐθελοκακεόντων Βοιωτοὶ
5 Ἀθηναίοισι ἐμαχέσαντο χρόνον ἐπὶ συχνόν· οἱ γὰρ μηδίζοντες
τῶν Θηβαίων, οὗτοι εἶχον προθυμίην οὐκ ὀλίγην μαχόμενοί
τε καὶ οὐκ ἐθελοκακέοντες, οὕτω ὥστε τριηκόσιοι αὐτῶν οἱ
πρῶτοι καὶ ἄριστοι ἐνθαῦτα ἔπεσον ὑπὸ Ἀθηναίων· ὡς δὲ
ἐτράποντο καὶ οὗτοι, ἔφευγον ἐς τὰς Θήβας, οὐ τῇ περ οἱ
10 Πέρσαι καὶ τῶν ἄλλων συμμάχων ὁ πᾶς ὅμιλος οὔτε διαμα-
χεσάμενος οὐδενὶ οὔτε τι ἀποδεξάμενος ἔφευγον. δηλοῖ τέ **68**
μοι ὅτι πάντα τὰ πρήγματα τῶν βαρβάρων ἤρτητο ἐκ
Περσέων, εἰ καὶ τότε οὗτοι πρὶν ἢ καὶ συμμεῖξαι τοῖσι
πολεμίοισι ἔφευγον, ὅτι καὶ τοὺς Πέρσας ὥρων. οὕτω τε
15 πάντες ἔφευγον πλὴν τῆς ἵππου τῆς τε ἄλλης καὶ τῆς
Βοιωτίης· αὕτη δὲ τοσαῦτα προσωφέλεε τοὺς φεύγοντας,
αἰεί τε πρὸς τῶν πολεμίων ἄγχιστα ἐοῦσα ἀπέργουσά τε
τοὺς φιλίους φεύγοντας ἀπὸ τῶν Ἑλλήνων. οἱ μὲν δὴ
νικῶντες εἵποντο τοὺς Ξέρξεω διώκοντές τε καὶ φονεύοντες·
20 ἐν δὲ τούτῳ τῷ γινομένῳ φόβῳ ἀγγέλλεται τοῖσι ἄλλοισι **69**
Ἕλλησι τοῖσι τεταγμένοισι περὶ τὸ Ἥραιον καὶ ἀπογενο-
μένοισι τῆς μάχης, ὅτι μάχη τε γέγονε καὶ νικῶεν οἱ μετὰ
Παυσανίεω· οἱ δὲ ἀκούσαντες ταῦτα, οὐδένα κόσμον τα-
χθέντες, οἱ μὲν ἀμφὶ Κορινθίους ἐτράποντο διὰ τῆς ὑπωρέης
25 καὶ τῶν κολωνῶν τὴν φέρουσαν ἄνω ἰθὺ τοῦ ἱροῦ τῆς
Δήμητρος, οἱ δὲ ἀμφὶ Μεγαρέας τε καὶ Φλειασίους διὰ τοῦ
πεδίου τὴν λειοτάτην τῶν ὁδῶν. ἐπείτε δὲ ἀγχοῦ τῶν **2**
πολεμίων ἐγίνοντο οἱ Μεγαρέες καὶ Φλειάσιοι, ἀπιδόντες

1 pr. τεῖχος S solus   2 ἐς] εἰς RV   4 βασιλέος C   5 ἐπὶ
συχνόν om. R   6 μαχεόμενοί a   9 οὐ τῇ Stein: οὐκ ᾗ(ι) L
11 ἀποδεξάμενός τι P   12 ἐμοὶ d   ἤρτητο RSV   13 συμ-
μίξαι L   14 ἑώρων a P: ὅρων D¹   17 ἀπέργουσά L   19 τε
om. P   20 φόνῳ A²: πόνῳ Wesseling   ἄλλοισι om. d   21 περὶ
τὸ ἡραῖον (ἱρ. R) τεταγμένοισι d   24 ὑπωρείης d   25 ἄνω om. d
26 Φλιασίους L   28 Φλειάσιοι D¹: Φλιάσιοι rell.

σφέας οἱ Θηβαίων ἱππόται [ἐπειγομένους οὐδένα κόσμον]
ἤλαυνον ἐπ᾽ αὐτοὺς τοὺς ἵππους, τῶν ἱππάρχεε Ἀσωπόδωρος
ὁ Τιμάνδρου. ἐσπεσόντες δὲ κατεστόρεσαν αὐτῶν ἐξακο-
σίους, τοὺς δὲ λοιποὺς κατήραξαν διώκοντες ἐς τὸν Κιθαι-
70 ρῶνα. οὗτοι μὲν δὴ ἐν οὐδενὶ λόγῳ ἀπώλοντο· οἱ δὲ Πέρσαι 5
καὶ ὁ ἄλλος ὅμιλος, ὡς κατέφυγον ἐς τὸ ξύλινον τεῖχος,
ἔφθησαν ἐπὶ τοὺς πύργους ἀναβάντες πρὶν ἢ τοὺς Λακεδαι-
μονίους ἀπικέσθαι, ἀναβάντες δὲ ἐφράξαντο [ὡς ἠδυνέατο
ἄριστα] τὸ τεῖχος. προσελθόντων δὲ τῶν Λακεδαιμονίων
2 κατεστήκεέ σφι τειχομαχίη ἐρρωμενεστέρη. ἕως μὲν γὰρ 10
ἀπῆσαν οἱ Ἀθηναῖοι, οἱ δ᾽ ἠμύνοντο καὶ πολλῷ πλέον εἶχον
τῶν Λακεδαιμονίων [ὥστε οὐκ ἐπισταμένων τειχομαχέειν·]
ὡς δέ σφι Ἀθηναῖοι προσῆλθον, οὕτω δὴ ἰσχυρὴ ἐγίνετο
τειχομαχίη καὶ χρόνον ἐπὶ πολλόν. τέλος δὲ ἀρετῇ τε καὶ
λιπαρίῃ ἐπέβησαν Ἀθηναῖοι τοῦ τείχεος καὶ ἤριπον, τῇ δὴ 15
3 ἐσεχέοντο οἱ Ἕλληνες. πρῶτοι δὲ ἐσῆλθον Τεγεῆται ἐς τὸ
τεῖχος, καὶ τὴν σκηνὴν τὴν Μαρδονίου οὗτοι ἦσαν οἱ διαρ-
πάσαντες, τά τε ἄλλα (ἐξ αὐτῆς) καὶ τὴν φάτνην τῶν ἵππων,
ἐοῦσαν χαλκέην πᾶσαν καὶ θέης ἀξίην. τὴν μέν νυν φάτνην
ταύτην τὴν Μαρδονίου ἀνέθεσαν ἐς τὸν νηὸν τῆς Ἀλέης 20
Ἀθηναίης Τεγεῆται, τὰ δὲ ἄλλα ἐς τὠυτό, ὅσα περ ἔλαβον,
4 ἐσήνεικαν τοῖσι Ἕλλησι. οἱ δὲ βάρβαροι οὐδὲν ἔτι στῖφος
ἐποιήσαντο πεσόντος τοῦ τείχεος, οὔτε τις αὐτῶν ἀλκῆς
ἐμέμνητο, ἀλύκταζόν τε οἷα ἐν ὀλίγῳ χώρῳ πεφοβημένοι τε
5 καὶ πολλαὶ μυριάδες κατειλημέναι ἀνθρώπων. παρῆν τε 25
τοῖσι Ἕλλησι φονεύειν οὕτω ὥστε [τριήκοντα μυριάδων
στρατοῦ, καταδεουσέων τεσσέρων τὰς ἔχων Ἀρτάβαζος
ἔφευγε, τῶν λοιπῶν μηδὲ τρεῖς χιλιάδας περιγενέσθαι.
Λακεδαιμονίων δὲ τῶν ἐκ Σπάρτης ἀπέθανον οἱ πάντες ἐν

1 τῶν Θηβαίων a P   3 κατεστώρεσαν B   8 ἐφράζοντο R S V
ἠδυναίατο D   9 Ἀθηναίων Stein   11 ἐπῆσαν d   οἶδε D R V
15 ἤρειπον V¹   17 alt. τὴν] τοῦ d   18 ἐξ + αὐτῆς D   19 τὴν
. . . Τεγεῆται om. Pᵗ   20 Ἀλέης om. D¹: Ἀγελέης in mg. D²
22 ἐσηνείκαντο d   στίφος R V   23 οὐδέ S.ein   24 ἀλλ᾽
οἴκταζόν D   χρόνῳ C¹ R S V   25 κατειλημέναι P: κατειλλημέναι
V: κατειλλημμέναι R: κατειλημμέναι rell.   26 μυριαδέων C
28 λοιπῶν] sic L   χιλιάδης R V

τῇ συμβολῇ εἷς καὶ ἐνενήκοντα, Τεγεητέων δὲ ἑκκαίδεκα, 16

Ἀθηναίων δὲ δύο καὶ πεντήκοντα.   52

Ἠρίστευσε δὲ τῶν βαρβάρων πεζὸς μὲν ὁ Περσέων, ἵππος 71
δὲ ἡ Σακέων, ἀνὴρ δὲ λέγεται Μαρδόνιος· Ἑλλήνων δέ,
5 ἀγαθῶν γενομένων καὶ Τεγεητέων καὶ Ἀθηναίων, ὑπερεβά-
λοντο ἀρετῇ Λακεδαιμόνιοι. ἄλλῳ μὲν οὐδενὶ ἔχω ἀπόση- 2
μήνασθαι (ἅπαντες γὰρ οὗτοι τοὺς κατ᾽ ἑωυτοὺς ἐνίκων),
ὅτι δὲ κατὰ τὸ ἰσχυρότατον προσηνείχθησαν καὶ τούτων
ἐκράτησαν. καὶ ἄριστος ἐγένετο μακρῷ Ἀριστόδημος κατὰ
10 γνώμας τὰς ἡμετέρας, ὃς ἐκ Θερμοπυλέων μοῦνος τῶν
τριηκοσίων σωθεὶς εἶχε ὄνειδος καὶ ἀτιμίην. μετὰ δὲ τοῦτον
ἠρίστευσαν Ποσειδώνιός τε καὶ Φιλόκυων καὶ Ἀμομφάρετος
Σπαρτιῆται. καίτοι γενομένης λέσχης ὃς γένοιτο αὐτῶν 3
ἄριστος, ἔγνωσαν οἱ παραγενόμενοι Σπαρτιητέων Ἀριστό-
15 δημον μὲν βουλόμενον φανερῶς ἀποθανεῖν ἐκ τῆς παρεούσης
οἱ αἰτίης, λυσσῶντά τε καὶ ἐκλείποντα τὴν τάξιν ἔργα
ἀποδέξασθαι μεγάλα, Ποσειδώνιον δὲ οὐ βουλόμενον ἀπο-
θνήσκειν ἄνδρα γενέσθαι ἀγαθόν· τοσούτῳ τοῦτον εἶναι
ἀμείνω. ἀλλὰ ταῦτα μὲν καὶ φθόνῳ ἂν εἴποιεν· οὗτοι δὲ 4
20 τοὺς κατέλεξα πάντες, πλὴν Ἀριστοδήμου, τῶν ἀποθανόντων·
ἐν ταύτῃ τῇ μάχῃ τίμιοι ἐγένοντο, Ἀριστόδημος δὲ βουλό-
μενος ἀποθανεῖν διὰ τὴν προειρημένην αἰτίην οὐκ ἐτιμήθη.
οὗτοι μὲν τῶν ἐν Πλαταιῆσι ὀνομαστότατοι ἐγένοντο. 72
Καλλικράτης γὰρ ἔξω τῆς μάχης ἀπέθανε, ἐλθὼν ἀνὴρ
25 κάλλιστος ἐς τὸ στρατόπεδον τῶν τότε Ἑλλήνων, οὐ μοῦνον
αὐτῶν Λακεδαιμονίων ἀλλὰ καὶ τῶν ἄλλων Ἑλλήνων· ὅς,
ἐπειδὴ ἐσφαγιάζετο Παυσανίης, κατήμενος ἐν τῇ τάξι ἐτρω-

---

1 συμβουλῇ C   καὶ om. RSV   ἐννεν. RV   3 ἵππων P
4 ἢ] ὁ RSV   5 ὑπερεβάλλοντο D¹S   6 ἄλλο D   7 πάντες d
ωυτοὺς D   8 ἰσχυρότερον a   προσηνέχθησαν B   11 τούτων
AB   13 Σπαρτιῆται Krueger : ὁ (om. dP) Σπαρτιήτης L : ὁ
Πιτανήτης Stein   15 βολόμενον R (it. 17)   16 ἐκλιπόντα d
17 μεγάλα ἀποδέξασθαι (ἀπεδ. D) d   19 ἀμείνωι BC   εἴποιμεν a
20 πάντας ΑΒΡ[C]   23 τὸ C   Πλαταίη(ι)σι(ν) ABDRV
25 οὐ . . . Ἑλλήνων om. B   μόνον DPV¹ : μόνων RVᶜ
27 τάξει a d

2 ματίσθη τοξεύματι τὰ πλευρά.   καὶ δὴ οἱ μὲν ἐμάχοντο,
ὁ δ' ἐξενηνειγμένος ἐδυσθανάτεέ τε καὶ ἔλεγε πρὸς 'Αρί-
μνηστον ἄνδρα Πλαταιέα οὐ μέλειν οἱ ὅτι πρὸ τῆς 'Ελλάδος
ἀποθνήσκει, ἀλλ' ὅτι οὐκ ἐχρήσατο τῇ χειρὶ καὶ ὅτι οὐδέν
ἐστί οἱ ἀποδεδεγμένον ἔργον ἑωυτοῦ ἄξιον προθυμευμένου 5
73 ἀποδέξασθαι.   'Αθηναίων δὲ λέγεται εὐδοκιμῆσαι Σωφάνης
ὁ Εὐτυχίδεω, ἐκ δήμου Δεκελέηθεν, Δεκελέων δὲ τῶν κοτε
ἐργασαμένων ἔργον χρήσιμον ἐς τὸν πάντα χρόνον, ὡς αὐτοὶ
2 'Αθηναῖοι λέγουσι.   ὡς γὰρ δὴ τὸ πάλαι κατὰ 'Ελένης
κομιδὴν Τυνδαρίδαι ἐσέβαλον ἐς γῆν τὴν 'Αττικὴν σὺν 10
στρατοῦ πλήθεϊ καὶ ἀνίστασαν τοὺς δήμους, οὐκ εἰδότες ἵνα
ὑπεξέκειτο ἡ 'Ελένη, τότε λέγουσι τοὺς Δεκελέας, οἱ δὲ
αὐτὸν Δέκελον ἀχθόμενόν τε τῇ Θησέος ὕβρι καὶ δειμαί-
νοντα περὶ πάσῃ τῇ 'Αθηναίων χώρῃ, ἐξηγησάμενόν σφι τὸ
πᾶν πρῆγμα κατηγήσασθαι ἐπὶ τὰς 'Αφίδνας, τὰς δὴ Τιτακὸς 15
3 ἐὼν αὐτόχθων, καταπροδιδοῖ Τυνδαρίδῃσι.   τοῖσι δὲ Δεκε-
λεῦσι ἐν Σπάρτῃ ἀπὸ τούτου τοῦ ἔργου ἀτελείη τε καὶ
προεδρίη διατελέει ἐς τόδε αἰεὶ ἔτι ἐοῦσα, οὕτω ὥστε καὶ
ἐς τὸν πόλεμον τὸν ὕστερον πολλοῖσι ἔτεσι τούτων γενόμενον
'Αθηναίοισί τε καὶ Πελοποννησίοισι, σινομένων τὴν ἄλλην 20
74 'Αττικὴν Λακεδαιμονίων, Δεκελέης ἀπέχεσθαι.   τούτου
τοῦ δήμου ἐὼν ὁ Σωφάνης καὶ ἀριστεύσας τότε 'Αθηναίων
διξοὺς λόγους λεγομένους ἔχει, τὸν μὲν ὡς ἐκ τοῦ ζωστῆρος
τοῦ θώρηκος ἐφόρεε χαλκέῃ ἁλύσι δεδεμένην ἄγκυραν
σιδηρέην, τὴν ὅκως πελάσειε ἀπικνεόμενος τοῖσι πολεμίοισι 25
βαλλέσκετο, ἵνα δή μιν οἱ πολέμιοι ἐκπίπτοντες ἐκ τῆς τάξιος
μετακινῆσαι μὴ δυναίατο· γινομένης δὲ φυγῆς τῶν ἐναντίων
2 ἐδέδοκτο τὴν ἄγκυραν ἀναλαβόντα οὕτω διώκειν.   οὗτος μὲν

1 τῷ τοξεύματι D   2 ἐξενηνεγμένος d   τε om. d   'Αείμνηστον
S   3 μέλλειν B R S V   4 ἀποθνήσκειν C   5 προθμ. D¹
6 ἀποδέξεσθαι D   7 ἐκ om. S: ἐὼν Koen   Δεκελέηθεν L (-κεκλ- C)
ποτε L   9 οἱ 'Αθηναῖοι C   12 ἡ om. C   13 Δεκελεὼν d
ὕβρει C D (?)   15 'Αφνίδας R S V Const.   Τιτακὼς B¹: τι κακὸς V
16 Δελεῦσι D¹   20 τε om. D   σινεομένων d   21 ἀπέσχεσθαι (?)
V¹: ἀποσχέσθαι Const.   22 τοῦ om. A¹   24 ἁλύσει a D S V
25 ἀπικνεομένοισι D P¹ V: ἀπικνεουμένοισι R   τῇσι R   26 βαλ-
λέσκετο D P: βιλέσκετο rell.   ἐμπίπτοντες Richards   28 δέδοκτο
a P   οὗτος] οὕτω B

οὕτω λέγεται, ὁ δ' ἕτερος τῶν λόγων τῷ πρότερον λεχθέντι
ἀμφισβατέων λέγεται, ὡς ἐπ' ἀσπίδος αἰεὶ περιθεούσης καὶ
οὐδαμὰ ἀτρεμιζούσης ἐφόρεε [ἐπίσημον] ἄγκυραν, καὶ οὐκ
ἐκ τοῦ θώρηκος δεδεμένην σιδηρέην. ἔστι δὲ καὶ ἕτερον 75
5 Σωφάνεϊ λαμπρὸν ἔργον ἐξεργασμένον, ὅτε περικατημένων
Ἀθηναίων Αἴγιναν Εὐρυβάτην τὸν Ἀργεῖον, ἄνδρα πεντά-
εθλον, ἐκ προκλήσιος ἐφόνευσε. αὐτὸν δὲ Σωφάνεα χρόνῳ
ὕστερον τούτων κατέλαβε ἄνδρα γενόμενον ἀγαθόν, Ἀθηναίων
στρατηγέοντα ἅμα Λεάγρῳ τῷ Γλαύκωνος, ἀποθανεῖν ὑπὸ
10 Ἠδωνῶν ἐν Δάτῳ περὶ τῶν μετάλλων τῶν χρυσέων μαχό-
μενον.

Ὡς δὲ τοῖσι Ἕλλησι ἐν Πλαταιῆσι κατέστρωντο οἱ 76
βάρβαροι, ἐνθαῦτά σφι γυνὴ ἐπῆλθε αὐτόμολος· ἣ ἐπειδὴ
ἔμαθε ἀπολωλότας τοὺς Πέρσας καὶ νικῶντας τοὺς Ἕλληνας,
15 ἐοῦσα παλλακὴ Φαρανδάτεος τοῦ Τεάσπιος ἀνδρὸς Πέρσεω,
κοσμησαμένη χρυσῷ πολλῷ καὶ αὐτὴ καὶ ἀμφίπολοι καὶ
ἐσθῆτι τῇ καλλίστῃ τῶν παρεουσέων, καταβᾶσα ἐκ τῆς
ἁρμαμάξης ἐχώρεε ἐς τοὺς Λακεδαιμονίους ἔτι ἐν τῇσι φονῆσι
ἐόντας, ὁρῶσα δὲ πάντα ἐκεῖνα διέποντα Παυσανίην, πρότερόν
20 τε τὸ οὔνομα ἐξεπισταμένη καὶ τὴν πάτρην ὥστε πολλάκις
ἀκούσασα, ἔγνω τε τὸν Παυσανίην καὶ λαβομένη τῶν
γουνάτων ἔλεγε τάδε· Ὦ βασιλεῦ Σπάρτης, ῥῦσαί με τὴν
ἱκέτιν αἰχμαλώτου δουλοσύνης. σὺ γὰρ καὶ ἐς τόδε ὤνησας
τούσδε ἀπολέσας τοὺς οὔτε δαιμόνων οὔτε θεῶν ὄπιν ἔχοντας.
25 εἰμὶ δὲ γένος μὲν Κῴη, θυγάτηρ δὲ Ἡγητορίδεω τοῦ Ἀντα-
γόρεω. βίῃ δέ με λαβὼν ἐκ Κῶ εἶχε ὁ Πέρσης. ὁ δὲ
ἀμείβεται τοισίδε· Γύναι, θάρσει καὶ ὡς ἱκέτις καὶ εἰ δὴ
πρὸς τούτῳ τυγχάνεις ἀληθέα λέγουσα καὶ εἶς θυγάτηρ

1 δ . . . λέγεται om. B   2 ἀμφισβητέων d P   ἀλεὶ D   3 ἐπί-
σημον om. a P   5 Σωφάνηι D   ὅτι a P   6 Εὐρυβάντην (?
P¹ : -βιάδην d   Ἀρεῖον C   7 προβλήσιος R S V   10 μαχό-
μενον om. d   12 Πλαταίη(ι)σι A B D R V   13 ἐπῆλθε (ἀπ. D) γυνὴ
a P   15 παλλακὴ R¹   Φαρναδάτεος d Const. (-ους)   16 (αἱ)
ἀμφίπολοι Reiske   18 φονῆισι B S V   19 ἐόντας om. a
22 λῦσαί a P   23 ἱκέτιν om. D¹   δουλωσύνης R : -νην C
26 ἐν Κῶ S solus (post εἶχεν)   27 ἀμείβετο D   τοῖσιδε C : τοῖσδε
A B P : ὧδε d   28 τοῦτο R S V   εἰ a P

365

Ἡγητορίδεω τοῦ Κώου, ὃς ἐμοὶ ξεῖνος μάλιστα τυγχάνει
ἐὼν τῶν περὶ ἐκείνους τοὺς χώρους οἰκημένων. ταῦτα εἴπας
τότε μὲν ἐπέτρεψε τῶν ἐφόρων τοῖσι παρεοῦσι, ὕστερον δὲ
77 ἀπέπεμψε ἐς Αἴγιναν, ἐς τὴν αὐτὴ ἤθελε [ἀπικέσθαι]. μετὰ
δὲ τὴν ἄπιξιν τῆς γυναικὸς αὐτίκα μετὰ ταῦτα ἀπίκοντο 5
Μαντινέες [ἐπ᾽ ἐξεργασμένοισι·] μαθόντες δὲ ὅτι ὕστεροι
ἥκουσι τῆς συμβολῆς, συμφορὴν ἐποιεῦντο μεγάλην [ἄξιοί
2 τε ἔφασαν εἶναι σφέας ζημιῶσαι. πυνθανόμενοι δὲ τοὺς
Μήδους τοὺς μετὰ Ἀρταβάζου φεύγοντας, τούτους ἐδίωκον
μέχρι Θεσσαλίης· Λακεδαιμόνιοι δὲ οὐκ ἔων φεύγοντας 10
διώκειν. οἱ δὲ ἀναχωρήσαντες ἐς τὴν ἑωυτῶν [τοὺς ἡγεμόνας
3 τῆς στρατιῆς ἐδίωξαν ἐκ τῆς γῆς. μετὰ δὲ Μαντινέας ἧκον
Ἠλεῖοι, καὶ ὡσαύτως οἱ Ἠλεῖοι τοῖσι Μαντινεῦσι συμφορὴν
ποιησάμενοι ἀπαλλάσσοντο· ἀπελθόντες δὲ καὶ οὗτοι τοὺς
ἡγεμόνας ἐδίωξαν. τὰ κατὰ Μαντινέας μὲν καὶ Ἠλείους 15
78 τοσαῦτα· ἐν δὲ Πλαταιῆσι ἐν τῷ στρατοπέδῳ τῶν Αἰγινη-
τέων ἦν Λάμπων ὁ Πυθέω, Αἰγινητέων ⟨ἐὼν⟩ τὰ πρῶτα·
ὃς ἀνοσιώτατον ἔχων λόγον ἵετο πρὸς Παυσανίην, ἀπικό-
2 μενος δὲ σπουδῇ ἔλεγε τάδε· Ὦ παῖ Κλεομβρότου, ἔργον
ἔργασταί τοι ὑπερφυὲς μέγαθός τε καὶ κάλλος, καί τοι θεὸς 20
παρέδωκε ῥυσάμενον τὴν Ἑλλάδα κλέος καταθέσθαι μέγιστον
Ἑλλήνων τῶν ἡμεῖς ἴδμεν. σὺ δὲ καὶ τὰ λοιπὰ τὰ [ἐπὶ
τούτοισι] ποίησον, ὅκως λόγος τέ σε ἔχῃ ἔτι μέζων καί [τις
ὕστερον φυλάσσηται τῶν βαρβάρων μὴ ὑπάρχειν ἔργα
3 ἀτάσθαλα ποιέων ἐς τοὺς Ἕλληνας. Λεωνίδεω γὰρ ἀπο- 25
θανόντος ἐν Θερμοπύλῃσι Μαρδόνιός τε καὶ Ξέρξης ἀπότα-
μόντες τὴν κεφαλὴν ἀνεσταύρωσαν· τῷ σὺ τὴν ὁμοίην ἀπο-
διδοὺς [ἔπαινον ἕξεις πρῶτα μὲν ὑπὸ πάντων Σπαρτιητέων,

2 κείνους d   ταῦτα S V : ταῦτα δὲ rell.   3 μέν ⟨μιν⟩ Bekker
τοῖς D V   4 ἀπικέσθαι om. d   6 ἐπ᾽ om. D¹ Const.   ὕστεροι
Aldus : ὕστερον L   7 συμβουλῆς C R V¹   8 εἶναι ἔφασάν d
15 τὰ om. d   16 Πλαταίῃ(ι)σι(ν) A B D R V   17 δ om. a P
Πυθέω C P Dᶜ   ἐὼν add. Cobet   18 ἵκετο S V   22 τῶν
om. D¹   alt. τὰ om. D   23 ἔχει C¹   μείζων A B : μέζω C
24 φυλάσσεται C¹ D   25 ποιέειν d   27 ἐσταύρωσαν d   τῷ σὺ]
τοῖσι Tournier   28 πάντων + + + D

αὖτις δὲ καὶ πρὸς τῶν ἄλλων Ἑλλήνων· Μαρδόνιον γὰρ
ἀνασκολοπίσας τετιμωρήσεαι ἐς πάτρων τὸν σὸν Λεωνίδην.
ὁ μὲν δοκέων χαρίζεσθαι ἔλεγε τάδε, ὁ δ' ἀνταμείβετο τοισίδε·
Ὦ ξεῖνε Αἰγινῆτα, τὸ μὲν εὐνοέειν τε καὶ προορᾶν ἄγαμαί **79**
5 σευ, γνώμης μέντοι ἡμάρτηκας χρηστῆς· ἐξάρας γάρ με ὑψοῦ
καὶ τὴν πάτρην καὶ τὸ ἔργον, ἐς τυ μηδὲν κατέβαλες παραι-
νέων νεκρῷ λυμαίνεσθαι, καὶ ἢν ταῦτα ποιέω, φὰς ἄμεινόν
με ἀκούσεσθαι· τὰ πρέπει μᾶλλον βαρβάροισι ποιέειν ἤ
περ Ἕλλησι· κἀκείνοισι δὲ ἐπιφθονέομεν. ἐγὼ δ' ὦν **2**
10 τούτου εἵνεκα μήτε Αἰγινήτῃσι ἅδοιμι μήτε τοῖσι ταῦτα
ἀρέσκεται, ἀποχρᾷ δέ μοι Σπαρτιήτῃσι ἀρεσκόμενον ὅσια
μὲν ποιέειν, ὅσια δὲ καὶ λέγειν. Λεωνίδῃ δέ, τῷ με κελεύεις
τιμωρῆσαι, φημὶ μεγάλως τετιμωρῆσθαι, ψυχῇσί τε τῇσι
τῶνδε ἀναριθμήτοισι τετίμηται αὐτός τε καὶ οἱ ἄλλοι οἱ ἐν
15 Θερμοπύλῃσι τελευτήσαντες. σὺ μέντοι ἔτι ἔχων λόγον
τοιόνδε μήτε προσέλθῃς ἔμοιγε μήτε συμβουλεύσῃς, χάριν
τε ἴσθι ἐὼν ἀπαθής.

Ὁ μὲν ταῦτα ἀκούσας ἀπαλλάσσετο· Παυσανίης δὲ **80**
κήρυγμα ποιησάμενος μηδένα ἅπτεσθαι τῆς ληίης, συγκο-
20 μίζειν ἐκέλευε τοὺς εἵλωτας τὰ χρήματα. οἱ δὲ ἀνὰ τὸ
στρατόπεδον σκιδνάμενοι εὕρισκον σκηνὰς κατεσκευασμένας
χρυσῷ καὶ ἀργύρῳ, κλίνας τε ἐπιχρύσους καὶ ἐπαργύρους,
κρητῆράς τε χρυσέους καὶ φιάλας τε καὶ ἄλλα ἐκπώματα·
σάκκους τε ἐπ' ἁμαξέων εὕρισκον, ἐν τοῖσι λέβητες ἐφαί- **2**
25 νοντο ἐνεόντες χρύσεοί τε καὶ ἀργύρεοι· ἀπό τε τῶν κειμένων
νεκρῶν ἐσκύλευον ψέλιά τε καὶ στρεπτοὺς καὶ τοὺς ἀκινάκας,
ἐόντας χρυσέους, ἐπεὶ ἐσθῆτός γε ποικίλης λόγος ἐγίνετο
οὐδὲ εἷς. ἐνθαῦτα πολλὰ μὲν κλέπτοντες ἐπώλεον πρὸς **3**

2 τετιμώρησαι L : corr. Suevern   3 τοῖσιδε C : τοῖσδε rell.
4 εὐνοεῖν d C P   πρωρᾶν B   5 σου a   ἐξάρας A B   8 βαρ-
βάροισι μᾶλλον d   9 καὶ ἐκείνοισι a P   10 ταὐτὰ Bekker   11 τέ d
13 γε Gomperz   16 ἔμοιγε] ἐμέ d   συμβουλεύσῃς P Cᶜ (-εις C¹)
17 τε ἴσθι Aldus : ἴσθι τε L   19 συκομίζειν R V   20 ἐκέλευσε d
22 alt. καὶ] τὲ καὶ D   23 pr. καὶ om. a P   τε om. D   καὶ
ἄλλα καὶ C   24 σάκους C   25 ἐόντες d   τῶν om. D
26 ψέλλιά P   ἀκινάκεας S   27 ἐγένετο S V   28 οὐδείς a P
μὲν om. C

τοὺς Αἰγινήτας οἱ εἵλωτες, πολλὰ δὲ καὶ ἀπέδειξαν,
ὅσα αὐτῶν οὐκ οἷά τε ἦν κρύψαι· ὥστε Αἰγινήτῃσι οἱ με-
γάλοι πλοῦτοι ἀρχὴν ἐνθεῦτεν ἐγένοντο, οἳ τὸν χρυσὸν ἅτε
81 ἐόντα χαλκὸν δῆθεν παρὰ τῶν εἰλωτέων ὠνέοντο. συμφο-
ρήσαντες δὲ τὰ χρήματα καὶ δεκάτην ἐξελόντες τῷ ἐν 5
Δελφοῖσι θεῷ, ἀπ᾽ ἧς ὁ τρίπους ὁ χρύσεος ἀνετέθη ὁ ἐπὶ
τοῦ τρικαρήνου ὄφιος τοῦ χαλκέου ἐπεστεὼς ἄγχιστα τοῦ
βωμοῦ, καὶ τῷ ἐν Ὀλυμπίῃ θεῷ ἐξελόντες, ἀπ᾽ ἧς δεκάπηχυν
χάλκεον Δία ἀνέθηκαν, καὶ τῷ ἐν Ἰσθμῷ θεῷ, ἀπ᾽ ἧς ἑπτά-
πηχυς χάλκεος Ποσειδέων ἐξεγένετο, ταῦτα ἐξελόντες τὰ 10
λοιπὰ διαιρέοντο καὶ ἔλαβον ἕκαστοι τῶν ἄξιοι ἦσαν, καὶ
τὰς παλλακὰς τῶν Περσέων καὶ τὸν χρυσὸν καὶ τὸν ἄργυρον
2 καὶ ἄλλα χρήματά τε καὶ ὑποζύγια. ὅσα μέν νυν ἐξαίρετα
τοῖσι ἀριστεύσασι αὐτῶν ἐν Πλαταιῇσι ἐδόθη, οὐ λέγεται
πρὸς οὐδαμῶν, δοκέω δ᾽ ἔγωγε καὶ τούτοισι δοθῆναι· Παυ- 15
σανίῃ δὲ πάντα δέκα ἐξαιρέθη τε καὶ ἐδόθη, γυναῖκες, ἵπποι,
82 τάλαντα, κάμηλοι, ὡς δὲ αὔτως καὶ τἆλλα χρήματα. λέγεται
δὲ καὶ τάδε γενέσθαι, ὡς Ξέρξης φεύγων ἐκ τῆς Ἑλλάδος
Μαρδονίῳ τὴν κατασκευὴν καταλίποι τὴν ἑωυτοῦ· Παυσα-
νίην ὦν ὁρῶντα τὴν Μαρδονίου κατασκευὴν χρυσῷ τε καὶ 20
ἀργύρῳ καὶ παραπετάσμασι ποικίλοισι κατεσκευασμένην
κελεῦσαι τούς τε ἀρτοκόπους καὶ τοὺς ὀψοποιοὺς κατὰ ταὐτὰ
2 [καθὼς] Μαρδονίῳ δεῖπνον παρασκευάζειν. ὡς δὲ κελευό-
μενοι οὗτοι ἐποίευν ταῦτα, ἐνθαῦτα τὸν Παυσανίην ἰδόντα
κλίνας τε χρυσέας καὶ ἀργυρέας εὖ ἐστρωμένας καὶ τραπέζας 25
τε χρυσέας καὶ ἀργυρέας καὶ παρασκευὴν μεγαλοπρεπέα τοῦ
δείπνου, ἐκπλαγέντα τὰ προκείμενα ἀγαθὰ κελεῦσαι ἐπὶ

---

1 οἱ om. R   2 αὐτῶν (-έων d) ὅσα P¹   3 ἐγίνοντο C:
ἐγένετο R   4 εἱλώτων a P   5 τὰ om. D   τὸ V   7 ἐφε-
στεὼς D R V   9 ἀνέθηκε D R V   10 ἐγένετο d   12 παλακὰς
C V¹   alt. τὸν om. a   13 τἆλλα Stein   14 αὐτέων d C
Πλαταίη(ι)σι(ν) A B D R V   16 τε καὶ ἐδόθη om. d   17 ἄρματα
Stein   τὰ ἄλλα d   19 παρασκευὴν Athen. 138 b (it. 20)   ἀπο-
λίποι E: καταλίπει C   21 κατασκευασμ. A S V: παρασκ. C
22 ἀρτοποιοὺς Athen.: ἀρτοπόπους Cobet   23 καθὼς del. Abicht
κατασκευάζειν R S V   25 εὖ ... ἀργυρέας om. B¹ E S   26 χρυσέας
τε d [S]

368

γέλωτι] τοὺς ἑωυτοῦ διηκόνους παρασκευάσαι Λακωνικὸν
δεῖπνον. ὡς δὲ τῆς θοίνης ποιηθείσης ἦν πολλὸν τὸ μέσον, 3
τὸν Παυσανίην γελάσαντα μεταπέμψασθαι τῶν Ἑλλήνων
τοὺς στρατηγούς, συνελθόντων δὲ τούτων εἰπεῖν τὸν Παυ-
5 σανίην, δεικνύντα ἐς ἑκατέρην τοῦ δείπνου τὴν παρασκευήν·
"Ἄνδρες Ἕλληνες, τῶνδε εἵνεκα ἐγὼ ὑμέας συνήγαγον, βουλό-
μενος ὑμῖν τοῦ Μήδου [ἡγεμόνος] τὴν ἀφροσύνην δέξαι,
ὃς τοιήνδε δίαιταν ἔχων ἦλθε ἐς ἡμέας οὕτως οἰζυρὴν ἔχοντας
ἀπαιρησόμενος. ταῦτα μὲν Παυσανίην λέγεται εἰπεῖν πρὸς
10 τοὺς στρατηγοὺς τῶν Ἑλλήνων· ὑστέρῳ μέντοι χρόνῳ μετὰ 83
ταῦτα καὶ τῶν Πλαταιέων εὗρον συχνοὶ θήκας χρυσοῦ καὶ
ἀργύρου καὶ τῶν ἄλλων χρημάτων. ἐφάνη δὲ καὶ τόδε
ὕστερον ἔτι τούτων. τῶν νεκρῶν περιψιλωθέντων τὰς 2
σάρκας (συνεφόρεον γὰρ τὰ ὀστέα οἱ Πλαταιέες ἐς ἕνα
15 χῶρον) εὑρέθη κεφαλὴ οὐκ ἔχουσα ῥαφὴν οὐδεμίαν ἀλλ᾽
ἐξ ἑνὸς ἐοῦσα ὀστέου· ἐφάνη δὲ καὶ γνάθος, καὶ τὸ ἄνω
τῆς γνάθου, ἔχουσα ὀδόντας μουνοφυέας, ἐξ ἑνὸς ὀστέου
πάντας, τούς τε ὀδόντας καὶ γομφίους· καὶ πενταπήχεος
ἀνδρὸς ὀστέα ἐφάνη. †ἐπείτε δὲ† Μαρδονίου δευτέρῃ ἡμέρῃ 84
20 ὁ νεκρὸς ἠφάνιστο, ὑπ᾽ ὅτευ μὲν ἀνθρώπων, τὸ ἀτρεκὲς οὐκ
ἔχω εἰπεῖν, πολλοὺς δέ τινας ἤδη καὶ παντοδαποὺς ἤκουσα
θάψαι Μαρδόνιον, καὶ δῶρα μεγάλα οἶδα λαβόντας πολλοὺς
παρὰ Ἀρτόντεω τοῦ Μαρδονίου παιδὸς διὰ τοῦτο τὸ ἔργον·
ὅστις μέντοι ἦν αὐτῶν ὁ ὑπελόμενός τε καὶ θάψας τὸν νεκρὸν 2
25 τὸν Μαρδονίου, οὐ δύναμαι ἀτρεκέως πυθέσθαι. ἔχει δέ
τινα φάτιν καὶ Διονυσοφάνης ἀνὴρ Ἐφέσιος θάψαι Μαρδό-

4 τουτέων d C   5 ἐς om. d   ἑκατέρου τῶν δείπνων Athen.
τὴν d Athen.: om. a P   7 ἡμῖν RSV   τοῦ d Athen.: τοῦδε
τοῦ a EP   Μήδου S: Μήδων rell. [V]   ἡγεμόνος del. Schaefer
δεῖξαι L: ἐπιδεῖξαι Athen.   8 ἐς] ὡς Athen.   9 Παυσανίης d
13 ἔτι Valckenaer: ἐπί L   14 ὀστὰ C   16 ἐοῦσαν B¹ D¹
ἐπάνω d P   17 ὁ + δόντας D   μονοφ. RV   18 ὀδόντας]
προσθίους Stein   τοὺς γομφίους Aldus   πεντεπήχεος AB   19 ἐπεὶ
δὲ DRV: ἐπὶ δὲ S: ἐπεί γε δὴ Stein   20 ὑπό τευ d: ὑπὸ ὅτευ a P
ἀτρεκέως d   24 ὑπονοούμενός d   25 τοῦ D   26 τι C
Διονυσιοφάνης a P

85 νιον. ἀλλ' ὁ μὲν τρόπῳ †τοιούτῳ† ἐτάφη· οἱ δὲ Ἕλληνες
ὡς ἐν Πλαταιῇσι τὴν ληίην διείλοντο, ἔθαπτον τοὺς ἑωυτῶν
χωρὶς ἕκαστοι. Λακεδαιμόνιοι μὲν τριξὰς ἐποιήσαντο θήκας·
ἔνθα μὲν τοὺς ἰρένας ἔθαψαν, τῶν καὶ Ποσειδώνιος καὶ
2 Ἀμομφάρετος ἦσαν καὶ Φιλοκύων τε καὶ Καλλικράτης. ἐν 5
μὲν δὴ ἑνὶ τῶν τάφων ἦσαν οἱ ἰρένες, ἐν δὲ τῷ ἑτέρῳ οἱ
ἄλλοι Σπαρτιῆται, ἐν δὲ τῷ τρίτῳ οἱ εἵλωτες. οὗτοι μὲν
οὕτω ἔθαπτον, Τεγεῆται δὲ χωρὶς πάντας ἁλέας, καὶ Ἀθηναῖοι
τοὺς ἑωυτῶν ὁμοῦ, καὶ Μεγαρέες τε καὶ Φλειάσιοι τοὺς ὑπὸ
3 τῆς ἵππου διαφθαρέντας. τούτων μὲν δὴ πάντων πλήρεες 10
ἐγένοντο οἱ τάφοι· τῶν δὲ ἄλλων ὅσοι καὶ φαίνονται ἐν
Πλαταιῇσι ἐόντες τάφοι, τούτους δέ, ὡς ἐγὼ πυνθάνομαι,
ἐπαισχυνομένους τῇ ἀπεστοῖ τῆς μάχης ἑκάστους χώματα
χῶσαι κεωὰ [τῶν ἐπιγινομένων εἵνεκεν ἀνθρώπων] ἐπεὶ καὶ
Αἰγινητέων ἐστὶ αὐτόθι καλεόμενος τάφος, τὸν ἐγὼ ἀκούω 15
καὶ δέκα ἔτεσι ὕστερον μετὰ ταῦτα [δεηθέντων τῶν Αἰγινη-
τέων] χῶσαι Κλεάδην τὸν Αὐτοδίκου ἄνδρα Πλαταιέα,
πρόξεινον ἐόντα αὐτῶν.

86 Ὡς δ' ἄρα ἔθαψαν τοὺς νεκροὺς ἐν Πλαταιῇσι οἱ Ἕλληνες,
αὐτίκα βουλευομένοισί σφι ἐδόκεε στρατεύεσθαι ἐπὶ τὰς 20
Θήβας καὶ ἐξαιτέειν αὐτῶν τοὺς μηδίσαντας, ἐν πρώτοισι
δὲ αὐτῶν Τιμηγενίδην καὶ Ἀτταγῖνον, οἳ ἀρχηγέται ἀνὰ
πρώτους ἦσαν· ἢν δὲ μὴ ἐκδιδῶσι, μὴ ἀπανίστασθαι ἀπὸ
2 τῆς πόλιος πρότερον ἢ ἐξέλωσι. ὡς δέ σφι ταῦτα ἔδοξε,
οὕτω δὴ ἑνδεκάτῃ ἡμέρῃ ἀπὸ τῆς συμβολῆς ἀπικόμενοι 25
ἐπολιόρκεον Θηβαίους, κελεύοντες ἐκδιδόναι τοὺς ἄνδρας·

1 ὁτεῷῶν conieci   2 Πλαταίη(ι)σι ABDRV   διείλαντο d
3 μὲν] δὲ R   4 ἰρένας et 6 ἰρένes Valckenaer: ἰρέας, -ες L   καὶ
om. RSV   Ποσειδόνιος R   7 οὕτω μὲν οὗτοι ἔθαφθεν (-ε + D) d
8 πάντας ἔθαψαν d   9 τοὺς ἑ. ὁμοῦ om. d   Φλειάσιοι D : Φλι-
rell.   11 τῶν ... τάφοι om. RSV   δὲ om. D¹   12 Πλα-
ταίησι ABD   13 ἀπαισχυνομένους a   ἀποεστοῖ DRV: ἀποστοὶ S
τῆς μ. ἐγένοντο S   14 ἐπιγεινομένων a   15 τῶν DRV   16 τῶν
om. d P   17 αλεαδηνη a   18 πρόξενον d   19 Πλαταίη(ι)σι(ν)
ABDRV   20 βουλομένοισί C   στρατεύειν a   22 Ἀττατῖνον P
23 ἀπὸ ... ἐξέλωσι om. d

[οὐ βουλομένων δὲ τῶν Θηβαίων ἐκδιδόναι [τήν τε γῆν αὐτῶν
ἔταμνον] καὶ προσέβαλλον πρὸς τὸ τεῖχος. καὶ οὐ γὰρ 87
ἐπαύοντο σινόμενοι, εἰκοστῇ ἡμέρῃ ἔλεξε τοῖσι Θηβαίοισι
Τιμηγενίδης τάδε· "Ανδρες Θηβαῖοι, ἐπειδὴ οὕτω δέδοκται
5 τοῖσι "Ελλησι, μὴ πρότερον ἀπαναστῆναι πολιορκέοντας ἢ
ἐξέλωσι Θήβας ἢ ἡμέας αὐτοῖσι παραδῶτε, νῦν ὦν ἡμέων
εἵνεκα γῆ ἡ Βοιωτίη πλέω μὴ ἀναπλήσῃ, ἀλλ᾽ εἰ μεν[χρη- 2
μάτων χρηίζοντες] πρόσχημα ἡμέας ἐξαιτέονται, χρήματά
σφι δῶμεν ἐκ τοῦ κοινοῦ (σὺν γὰρ τῷ κοινῷ καὶ ἐμηδίσαμεν
10 οὐδὲ μοῦνοι ἡμεῖς), εἰ δὲ ἡμέων ἀληθέως δεόμενοι πολιορ-
κέουσι, ἡμεῖς ἡμέας αὐτοὺς ἐς ἀντιλογίην παρέξομεν. κάρτα
τε ἔδοξε εὖ λέγειν καὶ ἐς καιρόν, αὐτίκα τε ἐπεκηρυκεύοντο
πρὸς Παυσανίην οἱ Θηβαῖοι θέλοντες ἐκδιδόναι τοὺς ἄνδρας.
ὡς δὲ ὡμολόγησαν ἐπὶ τούτοισι, Ἀτταγῖνος μὲν ἐκδιδρήσκει 88
15 ἐκ τοῦ ἄστεος, παῖδας δὲ αὐτοῦ ἀπαχθέντας Παυσανίης
ἀπέλυσε τῆς αἰτίης, φὰς τοῦ μηδισμοῦ παῖδας οὐδὲν εἶναι
μεταιτίους. τοὺς δὲ ἄλλους ἄνδρας τοὺς ἐξέδοσαν οἱ
Θηβαῖοι, οἱ μὲν ἐδόκεον ἀντιλογίης τε κυρήσειν καὶ δὴ
χρήμασι ἐπεποίθεσαν διώσεσθαι· ὁ δὲ ὡς παρέλαβε, αὐτὰ
20 ταῦτα ὑπονοέων τὴν στρατιὴν τὴν τῶν συμμάχων ἅπασαν
ἀπῆκε καὶ ἐκείνους ἀγαγὼν ἐς Κόρινθον διέφθειρε.
Ταῦτα μὲν τὰ ἐν Πλαταιῇσι καὶ Θήβῃσι γενόμενα·
Ἀρτάβαζος δὲ ὁ Φαρνάκεος φεύγων ἐκ Πλαταιέων καὶ δὴ 89
πρόσω ἐγίνετο. ἀπικόμενον δέ μιν οἱ Θεσσαλοὶ παρὰ σφέας
25 ἐπί τε ξείνια ἐκάλεον καὶ ἀνειρώτων περὶ τῆς στρατιῆς τῆς
ἄλλης, οὐδὲν ἐπιστάμενοι τῶν ἐν Πλαταιῇσι γενομένων.
ὁ δὲ Ἀρτάβαζος γνοὺς ὅτι, εἰ ἐθέλει σφι πᾶσαν τὴν ἀληθείην 2

2 ἔταμον C¹   προσέβαλον S   3 σινεόμενοι d   4 οὔτε S V
6 αὐτοῖσι om. d   παραδότε R S V   7 εἰ] ἢ B : ἢν R S V   8 ἐξαι-
τέωνται d (-ον- D°)   10 ἀληθῶς C   11 ἡμεῖς (δὲ) Krueger
εἰς D R V   12 εὖ om. C   14 Ἀτταῖνος A¹ P   15 ἐπὶ C
αὐτοῦ om. d   ἀναπαχθέντας R   17 ἄνδρας οὓς a   18 Ἀθη-
ναῖοι D   ἀντιλογίας D   κηρήσιν R   19 ἐπεπύθεον A B : ἐπεπό-
θεον C   διώσεσθαι coni. Herwerden : διώσασθαι d : διωθέεσθαι a P
ὁ δὲ ὡς] ὡς δὲ a   22 Πλαταίῃ(ι)σι A B D R V (it. 26)   24 ἐγέ-
νετο d   25 ἐπεί C D¹ R V   ξένια Λ B   26 γινομένων A B
27 ὁ . . . ἀγώνων om. R   ἐθέλοι D P

371

τῶν ἀγώνων εἰπεῖν, αὐτός τε κινδυνεύσει ἀπολέσθαι καὶ ὁ
μετ᾽ αὐτοῦ στρατός (ἐπιθήσεσθαι γάρ οἱ πάντα τινὰ οἴετο
πυνθανόμενον τὰ γεγονότα), ταῦτα ἐκλογιζόμενος [οὔτε πρὸς
τοὺς Φωκέας ἐξηγόρευε οὐδὲν πρός τε τοὺς Θεσσαλοὺς ἔλεγε
3 τάδε· Ἐγὼ μέν, ὦ ἄνδρες Θεσσαλοί, ὡς ὁρᾶτε, ἐπείγομαί 5
τε τὴν ταχίστην ἐλῶν ἐς Θρηίκην καὶ σπουδὴν ἔχω, πεμφθεὶς
κατά τι πρῆγμα ἐκ τοῦ στρατοπέδου μετὰ τῶνδε· αὐτὸς δὲ
ὑμῖν Μαρδόνιος καὶ ὁ στρατὸς αὐτοῦ οὗτος[κατὰ πόδας ἐμεῦ]
ἐλαύνων προσδόκιμός ἐστι. τοῦτον καὶ ξεινίζετε καὶ εὖ
ποιεῦντες φαίνεσθε· οὐ γὰρ ὑμῖν ἐς χρόνον ταῦτα ποιεῦσι 10
4 μεταμελήσει. ταῦτα δὲ εἴπας ἀπήλαυνε σπουδῇ τὴν στρα-
τιὴν διὰ Θεσσαλίης τε καὶ Μακεδονίης ἰθὺ τῆς Θρηίκης,
ὡς ἀληθέως ἐπειγόμενος καὶ τὴν μεσόγαιαν τάμνων τῆς
ὁδοῦ. καὶ ἀπικνέεται ἐς Βυζάντιον, καταλιπὼν τοῦ στρατοῦ
τοῦ ἑωυτοῦ συχνοὺς [ὑπὸ Θρηίκων τε κατακοπέντας κατ᾽ 15
ὁδὸν [καὶ λιμῷ συστάντας καὶ καμάτῳ] ἐκ Βυζαντίου δὲ
διέβη πλοίοισι.

90   Οὗτος μὲν οὕτω ἀπενόστησε ἐς τὴν Ἀσίην· τῆς δὲ αὐτῆς
ἡμέρης τῆς περ ἐν Πλαταιῇσι τὸ τρῶμα ἐγένετο, συνεκύρησε
γενέσθαι καὶ ἐν Μυκάλῃ τῆς Ἰωνίης. ἐπεὶ γὰρ δὴ ἐν τῇ 20
Δήλῳ κατέατο οἱ Ἕλληνες οἱ ἐν τῇσι νηυσὶ ἅμα Λευτυχίδῃ
τῷ Λακεδαιμονίῳ ἀπικόμενοι, ἦλθόν σφι ἄγγελοι ἀπὸ Σάμου
Λάμπων τε Θρασυκλέος καὶ Ἀθηναγόρης Ἀρχεστρατίδεω
καὶ Ἡγησίστρατος Ἀρισταγόρεω, πεμφθέντες ὑπὸ Σαμίων
λάθρῃ τῶν τε Περσέων καὶ τοῦ τυράννου Θεομήστορος τοῦ 25
Ἀνδροδάμαντος, τὸν κατέστησαν Σάμου τύραννον οἱ Πέρσαι.

2 ωιετο a P : del. Cobet   4 οὐδεὶς C   6 τὴν ταχίστην Stein :
κατα ταχίστην a D P R : κατατάχιστα S [V]   ἐλῶν s. v. D¹   8 ἐμεῦ
om. d : μευ Krueger   9 alt. καὶ om. C   10 ποιέντες R
11 ἀπέλαυνε d P   13 μεσόγεαν R   τάμνων B : τέμνων S V¹
14 Βυζάντειον Rᶜ   15 τε om. a P   16 Βυζαντείου R : Βυζαντίει
οὐ V   18 οὗτος D S : οὕτως R V : αὐτὸς a P   19 Πλαταίῃ(ι)σι
A B D R V   20 (τὸ) ἐν Krueger   ἐπειδὴ γὰρ d P   21 καθέατο
R S V   22 Σάμωι D   23 τε ὁ d   Θρασυκλέους a : -ως D
Ἀρχιστρ. C¹(?) d   25 Θεομήτορος A V¹ : -μνήτορος R S Vᶜ : -μνήστορος
D   26 Ἀνδρομάδαντος D   σύραννον Σάμωι d

ἐπελθόντων δέ σφεων ἐπὶ τοὺς στρατηγοὺς ἔλεγε Ἡγησί- 2
στρατος πολλὰ καὶ παντοῖα, ὡς ἦν μοῦνον ἴδωνται αὐτοὺς
οἱ Ἴωνες ἀποστήσονται ἀπὸ Περσέων, καὶ ὡς οἱ βάρβαροι
οὐκ ὑπομενέουσι· ἢν δὲ καὶ ἄρα ὑπομείνωσι, οὐκ ἑτέρην
5 ἄγρην τοιαύτην εὑρεῖν ἂν αὐτούς· θεούς τε κοινοὺς ἀνακαλέων
προέτρεπε αὐτοὺς ῥύσασθαι ἄνδρας Ἕλληνας ἐκ δουλοσύνης
καὶ ἀπαμῦναι τὸν βάρβαρον. εὐπετές τε αὐτοῖσι ἔφη ταῦτα 3
γίνεσθαι· τάς τε γὰρ νέας αὐτῶν κακῶς πλέειν καὶ οὐκ
ἀξιομάχους κείνοισι εἶναι. αὐτοί τε, εἴ τι ὑποπτεύουσι μὴ
10 δόλῳ αὐτοὺς προάγοιεν, ἕτοιμοι εἶναι ἐν τῇσι νηυσὶ τῇσι
ἐκείνων ἀγόμενοι ὅμηροι εἶναι. ὡς δὲ πολλὸς ἦν λισσόμενος 91
ὁ ξεῖνος ὁ Σάμιος, εἴρετο Λευτυχίδης, εἴτε κληδόνος εἵνεκεν
θέλων πυθέσθαι εἴτε καὶ κατὰ συντυχίην θεοῦ ποιεῦντος·
Ὦ ξεῖνε Σάμιε, τί τοι οὔνομα; ὁ δὲ εἶπε· Ἡγησίστρατος.
15 ὁ δὲ ὑπαρπάσας τὸν ἐπίλοιπον λόγον, εἴ τινα ὅρμητο λέγειν 2
ὁ Ἡγησίστρατος, εἶπε· Δέκομαι τὸν οἰωνὸν [τὸν ἡγησί-
στρατον], ὦ ξεῖνε Σάμιε. σὺ δὲ ἡμῖν ποίεε ὅκως αὐτός τε
δοὺς πίστιν ἀποπλεύσεαι καὶ οἱ σὺν σοὶ ἐόντες οἶδε, ἦ μὲν
Σαμίους ἡμῖν προθύμους ἔσεσθαι συμμάχους. ταῦτά τε 92
20 ἅμα ἠγόρευε καὶ τὸ ἔργον προσῆγε· αὐτίκα γὰρ οἱ Σάμιοι
πίστιν τε καὶ ὅρκια ἐποιεῦντο συμμαχίης πέρι πρὸς τοὺς
Ἕλληνας.

Ταῦτα δὲ ποιήσαντες οἱ μὲν ἀπέπλεον· μετὰ σφέων γὰρ 2
ἐκέλευε πλέειν τὸν Ἡγησίστρατον, οἰωνὸν τὸ οὔνομα ποιεύ-
25 μενος· οἱ δὲ Ἕλληνες ἐπισχόντες ταύτην τὴν ἡμέρην τῇ
ὑστεραίῃ ἐκαλλιερέοντο, μαντευομένου σφι Δηιφόνου τοῦ
Εὐηνίου ἀνδρὸς Ἀπολλων. γεω, Ἀπολλωνίης δὲ τῆς ἐν τῷ

3 ἀπονοστήσονται D   4 ὑπονέουσιν R   ἄρα A B   οὐκ ὑπο-
μενέουσιν C   5 ἂν om. d   6 δουλωσ. D¹   7 εὐπετέες C:
-έως conieci   10 προαγάγοιεν d   ἕτοιμον C   11 κείνων a
12 alt. δ om. C E P   ὁ Λευτ. d   εἵνεκε R : εἵνεκα S V   13 καὶ
om. d   14 οὔνομα d: τὸ οὔνομα a P: τοὔνομα E   15 ὑφαρπάσας
a E: ὑποαρπ. D   ὑπόλοιπον D   ὁρμητο D S V: ὥρμητο rell.
16 τὸν ἡγησιστράτου a E P: del. Valckenaer   17 ποίεεν R V
18 ἀποπλεύσαι C   μὴν d   20 προῆγε(ν) d   21 γε C   τοὺς
om. a   23 μὲν (δύο) Bekker   24 τὸν Ἡγησ. om. d   26 μαν-
τευομένους R V   Δηιοφόνου C   27 Ἀπολλωνήτεω D

Ἰονίῳ κόλπῳ, τοῦ τὸν πατέρα κατέλαβε [Εὐήνιον] πρῆγμα
93 τοιόνδε. ἔστι ἐν τῇ Ἀπολλωνίῃ ταύτῃ ἱρὰ ἡλίου πρόβατα,
τὰ τὰς μὲν ἡμέρας βόσκεται παρὰ ποταμόν, ὃς ἐκ Λάκμονος
ὄρεος ῥέει διὰ τῆς Ἀπολλωνίης χώρης ἐς θάλασσαν παρ᾽
Ὤρικον λιμένα, τὰς δὲ νύκτας ἀραιρημένοι ἄνδρες οἱ πλούτῳ 5
τε καὶ γένεϊ δοκιμώτατοι τῶν ἀστῶν, οὗτοι φυλάσσουσι
ἐνιαυτὸν ἕκαστος· περὶ πολλοῦ γὰρ δὴ ποιεῦνται Ἀπολλω-
νιῆται τὰ πρόβατα ταῦτα ἐκ θεοπροπίου τινός· ἐν δὲ ἄντρῳ
2 αὐλίζονται ἀπὸ τῆς πόλιος ἑκάς. ἔνθα δὴ τότε ὁ Εὐήνιος
οὗτος ἀραιρημένος ἐφύλασσε. καί κοτε αὐτοῦ κατακοιμί- 10
σαντος τὴν φυλακὴν παρελθόντες λύκοι ἐς τὸ ἄντρον διέ-
φθειραν τῶν προβάτων ὡς ἑξήκοντα. ὁ δὲ ὡς ἐπήισε, εἶχε
σιγῇ καὶ ἔφραζε οὐδενί, ἐν νόῳ ἔχων ἀντικαταστήσειν ἄλλα
3 πριάμενος. καὶ οὐ γὰρ ἔλαθε τοὺς Ἀπολλωνιήτας ταῦτα
γενόμενα, ἀλλ᾽ ὡς ἐπύθοντο, ὑπαγαγόντες μιν ὑπὸ δικα- 15
στήριον κατέκριναν, ὡς τὴν φυλακὴν κατακοιμίσαντα, τῆς
ὄψιος στερηθῆναι. ἐπείτε δὲ τὸν Εὐήνιον ἐξετύφλωσαν,
αὐτίκα μετὰ ταῦτα οὔτε πρόβατά σφι ἔτικτε οὔτε γῆ ἔφερε
4 ὁμοίως [καρπόν]. πρόφαντα δέ σφι ἔν τε Δωδώνῃ καὶ ἐν
Δελφοῖσι ἐγίνετο, ἐπείτε ἐπείρώτων [τοὺς προφήτας] τὸ 20
αἴτιον τοῦ παρεόντος κακοῦ, [οἱ δὲ αὐτοῖσι ἔφραζον] ὅτι
ἀδίκως τὸν φύλακον τῶν ἱρῶν προβάτων Εὐήνιον τῆς ὄψιος
ἐστέρησαν· αὐτοὶ γὰρ ἐπορμῆσαι τοὺς λύκους, οὐ πρότερόν
τε παύσεσθαι τιμωρέοντες ἐκείνῳ πρὶν ἢ δίκας δῶσι τῶν
ἐποίησαν ταύτας τὰς ἂν αὐτὸς ἕληται καὶ δικαιοῖ· τούτων 25

1 Ἰωνικῷ(ι) d   τοῦ] τούτου a P   Εὐήνιον del. Kallenberg
3 ἃ d   (Χῶνα) ποτ. e Theogn. can. 794 Stein : ˮΑωον Vollgraff   ὥς B
4 χώρης om. Marcianus 364   5 ἀναιρημένοι C   7 ἕκαστον A¹ :
ἕκαστοι C   γὰρ] τε d   δὴ om. C   10 ἀφαιρημένος R V
κατακοιμίσαντος S¹ V Dᶜ : -μήσαντος rell.   11 τὴν om. a P¹
12 ἐπήισε a : ἐπήισε D : ἐποίησεν S V   13 ἔφραξεν R S V   15 γι-
νόμενα B   ἀλλά κως Stein   ὑπάγοντες d   16 κατέκριναν om.
R S V   κατακοιμίσαντα R Dᶜ : -μήσαντα rell.   19 καρπόν om. d
πρόβατα d   20 ἐγένετο d   ἐπείτε Reiske : ἔπειτε L   τοὺς
προφήτας et οἱ . . ἔφραζον del. Stein   22 ἱρῶν om. C   23 ἐς
τοὺς C   24 παύσασθαι d   τιμωρέοντας D R V   δῶσι P : δώσειν
a a   25 τουτέων C

δὲ τελεομένων) αὐτοὶ δώσειν Εὐηνίῳ δόσιν τοιαύτην τὴν
πολλούς μιν μακαριεῖν ἀνθρώπων ἔχοντα. τὰ μὲν χρηστήρια **94**
ταῦτά σφι ἐχρήσθη, οἱ δὲ Ἀπολλωνιῆται ἀπόρρητα ποιη-
σάμενοι προέθεσαν τῶν ἀστῶν ἀνδράσι διαπρῆξαι. οἱ δέ
5 σφι διέπρηξαν ὧδε· κατημένου Εὐηνίου ἐν θώκῳ ἐλθόντες
οἱ παρίζοντο καὶ λόγους ἄλλους ἐποιεῦντο, ἐς ὃ κατέβαινον
συλλυπεύμενοι τῷ πάθεϊ. ταύτῃ δὲ ὑπάγοντες εἰρώτων τίνα
δίκην ἂν ἕλοιτο, εἰ ἐθέλοιεν Ἀπολλωνιῆται δίκας ὑποστῆναι
δώσειν τῶν ἐποίησαν. ὁ δὲ οὐκ ἀκηκοὼς τὸ θεοπρόπιον **2**
10 εἵλετο εἴπας εἴ τίς οἱ δοίη ἀγρούς, τῶν ἀστῶν ὀνο-
μάσας τοῖσι ἠπίστατο εἶναι καλλίστους δύο κλήρους τῶν ἐν
τῇ Ἀπολλωνίῃ, καὶ οἴκησιν πρὸς τούτοισι τὴν ᾔδεε καλλίστην
ἐοῦσαν τῶν ἐν [τῇ] πόλι· τούτων δὲ ἔφη ἐπήβολος γενόμενος
τοῦ λοιποῦ ἂν ἀμήνιτος εἶναι, καὶ δίκην οἱ ταύτην ἀποχρᾶν
15 γενομένην. καὶ ὁ μὲν ταῦτα ἔλεγε, οἱ δὲ πάρεδροι εἶπαν **3**
ὑπολαβόντες· Εὐήνιε, ταύτην δίκην Ἀπολλωνιῆται τῆς
ἐκτυφλώσιος ἐκτίνουσί τοι κατὰ θεοπρόπια τὰ γενόμενα.
ὁ μὲν δὴ πρὸς ταῦτα δεινὰ ἐποιέετο, ἐνθεῦτεν πυθόμενος [τὸν]
πάντα λόγον, ὡς ἐξαπατηθείς· οἱ δὲ πριάμενοι παρὰ τῶν
20 ἐκτημένων διδοῦσί οἱ τὰ εἵλετο. καὶ μετὰ ταῦτα ἔμφυτον
αὐτίκα μαντικὴν εἶχε, ὥστε καὶ ὀνομαστὸς γενέσθαι. τούτου **95**
δὴ ὁ Δηΐφονος ἐὼν παῖς τοῦ Εὐηνίου ἀγόντων Κορινθίων
ἐμαντεύετο τῇ στρατιῇ. ἤδη δὲ καὶ τόδε ἤκουσα ὡς ὁ
Δηΐφονος ἐπιβατεύων τοῦ Εὐηνίου οὐνόματος ἐξελάμβανε
25 ἐπὶ τὴν Ἑλλάδα ἔργα, οὐκ ἐὼν Εὐηνίου παῖς.
Τοῖσι δὲ Ἕλλησι ὡς ἐκαλλιέρησε, ἀνῆγον τὰς νέας **96**
ἐκ τῆς Δήλου πρὸς τὴν Σάμον. ἐπεὶ δὲ ἐγένοντο τῆς
Σαμίης πρὸς Καλάμοισι, οἱ μὲν αὐτοῦ ὁρμισάμενοι κατὰ τὸ

1 δώσιν B¹ : δόσειν R : δω V   δώσειν R V   4 προσέθεσαν
Cobet   7 ἠρώτων C P   10 σοι D   13 τῇ S solus   πόλει
a D¹ [V]   ἐπίβολος B D¹ S V   14 ἂν add. Herwerden   17 τοι]
τε C S [V]   γινόμενα B   18 ἐποίεε, τὸ Stein   τὸν om. D¹
19 ἀπατηθείς D¹   20 κεκτημ. C   αὐτίκα ἔμφυτον a P   21 οὐνο-
μαστὸς D P R : οὐνομαστὸν S [V]   22 δὴ ὁ om. d   τοῦ om. R
ἀγαγόντων d   23 ὁ om. d   24 ἐπιβατέων B¹ D R V   ὀνόματος
C D¹ P R V   25 ἐπὶ] ἐπιὼν Reiske   28 Καλάμοισι ex Athen. xiii.
572 f Larcher : καλαμίοισι a P : λαμίοισιν R S V : λαμισίοισι, pr. ι ex
᾽ corr., D   ὁρμισάμενοι Aldus : ὁρμησ. L

Ἥραιον τὸ ταύτῃ παρεσκευάζοντο ἐς ναυμαχίην, οἱ δὲ Πέρσαι
πυθόμενοί σφεας προσπλέειν ἀνῆγον καὶ αὐτοὶ πρὸς τὴν ἤπει-
ρον τὰς νέας τὰς ἄλλας, τὰς δὲ Φοινίκων ἀπῆκαν ἀποπλέειν.

2 βουλευομένοισι γάρ σφι ἐδόκεε ναυμαχίην μὴ ποιέεσθαι· οὐ
γὰρ ὦν ἐδόκεον ὅμοιοι εἶναι· ἐς δὲ τὴν ἤπειρον ἀπέπλεον, 5
ὅκως ἔωσι ὑπὸ τὸν πεζὸν στρατὸν τὸν σφέτερον ἐόντα ἐν τῇ
Μυκάλῃ, ὃς κελεύσαντος Ξέρξεω καταλελειμμένος τοῦ ἄλλου
στρατοῦ Ἰωνίην ἐφύλασσε· τοῦ πλῆθος μὲν ἦν ἓξ μυριάδες,
ἐστρατήγεε δὲ αὐτοῦ Τιγράνης, κάλλεΐ ⟨τε⟩ καὶ μεγάθεϊ ὑπερ-

3 φέρων Περσέων. ὑπὸ τοῦτον μὲν δὴ τὸν στρατὸν ἐβουλεύ- 10
σαντο καταφυγόντες οἱ τοῦ ναυτικοῦ στρατηγοὶ ἀνειρύσαι
τὰς νέας καὶ περιβαλέσθαι ἕρκος ἔρυμα τῶν νεῶν καὶ

97 σφέων αὐτῶν κρησφύγετον. ταῦτα βουλευσάμενοι ἀνή-
γοντο. ἀπικόμενοι δὲ παρὰ τὸ τῶν Ποτνιέων ἱρὸν τῆς
Μυκάλης ἐς Γαίσωνά τε καὶ Σκολοπόεντα, τῇ Δήμητρος 15
Ἐλευσινίης [ἐστὶ] ἱρόν, τὸ Φίλιστος ὁ Πασικλέος ἱδρύσατο
Νείλεῳ τῷ Κόδρου ἐπισπόμενος ἐπὶ Μιλήτου κτιστύν,
ἐνθαῦτα τάς τε νέας ἀνείρυσαν καὶ περιεβάλοντο ἕρκος καὶ
λίθων καὶ ξύλων, δένδρεα ἐκκόψαντες ἥμερα, καὶ σκόλοπας
περὶ τὸ ἕρκος κατέπηξαν. καὶ παρεσκευάδατο ὡς πολιορκη- 20
σόμενοι [καὶ ὡς νικήσοντες· ἐπ᾽ ἀμφότερα ἐπιλεγόμενοι γὰρ
παρεσκευάζοντο].

98 Οἱ δὲ Ἕλληνες ὡς ἐπύθοντο οἰχωκότας τοὺς βαρβάρους
ἐς τὴν ἤπειρον, ἤχθοντο ὡς ἐκπεφευγότων ἐν ἀπορίῃ τε
εἴχοντο ὅ τι ποιέωσι, εἴτε ἀπαλλάσσωνται ὀπίσω εἴτε κατα- 25
πλέωσι ἐπ᾽ Ἑλλησπόντου. τέλος δὲ ἔδοξε τούτων μὲν

2 μηδέτερα ποιέειν, ἐπιπλέειν δὲ ἐπὶ τὴν ἤπειρον. παρα-

1 Ἥραῖον D¹ R V   4 μὴ om. D   5 ἀπέπλεον om. a   8 Ἰωνίην
τε R : Ἰωνίης τὲ D   πλήθεος d   9 τε add. Aldus   μεγάθεϊ
A B D   12 περιβαλλέσθαι V   κέ R   15 Γέσωνά R   16 Ἐλευ-
νίης D¹   ἐστὶ om. a P   17 Νειλέῳ R V : Νειλεῶ D   ἐπισπο-
μένου A B   Μηλίτου D¹   κτιστήν R : -οῖν D   18 περιεβάλοντο
S V   20 κατέκοψαν R¹   21 καὶ . . . παρεσκευάζοντο del. Krueger
24 ἐν om. a P   δὲ D R V   25 ἤχοντο R   ὅ τι] τί d   παρα-
πλέωσι conieci   26 τουτέων C P   μὲν] δὲ R

σκευασάμενοι ὧν ἐς ναυμαχίην καὶ ἀποβάθρας καὶ τὰ ἄλλα   ἡ ἀποβάθρη
ὅσων ἔδεε ἔπλεον ἐπὶ τῆς Μυκάλης. ἐπεὶ δὲ ἀγχοῦ τε   - going way
ἐγίνοντο τοῦ στρατοπέδου καὶ οὐδεὶς ἐφαίνετό σφι ἐπαναγό-
μενος, ἀλλ' ὥρων νέας ἀνελκυσμένας ἔσω τοῦ τείχεος,   παρακρινομαι-get
5 πολλὸν δὲ πεζὸν παρακεκριμένον παρὰ τὸν αἰγιαλόν, ἐνθαῦτα   into line of battle
πρῶτον μὲν ἐν τῇ νηὶ παραπλέων, ἐγχρίμψας τῷ αἰγιαλῷ τὰ   ἐγχριμπτω- to
μάλιστα, Λευτυχίδης ὑπὸ κήρυκος προηγόρευε τοῖσι Ἴωσι   ἐγχρ bring near
λέγων· Ἄνδρες Ἴωνες, ὅσοι ὑμέων τυγχάνουσι ἐπακούοντες, 3
μάθετε τὰ λέγω· πάντως γὰρ οὐδὲν συνήσουσι Πέρσαι τῶν   will understand
10 ἐγὼ ὑμῖν ἐντέλλομαι. ἐπεὰν συμμίσγωμεν, μεμνῆσθαί τινα
χρὴ ἐλευθερίης μὲν πάντων πρῶτον, μετὰ δὲ τοῦ συνθήματος   το συνθημα
Ἥρης. καὶ τάδε ἴστω καὶ ὁ μὴ ἐπακούσας ὑμέων πρὸς τοῦ   - password from
ἐπακούσαντος. ὡυτὸς δὲ οὗτος ἐὼν τυγχάνει νόος τοῦ 4   the same intention as T.
πρήγματος καὶ ὁ Θεμιστοκλέος ὁ ἐπ' Ἀρτεμισίῳ ἢ γὰρ δὴ
15 λαθόντα τὰ ῥήματα τοὺς βαρβάρους ἔμελλε τοὺς Ἴωνας
πείσειν, ἢ ἔπειτε ἀνενειχθέντα ἐς τοὺς βαρβάρους ποιήσειν   reported
ἀπίστους τοῖσι Ἕλλησι. Λευτυχίδεω δὲ ταῦτα ὑποθεμένου 99   advise/suggest
δεύτερα δὴ τάδε ἐποίευν οἱ Ἕλληνες· προσσχόντες τὰς νέας
ἀπέβησαν ἐς τὸν αἰγιαλόν. καὶ οὗτοι μὲν ἐτάσσοντο, οἱ δὲ
20 Πέρσαι ὡς εἶδον τοὺς Ἕλληνας παρασκευαζομένους ἐς μάχην
καὶ τοῖσι Ἴωσι παραινέσαντας, τοῦτο μὲν ὑπονοήσαντες τοὺς   suspect
Σαμίους τὰ Ἑλλήνων φρονέειν ἀπαιρέονται τὰ ὅπλα. οἱ γὰρ 2
ὧν Σάμιοι ἀπικομένων Ἀθηναίων αἰχμαλώτων ἐν τῇσι νηυσὶ   prisoners
τῶν βαρβάρων, τοὺς ἔλαβον ἀνὰ τὴν Ἀττικὴν λελειμμένους   having provided with travelling money
25 οἱ Ξέρξεω, τούτους λυσάμενοι πάντας ἀποπέμπουσι ἐποδιά-   they were suspect
σαντες ἐς Ἀθήνας· τῶν εἵνεκεν οὐκ ἥκιστα ὑποψίην εἶχον,

---

1 τὰ om. a P   2 ὅσον ἔδεεν ἔπλεεν R   3 σφι(ν) ἐφαίνετο d
5 πολλῶν δὲ πεζῶν -μένων D   6 ἐν] παρά D   νιῇι B   ἐγχρίψας C
8 οἱ a P   9 μάθε R   10 συμμισγῶμεν d   12 Ἥρης
Roscher: Ἥβης L   alt. καὶ om. D R V   ἐπακούσας Bekker:
ἐσακούσας a : ἀκούσας a P   13 ἐσακούσαντος D : ἀκούσαντος a P
ὡυτὸς . . . Ἕλλησι (17) del. Krueger   οὗτος . . . πρήγματος] τούτου
. . . κηρύγματος Stein   14 Θημιστοκλέης D   ὁ om. R   16 ἔπειτε
d : ἔπειτα a P   ἀνηνεχθέντα C   17 τοῖσι Ἕλλησι del. Abicht
Λεωτυχίδεω A B   18 προσχόντες C D P R   21 ὑπονοστήσαντες C
23 ὧν] ἂν R   24 λελειμένους R   25 οἱ] ὑπὸ d   ἐποδίσαντες D¹
26 ἐς om. R : ἐς τὰς S

πεντακοσίας κεφαλὰς τῶν Ξέρξεω πολεμίων λυσάμενοι.

3 τοῦτο δὲ τὰς διόδους τὰς ἐς τὰς κορυφὰς τῆς Μυκάλης
φερούσας προστάσσουσι τοῖσι Μιλησίοισι φυλάσσειν ὡς
ἐπισταμένοισι δῆθεν μάλιστα τὴν χώρην· ἐποίευν δὲ τούτου
εἵνεκεν, ἵνα ἐκτὸς τοῦ στρατοπέδου ἔωσι. τούτους μὲν Ἰώνων, 5
τοῖσι καὶ κατεδόκεον νεοχμὸν ἄν τι ποιέειν δυνάμιος ἐπιλαβο-
μένοισι, τρόποισι τοιούτοισι προεφυλάσσοντο οἱ Πέρσαι,
100 αὐτοὶ δὲ συνεφόρησαν τὰ γέρρα ἕρκος εἶναι σφίσι. ὡς δὲ
ἄρα παρεσκευάδατο τοῖσι Ἕλλησι, προσήισαν πρὸς τοὺς
βαρβάρους. ἰοῦσι δέ σφι φήμη τε ἐσέπτατο ἐς τὸ στρατό- 10
πεδον πᾶν καὶ κηρυκήιον ἐφάνη ἐπὶ τῆς κυματωγῆς κείμενον·
ἡ δὲ φήμη διῆλθέ σφι ὧδε, ὡς οἱ Ἕλληνες τὴν Μαρδονίου
2 στρατιὴν νικῷεν ἐν Βοιωτοῖσι μαχόμενοι. δῆλα δὴ πολλοῖσι
τεκμηρίοισί ἐστι τὰ θεῖα τῶν πρηγμάτων, εἰ καὶ τότε τῆς
αὐτῆς ἡμέρης συμπιπτούσης τοῦ τε ἐν Πλαταιῇσι καὶ τοῦ ἐν 15
Μυκάλῃ μέλλοντος ἔσεσθαι τρώματος φήμη τοῖσι Ἕλλησι
τοῖσι ταύτῃ ἐσαπίκετο, ὥστε θαρσῆσαί τε τὴν στρατιὴν
101 πολλῷ μᾶλλον καὶ ἐθέλειν προθυμότερον κινδυνεύειν. καὶ
τόδε ἕτερον συνέπεσε γενόμενον, Δήμητρος τεμένεα Ἐλευ-
σινίης παρὰ ἀμφοτέρας τὰς συμβολὰς εἶναι· καὶ γὰρ δὴ ἐν 20
τῇ Πλαταιίδι παρ' αὐτὸ τὸ Δημήτριον ἐγίνετο, ὡς καὶ πρό-
τερόν μοι εἴρηται, ἡ μάχη. καὶ ἐν Μυκάλῃ ἔμελλε ὡσαύτως
2 ἔσεσθαι. γεγονέναι δὲ νίκην τῶν μετὰ Παυσανίεω Ἑλλήνων
ὀρθῶς σφι ἡ φήμη συνέβαινε ἐλθοῦσα· τὸ μὲν γὰρ ἐν
Πλαταιῇσι πρωὶ ἔτι τῆς ἡμέρης ἐγίνετο, τὸ δὲ ἐν Μυκάλῃ 25
περὶ δείλην. ὅτι δὲ τῆς αὐτῆς ἡμέρης συνέβαινε γίνεσθαι
μηνός τε τοῦ αὐτοῦ, χρόνῳ οὐ πολλῷ σφι ὕστερον δῆλα
3 ἀναμανθάνουσι ἐγίνετο. ἦν δὲ ἀρρωδίη σφι πρὶν ἢ τὴν

4 τούτου] τοῦτο τοῦδε Krueger   6 καὶ om. R   κατεδόκεε D
νεοχμὸν C   8 γέρα S V¹   σφι(ν) L   9 παρεσκεύαστο (aut
addendum πάντα) Reiske   προσίησαν B : προσίεσαν S V   11 κη-
ρύκιον C P   13 δὲ ᾱ   15 αὐτῆς del. Krueger   συμπίπτοντος
Reiske   Πλαταίη(ι)σι A B D R V   16 φήμη δὲ ᾱ   20 πάρα
Dobree   21 ἐγένετο P   22 εἴρητο P   ἔσεσθαι ὡσαύτως ᾱ
24 γὰρ om. R   25 Πλαταίηισι B : Πλαταίη(ι) ᾱ   (τρῶμα) πρωὶ
Stein   27 μηνός . . αὐτοῦ del. Macan   28 ἢ om. ᾱ P

φήμην ἐσαπικέσθαι, οὔτι περὶ σφέων αὐτῶν οὕτω ὡς τῶν
Ἑλλήνων, μὴ περὶ Μαρδονίῳ πταίσῃ ἡ Ἑλλάς. ὡς μέντοι
ἡ κληδὼν αὕτη σφι ἐσέπτατο, μᾶλλόν τι καὶ ταχύτεροι·
τὴν πρόσοδον ἐποιεῦντο. οἱ μὲν δὴ Ἕλληνες καὶ οἱ
5 βάρβαροι ἔσπευδον ἐς τὴν μάχην, ὥς σφι καὶ αἱ νῆσοι καὶ
ὁ Ἑλλήσποντος ἄεθλα προέκειτο.

Τοῖσι μέν νυν Ἀθηναίοισι καὶ τοῖσι προσεχέσι τούτοισι 102
τεταγμένοισι [μέχρι κου τῶν ἡμισέων] ἡ ὁδὸς ἐγίνετο κατ'
αἰγιαλόν τε καὶ ἄπεδον χῶρον, τοῖσι δὲ Λακεδαιμονίοισι καὶ
10 τοῖσι ἐπεξῆς τούτοισι τεταγμένοισι κατά τε χαράδραν καὶ
ὄρεα· ἐν ᾧ δὲ [οἱ Λακεδαιμόνιοι] ⟨ἔτι⟩ περιήισαν οὗτοι, οἱ ἐπὶ
τῷ ἑτέρῳ κέρεϊ [ἔτι] καὶ δὴ ἐμάχοντο. ἕως μέν νυν τοῖσι 2
Πέρσῃσι ὄρθια ἦν τὰ γέρρα, ἠμύνοντό τε καὶ οὐδὲν ἔλασσον
εἶχον τῇ μάχῃ· ἐπείτε δὲ τῶν Ἀθηναίων καὶ τῶν προσεχέων
15 ὁ στρατός, ὅκως ἑωυτῶν γένηται τὸ ἔργον καὶ μὴ Λακεδαι-
μονίων, παρακελευσάμενοι ἔργου εἴχοντο προθυμότερον, ἐν-
θεῦτεν ἤδη ἑτεροιοῦτο τὸ πρῆγμα. διωσάμενοι γὰρ τὰ γέρρα 3
οὗτοι φερόμενοι ἐσέπεσον ἁλέες ἐς τοὺς Πέρσας, οἱ δὲ δεξά-
μενοι καὶ χρόνον συχνὸν ἀμυνόμενοι τέλος ἔφευγον ἐς τὸ
20 τεῖχος. Ἀθηναῖοι δὲ καὶ Κορίνθιοι καὶ Σικυώνιοι καὶ
Τροιζήνιοι (οὕτω γὰρ ἦσαν ἐπεξῆς τεταγμένοι) συνεπισπό-
μενοι συνεσέπιπτον ἐς τὸ τεῖχος. ὡς δὲ καὶ τὸ τεῖχος
ἀραίρητο, οὔτ' ἔτι πρὸς ἀλκὴν ἐτράποντο οἱ βάρβαροι πρὸς
φυγήν τε ὁρμέατο οἱ ἄλλοι πλὴν Περσέων. οὗτοι δὲ κατ' 4
25 ὀλίγους γινόμενοι ἐμάχοντο τοῖσι αἰεὶ ἐς τὸ τεῖχος ἐσπίπτουσι
Ἑλλήνων. καὶ τῶν στρατηγῶν τῶν Περσικῶν δύο μὲν ἀπο-
φεύγουσι, δύο δὲ τελευτῶσι· Ἀρταΰντης μὲν καὶ Ἰθαμίτρης,

---

1 τῶν (ἄλλων) Krueger   5 αἱ om. D, nescio an recte   8 ἡ
om. đ   9 δὲ om. C   10 χαράνδραν C : χαράδρην P   11 οἱ
Λακεδαιμόνιοι seclusi   ἔτι transp. Steger   12 κέραϊ đ   13 ὄρθρια
S : ὀρθὰ Stein   14 ἐπεὶ a P   alt. τῶν om. S V   17 τὸ om. P¹
γὰρ] δὲ đ   18 οὕτω Gomperz   19 καὶ et τέλος om. C   εἰς R
21 οὗτοι γὰρ ἦσαν οἱ đ   ἐπισπόμενοι Cobet   22 συνέπιπτον đ
23 ἀναίρητο C   ἄλλην V   καὶ πρὸς đ   24 ὡρμέατο P   κατ'
ὀλίγους ǀ κατὰ λόγους B

τοῦ ναυτικοῦ στρατηγέοντες, ἀποφεύγουσι, Μαρδόντης δὲ καὶ
103 ὁ τοῦ πεζοῦ στρατηγὸς Τιγράνης μαχόμενοι τελευτῶσι. ἔτι
δὲ μαχομένων τῶν Περσέων ἀπίκοντο Λακεδαιμόνιοι καὶ οἱ
μετ᾿ αὐτῶν καὶ τὰ λοιπὰ συνδιεχείριζον. ἔπεσον δὲ καὶ
αὐτῶν τῶν Ἑλλήνων συχνοὶ ἐνθαῦτα, ἄλλοι τε καὶ Σικυώνιοι 5
2 καὶ στρατηγὸς Περίλεως. τῶν δὲ Σαμίων οἱ στρατευόμενοι,
ἐόντες τε ἐν τῷ στρατοπέδῳ τῷ Μηδικῷ καὶ ἀπάραιρημένοι
τὰ ὅπλα, ὡς εἶδον αὐτίκα κατ᾿ ἀρχὰς γινομένην ἑτεραλκέα
τὴν μάχην, ἔρδον ὅσον ἐδυνέατο, προσωφελέειν ἐθέλοντες
τοῖσι Ἕλλησι. Σαμίους δὲ ἰδόντες οἱ ἄλλοι Ἴωνες ἄρξαντας, 10
οὕτω δὴ καὶ αὐτοὶ ἀποστάντες ἀπὸ Περσέων ἐπέθεντο τοῖσι
104 βαρβάροισι. Μιλησίοισι δὲ προσετέτακτο μὲν ⟨ἐκ⟩ τῶν
Περσέων τὰς διόδους τηρέειν σωτηρίης εἵνεκά σφι, ὡς ἦν
ἄρα σφέας καταλαμβάνῃ οἷά περ κατέλαβε, ἔχοντες ἡγεμόνας
σῴζωνται ἐς τὰς κορυφὰς τῆς Μυκάλης. ἐτάχθησαν μέν 15
νυν ἐπὶ τοῦτο τὸ πρῆγμα οἱ Μιλήσιοι τούτου τε εἵνεκεν καὶ
ἵνα μὴ παρεόντες ἐν τῷ στρατοπέδῳ τι νεοχμὸν ποιέοιεν· οἱ
δὲ πᾶν τοὐναντίον τοῦ προστεταγμένου ἐποίεον, ἄλλας τε
κατηγεόμενοί σφι ὁδοὺς φεύγουσι, αἳ δὴ ἔφερον ἐς τοὺς
πολεμίους, καὶ τέλος αὐτοί σφι ἐγίνοντο κτείνοντες πολεμιώ- 20
105 τατοι. οὕτω δὴ τὸ δεύτερον Ἰωνίη ἀπὸ Περσέων ἀπέστη. ἐν δὲ
ταύτῃ τῇ μάχῃ Ἑλλήνων ἠρίστευσαν Ἀθηναῖοι καὶ Ἀθηναίων
Ἑρμόλυκος ὁ Εὐθοίνου, ἀνὴρ παγκράτιον ἐπασκήσας. τοῦτον
δὲ τὸν Ἑρμόλυκον κατέλαβε ὕστερον τούτων, πολέμου ἐόντος
Ἀθηναίοισί τε καὶ Καρυστίοισι, ἐν Κύρνῳ τῆς Καρυστίης 25
χώρης ἀποθανόντα ἐν μάχῃ κεῖσθαι ἐπὶ Γεραιστῷ. μετὰ δὲ
Ἀθηναίους Κορίνθιοι καὶ Τροιζήνιοι καὶ Σικυώνιοι ἠρίστευσαν.

2 πεζικοῦ D   5 τῶν om. ᵈ   Σικυωνίων [καὶ] Stein   6 ⟨ὁ⟩
στρατηγὸς Krueger   Περίλεος ᵈ   τε ᵃ P   συστρατ. Cobet
7 τε om. R   8 ὑπεραλκέα ᵈ   9 πρὸς ὠφέλειαν D   12 Μιλήσιοι
S : Μηλίσιοι R V   μὲν om. R S V   ἐκ add. Valckenaer   13 τη-
ρεῖν L   14 -βάνει V¹   15 σώ(ι)ζονται ᵈ C P¹   16 τε] γε
ᵃ P : om. ᵈ   17 ἐν om. ᵃ P   νεοχμὸν C   18 τὸ ἐναντίον ᵈ
ᵃ προτεταγμ. D R V   τε om. D   19 δὴ ἔφερον Aldus : διέφερον L
20 αὐτοῖς R : αὐτοῖ V   21 Ἰωνίη τὸ δεύτερον ᵈ   23 Εὐθόνου
C P : Εὐθόνου A B : Εὐθύνου ᵈ   24 δὴ conieci   25 Κύρω D
26 Γεραίστω(ι) D¹ R V   δὲ om. D

Ἐπείτε δὲ κατεργάσαντο οἱ Ἕλληνες τοὺς πολλούς, τοὺς 106
μὲν μαχομένους, τοὺς δὲ καὶ φεύγοντας τῶν βαρβάρων, τὰς
νέας ἐνέπρησαν καὶ τὸ τεῖχος ἅπαν, τὴν ληίην προεξαγα-
γόντες ἐς τὸν αἰγιαλόν, καὶ θησαυρούς τινας χρημάτων
5 εὗρον· ἐμπρήσαντες δὲ τὸ τεῖχος καὶ τὰς νέας ἀπέπλεον.
ἀπικόμενοι δὲ ἐς Σάμον οἱ Ἕλληνες ἐβουλεύοντο περὶ 2
ἀναστάσιος τῆς Ἰωνίης, καὶ ὅκῃ χρεὸν εἴη τῆς Ἑλλάδος
κατοικίσαι τῆς αὐτοὶ ἐγκρατέες ἦσαν, τὴν δὲ Ἰωνίην ἀπεῖναι
τοῖσι βαρβάροισι· ἀδύνατα γὰρ ἐφαίνετό σφι εἶναι ἑωυτούς
10 τε Ἰώνων προκατῆσθαι φρουρέοντας τὸν πάντα χρόνον, καὶ
[ἑωυτῶν μὴ προκατημένων Ἴωνας] οὐδεμίαν ἐλπίδα εἶχον
χαίροντας πρὸς τῶν Περσέων ἀπαλλάξειν. πρὸς ταῦτα 3
Πελοποννησίων μὲν τοῖσι ἐν τέλεϊ ἐοῦσι ἐδόκεε [τῶν μηδι-
σάντων ἐθνέων τῶν Ἑλληνικῶν] τὰ ἐμπόρια ἐξαναστήσαντας
15 δοῦναι τὴν χώρην Ἴωσι ἐνοικῆσαι, Ἀθηναίοισι δὲ οὐκ ἐδόκεε
ἀρχὴν Ἰωνίην γενέσθαι ἀνάστατον οὐδὲ Πελοποννησίους
περὶ τῶν σφετέρων ἀποικιέων βουλεύειν· (ἀντιτεινόντων δὲ
τούτων προθύμως) εἶξαν οἱ Πελοποννήσιοι. καὶ οὕτω δὴ 4
Σαμίους τε καὶ Χίους καὶ Λεσβίους καὶ τοὺς ἄλλους νησιώτας,
20 οἳ ἔτυχον συστρατευόμενοι τοῖσι Ἕλλησι, ἐς τὸ συμμαχικὸν
ἐποιήσαντο, πίστι τε καταλαβόντες καὶ ὁρκίοισι ἐμμενέειν
τε καὶ μὴ ἀποστήσεσθαι. τούτους δὲ καταλαβόντες ὁρκίοισι
ἔπλεον τὰς γεφύρας λύσοντες· ἔτι γὰρ ἐδόκεον ἐντεταμένας
εὑρήσειν. οὗτοι μὲν δὴ ἐπ’ Ἑλλησπόντου ἔπλεον· τῶν δὲ 107
25 ἀποφυγόντων βαρβάρων ἐς τὰ ἄκρα τε τῆς Μυκάλης κατειλη-
θέντων, ἐόντων οὐ πολλῶν, ἐγίνετο κομιδὴ ἐς Σάρδις.
[πορευομένων δὲ κατ’ ὁδὸν] Μασίστης ὁ Δαρείου παρατυχὼν

7 ὅπῃ(ι) a d : ὅποι P   8 κατοικῆσαι d   ἀφεῖναι a P   9 τοῖς D
ἀδύνατα D R S : -τον a P [V]   10 φρουρέων D R V   11 οὐδε-
μίην D   14 ἐμπόλια a   ἐπαναστήσαντας d   16 Πελοποννησίοισι
L : corr. Schweighaeuser   17 ἀποικέων C : ἀποικιων d   20 στρα-
τευόμενοι d   21 πίστει C R : -ιν D : -ις V   τε om. a P   ἐμ-
μένειν R S V : ἐμμενεῖν rell. : (ἢ μὲν) ἐμμ. Krueger   22 ἀπονοστ.
S V   24 Ἑλλήσποντον S [V]   25 τε om. a P   26 ἐγένετο R
27 ὁδὸν] ν P^c

τῷ πάθεϊ τῷ γεγονότι [τὸν στρατηγὸν ᾿Αρταΰντην ἔλεγε
πολλά τε καὶ κακά, ἄλλα τε καὶ γυναικὸς κακίω φὰς αὐτὸν
εἶναι τοιαῦτα στρατηγήσαντα, καὶ ἄξιον εἶναι παντὸς κακοῦ
τὸν [βασιλέος οἶκον κακώσαντα]　παρὰ δὲ τοῖσι Πέρσῃσι
2 γυναικὸς κακίω ἀκοῦσαι δέννος μέγιστός ἐστι.　ὁ δὲ ἐπεὶ 5
πολλὰ ἤκουσε, δεινὰ ποιεύμενος σπᾶται ἐπὶ τὸν Μασίστην
τὸν ἀκινάκην, ἀποκτεῖναι θέλων.　καί μιν ἐπιθέοντα φρασθεὶς
Ξειναγόρης ὁ Πρηξίλεω ἀνὴρ ᾿Αλικαρνησσεύς, ὄπισθε ἑστεὼς
αὐτοῦ ᾿Αρταΰντεω, ἁρπάζει μέσον καὶ ἐξάρας παίει ἐς τὴν
γῆν· καὶ ἐν τούτῳ οἱ δορυφόροι [οἱ] Μασίστεω προέστησαν. 10
3 ὁ δὲ Ξειναγόρης ταῦτα ἐργάσατο χάριτα αὐτῷ τε Μασίστῃ
τιθέμενος καὶ Ξέρξῃ, ἐκσῴζων τὸν ἀδελφεὸν τὸν ἐκείνου· καὶ
διὰ τοῦτο τὸ ἔργον Ξειναγόρης Κιλικίης πάσης ἦρξε [δόντος
βασιλέος]　τῶν δὲ κατ᾿ ὁδὸν πορευομένων οὐδὲν ἔτι πλέον
τούτων ἐγένετο, ἀλλ᾿ ἀπικνέονται ἐς Σάρδις.　ἐν δὲ τῇσι 15
Σάρδισι ἐτύγχανε ἐὼν βασιλεὺς [ἐξ ἐκείνου τοῦ χρόνου], ἐπείτε
ἐξ ᾿Αθηνέων προσπταίσας τῇ ναυμαχίῃ φυγὼν ἀπίκετο.

108　Τότε δὴ ἐν τῇσι Σάρδισι ἐὼν [ἄρα] ἤρα τῆς Μασίστεω
γυναικός, ἐούσης καὶ ταύτης ἐνθαῦτα.　ὡς δέ οἱ προσπέμποντι
οὐκ ἐδύνατο κατεργασθῆναι, οὐδὲ βίην προσέφερε προμηθεό- 20
μενος τὸν ἀδελφεὸν Μασίστην (τὠυτὸ δὲ τοῦτο εἶχε καὶ τὴν
γυναῖκα· εὖ γὰρ ἐπίστατο βίης οὐ τευξομένη), ἐνθαῦτα δὴ
Ξέρξης ἐργόμενος τῶν ἄλλων πρήσσει τὸν γάμον τοῦτον τῷ
παιδὶ τῷ ἑωυτοῦ Δαρείῳ, θυγατέρα τῆς γυναικὸς ταύτης
καὶ Μασίστεω, δοκέων αὐτὴν μᾶλλον λάμψεσθαι ἢν ταῦτα 25
2 ποιήσῃ.　ἁρμόσας δὲ καὶ τὰ νομιζόμενα ποιήσας ἀπήλαυνε
ἐς Σοῦσα.　ἐπεὶ δὲ ἐκεῖσέ τε ἀπίκετο καὶ ἠγάγετο ἐς ἑωυτοῦ

7 θέλων om. S V　　8 ὁ Πρη- om. R　　᾿Αλικαρνησεύς C R S V
ὄπισθεν D P R V　　9 ἐξαίρας A B　　10 οἱ om. d　　13 πάσης
ἦρξε Κιλικίης (Λυκίης Krueger) P　　14 πορευομένων βαρβάρων d
ἐπὶ Werfer　　15 ἐγένετο τούτων C P　　ἐν] ἐπὶ d　　16 Σάρδησιν
R (it. 18) [V]　　17 ᾿Αθηναίων d B C　　18 δὲ d　　ἄρα del.
Cobet　　ἔρα R S V : ἠράσθη Stein　　20 προσεφέρετο a P　　22 εὖ
τε γὰρ d P　　23 πρήσει C D　　27 ἐκεῖσέ τε Herwerden : ἐκεῖσε
d P . ἐκεῖ τε a

Δαρείῳ τὴν γυναῖκα, οὕτω δὴ τῆς Μασίστεω μὲν γυναικὸς
ἐπέπαυτο, ὁ δὲ διαμειψάμενος ἤρα τε καὶ ἐτύγχανε τῆς
Δαρείου μὲν γυναικός, Μασίστεω δὲ θυγατρός· οὔνομα δὲ
τῇ γυναικὶ ταύτῃ ἦν Ἀρταΰντη. χρόνου δὲ προϊόντος ἀνά- 109
5 πυστα γίνεται τρόπῳ τοιῷδε· ἐξυφήνασα Ἄμηστρις ἡ Ξέρξεω
γυνὴ φᾶρος μέγα τε καὶ ποικίλον καὶ θέης ἄξιον διδοῖ
Ξέρξῃ. ὁ δὲ ἡσθεὶς περιβάλλεταί τε καὶ ἔρχεται παρὰ τὴν
Ἀρταΰντην. ἡσθεὶς δὲ καὶ ταύτῃ ἐκέλευσε αὐτὴν αἰτῆσαι ὅ 2
τι βούλεταί οἱ γενέσθαι ἀντὶ τῶν αὐτῷ ὑπουργημένων· πάντα
10 γὰρ τεύξεσθαι αἰτήσασαν. τῇ δὲ κακῶς γὰρ ἔδεε πανοικίῃ
γενέσθαι, πρὸς ταῦτα εἶπε Ξέρξῃ· Δώσεις μοι τὸ ἄν σε
αἰτήσω; ὁ δὲ πᾶν μᾶλλον δοκέων κείνην αἰτήσεσθαι ὑπι-
σχνέεται καὶ ὤμοσε. ἡ δὲ ὡς ὤμοσε ἀδεῶς αἰτέει τὸ
φᾶρος. Ξέρξης δὲ παντοῖος ἐγίνετο οὐ βουλόμενος δοῦναι, 3
15 κατ' ἄλλο μὲν οὐδέν, φοβεόμενος δὲ Ἄμηστριν, μὴ καὶ πρὶν
κατεικαζούσῃ τὰ γινόμενα οὕτω ἐπευρεθῇ πρήσσων· ἀλλὰ
πόλις τε ἐδίδου καὶ χρυσὸν ἄπλετον καὶ στρατόν, τοῦ ἔμελλε
οὐδεὶς ἄρξειν ἀλλ' ἢ ἐκείνη· Περσικὸν δὲ κάρτα ὁ στρατὸς
δῶρον. ἀλλ' οὐ γὰρ ἔπειθε, διδοῖ τὸ φᾶρος. ἡ δὲ περιχαρὴς
20 ἐοῦσα τῷ δώρῳ ἐφόρεέ τε καὶ ἠγάλλετο. καὶ ἡ Ἄμηστρις 110
πυνθάνεταί μιν ἔχουσαν· μαθοῦσα δὲ τὸ ποιεύμενον τῇ μὲν
γυναικὶ ταύτῃ οὐκ εἶχε ἔγκοτον, ἡ δὲ ἐλπίζουσα τὴν μητέρα
αὐτῆς εἶναι αἰτίην καὶ ταῦτα ἐκείνην πρήσσειν, τῇ Μασίστεω
γυναικὶ ἐβούλευε ὄλεθρον. φυλάξασα δὲ τὸν ἄνδρα τὸν 2
25 ἑωυτῆς Ξέρξην βασιλήιον δεῖπνον προτιθέμενον (τοῦτο δὲ
τὸ δεῖπνον παρασκευάζεται ἅπαξ τοῦ ἐνιαυτοῦ, ἐν ἡμέρῃ τῇ
ἐγένετο βασιλεύς· οὔνομα δὲ τῷ δείπνῳ τούτῳ Περσιστὶ μὲν

8 ταύτῃ] αὐτῇ R S V : ἀρετῆι D   αἰτήσειν C   9 τι om. R
οἱ (om. a) . . . ὑπουργ. (ὑπουργ. D P C²) om. S   αὐτῶν D R V
11 ἐάν d   12 πάντα d : πᾶν (ἂν) Madvig   αἰτῆσαι (αἰτήσειν
Cobet) ὑπισχνέετο a P   13 ὡς ὅμοσε A B   14 ἐγένετο C P
15 φοβούμενος R S V   δὲ om. C   καὶ om. R S V   16 κατεικα-
ζούσῃ Aldus : κατεικάζουσα L   ἐπορεύθη C R S V   17 πόλεις C D
18 ὁ στρατὸς κάρτα d   20 ἐφόρετε τε D   ἐγάλλετο R : ἠγάλλετο P
22 αὐτῇ d   26 ἐν d Athen. 146 b : om. a P   27 ἐγίνετο A
ὁ βασιλεύς d (S) Athen.   τὸ δεῖπνον τοῦτο C

τυκτά," κατὰ δὲ [τὴν] Ἑλλήνων γλῶσσαν τέλειον· τότε καὶ
τὴν κεφαλὴν σμᾶται μοῦνον βασιλεὺς καὶ Πέρσας δωρέεται),
ταύτην δὴ τὴν ἡμέρην φυλάξασα ἡ Ἄμηστρις χρηίζει τοῦ
3 Ξέρξεω δοθῆναί οἱ τὴν Μασίστεω γυναῖκα. ὁ δὲ δεινόν τε
καὶ ἀνάρσιον ἐποιέετο τοῦτο μὲν ἀδελφεοῦ γυναῖκα παρα- 5
δοῦναι, τοῦτο δὲ ἀναιτίην ἐοῦσαν τοῦ πρήγματος τούτου·
III συνῆκε γὰρ τοῦ εἵνεκεν ἐδέετο. τέλος μέντοι [γε] ἐκείνης
τε λιπαρεούσης καὶ ὑπὸ τοῦ νόμου ἐξεργόμενος, ὅτι ἀτυχῆσαι
τὸν χρηίζοντα οὔ σφι δυνατόν ἐστι βασιληίου δείπνου προ-
κειμένου, κάρτα δὴ ἀέκων καταινέει καὶ παραδοὺς ποιέει 10
ὧδε· τὴν μὲν κελεύει ποιέειν τὰ βούλεται, ὁ δὲ μεταπεμψά-
2 μενος τὸν ἀδελφεὸν λέγει τάδε· Μασίστα, σὺ εἶς Δαρείου τε
παῖς καὶ ἐμὸς ἀδελφεός, πρὸς δ' ἔτι τούτοισι καὶ εἶς ἀνὴρ
ἀγαθός· γυναικὶ δὴ ταύτῃ τῇ νῦν συνοικέεις μὴ συνοίκεε,
ἀλλά τοι ἀντ' αὐτῆς ἐγὼ δίδωμι θυγατέρα τὴν ἐμήν. ταύτῃ 15
συνοίκεε· τὴν δὲ νῦν ἔχεις, οὐ γὰρ δοκέει ἐμοί, μὴ ἔχε
3 γυναῖκα. ὁ δὲ Μασίστης ἀποθωμάσας τὰ λεγόμενα λέγει
τάδε· Ὦ δέσποτα, τίνα μοι λόγον λέγεις ἄχρηστον, κελεύων
με γυναῖκα, ἐκ τῆς μοι παῖδές τε νεηνίαι εἰσὶ καὶ θυγατέρες,
τῶν καὶ σὺ μίαν τῷ παιδὶ τῷ σεωυτοῦ ἠγάγεο γυναῖκα, αὐτή 20
τέ μοι κατὰ νόον τυγχάνει κάρτα ἐοῦσα, ταύτην με κελεύεις
4 μετέντα θυγατέρα τὴν σὴν γῆμαι; ἐγὼ δέ, βασιλεῦ, μέγα
μὲν ποιεῦμαι ἀξιεύμενος θυγατρὸς τῆς σῆς, ποιήσω μέντοι
τούτων οὐδέτερα. σὺ δὲ μηδαμῶς βιῶ πρήγματος τοιοῦδε
δεόμενος· ἀλλὰ τῇ τε σῇ θυγατρὶ ἀνὴρ ἄλλος φανήσεται 25
ἐμεῦ οὐδὲν ἥσσων, ἐμέ τε ἔα γυναικὶ τῇ ἐμῇ συνοικέειν.

1 τὴν om. d   2 Πέρσαις Athen.   3 δὲ C   χρήξει R V
7 γε om. a P   κείνης λιπαρ. (-ρούσης D¹) C   14 δὲ d   15 ἀλλά
. . . συνοίκεε om. R   16 δοκέεις R   μοι d   17 ἀποθωμάσας
P R¹   18 λόγον μοι A   19 με d : μοι a P   νεηνίαι τε d P
20 τῷ R : τῷ V   καὶ om. R S V   μία R V   alt. τῷ om. C
ἠγάγετο R V   αὕτη C P : αὐτῆι (?) D¹   21 τυγχάνει κατὰ νόον C
με om. C P : μὲν R V   22 μεθέντα a P   τὴν om. d   μεγάλα
a P   24 οὐδέτερον d   τοιούτου D R V   26 τῇ ἐμῇ γυναικὶ R
συνοικεῖν R V

384

ὁ μὲν δὴ τοιούτοισι ἀμείβεται, Ξέρξης δὲ θυμωθεὶς λέγει 5
τάδε· Οὕτω τοι, Μασίστα, πέπρηκται· οὔτε γὰρ ἄν τοι
δοίην ἔτι θυγατέρα τὴν ἐμὴν γῆμαι, οὔτε ἐκείνῃ πλεῦνα
χρόνον συνοικήσεις, ὡς μάθῃς τὰ διδόμενα δέκεσθαι. ὁ δὲ
5 ὡς ταῦτα ἤκουσε, εἴπας τοσόνδε ἐχώρεε ἔξω· Δέσποτα, οὐ
δή κώ με ἀπώλεσας. ἐν δὲ τούτῳ τῷ διὰ μέσου χρόνῳ, 112
ἐν τῷ Ξέρξης τῷ ἀδελφεῷ διελέγετο, ἡ Ἄμηστρις μετα-
πεμψαμένη τοὺς δορυφόρους τοὺς Ξέρξεω διαλυμαίνεται τὴν
γυναῖκα τὴν Μασίστεω· τούς τε μαζοὺς ἀποταμοῦσα κυσὶ
10 προέβαλε καὶ ῥῖνα καὶ ὦτα καὶ χείλεα καὶ γλῶσσαν ἐκταμοῦσα
ἐς οἶκόν μιν ἀποπέμπει διαλελυμασμένην. ὁ δὲ Μασίστης 113
οὐδέν κω ἀκηκοὼς τούτων, ἐλπόμενος δέ τί οἱ κακὸν εἶναι,
ἐσπίπτει δρόμῳ ἐς τὰ οἰκία. ἰδὼν δὲ διεφθαρμένην τὴν
γυναῖκα, αὐτίκα μετὰ ταῦτα συμβουλευσάμενος τοῖσι παισὶ
15 ἐπορεύετο ἐς Βάκτρα σύν τε τοῖσι ἑωυτοῦ υἱοῖσι καὶ δή κού
τισι καὶ ἄλλοισι ὡς ἀποστήσων νομὸν τὸν Βάκτριον καὶ
ποιήσων τὰ μέγιστα κακῶν βασιλέα. τά περ ἂν καὶ ἐγένετο, 2
ὡς ἐμοὶ δοκέειν, εἴ περ ἔφθη ἀναβὰς ἐς τοὺς Βακτρίους καὶ
τοὺς Σάκας· καὶ γὰρ ἔστεργόν τέ μιν καὶ ἦν ὕπαρχος τῶν
20 Βακτρίων. ἀλλὰ γὰρ Ξέρξης πυθόμενος ταῦτα ἐκεῖνον
πρήσσοντα πέμψας ἐπ' αὐτὸν στρατιὴν ἐν τῇ ὁδῷ κατέκτεινε
αὐτόν τε ἐκεῖνον καὶ τοὺς παῖδας αὐτοῦ καὶ τὴν στρατιὴν τὴν
ἐκείνου.

Κατὰ μὲν τὸν ἔρωτα τὸν Ξέρξεω καὶ τὸν Μασίστεω
25 θάνατον τοσαῦτα ἐγένετο· οἱ δὲ ἐκ Μυκάλης ὁρμηθέντες 114
Ἕλληνες ἐπ' Ἑλλησπόντου πρῶτον μὲν περὶ Λεκτὸν ὅρμεον,
ὑπὸ ἀνέμων ἀπολαμφθέντες, ἐνθεῦτεν δὲ ἀπίκοντο ἐς Ἄβυδον
καὶ τὰς γεφύρας εὗρον διαλελυμένας, τὰς ἐδόκεον εὑρήσειν

1 τούτοισι(ν) ἀμείβετο d   3 δώιην a: δώην P   ἔτι om. aPS
γῆμαι a DP: γυναῖκα RSV   ἔτι πλεῦνα RSV   4 ὡς] ὦ D¹
5 ἤκουσε ταῦτα d   6 κώ Schaefer: κου L   7 ἐν ὦ d   8 alt.
τοὺς D: τοῦ rell.   9 τὴν d: τοῦ aP   μαστοὺς d   11 δια-
λελυσμαμένην R   12 δ' ἔτι RV   οἱ + + + + D   εἶναι
s. v. D²   15 Βάκτραν C P¹(?)   16 νομον D: νόμον B(?) CRV
18 ἥπερ R   ἔφη D¹ RV   19 τέ om. aP   21 κτείνει d
24 alt. τὸν om. R   26 ὅρμεον CPR   27 ὑπὸ] ὑ Pᶜ

ἔτι ἐντεταμένας, καὶ τούτων οὐκ ἥκιστα εἵνεκεν ἐς τὸν

2 Ἑλλήσποντον ἀπίκοντο. τοῖσι μέν νυν ἀμφὶ Λευτυχίδην
Πελοποννησίοισι ἔδοξε ἀποπλέειν ἐς τὴν Ἑλλάδα, Ἀθη-
ναίοισι δὲ καὶ Ξανθίππῳ τῷ στρατηγῷ αὐτοῦ ὑπομείναντας
πειρᾶσθαι τῆς Χερσονήσου. οἱ μὲν δὴ ἀπέπλεον, Ἀθηναῖοι 5
δὲ ἐκ τῆς Ἀβύδου διαβάντες ἐς τὴν Χερσόνησον Σηστὸν
115 ἐπολιόρκεον, ἐς δὲ τὴν Σηστὸν ταύτην, ὡς ἐόντος ἰσχυ-
ροτάτου τείχεος τῶν ταύτῃ, συνῆλθον, ὡς ἤκουσαν παρεῖναι
τοὺς Ἕλληνας ἐς τὸν Ἑλλήσποντον, ἔκ τε τῶν ἀλλέων τῶν
περιοικίδων, καὶ δὴ καὶ ἐκ Καρδίης πόλιος Οἰόβαζος ἀνὴρ 10
Πέρσης, ὃς τὰ ἐκ τῶν γεφυρέων ὅπλα ἐνθαῦτα ἦν κεκομικώς.
εἶχον δὲ ταύτην οἱ ἐπιχώριοι Αἰολέες, συνῆσαν δὲ Πέρσαι
116 τε καὶ τῶν ἄλλων συμμάχων συχνὸς ὅμιλος. ἐτυράννευε
δὲ τούτου τοῦ νομοῦ Ξέρξεω ὕπαρχος Ἀρταΰκτης, ἀνὴρ μὲν
Πέρσης, δεινὸς δὲ καὶ ἀτάσθαλος, ὃς καὶ βασιλέα ἐλαύνοντα 15
ἐπ᾽ Ἀθήνας ἐξηπάτησε, τὰ Πρωτεσίλεω τοῦ Ἰφίκλου χρή-
2 ματα ἐξ Ἐλαιοῦντος ὑπελόμενος. ἐν γὰρ Ἐλαιοῦντι τῆς
Χερσονήσου ἐστὶ Πρωτεσίλεω τάφος τε καὶ τέμενος περὶ
αὐτόν, ἔνθα ἦν χρήματα πολλὰ καὶ φιάλαι χρύσεαι καὶ
ἀργύρεαι καὶ χαλκὸς καὶ ἐσθὴς καὶ ἄλλα ἀναθήματα, τὰ 20
Ἀρταΰκτης ἐσύλησε βασιλέος δόντος. λέγων δὲ τοιάδε
3 Ξέρξην διεβάλετο· Δέσποτα, ἔστι οἶκος ἀνδρὸς Ἕλληνος
ἐνθαῦτα, ὃς ἐπὶ γῆν τὴν σὴν στρατευσάμενος δίκης κυρήσας
ἀπέθανε. τούτου μοι δὸς τὸν οἶκον, ἵνα καί τις μάθῃ ἐπὶ
γῆν τὴν σὴν μὴ στρατεύεσθαι. ταῦτα λέγων εὐπετέως 25
ἔμελλε ἀναπείσειν Ξέρξην δοῦναι ἀνδρὸς οἶκον, οὐδὲν ὑπο-
τοπηθέντα τῶν ἐκεῖνος ἐφρόνεε. ἐπὶ γῆν δὲ τὴν βασιλέος
στρατεύεσθαι Πρωτεσίλεων ἔλεγε νοέων τοιάδε· τὴν Ἀσίην

2 Λευτυχίδεα d　　6 διαβαλόντες R S V　　9 ἄλλων L　　10 alt.
καὶ om. d　　Οἰάβαζος d　　11 τὰ om. S V　　ἐκ s. v. D¹　　12 οἱ
om. a P　　14 τοῦ νομοῦ τούτου d　　Ἀρταΰντης D¹ (it. 21)　　15 δὲ]
τε C R S V　　17 Ἐλεο- A B R S V: Ἐλο- D (it. infra)　　ὑφελό-
μενος a P : αἰτήσας d　　18 τε om. R　　19 καὶ ἀργύρεαι om. D¹
22 διεβάλετο a P Const. : διεβάλλετο d : διέβαλε Stein　　οἶκός ἐστι(ν) d
23 τὴν d Const. : om. a P　　στρατευόμενος P R　　24 τις καὶ d
26 δοῦναι ἀνδρὸς οἶκον del. Gomperz　　28 Πρωτεσίλεων D¹ (?) R V
ποιέων d

πᾶσαν νομίζουσι ἑωυτῶν εἶναι Πέρσαι καὶ τοῦ αἰεὶ βασι-
λεύοντος. ἐπεὶ δὲ ἐδόθη, τὰ χρήματα ἐξ Ἐλαιοῦντος ἐς
Σηστὸν ἐξεφόρησε καὶ τὸ τέμενος ἔσπειρε καὶ ἐνέμετο, αὐτός
τε ὅκως ἀπίκοιτο ἐς Ἐλαιοῦντα, ἐν τῷ ἀδύτῳ γυναιξὶ ἐμίσ-
5 γετο. τότε δὲ ἐπολιορκέετο ὑπὸ Ἀθηναίων οὔτε παρε-
σκευασμένος ἐς πολιορκίην οὔτε προσδεκόμενος τοὺς
Ἕλληνας· ἀφυλάκτῳ δέ κως αὐτῷ ἐπέπεσον. ἐπεὶ δὲ 117
πολιορκεομένοισί σφι φθινόπωρον ἐπεγίνετο, [καὶ] ἤσχαλλον
οἱ Ἀθηναῖοι ἀπό τε τῆς ἑωυτῶν ἀποδημέοντες καὶ οὐ
10 δυνάμενοι ἐξελεῖν τὸ τεῖχος, ἐδέοντό τε τῶν στρατηγῶν
ὅκως ἀπάγοιεν σφέας ὀπίσω· οἱ δὲ οὐκ ἔφασαν πρὶν ἢ
ἐξέλωσι ἢ τὸ Ἀθηναίων κοινόν σφεας μεταπέμψηται. οὕτω
δὴ ἔστεργον τὰ παρεόντα. οἱ δὲ ἐν τῷ τείχεϊ ἐς πᾶν ἤδη 118
κακοῦ ἀπιγμένοι ἦσαν, οὕτως ὥστε τοὺς τόνους ἕψοντες τῶν
15 κλινέων ἐσιτέοντο. ἐπείτε δὲ οὐδὲ ταῦτα ἔτι εἶχον, οὕτω δὴ
ὑπὸ νύκτα οἴχοντο ἀποδράντες οἵ τε Πέρσαι καὶ ὁ Ἀρταΰκτης
καὶ ὁ Οἰόβαζος, ὄπισθε τοῦ τείχεος καταβάντες, τῇ ἦν ἐρημό-
τατον τῶν πολεμίων. ὡς δὲ ἡμέρη ἐγένετο, οἱ Χερσονησῖται 2
ἀπὸ τῶν πύργων ἐσήμηναν τοῖσι Ἀθηναίοισι τὸ γεγονὸς καὶ
20 τὰς πύλας ἄνοιξαν. τῶν δὲ οἱ μὲν πλεῦνες ἐδίωκον, οἱ δὲ τὴν
πόλιν εἶχον. Οἰόβαζον μέν νυν ἐκφυγόντα ἐς τὴν Θρηίκην 119
Θρήικες Ἀψίνθιοι λαβόντες ἔθυσαν Πλειστώρῳ ἐπιχωρίῳ
θεῷ τρόπῳ τῷ σφετέρῳ, τοὺς δὲ μετ' ἐκείνου ἄλλῳ τρόπῳ
ἐφόνευσαν. οἱ δὲ ἀμφὶ τὸν Ἀρταΰκτην ὕστεροι ὁρμηθέντες 2
25 φεύγειν, [καὶ] ὡς κατελαμβάνοντο ὀλίγον ἐόντες ὑπὲρ Αἰγὸς
Ποταμῶν, ἀλεξόμενοι χρόνον ἐπὶ συχνὸν οἱ μὲν ἀπέθανον,

1 ἄπασαν d   ἐνόμιζον Const.   Π. εἶναι P   3 ἔνεμεν Const.
4 ἐσμίγετο R   7 ἀφύκτως a P   δέ] τέ d   8 πολιορκέουσί
Schweighaeuser   ἐπεγένετο d P   καὶ om. d   ἤσχαλον A¹ C R S V
11 ἀπαγάγοιεν d   ἔφθασαν R   13 ἐς] ἀμφὶ τὸν Ἀρταΰκτεα (-ύντεα
D¹; it. 16) ἐς a d   δὴ d   14 ἔψοντες C R   15 δὴ om. d
16 οἴχοντο] οἳ Dᶜ: οἴχονται a P   17 καὶ om. D   ὁ om. a P
Οἰάβ. D   ὄπισθεν R V   τοῦ ἦν ἐρημότατος R   19 ἐσημήναντο R
20 πλεῦνες om. Pᵗ   21 ἔσχον Krueger   ἐκφεύγοντα a P   εἰς R
23 ἄλλο B   24 Ἀρταΰντην C   ὕστερον d C   25 καὶ om.
Aldus   ὀλίγοι D S [V]   26 Ποταμοῦ ἀλεξάμενοι S

οἱ δὲ ζῶντες ἐλάμφθησαν. καὶ συνδήσαντές σφεας οἱ
Ἕλληνες ἤγαγον ἐς Σηστόν, μετ᾽ αὐτῶν δὲ καὶ Ἀρταΰκτην
120 δεδεμένον αὐτόν τε καὶ τὸν παῖδα αὐτοῦ. καί τεῳ τῶν
φυλασσόντων λέγεται ὑπὸ Χερσονησιτέων ταρίχους ὀπτῶντι
τέρας γενέσθαι τοιόνδε· οἱ τάριχοι ἐπὶ τῷ πυρὶ κείμενοι 5
2 ἐπάλλοντό τε καὶ ἤσπαιρον ὅκως περ ἰχθύες νεάλωτοι. καὶ
οἱ μὲν περιχυθέντες ἐθώμαζον, ὁ δὲ Ἀρταΰκτης ὡς εἶδε τὸ
τέρας, καλέσας τὸν ὀπτῶντα τοὺς ταρίχους ἔφη· Ξεῖνε
Ἀθηναῖε, μηδὲν φοβέο τὸ τέρας τοῦτο· οὐ γὰρ σοὶ πέφηνε,
ἀλλ᾽ ἐμοὶ σημαίνει ὁ ἐν Ἐλαιοῦντι Πρωτεσίλεως ὅτι καὶ 10
τεθνεὼς καὶ τάριχος ἐὼν δύναμιν πρὸς θεῶν ἔχει τὸν ἀδι-
3 κέοντα τίνεσθαι. νῦν ὦν ἄποινά μοι τάδε ἐθέλω ἐπιθεῖναι,
ἀντὶ μὲν χρημάτων τῶν ἔλαβον ἐκ τοῦ ἱροῦ ἑκατὸν τάλαντα
καταθεῖναι τῷ θεῷ, ἀντὶ δ᾽ ἐμεωυτοῦ καὶ τοῦ παιδὸς ἀποδώσω
4 τάλαντα διηκόσια Ἀθηναίοισι περιγενόμενος. ταῦτα ὑπι- 15
σχόμενος τὸν στρατηγὸν Ξάνθιππον οὐκ ἔπειθε· οἱ γὰρ
Ἐλαιούσιοι τῷ Πρωτεσίλεῳ τιμωρέοντες ἐδέοντό μιν κατα-
χρησθῆναι, καὶ αὐτοῦ τοῦ στρατηγοῦ ταύτῃ ὁ νόος ἔφερε.
ἀπαγαγόντες δὲ αὐτὸν ἐς τὴν ἀκτὴν ἐς τὴν Ξέρξης ἔζευξε
τὸν πόρον, οἱ δὲ λέγουσι ἐπὶ τὸν κολωνὸν τὸν ὑπὲρ Μαδύτου 20
πόλιος, σανίδι προσπασσαλεύσαντες ἀνεκρέμασαν, τὸν δὲ
121 παῖδα ἐν ὀφθαλμοῖσι τοῦ Ἀρταΰκτεω κατέλευσαν. ταῦτα
δὲ ποιήσαντες ἀπέπλεον ἐς τὴν Ἑλλάδα, τά τε ἄλλα χρήματα
ἄγοντες καὶ δὴ καὶ τὰ ὅπλα τῶν γεφυρέων ὡς ἀναθήσοντες
ἐς τὰ ἱρά. καὶ κατὰ τὸ ἔτος τοῦτο οὐδὲν ἔτι πλέον τούτων 25
ἐγένετο.

1 ἐλάμφησαν SV   2 ἦγον a P   4 ταρίχου R   5 τέρας]
τέρας τε d   6 ἔσπαιρον DSV: ἔσπερον R   οἱ ἰχθύες RSV
νεάλωτοι d P¹ Eust. Od. 1728: νεοδλωτοι a   7 ἐθωυμαζον d P
9 φοβέετο τὸ R: τὸ om. S   10 Ἐλεο- d (it. 17)   Πρωτεσίλεος
AB   11 ἐὼν om. SV   12 σινέεσθαι d   μοι de Pauw: οἱ L
θέλω D   ἐπιχθῆναι a   13 μὲν—χρημάτων (sic) P   14 δ᾽]
μὲν χρημάτων ὧν ἔλαβον ἐκ τοῦ ἱροῦ R   15 Ἀθηναίοισι om. S
ὑπισχνόμενος S   18 ὁ add. Aldus   19 ἔζευξε] ἔφερε C
             δ
21 σανίδι Reiske: σανι V: σανίδα S: σανίδας rell.   25 ἔτι] ἐπὶ
Werfer   πλέον om. C

Τούτου δὲ τοῦ Ἀρταΰκτεω τοῦ ἀνακρεμασθέντος προπάτωρ **122**
Ἀρτεμβάρης ἐστὶ ὁ Πέρσῃσι ἐξηγησάμενος λόγον τὸν ἐκεῖνοι
ὑπολαβόντες Κύρῳ προσήνεικαν λέγοντα τάδε· Ἐπεὶ Ζεὺς **2**
Πέρσῃσι ἡγεμονίην διδοῖ, ἀνδρῶν δὲ σοί, Κῦρε, κατελὼν
5 Ἀστυάγην, φέρε, γῆν γὰρ ἐκτήμεθα ὀλίγην καὶ ταύτην
τρηχέαν, μεταναστάντες ἐκ ταύτης ἄλλην σχῶμεν ἀμείνω.
εἰσὶ δὲ πολλαὶ μὲν ἀστυγείτονες, πολλαὶ δὲ καὶ ἑκαστέρω,
τῶν μίαν σχόντες πλέοσι ἐσόμεθα θωμαστότεροι. οἰκὸς δὲ
ἄνδρας ἄρχοντας τοιαῦτα ποιέειν· κότε γὰρ δὴ καὶ παρέξει
10 κάλλιον ἢ ὅτε γε ἀνθρώπων τε πολλῶν ἄρχομεν πάσης τε
τῆς Ἀσίης; Κῦρος δὲ ταῦτα ἀκούσας καὶ οὐ θωμάσας τὸν **3**
λόγον ἐκέλευε ποιέειν ταῦτα, οὕτω δὲ αὐτοῖσι παραίνεε
κελεύων παρασκευάζεσθαι ὡς οὐκέτι ἄρξοντας ἀλλ' ἀρξο-
μένους· φιλέειν γὰρ ἐκ τῶν μαλακῶν χώρων μαλακοὺς
15 ἄνδρας γίνεσθαι· οὐ γάρ τι τῆς αὐτῆς γῆς εἶναι καρπόν τε
θωμαστὸν φύειν καὶ ἄνδρας ἀγαθοὺς τὰ πολέμια. ὥστε **4**
συγγνόντες Πέρσαι οἴχοντο ἀποστάντες, ἑσσωθέντες τῇ
γνώμῃ πρὸς Κύρου, ἄρχειν τε εἵλοντο λυπρὴν οἰκέοντες
μᾶλλον ἢ πεδιάδα σπείροντες ἄλλοισι δουλεύειν.

2 Ἀρτεβ. SV   τὸν λόγον τὸν R   3 λέγοντες D : λέγον R
4 σὺ DS   κατελόντι conieci   6 τρηχείαν d : τρηχέην a P
ἔχωμεν a P   7 καὶ om. d   ἑκατέρω C(?) SV   8 σχῶντες C :
ἔχοντες d   πλέοσι a P¹   θωμαστ. DPSV : θωμαυστ. R   εἰκὸς a
9 ἄνδρας ἄρχοντας a : ἄνδρας ἔχοντας d : ἄρχοντας ἄνδρας P   κότερα d
10 οὔτε R   ἀγνὼ V   11 θωμάσας DPRV   12 παραίνεε
S : παρή(ι)νεε rell.   13 ἄρξαντας D   ἀρξαμένους C   15 ἄνδρας
om. a P   τι] τοι SV   16 θωμαστὸν d P   17 συγγνόντες] ὁ Dᶜ

INDEX NOMINVM

391

INDEX NOMINVM

INDEX NOMINVM

395

INDEX NOMINVM

INDEX NOMINVM

397

INDEX NOMINVM

INDEX NOMINVM

INDEX NOMINVM

INDEX NOMINVM

INDEX NOMINVM

Εὐρυβάτης VI 92 ; IX 75.
Εὐρυβιάδης VIII 2, 4, 5, 42, 49, 57-64, 74, 79, 108, 124.
Εὐρυδάμη VI 71.
Εὐρύδημος VII 213.
Εὐρυκλείδης VIII 2, 42.
Εὐρυκράτης VII 204.
Εὐρυκρατίδης VII 204.
Εὐρυλέων V 46.
Εὐρύμαχος ὁ Λεοντιάδεω VII 233.
Εὐρύμαχος ὁ Λεοντιάδεω πατήρ VII 205.
Εὐρύπυλος IX 58.
Εὐρυσθένης IV 147 ; V 39 ; VI 51, 52 ; VII 204.
Εὐρυσθεύς IX 26, 27.
Εὔρυτος VII 229.
Εὐρυφῶν VIII 131.
Εὐρωπεύς VIII, 133, 135.
Εὐρώπη I 4, 103, 209 ; II 16, 26, 33, 44, 103 ; III 96, 115, 116 ; IV 36, 42, 45, 49, 89, 143, 198 ; V 1, 12 ; VI 33, 43 ; VII 5, 8-10, 20, 33, 50, 54, 56, 73, 126, 148, 172, 174, 185 ; VIII 51, 97, 108, 109 ; IX 14. Εὐρωπήιοι VII 73.
Εὐρώπη ἡ Ἀγήνορος I 2, 173 ; IV 45, 147.
Εὐτυχίδης IX 73.
Εὐφημίδης IV 150.
Εὔφορβος VI 101.
Εὐφορίων Ἀζήν VI 127.
Εὐφορίων Ἀθηναῖος II 156 ; VI 114.
Εὐφρήτης I 180, 185, 186, 191, 193 ; V 52.
Ἔφεσος I 92, 142 ; II 10, 148 ; V 54, 100, 102 ; VI 84 ; VIII 103, 105, 107. Ἐφεσίη II 106 ; V 100 ; VI 16. Ἐφέσιοι I 26, 147 ; V 100 ; VI 16.
Ἐχείδωρος VII 124, 127.
Ἐχεκράτης V 92 β.
Ἔχεμος IX 26.
Ἐχέστρατος VII 204.
Ἐχινάδες νῆσοι II 10.

Ζάβατος V 52.
Ζάγκλη VI 23, 25 ; VII 164.
Ζαγκλαῖοι VI 22, 23 ; VII 154.
Ζάκυνθος IV 195 ; VI 70 ; IX 37.
Ζακύνθιοι III 59 ; VI 70.

Ζαύηκες IV 193.
Ζευξίδημος VI 71.
Ζεύς I 65, 89, 131, 174, 183, 207 ; II 13, 29, 42, 44, 55, 56, 74, 83. 116, 136, 143, 146, 178 ; III 25, 124, 125 ; IV 5, 59, 127, 180 ; V 49, 105 ; VI 67 ; VII 8 γ, 40, 56, 61, 141, 220 ; VIII 115 ; IX 122. ἀγοραῖος V 46. Ἐλευθέριος III 142. Ἑλλήνιος IX 7 α. ἐπίστιος I 44. ἑρκεῖος VI 68. ἑταιρήιος I 44. Θηβαιεύς I 182 ; II 42, 54, 56 ; IV 181. καθάρσιος I 44. Κάριος I 171 ; V 66. Κρονίδης VIII 77. Λακεδαίμων ΥΙ 56. Λαφύστιος VII 197. Λυκαῖος IV 203. Ὀλύμπιος II 7 ; VII 141 ; VIII 116 ; IX 81. οὐράνιος VI 56. στράτιος V 119. v. Ἄμμων, Ἀμοῦν, Βῆλος, Παπαῖος.
Ζώνη VII 59.
Ζώπυρος ὁ Μεγαβύξου III 153, 156-8, 160 ; IV 43 ; VII 82.
Ζώπυρος ὁ Μεγαβύξου (ἄλλος) III 160.
Ζωστήρ VIII 107.

[Ἥβη IX 98.]
Ἡγήσανδρος V 125 ; VI 137.
Ἡγησικλέης I 65.
Ἡγησίλεως ὁ Δορύσσου VII 204.
Ἡγησίλεως ὁ Ἱπποκρατίδεω VIII 131.
Ἡγησιπύλη VI 39.
Ἡγησίστρατος ὁ Ἀρισταγόρεω IX 90-2.
Ἡγησίστρατος Ἠλεῖος IX 37, 38, 41.
Ἡγησίστρατος ὁ Πεισιστράτου V 94.
Ἡγητορίδης IX 76.
Ἡγίης IX 33.
Ἧγις VII 204.
Ἠδωνοί V 11, 124 ; VII 110, 114 ; IX 75.
Ἥροπος IX 26.
Ἡετίων I 14 ; V 92 β-ε. Ἡετίδης V 92 ε.
Ἱιών VII 25, 107, 113 ; VIII 118, 120.

402

INDEX NOMINVM

405

INDEX NOMINVM

INDEX NOMINVM

INDEX NOMINVM

INDEX NOMINVM

Λητώ II 59, 83, [152], 155, 156.
Λίβυες II 18, 28, 32, 50, 55, 77;
III 12, 13, 91; IV 155, 158-60,
167, 168, 170, 173, 179, 181,
186-9, 191-3, 197, 203; V 42;
VII 71, 86, 165, 184. Λιβύη I
46; II 8, 12, 15-20, 22, 24-6,
30, 32-4, 54-6, 65, 91, 99, 119,
150; III 17, 96, 115; IV 29,
41-5, 139, 145, 150, 151, 153,
155-7, 159, 160, 175, 179, 181,
185, 191, 192, 195-9, 204, 205;
V 42, 43; VII 70. Λιβυκοὶ λόγοι
II 161. Λιβυκὸν ὄρος II 8, 124.
χωρίον II 19. Λίβυσσαι IV 189.
Λίγυες οἱ ἐν Ἀσίῃ VII 72. οἱ ὑπὲρ
Μασσαλίης V 9; VII 165.
Λίδη I 175.
Λιμένηιον I 18.
Λίνδος I 144; II 182; III 47.
Λίνδιοι VII 153.
Λίνος ἄεισμα II 79.
Λίπαξος VII 123.
Λιπόξαϊς IV 5, 6.
Λισαί VII 123.
Λίσος VII 108, 109.
Λίχης I 67, 68.
Λοκροί VII 132; VIII 66; IX 31.
Ἐπιζεφύριοι VI 23. Ὀζόλαι
VIII 32. Ὀπούντιοι VII 203,
207; VIII 1. Λοκρίδες πόλιες
VII 216.
Λοξίης I 91.
Λύγδαμις ὁ Ἀρτεμισίης πατὴρ VII
99.
Λύγδαμις Νάξιος I 61, 64.
Λυγκεύς II 91.
Λυδίης VII 127.
Λυδοί I 10, 11, 13, 18, 27, 28, 29,
34-6, 45, 47-50, 53, 54, 69, 71,
74, 79, 80, 83, 84, 86-8, 90, 91-
4, 103, 141, 153, 155-7, 171;
II 167; III 90; IV 45; V 12,
49, 101, 102; VI 32, 125; VII
30, 31, 74. ὁ Λυδός I 17, 80.
Λυδίη (γῆ) I 79, 93, 94, 142; V
52; VII 31, 42. Λυδικὴ ἀρχή I 72.
Λύδιος δῆμος I 7; νομός III 127.
Λυδὸς βασιλεύς I 7, 171; VII 74.
Λυκάρητος III 143; V 27.
Λυκίδης IX 5.

Λύκιοι I 28, 147, 171, 173, 174,
176; III 90; VII 92. Λυκίη I
182; III 4; IV 35, 45.
Λυκυμήδης VIII 11.
Λύκος ὁ Πανδίονος I 173; VII 92.
Λύκος ὁ Σπαργαπείθεος IV 76.
Λύκος ποταμὸς Θυσσαγετέων IV
123.
Λύκος ποταμὸς Φρυγίης VII 30.
Λυκοῦργος Ἀθηναῖος I 59, 60.
Λυκοῦργος ὁ Ἀμιάντου πατὴρ VI
127.
Λυκοῦργος Σπαρτιήτης I 65, 66.
Λυκόφρων III 50, 53.
Λυκώπης III 55.
Λυσαγόρης ὁ Ἱστιαίου πατὴρ V 30.
Λυσαγόρης ὁ Τεισίεω VI 133.
Λυσανίης VI 127.
Λυσικλέης VIII 21.
Λυσίμαχος VIII 79, 95; IX 28.
Λυσίστρατος VIII 96.
Λωτοφάγοι IV 177, 178, 183.

Μάγδωλος II 159.
Μάγνητες VII 132, 185. Μαγνησίη
(χώρη) VII 176, 183, 188, 193.
Μάγνητες οἱ ἐν Ἀσίῃ III 90.
Μαγνησίη I 161; III 122, 125.
Μάγοι I 101; VII 113, 191.
Μαδύης I 103.
Μάδυτος VII 33; IX 120.
Μαζάρης I 156, 157, 160, 161.
Μαιάνδριος ὁ Μαιανδρίου III 123,
142-6, 148; V 27.
Μαίανδρος I 18, 161; II 10, 29;
III 122; V 118, 119; VII 26,
30, 31. Μαιάνδρου πεδίον I 18,
161; II 10.
Μαίηται IV 123.
Μαιήτης ποταμός IV 45.
Μαιῆτις λίμνη I 104; IV 3, 20, 21,
57, 86, 100, 101, 110, 116, 120,
123, 133.
Μάκαι IV 175, 176; V 42.
Μακάρων νῆσοι III 26.
Μακεδνὸν ἔθνος I 56; VIII 43.
Μακεδόνες V 18, 20; VI 44; VII
73, 128, 173, 185; VIII 34,
127, 137, 138; IX 31, 44.
Μακεδονίη V 17; VI 45; VII
9 α, β, 25, 173; VIII 115, 126,

410

INDEX NOMINVM

INDEX NOMINVM

413

INDEX NOMINVM

INDEX NOMINVM

415

INDEX NOMINVM

416

INDEX NOMINVM

417

INDEX NOMINVM

418

INDEX NOMINVM

INDEX NOMINVM

420

INDEX NOMINVM

INDEX NOMINVM

INDEX NOMINVM